통번역학 요론
(通飜譯學 要論)

통번역학 요론

김의락 지음

한국문화사

통번역학 요론

1판 1쇄 발행 2019년 5월 30일

지은이 | 김의락
펴낸이 | 김진수
펴낸곳 | 한국문화사
등 록 | 1991년 11월 9일 제2-1276호
주 소 | 서울특별시 성동구 광나루로 130 서울숲 II 캐슬 1310호
전 화 | 02-464-7708
팩 스 | 02-499-0846
이메일 | hkm7708@hanmail.net
웹사이트 | www.hankookmunhwasa.co.kr

ISBN 978-89-6817-770-5 93700

- 이 책의 내용은 저작권법에 따라 보호받고 있습니다.
- 잘못된 책은 구매처에서 바꾸어 드립니다.
- 책값은 뒤표지에 있습니다.

- 이 도서의 국립중앙도서관 출판예정도서목록(CIP)은 서지정보유통지원시스템 홈페이지 (http://seoji.nl.go.kr)와 국가자료공동목록시스템(http://www.nl.go.kr/kolisnet) 에서 이용하실 수 있습니다(CIP제어번호: CIP2019019839).
- 본 저서는 2018학년도 용인대학교 학술 연구비 재원으로 수행된 연구임.

머리말

한국에서는 영어 교육에 대한 관심은 높지만, 통번역학의 질적 수준과 관심은 아직 낮은 편이다. 최근 언론에 올라온 기사 내용에서 "한국의 국격과 국력에 비해 외교관의 영어 실력이 너무 부족하다"라고 지적하고 있음을 생각해 보면 이제는 통번역에 올바르게 접근해야 할 필요성을 느낀다.

물론 영어 교육에 대한 평가·교육 제도의 개편이 논의되고 있기는 하지만, 통번역학에서 교수방법론이나 이론을 체계적으로 논의한다는 것은 그리 쉬운 일이 아니다. 왜냐하면 통번역학은 하나의 이론이나 방법론으로 접근하는 것이 아니라 응용언어학, 인지 심리학, 인류학, 어문학 등과의 연계를 전제조건으로 한 학제간 연구 분야로서 이해하고 접근해야 하는 분야이기 때문이다. 이를 위해서는 단지 이론적으로 접근하는 통번역학이 아닌 실용적이고 역동적인 통번역학에 관한 이해가 필요하다.

『통번역학 요론』은 단기간 내에 가장 효과적이고 실용적인 방법으로 통번역의 향상과 개선을 가져올 수 있도록 하는 동시에 통번역학의 숲과 나무를 정확하게 볼 수 있도록 안내하고자 한다.

2019년 3월
부아골 연구실에서 저자 씀

목차

- 머리말 / v
- 들어가면서 / 1

제1부 통역학 교수 방법론

제1장 통역학 교수 방법의 제이론
1. George Herbert Mead의 의사소통이론 ·· 14
2. 순수 통역학 이론과 학제간 연구 ··· 19
3. 해석이론과 의미 통번역론 ··· 23
4. 일반통번역론 ·· 30
5. 다차원 모델(Multidimensional Model)과
   회의 동시통역 Franz Pöchhacker 이론 ································· 37
6. 통역의 구분과 기억/명상 ·· 40

제2장 통역 기술론(Technical Information)과 통역 교수법
1. 셀레스코비치(Seleskovitch)의 통역 교수법 ···························· 68
2. 실비아 카리나(Sylvia Kalina)의 통역 교수법 ························· 69
3. 통번역 교수의 개인화와 단계적 교수법 ····································· 74

제3장 통번역 교수법과 이론의 범주

제4장 통번역 교수법의 유형
1. 직접방법(Direct-Method) 교수법 ·· 92
2. 문법 번역방법(Grammar-translation Method) 교수법 ·········· 93
3. 청각 구두방법(Audio-lingual Method)과
   부호인식 교수법(Cognitive Code Approach) ···················· 94

4. 기능적 교수법(Functional approach)과
    전신반응법(Total physical Response) ·············· 95
5. 구성주의(Constrictionism) 교수법 ··················· 103
6. Guided Mediation과 문장력 향상 교수법 ············ 113
7. 인지 심리학과 스토리텔링 교수법, 그리고
    "몸통 찾기, 부딪쳐 배우기, 깃털 찾기" 교수법 ·············· 125
8. 한영 동시통역과 순차통역-관형절(Pre-noun Adjective Clause)
    교수법 ·· 130
9. 구성주의 통번역 교수법: 전달주의 vs 변형주의 ············ 137
10. 코퍼스(Corpus) 언어학과 통번역 교수법 ··············· 140
11. 불확실성과 동일성의 이론을 통해서 본 통역 교수법 ········· 147
12. 자기 공명영상, 인지 개입(Cognitive Mediation)을 통한
    통번역 교수법 ·· 151
13. 야콥슨의 의사소통구조 이론 ·························· 161
14. 통번역의 종류에 따른 교수법 ························· 181
15. 통역 교수법과 효율적인 방안 ·························· 183
16. 오역 가능성 분석 ··································· 219
17. 발화 오류에 대처하는 동시통역 교수법 ················· 221
18. 노트테이킹(Note Taking)을 통한 통역 교수법 ·········· 227
    - 노트테이킹과 속기 ······························· 238
    - 노트테이킹 방법 ································· 239
    - 기호의 사용 ···································· 242
    - 대각선 방향으로 노트하기 ·························· 254
    - 세로방향(Vertical Writing=Tiering)으로 노트하기 ······ 258
    - 동사 시제의 표시 ································ 259
    - 관점과 조동사의 표시 ····························· 261
    - 노트테이킹 프롬프터(Prompter) ···················· 263
    - 관용구 노트하기 ································· 264
19. 의료 통역(Medical Interpreter) 교수법 ················ 267
20. 의사소통 중심 교수법(Communicative Language Teaching)
    ··· 271
21. 밥 바이크의 창의적(Creative Training Technique) 교수법 :
    "강의하지 말고 참여 시켜라" ························ 276

22. 다중 감각과 다중 지능을 깨우는 퀀텀 교수법 ········· 281
23. 통번역 교수방법론(Language Teaching Methodology)
··· 285

제2부 번역학과 번역 교수법(Translation Methodology)

제1장 번역학

1. 번역 교수법과 번역: 이론인가 실제인가? ············· 324
2. 번역물 품질의 평가(TQA: Translation Quality Assessment)
··· 329
3. 번역학 모델과 번역 이론의 비대칭성 ··············· 332
4. 커뮤니케이션 전이 모델이론: 전이, 삼각형 이론, 기능주의 ······· 346
5. 번역의 적합성 이론: 상위 결정과 하위 결정 ········· 354
6. 번역의 유형: 문어 텍스트와 복합 모드 텍스트 ······· 361
7. 번역활동을 위한 번역이론 ··························· 377
8. 번역 교수 방법론과 이론적 고찰 ···················· 392

제2장 번역 교수법

1. 스코포스 이론과 번역 교수법 ······················· 393
2. 자국화(Domestication) 전략과 이국화(Foreignization)
   전략 교수법 ··· 408
3. 번역 교수법 강의 진행 방식 ······················· 410
4. 번역 이론 학습과 교수 방법론 ····················· 412
5. 자민족 중심 번역과 '하이퍼텍스트' 번역 ············ 414
6. 텍스트에서 하이퍼텍스트로 번역 ··················· 419
7. 자국화와 이국화 번역 분석 ························· 425
8. 매스미디어 효과이론과 번역 교수법 ················ 442
9. 침묵의 나선형 이론(Spiral of Silence) ············· 449
   - 영상 자막 번역과 시나리오 대사 번역 ············ 455
   - 번역에서 시각차를 낳는 '충실성' ················· 475
   - 사회 구성주의적 번역 교수법(Social Constructivist Approach)과 프로젝트 중심(Project-based Translation Approach) 번역 교수법 ······· 479
   - 사회 구성적 접근방식(Social Constructive Approach) 번역 교수법
   ··· 494

- 사회구성 주의적 교수법으로 과업 중심 실제 비즈니스 번역 교수법
  ··· 507
- 내용중심(Content-based Instriction) 번역 교수법 ················ 511
- 총체적 언어 접근법(Whole Language Approach)으로서 번역 교수법
  ··· 513
- 공동체 언어 학습(Community Language Learning) 교수법 ········ 515
- 의사소통식(Communicative Learning Teaching: CLT) 번역 교수법
  ··· 516
- 자연적 접근 방법(The Natural Approach)으로서 번역 교수법 ········ 519
- 침묵식(Silent Way) 번역 교수법(대안적 교수법) ················ 521
- 텍스트성(Textuality)에 기반한 번역 교수법 ······················ 523
- 경계를 통한 문화 기호 상호간(Intersemiotic) 번역 교수법 ········ 548
- 문화소(Cultural Items) 번역 교수법 ·································· 550
- 번역과 불가시성 이론과 번역 방법론 ·································· 556
- 네티즌 번역을 위한 번역 교수법 ·· 560
- 사이버 공간에서 집단지성(collective intelligence)
  커뮤니티 번역을 위한 교수법 ·· 564
- 영한 노래의 구조적·운율적 대칭 번역을 위한 교수법 ············ 569
- 폴리시스템(Polysystem) 이론과 번역 교수법 ······················ 572
- 관용어구의 번역 교수법 ·· 575
- 출발어 관용구와 도착어 관용구의 번역 교수법 ···················· 576
- 원문 텍스트 정보의 삭제, 담화 주제, 또는 담화 내용을 통한
  번역 교수법 ·· 579
- 출발어 관용구의 배경과 의미를 부연 설명하는 번역 교수법 ········ 582
- 탈 식민주의적 번역 교수법 ·· 584

■ 논문부록 /
1. From Operation to Action: Process-Orientation in Interpreting Studies ············ 599
2. Interpreting Competences As a Basis and A Goal For Teaching ······················ 626

■ 찾아보기 / 676

들어가면서

통번역학은 최근 생성된 심리언어학, 인지언어학, 텍스트언어학과 더불어 인접 학문과의 연계를 통해 연구 영역을 넓혀왔다. 통역학이 언어학과는 마치 별개의 학문으로 간주되어왔으나 Seleskovitch를 비롯한 학자들은 언어학과 통역학의 밀접한 연관성을 강조하고 있다. 오늘날 미래 사회의 특징으로 고도의 지식사회·정보화 사회·산업 사회로서 지식의 축적보다는 지식의 창출에 더 높은 가치를 부여하며, 21세기의 세계는 미래를 지향하는 오늘의 교육에 달려 있으며 교육을 통해 우리의 미래를 준비하고 미래를 만들어 나가야 한다. 통번역 교수법의 중요성은 이런 맥락에서 이해 될 수 있다. 통번역을 위한 영어학습을 효율적으로 이루어지게 하기 위한 노력은 이를 위한 기본적인 바탕이 될 수 있다.

통역학의 태동은 1950년대 시작되어 1960년대 인지학적 접근으로 국제무대에서 보편화되면서 1970년대는 다양한 심리학적 모델링이 시도되었다. 1980년대는 심리학에서 영역을 넓혀 텍스트언어학, 컴퓨터언어학, 사회언어학, 신경언어학, 사회학과 기타 학제간으로 확대되었고 1990년대는 80년대 영역이 더 확장되어 2000년대는 통번역이 시대별, 분야별로 나누어 본격적인 통번역학에 관한 체계적인 연구가 기반을 마련했다. 최근까지 많은 관심의 대상이 되었던 테솔(TESOL)은 영어를 영어로 가르치는 교수법 과정이지만, 비즈니스 통번역과정은 업무에 필요한 영역의 통역과 번역 능력향상을 위한 과정이다. 영어가 국제어로서 발돋움하여 그 위치를 확고히 하고 있는 지금 우리나라의 영어교육은 그 시작부터가 조금씩 변화하여야 한다. 물론 지금의 교육현실에 있어 변화가 쉽게는 이루어지지는 않겠지만 서서히 다른 모습으로 변모를 해야 한다는 것은 기정사실인 것 같다. 또 언어라는 학문이 하루아침에 잘할 수 있게 되는 것이 아니라 꾸준한 학습과 개인차가 고려된 교수법이 첨가되어야 하기 때문에 학생들의 언어 습득 과정과 수준을 고려하여, 평이하고 이해 가능한 학습내용을 제시하는 것이 바람직하다. 통역/번역 언어를 사용하는 언어집단이 갖고 있는 문화가 실제 통역/번역과정과 그 효과에 미치는 영향을 민족지적 언어학, 인류학적 언어학 등 다양한 문화-언어관련 이론을 통해 이해하고, 이러한 이해를 바탕으로 한 통역/번역 접근법 개발의 필요성을 제기하는 것은 물론이고, 언어가 서로 다른 언어 사용집단 별로, 혹은 동일한 언어 사용집단 내에서 다르게 구사되는 현상을 비롯한 사회언어학적 관심사를 어역, 수사학적 스타일, 형식적 특성을 지니고 있다는 전제하에서 고민해 보는 것은 유익한 도구가 될 수 있다.

새로운 흐름에 발맞추어 수많은 혁신적인 EFL 교수법들이 한국으로 유입이 되고 있는데, 그 중의 하나가 이중 언어다. 지구촌 시대를 살고 있는 오늘날, 다중언어를 사용하는 능력에 대한 필요성은 그 어느 때보다 커지고 있다. 따라서 전통적인 외국어 수업 모델보다는 높은 수준의 이중 언어 능력을 향상시킬 수 있는 프로그램을 개발하는 것이 선생님들에게 필수적으로 부여된 몫이다. 영어가 세계 공용어로서 기능을 하는 지금, EFL 강사들의 도전은 날로 커지고 있다. 한국과 같이 영어와 다른 문자 체계를 가지고 있고, 밖에서는 영어를 사용하는 환경이 아니기 때문이다. 더군다나 영어교수에 대한 연구는 대부분 EFL 환경과 상당한 차이를 보이는 ESL에 관련된 것이기에 이를 EFL 환경에 바로 적용 시키는 것은 힘들다. 따라서 경쟁력 있는 이중 언어자로 만들기 위해서는 학습자의 이중 언어를 발달시키기 위한 적합한 교수환경을 탐구해야 한다. 그런 노력 중의 하나로 이중 언어 교수법을 고민해 볼 필요가 있다. 한국에서는 모국어가 두 가지 방법으로 쓰이는데, 하나는 가르치는 동안 뜻을 음성으로 통역하는 것이고 다른 하나는 영어를 글로 번역하는 것이다. 특히 두 번째의 문자언어에서 모국어의 사용은 Dobson의 이중 언어 모델과 EFL 강의실 상황과 차이를 두는 것이다. 다른 전형적인 EFL 상황에서는 강사가 뜻을 설명하고 지침을 정확하게 하며, 문법 요소를 설명할 때 한국어가 쓰였지만, 이중 언어에서는 학생들이 영어를 사용하게끔 자극하기 위해 한글이 사용된다. 사실, 한글과 영어를 바꾸면서 사용하는 것은 통역에 목적이 있는 것이 아니라, 이중 언어 상황을 강조하기 위함이다. 마찬가지로 영어와 한글이 함께 쓰인 텍스트는 그림, 노래, 라임, 게임, 이야기, 연극 등의 도움을 받아 의도적으로 이중 언어 환경을 창출해내고 궁극적으로 이중 언어의 능력을 길러내 준다.

특히, 교육 현장에서 교육의 효과를 극대화하여 만족도를 높이기 위해서는 잘 짜인 커리큘럼이 중요한데 이는 어떤 내용을 가지고 어떤 방식으로 가르치고 평가할 것인가와 직결된다. 커리큘럼의 핵심은 문장구역 및 통역입문, 텍스트 분석 및 번역 입문, 영한 순차통역, 동시통역, 영어번역

이론, 비즈니스 영어, 영한/한영 순차통역 심화, 정치 경제 인문 사회 번역에 상관없이, 적절한 교육목표를 분명하게 설정하는 것이고 교육목표에 따라 커리큘럼이 정해지고 강의 계획에 따라 수업의 내용일 정해지기 때문에 교육목표는 교수법의 기본적인 토대가 된다. 이를 통해 교수자와 학습자간의 커뮤니케이션이 용이해 지고 텍스트 선택이 용이하고 다양한 학습 활동이 가능해져 내용을 평가할 근거가 되는 장점이 있다.

특히, 언어 교육과 통번역 교육의 연구에 있어서 전문 통번역 강의실에서 채택하고 있는 통번역 교육 기법이 언어 교육에 어떤 가치를 지니고 있는지에 대해서는 그 동안 연구가 제대로 이루어졌다고 보기 힘들다. 통번역 교육 현장에서는 다른 언어 간 텍스트 전환 문제에 주로 초점을 맞추어 교수 학습 활동이 이루어지기는 하나, 그 과정에서 통번역의 기본 도구인 언어 능력 개발에 직접, 간접적으로 주목하고, 발전을 꾀할 수밖에 없다. 따라서 통번역 교육 현장에서 언어의 기능, 교수자와 학습자의 역할, 학습 활동, 평가 등에 대해 어떤 전제를 가지고 접근하는지 살펴봄으로써, 통번역 교수 기법을 의사소통적 언어 교육과 문법 번역식 교육 기법과 비교해 보고, 언어 교육 현장에서의 응용 방안에 대해 알아보고자 하는 노력은 필요한 과정으로 생각된다.

제1부

통역학 교수 방법론

제1장

통역학 교수 방법의 제이론

　언어는 인류가 상호 커뮤니케이션을 하는 데에 있어서 매우 중요한 도구이다. 서로 다른 언어와 문화권의 사람들이 사상적 교류를 할 때는 통역번역이라는 수단을 이용하였다. 따라서 통번역은 매우 중요한 의사소통인 동시에 과학이요 예술이다. 통역과 번역은 출발어에서 도착어로의 의미전환을 뜻한다. 즉, 한국어에서 영어로의 통역번역을 이야기한다면 출발어는 한국어가 되고 도착어는 영어가 된다. 반대로 영어에서 한국어로 통번역 하는 경우에는 그 반대가 된다. 번역은 인류의 문자문명이 시작되면서 함께 시작되었다. 야콥슨이 지적한 바와 같이 번역이라는 작업을 넓은 의미에서 보면 언어와 기호라는 일련의 과정으로 볼 수 있다는 점은 이미 상식이 되어 있다. 또 번역은 행위가 단어와 단어, 문장과 문장의 일대일 대응이 아니어서 번역 작업을 하나의 텍스트를 다른 언어 텍스트로 치환하는 것이라고 단순화하기가 어려운 원인이 여기에 있다. 번역은 개인, 집단, 문화 서로 간의 단계에 걸쳐 이루어지고 이것이 중복될 경우 그 중요성이 더해지며 번역자와 통역자 모두 하나의 언어가 갖는 의미를 말로 표현된 언어로 다룬다는 점에서 차이가 있다. 번역자는 쓰여진 텍스트에 한정해서 메시지를 해독하고 통역자는 언어와 비언어적 커뮤니케이션이 불가피하게 포함된다.

대개 번역 능력의 구성요소는 언어적 능력, 문화적 능력, 번역 툴의 활용 능력(컴퓨터, 연구 및 커뮤니케이션 시스템, 문서 작성 및 출판), 전문가로서 마인드, 관계 형성 능력, 주제 지식(정치, 경제, 사회, 문화, 예술, 기술), 마음가짐과 번역에 대한 총체적 이해로 구분하여 이해하는 반면에, 통역학은 앞서 지적한 바대로 타학문과의 연계라는 관점에서 볼 때 크게는 두 가지로 구분할 수 있다. 우선 통역에 대한 자체적 호기심에서 발생하여 타학문과의 연계성이 겉으로 드러나지 않는 순수 통역 이론과 타학문의 연구결과를 적극 수용하며 학제 연구를 표방한 학제연구로서 통역 이론이다. 학제 연구라고 해서 모두 학제 연구를 표방하는 것도 아니며 순수 통역학이라고 해서 타학문의 연구결과와 무관한 것도 아니다. 그렇다면, 통번역학에 이론 교육을 포함시키는 것이 효과적인 교수 방법론이 될 수 있는가? "New wine in an old bottle"은 속담으로 오래된 틀 안에 새로운 개념을 적용한다는 말로 오늘날 통번역 교수법을 비롯한 오래된 교수법의 부활을 의미한다. 따라서 통번역 실무와 이론의 접목에 대한 필요성은 연구할 필요가 있는 것은 급변하는 통번역 환경과 시장의 급부상에 보조를 함께 해야 하고 통번역 교육현장에서 새로운 교육 모델이 필요하기 때문이다. 이것이 중요한 이유는 그 논의의 결과가 구체적인 교육내용을 결정하는데 직접적인 영향을 미치고 또 어떤 내용을 가르칠 것인가와 직결되기 때문이다.

전통적인 통번역 수업은 실무 연습 위주로 진행되어왔으나 이론 교육에 대한 관심이 부상하게 된 것은 최근 현상이다. 통역 현상을 연구 대상으로 하는 통역학이 응용학문의 수준을 넘어 유럽중심의 개별적인 학문으로 뿌리를 내리게 된 것은 1950년대 후반으로 오래 되지 않았다. 통역(interpreting)은 서로 통하지 않는 둘 이상의 언어 구사자 사이에서 그들이 사용하는 말을 이해하여 그 뜻을 전해주는 행위를 말한다. 통역은 문자언어를 시간을 두고 숙고하여 문자로 옮기는 번역과는 구별되는 개념이며, 통역의 대상이 되는 언어는 반드시 발화(發話)되는 언어일 필요는 없고, 청각 장애인들의 수화가 될 수도 있다. 통역사(interpreter) 또는 통역원은 글자 그대로 통역해 주는 사람을 말한다. 일반적으로 통역을 하는 사람은 통역, 통역을 전문 직업으로 하는 사람은 통역원, 통역할 자격을 갖춘 사람은 통역사라고 한다.

통역 실무와 이와 관련성이 있는 통역 이론은 크게 두 가지 범주에 해당한다. 실무 차원에서 통역 능력을 향상시키기 위한 방법론은 이론적 바탕이 되는 것이고 통역 실무는 통역 그 자체를 연구 대상으로 하는 인지적 사회적 현상들을 학문적인 관점에서 조망하는 것이다. 더 나아가 오늘날 통역학의 개념은 단순히 개별적인 영역에만 속하는 것이 아니라 학제간 영역을 아우르고 있다는 점은 이미 알려진 사실이다. 문화 인류학, 응용언어학, 심리언어학, 인지언어학, 신경언어학이나 사회언어학과의 연계는 더 두드러진다. 타학문의 이론이 통역 연구의 바탕이 되면서 응용 통역학이란 학문이 새로 생겨나게 되고 응용 통역학 가운데 가장 큰 부분을 차지하고 있는 것이 심리, 인지, 텍스트 언어학과 같은 모델이다. 이외에도 기계통역은 컴퓨터 언어학 원리를 이용해 응용하는 원리로 인간이 하는 통역의 보조역할을 하며 사회언어학과의 접목은 사회 지역

집단과 개인에게서 큰 역할을 한다. 더 나아가 양적으로나 질적으로 많은 팽창을 해온 통역학이 학문적으로는 한 시점의 언어 구조를 역사적 배경은 배제한 채 있는 통역학에 관한 연구나 출판 서적과 같이 그대로를 기술하는 공시적(synchronic) 접근(통번역 사전 출판)과 시대별로 통역학의 발전을 조망해 보는 역사적인 관점에서 바라보는 통시적(diachronic) 접근을 통해 발전해 왔다. 그렇지만 아직은 통역학이란 학문이 나아가야 할 이론적인 틀과 해결해야 할 과제는 많이 있고, 순수 통역학과 응용 통역학을 중심으로 모든 언어학과 기타 학제간 연구 역시 커다란 과제로 남아있다.

순수한 의미의 통역이론이란 통역 자체에 대한 호기심에서 출발한 이론으로 다른 학문과의 가시적 연계 없이 문제해결 방식을 자체적으로 찾아가는 이론이다. 통역학 정의와 범주 설정의 문제는 단순히 연구대상과 통역, 번역의 영역 구분 문제에 그치지 않는다. 통역학을 넓게 정의하면, 통역관련 저술 대부분이 통역학 범주에 포함될 수 있지만, 이러한 연구 모두가 엄격한 의미에서 학문적 성격을 띠는 것은 아니다. 통역학 연구에는 크게 두 가시 범수가 있는데 이는 통역 실무와 관련된 통역이론으로 실제상황에서 통역능력을 향상시키기 위한 방법론, 혹은 그 이론적 바탕이라 볼 수 있는데 통역사 경험에서 우러난 통역기술, 교수법 등을 이론적으로 체계화한 것이다. 다른 하나는 통역현상 자체를 연구대상으로 그 원리를 알고자 하는 학문적 호기심에서 비롯된 통역의 학문적 연구이다. 이들은 통역현상을 둘러싼 인지, 사회적 현상 등을 학문적으로 조망하며 통역 기술론 등에 비해 보다 이론적 성격을 갖는다. 엄격한 기준으로 볼 때 학문으로서의 통역학은 후자를 가리키는 것이지만, 전자, 후자의 구분이 모호한 경우도 많아 양자를 큰 범주의 통역학으로 포함시키고 있다. 여기서 전자와 후자의 구분이 모호한 것은 통역관련 연구 중에는 통역기술에 대한 실질적 관심에서 출발해 그 원리를 파헤치는 논문도 존재하고, 반대로 원리를 연구한 후, 이를 실무에 적용해 통역기술을 향상시키고자 하는 연구방향도 존재한다.

일반 통번역론자 Ammann & Vermeer는 통번역 커리큘럼에 대한 연구에서 통번역학을 <통번역 이론>과 <통번역학 이론>으로 구분 지을 것을 주장하고 있다. 실질적 도움을 주는 <통번역 이론>은 통번역 기술을 익히는 학부나 석사과정에서, 그보다 이론적인 <통번역학 이론>은 통번역을 보다 심도 있게 연구할 수 있는 박사과정에서 다루어야 한다는 것이 그들의 견해이다. 이 중 Transtologie의 영어 형태인 Transtology는 오늘날 통번역학계에서 넓은 의미의 통번역학을 가리키는 표현으로 보편화 되고 있다.

"Interpretation is a communication process, designed to reveal meanings and relationships of our cultural and natural heritage, through involvement with objects, artifacts, landscapes and sites." It should be stressed that interpretive communications is not simply presenting information, but a specific communication strategy that is used to translate that information for people, from the technical language of the expert, to the everyday language of the visitor. Where do the basic strategies, techniques and principles of Interpretive Communications come from? It is important to remember that the communication process of interpretation did not spontaneously appear one day. Interpretation(the profession, and the techniques and approaches) are a wonderful mix from communication principles from many other professions. Interpreters should have a basic working knowledge of each of these to include: * Journalism * Marketing * Psychology * Non-formal and adult education theory and presentations. * Business management and finances. * Recreation and tourism planning/principles * Media planning/design principles.

- Understanding the Audience

One of the key areas of knowledge that interpreters must have to be effective in their presentations is an understanding of how visitors learn and remember information in a recreational learning environment. A recreational learning experience is one where the person has self-selected to attend or participate in a program for "fun". The "learning" that occurs is viewed as fun as well. Anyone that has a hobby, such as coin collecting, model making, studying aspects of history, bird watching, etc. is involved with recreational learning. We learn because we want to, and the process of learning and discovery gives us pleasure.

I am often asked what, if any, are the differences between the three; information, environmental education, and interpretation.

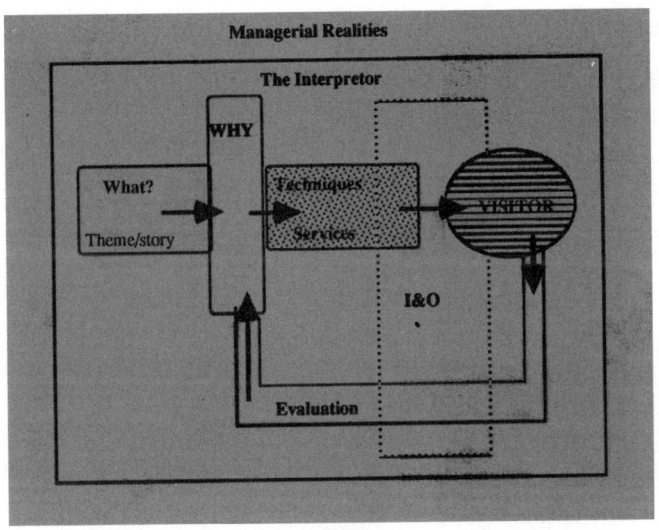

<그림 1> The model of the Interpretation Communication Process

In this model of interpretive communications we can see several different components. First, we must have some message(WHAT) that we want to convey - what is the story that we want to tell? Then we must have specific objectives that we want the message, program or service to accomplish. We have interpretive techniques that we can use to actually present the message(Tilden's principles), and services in which to use the techniques(self-guiding trail or auto tour, live program, exhibits, publications). (Veverka, John A. 1994. Interpretive Master Planning. Falcon Press, Helena, MT.)

반복되는 말이지만, 언어는 인간의 생각과 감정을 표현해 내는 도구로써의 역할을 한다. 따라서 영어를 잘 하기 위해서는 모국어에 대한 이해가 높은 단계로 발전되어 있어야 가능한 일이다. 만약, 언어가 단지 시험 문제를 풀어 높은 점수를 받는 도구로만 사용된다면, 이것은 이미 언어로써의 기능을 하지 못하는 경우가 된다. 언어 학습은 단기간에 습득되는 것이 아니라는 것을 명심하고, 학습자와 교육자 모두 인내심을 가지고 학습을 진행하는 것이 가장 바람직한 방법론이 된다.

1. George Herbert Mead의 의사소통이론

사회와 인간행동을 언어적 메커니즘인 의사소통으로 설명하고 있는 조지 허버트 미드는 퍼스, 듀우이, 제임즈와 같은 실용주의자로서 의사소통이론을 구체화한 사람이다. 그는 언어를 인간사회에서 일어나는 의사소통 수단으로 보고 의사소통은 실험실에서 이루어지는 것이 아니라 사회에서 수행된다는 사실을 고려하고 있다. 더 나아가서 인간의 정체성은 의사소통되는 사회에서 우선 형성된다는 주장을 하고 있다. 텍스트언어학에서 연구 단위를 낱말이나 통사적 단위로부터 텍스트로 전환해서 고찰하는 사고는 정체성이 개인에 있지 않고 사회에 있다는 미드의 코페르니쿠스적 사고와 유사하고 텍스트성의 특성 가운데 상황성과 미드가 말하는 정체성의 형성은 사회 제한성으로 볼 때 유사한 점이 많다.

조지 허버트 미드는 사회를 문제투성이의 연구대상으로 보지 않고 인간과 인간이 사용하는 언어와 정체성을 묶어서 통합적으로 이해하려고 했다. 인간의 삶이란 상호자거 이해에 근거를 두는 의사소통을 토대로 한다고 주장하며 정신과 물질, 영혼과 육체, 인식하는 자와 인식된 것,

표상과 사실, 관념과 감각, 행위와 느낌, 사실과 가치, 추상적인 것과 구체적인 것들이 유기체 안에서 하나로 나타난다고 한다.

언어는 권력의 도구로 사용되기도 하고 계층화된 사람들이 상이한 언어를 사용하며 성차별의 수단이 되기도 하며 이데올로기의 전유물이 되기도 하여 억압의 수단이 되기도 한다. 그러나 미드가 생각하는 언어는 개인의 사생활에 필요한 수단이고 사고의 수단이기도 하다. 언어가 사고의 도구라는 생각은 훔볼트의 사상과도 일맥상통한다. 미드는 개인을 언어와 동일한 유기체로 보고 언어를 사용하는 개인은 정해진 사회에서 생활함으로써 정체성, 의식, 감각을 획득한다고 생각한다.

G. H. Mead에 의하면 개인은 단지 행위를 하는 대리인이고 의지의 자유가 보장된 주관성을 소지하고 있지만, 행위들이 직접 만나게 될 때는 어떤 것도 직접적으로 행위 과정을 결정할 수 없다. 행위를 위한 자극과 조건으로서 고찰될 수 있는 것이 자기주장이다. 미드는 주격이라서 "I"를 주체로 보고 목적격으로서 "me"를 개게 또는 대상으로 보는데 이것이 의사소통에서 국면 전환이 일어난다고 한다. 미드는 이런 고유한 정체성을 일반적인 객체로 만드는 능력이란 동일한 인간의 경험과 관련있는 것으로 생각한다. 미드에 따르면 우리의 고유한 자아가 형성되려면 제2의 자아인 타인의 도움이 필요하고 그들에 종속되어야 하는데 그곳이 사회(Gesellschaft)이다. 주체는 외관상 마치 타인이 없는 것처럼 보이게 하지만 사실은의 행동에서부터 새로운 자극이 생겨난다. 주체를 형성하는 정체성은 접촉하는 사회적 행위 본능의 협력에서 산출된다. 기능심리학에서 연구하는 것은 경험인데 우리는 개인이 주관성에 머무는 동안 주체인 "나"와 객체인 "me"를 통해서 개인의 정체성이 형성되어가는 과

정을 알 수 있다.

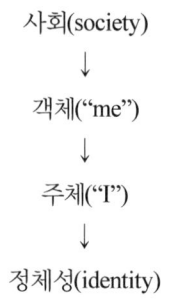

　행동하는 자의 자아는 사회에 있는 하나의 객체이고 다음 행동을 위한 자극이다. 미드는 인간의 삶이란 사회성의 한 형식이라고 이해하고 인간 사회는 의식을 갖는 지적인 개인의 총집합으로부터 생기는 것이 아니기 때문에 인간 삶 형식이 생성되는 전이과정도 역시 진화적이다. 따라서 사회성이란 근본적으로 고독한 개인들의 관계가 발전된 결과라는 생각과는 달리 미드는 주체성, 인간, 개성이 형성되는데 있어 가장 중요한 것은 사회와 의사소통이며 그곳에서 통용되는 언어라고 한다. 내가 존재하기 위해 네가 존재해야 하는 것이 사회이고 그래서 의사소통은 각자가 조재하기 위한 필수적 과정이다.
　미드 당시 의사소통에 대한 이해는 관념론과 진화론의 주장이 대립하고 있고 진화론의 주장은 사회성보다는 개인적 의식이 사회성보다 선행한다는 의식이 지배적이었으나 관념론에 영향을 받은 미드는 "삶 형식은 사회성에 근거를 둔다"라고 생각하였다. 그에 따르면 정체성, 개인, 의식과 인지 등은 사회보다 늦게 만들어진다. 사회적 의식이 어떤 개인의 자의식보다 먼저 생기고 사회적 객체들은 본능과 충동이 만남으로 발생하며 동물의 경우 행위란 본능의 단순한 표현이 나이라 사회적 경험을 통해 바뀌는 이차적인 것이다. 가령, 어린 동물들은 놀이를 통해 성장하고 놀이과정을 보면 공격적인 본능은 점차적으로 친화적인 본능을 통해서 억제된다는 것이다. 이 친화적 본능이 사회성에서 먼저 생성되고 나중에 적대적 본능이 만들어진다. 인간의 경우에도 마찬가지로 개인 정체성과 같은 성찰적 지성과 자아는 이런 과정을 통해 사회성으로부터 생성된다. 이런 자극을 통해 의사소통이 생성되면 이것이 사회와 의사소통간의 상호성이다.

미드에 의하면 몸짓은 우리가 몸짓에 관해 의식하기 전에 이미 의미를 갖는다. 몸짓은 사회에서 만들어 지는 것이지 개인적 의식에서 생성되는 것이 아니라고 한다. 의미가 만들어 지는 것은 유기체의 몸짓과 이 몸짓에 대한 두 번째 유기체의 반응 결과로 이것이 사회적 전체 행위로 이어진다. 그에 의하면 사고는 사회적 행위의 결과이다: "모든 몸짓이 타인에게 작용하는 것처럼 우리에게도 작용함으로써 다른 사람의 행동을 우리에게서 일으키고, 그럼으로써 우리에게 타인의 역할을 전수시키는 그와 같은 몸짓을 우리가 준비하도록 함으로써 의사소통은 사고를 수행한다."

이런 생각은 어린이의 언어습득 과정을 고찰해 보면 명백하다. 어린아이는 다른 사람의 개별적인 반응을 내부로 수용하고 이를 다시 발현시키는데 이 과정에서 어린이는 의식을 구체화시킬 수 있다. 또한 어린이는 성장과정에 친구들과 서로역할을 바꾸어 가상놀이를 하는데 결국 이들은 여러 가지 역할을 상대의 역할과 동일하게 한다. 이는 "일반화된 타인"으로 개인의 정체성이 타인의 행동을 넘겨받음으로써 "me"를 보편화된 타인이 나타날 때만 반응하는 것이므로 "자아"가 행동한다고 말할 수 없다. 이는 언어에서 잘 나타난다.

일반적으로 언어학자들은 언어를 통해 의사소통이론을 설정하고 발신자와 수신자의 역할과 코드가 상황과 맥락에 따라 의사소통이 이루어진다고 한다. 그러나 미드는 보다 광범위한 사회를 그 배경에 놓고 의사소통을 설명한다는 점이며, 특이한 것은 언어를 통한 의사소통이 바로 우리 인간의 정체성을 확보하는 바탕이 된다는 점이다.

① 행동주의란?
- 지식이 외부에 있다고 봄.
- 백지설 통해 태어날 때 백시 상태라고 봄. 즉, 지식이 없으므로 외부에서 지식 주입해야 한다고 주장.
- 행동주의 그림의 주머니를 지식으로 보면 외부에서 지식을 가진 권유자가 백지상태의 아동에게 지식을 주입해야 함.
- 외부 지식을 내재화하기 위해 아동은 습관형성을 위한 반복과 모방이 필요하다고 주장.

② 인지주의
- 인간은 언어능력을 가지고 태어나는데, Chomsky는 언어습득장치(Language Acquisition Device : LAD)라고 함.
- 고로 스스로 문법 규칙을 터득하도록 하는 학습자 개인의 인지 능력을 중요시 함.

③ 구성주의
- 인지주의 주장하면서 사회와의 관계 추가.
- 인간은 사회 속에 존재, 타인과의 상호 작용을 통해 지식을 구성해 나간다고 봄.
- 사회적 상호작용 할수록 그만큼 지식을 쌓아 그 지식을 구성해 나간다는 의미에서 구성주의라 함.

2. 순수 통역학 이론과 학제간 연구

통역 교수법은 시대와 상황에 따라 다를 수 있다는 특성이 있어 통역은 언어학적 연구로만 충분히 설명할 수 없는 복합적인 현상으로 출발부터 학제간 연구와 연계된 성격이 강한 학문이다. 특히 순수 통역학은 통역의 전체나 일부 현상에 관심을 가지고 이를 중심으로 연구가 논의 되어 왔다. 통역학이 순수한 학문으로 독립된 역할을 할 수 있게 한 기반이 되는 이론은 의미 통번역론과 일반 통번역론이다. 사실, 학제연구와 순수 통번역학 이론의 경계를 구분하는 것은 현실적으로 쉬운 일이 아니다. 이는 마치 언어라는 대상을 바라보는 관점에서 그 차이점을 볼 수 있다.

통번역학에서 순수 언어학 연구 차원에서 보면 통사론, 문법론, 화용론이 가장 활발하게 연구되고 교수법으로 애용되어온 것이 사실이다. 구체적인 이유를 들어보자면 이들 분야가 통번역과 연계되는 접합점들이 크기 때문이다. 다시 말해 통번역의 흐름과 일맥 상통하는 점들이 많다는 의미이다. 다른 한편으로는, 언어가 가지고 있는 어휘에 대한 등가어를 다른 언어에서 찾는데 있어서 의미론, 어휘론, 문법론, 통사론, 화용론은 중요한 역할을 하는 것이 사실이다. 심리언어학적 관점에서는 언어를 단지 인간 심리의 결과물이지만 사회언어학적 관점에서 보면 언어 연구를 사회적인 관점에서 바라본다. 그렇다면 순수 언어학이나 순수 통역학의 한계를 구분하는 것이 모호할 뿐이다. 그럼에도 불구하고 순수 언어학에서는 인간의 발음 기관을 연구하는 음성학(Phonetics), 언어체계에서 의미 구분을 가능케 하는 최소 단위인 음소(phoneme)와 그 체계를 연구하는 음운론(Phonology), 의미를 갖는 최소 문법단위로서 형태소(morpheme)를 연구하고 형태소가 실제로 언어사용에서 어떻게 명사, 동사, 형용사, 부사, 전치사와 같이 변형되는지를 연구하는 형태론(Morphology), 문법요소들이 문장을 이루는 규칙을 체계적으로 연구하는 통사론(Syntax), 사회적으로 통용되는 기호체계 중에서도 인간의 언어가 가지고 있는 의미를 연구하는 의미론(Semantics) 및 세부적으로 언어체계 내에서 표현의 특성을 세분하여 구조 의미론(structural semantics), 개개 어휘의 의미 구조를 연구하는 어휘 의미론(lexical semantics), 문장 내에서 문장 성분을 분석하는 통사 의미론(sentence semantics), 지시체계와 표현의 연계성을 연구하는 지시 의미론(reference semantics), 담화 의미를 연구대상으로 하는 발화 의미론(utterance semantics), 그리고 다양한 학문 간의 연계로 다양한 연구 분야에서 언어의 사용에서 드러나는 현상을 순수한 학문적 호기심으로 연구하는 화용론(Pragmatics)이 순수 언어학으로서 자리를 굳히고 있다.

통번역학 교수법과 관련하여 최근 많은 관심의 대상이 되어온 것은 화용론이나 텍스트 언어학이다. 통번역 행위는 텍스트를 출발점으로 하고 새로운 텍스트를 산출해 나가는 과정이다. 특히 텍스트 언어학은 언어 사용의 결과물로서 인간의 사고를 담고 있는 의사소통의 매개체로서 텍스트를 연구하는 학문인 동시에 텍스트를 문장과 같은 하나의 언어 단위로 바라보면서 언어 체계를 중시하는 구조주의 언어학이 한 발자국 더 발전한 형태이다. 보그란데와 드레슬러(Beaugrande & Dressler)는 텍스트의 성립조건으로 응집성, 응결성, 상황성, 용인성, 텍스트 상호성을 들고 있다.

우선 텍스트의 응집성(Coherence)이란 심리언어학적 관점에서 접근하며 텍스트를 이해하는 이의 인지 작용에 따라 형성되며 반드시 인간의 인지 작용이 있어야 한다. 또 텍스트 수용자로 하여금 텍스트를 이해할 수 있도록 만드는 논리의 일관성으로 통역에서 질적으로 중요하다. 통역사는 항상 전체 텍스트의 일부만 접할 수 있기 때문에 입력되거나 들어오는 텍스트의 부분과 부분을 전체적으로 연결해 줄 응집성가 응결성에 의존할 수밖에 없다. 텍스트의 조직성을 나타내는 요소로는 어휘의 반복, 대체, 연어(collocation)이 있다. 텍스트를 하나의 통일된 장면으로 이해해야 하는데, 통번역가는 텍스트 각 부분마다 작은 단위의 장면을 형성하고 이를 수정하고 통합하는 과정을 거치면서 하나의 통일된 장면을 만들게 된다. 출발어 문장의 일부만 듣고 발화를 해야 하는 동시통역에서는 출발어와 도착어의 통사구조나 텍스트가 다를 경우 정보나열 순서가 바뀌지는 경우가 발생하는데 이런 경우를 적절하게 대응하지 않으면 의사전달에 문제가 발생할 수 있다.

반면에, 응결성(Cohesion)이란 텍스트의 표층적 심층적 연결 요소를 모두 통합하는 개념으로 접속사, 반복 과 같이 텍스트 표층에 드러난 텍스트 연결 요소를 지칭하는 개념으로 이해된다. 응결성은 Halliday & Hasan이 주창한 개념으로 텍스트의 표층구조에 텍스트를 하나의 단위로 응결하는 지시(reference), 대체와 생략(substitution and ellipsis), 접속사(conjunction) 등이 청자의 이해도를 높이기 위해 응결 수단으로 사용된다. 이 가운데서도 가장 중요한 역할을 하는 것이 접속사인데 텍스트의 전반적인 이해를 하는데 의미단위를 연결하는 중요한 역할을 하기 때문이다.

응결성과 관련하여 텔레비전 뉴스 프로그램은 신문의 기사와 달리 글이 아닌 말로 전달되고 라디오 뉴스 프로그램과 달리 영상이 함께 제공된다는 특징을 지닌다. 이런 특징은 텍스트 구성에서 드러나는데 신문의 기사가 대부분 글로 구성되고 종종 사진과 함께 구성되는 것과 달리 텔레비전 뉴스 프로그램은 제목, 앵커, 기자 리포트 등으로 구성되어 기사에 따라 인터뷰가 삽입되며 자막과 그래픽 영상도 구성요소가 된다. 그러므로 뉴스 기사는 신문 기사보다 훨씬 복잡한 텍스트 구조를 가지고 뉴스 기사를 구성하기 위해 고려해야 할 요소가 다양하다. 뉴스 프로그램은 불특정 다수를 대상으로 한 특성으로 수용자가 이해하기 쉽게 구성되어야 하며 응결성과 응집성이 기본적으로 잘 갖추어져야 한다. 그러나 뉴스 기사를 분석해 보면 비교적 텍스트가 잘 짜여졌어도 응결성이 부족한 경우를 많이 볼 수 있다. 이처럼 응결성은 모든 텍스트 구성의 기본 요건으로 응결 장치의 효과를 고려해야 한다.

일반적으로 영어는 선행어를 다시 받을 때 대명사를 사용한다. "Barak Obama" → "Obama" → "He" → "His" → "Him" 그러나 동일 지시 대상이라고 해서 무조건적으로 대명사를 사용하는 것은 아니다. 영문법으로는 Obama→ he→ him을 병해해서 사용해도 텍스트 구성면에서 문제가 없음에도 불구하고 어휘적 응결장치와 문법적 응결장치가 비슷한 정도로 균형을 유지하여 사용한다는 것은 텍스트의 응결을 위해 필요하다. 선행어가 있음에도 불구하고 대명사를 사용하시 않는 이유는 대상인물인 Obama를 강조하기 위해서이다. 이는 응결장치인 대명사보다 어휘적 응결장치인 인명을 사용하기 때문이다: Obama's power → Obama as a President of the US. 이외에도, 영어의 지시표현은 다양한 응결 장치를 지니고 있다. this, that, the, it이 바로 그 예이다.

이와는 달리 국어의 대용형은 생략되는 일이 많은데 특별히 선행어와 거리가 멀지 않고 혼동의 염려가 적을 때에는 생략해 버리고 대용형을 쓰지 않는 경우가 많다.

3. 해석이론과 의미 통번역론

실질적 통역과 기술 습득 방식에 초점을 두고 있는 해석이론으로서 의미 통번역론은 1962년 셀레스코비치(Danica Seleskovitch)가 회의 번역을 발표하면서 시작되었다. 언어 그 자체 대신 언어가 가지고 있는 메시지를 중심에 두고, 통역을 의미의 전달로 간주하고 언어와 언어의 치환으로 생각하지 않는 이론으로 레더러(Lederer)는 통역은 언어가 지고 있는 자체의 의미에 통역사가 자신의 경험과 인지인 지식을 첨가해서 이를 이해하는 의미로 강조한다. 특히 셀레스코비치는 번역과 통역을 언어가 아닌 메시지의 전달로 보는 언어의 전달과 표현방식으로 본다. 통역은 음성으로 전달하는 통역행위이고 번역은 문자로 원문을 읽고 이해하여 전달하는 행위로 본다. 그가 말하는 '의미' 한 단어가 가지고 있는 의미와 그 단어가 담화 상황과 문맥에서 가지는 의미가 있는데 문맥에 의해 부여된 단어의 실질적 의미가 통번역의 기본적인 단위임을 강조한다.

이런 '내용적 의미'는 언어의미에 청자의 인지 상태가 첨가되면서 형성되고 의식적으로 형성된다. 이런 내용적 의미를 파악하는 것은 청자가 의식적인 노력을 할 필요가 있다. 내용적 의미의 형성과정은 음성을 듣고 언어적 의미를 떠올리는 무의식적 과정과 이를 이해하고 이미지화하는 의식적 과정으로 구분하여 다음과 같은 단계로 설명한다. 첫째, 발화된 언어를 듣고 둘째, 자동 연상 작용으로 해당 단어의 언어적 의미를 떠 올리며 셋째, 기억에 저장된 문맥 지식이 결합하는 의식적 이해와 노력을 거쳐 넷째, 기존 지식과 문맥 지식이 결합한 결과로 내용적 의미가 형성된다.

세튼(Setton)에 의하면 '의미 통번역론'에서는 통역사가 지니고 있는 이해력과 발화는 텍스트의 언어가 담고 있는 내용과 그 내용에 대한 통역사의 지식과 경험에 따라 불규칙한 형태로 이루어진다고 한다. 세튼은 마치 파도형태로 통역사의 지식과 경험이 텍스트에 대한 이해를 하는데 있어서 인지하고 있는 기억만이 비언어적 형태로 남아 텍스트 내용의 어려움에 따라 어려울 때는 느리게 내용이 쉬울 때는 빠르게 도착어로 언어화 되어 나타난다는 것이다.

앞서 지적한 바와 같이, 의미 통번역론의 기본적인 전제는 통역 교육이 언어 교육과 차별화 된다는 점이다. 통역은 기본적으로 텍스트의 메시지에 해당하는 내용을 포착하여 도착어로 표현하는 것이므로 언어 능력의 향상을 목적으로 하는 언어교육과는 차별화 된다. 그렇기 때문에 통역 교수법의 목은 메시지를 이해하고 전달하는 것이 궁극적인 목적이다. 이를 위한 교수법으로서는 텍스트의 내용을 파악하고 이해하며 표현하는 방법과 등가어를 익히고 통역기술을 개발하며 기억력을 향상시키는 원리 원칙을 비롯하여 이들을 활용하고 연습하도록 하는 것이 중요하다.

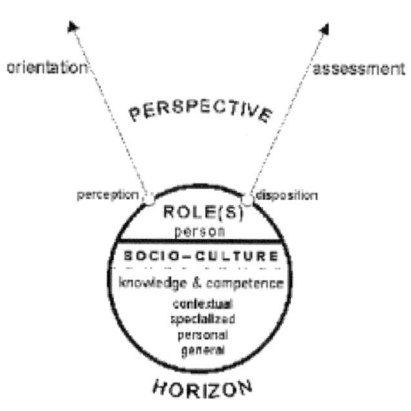

<그림 2> 기억력을 향상시키는 원리

셀레스코비치Seleskovitch)는 이런 통역과정을 듣기와 이해하기, 발화하기와 같이 분류하면서 이런 단계가 동시 다발적으로 이루어진다고 한다. 먼저 듣기는 1단계로서 간단한 문장이 선호되며 이해도가 높은 반면 짧은 시간에 반복되어 메시지를 파악해야 하는 통역사에게 큰 장점이 되며 통역사는 소멸성이 높은 연사의 발화를 시간 내에 이해하기위해 청각적 정보와 시각적 정보를 이용하여 이해할 수 있는 조건을 갖춘다. 2번째로 내용의 의미를 이해하는 단계이다. 통역사는 발화 내용을 이해하기 위해 인지적 노력을 하게 되고 이를 이해하면 이미지 형태로 기억된다. 마지막으로 발화단계에서는 통역사는 1-2단계에서 형성된 내용을 도착어로 재언어화한다.

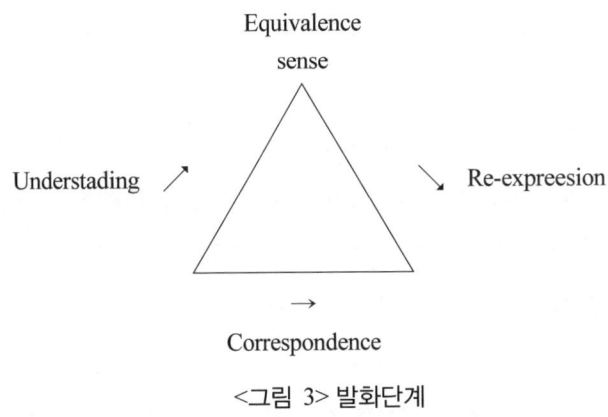

<그림 3> 발화단계

레더러(Lederer)는 셀레스코비치의 이론을 더 확장시킨다. 그는 무의식의 듣기 단계를 음운청취와 단어 연상 단계로 나누고 의식적으로 행해지는 이해하기 단계는 문장을 해부하고 분석하는 단계(parsing)와 내용의 의미 형성 단계로 분류한다. 이런 의미 형성단계에는 통사론, 의미론,

화용론이 모두 통합적으로 포함되어 있다. 더 나아가 레더러는 통역사의 예측 기술을 언어적 예측(collocation 또는 관용어 통역)과 내용의 예측으로 구분한다. 언어적 예측은 rollback이란 단어에 있어서 role과 back, 이 단어는 동시발생(co-occurrence)이 높기 때문에 함께 연상되기 마련이고 통역사는 이 중 한 단어를 들음으로써 나머지 단어를 예측할 수 있게 된다. 반면에, 내용적 예측은 의미의 형성과정에서 이루어진다. 통역사는 끊임없이 들어오는 메시지를 하나의 완성된 내용으로 이해하는 과정에서 자신의 경험과 이전 지식을 통해 연사의 말을 듣지 않고도 예측하여 내용을 파악할 수 있는 것을 말한다. 청취와 발화라는 두 행위는 동시에 시간차를 두고 이루어진다. 이 과정에서 의미통번역론은 기존의 이론에 의존하지 않고 통역사 자신의 관찰력과 직관력을 바탕으로 자신의 경험과 지식을 이론화하여 통역학이 언어학과 분리되어 학문적인 틀을 마련하는데 상당한 역할을 하였다.

정리해 보면 의미 통번역론의 통역 교수법은 기본적인 전제가 통역 교육이 언어교육과 다르다는 점이며 효과적인 메시지 전달을 어떻게 할 것인가에 초점이 맞추어져 있다. 이와 관련하여 구체적으로는 통역의 원칙과 통역 기술의 이해와 교수, 내용과 의미의 파악, 메시지 분석, 숫자 연습, 등가어 익히기, 기억력의 활용, 내용 전달 표현법과 출발어 텍스트와 내용의 유사성이 핵심으로 이해할 수 있다. 이와 관련하여 순차통역에서는 듣고 전체 내용을 파악하고 통역사가 발화한 내용에 대해서 노트테이킹으로 발화 내용을 기억하는 데 목적을 두고 있으며 동시통역의 경우 동시 다발적인 통역의 효과를 염두에 두고 청성시차의 조절문제와 언어간섭에 대한 대처를 어떻게 할 것인가에 관심을 크게 두고 있다는 점이다.

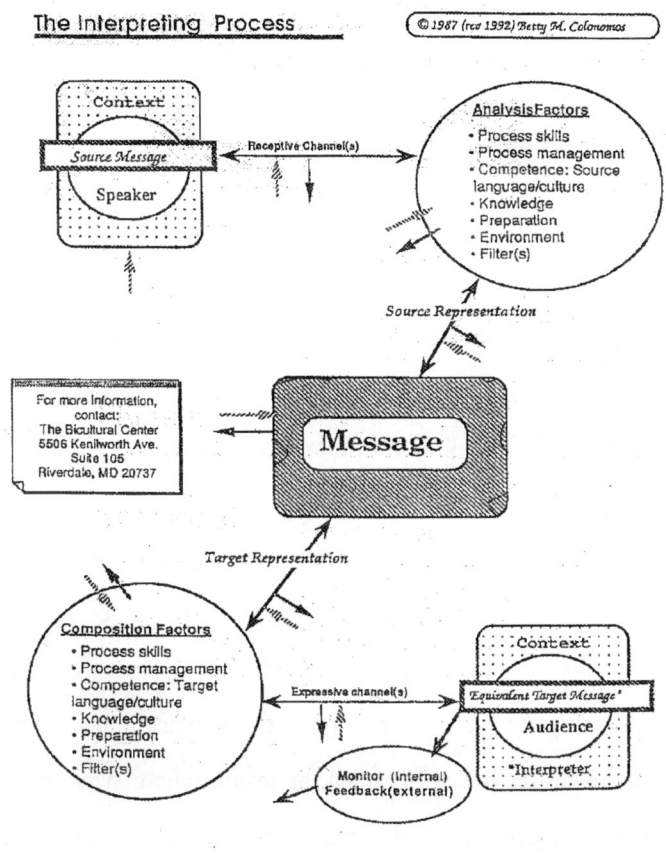

<그림 4> 대화 발전 단계

- A. Conversatoional Process in the Same Language Discourse

That is to say, interpreters are mere producers of words, not meanings or intentions, relaying words that are not their own, and which are understood as emanating from another source. They are, in effect, voice boxes, and interpreters are encouraged to believe that the interpreter is not 'saying' anything, if by 'saying' one means 'generating meaning by expressing one's own ideas'; the translator is merely echoing. Interpreters do not accept utterances; they do not display comprehension, or incomprehension for that matter, because their utterances are not directed back at the prior speaker, who is the only person able to judge the relevance of the interpreter's speech.... As inevitable minor differences accumulate, the discourse becomes less about common ground and more about figuring out what it is the participants are talking about at all. The second factor is that, for their part, interpreters have no clear turn in which to question a prior statement. If they misunderstand, or simply don't hear, what has been said, they have no way of stepping out of the role of "echo" and asking a metadiscursive "what?" or "can you repeat that?" or even "I don't understand". The model in Fig. 2 does not allow for these types of turns; the interpreter hears an utterance, relays it, and then waits for the answer before resuming the interpretation. While this pattern of behavior is legally required in some instances, specifically courtroom settings, this relegation of interpreters to mere vocalizers leaves them outside of the discourse, making their job more complicated and the interpreters less able to carry out their responsibilities effectively (Berk-Seligson, 1990; Edwards, 1995; Hewitt, 1995). The position of interpreters in this model is one of "overhearers"(Clark, 1992; Clark and Schober, 1989). Utterances are neither designed for their benefit nor are they able to have their misunderstandings recognized and then made right:

they are able to listen to the conversation, but are not sanctioned, or able, to participate in it. Without a sanctioned participatory role, interpreters would, and often do, have a difficult time following the conversation they are interpreting. It is worth citing Clark's exact words at length here:

Addressees and overhearers are forced to adhere to very different criteria for understanding. Addressees can always understand as well as they need to. 3 Setting and Scene; Participants; Ends; Act sequence; Key; Instrumentalities; Norms; Genre. 4 This is exactly the model of interpreting that physicians and judges are espousing when they express the desire for interpreters to be uninstrusive, and to restrict their input so that they are nothing more than input-output machines(Berk-Seligson, 1990).

- B. Davidson/Journal of Pragmatics

Overhearers can only ever understand as well as they are able to- and that may not be very well at all. The reason is that addressees are intended to recognize the speaker's intentions. Overhearers can only conjecture about them. If interpreters cannot participate in the conversation, they cannot be expected to understand everything that has been said, and if they cannot understand what has been said, how can they repeat it with accuracy? One could refer to a speech-generation machine hooked up to a keyboard, such as that used by the British physicist Stephen Hawkings, as a voicebox, because the machine can truly be said not to engage in understanding the message it is conveying. But interpreters are not machines, and they make sense of what is said in a uniquely human way, just as do the conversational participants for whom they are interpreting.... There is also another, more critical difficulty, not as firmly rooted in the nature of linguistic codes themselves, that prevents the utterances from being identical, one that is related to the "criterion of sufficient mutual belief" that was mentioned earlier. This criterion was defined as "being sufficient for current conversational purposes". It was what allowed participants in a discourse to continue in the process of constructing common ground without having to spend undue amounts of time making sure that their respective views of the common ground so constructed were exactly the same. In other words, conversations move forward when participants feel that they understand each other well enough for "current purposes." (A model for the construction of conversational common ground in interpreted discourse Brad Davidson 649 15th Avenue, San Francisco, CA 94118, USA Received 28 May 2000; received in revised form 14 January 2002)

4. 일반 통번역론

일반 통번역론은 매우 일반적이고 관점과 연구분야도 광범위하다.[1]

---

[1] 기능주의: 인간의 행동들의 본질을 이해하는데 가장 풍부하게 설명을 해 줄 수 있는 학파가 기능주의 학파이다. 인간의 심리를 본질적으로 이해하는데 기능주의

일반 통번역론은 통번역 행위를 언어 현상을 넘어선 복합적 행위와 목적 중심으로 바라보는 Skopos 이론이 등장한 1970-80년대 시대적 상황에 영향을 받았고 언어를 단순히 정보 전달 매체로만 보는 것이 아니라 특정한 반응과 효과를 불러오는 행위로 생각하는 화용론적 입장을 취하는 포괄적 개념으로 간주한다. 스코포스 이론과 마찬가지로 통번역은 단순한 언어 전달이 아닌 텍스트와 사회 문화 분야에 까지 확대하여 어떤 목적을 가진 행위로 바라봄으로써 도착 텍스트의 기능을 관심 있게 바라본다. 스코포스 이론의 핵심은 앞서 지적한대로 통번역 상황이 목적인 "스코포스"(그리스어로 "목적, 목표"라는 뜻임)에 의해 결정된다. 따라서 통번역은 목적에 따라 달라지며 통번역은 출발 텍스트를 그대로 모방하는 행위가 아니라 출발 텍스트가 제공하는 정보를 도착 텍스트의 기능

를 강조하는 이유는 심리학으로 인간의 정신을 연구하는데 구성주의의 분석적인 측면만 중점적으로 집중해서 보는 것으로는 알 수 없다. 인간의 의식이란 유동적인 흐름과 같은데 구성주의는 의식의 요소를 분석하는 연구만 해왔다. 감각과 정서는 분리될 수 없는 어떠한 하나의 체계로써 좀 더 넓게 본다면 사람의 정신 즉, 심리적으로 한 개체의 의식이 계속 움직인다. 인간이 어떤 환경에 적응하고 환경 속에서 제대로 기능하기 위해 환경을 어떻게 받아들이고 적응하는지를 보았기에 인간의 행동들을 이해하는데 적합하다. 기능주의 모델의 기초되는 개념을 서술하면 아래와 같다. ① 개인은 그 자신이 성장의 중심체이며 개인은 잉태에서 죽음까지 발전하다. ② 개인은 성장을 위해 생의 각 단계에서 자신의 독특한 내적 능력을 사용하며 환경 속에서 인과관계, 그가 요구하는 것을 갖고 그의 성장을 위해 끄집어내야만 하는 것들을 포함하여서 사용해야 한다. ③ 환경은 생활의 각 단계에 따라 변화한다. 자궁내의 신체적, 생물학적 환경에서 어머니와의 관계를 맺고 가족, 이웃, 학교, 지역사회, 세계의 환경을 갖는다. ④ 각 개인은 끊임없이 변화하는 환경에 적응하고 변화하는 능력을 갖게 된다. ⑤ 각 연령단계는 보이지 않게 다음단계로 가며 사회적 기대에 따른 독특한 개성과 기회를 갖게 된다. ⑥ 개인의 내적 성장은 과업을 성취하려는 그의 목적에 의해 특징지어지며 그것은 강제로 이루어지지 않고 사회기대에 의한 표현과 활동된 자신의 내적, 준비, 능력에 대한 반응이다. ⑦ 환경은 개인의 발전을 복잡하게 영향을 주고 저지하고, 무해할지도 모르지만 그는 자신의 성장을 통제하고 발달의 중심체로 남아 그의 독특한 능력과 환경가치 속에서 계속 발전한다.

에 맞게 옮기고 변형하는 행위라고 본다. 가령 도착 텍스트가 어떤 것인가에 따라 문체와 의미를 변형하는 것이 번역의 목적(skopos)에 부합하다는 것이다. 대통령 연설문을 마치 어린아이 이야기처럼 통역하거나 번역을 하는 것은 번역이나 통역의 목적에 위반된다는 점, 그리고 슬픈 뉴스를 통번역하면서 웃는 즐거운 표정으로 하는 행위 역시 통번역의 목적에 부합하지 않는 행동인 것과 비교 될 수 있다. Vermeer는 목적과 관련한 통번역의 일반적 이론으로 통번역물은 스코포스에 의해 좌우되며 통번역물은 출발문화/출발어로 된 정보 제공물에 과한 도착문화/도착어로 된 정보 제공물, 통번역물은 정보 제공물을 모사하되 똑같이 역으로 환원될 수 없으며 통번역물은 응집성을 갖추어야 하고 이와 같은 순서에 따라 연관성을 지닌다고 한다. 그리고 홀츠(Holz)가 지적하듯이 통역사가 갖추어야 할 행위로 통번역가가 행위 전문가로서 행위 전체를 개괄적으로 바라볼 수 있는 거리유지 능력이 있어야 하고 통번역을 성공적으로 수행하기 위한 의식적 행동을 갖추고 자신의 전문성과 담화 행위에 참여하는 다른 이들과 함께 목적 달성을 위해 나아갈 수 있는 능력이 있이야 한다.

일반통번역 교수법의 시작은 의미 통번역론자와 같이 통번역 교수법과 언어 교수법이 동일하지 않다는 전제에서 시작한다. 통역이 일대일의 대응적 관계가 아니라 언어의 의미와 모든 요소들을 고려해 가장 가깝게 근접한 등가성 있는 표현을 찾고 선택해야 한다는 점을 강조한다. 그러나 일반 통번역론에서 이 등가성을 결정하는 기준은 목적에 따라 다를 수 있다는 점이다. 가령 'release'라는 동사와 명사의 의미로 사용되는 동일한 단어라 할지라도 그 단어를 포함한 도착 텍스트가 서로 다른 환경과 여건에서는 서로 다른 기능을 하게 된다는 점이다. 'release'가 동사로 사용되면 '해방하다, 석방하다, 면제하다, (영화)개봉하다, (책을)발매하다, (폭탄)투하하다, (로켓이나 미사일을)발사하다'로 사용되지만 명사로 사용될 경우 '(법률)포기, 양도, (음성)폐쇄음의 파열, 개방, (시동)장치, (기계) 운전, 제어기'로 사용된다는 점이다. 이처럼 일반 통번역론의 원칙은 통번역의 목적에 부합하는지를 검토해야 한다는 점이다. 그렇기 때문에 텍스트와 무관한 사회, 문화, 상황에 따른 모든 요소를 고려하지 않으면 최적의 통역을 하기 어렵다는 점이다. 더 나아가 통번역 행위가 언어치환 행위가 아닌 문화 호환적(intercultural) 행위이며 동시에 언어의 변환은 변함없이 문화의 틀 안에서 이루어진다고 강조한다. 따라서 통번역 교수법은 특정한 언어에 구애받지 않고 적용 가능한 포괄적 이론으로 여겨지는 것이다. 특별한 전문 지식을 가진 것보다는 텍스트를 처리하는 테크닉을 비롯한 다양한 분야에 관한 폭넓은 지식이 더 적합하며 실효성이 있고 이와 관련한 통번역 교수법이야 말로 가장 적절한 동기부여 역할을 할 수 있다는 입장이다.[2] 정리해 보면, 일반 통번역론의 통번역 교수법은 기본적으로 통번역 행위가 통번역의 목적이라는 점이다. 텍스트를 처리하고 문화에 대한 상호의해와 통역 원리와 이론에 관한 이해를 통해 다양한 배경지식과 기술을 강조한다. 이와 관련한 일반통번역론 교수법에서는 배경지식을 습득함으로써 실무적 통번역에 직접적인 도움이 되고 실무 통번역 이론은 통번역가의 실질적인 현장 경험을

---

[2] 텍스트 처리기술(textual competence)은 서로 다른 기능을 가진 다양한 종류의 텍스트를 이용해 출발텍스트와 도착 텍스트를 비교하고 이해하는 능력으로 의미통번역론에서 말하는 의미 내용을 이해하고 판단하는 테크닉과 동일한 범주에서 이해할 수 있다.

통해 이루어지게 된다는 점이다. 통번역 교수법과 연관하여 이루어지는 정치, 경제, 사회, 문화, 법학, 의학, 예능, 기술과 같은 타학과의 interdisciplinary lesson은 이와 무관하지 않다.

• Models of Interpreting

The *Cognitive Model of Interpreting* is similar to *the Pedagogical Model of the Interpreting Process* proposed by Colonomos(1992).

1st Step: interpreter understands the source message then
2nd Step: Analyzing and encoding interpreter analyzes the message for meaning(interpreter's personalities and intuitions affect how a message is interpreted.)
- Knowledge of the topic under discussion
- Their feelings within the context of the interpreting situation
- Their experience all will influence what interpreters hear or see in a message which in turn affects how the message is eventually expressed.

3rd Step: Expression of message: includes evaluation as interpreters are susceptible to visual feedback cues from the participants and their own feelings about accuracy of the message.

Text Box: Original message (Source language)

• A Cognitive Model of Interpreting

Con(반대):
- It does not address the full range of interactive aspects of interpreting.
- It does not account for the effects on interpreting that stem from the other participants in an interpreting situation

- Does not account for the effects of the environment

Pro(찬성):
- An uncomplicated model enables us to examine the elementary constitution of the interpreting process
- What is it that interpreters understand about the original message
- What do they think the message will look like when its transmitted in a target language
- How do they go about doing the actual transmission, either in signs or in speech?

Models versus Theories:
A model is a hypothetical representation of a process or object; it serves to display, verbally or graphically an event, object or series of events.
Theory: implies a more formal set of systematic principles and hypotheses therefore the term model describes the interpreting process best.

There are several models of sign language interpreting.
- Helper Model: Deaf people need interpreters' help; we are there to serve at the wishes and needs of Deaf people.(pre 1970's)
- Communication Model: Interpreters as language conduits, as mechanical and immune to those factors, such as the emotional state of the participants. Interpreters are likened to machines or conduits. Interpreters are only there to transmit between two languages; feelings should not interfere with the process; cultural information is not shared.(1970's)
- Interpretive Model: the interpreter signs what is spoken or voices what is signed must also thoroughly understand what is said or signed to do their work successfully. Key to successful interpreting is to get the sense/meaning of the language as well as the thoughts and feelings of the speakers and signers express.(Seleskovitch, 1992)
- Sociolinguistic Model: similar to the Interactive Model however, it treats

interpreting as linear, although it likely involves parallel processing, with some aspects occurring simultaneously rather than sequentially more like multiple nesting of stages(Cokely, 1992)

Message reception: the sequence begins with the interpreter receiving the message and it points to the obvious fact that the interpreter will err if the message is not correctly perceived.

Preliminary processing: This is the initial recognition of the message, the stage during which meaningless and meaningful elements are sorted out.
Short-term message retention: The incoming message must be stored until sufficient portions of it are received to reach the next stage.
Semantic intent realized: This is the stage at which the interpreter grasps what the speaker intends to communicate.
Semantic equivalence determined. This is the process of finding the appropriate translation in the language or mode into which the message is to be transmitted.
Syntactic message formulation: This is the selection of the appropriate form for Message production: This is the last step in the interpreting process.

- **The Interpreting Process Model**: has two main components that are focused on the skills needed for 1) the analysis of the source message and 2) the composition of the target message. For both of these components, Colonomos(1992) identified seven factors that will determine the success of an interpretation. These factors are;

Process skills: The ability to comprehend source messages and construct messages in the target language
Process management: Includes monitoring process time, chunking messages into manageable units, seeking clarification from a speaker, and other tasks
Linguistic and cultural competence: The interpreter's mastery of the source

and target languages and understanding of the culture of the speakers of both language

Knowledge: The experiences and education that the interpreter brings to the task

Preparation: All action undertaken in preparation for an interpreting task; the action can occur prior to or during the task

Environment: Subdivided into external factors, such as the physical setup on an assignment and the behavior of the other participants, and internal factors, such as fatigue and emotional reactions to a topic and participants

Filters: the interpreter's habits, biases, beliefs, and personalities that might prevent the rendering of a successful interpretation.

The Interpreting Process Model is similar to the Sociolinguistic Model, both of them are concerned with interpreting skills.

■ Bi-lingual-Bi-cultural Model: Elements of this approach can be found in the Sociolinguistic, Interpretive, and Interactive Models. It also includes elements of the interpreter-as-helper model. One of the main features of the bilingual-bicultural model is its accent on interpreters' attitudes and their subsequent behavior. It does not accept interpreters as conduits or mediators in all situations. Ex: an interpreter on assignment with a terminally ill deaf person may assume the role of an ally for this person. Humphrey and Alcorn(1994)

5. 다차원 모델(Multidimensional Model)과 회의 동시통역
Franz Pöchhacker 이론

프란츠 푀히하커의 다차원 모델은 스코포스 이론과 통번역 행위론의 단점을 지적하면서 스코포스 이론이 출발어 정보체계를 도착어 정보체계로 이전하는 과정을 설명하는데 있어 지나치게 편향적인 시각으로 도착 텍스트 편향성을 지니고 있어 통번역 행위의 포괄성이 부족함을 설명하면서 통번역 행위에 그런 광범위한 자료 분석의 불필요성을 강조한다. 푀히하커는 통역의 다면성을 인정하고 통번역 행위는 통번역과 관련된 모든 요소를 포함하는 가장 큰 틀이며 언어, 사회, 문화적 현상으로 바라본다.[3]

As in the study of cognitive processes, for which recourse has been made to models and insights from cognitive psychology, interpreting scholars focusing on community-based settings are likely to continue importing analytical schemes from other disciplines. Among the areas that are particularly in need of development are the notion of context and the impact of contextual variables and constraints on the interactants and their behavior. If context is construed broadly as including the situational and institutional as well as the sociocultural dimensions, accounting for contextual factors requires a way of linking a micro-sociological account

---

[3] *Introducing Interpreting Studies*(Published November 27th 2003 by Routledge(first published January 1st 2003) : This book is the first of its type, designed to introduce students, researchers and practitioners to the relatively new, and now fast developing, discipline of Interpreting Studies. Written by a leading researcher in the field, the book covers international conference, court and hospital interpreting in both spoken and signed languages. The book begins by tracing the evolution of the field, reviewing influential concepts, models and methodological approaches, then moves on to consider the main areas of research in interpreting, before reviewing major trends and suggesting areas for further research. Featuring chapter summaries, guides to the main points covered and suggestions for further reading, Franz Pochhacker's practical and user-friendly textbook is the definitive map of this important and growing discipline.

of the interaction with macro-sociological structures and dynamics. This is one of the major challenges in the field of sociology, so it is not surprising that interpreting researchers should have difficulty finding solutions of their own—and look to sociology for inspiration.

통역 상황에서 가장 중요한 것은 도착 텍스트의 생산이고 도착 텍스트의 기능이 통역상황을 좌우하는 결정요소이다. 이런 다차원적인 모델을 푀히하커는 보다 구체적으로 행위자 모델, 텍스트 모델, 상황 모델로 분류하고 있다. 첫째로 행위자 모델은 인지적 차원에서 어떤 상태에서 어떤 지식과 능력으로 통역 행위에 참여하게 되는지를 설명한다. 행위자 모델의 경우 통역사는 자신이 가지고 있는 지식과 경험 모든 것들을 통역을 하는데 동원하게 되는데 이런 것들은 다시 사회 문화적 배경을 모두 포함하는 필터를 거치게 되어 통역을 하게 된다. 둘째로 텍스트 모델은 통역 상황에서 각종 정보 전달 수단을 종류별로 정리하여 보여주는 모델이다. 텍스트의 개념은 정보를 전달하는 모든 수단을 포함하는 광범위한 개념으로 언어적 요소와 비언어적 요소로 나누어지고 비언어적(nonverbal) 요소는 다시 글, 기호, 그림과 같은 시각 자료에 해당하는 그래픽 요소와 악센트의 고저 발음과 같은 준언어적(paraverbal) 요소로서 발음이나 강약 같은 음성적 요소와 몸짓 같은 비음성적 요소로 구분한다. 셋째로 상황 모델은 2½ 차원의 모델이라고도 하는데 이는 통역 진행 상황을 시간의 흐름에 따라 보여주고 있다. 앞서 지적한바와 같이 일반 통번역론에서 텍스트의 개념은 정보를 전달하는 모든 수단을 포함할 만큼 광범위하다. 상황모델에서 통역사는 통역이 시작되기 전에 통역 준비를 하게 되고 연설자와 상호작용을 하면서 통역행위라는 틀에서 텍스트 차원과 의사소통 상황으로서 하이퍼텍스트 차원에서 두 방향에서 통역행위를 대비하게 된다. 이런 준비 과정은 직접적인 통역 행위는 아니지만 텍스트와 하이퍼텍스트라는 두 차원에서 진행되어 2½ 구조를 이루게 된다. 그러나 일반 번역론이 포괄적이기는 하지만 모든 통번역 상황에서 적용될 수 없는 한계가 있다. 가령 문학 번역의 경우 문학 번역 자체가 아무런 목적이 없는 통번역 행위이기 때문에 통역의 목적을 1원칙으로 내세우는 일반 통번역의 적용 범위에서 벗어난다. 의미 통번역론과 일반 통번역론의 공통점은 통번역 전반을 주제로 삼고 청자나 독자 중심의 통번역을 옹호하며 연사가 하는 말의 의미를 파악하여 청자가 이해하기 쉬운 말로 전달할 것을 주장하는 것이 의미 통번역론이라면, 일반 통번역론은 통번역 행위를 통번역의 목적이라고 주장하는 점은 공통점이다. 그러나 이 둘의 차이점은 의미 통번역론은 인지적 측면을 강조하는 통역 중심이론으로 시작된 반면 일반 통번역론은 번역 중심이론으로 사회 문화적 측면을 더 강조하면서 시작되었다는 점이다.[4]

6. 통역의 구분과 기억/명상

통역을 나누어보자면 그 방법에 따라서 동시통역, 순차통역, 수행통역, 위스퍼링 등으로 나누어 볼 수 있다. 통역이라고 해서 모든 것이 똑같이 적용이 되는 것이 아닌 이유는 동시통역과 순차 통역에 있어서 각

---

[4] 푀히하커의 통역 모델은 본서의 미주에 논문이 따로 실려 있으니 참고할 것.

각 기억이 하는 역할이 다르기 때문이다. 동시통역은 연사가 발화하는 것과 약간의 시차만을 두고 거의 동시로 통역하는 것을 말한다. 따라서 통역사가 연사의, 즉 발화자의 연설을 들으면서 최소한의 의미 단위가 될 때까지 기다렸다가 그것을 따라가면서 통역을 하게 되는데 기억력과 관계되어서는 동시통역에 있어서 통역사가 연사의 발화가 최소한의 의미 단위가 될 때까지 기다리는 동안에 발화된 내용을 기억하는 것이고 일회성으로 한 번에 끝나는 것이 아니고 연설이 지속되는 동안에 통역사가 듣는 것을 계속하면서 의미 단위를 만들어가면서 듣게 되는데 그 내용들을 머릿속에서 기억하면서 그 의미 단위에 충실하게 통역을 하게 된다. 이때 통역사는 의미 단위 별로 끊어서 분석해가면서 내용을 기억하는 것이 중요하다. 반면에 순차 통역은 특히 전문 순차 통역일 경우에 연사의 발화와 통역사의 통역이 순서를 바꾸는 시간이 보통 3분 내지 길게는 5분까지도 간다. 3분을 기준으로 하든 5분을 기준으로 하던 연사의 발화를 통역사가 그 내용을 다 기억을 했다가 통역을 한다는 것은 물리적으로 불가능하기 때문에 1분에 보통 발화되는 양이 영어 단어를 기준으로 할 때 120단어에서 150단어 정도가 된다. 그런데 이것을 다 일일이 순서에 입각해서 기억해서 통역하는 것이 불가능하고 기억이 매우 제약을 받기 때문에 기억을 얼마나 잘 하는가가 순차 통역의 관건이 된다. 다시 말해서 동시통역과 순차통역을 비교해 보면, 동시통역 보다는 순차 통역에서 기억이 훨씬 더 중요한 역할을 한다는 것을 알 수 있다. 그런 이유로 동시통역이든 순차통역이든 결론적으로는 연사의 발화를 제대로 듣고 이해한 것을 효과적으로 기억하는 것이 질 높은 통역을 하는데 반드시 필요하다. 또 연사가 발화한 내용을 순서대로 단어 순서까지 단순 암기하는 단순암기력, rote memorization으로는 발화 내용 모두를 기억해낼 수 없다. 단순 암기는 축어적 암기와 상통하는 말로서 실질적인 암기와는 차이가 있다. 축어적으로 어떤 정보를 주어진 순서에 입각해서 표현까지 정확하게 기억해서 전달하는 면에서는 우리의 뇌가 제약을 받는다. 반면에 두 시간 가까운 많은 양의 정보라 하더라도 우리가 그 내용을 줄거리를 중심으로 이해해서 실질적인 내용을 사용할 수 있는 형태로 저장하는 것, 즉 실질적인 기억력은 이 축어적 기억력보다 훨씬 더 우수하다.

그런데 많은 양의 정보를 더 쉽게 기억할 수 있는 이유를 인지 심리학에서 제공하고 있다. 인지심리학자인 George는 7±2라는 이론을 제시를 했는데 그것은 뭐냐 하면 인간이 한꺼번에 기억할 수 있는 정보 용량/기억량이 7개를 기준으로 2개를 더하거나 뺀 즉, 5개에서 9개까지의 범주까지 가능하다고 한다. 이때 중요한 요지는 5개에서 9개까지의 단위로 이루어지는 정보량을 인간의 두뇌가 한꺼번에 기억할 수 있는데 이때 그 단위가 무엇인지는 규정되어 있지 않고 제한이 없다. 그냥 일일이 단어 수준에서 5개에서 9개까지의 정보를 기억할 수도 있는 반면에 5개에서 9개까지의 문장을 기억할 수도 있고 5개에서 9개까지의 문단을 기억할 수도 있고 그 단위는 크게 달라질 수 있다는 의미다. 즉, 기본 단위가 커질수록 기억할 수 있는 정보의 양이 커진다는 논리이다. 가령 많은 과일들을 섞어서 늘어놓고 순서대로 기억나는 데로 말해 보라고 해 보자: 자몽, 돼지감자, 컬리플라워, 닭 가슴살, 돼지고기, 오리고기, 달맞이 꽃 기름, 사과, 배, 오렌지, 자몽, 브로콜리, 올리브 기름, 포도 기름, 당근, 복숭아, 벚꽃. 이런 상황에서는 거의 20여 개에 대하는 정보를 한꺼번에 기억해 낸다는 것은 매우 어려운 일이다. 그러나 이런 정보를 종류와 구분에 따른 단위로 3-4개씩 차별화해서 기억하면 훨씬 용이하게 기억해 낼 수 있다. 그 결과로 기억할 수 있는 정보량이 훨씬 늘어난다는 것을 알 수 있는데 이는 꾸준한 연습과 훈련을 통해서 기억 용량을 늘리는 것이 가능해진다.

- **통역과 언어 유형 및 전문성에 따른 분류**

  동시통역

  동시통역은 순차통역에 익숙해지면 시작된다. 우선 동시통역에 대해서 정의를 내려 보자면 통역의 대상인 화자의 발화와 실제 통역을 수행하는 통역사의 발화 간에 시간차가 거의 없이 진행되는 통역의 방식이다. 부스 안의 통역사가 연사의 말을 헤드폰으로 들으면서 동시에 자기 앞에 놓인 마이크를 통해 청중이 알아들을 수 있는 언어로 통역해 주는 방식으로, 이 통역 방식은 회의에 참석한 사람이 많고 여러 언어로 통역되어야 하는 회의에서 주로 사용되며, 특히 동시통역은 Power Point나 OHP 등 보조 시각 자료가 많이 활용되어 청자들이 화면을 보는 동시에 연사의 말을 이해해야 하는 국제회의에 적합하다. 동시라는 용어가 사용된다고 해서 화자의 발화가 통역사의 발화와 동시에 진행될 것이라고 생각을 할 수 있는데 그렇지는 않다. 실제로는 화자의 발화와 통역사의 발화 사이에는 약간의 시차가 존재할 수밖에 없다. 왜냐하면 화자의 발화가 어느 정도의 의미단위를 형성할 때까지는 통역사가 기다려야 하기 때문이다. 동시통역은 통역부스 내에서 두 명의 통역사가 30분마다 교대로 번갈아 가면서 통역을 수행하게 된다. 업무의 성격상 고도의 집중력을 필요로 하기에 스트레스를 많이 받을 수 있어서 통역사가 가장 피로를 느낄 수 있는 방식이기도 하다. 전문장비를 사용하지 않는 위스퍼링 방식에서 발전한 형태로서 오늘날의 대부분의 국제회의나 국제기구에서 통용되는 방식이다.

앞서 통번역 교수법과 관련하여 설명한 내용과 같이, 의미통번역론자들이 주장하는 동시통역 교수법의 기본적인 원칙은 동시통역에서 사용할 테크닉을 여러 단계로 구분하여 순차적인 교수와 습득을 시키는 것이다. 이런 교수법을 통하여 통역 텍스트의 난이도를 서서히 높여 가면서 현장에서 지도하며, 특히 동시통역에서는 청성 시차 현상이 존재하기 때문에 교수자는 청자가 이해하기 쉽고 편하게 들을 수 있는 방식으로 발화속도를 적절하게 유지하는 교수법을 도입해야 한다.

Simultaneous Interpretation is a process which allows people to communicate directly across language and cultural boundaries using specialized technology and professional interpreters who are trained to listen to one language while speaking simultaneously in another. Simultaneous Interpretation differs from other types of interpretation, and from translation, which refers to the written word.

Simultaneous Interpretation was first used at a conference of the International Labor Organization in Russia in 1927. The general public was introduced to simultaneous interpretation as a communication tool at the Nuremburg war crime trials beginning in 1945. The United Nations is perhaps the best known institution which regularly relies on this form of interpretation to allow its members to communicate in any of the six official languages. Because of advances in technology and the development of special training programs for interpreters over the last 25-30 years, simultaneous interpretation is now available at reasonable cost for international events, conferences and meetings of all kinds and sizes.

The interpreters sit in small sound isolation booths in the back of the conference room or in a remote setting and listen to the conference proceedings on headsets while simultaneously interpreting into a microphone. The interpretation is broadcast via a wireless system to the delegates who listen on small receivers with earphones. The receivers are multi-channel so the delegates can select the channel that corresponds to the language they wish to hear.

Simultaneous interpretation is a unique skill that requires far more than the ability to speak multiple languages. Simultaneous interpreters have years of highly specialized education and training, the rare talent of being able to listen to one language while speaking another, and knowledge of terminology in tremendously varying fields. The professional circle of conference-level interpreters is therefore extremely small -- there are only 3000-4000 in the world for all languages and many are employed by international organizations. Many free-lance interpreters are booked for events around the world months in advance.

Simultaneous interpretation has been a key factor in facilitating communication among different cultural and linguistic groups, thereby contributing to the establishment of the modern global economy. The simultaneous interpretation medium delivers a very important message: that the complete involvement of each delegate is highly valued and essential to the success of the conference. Simultaneous interpretation is necessary for effective communication in many situations, and is often expected by conference.

순차통역

순차통역이란 간단히 말하자면 화자와 통역사가 교대로 순차적으로 통역하는 통역방식으로 전문 순차통역과 짧은 순차통역으로 나누어 볼 수 있다. 전문 순차통역은 회자가 발화를 하고 난 후 이를 집중해서 듣고 있던 통역사가 발화하는 방식으로 5분 정도 단위로 해서 통역을 수행하게 된다. 이에 반해 짧은 순차 통역은 의사소통의 양방향에서 한두 문장의 단위로 묶어서 통역을 수행하는 방식이다. 전문 순차번역이 상대적으로 듣고 기다려야 하는 시간이 길어서 통역사가 화자의 발화 내용을 일일이 기억하기 어렵기 때문에 노트테이킹에 의존을 한다는 점에서 짧은 순차통역과의 차이가 생긴다.

순차통역의 교육단계는 내용의 파악과 함께 노트테이킹 기술을 습득하는 것이다. Seleskovitch는 수차통역이 3박자로 이루어진다고 하면서 '듣고 전체 내용을 파악하는 것' 과 '통역사에 의한 발화'를 2개의 강박자로 그리고 '노트테이킹'을 하나의 약박자로 표현한다. 셀레스코비치의 교수법은 학생들의 인지능력을 향상시키는 것으로, 인지능력이란 학생들의 집중력과 이해력을 말하는 것으로 이를 통해 통역 교수법의 효과를 성취하려는 것이다.

짧은 순차통역은 양방향의사소통의 양 당사자를 대상으로 번갈아 함으로 대화통역적인 성격을 갖는다. 수행통역이란 의미 그대로 통역대상인 화자의 스케줄에 맞춰서 통역사가 수행을 하면서 필요시에 통역을 제공하는 방식이며, 연사가 위치한 연단이나 회의 테이블에 동석한 통역사가 연설을 들으며 그 내용을 기록한 후 연설 종료 직후 마치 자신이 연설하듯 일인칭으로 메시지를 직접 전달하는 방식으로 순차통역은 정상회담, 장관회담, 쌍무회의 등 참석자 수가 제한된 회의에서 많이 사용됩니다. 순차통역은 동시통역과는 달리 연사와 같은 공간에서 시선을 받으며 하는 통역이다.

순차통역(consecutive interpreting)은 동시통역 다음으로 난이도가 높은 통역으로 통역사가 연설자의 말을 들으며 필기한 후, 연설 종료 직후, 마치 통역사가 연설하듯이 1인칭으로 말을 전달하는 방법으로 연설자는 2-3분씩 말을 끊어서 진행하고 통역사가 받아서 연설을 하는 방식이다. 동시통역과의 차이점은 관객의 시선을 같이 받는다는 점이다. 순차통역이란 간단히 말하자면 화자와 통역사가 교대로 말하며 순서대로 통역하는 통역방식이다. 순차통역은 전문순차통역과 짧은 순차통역으로 나뉘게 되는데, 전문 순차통역은 화자가 발화를 하고 난 후 이를 집중해서 듣고 있던 통역사가 발화하는 방식으로 5분 정도 단위로 해서 통역을 수행하게 된다. 이에 반해 짧은 순차통역은 의사소통의 양방향에서 한 두 문장의 단위로 통역을 수행하는 방식이다. 전문 순차번역이 상대적으로 듣고 기다려야 하는 시간이 길기 때문에 통역사가 화자의 발화 내용을 일일이 기억하기 어려운 관계로, 노트테이킹에 의존을 한다는 점에서 짧은 순차통역과의 차이가 생기게 된다. 짧은 순차통역은 양방향의사소통의 양 당사자를 대상으로 번갈아 함으로 대화통역적인 성격을 갖게 된다. 순차통역은 발표자의 말을 모두 듣고 통역을 하는 것이다. 동시에 비해 정확도가 높아 일반적으로 국가원수들의 통역이나 중요 외교회의는 순차통역으로 이루어진다. 일반적으로 우리가 TV에서 대통령 뒤에 앉아 뭔가를 열심히 받아 적으면서 하는 통역이 바로 순차 통역이다.

순차통역은 통역사가 청중 앞에서 연사와 똑같이 '발표'를 해야 한다는 점이 통역사들에게 약간의 부담이 된다. 동시통역은 부스 안에서 마이크와 인간과의 싸움이라면 순차통역은 다수의 청중과 개인의 벅찬 싸움이라 할 수 있다. 그러나 순차통역은 직접 청중의 반응을 보면서 통역을 조절할 수 있는 장점이 있다. 그렇다면 순차통역의 장점과 단점은 무엇일까? 우선 단점은 통역 시간이 길어짐에 따라 회의가 길어진다는 것이 단점이 될 수 있다. 그러나 '정확한 전달'이라는 장점이 있어서 세미나, 컨퍼런스, 기자회견, 무역 상담 등에 많이 쓰이는 방식이다.

Consecutive Interpreting is made after the speaker has finished.

The interpreter sits with the delegates, listens to the speech and renders it, at the end, in a different language, generally with the aid of notes.

In the modern world consecutive interpreting has been largely replaced by simultaneous, but it remains relevant for certain kinds of meetings(e.g. highly technical meetings, working lunches, small groups, field trips). Well-trained interpreters can render speeches of 10 minutes or more with great accuracy.

릴레이 통역(Relay Interpretation)

릴레이 통역이란 말 그대로 릴레이를 받아서 하는 통역으로서 회의 공식 언어가 세 개 이상인 경우 채택되는 통역방식이다. 예컨대, 한국어, 영어, 중국어가 공식어로 사용되는 국제회의를 가정할 수 있다. 여기서 연사가 영어로 발언할 경우 한-영 통역사가 우리말로 동시통역을 하고, 그 우리말을 받아서 다시 한-중 통역사가 중국어로 통역하는 경우를 말한다. 릴레이 통역은 둘 이상의 언어가 투입되는 통역 상황에서 연사의 발언이 중간 언어를 거쳐 제3의 언어로 통역되는 경우이다. 연사가 한국어로 연설할 경우 이를 일본어로 통역한 것을 듣고 다시 독일어로 통역하는 경우로 정확성이라는 난제가 발생할 수 있다.

What is relay? Interpreting between two languages via a third.

When a delegate speaks in a language not covered by an interpreter in an active language booth, this booth can "connect"(audio link) to another booth that does cover this language and "take the relay" of that. The interpreter works via another language without a perceptible loss of quality.

위스퍼링 통역

위스퍼링이란 본격적인 동시통역의 출발점이 되는 통역의 형태이지만 차이점은 통역 장비를 사용하지 않고 통역사용자의 가까이에서 영어 의미 그대로 귀에 대고 속삭이듯 동시통역을 제공하는 것을 말한다. 듣는 사람의 수가 두 사람 이내로 제한되었을 때 통역사가 청자 옆에서 속삭이듯 작은 목소리로 통역하는 방식으로 동시통역과 거의 비슷하나 장비 없이 속삭이듯 말한다는 점이 다르다. 예를 들어, 회의에 참석한 전체 청중은 연사의 언어를 알아듣는데 한두 명만 못 알아들을 경우 그 사람들 뒤에서 작은 소리로 통역을 해준다.

Whispering interpretation is used when the meeting is taking place in one language(English, for example) and one or two delegates speak a different language. The interpreter sits beside the delegate – or in the case of site visits, walks with the delegate – and whispers the interpretation to him or her during the meeting. It's a less formal type of language interpretation. What are the advantages and disadvantages of a whispering interpreter? Whispering interpreting requires no special equipment, no booths or headphones or microphones. It is convenient and informal. Best where only two languages are being used(usually English and one other language). It is most helpful when a small number of foreign language speakers need interpretation – not more than one or two.

화상회의 통역

물리적으로 떨어진 두 군데 이상의 장소 간에 동영상 및 음성을 전송하여 이루어지는 회의에서 사용되는 통역방식으로, 화상회의 통역이 제대로 이루어지기 위해서는 선명한 화질과 음질의 보장이 전제되어야 하고 화상회의 통역사는 연사의 얼굴 표정이나 몸짓, 청중들의 반응 등을 오로지 화면을 통해서만 볼 수 있으며 실제 육성이 아닌 네트워크를 통해 전달되는 음성에 의존하여 통역한다. 대개 3가지로 나누어 볼 수 있다. A언어는 모국어나 모국어에 근접한 언어로 발화에 사용되며 B언어는 모국어는 아니지만 모국어에 가까운 수준으로 구사할 수 있는 언어이며 C언어는 주로 청취에 사용되는 언어로 통역사가 완벽하게 이해할 수 있는 수준의 언어이다.[5]

Video remote interpreting(VRI) is a video telecommunication service that uses devices such as web cameras or videophones to provide sign language or spoken language interpreting services. This is done through a remote or offsite interpreter, in order to communicate with persons with whom there is a communication barrier. It is similar to a slightly different technology called video relay service, where the parties are each located in different places.

---

[5] Seleskovitch에 의하면 A언어는 환경에 의해 자연적으로 습득되는 "모국어의 경우 자신의 생각에 언을 맞추고, 외국어의 경우 자신의 생각을 언어에 맞춘다." B언어는 "표현 언어로 사용되며 모국어로는 볼 수 없는 언어"라고 한다. 또 C언어는 표현보다는 단어, 문장 구성, 표현에 대한 이해를 하는데 집중해야 한다고 한다.

A Video Relay Service session, where a Deaf, Hard-Of-Hearing or Speech-Impaired individual can communicate with a hearing person via a Video Interpreter(a Sign Language interpreter), using a videophone or similar video telecommunication unit. The hearing person with whom the Video Interpreter is also communicating cannot be seen in the photo.

Liaison interpreting involves relaying what is spoken to one, between two, or among many people. This can be done after a short speech, or consecutively, sentence-by-sentence, or as chuchotage(whispering); aside from notes taken at the time, no equipment is used.

Whispered interpreting(chuchotage) is when equipment for simultaneous interpretation is not available; one participant speaks and simultaneously an interpreter whispers into the ear of the one or maximum two people who require interpreting services.

수행통역

(Shadow Interpretation or Business Guide Interpretation 리에종)

수행통역은 사람을 따라다니면서 그 사람의 의사소통을 돕는 통역으로 의뢰인 측이 지정한 특정 임무를 수행하기 위해 장소에 구애됨이 없이 같이 동행하면서 통역하는 형태로 진행한다. 박람회, 전시회, 회담, 상담, 비즈니스 면담, 대표단 스케줄에 맞게 간단한 미팅 서비스와 가이드 등이 여기 속한다. 수행통역에서 주의할 점은 자신이 부각시키는 일이 없도록 하며 자기의 주관적인 판단이나 생각을 통역해서는 안 된다.

수행통역이란 언어서비스가 필요한 사람의 일정 내내 통역사가 동반하면서 통역 서비스를 제공하는 방식으로 국가수반, 유명인사, 또는 정부실무자 등이 다른 나라를 방문했을 때 입국에서 출국까지 모든 일정에 통역사를 동반하여 직무를 수행하는 경우가 있고, 보다 더 흔한 경우는 사업상 외국바이어 또는 기업시찰단 등이 한국으로 출장을 오거나 한국 기업인이 외국으로 출장을 떠날 때 통역사를 동반하여 언어 서비스를 받는 경우이며, 상황에 따라 순차, 위스퍼링 등 다양한 통역 방식이 동원되며 회의통역, 만찬통역 등 모임의 유형과 장소도 다양하다.

우선, 통번역 관련 영어에 대한 숙달은 시간적으로는 집중적인 투자가 필요하고 질적인 면보다는 양적인 면에서 많이 노출되어져야 기본적인 틀이 잡히게 되어 있다. 통번역을 제대로 하기 위해서, 모국어 다음으로 중요한 것은 외국어이다. 통번역을 하기 위해 필요한 여러 가지 '다른 요소' 중 가장 중요한 것은 지식이다. 대학원 강의실이나 Times Media에서 가르치는 통번역학은 비유하자면 야구 기술을 가르쳐주는 곳이지 체력단련을 시켜주는 곳이 아니지만 우리나라의 현실을 볼 때 체력이 충분한 학생의 수가 워낙 적기 때문에 후자에도 상당한 시간을 할애하고 있는 것이 사실이다. 그러므로 충분한 체력단련을 하고 들어가면 매우 유리할 것은 당연하다. 지식의 축적이나 모든 언어가 그러하듯 통번역학에서 가장 중요한 것은 성실과 끈기로 서두르지 않고 꾸준한 관심과 노력이다. 벼락치기 요령은 통번역에서 통하지 않는다. 1시간 공부할 형편이 못되어 30분씩 한다고 치자. 하루에 30분(0.5시간) X 365일 = 183시간을 공부하게 되는 셈이고, 1시간을 공부한다고 치면 1시간(60분) X 365일

= 366시간이 되는 것이다.

<표 1> 통역요율

	수행통역	순차통역	동시통역
영어/일어	180,000	250,000	상담 후 결정
독/불/중국어	230,000	300,000	상담 후 결정
러시아/스페인어	270,000	350,000	상담 후 결정
이태리어	300,000	400,000	상담 후 결정
포르투갈어	300,000	400,000	상담 후 결정
기타특수어	별도협의	별도협의	별도협의

통번역은 오래 달리는 마라톤 선수가 지구력을 필요로 하듯 지속적인 관심과 노력이 요구되는 일이어서, 마치 온돌방의 온기와 같이 달아오른 석쇠에서 생선을 익히는 것 같이 늘 관심과 의욕이 뒤따라야 한다. 전문 통번역가가 되기 위해서는 외국어뿐 아니라 한국어의 이해력과 구사력 또한 뛰어나야 한다. 특히 번역가는 소설가나 시인보다도 언어 구사력이 뛰어나야 하며 단순히 글자를 번역하는 것 뿐 아니라 한글/워드/엑셀/파워포인트 및 기타 문서 편집 프로그램, 번역 프로그램을 필수적으로 다룰 수 있어야 한다. 즉, 글자를 단순 번역하기보다 고객이 번역물을 보고 확인이 쉽고, 편집이 쉽게 이루어질 수 있도록 마지막까지 정성을 다하는 것이 중요하다는 말이다. 통역사가 되기 위한 긴 여정은 대학원 강의실에서 끝나는 것이 절대 아니다. 필요한 최소한의 시간과 학습만으로는 불충분하며 시작이 느리든 빠른 출발을 했던 성실하게 자신을 가꾸어 가는 노력 없이는 결코 성공적으로 활동을 할 수 있지 못하며 준비되고 노력하는 사람에게는 언제나 문이 넓게 열린 직업이 된다.

통역사의 모국어와 외국어 구사력이 양팔이라면, 통역을 할 때 통역의 대상인 주제에 관한 지식은 두 다리에 해당한다. 더 쉽게 말하자면, 축구 선수를 보면 분명해진다. 팔 힘이 아무리 강해도 다리가 튼튼히 받쳐주지 못하면 좋은 플레이가 절대 안 나온다. 그러나 체격조건이 아무리 좋다 해도 그것만으로 좋은 선수가 되는 것은 아니다. 수비도 잘해야 하고 타격 감각도 있어야 한다. 즉, 야구기술이 있어야 하는 것이다. 여기서 운동선수로서 소질 얘기를 하게 된다. "박찬호 선수는 선천적으로 야구선수로 타고났어."라는 말은 그가 선천적으로 야구감각을 부여받은 행운아라는 뜻이다. 이런 사람은 어느 분야에나 있다. 통역이나 번역도 마찬가지이다. 그러면 어디까지가 소질이고, 어디부터가 노력인가? 소질도 필요하지만 노력은 더 필요하여 둘 모두가 갖춰져야 한다. 그러면 '숙달된 통역사'는 어떤 사람인가? 한국어와 외국어 구사력을 갖추고 있고, 다방면에 상당한 지식을 갖고 있음과 동시에 짧은 기간 안에 집중적으로 특정 분야를 공부해서 '한시적 전문가'가 되는 능력을 갖춘 사람을 말한다. 여기서 '한시적'이라는 것은 말 그대로 '제한된 기간, 즉 필요한 기간 동안만'이라는 뜻이다. 이렇게 단기적으로 전문가 내지는 준전문가가 되려면 지적 호기심이 매우 왕성해야 한다. 그렇지 않으면 새로운 것을 아는 과정은 고통 그 자체가 된다. 사실, 뇌를 자꾸 훈련하면 새로운 연결조직이 생겨 이른바 머릿속에 '지름길'이 생긴다는 것이다. 이 지름길이 address를 빨리 찾게 해줄 것은 당연하다. 물론 어떤 한 가지 분야에만 뛰어난 적성을 타고나서 다른 분야에는 별로 소질이 없는 사람도 있다. 그리고 그 뛰어난 적성이 언어 서비스가 아닐 수도 얼마든지 있다. 그런 사람들에게는 이 직업을 권하고 싶지 않다. 그리고 솔직히 말하면 적성에 관계없이 누구에게든 강력히 추천하고 싶은 직업은 아니다. 보람도 있지만 그만큼 힘들고 긴장되기 때문이다.

What is shadow-interpreted? Well, the traditional arrangement of sign-interpreted performances keeps interpreters off to one side of the stage(usually stage left) and means that audience members who are hard of hearing have to choose whether to watch the action on stage or the professional interpreter on the side. For this reason, an alternative approach to sign language in the theatre is Shadow-interpreting, in which interpreters stay on the stage rather than off to the side. As the interpreter is incorporated into the performance itself, the end result is a more seamless experience for the entire audience.

Shadow interpreting has become an increasingly popular way to incorporate sign language into theater. However, it has not caught on in many plays, simply because it is not always the best choice.

One detail to consider is that traditional sign language interpreters in the theater don't require costumes and makeup when interpreting and are not usually involved in the rehearsals from the start. By contrast, shadow interpreters offering sign language in theater productions are usually expected to wear costumes and makeup appropriate to the performance, and they need to stay in character since they are as much a part of the play as the other actors. For this reason, they are often incorporated from the start — a significant investment of time for all involved.

최근 연구에 의하면, 나이가 들어 뇌가 다 발달한 뒤에도 요즘 광고에 보면 인간의 뇌는 24개월 안에 거의 완성된다고 주장하는 사람이 나오기도 한다. 훈련에 의해 뇌의 '성능'이 개선될 수 있다는 것이다. 개개인이 지니고 있는 지능이 선천적인가 후천적인가에 대한 논쟁이 얼마나 오래된 것인가는 교육학 전공자가 아니라도 누구나 다 알고 있는 사실이다. 그리고 선천설을 뒷받침하는 증거와 후천설을 떠받치는 증거의 설득력과 분량은 거의 비슷하다. 다만 요즘 인간의 능력, 정신적 특성 등이 유전적으로 결정되는 부분이 속속 발견되어 선천설이 우세하다고 생각하는 독자도 있겠지만, 그 반대의 증거들도 연이어 발견되고 있다. 그러나 반드시 그런 증거들이 사실이지만도 아니하다. 우리의 모든 것이 태어나면서, 아니면 그보다 앞서 엄마의 자궁에서 수정된 순간에 이미 결정되는 것이라면, 성취를 향한, 개선을 향한 인간의 몸부림이 도대체 무슨 의미가 있단 말인가? 물론 이런 예정설이 과학적으로 입증된다면 싫든 좋든 받아들여야 할 것이다. 그러나 아직 운명론이 개가를 올리기는 것은 시기상조인 것 같다.

통번역은 언어와 언어 간의 치환이나 대치가 아니라 상이한 문화권 사이의 의사소통을 전달하는 활동이다. 번역이라는 활동자체가 상이한 문화권이라는 전제에서 출발하기 때문에 언어적 차이로 인한 여러 가지 현상들은 번역 활동 자체를 규정하고 번역가들이 직면하는 문제를 해결해야 하는 과제를 안고 있다. 번역 활동에서 제기되는 문화적 문제는 거시적 측면과 미시적 측면으로 나누어 생각할 수 있다. 전자의 경우는 언어가 지니고 있는 구조나 장르 규범에 해당하고 후자의 경우는 어휘와 언어 표현 위조로 나누어 이해할 수 있는 부분이다. 후자의 경우, 의사소통적, 화용적, 기호학적 차원에서 다루어지기도 한다.

The Difference between Translation and Interpreting: Interpreting and translation are two closely related linguistic disciplines. Yet they are rarely performed by the same people. The difference in skills, training, aptitude and even language knowledge are so substantial that few people can do both successfully on a professional level.

On the surface, the difference between interpreting and translation is only the difference in the medium: the interpreter translates orally, while a translator interprets written text. Both interpreting and translation presuppose a certain love of language and deep knowledge of more than one language.

The Skill Profile of Technical Translators: The differences in skills are arguably greater than their similarities. The key skills of the translator are the ability to understand the source language and the culture of the country where the text originated, then using a good library of dictionaries and reference materials, to render that material clearly and accurately into the target language. In other words, while linguistic and cultural skills are still critical, the most important mark of a good translator is the ability to write well in the target language.

Even bilingual individuals can rarely express themselves in a given subject equally well in both languages, and many excellent translators are not fully bilingual to begin with. Knowing this limitation, a good translator will only translate documents into his or her native language. This is why we at Language Scientific absolutely require our technical translators only translate into their native language, in addition to their subject matter expertise.

An interpreter, on the other hand, must be able to translate in both directions on the spot, without using dictionaries or other supplemental reference materials. Interpreters must have extraordinary listening abilities, especially for simultaneous interpreting. Simultaneous interpreters need to process and memorize the words that the source-language speaker is saying now, while simultaneously outputting in the target language the translation of words the speaker said 5-10 seconds ago. Interpreters must also possess excellent public speaking skills and the intellectual capacity to instantly transform idioms, colloquialisms and other culturally-specific references into analogous statements the target audience will understand.

Interpreter Qualifications: Interpreting, just like translation, is fundamentally the art of paraphrasing—the interpreter listens to a speaker in one language, grasps the content of what is being said, and then paraphrases his or her understanding of the meaning using the tools of the target language. However, just as you can not explain a thought to someone if you did not fully understand that thought, neither can you translate or interpret something without mastery of the subject matter being relayed.

통역을 하면서 발생하는 문제들 가운데 하나는 유창성(fluency)에 관한 문제이다. 사실 언어란 의미를 담아내는 그릇이기 때문에, 의미를 파악하면 언어는 저절로 따라오는 법이다. 예를 들어 제품의 질적인 문제에 관한 연설을 통역하거나 문헌을 번역한다고 하자. 그 연설, 문헌이 어떤 언어로 되어 있든 중요한 것은 제품의 질적인 가치를 높이는 활동에 대해 아는 것이다. 유창성은 문장 구조의 파악이 어렵거나 친숙하지 않는 주어가 등장하는 경우, 그리고 주어진 시간 내에 순발력 있게 문장을 끊어서 이해하고 나아가야 하는지 정리가 되지 않는 경우에 발생하는 Pause, 전반적으로 눈으로 읽든지 귀로 들어서 통역이나 번역을 먼저 진행해 나가면서 나중에 잘못되었다는 사실을 알게 되면서 Backtracking 하는 경우, 그리고 생각나지 않는 단어가 자꾸 심리적 부담을 주고 숫자의 변환이 빨리 되지 않고 문장의 의미는 파악이 되었지만 적절한 한국어가 생각나지 않아 발생하는 Filler가 있다.

유창성의 개념은 '말하기 능력'이고, 이러한 '말하기 능력'이라는 술어는 '의사소통능력(communicative competence)'이라는 개념으로 구체화 되었다고 할 수 있다. 이는 언어가 '용법(usage)'이 아닌 '사용(use)'에 초점을 두고 관찰되어질 때 비로소 '유창성'을 논할 수 있기 때문이다. Canale과 Swain(1980)은 의사소통 능력의 하위 범주를 문법적 능력, 사회언어학적 능력, 담화능력, 전략적 능력으로 구성되었다고 보았다. 그렇다면 이러한 네 가지 역에서 유창성은 어느 항목에 해당하는 것일까? 두 가지의 가설 적용이 가능하다. 먼저 유창성은 네 가지 역 모두에 해당하는 공통 내용으로 볼 수도 있고, 혹은 유창성이라는 개념을 아주 일반적으로 생각하여 중요하게 다루어지지 않고 있다고도 볼 수 있을 것이다. 언어평가사전에서는 '유창성'의 개념을 다음과 같이 매우 포괄적으로 정의하고 있다. 이러한 포괄적인 정의는 외국어를 아주 훌륭하게 구사하는 사람을 묘사할 때 사용된다고 하고 있는데 이러한 정의만으로 유창성을 설명한다면 훌륭하다(very good overall)는 것에 정확성이 포함되지 않는다고 볼 수도 없을 것이다. "a general ability to communicative ideas effectively ... is used to describe a speaker who has a very good overall command of a foreign language."(in Davies, A. et al., 1999). Faerch, Haastrup and Phillpson(1984)에서는 유창성을 의사소통 능력을 구성하고 있는 요소로서 유창성을 포함시키면서 유창성을 'the speaker's ability to make use of whatever linguistic and pragmatic competence they have'라고 정의하면서 의미론적 유창성, 어휘-통사론적 유창성, 조음적 유창성의 세 가지로 구분하고 있다. 유창성에서 휴지의 중요성을 강조하고 있는 Wood(2001:575-578)는 말의 속도와 휴지, 전체 휴지 시간과 빈도, 휴지의 위치 중에서 가장 강력한 유창성의 척도는 휴지의 위치라고 주장하고 있다. Hedge(1993)에서는 언어 교육이 이루어지고 있는 강의실에서 사용하고 있는 유창성의 개념을 두 가지로 구분할 수 있다고 하면서 두 가지는 첫째는 학습자의 능력(competence)와 관련 있는 것과, ELT와 강의실활동에서 목표로 지향하고 있는 요소로서의 유창성으로 해 구분하고 있다. 유창성을 정확성과 함께 다루고 있는 Brumfit에서는 정확성을 정의내리는 것에 비해 유창성에 해 정의내리는 것은 매우 어려운 작업이라고 하면서 이는 언어 학습의 오랜 논의 과정에서 항상 유창성은 정확성 위에서 그 내용을 언급해 왔기 때문이 라고 지적하고 있다. 또한 Riggenbach에서도 유창성이라는 용어는 일반적으로 사용될 때와 언어 교육을 목적으로 한 강의실에서 사용될 때 다른 함축을 가지고 있다고 하면서 일반적으로는 언어 숙달도(proficiency)로 간주되어 왔으며 이는 발화의 '편안함(ease)'과 '자연스러움(smoothness)'으로 특징지어진다고 하고 있다.

유창성의 오류 중에서 Pause/Filler/Hesitation은 시간적인 압박에 따른 SL/TL과의 연관성이 크며 이것이 TL로의 문장 형성이 제대로 되지 않아 발생하는 경우가 대부분이다. 상식을 동원해서 생각해보면, 회사에서 제품을 만들어 거래하는 이유는 회사가 만들어낸 제품의 가치를 높이고 훌륭한 제품으로 인정받아 높은 값을 받기 위해서 이다. 그렇다면 고부가 가치 제품을 만들기 위해서 필요한 것은 끝없는 노력, 정직, 성실, 고객의 편의와 실용성을 염두에 두고 연구 개발하는데 필요한 모든 과정과 절차에 대한 이해가 필요하다.

오늘날 영어 학습에서 언어의 유창성(Fluency)와 정확성(Accuracy)의 중요함은 항상 부각되고 있지만 어느 것에 중심을 두고 학습을 진행해야 하는지에 대한 논란은 계속되고 있다. 이것은 영어 학습자의 실력과 수준에 따라 반응이 다르게 나올 수 있지만, 언어학습에 있어 기초 수준에서는 정확성을 너무 강조하지 말아야 한다는 의견이 많은데 이는 기초 수준의 학습자들에게 언어의 정확성, 즉, 문법이나 문장의 구조를 너무 강조한다면 학습에 대한 부담감이 커질 뿐이다. 이러한 학습 방법은 학습자들이 자연스럽게 말을 하거나, 글을 읽는 것을 방해하는 한 요소가 될 뿐이기 때문이다. 이런 문제를 해결하기 위한 가능한 교수법은 다양한 방식으로 이루어질 수 있다. 우선 문장 구역 수행을 위한 기초 훈련단계에서 숫자와 어휘에 대한 대응어를 도출하는 연습이 충분해야 할 것이다. 수강생이 보다 폭넓은 어휘를 습득하도록 최대한 다양한 연습이 효과적일 수 있다.

"대응어"란 단어와 단어의 단순 치환이 가능한 어휘를 말하는 것으로 문맥에 따라 새로운 등가 표현을 끊임없이 찾아내야 한다. Seleskovitch에 의하면 많은 사람들은 특정 개념을 칭하는 어휘를 다른 언어에서 전혀 다른 방식을 표현될 가능성이 있다는 것이다.

번역이나 통역을 할 때 출발 텍스트에서 사용된 어휘가 표현하고 지칭하는데 있어서 문장의 표현에 상관없이 동일한 의미를 전달할 수 있다는 것이다. 번역이란 서로 다른 언어를 사용하여 이루어지는 언어적 표상이고 이와 관련하여 '등가'를 세 가지로 분류하여 설명할 수 있다. 첫째로, '어원적 등가'(etymological equivalence)로서 출발어의 어휘가 갖는 사전적 정의로서 협의의 의미를 도착어의 어휘로 옮길 때를 말하며 가령 mother/mutter(영어//독일어)처럼 일차적 등가가 있는 경우이다. 둘째로, '문맥적 등가'(contextual equivalence)로서 이런 경우에는 어원적 등가어 대신 주어진 문맥에서 등가를 찾아내어 번역하는 것이 불가피해진다. 출발어의 어휘와 도착어의 표현 간에 일어나는 상황이다. 마지막으로 '관용적 등가'(conventional equivalence)서 사회적으로 반복적인 사용이 굳어진 대응어를 만들어 내는 경우이다.

이처럼, ST의 신속한 독해와 이해능력이 훈련될 수 있도록 읽고 핵심을 파악하고 요약할 수 있는 능력을 기르는 훈련, 곧 TL어역의 조절 연습이 필요하다. 또 Paraphrasing연습을 실행하여 학습자 문장 구역의 TL표현에서 나타날 수 있는 문제점들이 어떤 것인지 원문의 표현에 집착하지 않고 바꿔 말하는 연습이 도움이 될 것이다. 또 문장의 호응에 대한 민감성을 키우고 문장의 주부를 제시한 후 미완성된 수부를 학습자가 호응에 맞도록 완성하는 연습도 도움이 될 수 있다. 직역이나 사전식 해석을 극복하기 위하여 최대한 간결한 의미 중심 표현으로 바꾸는 연습도 도움이 될 수 있다. 전향식 비전향식 문장 구역에 관한 연습을 통해 앞뒤 문장에 대한 이해를 조절하는 능력을 가져야 유연성을 기를 수 있다.

제2장

통역 기술론(Technical Information)과 통역 교수법

경험이 많은 통역사가 자신의 통역 노하우를 담은 것이 통역 기술론이라면 통역 교육 담당자가 이 것을 학습자가 쉽게 받아들일 수 있는 방식으로 연구하는 것은 통역 교수법이다. 따라서 통역 기술론과 통역 교수법은 동일한 맥락에서 이해 할 수 있다. 순차통역, 동시통역, 릴레이 통역 모두 할 것 없이 통역사의 다양한 경험과 지식 그리고 인지 능력을 필요로 한다. 아래와 같은 사전 훈련이나 연습이 없이 통역을 할 경우 많은 언어간섭과 어려움을 겪을 수밖에 없다. 이런 차원에서 통역사의 인지 능력을 개선하기 위한 여러 가지 사전 훈련이 필요한데 구체적으로는 다음과 같은 여러 가지 방식이 도입될 수 있다. 우선, 따라 말하기(Shadowing)는 기본적으로 동시에 듣고 말하기 능력을 향상하기 위한 것이 목적으로 발음, 억양의 교정, 그리고 발화 속도 조절 등에 효과적인 음절이나 음소(Syllabic or Phonemic Shadowing) 따라하기로 듣고 말하는 인지 능력 활성화에 도움이 되며, 내용 분석이 이루어지는 어구

(Phrase shadowing) 따라하기가 있다. 듣고 말하는 능력을 위해서 필요한 교수법은 이중 과제 훈련(Dual-task)이다. 이는 두 가지 이상의 서로 다른 과제를 학습자에게 제공함으로써 두 가지 이상의 인지 능력을 동시에 사용할 수 있는 능력을 키우기 위한 훈련이다. 언어와 비언어 과제를 제공하여 동시에 사용하도록 하는데 그림 그리며 다른 동작이나 행동을 하게 한다든지 연설을 들으면서 다른 종류의 일을 하도록 하며, 텍스트를 들으면서 거꾸로 숫자를 세고 노트테이킹 하면서 따라서 말하고 연설을 들으면서 텍스트를 베껴 쓰게 함으로써 시너지 효과를 상승시킨다.

그다음으로, 숫자 집중훈련(Digit Processing)을 통해 숫자 문제를 해결할 수 있도록 속도를 느리게 하면서 또 빠른 속도로 텍스트 통역을 하도록 하는 훈련이다. 헨드릭스(Hendricks)는 동시통역을 수행하는데 연사의 말 속도를 따라가지 못해 많은 정보를 손실하는 것을 방지하게 위해 의도적으로 청성시차라는 폭을 변경하는 훈련을 하는데 이것이 청성시차 조절(Lag Exercises) 훈련이다.

동시에 듣고 답하기(Simultaneous Interpreting)는 기존의 무조건 따라 말하는 훈련의 단점을 핀터(Pinter)가 지적하면서 내용 분석이 가능한 형태의 자료를 개발하여 단문, 중문, 장문 위주의 따라 말하기 연습과 "예/아니요"를 묻는 형태의 질문을 듣고 답하는 형태 그리고 "왜"에 대한 질문에 답하는 연습으로 상관관계를 알아보는 연습으로 많이 활용된다.

연상(Association)작용과 지배언어(Dominant Language)는 통역할 때 언어에 대한 순발력과 인지능력과 직접 관련된 것으로 캐럴(Carroll)이 1976년도에 개발하였다. 이를 위하여 어휘력 향상을 위하여 동의어와 반의어, 유사어와 연상어들에 대하여 답하는 10여 가지 분야를 세분하여 어휘 능력과 통역 능력의 상관관계에 대한 연구를 하는 특성을 지니고 있다.

코드 스위칭(Code Switching)은 정보 전달체로 사용되는 다양한 기호를 비롯하여 언어 스위칭을 의미하며 단어, 어구, 숫자의 코드 스위칭을 실례로 생각해 볼 수 있다. 더 나아가서 질문에 대해서 다른 언어나 기호로 대답하는 것도 코드 스위칭의 한 부분에 속한다. 칼리나(Kalina)는 코드 스위칭과 관련하여 텍스트를 의미의 단위로 듣고 이를 다른 언어로 재구성하거나 요약하는 것도 코드 스위칭으로 본다. 이상과 같은 언어 교환능력, 내용을 분석하는 능력은 통역 연습을 위한 중요한 기반이 된다. 빈칸 채우기(Cloze Task)는 텍스트의 일부를 빈칸으로 남겨두고 빈칸을 채워나가는 연습으로 문맥의 파악과 관용어 채우기, 어휘능력 향상을 위한 목적으로 추론할 수 있는 능력과 언어 능력의 제고에 활용되며 단순한 문장이나 단어에서 텍스트의 사고 흐름과 의미 파악으로 난이도를 높여가며 훈련시킬 수 있다. 비아지오(Viaggio)와 세튼(Setton)은 이런 훈련을 통해 적성시험으로 활용할 수 있도록 했다. 어구 변형 연습(Transformation and Paraphrase)은 주어진 컨텍스트의 의미를 최소한으로 변경하고 표현방식만을 바꾸는 연습으로 다양한 표현을 활용하는데 어휘, 어구, 관용어와 숙어를 바꾸는 방식을 익히게 하는 훈련으로 이를 통해 통역할 때 인지적 부담을 덜어주도록 하고 있다. 문장구역(Sight Translation)은 쓰여진 텍스트를 눈으로 쫓아가며 그대로 청취자들에게 전달하는 방식으로 통역과 번역의 혼합된 형태로 즉흥적인 전달행위인 동시에 혼자서 전달하는 순차통역과 동시통역의 의미를 내포한다. 이를 통해 신속하게 내용을 분석하고 파악하여 텍스트를 이해할 수 있는 능력이 필요하다.

1. 셀레스코비치(Seleskovitch)의 통역 교수법

의미 통번역론에 바탕을 두고 우선 의미를 전달하는 행위로서 통역 행위를 강조하고 통역은 단순한 언어의 치환이 아니라는 통역 교수법을 제시하고 있는 셀레스코프의 통역 교수법은 실질적으로 통역 교수와 실무에 도움이 되는 방식으로 보여진다. 셀레스코프는 통역 과정을 이해하고 표현하며 준비하는 과정을 순차통역과 동시통역을 강조하고 있다. 순차통역을 위한 사전 지식과 내용을 문맥과 상황에 맞추어 나가는 준비가 필요하다고 하며 연사의 입장에서 연설을 이해하여야 하고 연사의 배경을 통해 주제에 대한 이해를 습득하여야 한다고 한다. 더 나아가 통역사가 이해하지 못하는 내용은 발화하지 말아야 하고 텍스트 전체 흐름에 방해가 되지 않는 범위 내에서 이해하고 필요에 따라 말해야 한다는 것이다. 말의 흐름은 유연해야 하고 전문용어, 숫자, 주제어나 고유명사는 치환해서 의리를 통역하는 것이 바람직하다고 한다. 반면에 청취가 동시에 일어나는 동시통역의 경우, 언어지식과 인지능력이 동시에 필요하다고 한다. 의미 통번역론에서는 통역이 표층언어가 아닌 그 속에 담긴 메시지를 전달하는 행위로 본다는 점에서 메시지는 비언어적 형태를 띠고 있으며 모든 언어에 보편적으로 적용된다. 이런 보편적 메시지를 전달하는 기술이 핵심이다. 그는 순차 통역을 기억보조 수단과 오역과 실수를 최소화하기 위해 통역사 개개인을 위한 노트테이킹 두 가지로 나누어 설명한다. 그가 주의하고 있는 노트테이킹은 핵심을 담아야 하고 연상력을 지니고 있어야 하며 도착어로 된 노트테이킹을 사용하고 필요한 만큼의 노트테이킹을 하여 필요한 정보만을 파악할 수 있도록 한다는 설명이다. 또 개개인의 기억력이 차이가 있고 개개인의 경험과 지식 역시 차이가 있기 때문에 노트테이킹 마찬가지로 차이가 있음을 인정한다. 그렇기 때문에 노트테이킹을 강요해서는 안 된다는 것이다.

특히 언어 간섭(interference) 현상은 출발어 이해와 도착어 발화가 함께 이루어지는 동시통역에서 가장 큰 문제점으로 출발어와 도착어에 따라 차이가 있기 마련이다. 이런 언어 간섭현상에서 발음의 유사성으로 인한 음운치환(Transphonation)이나 어원은 같은 뜻이 다른 단어의 사용을 주의해야 한다. 영미권 문화에서 긍정적인 단어라고 할지라도 서로 다른 문화권에서는 부정적인 의미를 지니고 있을 수 있기 때문이다. 언어 간섭은 언어적 비언어적 단어, 어구, 연음(collocation)을 비롯한 간섭 모두를 포함한다. 가령 한 문화권에서 엄지와 검지로 원을 만들어 표현하면 행운을 표시하는 것이라면 타문화권에서는 '악마'의 의미를 지니고 있기도 하고 영국에서 sausage가 미국에서는 sexual organs를 의미하는 것일 수도 있다.

2. 실비아 카리나(Sylvia Kalina)의 통역 교수법

칼리나의 통역 교수법은 인지적인 측면에서 통역에 대한 교수법을 정리하고 통역을 하나의 결과로서가 아니라 하나의 그물망과 같은 네트워크 상호작용 과정(process)으로서 의도적인 통역에 집중하고 있다. 칼리나에 의하면 통역은 인지적 경험에 바탕을 두고 문제 해결을 해야 하고 통역 상황에 적합하여야 하고 이를 위해 의식적인 노력이 필요하다. 칼리나는 자신의 인지능력을 사용하여 언어 정보를 분석하고 텍스트 의미를 파악해 나가는 것을 상향식 전략(bottom-up strategy)이라고 하고, 텍스트를 이해하는데 통역사의 지식을 사용하는 것을 하향식(top-down strategy)이라고 한다. 특히 출발 텍스트를 이해하기 위해 칼리나는 기존의 지식과 언어를 사용하여 이해 과정을 용이하게 하는 추론과 예측을 사용하며 정보를 유출하는데 효과적인 예측(anticipation)을 하고 같은 양의 정보를 기능적인 부분과 의미적인 부분으로 나누어 담는 분절(segmentation) 요령을 익힘으로써 일정량의 정보를 주어진 시간에 다른 언어로 옮기는데 최대한 활용하게 한다. 도착 텍스트의 발화는 문구 대체, 단어 대체, 내용의 중립화(neutralization), 내용의 희석(attenuation), 대체(substitution) 등은 통사구조와 어휘표현으로 어차피 출발텍스트에 영향을 받기 마련이다.

Basic skills and basic training[6]

The early interpreting experts regarded interpreting as an activity the main characteristics of which are not related to language6; the fact that, for them, interpreting was based not on language but on meaning, meant that it was something quite different from translation, and it could therefore not be explained with the tools of translation theory nor with

---

[6] Kalina의 통역 기술론과 관련한 논문은 미주에 첨부되었으니 참고할 것.

linguistic theory in general. It took a number of years before attempts at interdisciplinary cooperation were made, and these did not emanate from the interpreting community but from linguists(e.g. Bühler 1989). At a time when consecutive interpreting was more and more replaced by simultaneous, psychologists, on their part, became interested in some of the phenomena to be observed in the simultaneous mode(the ear-voice span, the simultaneity of speaking and hearing etc.). However, their interest was not directed at explaining interpreting but at finding answers to questions that had

Several diploma theses submitted to the University of Heidelberg Institute of Translation and Interpreting in recent years have contributed to establishing a corpus of data on these questions, of what notes are taken by students and professionals, cf. Skerra 1989 and Hegels 1993. 6 The so-called deverbalisation model(e.g. Seleskovitch & Lederer 1989) has been broadly discussed in the literature, cf. Kalina 1998.... It was only in the late 80s and early 90s that a broader range of approaches for a theoretical description of interpreting developed, and the number of publications has risen accordingly in the past few years. As to the ambition and quality of these recent contributions, opinions differ(see Gile 1990, Pöchhacker 1995). Moser-Mercer(1997) discusses the difference between novices and experts in interpreting and points to the fact that differences in strategic processing have never been investigated with a view to making teaching more efficient. She hypothesises that expert interpreters (professionals) rely more on contextual strategies than novices, going from the known to the unknown, whereas novices turn first to the unknown, trying to solve the problem it raises. Knowledge organisation is also more efficient in professional interpreters, regarding semantic, procedural but also schematic knowledge(cf. Moser-Mercer 1997:257).

A second focus of modern translation studies is that of skills, where Wilss(1984) has described types of skills and their development in a training context, even though his model is strongly language-oriented. Nord(1996) suggests a comprehensive approach and describes categories of knowledge skills and competences, which together build a network of competences and are coordinated to reach the goal in question. However, the literature on translator training has hardly been reflected in that on interpreter training, and there is no indication in the latter about whether and how translation skills may be of any help in interpreting. This is an area where a thorough examination and more cooperation between translation and interpreting didactics should be very promising. In the past, translation scholars described interpreting as just an oral form of translating, with translation being the generic term that covered both activities(Kade 1968 and the Leipzig school, and later Reiß & Vermeer 1984 in their General Theory of Translation). No need was felt to describe the peculiarities of interpreting or defining those aspects in which interpreting differs from translating. The early interpreting scholars and teachers, on the other hand, tended to draw a rigid line between the two, arguing that in translating, one was compelled to work much more on the basis of and along the wording of a text, whereas interpreters were much more guided by the meaning and the intention of the author and therefore performed a more ambitious cognitive task(cf. Seleskovitch 1976; Seleskovitch & Lederer 1989). Neither view lends itself, I think, to describing interpreting on its own or even providing a theory of interpretation, but it could be worth while to search for fruitful insights for both disciplines by also considering results of the study of the other. This is another reason why I think that closer cooperation between the two subdisciplines and a more open mind on the part of one towards the other would be desirable. Translation studies have a longer history than interpreting studies, which only developed after the technique of simultaneous interpreting had become popular. Both disciplines are taught in similar or identical institutions, and some university curricula stipulate exams in both of them for obtaining diplomas....The author has attempted to adapt the think-aloud method, used to reveal translation processes by Krings(1986a), where it yielded interesting results, to interpreting(for details cf. Kalina 1998); for this, the method had to be adapted to account for the constraints of the interpreting process. Despite the obvious difficulties, the method of retrospective think-aloud may help gain additional information about interpreting processes and should be tested by different research groups.

3. 통번역 교수의 개인화와 단계적 교수법

인간은 이성적인 동시에 감정적인 동물이기도 하다. 그렇기 때문에 학습을 통해 소위 말하는 개인화(personalization)7 과정이 필요한지 모르겠다. 주어진 내용을 단순히 학습하고 암기하는 것에 그치는 것이 아니라 input된 내용을 자기 스스로 이해하고 소화(intake)하는 과정을 거치면서 이를 output할 수 있는 상황을 만들어 낸다는 점에서 의사소통 능력을 향상시키는 데는 필요한 요소가 될 수 있다. 이를 통해 자신감을 회복하여 자기 잠재력을 크게 발전시킬 수 있기 때문이다. 영어학습의 기초 단계에서는 우선, 소리 중심의 학습이 이뤄져야 한다. 우선 소리를 듣고 그것을 따라 입을 열어 말하는 단계에 충분히 적응하는 것이 좋다는 점이다. 현재 국내에서는 phonics 학습이 영어 학습의 첫 단계로 인식되어, 먼저 알파벳 글자를 외우는 것부터 학습을 시작하고 있지만, 이것보다는 글자를 소리로 인식할 수 있는 학습(Phonemic Awareness) 역시 필요하다.

통번역을 비롯하여 영어 학습의 초급 단계는 보통 단어와 짧은 문장

---

[7] Everyone knows what a person is, but do you know what personification is? Personification is when you assign the qualities of a person to something that isn't human or, in some cases, to something that isn't even alive. There are many reasons for using personification. It can be used as a method of describing something so that others can understand. It can be used to emphasize a point. It is a commonly favored literary tool, and you may in fact use personification without even knowing it.
- The stars danced playfully in the moonlit sky.
- The run down house appeared depressed.
- The first rays of morning tiptoed through the meadow.
- She did not realize that opportunity was knocking at her door.
- The bees played hide and seek with the flowers as they buzzed from one to another.
- The wind howled its mighty objection.

습득이 중심이 된다. 특히, 처음 영어를 배우는 어린 아이들의 경우 학습한 단어를 사용하거나 문장을 활용하여 자신의 의견이나 감정을 표현하려 하는 경우가 많다. 그래서 단어만을 사용하거나, 문장을 문법에 맞지 않게 마구 쏟아내는 경우가 많은데, 이 경우, 선생님이 틀린 단어의 사용이나 문장의 잘못된 문법을 너무 정확하게 고쳐주려 하는 경우, 어린 아이들의 학습 의욕을 떨어트리는 결과를 가져올 수 있다. 이런 경우와 같이 학습 내용을 자신만의 방법으로 분출하려는 학습자에게 너무 많은 정확성의 강조는 학습자의 학습 의욕을 위축시키는 결과를 초래할 뿐이다. 왜냐하면 언어의 정확성은 유창성이 보장되었을 때, 더 효과적으로 적용될 수 있기 때문이다.

그러나 정확성은 학습자가 영어 학습의 초급 단계를 지나 중급 단계로 접어들었을 때 강조하기 시작하는 것이 좋다. 자연스럽게 쓰던 문장을 문법의 틀에 넣어 다듬고, 문장의 구조를 이해하는 것이 언어를 마스터하는 좋은 방법이다. 더 나아가 정확성은 학습자가 자발적으로 요구할 때, 그 학습 효과가 커진다. 기초 단계부터 문법을 수학 공식처럼 외우고, 단어를 단어 자체로만 외우는 정확성만을 강조하는 방법은 단기간 많은 효과를 보여주는 것 같지만, 장기간 언어 학습에 있어서는 방해가 될 뿐이다.

그렇기 때문에, 통번역 교육에서의 한국어 학습이 필요한 것은 한국어/영어 통번역 시장에서 영어를 자유롭게 구사할 수 있는 통번역가 양성의 필요성에 있다. 통번역학에서는 통번역가가 통번역을 할 때 출발어가 자신의 제2언어가 되고 도착어가 자신의 모국어가 되는 것이 '자연스럽다'는 것이 일반적인 견해임에도 불구하고 한국의 통번역 시장의 경우,

영어를 모국어로 구사하는 통번역가는 매우 찾아보기 어려운 것이 현실이다. 이와 같은 필요성에서 체계 기능 언어학(Systemic Functional Linguistics)의 이론에 기초한 텍스트 분석이 한국어 교수법의 일부로 사용될 수도 있을 것이다.

Systemic functional linguistics(SFL) is an approach to linguistics that considers language as a social semiotic system. The term systemic accordingly foregrounds Saussure's "paradigmatic axis" in understanding how language works. For Halliday, a central theoretical principle is then that any act of communication involves choices. Language is a system, and the choices available in any language variety are mapped using the representation tool of the "system network".

Michael Halliday, who founded systemic functional linguistics. Systemic functional linguistics is also "functional" because it considers language to have evolved under the pressure of the particular functions that the language system has to serve. Functions are therefore taken to have left their mark on the structure and organisation of language at all levels, which is said to be achieved via metafunctions.

For Halliday, all languages involve three generalised functions, or metafunctions: one construes experience(meanings about the outer and inner worlds); one enacts social relations(meanings concerned with interpersonal relations), andone weaves together of these two functions to create text(the wording). Because these functions are considered to come into being simultaneously—viz., one cannot mean about the world without having either a real or virtual audience—language must also be able to bring these meanings together: this is the role of structural organisation, be that grammatical, semantic or contextual. These three generalised functions are termed "metafunctions."

한국의 경제 기술의 발전, 국제 사회에서의 역할 증대, 한류 열풍 등으로 인해 한영 번역의 수요와 중요성은 날로 높아만 간다. 하지만 한영 번역가의 수는 역부족이다. 특히나 번역을 함에 있어 도착어가 번역가의 모국어인 경우에 가장 바람직하다는 가정을 전제로 한다면, 한국어로 된 글이나 영화 등을 영어로 번역할 수 있는 인적 자원은 극히 제한된다. 그것은 한국어를 배우는 외국인의 수가 매우 적다는 데에서 그 근본적인 이유를 찾을 수 있겠다. 예를 들어 호주 교육부가 발표한 자료에 따르면, 정부가 4개의 중요한 아시아 언어로 선정한 중국어, 인도네시아어, 일본어, 한국어 중 2008년 기준 한국어를 배우는 학생들의 수가 가장 적은 것으로 나타났다.

<표 2> 2018년 기준 호주 학생의 아시아 4대 언어 학습 상황

	중국어	인도네시아어	일본어	한국어
전체 학생수	92,931	191,316	351,579	4,229
12학년 학생수	5,256	1,167	4,910	322

한국어를 학습하고 있는 전체 4,229명의 학생 중 한국어를 대학입학

시험 선택 과목으로 선택한 12학년 학생은 322명 약 7.6%에 해당한다. 이것은 한국어를 제2외국어로 배우는 외국인의 수가 다른 언어에 비해 상대적으로 매우 적을 뿐만 아니라 한국어를 고급 수준으로 할 수 있는 사람들의 수는 더더욱 적다는 것을 보여주는 하나의 통계치라 할 수 있다. 이러한 상황에서 한영 번역시장에서의 영어 원어민 번역가의 수요 증가는 한국어를 외국어로 배우는 학생들이 한국어를 지속적으로 배우는 좋은 동기가 될 수 있으리라고 생각한다.

한국어를 제2외국어로 배우고 대학입학시험 과목으로 선택한 학생이 모두 통번역을 할 수 있는 것은 물론 아니다. 이것은 마치 한국에서 영어를 초중고등 학교에서 배우고 수능에서 높은 점수를 받았다고 해서 모두 통번역을 할 수 있는 것은 아닌 것과 같다.

통번역을 전문적으로 하려면 통번역 전문 석사과정 등에서 별도의 교육과 훈련을 받아야 하고 이러한 프로그램에 들어가기 위해서는 두 가지 언어의 능력을 객관적인 방법으로 증명해야 한다.(예, TOEFL 600 혹은 IELTS 7 이상). 그러나 이렇게 선발된 학생들도 통번역을 공부하면서 자신의 제1언어(모국어)뿐만 아니라 제2언어의 한계를 많이 느끼고 더욱 발전시키려 노력한다. 통번역을 가르치는 프로그램에서는 이러한 부분에 대한 교육적 지원을 충분히 해줘야 함에도 불구하고 이 부분에 대한 충분한 연구도 되어 있지 않고 따라서 만족스러운 방안도 나와 있지 않은 것이 현재 통번역학에 있어서의 하나의 과제이다.

체계 기능 언어학(Systemic Functional Linguistics)에 기초한 텍스트 분석을 이중 언어 고급 학습자들이 2개 언어 기술을 한 단계 더 향상시키는데 효과적인 툴로 사용될 수 있다는 점에서 이 이론에 대한 간단한 생성 배경과 주요 개념을 알아보면 다음과 같다. 체계 기능 언어학은 생성 초기에 영국의 언어학자 J. R. 퍼스(J. R. Firth)의 언어 모델에 영향을 받았다. 그는 체계 기능 언어학에 있어서 핵심이 되는 상황적 맥락(situational context) 및 문화적 맥락(cultural context) 이라는 개념을 말리노프스키(Malinowski, 1935)로 부터 받아들여 자신의 언어모델에 포함시켰다(Firth, 1957). 말리노프스키는 파푸아뉴기니의 트로브리안드 섬 주민들의 문화를 연구했던 인류학자로 그가 섬에서 수집한 자료를 번역했을 때 자신의 번역이 그 상황적 그리고 문화적 맥락에 대한 이해가 부족한 영어권 독자들에게 그리 큰 의미가 없다는 점에 착안, 상황적 맥락과 문화적 맥락의 개념을 세운 학자이다.

체계 기능 언어학은 J. R. 퍼스의 제자였던 M. A. K. 할리데이(Halliday)에 의해 고안되었고 할리데이 자신과 루카이야 하산(Ruqaiya Hasan), 짐 마틴(Jim Martin), 크리스찬 매티슨(Christian Matthiessen)과 같은 학자들에 의해 지속적으로 발전되어 왔으며 언어와 관련된 많은 학문에 이론적 배경이 되어왔다. 할리데이는 이론과 실제를 연결하고자 끊임없이 노력해온 언어학자로, 그의 그러한 노력은 언어 연구에 대한 개인적인 동기가 중국어를 가르쳤던 그의 경험에서 비롯되었기 때문으로 보인다. 이론과 실제의 의미 있는 연결 노력으로 인해 할리데이 이론은 번역을 포함한 언어와 관련된 여러 학문에서 널리 응용되어 왔다. 위에서 설명한 바와 같이 체계 기능 언어학은 발전 초기부터 사회 현상과 밀접하게 연계되어 왔다. 체계 기능 언어학자들은 언어를 사람들이 주어진 상황적 문화적 맥락에서 서로 의사소통을 하는데 필요한 의미를 만드는 도구로 간주한다. 따라서 그들의 주요 관심사는 언어가 의미를 만들어 전달하는데 어떻게 쓰이는가 하는 것이며 언어는 거시 및 미시적 상황 속에서 이해된다.

언어의 단계에는 상황적 맥락(situational context)과 문화적 맥락(cultural context)를 포함하는 맥락적 단계(context), 담화 의미론적 단계(discourse semantics), 어휘 문법론적 단계(lexicogrammar) 및 음성/서기론적 단계(phonology/graphology)가 포함된다. 이는 상위단계는 하위 단계에 필요한 배경 혹은 환경을 제시한다고 말하거나 상위 단계는 하위 단계 없이 존재할 수 없다고도 풀이할 수 있다. 말이 글이나 소리를 통해 표현되지 않고서는 문법에 대해 논의할 수 없고 어휘나 문법을 통해 의미 있는 말이 절 단위에서 이루어지지 않고서는 의미론적인 차원에서의 텍스트나 담화를 만들어낼 수 없는 것과 같은 것이다. 따라서 체계 기능 언어학에서는 절 단위에서의 의미를 다루는 어휘문법이 담화 차원의 의미를 다루는 의미론과의 상관관계 속에서 연구되고 또한 의미론도 어휘 문법과 상관하여 연구되는 것이 일반화 되어 있다. 체계 기능 언어학이라는 이름에 들어있는 '체계적(systemic)' '기능적(functional)'이라고 하는 단어는 이 이론이 기본적으로 지향하는 바를 잘 설명해준다. '기능'이라 함은 특히 체계 기능 언어학의 분야 중 절 단위에서의 언어를 연구하는 체계 기능 문법이 지향하는 점 다시 말해 궁극적 목적을 일컫는데, 이에 대해 할리데이는 아래와 같이 설명하고 있다. '기능 문법'이라는 것은 … 담화 의미론적 지향점을 갖는 문법 이론이다. 다시 말해서, 우리가 문법을 기능적으로 분석해본다라고 했을 때 이것은 문법의 역할을 의미를 만들어내는 하나의 도구라는 것에 제일 역점을 두는 것이다.

할리데이는 우리가 언어를 통해 만들어내는 고유한 의미는 네 가지 다른 종류의 의미를 통해 실현된다고 주장하는데 경험적 의미(experiential meaning), 논리적 의미(logical meaning), 관계적 의미(interpersonal meaning), 문맥적 의미(textual meaning)가 그것이다(Halliday 1994: 35). 경험적 의미는 누가, 무엇을, 누구에게, 어떻게, 언제, 왜 하는지 등에 관한 내용이다.

- Context/ Phonology/ Graphology/ Semantics/ Lexicogrammar

이는 단적으로 표현하면 사람이 세상에서 겪는 경험에 관한 의미를 말한다. 논리적 의미는 경험적 의미가 문장 안에서 하나의 절(節) 이상으로 표현될 때 해당 절(節)들 간에 생기는 연관성에 관한 의미를 말한다. 관계적 의미는 화자와 청자 사이의 상호작용 및 관계 또는 화자의 개인적 태도가 언어를 통해 표현된 의미를 말하며 문맥적 의미는 경험적, 논리적, 관계적 의미가 정보흐름에 있어 어떻게 매끄럽게 연결, 구성되었는지에 관한 것이다.

그렇다면 '체계'라 함은 무엇을 뜻하는가? 체계 기능 언어학에서 말하는 체계라 함은 같은 조건이 주어졌을 때 언어 사용자가 선택할 수 있는 선택사항들의 네트워크를 말하는데, 각각의 체계는 특정 영역의 의미가 생성되는데 직접적인 영향을 미친다. 예를 들면 문맥적 의미의 경우, 화자는 자신의 담화를 조리 있게 이끌기 위해서 각 절을 어떻게 이끌 것인가 하는 것을 선택하게 되는데 이때 두 가지를 선택할 수 있다.

하나는 평범하게 주어가 되는 주제를 선택하여 문장을 시작할 수도 있고 아니면 이색적으로 주어가 아닌 다른 것으로 문장을 시작할 수도 있다. 이러한 현상을 체계언어학에서는 '이끔부 체계(THEME system)'

로써[8] 설명하고 있고 주어진 담화에서 이끔부를 분석함으로써 화자가 의도하는 문맥적 의미를 파악한다.

이렇듯 체계언어학자들은 언어를 '규칙'이라는 틀로서 규정하기보다, 각각의 체계 안에서 어떤 사항들을 선택할 수 있는지를 설명하는 데에 더욱 큰 관심을 갖고 있다. 이점이 바로 체계 기능 언어학이 다른 기능 지향 언어이론과 다른 점이기도 하다. 즉, 우리가 사용하는 언어를 일직 선상의 현상으로 보아 단어가 어떤 순서로 배열되어 있는가에 대한 논의 보다는, 주어진 상황에서 화자가 고유한 의미를 만들어 내기 위해 선택하여 사용할 수 있는 다양한 언어 자원 요소들의 체계적 설명을 더욱 중요시 한다. 할리데이는 "언어란 '여러 체계로 구성된 체계'이다... 언어란 여러 가지 서로 관련된 선택 사항들이 아주 커다란 네트워크에 연결되어 있는 것이다"라고 설명하고 있다.

다시 요약해 보자면, 첫째, 체계 기능 언어학에서는 '의미'라는 것을 단면체가 아닌 다면체로 보아, 각각의 면에 서로 다른 성질의 의미가 나타난다고 본다. 따라서 의미는 경험적, 논리적, 관계적, 문맥적 의미가 모두 어우러져 다면체적으로 나타난다는 것, 둘째, 이러한 다면체적인 의미는 각각의 의미를 만들어내는 어휘/문법 차원에서의 언어 자원 요소들을 선택 사항들의 체계로 분석함으로써 보다 잘 이해될 수 있다는 것인데 바로 이러한 특성이 번역이나 언어를 가르치는 데 있어서 잘 응용

---

[8] The theme system was a method of providing troops for the Byzantine army. It was introduced by the emperor Constans around 650 AD. Citizen farmers were given land to work in return for military service when required. The system was hereditary, so the citizens actually owned the land; however, the obligation for military service was also hereditary, but this meant that the empire had a constant supply of manpower for the military from generation to generation.

할 수 있는 부분이다. 앞에 언급한 이중 언어 고급 학습자들을 위한 툴을 개발한 연구는 현재 초기 단계로 2011년부터 고급 이중 언어 발달(Advanced Bilingual Enhancement)이라는 과목을 개발 중에 있다. 이 연구에 해당하는 언어는 영어를 비롯해 한국어, 중국어, 일본어, 인도네시아어, 불어, 독어, 스페인어 그리고 러시아어 등 9개 언어이다.

통번역 교육 현장에서는 다른 언어 간 텍스트 전환 문제에 주 초점을 맞추어 교수 학습 활동이 이루어지기는 하나, 그 과정에서 통번역의 기본 도구인 언어 능력 개발에 직접, 간접적으로 주목하고, 발전을 꾀할 수밖에 없다. 통번역 교육 현장에서 언어의 기능, 교수자와 학습자의 역할, 학습 활동, 평가 등에 대해 어떤 전제를 가지고 접근해봄으로써, 통번역 교수 기법을 의사소통적 언어 교육과 문법 번역식 교육 기법과 비교해 보고, 언어 교육 현장에서의 응용 방안에 대해 알아보자.

- 나는 어떤 수업을 구상할 것인가?
- 내가 구상한 수업을 어떻게 기획할 것인가?
- 내가 기획한 수업을 어떻게 운영할 것인가?
- 나는 어떤 소통 시스템을 지향할 것인가?
- 내가 궁극적으로 학생들과 함께 도달하고자하는 지점은 무엇인가?

제3장

통번역 교수법과 이론의 범주

　전 세계적으로 날로 팽창하고 있는 통역번역교육에 대한 수요를 충족시키고 보다 우수한 자격을 가진 교육요원을 배출하기 위해 통역/번역 과정에 대한 이해와 적절한 이론에 바탕을 둔 교수법을 통하여 통역/번역학 접근법 가운데 상당부분이 언어학 또는 응용언어학에 뿌리를 두고 있는 현실에서 언어학적 연구가 선행될 필요가 있을 것이다. 언어학 중심의 접근법은 실제 통역 / 번역학 연구에 기여해 온 바 있어 실증적 한계를 이론적으로 이해하는 것이 수반되어야 하며 화용론, 의미론 등 언어학 분야에서 통역 / 번역학 연구와 밀접히 관련되어 있는 분야나 특정 주제를 집중적인 강독 및 발표를 통해 접근함으로써 해당 분야나 주제에 대한 심층적 접근을 모색하고 그 결과를 통역/번역학 연구에 적용하는 작업이 동반되어야 할 것이다.
　또한 통역 이론 연구에 필요한 기본 개념을 비롯하여 통역이라는 특수 의사소통 행위를 이론적 모델을 통해 이해할 수 있도록 하며 통역이라는 과정 전체를 다양한 이론적 접근법을 통해 이해하고, 각 과정별

구성요소와 변수를 살펴보는 수고는 향후 통역에 대한 학문적 연구의 출발점을 제공할 수 있는 계기가 될 수 있다. 더 나아가 통역이론 강좌에서 다루어진 내용을 심화 발전시키는 강좌로, 통역과정에 대한 이해를 바탕으로 기존에 이루어진 연구 성과와 앞으로의 연구방향 등을 제시하고 통역/번역 분야의 필요한 개념 이해, 기획 방법, 실제 연구 방법론에 대한 소개를 통하여 관련자료 수집 및 분석, 해석을 위한 다양한 기법을 논하고, 특히 계량적 접근법의 차이를 이해를 바탕으로 적합한 연구 계획을 수립할 수 있는 기초를 배양해야 한다.

통번역은 외국어습득의 협소한 영역을 크게 벗어나는 전문영역이며, 통번역학은 학제적 학문과 교호하면서도 자체적인 이론을 구상하고 제시하는 응용학문(Applied Science)이다. 즉, 이론이나 실제가 따로 구분되어 있는 것이 아니라 상호 변증법적인 관계 혹은 융합관계를 유지한다. 통번역학자 스스로도 이를 가끔 착각하는데, 통번역은 응용작업이고, 언어학이나 심리학, 담화분석론, 문화학 등과 같은 학제적 이론은 통번역의 응용작업을 도와주는 학문이 아니다. 언어학, 심리학, 담화분석론, 문화학의 영역도 자체적으로 학술이론과 응용실제가 구분되어 있듯이 통번역학도 마찬가지로 상호 학제적 관계에서 영향을 주고받는 것뿐이다. 통번역학은 단지 통번역 실무 및 관련 문제점들을 학문적으로 규명하는 데 그치는 것이 아니라, 실무자를 위해 탄탄한 이론으로 무장한 믿음직한 보조자가 되어야 한다. 외국어를 전문적으로 공부한 사람이라면 통역과 번역이 외국어 습득과는 완연하게 다른 분야라는 점을 안다. 통번역을 하는 데에 외국어 습득이나 모국어는 필요조건이지 충분조건이 아니다. 통역과 번역은 모국어 실력과 외국어 실력 사이의 조율관계 속에 있다. 그 조율관계에는 언어실력 말고도 언어에 대한 사회적 판단, 언어의 정보와 정서구조, 남성과 여성, 문화적 차이, 지리정치학적 영향력, 장르론, 담화분석, 심리학의 주요 분야가 모두 포함되며, 통번역 작업은 이런 학제적 영역을 단순히 포함하는 것이 아니라 이것들을 외국어-모국어의 상호관계에 투영하는 방법을 아우르는 것이다.

통번역의 이론이란 관찰에 의해 수집된 자료를 해석하고, 서로 연관시키는 것이므로 이론은 실무에 대해 독립적이며, 그 자체가 하나의 관심사이다. 통번역은 언어와 언어 간의 치환, 대치가 아니라 상이한 문화권 사이의 의사소통을 중개하는 역동적인 활동이다. 통번역이라는 활동 자체가 상이한 문화권이라는 전제에서 출발하기 때문에 문화권의 차이로 인해 대두되는 여러 가지 현상들은 번역 활동 자체를 규정하고 번역가들이 숙명적으로 해결해야 하는 과제가 된다. 번역활동에서 제기되는 문화적 문제는 거시적 측면(텍스트 자체의 구조나 장르규범 등)과 미시적 측면(어휘와 언어표현 위주)으로 나누어서 고찰되기도 하고(Kussmaul, 1997), 의사소통적, 화용적, 기호학적 차원에서 제기되기도 한다.

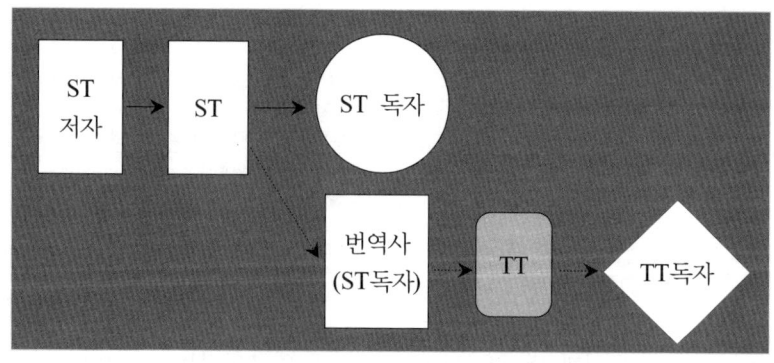

<그림 5> 번역활동

통번역은 스코포스의 이론9에 의해 좌우되고 출발문화 및 출발어로 이루어진 정보제공(물)에 관한 도착문화 및 도착어로 이루어진 정보제공(물)이며, 정보제공(물)을 모사하며 비가역적이다.

In the history of translation studies, for a long time, when people assess the quality of a translation, they are likely to employ "equivalence" or "faithfulness" to the source text as the most authoritative criterion to judge whether the translation is successful or not. This kind of translation evaluation is stereotyped and over-simplified. Although this trend plays a positive role in guiding translation practice and standardizing the translation field, other factors should not be neglected, because translation is a complex human activity and the study of translation also should be descriptive. Under this situation, the Skopos theory, by viewing translation as an action with purpose, tries to open up a new perspective on such aspects as the status of the source text and the target text, their relationship, the concept of translation, the role of the translator,

---

9 Skopos theory focuses on translation as an activity with an aim or purpose, and on the intended addressee or audience of the translation. To translate means to produce a target text in a target setting for a target purpose and target addressees in target circumstances. In skopos theory, the status of the source text is lower than it is in equivalence-based theories of translation. The source is an "offer of information", which the translator turns into an "offer of information" for the target audience. Paul Kussmaul writes about this theory: "the functional approach has a great affinity with Skopos theory". The function of a translation depends on the knowledge, expectations, values and norms of the target readers, who are again influenced by the situation they are in and by the culture. These factors determine whether the function of the source text or passages in the source text can be preserved or have to be modified or even changed.

translation standards and strategies. Skopos theory put forward by Hans J. Vermeer is the core of the functionalist translation theory[10] developed in Germany in the 1970s. This is a new perspective of looking at translation, which is no longer limited by conventional source-text oriented views. Vermeer finds that, according to action theory, every action has a purpose, and, since translation is an action, it must have a purpose too. The purpose is assigned to every translation by means of commission. To some extent, Skopos theory makes up for the deficiency of conventional translation theories. In the framework of Skopos theory, there are not such things as right or wrong, faithfulness or unfaithfulness, and the translation Skopos decides the translation process. Skopos theory accounts for different strategies in different situations, in which the source text is not the only factor involved. Skopos is the Greek word for "aim" or "purpose" and was introduced into translation theory in the 1970s by Hans J. Vermeer as a technical term for the purpose of a translation and of the action of translating. Hans Vermeer believes that the purpose of a text determines the translation strategies. He objects to the traditional

---

[10] Functionalism emphasizes the consensus and order that exist in society, focusing on social stability and shared public values. From this perspective, disorganization in the system, such as deviant behavior, leads to change because societal components must adjust to achieve stability.
When one part of the system is not working or is dysfunctional, it affects all other parts and creates social problems, which leads to social change. The functionalist perspective achieved its greatest popularity among American sociologists in the 1940s and 1950s. While European functionalists originally focused on explaining the inner workings of social order, American functionalists focused on discovering the functions of human behavior.

equivalence-based theories, which speak of the source text, or its effects on the source text reader, or the purpose of the source text author as a decisive factor in translation and raises the Skopos of the translation action to the center.... Like any other theories, Skopos theory is also not perfect. According to Nord, there are two interdependent limitations of this theory. One concerns the culture-specificity of translational models; the other has to do with the relationship between the translator and the source-text author. To solve the above problem, Nord introduces the loyalty principle into the functionalist model. In Nord's terms, function refers to the factors that make a target text work in the intended way in the target situation. Loyalty refers to the interpersonal relationship between the translator, the source-text sender, the target-text addressees and the initiator.(Nord, 2001). The combination of function and loyalty is the successful point of Nord's functionalist approach, and are respectively the two pillars of her approach which also answers many scholars criticism of Skopos theory.(Nord, C.(2001). *Translating As a Purposeful Activity, Functionalist Approaches Explained.* Shanghai: Shanghai Foreign Language Education Press.)

또 그 자체적으로 결속성이 있어야 하며, 출발텍스트와의 결속성이 있어야 한다. 통번역의 교수법과 관련하여, 통번역 능력은 훈련을 받아야 하는 한 가지의 언어 능력이므로 관련 과목이 별도로 연구되어야 하며, 4년제 교육과정의 통번역 수업은 교육을 위한 통번역과 통번역 교육

두 가지 측면으로 나누어지고 통번역 교육이 중심이 된다. 그래서 통번역 수업에서 교육을 위한 통번역은 좀 더 엄격하게 요구할 필요가 있다. 통번역 수업에서 통번역 교육은 학생들에게 기본적인 통번역 이론과 기교를 가르치는 것이고, 외국어 전공 학부생에게는 적합한 좀 낮은 수준의 통번역 교육이 된다. 그러나 아직까지는 4년제 전공의 통번역 수업은 이론과 경험을 겸비한 강사, 실용적인 텍스트와 다양한 내용을 필요로 하나 이런 면에서 아직 개발이 덜 이루어지고 있다.

제4장

통번역 교수법의 유형

 통번역 분야 언어습득의 관심이 높아져 감에 따라 다양하고 수많은 종류의 학습 방법이 만들어지고 있으나 통번역 교수법 이론에 바탕을 둔 능률적이고 합리적인 동기부여가 가능한 교수법에 관한 관심이 대두되고 있다. 통번역 교수법의 이론은 4가지 목표와 연동된 방법론에 관한 것이다. 듣기, 말하기, 읽기, 쓰기가 바로 4가지 목표가 된다.

 통번역 교수법을 두고 볼 때, 우선 문화적 배경의 이해 없이는 외국어 본질을 파악하거나 흥미나 동기 유발을 하기가 어렵다. 어떤 대상에 대한 이해는 그 대상에 대한 관심과 애정에 비례하여 그 이해도가 높아지기 때문이다. 영어권 문화에 대한 이해는 자연스럽게 언어의 습득과 흥미유발로 이어지고 합리적이고 경제적인 교수법으로 활용 및 효용가치를 넓혀가는 수단이 될 수 있다.

 많은 외국어 교육방법의 흐름을 보면 분명하게 표지가 붙어있는 것도 있고 전혀 이름도 없이 그저 흐름만으로도 이해되는 것이 있는 것이 있기도 하고 아니면 이름은 있으나 영향력이 미미한 것들도 있다. 이들 가운데 수용현황이 전 세계적인 것들은 직접방법(direct-method), 문법번역방법(Grammar-translation method), 청각구두방법(audio-lingual method) 등이 있다.

1. 직접방법(Direct-Method) 교수법

흔히 교수자중심 수업 방법의 하나로 널리 알려진 직접교수법(direct instruction)과 달리, Engelmann과 Carnine 등이 개발한 직접교수법(Direct Instruction)의 핵심은 명료한 의사소통 원리에 근거하여 텍스트와 교수자에 의한 내용 전달 과정 모두를 명쾌하고 명료화하려 했다는 점에 있다. 이들이 주장한 직접교수법의 주요 특징은 최대한의 교수-학습 시간 확보를 위한 수업의 조직, 명료한 의사소통 원리에 근거한 교수-학습 프로그램의 설계, 그리고 학생의 실제 학습시간 최대화를 위한 교수자-학생 간 상호작용 측면에서 찾아 볼 수 있다. 수업 조직 측면에서는 강의실의 물리적 배치, 수업 집단 형성, 그리고 수업 시간 계획 측면을 그리고 교수-학습 프로그램 설계 측면에서는 내용 분석을 통한 큰 개념과 학습 목표 및 전략의 확인, 명료한 의사소통을 위한 내용 조직, 대본화 된 교수자용 지도서, 기술의 계열화, 그리고 주제별 조직이 중심이 된다. 그리고 교수자-학생 간 상호작용 측면에서는 적극적인 학생 참여, 집단의 합창식 반응, 신호의 사용, 수업의 진행 속도, 완전학습 지향, 오류 교정 철자 중시, 동기화, 지속적인 평가 등이 효과적이다.

또, 직접 방법은 어린아이가 모국어를 배우는 것과 마찬가지인 자연적인 방법을 채용하는 것으로 통역과 회화능력을 기르는 것이 중요한 과제이다. 교육방법은 주로 대화를 통해 이루어지며 이 경우 교수자는 주로 원어민인 경우가 많다. 이 방법의 궁극적인 목적이 회화 능력의 신장에 있기 때문에 수업을 할 때도 발음이나 문형의 정확성보다도 의사소통의 성취도에 더 큰 관심을 갖는 특징이 있다. 직접 방법은 영어교수법 중에서 가장 효과가 있는 것으로 학자들과 일반 대중에 의해 인정받고 있다.

2. 문법 번역방법(Grammar-translation Method) 교수법

문법 번역 방법은 라틴어가 죽은 언어가 되자 입 밖에 내서 말할 필요는 없고 읽기만 하면 되기 때문에 문법 지식과 사전만 있으면 암호를 해독하듯이 읽어 나가는 훈련으로 만족할 수 있었던 데서 그 기원을 찾아 볼 수 있다. 이 방법으로 외국어를 배우면 회화에 무관심해지기 쉽고 말을 하거나 글을 쓸 때는 항상 모국어 문장을 만든 후 다시 외국어로 번역하는 번거로움이 있어 큰 단점으로 지적된다. 그러나 이 교수법은 일정한 텍스트를 가지고 번역해 나가기 때문에 학습자가 의미를 분명히 알 수 있고 학생 수가 많아도 쉽게 가르칠 수 있으며 문법책과 사전만 있으면 혼자서도 학습할 수 있는 장점이 있다. 이 방법은 문서 독해가 중심이 되어 의사소통을 목표로 하는 교육에는 부적절하다.

3. 청각 구두방법(Audio-lingual Method)과 부호인식 교수법 (Cognitive Code Approach)

청각구두방법은 문자 그대로 듣고 말하는 것에 중점을 두며 어린아이가 모국어를 배우는 순서, 즉 듣기/말하기/읽기/쓰기 순서로 학습하며 직접 방법과 유사하지만 문형을 골라서 습관이 되기까지 기계적인 연습을 하는 것이다. 무엇보다 이 방법은 연습의 중요성을 강조하고 모국어는 간단히 설명의 수단으로 사용할 수 있고 문법 교육을 귀납적으로 실시할 수 있다. 이 교수법은 본질적으로 직접방법과 동일하며 그 역사적 배경도 같다. 다만 이 방법에서는 문법 주의자들에 의해 주장된 모국어의 사용과 문법의 귀납적 사용을 첨가한 점이 다르고 문법주의에서 규칙의 변화표를 암기했던 것을 문형의 암기와 습관화로 따라 하는 점이 다르다. 그렇다고 이 방법에 개선의 여지가 없는 것은 아니어서 언어를 습관으로 보는 견해가 옳지 않다고 하여 창조적인 실체로서의 언어를 배우기 위해서는 문법을 연역적으로 사용하는 것이 좋다는 주장이 있지만 이론으로 정립되지 않았고 흔히 부호인식법(cognitive code approach)이라고 부른다.

이 교수법은 행동주의 심리학에 영향을 받아 언어를 자극-반응-강화의 과정으로 복귀라고 볼 수 있게 한다. 이 교수법 역시 원어민이 수업을 진행하고 원어민 교수자가 정확한 발음을 구사하며 따라하는 형식으로 진행된다. 원어민이 없다면 원어민 발음이 녹음이 된 청각자료를 활용하면 된다. 이 교수법은 2차 세계대전 당시 미국이 출전을 결정함에 따라 통역 요원, 스파이 등을 훈련하기 위해 만들어진 교수법으로 언어의 정확성을 강조한다.

교수 학습 과정에는 반복적 문형 연습이 있고 학습자는 교수자의 발음이나 발화를 학습자가 따라하고 그것을 모방하며 더 나아가 암기까지 하는 과정으로 학습하게 된다. 또한 문형의 연습, 대치, 바꾸어 말하기 등의 과정으로 학습자들에게 언어를 가르치고 오류 역시 위에서 언급한 정확성을 강조하기에 바로 수정하고 고쳐야 하는 대상이다.

이 교수법은 단기간에 목표로 배우는데 효과적이고 목표어의 학습에 좋다. 그러나 계속되는 반복 훈련으로 학습자가 지루해질 수 있고 의사소통에 필요한 모든 말을 가르칠 수 없다는 단점이 있다. 따라서 초기에만 단기적인 효과를 볼 때 활용할 수 있는 교수법이다.

4. 기능적 교수법(Functional approach)과 전신반응법(Total physical Response)

몸동작을 통해 교수하는 전신반응법은 70년대 유럽 특히 영국에서 유행한 교수법으로 최근에는 기능법 교수법으로 많이 유행하고 있다. 전통적으로는 자연주의적 방법과 문법 주의적 방법이 있어서 서로 목표하는 바는 다르지만 그 발달 변천 과정에서 많은 수정과 보완을 거쳐 지금에 와서는 의사소통을 위한 노력으로 귀착되었다. 다른 관점에서는 주입식과 계발식으로 나누어 생각할 수 도 있다. 계발식은 학생이 학습 중의 주체작용으로 발휘하는 것을 중시하며 주입식은 반대로 교수자의 주관적인 생각으로부터 출발하여 학생에게 지식을 주입하는 것이다. 이것은 일종의 오리에게 모이를 먹이는 방식(duck-feeding method)의 교수법이다.

이 교수법은 명령문을 통해 학생들에게 무엇을 지시하며 학생들이 따라하도록 하며 학습하게 된다. 명령문에 대한 신체 활동을 통해 듣기와 말하기 능력을 키우는 것이 목적이다. 교수자는 학습자에게 명령을 하면서 그에 해당하는 시범을 보이고 학생들이 따라하고 그 의미를 알게 되면 학생들끼리 또는 학생이 교수자에게 명령을 내려 그 행동을 하게 한다. 이때문에 교수자와 학생과의 상호작용이 생기고 학생은 교수자와 친밀감을 형성할 수 있다. 이 교수법은 인간 중심의 교육을 지향함으로 학습자에게 말을 해야 하는 긴장을 주지 않고 발화에 대한 불안감을 줄여주어 편안한 분위기를 조성하려고 한다. 강의실 분위기에 많은 신경을 쓰는 것이다. 이 교수법에서는 언어 영역으로 강조되는 것은 듣기-말하기-읽기-쓰기이다. 학습에 단 평가는 교수자가 내리는 명령을 학습자가 얼마나 잘 수행하는가에 달려있다.

그러나 언어 기능을 가르친다는 것과 의사소통적 접근을 한다는 것은 별개의 문제다. 언어 기능을 분리하여 지도한 것은 이미 20세기 전반부터 있었고, 새로울 것이 없는 학습내용이다. 기능주의적이라는 비판은 언어 기능을 행동주의적 교육관에 따라 언어 기능 요소별로 분리하여 맹목적으로 훈련시키던 시절에 대한 비판이다.

우선 이론에 접근 방법은 사회학에 큰 영향을 받았기 때문에 사회학의 접근방법부터 알아보고자 한다. 사회학적 접근 방법은 크게 거시적 접근방법과 미시적 접근방법으로 나눌 수 있다. 거시적 접근 방법의 사회학적 근원을 제공한 학자로는 뒤르켐(Emile. Durkheim)을 들 수 있는데 그는 구성원이 개인들의 합을 초월한 하나의 실체(reality)라고 말하며 사회의 성격이 개인의 행동과 사고에 영향을 주므로 개인은 사회의 피동적인 존재라고 주장했다. 즉, 사회를 실체로 보는 견해를 '사회실체론(socialrealism)'이라고 하며, 이 견해를 가지고 사회를 사회 그 자체로 파악하는 접근법을 '거시적 접근법(macro approach)'이라고 하거나 '구조적 접근법'이라고 한다. 미시적 접근 방법의 사회학적 근원을 제공한 학자는 베버로 그는 개인들의 사회적 행동이 사회의 기초를 이룬다고 보고, 사회가 개인과 따로 구별된 것이 아니라 개인들의 합에 불과하다고 말했다. 즉, 사회를 명목으로 보는 견해를 '사회명목론(social nominalism)'이라고 하며, 이 견해를 기초로 사회는 개인의 합에 불과한 것이므로 사회를 이해하기 위해선 일단 개인부터 파악해야 된다는 접근법을 '미시적 접근법(micro approach)'이라고 부르거나 '심리학적 접근법'이라고 일컫는다.

다시 말해서 거시적 접근법은 사회 현상을 분석할 때 사회와 개인을 별개로 생각하고 사회를 하나의 실체로 보고 개인은 그것의 피동적인 존재이므로 사회를 먼저 분석하기 시작 한다. 미시적 접근법에서 사회 현상을 분석할 경우에는 사회를 개인의 합으로 보기 때문에 구성원 개인들을 분석하게 된다. 이런 사회학 접근 방법을 잘 정리한 학자로 콜린스(R. Collins)를 들 수 있는데 그는 분석수준을 대규모적이고 장기적인 사회적 과정에 대해 분석하는 것을 거시적 사회학이라고 하고, 분석 수준을 인간의 언행과 사고하는 것에 대해 심층적인 분석으로 두는 것을 미시적 사회학이라고 규정했다.

교육사회학 연구 또한 사회학 연구의 영향을 받아 학교체제와 사회체제 관계에서 교육현상을 연구하는 것을 거시적 수준으로, 학교체제나 교실에 관한 것에 비중을 두는 것을 미시적 수준이라 두었다. 미시적 수준에는 해석적 접근, 신교육 사회학 등이 있으나 여기서 다루려는 것은 사회, 조직, 제도 등 대규모적인 것을 다루는 거시적 수준 즉, 거시적 접근 방법으로 성립된 이론인 기능이론과 갈등이론이므로 더 이상 언급하지 않도록 하겠다.

2차 세계대전 이후 서구 열강들은 소련의 두드러진 물질적·기술적 진보에 대항하기 위해 과학 기술자들을 필요로 하게 되었고 그러기 위한 도구로 교육을 필요로 하게 되었다. 다시 말해서 '인간자원' 확보를 위해서 필요한 교육을 본격적으로 연구하기 시작하게 된 것이다. 이는 1950년대 유행한 교육연구 분야의 하나인 기능주의(機能主義 functionalism)와 맞물려 기능주의의 발달을 촉진시켰다. 구조기능이론(structural functional theory), 합의이론(consensus theory), 질서모형(order model), 평형모형(equilibrium model), 기능이론 등으로도 불리는 기능주의는 사회학의 아버지 콩트(A. Comte)와 사회 유기체설을 제시한 스펜서(H. Spencer)에 의해 기초가 형성 되었으며 뒤르켐, 인류학자 말리노우스키(Bronislaw Malinowski), 이탈리아의 사회학자 파레토(Vilfredo Pareto), 래드크리프 브라운(A. R. Radcliffe Brown)등에 의해 다양하게 발전되었고 파슨스(Talcott Parsons)에 의해 매우 포괄적인 사회학 이론으로 정립되었다.

기능주의 이론은 사회를 유기체(有機體)에 비유한다. 사회는 유기체와 마찬가지로 서로 다른 여러 부분으로 이루어져 있으며, 각 부분은 전체의 생존을 위해서 제각기 자신의 임무를 수행한다는 것이다. 또한 사회의 각 부분은 서로 영향을 주고받기 때문에, 한 부분의 변화는 다른 부분에 영향을 미치게 된다고 말한다. 그리고 사회는 항상 안정을 유지하려는 속성을 띠며, 중요한 가치 등에 대해 이미 합의가 이루어져 있는 것으로 보고, 부분 간 우열은 존재하지 않고 기능상의 차이만 있는 것으로 본다. 결과적으로 사회계층은 기능의 차이에 따른 차등적 보상의 결과라고 주장한다.

기능주의는 교육과 사회의 관계를 긍정적으로 보고 교육의 순기능을 강조했다. 그 대표적인 기능으로 사회화와 선발의 기능을 들 수 있다. 사회화란 개인이 사회적 존재로 살아가는데 필요한 모든 것들을 개인에게 습득시키는 것을 일컫는데, 그것을 교육이 해줌으로써 사회의 존속에 기여한다는 것이다. 또한 교육은 학생들이 제각기 능력에 맞게 직업세계가 필요로 하는 사람들로 분류해주는 기능인 선발 기능을 수행함으로써 능력과 성취에 따라 사회적 지위와 소득을 배분함으로써 개인적으로는 능력을 극대화할 수 있는 기회를 부여하며, 이를 통해 사회의 평등에 기여한다고 말한다.

기능주의에서 교육을 사회학적인 시작으로 처음 논한 학자는 뒤르켐이다. 그는 사회화를 '보편적 사회화'와 '특수사회화'라고 구분 지었는데 보편적 사회화란 한 사회의 공통적 감성과 신념, 즉 집합의식을 새로운 세대에게 내면화시키는 것을 의미하는 것으로 이를 통해 사회는 그 특성을 유지하고 구성원들의 동질성을 확보한다고 설명했다. 그렇기 때문에 사회가 분화되고 전문화 될수록 구성원들의 동질성의 확보를 위해 보편적 사회화는 더욱 요구된다고 볼 수 있겠다. 특수사회화란 개인이 속하여 살아가게 될 직업집단의 규범과 전문지식을 학습하도록 하는 것이므로 각 사회집단은 나름대로 요구하는 신체적·지적·도덕적 특성을 지니고 있기 때문에 이의 교육이 필요하다고 볼 수 있겠다.

파슨스(T. Parsons)의 이론도 뒤르켐의 그것과 거의 비슷한데 그는 사회화를 사회적 가치와 규범이 개인의 인성구조 속에 내면화되는 과정으로 보고 아동들이 장차 성인이 되어 담당하게 될 역할 수행에 반드시 필요한 정신적 자세와 자질을 기르는 것을 의미한다.

드리븐(Dreeben)은 산업사회에서 중요시되는 규범인 독립의 규범, 성취의 규범, 보편주의의 규범, 예외의 규범을 가르치는 것을 사회화로 보았다. 독립의 규범은 아동들이 자신의 행동에 책임감을 느끼고 다른 사람들이 행위자에게 책임을 지울 수 있는 권리를 가진다는 것을 인식할 때 나타나는 학습이다. 성취의 규범은 사람이란 자기의 노력이나 의향에 의해서보다는 성과에 따라 대우받는다는 것을 배우는 것 이다. 보편주의의 규범은 어떤 일에 대해 모두 동일하게 적용하는 것을 통해 배우게 되며, 예외의 규범은 정당한 이유가 있으면 예외적으로 대우받을 수 있다는 것을 통해 익히게 된다.

뒤르켐과 파슨스는 선발 기능에 대해서도 논하였는데 파슨스는 뒤르켐의 영향을 받아 교육의 사회적 선발 기능으로서의 인력배치 기능을 강조하고 학력은 성취수준을 나타내며 학력수준에 따라 사회적 지위가 달라지는 것은 공정하다고 주장했다.

Functionalist approaches to translation draw on the following basic principles:

a) The purpose of the translation determines the choice of translation method and strategy. This means that, as experience shows, there is no single method or strategy for one particular source text, and any decision between two or more available solutions to a translation problem must be guided by some kind of intersubjective criterion or set of criteria(i.e. strategy). In the case of functional approaches, this criterion is the communicative function or functions for which the target text is needed(i.e. the functionality principle).

b) The commissioner or client who needs a translation usually defines the translation purpose in the translation brief. If the translation brief is not sufficiently explicit(as in "Could you please translate this text by Wednesday!"), the translator has to find out what kind of purposes the client has in mind, relying on previous experience in similar situations, or interpreting any clues that might indicate the intended purpose, or asking clients for more information about their intended purpose(s).

c) A translation that achieves the intended purpose may be called functional. Functionality means that a text(in this case: a translation) 'works' for its receivers in a particular communicative situation in the way the sender wants it to work. If the purpose is information, the text should offer this in a form comprehensible to the audience; if the purpose is to amuse, then the text should actually make its readers laugh or at least smile. The text producer(and the translator as text producer, too) has, therefore, to evaluate the audience's capacities of comprehension and cooperation and anticipate the possible effects which certain forms of expression may have on the readership.

d) Functionality is not an inherent quality of a text. It is a quality attributed to the text by the receiver, in the moment of reception. It is the receiver who decides whether(and how) a text 'functions'(for them, in a specific situation). If, as we know, the same receiver at different moments of her/his life reacts in different ways to the 'same' text(e.g. Shakespeare's Romeo and Juliet), it is most improbable that different readers at different moments, let alone readers belonging to different cultural environments, will react to the same text in the same manner.

e) But if this is true, how can we be sure that a text achieves the function we want it to achieve? We cannot. Usually we rely on the audience's willingness to cooperate in a given situation, otherwise communication would be impossible. Any text producer, therefore, consciously or unconsciously uses some kind of verbal and/or non-verbal 'function markers' indicating the intended communicative function(s), e.g., printing the text in small letters on a slip of paper that comes with a box of pills, which indicates a patient package insert. Imposing a title like 'Instructions for use', to mention just another example, is a most explicit indication that the sender wants this text to function as an instruction. Other types of markers: a particular text format or lay-out, say, a newspaper headline; certain sentence structures, say, imperatives in a recipe; a particular register, as in an editorial; certain forms of address for the readership, say, in a student's manual, etc. If the receivers recognise the function markers, they may accept the text as serving the intended function. But markers can only be interpreted correctly by a receiver who is familiar with the 'marker code' that is used.

f) One of the most important text-producing strategies is to find the appropriate balance between new and old information; if a text offers too much new information it will be incomprehensible for the readers, while if it contains too little new information, the audience will not find it worth reading.

g) Especially in the case of texts translated from a source culture that is distant in time and/or space from the target-cultural environment, the function(or hierarchy of functions) intended for, and/or achieved by, the target text may be different from that intended for, and/or achieved by, the source text.

(Chesterman, Andrew. "Proposal for a Hieronymic Oath." The Translator 7, no. 2(2001): 139-154.)

5. 구성주의(Constructionism) 교수법

구성주의(Constructivism)는 인간이 자신의 경험으로부터 지식과 의미를 구성해낸다는 이론이다. 교육학에서는 피교육자들이 교육을 받을 때, 학습 이전의 개념을 토대로 학습이 진행된다는 의미가 된다. 또한, 교수학습이론으로서의 '구성주의'는 그러한 현상이 있기 때문에 그것을 고려하여 수업을 해야 한다는 주장이다. 그에 따르면, 교사의 역할은 피교육자가 사실이나 생각을 발견할 수 있도록 돕는 것이 된다. 구성주의 이론은 학습자에게 지식이 체화되는 기작을 나타내는데, 장 피아제는 이를 정형화하는 데 큰 공헌을 하였다. 그의 구성주의 학습이론은 교육 개혁운동의 주제로 활용되어 학습이론과 교수방법론에 큰 영향을 주기도 했다. 1970년대에 대두되기 시작하여 1980년대에는 객관주의 또는 표상주의에 대한 대안으로 자리 잡게 되었다.

언어는 인간의 사고를 형성하는 구성소이다. 다양한 기호들이 인간의 사고에 관여하고 있지만, 가장 객관적이고 보편적인 기호는 역시 언어이다. 인간에게 있어 기호의 이해는, 기호 체계와 적절한 개념 구조 사이의 상호동화이다. 기호는 궁극적으로 의사소통 자체가 가능하게 만드는 기능을 한다. 사회구성원으로 합류하는 어린아이들이 제일 먼저 배우는 것은 바로 언어이다. 언어(특히 단어)를 통해 사회의 관습과 제도, 문화적 의미를 배우게 된다. 이것은 일찍이 언어와 사고의 관계에 대한 심리학적, 인류학적 이론에서 제기된 바 있다. 학교교육에서 언어를 가르치는 것과, 언어를 통해 교과를 배우는 교육의 과정 전반이 그렇게 인간의 사고를 계발하는 것이다. 인간의 사고가 외부 환경의 자극을 받고, 사회적으로 접촉한 언어의 개념을 통해 자신의 개념을 형성하여, 점차 머릿속에 복잡한 개념망을 형성하게 된다. 인간은 나이가 들면서, 다양한 경험을 통해 더욱 자신의 사고를 심화시키고 정교화 시킨다. 그에 따라 구사할 수 있는 언어도 더욱 확장된다. 단어의 의미는 그 단어에 결합된 개념이다.

구성주의와 언어 학습 경험은 경험을 통해 개념 형성이 가능하기 때문에(예: 컵→물컵→우승 컵) 지속적으로 의미 확장이 가능한 어휘 자원을 제공해 주고, 의도적인 어휘 학습에 많은 주의를 기울여야 한다. 이때 인간은 다음과 같은 단계별 추상화를 거쳐 개념을 형성하므로, 개념 형성을 위해 언어 학습 경험을 배열할 때 참고할 수 있다.

- 1차적 개념(삼각형, 뜨겁다 등)
- 2차적 개념(모양, 색깔)
- 저차적 개념(색깔, 모양)
- 고차적 개념(속성) 위계 형성

개념 형성 학습을 위해서 어휘지도를 통한 개념 형성과, 텍스트 상에서 개념망을 형성하는 학습을 할 필요가 있다. 이때 교수자와 학습자 간에 개념 전달의 방법을 생각해 보면, 현재 학습자의 스키마(schema: 형태, 배치, 체계)와 같거나 낮은 수준일 경우는 설명하는 방법이 적절하고, 만일 현재 수준보다 높은 것으로 판단되면 예를 제시하여 학습자 스스로가 개념을 형성하는 과정에서 자신의 스키마를 조정할 기회를 주어야 한다. 결국 학습자는 일단 직접 경험을 통해, 그 다음으로 토론과 같은 사 회적 교류를 통해 지식을 공유하면서 결국에는 자신의 기존 지식구 조를 새롭게 조절해 나가게 된다. 이 과정을 거치게 되면 학습자는 이미 알고 있던 것을 새로운 상황에 연장시켜 적용할 수 있게 된다.

언어의 기호성과 의사소통적 접근에 수용되는 언어는 기호로 광범위하게 재해석할 필요가 있다. 교수자가 언어 사용 영역의 내용 항목 진술이 언어 형태의 크기(낱말, 문장, 이야기) 위주로 제시되면 이는 구조주의적인 접근의 관점이 그대로 남아 있다는 뜻이다.

Constructionist learning is inspired by the constructivist theory that individual learners construct mental models in order to understand the world around them. Constructionism advocates student-centered, discovery learning where students use information they already know to acquire more knowledge. Students learn through participation in project-based learning where they make connections between different ideas and areas of knowledge facilitated by the teacher through coaching rather than using lectures or step-by-step guidance. Further, constructionism holds that learning can happen most effectively when people are active in making tangible objects in the real world. In this sense, constructionism is connected with experiential learning and builds on Jean Piaget's epistemological theory of constructivism. Seymour Papert defined constructionism in a proposal to the National Science Foundation entitled Constructionism: A New Opportunity for Elementary Science Education as follows:

The word constructionism is a mnemonic for two aspects of the theory of science education underlying this project. From constructivist theories of psychology we take a view of learning as a reconstruction rather than as a transmission of knowledge. Then we extend the idea of manipulative materials to the idea that learning is most effective when part of an activity the learner experiences as constructing a meaningful product.

Some scholars have tried to describe constructionism as a "learning-by-making" formula but, as Seymour Papert and Idit Harel say at the start of Situating Constructionism, it should be considered "much richer and more multifaceted, and very much deeper in its implications than could be conveyed by any such formula."

Papert's ideas became well known through the publication of his seminal book Mindstorms: Children, Computers, and Powerful Ideas(Basic Books, 1980). Papert described children creating programs in the Logo educational programming language. He likened their learning to living in a "mathland" where learning mathematical ideas is as natural as learning French while living in France. Constructionist learning involves students drawing their own conclusions through creative experimentation and the making of social objects. The constructionist teacher takes on a mediational role rather than adopting an instructional role. Teaching "at" students is replaced by assisting them to understand—and help one another to understand—problems in a hands-on way.[7] The teacher's role is not to be a lecturer but a facilitator who coaches students to attaining their own goals. Problem-based learning is a constructionist method which allows students to learn about a subject by exposing them to multiple problems and asking them to construct their understanding of the subject through these problems. This kind of learning can be very effective in mathematics classes because students try to solve the problems in many different ways, stimulating their minds. The following five instructional strategies make problem-based learning more effective:

1. The learning activities should be related to a larger task. The larger task is important because it allows students to see that the activities can be applied to many aspects of life and, as a result, students are more likely to find the activities they are doing useful.

2. The learner needs to be supported to feel that they are beginning to have ownership of the overall problem. 3. An authentic task should be designed for the learner. This means that the task and the learner's cognitive ability have to match the problems to make learning valuable. 4. Reflection on the content being learned should occur so that learners can think through the process of what they have learned.

5. Allow and encourage the learners to test ideas against different views in different contexts.

Not only can constructionism be applied to mathematics but to the social sciences as well. For example, instead of having students memorize geography facts, a teacher could give students blank maps that show unlabeled rivers, lakes, and mountains, and then ask the students to decipher where major cities might be located without the help of books or maps. This would require students to locate these areas without using prepared resources, but their prior knowledge and reasoning ability instead.(Alesandrini, K. & Larson, L.(2002). Teachers bridge to constructivism.)

총체적인 언어 학습 활동은 언어 기능을 분리하여 차시별로 '듣기 → 읽기→ 쓰기 지도' 등의 단계를 거치도록 한 것이 아니라, 통합된 언어기능을 구사하여 수행되는 학생들 간의 상호작용에 초점을 두고 언어학습 피드백이 이루어지도록 하므로 실제 언어 사용 현실과 마찬가지의 상황을 강의실에서 재현하는 것이다. 현실 세계를 강의실 세계에 끌어들여 학습 환경(학습목표, 학습내용)을 조성하므로, 학생들의 동기 유발은 물론 자발적 참여를 통해 자연스럽게 실질적인 언어 경험의 확장이 일어나게끔 하고 있다. 따라서 총체적 언어 학습은 의사소통 활동을 전제로 하고 의사소통 활동을 학습내용으로 하는 언어 경험과 사회적 맥락 중심의 언어교육 이라 볼 수 있다. 의사소통능력 신장을 위한 의사소통 활동을 유형화 하기란 쉽지 않지만, 이때의 의사소통 활동은 바로 총체적 언 어 학습이다. 특히 의사소통활동을 약호에 근거하여 접근할 때 미디어 문화의 기호 해석 능력, 그리고 구어 구사 능력이나 전자 언어 학습은 현실적인 언어 사용을 도모한 총체적 언어 학습 내에서 가능한 것이다.

미디어와 언어경험, 언어교육은 언어의 본질과 언어사용자의 특성을 고려하지 않을 수 없다. 그리고 언어사용자는 원활한 언어 사용을 위해 대면 상황의 구어나, 언어적 맥락에 전적으로 의존하는 문어의 특성에 대해 잘 알고 있어야 한다. 언어의 기원이자 본질인 '음성언어'에서 활자의 발명을 기점으로 크게 부각된 '문자언어', 그리고 최근의 제3세대 언어인 '전자언어'에 이르기까지 언어는 사회의 변화와 맥을 같이해 오고 있다. 그렇다면 교육의 학습 내용을 쇄신해야 한다. 현대사회는 미디어 문화이며 미디어 문화는 기호의 효용성을 가장 잘 이용하고 있다. 예전에는 언어가 기호로서 연구되었으나, 최근에는 기호학의 일부로 언어학을 규정할 만큼 기호학의 범위가 확장되면서 체계적으로 다양한 분야에서 광범위하게 연구되고 있다.

어휘는 지식의 단위로써, 언어사용자의 지식수준과 더불어 교육 정도를 가늠하는 척도가 된다. 따라서 어휘학습은 언어학습인 동시에 그 단어가 의미하는 혹은 담고 있는 정보를 학습하는 것이 된다. 종전에는 어휘량을 늘이는 측면에서 매우 단선적이고 비체계적인 방법이 사용되었으나, 최근에는 단어 의미에 대한 질적인 접근 방식(의미 자질분석법, 문맥 단서 이용 등)이 강조되고 있는 추세이다. 학습자가 어휘의 본질과 기능을 인식하고, 언어 환경에서 어휘 학습을 적극적이고 주체적으로 할 수 있도록 하는 유의미한(유용성이 높은) '어휘 지도'가 되어야 한다. 어휘지도에서는 어휘간의 관련성을 비교하고 검토하는 것은 곧 자신의 사전지식(경험)을 이끌어내어 새로운 지식과 만나는 과정을 통해 새로운 개념을 획득하는 것이다. 그렇다면 어휘들 간의 관련성을 강조하는 교수학습에 주목할 필요가 있다.

> 사례 1) 의미지도 그리기(semantic mapping)를 통한 어휘지도에서 의미망은 학습자의 사전지식과 새로운 지식이 만나는 과정에서 스키마를 활성화하고 강화하며 변형시키기 위한 유용한 전략으로서, 어휘지도 자체만이 아니라 언어사용기능 신장에 궁극적으로 도움을 줄 수 있는 방법이다. 구체적으로 한 단어를 중심으로 하여 의미망을 만들 수도 있고, 텍스트 상에서 핵심어를 중심으로 하여 의미망을 구조화해 볼 수도 있다. 이는 궁극적으로 독해력 향상과도 관련된다.

이외에 '빈칸 메우기(cloze test)를 통한 어휘지도'나 '모방과 대체를 통한 어휘지도'가 있을 수 있다. 빈칸 메우기는 담화나 텍스트 상에서 일정 빈칸(규칙/변형빈칸, 선정된 어휘항목의 선다형 제시)을 제시하여 누락된 단어(혹은 문장 : 정보)를 복원하는 과정인데, 학습자의 스키마(기존의 어휘력)와 추리력 등이 모두 관여하며, 동시에 문맥 속에서 새로운 어휘를 학습함으로써 학습 어휘에 대한 심도 있는 지도가 가능하다. 대체와 모방은 기존의 텍스트를 쉬운 단어 혹은 어려운(낯선) 다른 단어로 바꾸거나, 그 단어를 이용하여 내용은 유사하되 자신의 글로 만들어 보게 함으로써 이해력과 표현력을 결부시켜 어휘지도의 생산성을 높일 수 있는 방법이다.

음성언어는 지식과 정보를 수집하는 언어기능으로 매우 기본적인 것이기 때문에, 최근에는 '상황맥락'의 개념을 도입하여 언어사용의 현실성과 언어학습의 효율성을 지향한다. 여기서 상황맥락은 화자가 단순히 청자와 얼굴을 맞대고 반응하는 시공간 상황을 의미하는 것이 아니라, 상대방과의 상호작용에서 생성되는 것에 주목하고 상황의 변화에 능동적으로 대처하는 것을 포함한다. 따라서 정보는 말하기를 통해 전달되고 듣기를 통해 이해되는 것뿐만이 아니라, 청자와 화자의 상호작용이라는 역동적 활동을 통해 생성/창조될 수 있다는 점에 주목할 필요가 있다.

구성주의와 언어 학습 경험에서는 '생각하는 말하기 듣기 학습 내용'을 마련해야 한다. 그렇다면 말하기 듣기 학습에서 생각을 유도하는 정교한 상황맥락 의 체계화가 필요하고, 의사소통 시 의미전달에서 언어만이 아니라 비언어적 기호(사진, 삽화, 도표, 혹은 표정, 제스처 등)의 활용을 적극 도입하여 의사소통의 현실성을 추구해야 한다. 또한 듣기 학습에서 청음자체보다는 청해 측면을 강조하고, 청자가 가진 사전지식을 활성화하거나 비판적 듣기의 비중을 확대하여 정보의 적극적인 사용 주체로서 학습자의 역할을 강조할 수 있다. 이외에 다양한 듣기 활동을 통해 학습자의 다양한 사고를 유도하며, 듣기 반응을 말하기나 쓰기만이 비언어적 활동으로도 표현할 수 있게 해야 한다.

> 사례1) 토론을 듣고, 토론자의 의견을 정리하고, 토론자의 의견을 나누어 보고, 나의 생각을 의견으로 말해 본다. 상대방의 의견을 들으며 자신은 어떤 생각을 하는지 집중해 보게 한다. 말하고 듣는 과정 속에서 학습자의 사고력을 촉진하고 자신의 말로 정리해 보게 하는 활동으로 토론 내용을 근거로 사용하여 자신의 의견을 마련하는 과정이 매우 역동적이다. 정답을 찾는 지식 위주의 학습이 아니라, 언어적 의사소통(상호작용)을 통해 논리적이고 종합적인 생각을 할 기회를 갖도록 하는 데 의의가 있다.

- **구성주의와 언어 학습 경험**
  (구정보 신념 폐기, 구정보 신념 강화, 맥락함축, 합성적 선정보)

또한 비판적 읽기는 글의 내용과 구조에 대해 비판적인 안목으로 읽기를 하는 능동적인 의미구성 과정이다. 비판적 읽기가 논리적이고 인지적인 차원의 반응이라면, 감상적인 읽기는 정서적인 측면에서의 반응이다. 둘 다 글에 대한 일정한 준거를 나름대로 가지고 객관적으로 읽기를 한다는 점에서 공통적이다. 이외에 창의적 읽기는 독자가 새로운 상황에 적용하거나 새로운 결과를 산출할 목적으로 텍스트의 의미를 재구성하여 통합하고 확장하는 사고의 과정이라고 본다. 창의적 읽기 방법으로 '발상의 전환, 고정관념의 타파, 예측하기 대안 마련하기, 글의 내용 다시 쓰기, 같은 내용 비교하여 통합하기' 등이 소개되고 있다. 창의적 읽기는 설명적인 글에서도 가능할 수 있겠지만, 주로 문학적인 글을 대상으로 하여 학습자의 주체적이면서도 개방적이고 개성적이며 자발적인 의미구성 과정을 권장해 볼 수 있을 것이다. 이때 소집단 토의를 통한 읽기 활동은 감상자 중심이나 반응 중심의 문학 지도에서 학습자들의 학습에 일정한 방향성을 부여해 줄 수 있을 것이다 현재 읽기 학습의 내용은 대다수가 글의 사실적 이해에 집중되어 글의 내용을 확인하게 하는 수준에 머물고 있다. 앞서 살펴본 바대로 추론적 읽기나 비판적 읽기, 그리고 창의적 읽기의 학습내용이 많이 마련되어야 한다.

- 쓰기 학습

종전의 쓰기 지도는 완성된 글의 평가가 주류를 이루는 결과 중심의 작문지도였다면, 최근의 쓰기 지도는 과정 중심이자 학생 중심의 쓰기 지도로 전환되었다. 국어과 교육의 다른 어떤 분야보다도 더욱 본격적이고 명시적으로 사회구성주의 이론을 도입하는 경향을 보여주는 분야이다. 잘 정돈된 지식의 배열을 보여주는 성인의 글처럼 쓰는 것이 목적이 아니라, 글을 쓰는 과정에서 학습자의 사고가 얼마나 자극을 받는지, 다른 학습자의 상호작용을 통해 어떤 지적인 변화가 발생하고 있는지 등이 매우 주목된다. 학습자 간의 '협의하기'를 중심으로 한 '대화 중심의 작문모형'이 개발되었고, 또 그 과정에서 실제 지도되는 것은 다양한 종류의 쓰기전략이다. 한편 쓰기 학습은 사전지식의 활성화를 도모하는 아이디어 생성과정에 주목할 필요가 있다.

6. Guided Mediation과 문장력 향상 교수법

문장 쓰기, 자기 모국어로 문장을 쓸 때라도 막상 백지를 보면 뭘 쓰면

되는지 몰라서 당황스럽다. 특기 외국어로 문장을 쓴다고 하면 더 그렇다. 모국어로 문장 쓰기에 관하는 연구결과에 따르면 문장력이 뛰어나는 사람은 머릿속에서 자기가 쓰고 싶은 내용을 구체적으로 상상해 이미 지화해 문장을 쓰지만 문장 쓰기가 싫어하는 사람은 머릿속에서 선명하게 이미지를 만들고 문장을 만든 것이 못한다. 그래서 문장력이 없는 사람이 쓴 문장은 문장가 자연스럽게 흐리지 않거나 내용을 이해하기에 필요한 설명이 빠져 버린다.

그래서 문장 쓰는 것을 싫어하는 학생을 가르칠 때 권하고 싶은 교수법 하나가 Guided Mediation(이끌어 주기)이다. 학습자는 명상을 할 때처럼 편안하게 눈을 닫는다. 그리고 교수자가 우아하게 말하는 이야기를 듣고 상상한 것을 생각하면서 문장을 쓰게 한다. 이 문장 연습법은 이야기를 쓰기 수업, 특히 구체적으로 설명을 쓰는 연습에 도움에 된다. 그리고 더 놀라운 것은 학습자가 하는 질문, "어떤 피드백을 줍니까?" 라는 질문에 대한 대답으로 피드백은 전혀 하지 않는다.

듣기 능력 촉진을 통한 교수법

듣기 능력을 촉진하는 연습 방법으로는 받아쓰기가 가장 적절한 교수법이다. 그런데 받아쓰기를 할 때 청취하면서 변별도가 확실히 이루어진 상태에서 하는 것이 바람직하고 그렇지 않을 경우 큰 부담과 당혹감을 안겨다 줄 수 있다. 따라서 개개인에게 필요한 것이 무엇이고 그 기능이 어떤 것이어야 하는지를 정확하게 알고 파악하여 적용하는 것이 바람직하다.

듣기의 중요성

　우리가 대화를 한다는 것은 상호 간의 의사전달을 한다는 것이고 그것은 상대방에게 자신의 의사를 전달한다는 것도 중요하지만 그만큼 상대방의 말을 옳게 듣고 제대로 이해한다는 것도 그에 못지않다는 것을 의미한다. 모국어를 사용함에 있어서도 문장이 길어지고 사용 어휘가 많아지면 말하는 상대방의 말투, 음색 등에 주의를 기울여야 제대로 들을 수 있는 경우가 많다. 이 청취대상의 언어가 외국어니 경우보다 세심한 주의를 기울여야 함은 두말할 나위가 없다. 흔히 글로 써놓으면 무슨 뜻인지 알겠지만 같은 내용을 원어민이 말로 할 때는 무슨 말인지 모르는 경우가 있다. 이는 늘 대본이나 칠판 앞에서 학습을 하기 때문이다. 혹자는 외국인의 말을 어떻게 다 알아 들을 수 있는지 내용의 골자만 알아들으면 된다고 하지만 핵심이 아닌 뉘앙스를 들으면 틀린 말도 아니다.
　듣기 학습의 목표가 정상적인 속도로 말하는 얘기를 듣고 이해하는 능력을 습득하는 것인데 이제까지는 대체로 보고 듣기 학습을 지나치게 소홀히 하는 경향이 많았다. 듣기 능력은 언어활동에 가장 근본적인 것이어서 상대방의 말을 듣지 못하고는 언어활동을 할 수 없다. 외국에서 그 나라 사람들과 대화할 때 문제가 되는 것은 흔히 말하기보다는 듣기에 강한 경우가 많다. 말하기는 이야기하는 자신이 통제할 수 있는 것이므로 자신이 아는 어휘와 구문에서 국한하여 말을 할 수 있지만 듣기는 듣는 사람이 아무런 통제를 가할 힘이 없고 다만 귀에 들리는 말을 좇아서 그 뜻을 이해하려고 애써야 한다. 이는 능력이 시원치 않아도 말하는 동안 자신에게 대화의 주도권이 있으니 상대방을 기다리게 할 수 있으나 듣는 능력이 좋지 않으면 상대방의 주도권을 가지고 있을 때 곤란을 경험하게 된다. 듣기 능력은 다른 언어 능력과 깊은 연관이 있다. 특히 4가지 언어 기능 가운데서 말하기와 듣는 밀접한 관계를 지닌다. "들을 수 있던 사람이 귀머거리가 되면 재교육 없이는 말하는 능력을 5년 내에 상실하게 된다."는 말이 있다. 즉, 구어적인 의사소통의 효율성은 청취력 발전의 정도에 달려있기 때문에 청취력이란 말하기 능력의 기초가 된다. 듣기와 말하기는 사고와 반응이 요구되는 수용적인 언어 능력이라는 점에서 상당한 공통점이 있으며 상호 보조적으로 이 능력은 다른 능력의 향상을 돕는다. 청취력은 시각을 통한 언어 표현과정인 쓰기능력과 가장 거리가 멀다. 그러나 일반적으로 사람들은 쓰는 것처럼 말하지 않지만 사고를 모을 때 어린아이들은 내부적으로 그들이 기록하는 것처럼 말하고 듣고 한다. 명백히 청취력은 쓰기의 기초가 된다.

듣기 능력의 발달 단계

언어를 습득하는 단계로 처음에는 발화가 귀에 들어오면 불분명한 잡음의 흐름으로 귀를 때리고 이 잡음이 어떤 질서가 있다는 것을 서서히 지각하게 된다. 음성의 상승과 하강이나 호흡 가운데 어떤 규칙성이라는 것을 느끼기 시작한다. 어휘, 동사군, 간다난 표현의 몇 가지를 학습하면서 음의 패턴과 통사적인 패턴 그리고 되풀이되면서 나타나는 요소로 언어의 분절에 형식을 주는 것을 구별하기 시작한다. 이것은 이해의 정도 이르지 못한 단계이다.

발화가 행해지는 특정 장면에서 결정적인 것을 음성의 흐름 속에서 골라낼 수 있어야 이해 단계로 접어든다. 이 단계를 거치면 연습이 따라야 한다. 영어의 발화를 부단히 듣고 있는 동안에 끝내는 메시지를 결정할 중요 요소를 식별할 수 있는 힘을 획득할 단계에 이르고 이는 얼마간의 고도 단계에서는 메시지의 주요 부분은 식별할 수가 있으나 그 식별한 것을 기억한다고 하는 것은 불가능하다. 왜냐하면 자꾸 잇달아 들려오는 소리를 흘러 버리기 전에 주요 부분에만 오래 집중될 수 없기 때문이다. 이 단계를 충실히 해 나가다 보면 선택된 내용이 단기 보전되고 또 이로부터 오랫동안 내용을 보전할 수가 있게 된다.

우리는 종종 hearing/listening을 혼동하지만 hearing이 안 되는 사람은 없었다. 듣기에서 hearing은 의미와 상관없이 언어의 음운이나 문법구조를 인지하는 것만을 가리키지만 listening은 의미전달 과정에서 문장이 가지고 있는 기능과 의미를 이해하는 것을 가리킨다.

듣기 능력의 세부 능력

청취력의 세부능력은 구별적이라기보다는 서로 의존적인 관계에 있으며 기본이 되는 능력만 제시하면 다음과 같다.

- 특징적인 소리를 식별할 수 있는 능력
- 강세와 어조의 패턴을 알 수 있는 능력
- 전형적인 어순을 알 수 있는 능력
- 단어의 경계를 구별할 수 있는 능력
- 중요한 대화 주제에서 쓰이는 어휘의 뜻을 아는 능력
- 중요어를 찾아낼 수 있는 능력
- 문맥에서 단어의 뜻을 추측할 수 있는 능력
- 중요한 통사적 형태를 아는 능력
- 다른 문법적 형태와 문장 형태로 표현된 의미를 알아낼 수 있는 능력
- 진술된 사건으로부터 결과를 예측할 수 있는 능력

- 문어적인 뜻과 실제 의미하는 뜻을 구별할 수 있는 능력
- 각각 다른 속도의 말을 이해할 수 있는 능력

듣기 교수법과 구성의 유의점

- 선택적으로 단계별로 청취력 교수법을 도입해야 한다. 정확한 발음 테이프를 바탕으로 기초적인 대화에 대한 듣기 연습을 하고 이야기를 듣고 내용 파악하며 듣기 연습을 한 후에 실제 속도의 다양한 말들에 대한 듣기 연습을 해야 한다.
- 반복적으로 청취훈련을 시켜야 한다.
  들리지 않던 처음 낱말들을 반복 청취함으로써 들리지 않던 단어들에 대한 점검을 한다.
- 충분한 청취텍스트를 제공하고 좋은 청취환경을 마련한다. 다양한 청취 도구들을 구하여 들어 볼 수 있으며 녹음의 상태를 확인하고 청취 조건이 음질 문제인지 효과음 문제인지 판단한다. 음질에 문제가 있는 경우 원어민도 예외 없이 이해하기 힘들다. 효과음인 경우 상대적으로 외국인에게 불리하다.
- 음을 변별하는 능력을 키운다.
- 효과적인 듣기 지도를 위해서는 실제 내용을 포함해야 한다. 청자는 특정한 부분에는 집중하고 다른 부분은 배제시켜 버리는 경향이 있다. 이것은 집중력의 부족이나 주제에 대한 흥미 부족이 원인이다. 이 점을 극복하기 위해서는 사실적인 내용을 제시하여 학습자들에게 참여하는 동기 부여를 해야 한다.
- 신중하게 등급화하고 반복, 휴지, 다양한 표현, 끝나지 않은 문장

등 자연 발화를 포함한다.
- 중간 중간 말할 수 있는 기회를 활용하는 텍스트가 필요하고 어떤 규칙이나 연음 중음과 같은 내용에 대한 상식이 없는 상태에서 맹목적인 청취연습은 청취력 향상보다는 추리력을 높이는 엉뚱한 결과를 가져올 수도 있다.

청취력 향상 교수법

청취력 향상을 하는 궁극적인 목표는 말 전체에 대한 이해이다. 초기 단계에서는 발음, 낱말, 구조를 청취할 수 있는 세부 능력의 학습이 필요하고 초급 후반부터는 많은 연습 문항이 전체의 이해에 집중되어야 한다. 전체 이해로서 청취력 향상 능력을 하려면 다음과 같은 과정이 필요하다.

- 간단한 문장을 듣고 그 문장의 내용이 참인지 거짓인지 분별하게 한다.
- 난이도를 더해 가면서 질문의 답으로 행동으로 반응하게 한다.
ex) 교수자의 명령을 듣고 신체로 반응하기
설명을 듣고 그대로 반응하기: 그림 그리기
짧은 대화를 듣고 구체적인 내용에 대한 언급인지 말하게 하기
- 문단을 듣고 3-4문항의 4지 선다형으로 이해력을 시험하는 연습
- 방송(일기예보, 노래)을 듣고 주어진 빈칸을 채우기

ex)

도시	날씨	온도
서울	맑음	-10
대전	흐림	-5
제주	비	7

- 노래를 들으면서 주어진 빈칸을 채우기 연습
- 지각 청취 향상 연습: 낱개의 소리, 발음, 발음 조합, 억양구별 능력을 향상시키는 문항
- 단어부분으로 비슷한 발음을 가르치고 구별 능력을 연습. 두 개씩 쌍으로 발음해서 구분하는 연습.
- 강세와 휴지의 위치 및 표시:
ex) "어머니가 딸을 보고 웃었다" / "어머니는 딸이 웃는 것을 보았다."
- 흥미와 문화적인 면을 느낄 수 있는 노래와 같은 자료를 사용하여 가사를 반복하는 습관을 기르고 리듬은 빠르지 않은 것이 좋다.
- 영화, 비디오, TV 프로그램. 시간이 많이 걸리기 때문에 중급 이상의 수강생은 수업엔 뉴스나 영화를 보면서 청취력 연습을 하고 프로그램의 길이, 수준, 학생의 흥미를 선택해서 고려하고 추천함.
- 구절, 간단한 대화, 설명을 듣고 기본적인 대의를 이해하기
- 주요 정보나 줄거리 파악하기, 들은 재료에 근거한 추리와 판단
- 말하는 사람의 목적과 태도 이해하기 연습

이상과 같이 듣기 능력은 무수한 표현들을 듣고 이해할 수 있는 능력을 필요로 한다. 이런 능력을 기르기 위해서는 교수 과정이 체계적으로 구성되어져 나아가야 할 것이고 처음부터 너무 많은 것을 요구하는 것은 바람직하지 못하다. 따라서 간단하고 짧은 문장에서 내용의 주제로 나아가는 접근법이 유효하다.

말하기 교수법: 말하기는 혼자 말하기, 둘이서 말하기, 회화, 토론, 연설, 발표 등으로 나눌 수 있으나 외국어 학습의 범주에서 생각할 때 말하기는 대화와 회화가 중심이 된다. 외국어로 몇 마디 인사말이나 나누고 간단한 질문에 답하는 정도의 토막대화는 말하기가 아니다. 대개 외국어의 어휘와 구문을 통달하여 잘 운용하면 자신의 의사를 표현하는 데 어

려움이 없을 것으로 생각을 하지만 회화란 자기 혼자서 하는 것이 아니고 반드시 상대방이 있다는 사실을 명심해야 한다. 만일 혼자서 하는 말이라면 무슨 말을 써도 좋지만 말하는 상대방이 있을 때는 상대방이 이해할 수 있는 말을 써야 한다. 오늘날 영어 교육이 소홀히 하는 부분은 바로 이런 훈련이다. 다시 말하자면, 외국어를 언어로서 가르치기만 했지 그것이 실제 사회에서 의미 있는 의사소통을 위하여 사용하는 방법을 교수하지 않고 있다는 의미이다.

대단위 그룹학습이나 Lab에서 진행되는 강의는 정확성이 중시되지만 학습자는 교수자가 질문할 때 yes/no로 답하는 연습으로는 부족하고 완전한 문장으로 답하기를 요구 받는다. 그러나 상대방의 말을 듣고 내가 답변을 하는 입장이라면 집중도에서 떨어져 핵심을 흘려듣기 쉽다.

따라서 이런 상황을 주의하려면 교수법이 적용되어야 한다.

- 자연스러운 언어의 사용은 학습자 개인적인 흥미와 철저한 집중 그리고 몰두와 문제점들이 표현될 때 발생한다.
- 자신이 흥미 있는 분야를 말하게 하거나 관련 있는 어휘를 암기하게 한다면 반대인 경우와 비해 훨씬 높은 능률을 가져올 수 있다.
- 일정 수준의 대화 연습이 이루어진 후 시청각 교육을 반복 시행한다면 시청각 교육은 동기유발의 장점을 가지고 있어 유익하다. 이것이 실용적인 교수법으로 이어진다.
- 텍스트 중심의 교수가 30%이라면, MP3를 이용할 때 60%의 효과를 보고 비디오를 이용한 학습방법은 80%이상의 학습 효과를 볼 수 있다는 연구가 있다.

• 모방암기 교수법과 단계적(Backward Build-up Method) 교수법

암송은 초보 학습자가 갖추어야 할 가장 필수적인 태도로 언어를 배우는 데 있어서 필요하지만 절대적으로 옳다고는 할 수 없다. 그렇기 때문에 정확한 문법과 발음에 대한 확인이 수반된다. 특히 정확한 발음을 위해 너무 빠른 속도로 자연스럽지 않은 목소리는 피해야 하고 풍성한 감정을 가지고 연습하며 실제로 말하는 것과 같이 연습한다.

연습과 응답을 하는 데 있어서 단답형의 질문에 긴 문장의 답변을 요구하면 긴 답변을 생각하면서 상대방의 말을 놓치고 집중을 흐리기 때문에 피하고 기초적인 단계에서는 유창성보다 정확성을 염두에 두고 연습을 하도록 한다.

중급이나 고급 학습자인 경우 의사교환 활동의 연습이 수반되어야 한다. 학습한 단어 문형 중심으로 진행하면서 조금씩 추가할 수 있다. 가급적 자신이 하고 싶은 말을 실용적인 차원에서 하는 것이 좋다.

처음 외국어를 배울 때 누구나 어린아이와 같이 단어 문장 하나하나를 정확하게 모방하고 계속 반복하며 배운다. 이때 주의할 점은

- 발음과 어휘, 문장을 반복하고 정확하게 연습하는 것이 필요하고
- 빠른 속도로 처음부터 교수하지 않도록 해야 하고
- 발음을 모방할 때 충분한 연습 시간을 주어야 한다. 자신감을 가지게 되면 두세 번 반복으로 이어진다.
- 뜻을 알려주어야 쉽게 암송할 수 있다.
- 문장을 암송할 때 짧은 문장에서 긴 문장으로 단계적으로 암송하게 한다.
- 실제 무대에서 연극을 하는 것이 아니라 연극 대본이나 방송 대본을 가지고 표정이나 약간의 동작을 통한 연습도 유효하다.
- 말하기 지도에 있어서 가장 수준이 높은 단계는 이야기나 구두로 보고하

는 단계다. 가정이나 집 밖에서 일어난 일에 관해 보고나 실제 상황에 관한 자신의 생각을 보고하는 연습으로 자기 생각을 정립하는 능력과 의사표현 능력이 필요하다.

• 읽기 교수법

외국어는 모국어의 습득과 같이 초기에는 외국어를 들려주는 연습에서 시작되기 때문에 이를 통해 글자나 철자를 습득시키기 위한 훈련을 하게 된다.

속독은 다독에 의해서 길러질 수 있는 기술이고 읽기 공부를 한다고 한 권의 책을 반복해서 여러 번 되풀이 읽는 것도 효과적이겠으나 비슷한 수준의 책을 여러 권 읽어서 다독을 통하여 저절로 읽기 공부가 되도록 하는 것은 더 효과적이다. 아무리 충분한 지능과 풍부한 교양을 가지고 있는 독자라도 외국어 실력이 신통치 않으면 문제가 되고 반대로 충분한 지능과 풍부한 교양이 없이 외국어 실력을 가지고 있어도 문제가 될 수 있다.

초기단계에서 흥미위주 선택에서 난이도가 높아지면 문화적 배경에 대한 설명과 이해는 불가피하다. 읽을거리를 찾는 가장 중요한 요소는 읽기의 난이도이다. 난이도에는 두 가지 종류가 있다. 규칙적인 괄호 메우기(cloze test)를 통해 수준에 적합한 읽을거리를 통해 수준별로 평가하여 활용할 수 있다.

• 쓰기 교수법

쓰기의 첫 걸음은 문자의 특성을 파악하는 것이다. 주어진 글을 보고 그대로 옮겨 쓰는 것부터 쓰기가 시작되는데 이때 중요한 것은 각 문자가 갖는 특성을 올바로 파악하는 것이다. 처음 옮겨 쓰기 연습 재료는 구두로 배운 것을 쓰거나 이와 비슷한 수준의 문장을 대상으로 하는 것이다. 학습자는 반복 연습으로 구두 및 필기의 이중 연습에 의하여 이미 배운 구문을 복습하고 동시에 암기한다. 학습자가 문장 쓰기와 문장 부호 쓰기에 어느 정도 익숙해지면 암기를 위하여 쓰기 연습의 방향을 바꿀 수 도 있다. 옮겨 쓰면서 소리를 내서 읽고 다음에 문장을 보지 않고 외우면서 말소리를 문자로 적어본 다음 원문과 대조해 본다면 이중적인 효과를 볼 수 있다. 이것이 받아쓰기의 첫 단계이다. 받아쓰기의 장점은 흔히 알려진 바와 같이 정확하게 듣는 연습과 들은 바를 철자법에 맞게 쓰는 연습을 겸한다는 점이다. 받아쓰기를 잘하려면 우선 잘 들을 수 있어야 하고 듣기 연습이 필요하며 잘 들었다 하더라도 그것은 문자로 표현하는 규칙에 맞아야 함으로 쓰기 연습도 된다.

　받아쓰기의 장점은 여기서 그치지 않고 문장 구조의 종합적인 연습이라는 데에 더 큰 의의가 있다. 실제로 받아쓰는 사람의 내부에서 일어나고 있는 일은 우선 정확하게 낱말들을 듣고 문장의 구조를 구성해 나가는 노력이 필요하다. 실제로 남의 말을 다 듣기란 어렵기 때문에 빠뜨린 부분을 이미 들은 부분만으로 상상해서 채워 넣으며 써 나가야 한다. 상상해서 채워 넣는 작업이 바로 학습자의 외국어 실력을 전부 동원해야 하는 부분이다. 받아쓰기는 학습자가 문장을 새로 만들어 가는 작업과 거의 비슷하여 작문의 효과까지 있다. 문단이나 글 전체를 읽고 짜임새를 본받아 자기의 글을 쓰는 연습은 자유 작문의 첫 단계이다. 이에는 몇 단계가 있는데 학습자에게 주어진 구문을 완전히 배우게 하고 또 그것을 어느 정도 변형하여 이해시키는 능력을 길러 주기 위해 문장 단위나 문형을 본받아 쓰는 유도 작문이 있다. 이는 일정한 틀 안에서 어휘나 문형을 바꾸어 쓸 수 있다. 문형의 조작은 알고 있는 구문을 이용하여 문장을 완성하고 문형에서 어순을 변형하여 다른 표현, 즉 평서문이나 의문문 만들기로 다른 어휘나 표현으로 바꾸어 넣는 연습이 있다. 이 단계를 넘어서면 전체적인 줄거리 쓰는 연습으로 넘어 갈 수 있다.

- **현장 교육에서 작문 오류를 통한 분석과 흥미 유발**

흔히 일어나는 작문의 오류분석과 어휘 분석을 측정하고 그 결과를 분석하여 오유원인과 발생 원인을 연구할 수 있다. 대중가요나 영화를 통한 흥미유발도 고려 대상이 될 수 있다.

7. 인지 심리학과 스토리텔링 교수법, 그리고 "몸통 찾기, 부딪쳐 배우기, 깃털 찾기" 교수법[11]

인지심리학에서 끊임없이 강조하고 있는 연구 대상이 인간의 본능이기도 한 이야기이다. 스토리텔링은 'story'와 'telling'이 결합한 말로 청각과 시각적 요소를 활용하여 학습자를 몰입시키고 논리적 이성적 사고를 담당하며 사실과 데이터를 분류하는 좌뇌와 감성적인 사고를 담당하는 우뇌를 함께 자극함으로써 다양한 공감능력을 갖추도록 하는 교수법이다. 이렇게 청중의 마음을 움직일 수 있게 하는 다리 역할을 하는 것이

---

[11] 한국외국어대학교 통번역 대학원 최정화 교수의 통역 이론관련 논문을 참고할 것.

스토리텔링이다. 스토리텔링은 학습자와 쌍방향 커뮤니케이션하는 역할을 한다. 학습자는 좌뇌로 교수자의 정보를 습득하지만 우뇌로는 교수자의 신체언어를 관찰하고 음성 톤을 듣고 에너지가 넘치는지 부족한지를 관심 있게 지켜보며 교수자의 행동을 주시하게 된다. 그렇기 때문에 교수자는 정리된 자료로 학습자의 좌뇌를 자극하는 것만으로는 충분치 않다는 사실을 알아야 한다. 따라서 교수자는 좌뇌와 우뇌가 모두 움직일 수 있도록 자극을 주는 것이 가장 효과적인 교수법이 된다. 그러나 스토리텔링 교수법은 다른 것과는 차별화된 내용으로 교수를 하게 된다. 이야기를 통해 독창적이고 창조적인 강연을 하여 학습자를 몰입하게 만든다. 사람은 이야기를 통해 몰입으로 인도할 수 있다. 인간의 본성과 맞아 떨어지는 교수법이다. 오늘날 현대인은 이야기 있는 장소와 강의에 관심을 가지는 성향은 바로 이런 교수법의 필요성을 대변하고 있으며 교수자와 학습자의 상호 이해에 대한 공감대를 형성하게 하는 효과가 있다.

이런 스토리텔링을 통해 교수자와 학습자의 상호 보호막을 열어 제치고 서로를 이해하는 좋은 기반을 마련하게 된다.

교수자와 학습자와의 상호교류를 통한 힘은 이야기를 통해서 과거 종결된 사건인 story와 이야기하는 행위의 표현인 tell 그리고 현재 진행형을 써 ing가 합성된 말로서 학습자의 몰입을 효과적으로 이끌어 낼 수 있고 공감대를 형성하는 것을 가능하게 한다. 이야기를 통해 교수자와 학습자는 공감대를 가지는 하나가 된다. 이야기를 통해서 상호 보호막을 걷어내고 상대방을 초청하는 문을 열게 된다.

학습자가 정보를 습득하는 유형에는 청각적 학습 유형자, 시각적 학습 유형자, 체험적 학습 유형자가 있다. 청각적 학습 유형자는 주로 듣는 청취를 통하여 상대방의 목소리와 억양에 집중한다. 이는 주로 시, 음악과 같은 리듬 있는 언어에 반응을 하기 때문에 이들에게 단조로운 톤으로 말하는 교수자는 아무런 효과가 없다. 이런 경우 교수자에 대한 반감이 촉발된다. 시각적 학습 유형자는 청취위주의 귀보다는 눈을 통하여 정보를 받아들이는 학습자를 말한다. 그림이나 포스터 또는 파워 포인트를 이용하는 걸 선호하고 교수자의 시각적인 의상에도 신경을 쓰고 서로 눈을 맞추는 것을 좋아한다. 교수자가 말하는 동안 마음속으로 이미지를 머릿속에 영상으로 구체화한다.

체험적 학습 유형자는 아주 감각적이고 예민한 사람들로서 몸소 적극적으로 움직여서 배우고 체험하는 형태로 역할극이 대표적인 예이다. 이들은 강의 분위기가 중요하다.

스토리텔링의 스토리에는 생생한 세부사항이 담겨져야 하고 이것이 이야기로 전개되어야 재미있게 듣고 오랫동안 기억될 수 있다. 그리고 교훈을 담고 있어야 한다. 살아있는 삶의 지혜가 해당한다. 청중의 비즈니스 환경에도 적합해야 한다. 또 긍정적인 인간성을 일깨울 수 있어야 한다. 학습자는 인간성의 회복으로 새로운 삶의 보람을 느껴야 한다. 그래야 학습자에게 긍정적 영향을 미칠 수 있다.

스토리타입에서는 여러 가지 형태가 있다. 짧은 이야기, 지혜가 담긴 이야기, 교육 이야기와 공신력 있는 이야기, 패턴 이야기들이 있다. 이야기는 진실하고 모든 이들에게 보편적으로 적용될 수 있어야 한다. 짧은 이야기는 미니 스토리로서 정보 전달을 위주로 한다. 일화와 같은 유명 인사나 정치인의 이야기를 통해 전달하는 방법이다. 내용이 단순하고 짧아서 미칠 영향은 미미할 수 있지만 흥미를 돋을 수 있다. 이런 짧은 이야기는 일상생활의 감동적인 이야기가 도입될 수 있다. 스토리타입으로서 한바탕 소동이야기는 과과장법을 통해 우스꽝스런 이야기로 전달되어 질 수 있다. 이를 위해 연습이 필요하다. 얼굴 표정과 제스처에 따라 완전히 다른 이야기가 될 수 있다. 소동이야기는 동장이 중요하다. 지혜가 담긴 이야기는 로마신화와 같은 미네르바 지혜로서 고대부터 전해오는 민담이나 신화로서 이미 시각화된 문서로 존재하기 때문에 다른 스토리와 차별화되지만 학습자에게 신뢰감을 줄 수 있다. 공신력 있는 이야기는 살아있는 이야기 거리로서 라디오나 텔레비전에서 찾을 수 있는 이야기가 이에 해당한다. 이는 공적인 이야기로서 세상에서 벌어지고 있는 모든 일에 대해 관심을 가지고 있어야 한다. 다양한 세상일들만큼 다양한 학습자를 상대하기 때문에 더욱 그러하다. 강연의 무게를 더하기 위해 전문 지식이나 CEO에 관한 이야기가 좋은 예가 될 수 있다. 교육 이야기는 교육에 관련한 이야기로 전문가 집단을 상대로 할 때 주로 사용되는 이야기이다. 모든 스토리타입은 복합적이고 중층구조를 지니고 있어 이를 잘 풀어나가야 한다. 교육 이야기는 지성에 호소하고 교수자의 언행을 통해 가르쳐져야 한다. 재미보다는 명쾌함에 초점이 맞추어져야 하고 청중과 교감하는 것이 중요하다. 패턴 이야기는 잘 짜인 한 편의 연극과 같이 흐름이 존재한다. 이를 위해 기교가 필요하며 같은 테마를 다른 이야기로 전하는 이야기로서 하나의 일관된 교훈 위주로 나아가야 한다. 특정한 몸짓이나 구절을 통해 학습자는 패턴을 알게 되고 이제 서서히 기대하며 즐기는 것이다. 미소나 웃는 모습을 통해 반응을 하게 된다. 몸짓을 통해 학습자들에게 동기부여를 할 수 있다. 물론 교수자의 생생한 경험을 통해 이야기가 전해지는 것이 가장 좋은 방법이지만 경험이 없는 경우 신문, 잡지, 자서전, 관련 도서를 통해서 이루어질 수 있다.

일화집은 저작권과 무관하여 효과적으로 이용할 수 있고 신문 잡지 뉴스와 같은 일반적인 이야기로 가득 차 있어서 해당 전문 분야의 저널을 통해 최신 트렌드를 찾을 수 있어서 독창적인 아이디어를 찾을 수 있다. 이외에도 인용문을 찾는 것도 좋은 방법이 될 수 있다.

스토리텔링에서 원인과 해결방안을 위한 교수법

창의성:

What(문제상황) → Why

(원인: "왜"가 없는 스토리는 단순한 사건의 나열에 그침)

How(해결방안)

연관성: 여러 가지 이야기를 통해 하나의 연관성을 맺게 함

A

———————▶ C

B

이처럼, 외국어 교육의 교수방법론은 많은 가설과 학설들이 있지만 최정화 교수가 말하는 몸통 찾기, 깃털 찾기, 부딪쳐 배우기 방식과 같은 것들이 있다. 몸통 찾기는 전체적으로 주어진 글을 읽어나가면서 컨텍스트 가운데 의미를 찾아내는 교수법을 말하고, 특히 MP3나 녹음된 내용을 이해를 하든지 하지 못하든지 반복해서 영어 듣기에 노출시켜 지도하는 교수법이며, 깃털 찾기 교수법은 양보다는 질을 강조하는 교수법이

다. 이 교수법은 주어진 내용을 완전히 이해하고 암기하여 단어나 숙어 문맥의 의미를 완전히 파악하여 자기 것으로 만들 수 있을 때까지 시간을 투자하는 교수법에 해당한다. 마지막으로 부딪쳐 배우기 교수법은 계단식으로 매일 매일 조금씩 발전하도록 지도하는 교수법으로 외국인과 지속적인 대화를 통해 습득하도록 하는 교수법으로 일정한 시간이 지나고 나면 자신도 모르게 귀가 트이는 경험을 하게 하는 교수법이다.

8. 한영 동시통역과 순차통역-관형절(Pre-noun Adjective Clause) 교수법

영어는 다소 고정 어순의 언어인데 비해 한국어는 부분 자유 어순의 언어이다. 그리고 용언이 의미적 제약을 통해 문장을 지배한다. 영어와는 달리 대부분의 한국어 문장은 내포문을 가지는 복문으로 구성되어 있다. 특히 한영/영한 동시통역을 할 때 한국어에 적합한 문법이나 구문제약을 파악하여 전달하기가 어렵다. 그 결과로 한국어 parsing(문장의 분석과 해부)는 많은 구문 모호성이 발생한다. 따라서 기존의 단문 위주의 문형 정보를 복문 구조까지도 표현할 수 있도록 확장하고 이것을 구문 제약 조건으로 기술하기 쉬운 parsing 방안을 생각해 볼 수 있다. 관형어는 명사 중심어를 수식하는 문장성분이다. 형태적 차이는 필연적으로 의미적 차이와 관련된다. 여러 개의 절로 이루어진 긴 문장은 절 단위를 인식해 냄으로써 구문분석의 복잡도를 크게 줄일 수 있다. 복합문의 구사는 언어 습득에서 초보 단계에서 상급 단계로의 진전의 가장 중요한 표지 중의 하나이다. 복합문은 주문의 요소 – 주어, 목적어, 보어 등–를 확장함으로써 발화자의 의미 전달의 기회를 극대화해 주는 한편, 해독자는 길어진 문장이지만 문장 구성요소의 상하위 관계에 따라 주요 부분 몇 개로 나누어진다. 관형절은 크게 세 가지 면, 즉 형태, 통사적 구조, 의미·화용 기능의 측면에서 고찰해 볼 수 있다. 형태는 '-는,' '-은,' '-을,' '-었던' 등의 관형형어미를 지칭하는 반면, 통사적 구조는 피수식 명사가 관형절 내부에서 갖는 문법적 기능을, 의미·화용 기능은 관형절이 담화 문맥에서 쓰이는 용도를 의미한다.

8.1. 통사적 접근

관형절의 통사구조가 언어 습득과 어떤 관계가 있는지에 대해서는 어를 비롯한 유럽어의 연구에서 상당한 논의가 있어 왔고, 현재까지 관형절 습득 연구나 교수의 초점은 형태, 즉 관형형 어미에 두어져 왔다. 실제 학습과정이나 결과물에서 학습자들이 가장 두드러지게 어려움을 겪고 있는 것으로 보이는 부분이 관형형 어미로, '-을', '-는', '-은', '-었던' 등의 관형형 어미가 상대시제와 시상을 표시하는 점, 선행 용언(동사, 형용사)의 유형에 따라 관형형 어미의 사용범위에 제한이 있는 점을 학습자들이 습득하는 것은 결코 용이하지 않다. Keenan과 Comrie(1977)가 제안한 '관형화 위계'(Noun Phrase Accessibility Hierarchy)라는 비교언어학적 가설을 바탕으로 하고 있는데, 이 가설에 따르면 언어에 따라 관형화될 수 있는 문장의 요소가 다르지만 관형화의 범위가 산재되어 있는 것이 아니고 체계적이라는 것이다. 즉, 여러 언어에서 가장 널리 나타나는 관형화는 주격 관형절이고 그에 이어 직접 목적어, 간접 목적어, 전치사의 목적어, 소유격, 비교 대상의 순서로 관형화가 이루어진다는 점이다. 예를 들어 한국어는 주격부터 소유격까지 관형화가 가능하고, 어느 주격부터 비교격까지 관형화가 가능하다. 관형화 위계론은 모국어 습득과 외국어 습득 연구에 적용되어 상당히 흥미 있는 결과를 보여 주고 있다. 유럽어 습득 연구들의 대부분이 아동이 모국어를 배우거나 성인이 외국어를 배우는 과정에서 주격의 관형화부터 직접 목적격, 간접 목적격, 전치사의 목적격의 순서에 따라 순차적으로 관형절을 습득하는 것을 관찰했다(Shirai & Ozeki, 2007). 왜 관형화 위계의 상위 부분이 하위 부분보다 여러 언어에 더 흔하게 나타날 뿐만 아니라 배우기가 더 쉬운지에 대해서는 논의가 다양하다. 통사론적 관점에서는 위계의 아래로 내려갈수록 구문 구조의 층이 더 복잡한 점을 그 이유로 들고(O'Grady et al,. 2003), 기능론적 관점에서는 위계의 상위부분, 특히 주격이 의미로나 화용적으로 관형화할 필요가 높기 때문이라고 본다(Shirai & Ozeki, 2007).

예)
the man [that ____ met Sally] [____ 를 만난] 남자 직접목적격
the man [that Sally met ____] [---가 ____ 만난] 남자 간접목적격
the man [that Sally gave ____ the book] [--가 ____ 책을 준]남자 전치사/부사격조사의 목적격
the man [that Sally has heard about ____]

주격 관형화('[여자를 보는] 남자')와 목적격 관형화('[여자가 보는] 남자')의 차이에 대한 이해가 중요하다. 흥미로운 것은 목적격 관형화 이해

실패 시 그 오류의 성격이다. 목적격 관형절을 포함한 명사구 '[여자가 보는] 남자'를 듣고 주격 관형절로 대치해 '[여자를 보는] 남자'로 이해한 반응이 상당하고, 관형절과 피수식 명사를 전도해 '[남자를 보는] 여자'로 이해한 반응도 적지 않다. 후자의 오류는 피수식 명사가 관형절을 선행하는 어의향에서 비롯되었음이 확실한데, 학생의 모국어와 어순이 다를 경우 관형절 습득이 얼마나 더 어려울 수 있는지를 웅변적으로 시사한다. 주격 관형화('버스를 기다리는 남자')나 목적격 관형화('여자가 읽는 신문')를 사용하여 특정인물이나 사물을 지칭해야 하는 말하기를 보자. (1) 남자가 모자를 쓰고 있어요(←남자가 쓰고 있는 모자) (2) 모자, 남자 꺼(←남자가 쓰고 있는 모자) (3) 읽고 있는 남자에 신문(←남자가 읽고 있는 신문) (4) 남자 손에 있는 가방(←남자가 들고 있는 가방)

문맥에 적절한 관형절을 사용한 경우에도 주격 문맥에서보다 목적격 문맥에서 통사적 오류가 더 많다.

(5) 남자 탄(←남자가 탄 차) (6) 여자가 핫독 먹는(←여자가 먹는 핫독) (7) 강아지한테 아이스크림 주는 아이스크림(←강아지한테 주는 아이스크림)

이처럼 학습자들의 해석의 오류와 발화의 오류들은 관형절 습득에서 통사적 구조에 대한 이해가 중요한 관건임을 알 수 있다.

8.2. 화용기능적 접근

관형절의 습득·교수에서 고려해야 할 또 다른 중요한 측면은 실제 대화나에서 관형절이 어떤 용도로 쓰이는가이다. 관형절의 화용적 기능을 논의하기 위한 틀로 어 관형절의 유형을 한정적(restrictive), 비한정적(non-restrictive), 계속적(continuative), 혼합(fused), 유사(pseudo) 다섯 가지로 나눈 Huddleston(1984)과 McCawley(1988)를 참조해 볼 수 있다. 혼합 관형절과 유사 관형절은 구조나 형태에 주안점을 둔 것이므로 제외하고 앞의 세 가지, 즉 제한적, 비제한적, 계속적 유형에 주안점을 두고 관형절의 화용 기능을 살펴보는 것이 좋겠다. 첫째로 한정적 기능을 보도록 하자. Givón(1993)은 어의 관형절의 기능에 대해 논의하면서 관형절은 담화에서 인물이나 사물을 새로 소개하거나 오랜만에 다시 언급하는데 필요한 언어적 장치라고 이야기한 바 있다. 담화에서 관형절을 사용해 인물을 새로 소개하는 예를 들면 "옛날 옛적에 [이래도 응, 저래도 응 하는 줏대 없는 아버지와 아들이 살았습니다." 와 같은 이야기의 도입부이다. 담화에서 오랜만에 인물을 다시 언급하기 위해 관형절을 사용하는 예는 '호랑이와 곶감' 이야기에서 주인공인 호랑이가 잠시 뒤로 물러나고 토끼와 소도둑에 대한 이야기가 한동안 진행되다가 "[멀리 숨어 있던] 호랑이는 뒤도 돌아보지 않고 도망쳤다"고 다시 호랑이를 언급하는 경우이다. 둘째의 기능은 비한정적, 혹은 부연적 기능이다. 지시대상을 제한해서 가려내는 기본적인 기능 외에 관형절은 청자를 위해 지시대상이나 서술 상황에 대한 이해를 높이는 보충적인 설명을 제공하는 기능을 한다(Loock, 2007). 서술적 기능을 하는 관형절은 지시 대상이 누구인지를 아는 데 꼭 필요한 정보보다는 지시 대상에 대해 보충, 확대, 부연 설명을 제공한다. 예를 들어 '청개구리' 이야기의 도입부에서 엄마의 충고를 듣지 않고 추운 날 물로 놀러 간 청개구리의 행동에 대한 묘사가 끝난 후 "[엄마가 들로 가라 하면 물로 가고, 동으로 가라 하면 서로 가고, 뭐든지 반대로만 하는] 청개구리를 어떻게 하면 좋을까요?"라는 문장이 나왔을 때, 이 관형절은 청개구리를 지시 대상으로 가려내는 것이 아니라 지시 대상의 속성을 부연 설명하는 기능을 한다. 서술적 기능의 관형절 수식을 받는 명사는 지시 대상이 확실한 고유 명사나 담화의 주제인 경우가 대부분이다. 셋째로, 한정적, 부연적 기능 이외에 관형절이 수행하는 또 다른 주요한 기능은 계속적 기능이다(Huddleston, 1984; McCawley 1988). 관형절이 지시대상을 한정 짓거나 그에 대해 보충설명을 하는 것이 아니고, 이전의 상황과 이후의 상황을 시간적으로 또는 논리적으로 연결시켜 주는 것이다. 예를 들어 '청개구리' 이야기에서 엄마가 자신을 물가에 묻어 달라는 유언을 하는 장면이 묘사에 바로 뒤이어 쓰인 문장 "[겨우 말을 마친] 엄마는 그만 눈을 감고 말았다"에서 관형절은 두 문장 사이의 선후 시간 관계를 확립하는 기능을 한다. 반면 "[신나게 헤엄치고 온] 개구리는 독한 감기에 걸리고 말았다"는 문장에서는 관형절은 주문장의 사건의 원인을 보여 준다. 이처럼 접속적 기능을 하는 관형절은 "엄마는 겨우 말을 마치고 그만 눈을 감고 말았다"나 "개구리는 신나게 헤엄치고 와서 독한 감기에 걸리고 말았다"와 같이 시간관계나 인과관계를 나타내는 '-고'나 '-어서' 등의 다른 접속어미로 바꾸어 쓸 수 있다. 관형절의 주요 세 가지 기능, 즉 한정적(restrictive, defining), 부연적(non-restrictive, appositive, supplementary), 계속적(continuative) 기능을 다시 정리, 예시하면 아래와 같다:

(ㄱ) 한정적 기능: 지시 대상의 범위 제한, 지시 (ㄴ) 부연적 기능: 지시 대상에 대해 확대, 보충, 부연 설명 (ㄷ) 계속적 기능: 지시 대상을 매개로 전후 상황 사이의 시간적, 논리적 관계 설립

어느 봄날, 젊은 사람이 길을 가고 있었습니다. 이 사람은 말동무가

없어서 심심했습니다. 그때 마침 (1) [소 두 마리로 밭을 갈고 있는] 농부가 보습니다. 한 마리는 누 소, 또 한 마리는 검정 소습니다. 젊은 사람은 장난삼아 큰 소리로 농부에게 물었습니다. '어느 소가 일을 더 잘 해요?' (3) [이 말을 들은] 농부는 젊은 사람에게 다가와서 귓속말을 했습니다. "누 소가 더 잘 해요…." 이 젊은이가 바로 (2) [조선 시대에 유명한 정승이 된] 황희였습니다. 「Modern Korean: An Intermediate Reader」

관형절의 용도는 어떻게 분포되어 있는지를 살펴보면 관형절이 실제 문맥에서 얼마나 다양한 화용기능으로 쓰이는지, 가장 주된 화용기능이 어떤 것인지를 알 수 있다.

8.3. 통사적 측면을 고려한 화용기능적 접근의 관형절 교수법

다양한 언어의 습득 연구에서 나타난 것은 관형화 위계에서 아래로 갈수록 관형화가 더 어렵다. 즉, 주격보다는 목적격이, 목적격보다는 부사격이, 부사격보다는 소유격이 더 뒤늦게 습득된다는 것이다. 직관적으로는 쉬운 것부터 시작하여 어려운 것으로 진행하는 것이 순서지만 습득 단계의 향을 받지 않는 일부 문법 항목에서는 오히려 어려운(marked) 것을 먼저 가르치면 학습자가 그보다 쉬운(unmarked) 것은 자동으로 알게 될 가능성을 바탕으로 하는 교수법이 제안되고 있다. 그러나 관형절의 한정적 화용 기능을 연습하는 의미 이해 및 표현 활동은 유의미한 의사소통의 기회를 주기는 있지만, 실제 의사소통 활동으로서는 여전히 한계가 많다. 한정적 기능 이외의 다른 화용적 기능을 다루지 못하고, 상당히 작위적이고 반복적인 질문과 대답의 담화 구조로 되어 있는 것이다.

9. 구성주의 통번역 교수법: 전달주의 vs 변형주의

    교수자와 학습자 측면에서 교육목표와 학습 목표를 달성하기 위해서는 무엇을 배우는가도 중요하지만 어떻게 배우는가도 중요하다. 내용이 아무리 훌륭하다고 해도 교육방법이 적절하지 못하면 기대효과는 감소하기 때문이다. 사회 구성주의 원칙에서는 다양한 현실과 다양한 관점이란 인간은 현실 밖이 아닌 현실 일부로 존재하므로 내재적 관점으로 현실을 직시해야 하고 또한 결코 홀로 존재하지 않으므로 우리가 속한 집단의 다른 구성원들과 관점을 공유하고 비교하여 의사소통하는 법을 배워야 한다는 입장이다. 통번역 교수법과 연관하여 생각해 보면, 통번역 과정은 현실적인 측면에서 실제로 다양한 관점이 존재하고 교육과정에서 교수자는 학생들이 서로 다양한 관점을 공유할 수 있는 활동과 현실적인 경험에서 지식을 체득할 수 있는 활동을 권장해야 한다.

    사회 구성주의적 관점은 의미와 지식은 사회적 상호관계와는 별개로 개인의 인지과정이자 역동적이고 상호주관적인 과정으로 바라본다. 사회 구성주의에서 요구하는 주요 원칙은 다음과 같다. 다양한 현실과 다양한 관점, 협동 협력 학습, 전유(appropriation: 학습이란 개인 간의 지식이 개인 내의 지식으로 내재화되는 과정으로 한 개인과 그 개인을 둘러싼 사회 문화, 환경간의 끊임없는 상호작용으로 보는 시작임. 이 과정에서 개인 간 개인과 주변 환경간의 대화를 통해 외부 지식을 접하고 습득하며 개인의 상황에 맞게 내재화 할 수 있음) 근접 발달 영역(Zone of Proximal Development: 언제나 확대 가능한 잠재적 공간), 상황 학습(현실적 경험적 학습 환경), 유용성(viability: 실용주의적 개념으로 무엇이든 유용할 때만 유용하다는 방식), 인지적 발판이 있다. 교수자가 제공하는 인지적 발판은 학생들에게 가벼운 힌트를 주는 것에서부터 전체 과업을 시범적으로 완수하는 것에 이르기까지 다양하다. 마지막으로 사회구성주의 개념을 통번역에 적용하면 좋은 원칙은 사회 인지적 도제 시스템이다. 이는 견습생이 장인의 작업 과정을 곁에서 지켜보고 자신과 비교 성찰하여 자신이 그 분야의 장인으로 성장해 가는 시스템이다. 이런 방식을 통번역 교육 현장에 적용하려면 실제로 전문 번역가의 작업과정과 완성도 높은 결과물을 보였고 학생들로 하여금 스스로 전문가와 초보의 차이가 어디에 있는지 깨닫게 하고 적절한 지도를 제공하여야 한다.

사회 구성주의에서 가장 중요한 것은 협력학습 활동이다. 지식을 외부에서 습득하여 내재화할 때 다른 사람들과 상호작용을 통해 효과적으로 구성할 수 있다. e-learning 학습을 할 경우 학생들 간의 커뮤니케이션 측면에서 토론그룹, 협력 그룹, 협동 그룹(collaboration group)으로 나누어 비교 관찰할 수 도 있다.

전통적인 통번역 교수는 교수방법이 전적으로 담당교수에게 달려있어 교수가 모든 것을 정하고 제시하며 평가를 하는 것이었다. 수강생들은 수동적으로 교수가 전달해 주는 지식을 습득하고 그에 따라 통번역을 하며 교수가 지시한데로 학습하는 교육방식으로 교육의 목적은 학습자에게 가장 효과적이고 효율적인 방법으로 지식을 전달하는 것으로 인식한다. 이것은 교육이 전달주의 관점이냐 변형주의 관점이냐의 문제이다. 이 둘 가운데 어느 쪽으로 치우치느냐에 따라 전달주의 관점과 변형주의 관점으로 구분된다. 학생은 수동적인 청취자이자 지식의 소비자이므로 교수가 학생들에게 이해하기 쉽게 전달하는 동일한 내용을 습득하여 지식을 쌓는 것이 바람직한 학습방식이면 전달주의에 해당하고, 반대로 학생은 고유한 인격체로 능동적인 사고와 적극적인 참여 그리고 동료들과의 활발한 상호작용을 통해 스스로 지식을 형성해 가는 주체라고 생각하면 변형주의에 해당한다. 전달주의는 교수자 중심의 교수법에서 기인하고 변형주의는 학습자 중심의 교수법이다. 이는 교수자의 시각에 따라 강의 방식이 달라질 수 있다.

교수자 중심의 강의는 수업내용과 방식은 교수자가 결정하고 평가와 교육은 개별 주제나 개별 수업에 있고 교수자는 지식을 전달하는 전문가이고 정보를 전달하며 학생들의 활동은 대부분이 개별적인 활동이며 강의실을 통해 강의가 진행되어 좋은 점수와 칭찬을 통해 동기유발이 일어나고 평가의 주체는 교수자만의 책임이다. 모든 학생들은 똑같은 내용을 배운다. 반면에 학습자가 중심이 되는 수업은 학생들이 수업 내용과 방식을 정하고 전체 프로그램과 학습 목표에 교육의 초점에 있으며 교수자는 학생들에게 학습을 용이하게 도와주는 가이드 역할을 하고 교수자는 정보를 전달하는 것이 아니라 질문을 던진다. 협력학습의 형태로서 때와 장소에 구분 없이 학습이 이루어지고 지적 호기심과 개인적인 책임감이 주어진다. 강의 내용도 강의 도중에 수정될 수 있고 평가의 주체는 자가 평가를 비롯하여 동료 평가가 유익하고 개인에 따라 각자 능력에 따라 진도가 나가게 되며 팀티칭을 중요하게 생각한다.

결론적으로 AB 통번역(outbound translation)과 BA 통번역(inbound translation)을 별개로 구분하는 교과과정, 실무와 이론의 교육순서를 비롯한 교수법에 대한 개선의 여지가 있는 교수법은 후속적으로 연구 되어져야 할 과제이다.

10. 코퍼스(Corpus) 언어학과 통번역 교수법

　McEnergy에 의하면, 코퍼스(Corpus)는 원래 라틴어로 "body"라는 뜻으로 사람이나 동물의 몸통을 의미하는 말("any body of text")에서 유래한 것으로 고대 로마시대부터 자료의 집대성이란 의미로 사용되어 오다가 1950년대 미국의 구조주의 언어학에서 코퍼스를 설정한 음소 분석이나 형태분석을 하였고 1960년대에 들어서면서 컴퓨터의 발달에 의한 대량 데이터를 절차에 따라 다루게 되었다. 현대적 의미로 코퍼스는 언어 연구를 위해 특정 기준에 의해 구성되고 주석이 붙여진다는 점에서 어떤 기준에 의거하여 필요한 현실 언어 자료, 곧 텍스트를 모아 놓은 것이라고 할 수 있다. 그러니까 언어 연구 자료로 사용되는 문학 작품이나 특정 작가의 작품집은 일종의 코퍼스이다. 그러나 보다 최근 성향을 보면 코퍼스는 일정 규모 이상의 언어 자료로서 다양한 장르가 균형 있게 확보된 자료의 집합체이다. 오늘날 사회 전반에 걸쳐서 방대한 규모의 코퍼스 구축 작업이 진행되고 있는데 특히 통사론 의미론, 화용론, 어휘론과 같이 일반 언어학 하위 분야와 여가 언어 사회 외국어 교육과 같은 분야에서 실제로 데이터를 제공해 줄 수 있는 방법으로 많이 이루어지고 있다.
　코퍼스의 일반적인 유형은 다양하지만 이중 언어(bilingual corpus) 또는 다국어 코퍼스(multilingual corpus)로 나눌 수 있고 시대적인 구성에 다른 공시적 코퍼스와 통시적 코퍼스로 나눈다. 구축의 목적에 따라서는 언어의 변화를 관찰할 목적으로 하든지 아니면 참조하기 위한 목적의 코퍼스로 구분할 수 있다. 특히 코퍼스의 구축은 많은 시간이 필요한 작업으로 체계적으로 균형 잡힌 구축을 할 필요가 있다.

번역을 위한 다국어 코퍼스의 경우 대부분은 단일어 코퍼스로 구성되어 있으나 용도에 따라서는 이중 언어와 다국어 코퍼스로 구성된다. 이것이 필요한 이유는 외국어 교육을 위해서 동일한 뜻의 용례 제시가 필요하고 특히 두 언어의 용례 간의 대응 관계를 표현하는 것이 필요하기 때문이다. 가령 '가정적', '형식적', '능률적', '효율적'이란 접미사는 명사, 형용사, 부사와 같이 다양하게 사용되는데, 코퍼스 용례를 보면 어떤 유형이 타당한지 정보를 확인할 수 있다. 또 한글 단어의 숫자와 영문 단어의 숫자가 다르고 음절의 길이도 다르지만 코퍼스 용례를 통해 병렬 코퍼스가 구축되면 효과적으로 활용할 수 있을 것이다.

전통적인 연구방법으로 코퍼스는 특정 텍스트를 연구하는 보조 수단으로서 어휘 색인이나 어휘 도표 작성에 주로 사용되었지만 현재는 텍스트 내에서 어구가 어떤 환경에서 나타나고 어떤 어구와 인접하며 어떤 상황에서 발화하는가에 주로 사용된다.

코퍼스 언어학은 언어학의 한 분야가 아니라 방법론으로 문법, 어휘, 음운 등 거의 모든 언어학 분야에 적용이 가능하며 화용론, 사회언어학, 응용언어학, 역사 언어학에도 적용된다.

코퍼스 언어학은 특정 목적으로 수집된 대량의 언어 텍스트를 컴퓨터로 처리한 자료로 이를 언어 연구에 적용하는 분야이다. 가령 모국어 화자의 문어, 구어의 어휘 사용빈도 연구가 해당한다. 코퍼스에서 얻은 정보의 중요한 것은 연어(collocation) 빈도를 들 수 있다. 가령 sweet 동사는 '달콤하다'는 말에 1:1로 대응하지 않고 다양한 의미로 사용되어 우리가 알고 있는 어휘지식이 완전하지 않음을 알 수 있다: "sweet smell, sweet pea, sweet shop, sweet potato, sweet thing, sweet tooth, sweet wind, sweet tea, sweet taste, sweet smile."

학습자 코퍼스(learner corpus)는 코퍼스 언어학의 방법을 사용하여 학습자의 발화나 작문 데이터를 대량으로 수집하고 분석한다. 이는 새로운 연구방법으로 학습자의 발화나 작문의 어휘적 특징과 습득 단계별로 데이터와 비교하면 다양한 결과를 얻을 수 있다.

앞서 지적한 바와 같이, 코퍼스란 텍스트, 즉 산출된 말 혹은 글의 집합을 말한다. 넓은 의미의 코퍼스는 어떤 방식으로든지 어떤 형태로든지 여러 텍스트를 모아놓은 것을 말하지만(예를 들어, 다양한 형식의 텍스트를 묶어 놓은 성경도 하나의 코퍼스이다.), 현대의 코퍼스는 근대 소설 연구 혹은 현대 국어 일반의 연구 등 특정 목적을 가지고 균형성과 대표성을 고려해 텍스트들을 모아서 컴퓨터에 전자(비트) 형태로 저장한 것을 말한다. 따라서 코퍼스 언어학은 컴퓨터 코퍼스 언어학이다. 컴퓨터 코퍼스는 연구자가 실제 언어생활의 양상을 있는 그대로 관찰해 언어를 실증적으로 연구할 수 있는 방법을 언어학에 제시했을 뿐 아니라, 정보사회에 가장 중요한 정보처리의 대상인 언어정보의 처리 기술 발전에도 중요한 역할을 하고 있다.

최초의 컴퓨터 코퍼스는 1960년대 초 미국 브라운대에서 만들어졌다. 이것은 1백만 어절 규모의 미국 영어 텍스트 자료인데 보통의 책 약 20권의 분량이다. 오늘날의 기준으로 보면 아주 작은 규모이지만 당시 컴퓨터 입력의 수단이 키펀치였던 것을 고려하면 많은 수고의 결과였다. 브라운 코퍼스를 기반으로 영어 단어의 사용 빈도가 실증적으로 측정돼 언어 교육 및 심리학에 도움을 주기는 했으나 코퍼스의 규모가 작았기 때문에 그 효용성은 제한적이었다.

코퍼스가 언어학에 큰 영향을 미친 사건은 1980년대에 영국 버밍햄대가 콜린스 출판사와 손잡고 2천만 어절 규모의 코퍼스를 구축하고 이것에 기반한 코빌드(COBUILD)영어 사전을 편찬한 것이었다. 이전까지의 언어 사전이 사전 편찬자의 직관에 의존하거나 수작업을 통한 제한적인 용례 수집에 의존하였던 것에 비해 코빌드 사전은 대용량의 코퍼스에 기반해 올림말을 결정하고 단어 의미를 기술하며, 사람들이 많이 사용하는 자연스러운 용례를 찾아 사전에 수록할 수 있었다. 그 이후, 사전 편찬에서 코퍼스는 필수적인 수단으로 인식됐으며, 우리나라에서도 국립국어연구원에서 편찬한 표준국어대사전(1999) 등 모든 주요 사전 편찬 사업이 코퍼스에 의존하고 있다.

1990년대 이후 코퍼스의 크기는 1억 어절 이상이 일상적이 됐으며, 영국의 국가 코퍼스(British National Corpus, BNC)가 대표적이다. 오늘날의 코퍼스는 이와 같이 양적인 면에서 성장하였을 뿐만 아니라, 언어의 형태, 통사, 의미적 분석을 한 결과의 코퍼스와 같이 다양한 것들이 만들어져 언어 연구에 도움을 주고 있다.

국내의 경우 비교적 늦은 시기인 1980년대 후반부터 컴퓨터 코퍼스에 대한 관심이 싹터 연세대학교, 한국과학기술원, 고려대학교를 중심으로 코퍼스 구축이 시도되기 시작했다. 이러한 일은 1998년부터 시작된 21세기 세종계획으로 큰 전환기를 맞는다. 이것은 문화관광부 지원 사업으로 10년간 언어자원, 즉 한국어 코퍼스와 한국어 전자사전을 구축하고 그것을 학문 및 산업에서 이용할 수 있도록 보급하고 기초 연구를 수행하는 사업이다.

코퍼스 구축에 대해 말하자면, 2003년 현재 6년의 과제 수행 후 대략 현대 국어 말뭉치(이 사업에서는 코퍼스를 '말뭉치'라고 부른다) 1억 3천만 어절, 형태 분석 말뭉치 1천만 어절, 형태 의미 분석 말뭉치 5백만 어절, 구어 말뭉치 3백만 어절이 구축됐다. 아울러 상당량의 북한어, 옛 문헌의 국어자료, 한국어-영어 및 한국어-일본어 병렬말뭉치가 구축됐다.

코퍼스는 중요한 언어자원이다. 이것은 이론적 언어 연구의 기반이 될 뿐만 아니라 사전 편찬과 언어 교육의 응용 분야에서 없어서는 안 될 중요한 자원이다. 사전 편찬에 대해서는 앞서 이미 언급했다. 외국어를 교육할 경우, 가장 많이 쓰는 자연스러운 표현들을 중요시하여 먼저 학습시키는 것이 중요하다. 또한 외국어를 배우는 사람들의 언어를 수집한 코퍼스(학습자 코퍼스)는 언어 학습에서 범하기 쉬운 오류를 발견하게 해 효과적인 외국어 교육에 도움을 줄 수 있다.

코퍼스는 또한 문학, 역사 등 텍스트 기반의 전통적 인문학에 새로운 방법론을 제시할 수 있으며, 신문 자료 코퍼스는 사회 변동 연구 등 사회과학적 연구에도 활용될 수 있다. 아울러 자연언어처리, 정보검색, 기계번역 등 컴퓨터의 언어 처리에서 코퍼스에 기반한 통계적 정보가 점점 더 중요시되고 있다. 두 언어의 문장들을 병치시켜 만든 병렬 코퍼스는 기계번역 시스템 개발에도 큰 도움을 줄 수 있다.

코퍼스는 어떤 언어적 분석을 하기 위한 목적으로 수집된 텍스트 군이라고 정의한다. 이런 코퍼스를 활용한 언어 연구의 장점은 다량의 텍스트를 분석함으로써 한 두 개의 고립된 텍스트를 연구하는 차원에선 불가능한 실증적인 연구를 할 수 있다는 점이다. 코퍼스 기반 번역의 중요한 의의는 고립된 개별 번역문과 원문을 놓고 1:1로 비교하는 한계를 넘어서 다량의 원문과 번역문 그리고 원어 텍스트를 비교 분석할 수 있다는 점이다. 특히 문학 번역과는 달리 전문 통번역의 성패는 해당 분야에서 관용적으로 쓰는 표현들을 정확하게 사용하는 데 있다. 의사소통을 하는데 있어서 전문적인 용어와 쓰임새는 의사소통에 절대적으로 필요하다. 무엇보다도 코퍼스 언어학과 정치 경제 사회 의학 분야의 통번역을 수행하기 위해서는 이에 대한 예비 조사는 물론 이를 통해 활용할 수 있는 코퍼스를 활용한 정보 확보가 수반되어야 한다. 현재 검색 대상 코퍼스로는 인터넷 검색이 가능한 The Corpus of Contemporary American English(COCA)가 있다.

앞서 설명한대로, 코퍼스(corpus)는 '어휘묶음(lexical bundles)', '다발(clusters)', '어휘고(lexical phrase)', '정형화된 표현(formulas)', '규칙적인 표현(formulas)', '미리 만들어진 표현(pre-fabricated expression)' 정도로 이해할 수 있다. 코퍼스는 특정 언어의 모습과 특성을 파악하기 위해 자연 언어 텍스트를 선별하여 모은 것으로 현대적 의미의 코퍼스는 보통 전산화된 형태로 구축한다. 코퍼스를 어떤 종류의 텍스트들인지 어떤 방식으로 모아 놓은 텍스트의 집합인지 어떤 목적에 부합하는지를 살펴보기로 하자.

언어 분석에 컴퓨터를 이용하려면 전자 텍스트 자료의 가용성과 적절한 목적의 프로그램의 가용성을 고려해야 하며 신뢰할 수 있는 결과를 예측할 수 있어야 한다. 코퍼스에서 추출할 수 있는 핵심 정보는 어휘 빈도, 어구색인, 연어(collocation)이며 이들 정보는 순수언어학이나 언어 교육 분야 외에 통번역 교수법에서 유용하게 사용될 수 있다.

번역학에서 논의되는 코퍼스의 유형은 원문 텍스트와 번역문 텍스트의 대응 병렬관계를 파악할 수 있게 하는 병렬 코퍼스, 번역문 텍스트와 번역되지 않은 동일 언어로 쓰인 텍스트를 비교할 수 있게 하는 비교 코퍼스, 번역문이 아닌 각각의 언어로 쓰인 원문 텍스트를 가리키는 다국어 코퍼스가 있다. 세계 여러 나라에서는 연구 목적으로 각 장르를 포괄한 대용량 범용 코퍼스를 구축하는 노력을 하고 있으며 코퍼스를 구축하여 자동 번역과 비교 언어학 연구를 위한 다국어 병렬 코퍼스 구축 관련 연구도 행해지고 있다.

이와 같이 코퍼스 언어학의 발전과 함께 코퍼스를 활용한 번역학의 구축이 절실한 시기이다. 특히 코퍼스의 핵심 정보 가운데 하나인 연어(collocation)은 어떤 단어가 다른 어떤 단어와 함께 나타나는 경향을 가리킨다. 연어란 결합관계 중에서 어휘 간의 co-occurrence현상이 특정 어휘로 제한되어 빈번하게 출현하는 것으로 특정 어휘가 다른 어휘와 함께 나타나는 어휘, 의미적 결합으로 새로운 의미가 생성되면 관용어로 구분하고 두 어휘소의 결합이 형태적 통사적 의미적으로 제약을 받지 않으면 자유결합으로 나타난다.

연어는 모국어 화자에게선 지극히 당연하고 자연스러운 결합으로 여겨지나 외국어 학습자에게서는 어려운 대상이다. 실제로 모국어-외국어(AB)번역은 물론, 외국어-모국어(BA)에서도 흔히 연어사용의 오류가 발견된다. 구체적으로 사용하는 단어나 어구에 대한 정확한 이해와 지식이 동반되어야 자연스런 통번역이 가능하다. 외국어(B 언어) 통역 시 연어에 대한 이해가 꼭 필요하다. 연어는 상황에 따라 6단어를 넘어가는 경우도 있다.

ex) '시장개방과 규제'

1. 'opening of market and regulation'으로 이해되지만 '규제'의 의미는 '진입규제'(restrict market entry), '규제완화'(deregulation, ease regulations)의 의미일 수도 있으며 이것이 '철폐'(abolish, eliminate, lift regulation)의 의미로까지 연결됨으로 정확한 선택이 필수이다.

'수급의 불균형'은 'supply and demand imbalance'이지만 이것이 공급과잉(surplus supply, over supply)인지 수요과잉(surplus demand)인지도 구분해야 한다.

따라서 용어의 적절한 사용을 위한 체계적인 언어 사전은 필요한 자료가 될 수 있다. '주식'은 사전에서는 stock/equity를 나란히 소개하고 또 한국어로 '주식시장'(stock market)은 'equity market'의 개념이 아니다. 'stock'의 경우 market이나 price/purchase와 같이 주가에 대응되는 표현으로 사용되며 주가 상승이나 주가 급등 또는 하락에 적합한 표현이지만 'equity'는 market보다는 firm / fund와 같이 사용되며 shareholder / stockholder / strategist와 같이 사용되는 단어이다. equity는 공평, 공정, 형평서의 원칙, 재산, 자산액, 소유권, 지분의 뜻으로 더 많이 사용되는 단어이다.

결론적으로 코퍼스 유형에 따른 표현들을 정리하여 교수하는 방법도 유익한 교수법으로 고려된다.

11. 불확실성과 동일성의 이론을 통해서 본 통역 교수법

불확실성 이론 이전에는 기존의 대세였던 동일성 이론(Equivalence

Theory)이 있었다. 동일성 이론은 동시에 모든 것들을 관찰하는 것이 불가능하고, 동등한 '가치'라는 것을 판단할 수 없다는 이유로 기본적인 불확실의 문제가 발생한다. 이러한 모순점으로 인해서 근본적으로 애매한 외국 문화를 완벽히 이해할 수는 없다는 결론에 다다르게 된다. 그 대안으로 콰인스가 번역에 들여온 불확실성 이론을 제시한다. 어떠한 언어에 대해서 다른 나라 언어로 표현했을 때 그 말이 정확히 기준 언어의 어떤 부분을 설명하는지 절대적인 기준이 없다는 것이다

불확실성 이론의 각각의 구체적인 이론을 통하여 그 의미와 한계점 등에 대해서 다룬다. 불확실의 원리는 기존의 특정한 의미를 가지고 있는 이론과는 상이한, 다소 급진적인 개념이다. 이에 관련하여 야콥슨과 콰인스 두 학자의 견해를 제시해 본다. 또한 이렇게 통역에 있어서 어떤 것을 의미하는지 확실히 알아낼 수 없다는 이유로 아예 그 해결 방안이 없는 것은 아니다. 양립적이고 절충적인 이론도 확실히 존재하며 과정에서 어느 정도 목표 결과를 얻을 수 있다.

■ 야콥슨(1896-1982)

러시아 형식주의자 중 한 사람인 언어학자로만 야콥슨은 러시아 출신으로 형식주의와 현대의 구조주의 사이에 중요한 연결고리를 마련하였다. 야콥슨은 1915년에 창설된 형식주의자의 집단인 모스코언어학파의 지도자였다. 1920년엔 프라하로 이민 가서 체코 구조주의의 주요 이론가 중의 한 사람이 되었지만, 그 뒤 다시 나치스를 피하여 1939년 스칸디나비아제국을 거쳐 미국으로 귀화하였다. 그 후 모스크바와 프라하에서 언어학회를 결성하고 프라하학파의 창시자가 되었으며, 프라하대학교

를 비롯하여 1967년 하버드대학교 및 매사추세츠공과대학 등에서 교편을 잡았다. 그의 연구 분야는 일반언어학·시학·운율학·슬라브언어학·언어심리학·정보이론 등 여러 방면에 걸치는데, 그는 언어학과 인접과학과의 통합을 시도하였다. 주요저서로 ≪음성분석 서설—판별적 특징과 그 관련량(關聯量) Preliminaries to Speech Analysis≫(1952, Morris Halle, G. Fant 공저), 저작집 ≪Selected Writings≫(7권, 1962~), "1942~43년 뉴욕에서의 강의록" ≪Six Lectures on Sound and Meaning≫(1976년 발간, 프랑스 Les Editions de Minuit 사 편집) 등이 있다.

일찍이 러시아 형식주의 운동에 관여하고 10개의 언어를 자유자재로 구사하는 이 천재적 언어학자는 사실상 구조주의의 시조라고 해도 과언이 아니다. 그는 소쉬르의 언어학이 갖고 있는 엄청난 파괴력을 일찍이 간파하고 레비스트로스나 자크 라캉 같은 학자들과 교류하며 구조주의라는 20세기 최고 흥행의 지적 흐름을 형성하는 데 지대한 공헌을 하였다. 그는 러시아 형식주의 운동 초기에 일상 언어와는 달리 시적인 언어가 따로 있다고 생각하였다. 그는 "시란 일상 언어에 가해진 조직적 폭력이다"라고까지 말하였다. 일상 언어가 의미를 전달하는 데 그 목적이 있다면 시적 언어는 언어 자체로의 주의를 환기시킨다는 것이다. 이른바 러시아 형식주의의 '낯설게 하기'의 개념을 계승한 것이다.

1958년 발표한 「언어학과 시학」이란 논문에서 야콥슨은 언어의 기능을 여섯 가지로 제시하고 있다. 언어활동을 요소는 대체로 ①말하는 이, ②말 듣는 이, ③쓰여진 말 자체, ④말이 관계를 맺고 있는 관련 상황, ⑤말이 쓰여진 분위기 내지 경로, ⑥사용되는 언어의 종류를 들 수 있다. 이를 도식화 하면 다음과 같다.

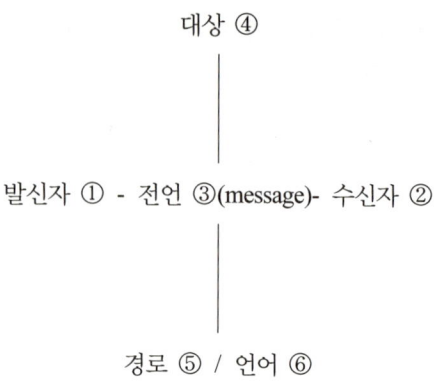

이 여섯 가지 요소 중 어느 요소가 강조되느냐에 따라 언어의 기능이 여섯 가지로 분화된다. ①정보적 기능, ②표출적 기능, ③명령적 기능, ④친교적 기능, ⑤관어적 기능, ⑥미학적 기능(시적 언어는 여기에 속한다.)이 그것이다. 예를 들어 누군가 젊은 사람이 쓰는 스마트폰을 보고 "저것이 새로 나온 삼성의 갤럭시 폰이야."라고 말했다면 그는 4)의 대상에 관한 정보를 제공하는 것이다.(정보적 기능)

발신자의 언어가 수신자로 하여금 "커피 좀 타와."라고 어떤 행위를 하도록 요구한다면 그것은 언어의 명령적 기능이다. 그린데 누군가 내게 "지난 번 쓴 글 참 좋았어요."라고 말한다면 그것은 언어의 어떤 기능에 속할까? 그러한 말을 지난 번 쓴 글(대상)에 대한 정보나 사실을 판단하는 정보적 기능으로 판단하고 기분이 우쭐해지면 곤란하다. 그것은 "오늘 날씨 참 좋죠?"라는 말처럼 상대(발신자)가 나(수신자)에게 친밀감을 표시하는 언어의 친교적 기능에 속하는 말이기 때문이다. "요즘 안색이 좋아 보입니다."라거나 "미스 김. 요즘 많이 예뻐진 것 같아."같은 말들도 사실 여부가 중요한 것이 아니라 상대방에게 친밀감을 표시하는 언어의 친교적 기능에 속하는 경우가 많다. 표출적 기능이란 언어를 통해서 발신자의 감정상태를 나타내거나 알 수 있는 언어를 말한다. 기분 나쁜 일을 보고 "쯧쯧…."하고 혀를 찬다든지 초조하여 자꾸만 "에헤~"하고 말을 끈다든지 하는 경우의 말이 이 경우에 속한다.

그런데 야콥슨은 시의 언어는 언어의 6가지 요소 중 전언 자체(메시지)에 초점을 둔 언어라는 것이다. 여기서 메시지는 시의 내용이 아니다. 시에서 사용하는 언어 그 자체이다. 시적인 것은 무엇보다도 언어가 자기 자신과 일종의 자의식적인 관계에 놓임에 있다는 생각이다. 언어의 시적 기능은 기호들의 감각성을 증진시키고 기호를 단지 의사소통의 도구로 사용하는 것이 아니라 그 물질적 특질에 주의를 모은다는 것이다. 시적인 것에서 기호는 그 대상으로부터 떨어져 나간다. 즉, 기호와 지시 대상 사이의 평상적인 관계는 깨지며 기호는 그 자체 가치대상으로서의 어떤 독립성을 허락받는다. 따라서 시적 언어는 어떤 상황에서 발신자가 왜 무엇을 말하느냐가 아닌, 단어들 그 자체에 초점을 맞춰야 한다는 것이다.

12. 자기공명영상, 인지개입(Cognitive Mediation)을 통한 통번역 교수법

통역의 전문성은 인지단계(cognitive stage) 자기화단계(associative stage) 그리고 자율단계(autonomous stage)가 있다. 인지단계는 기본적인 정보를 습득하고 자기화 단계는 시행착오를 통해 문제를 해결하며 자율단계는 스스로 통역 문제 해결 전략을 보완하고 자동화하는 단계에 이른다. 이런 복잡한 과정은 상당한 훈련이 필요하다.

통번역 교수법의 한계를 극복하기 위해서는 학제간 연구가 필요한데 특히 최근 부상하고 있는 신경언어학, 인지 심리학, 정보처리, 커뮤니케이션, 문화학과 같은 분야와 다양한 학제간 연구가 필요하다.[12] 인간에게 있어서 가장 중요한 정신 능력 가운데 하나는 생각과 행동을 이끄는 유연한 조정 능력이다. 이런 인지요소를 가리켜 집행 기능이라고 하는데 이는 기억을 통제하고 주의력을 통제하며 반응과 수행에 대한 모니터링을 수행하는 광범위한 개념이다. 이 가운데 인간의 주의력이라는 인지 기제는 정보의 선택된 측면에서 효과적이고 정확한 방식으로 인지과정을 적용할 수 있게 된다. 집행 기능과 직접 관련 있는 인지 기능은 수행기억(working memory)이다. 이를 통해 여러 가지 정보를 능동적이고 접근가

---

[12] 인지심리학에 대한 현대적 정의는 다음과 같다. "감각정보를 변형하고, 단순화하며, 정교화하고, 저장하며, 인출하고 활용하는 등 모든 정신과정을 연구하는 학문이다." 20세기 후반(1960년대 이후)에 일어난 이른바 '인지혁명'은 심리학의 패러다임을 완전히 바꾸어 놓았다. 당대를 지배하고 있던 행동주의 심리학은 인간을 단순한 자극-반응의 체계로 보았는데, 이로 인해 행동주의 심리학은 '블랙박스 심리학'이라는 비판을 피할 수 없게 되었다. 행동주의 심리학은 관찰, 측정이 가능한 것만을 연구의 대상으로 삼았는데, 이로 인해 인간의 심적, 내적 과정에는 거의 관심을 기울이지 않아 이러한 자극-반응이 어떠한 경로와 기제를 통해 일어나는지를 거의 규명하지 못했다는 한계를 안고 있었다. 이러한 상황에서 노암 촘스키 등 언어학자들과 앨런 튜링, 폰 노이만 등의 컴퓨터과학자들의 영향을 받아 인지혁명이 시작되었다. 특히 촘스키는 심리학의 연구 대상은 인간의 내적 심리과정이어야 함을 주장하여 행동주의 심리학을 강하게 비판하였다. 당대 심리학의 새로운 패러다임이자 현재 심리학계의 가장 중요한 흐름 중 하나인 인지심리학은 이렇게 시작되었다. 인지심리학은 행동주의 심리학과 달리 내적인 심리과정을 중시하며 이에 대한 연구를 주된 목표로 삼는다. 특히 인지심리학의 주된 특징 중 하나는 인간의 심리과정을 컴퓨터의 정보처리과정에 비유하여 이해한다는 것인데 이는 인접 학문들의 영향을 받은 결과다. 이로 인해 인지심리학은 흔히 인간정보처리론(human information processing)이라고도 불린다. 인지심리학은 현재 인접 학문들 - 철학, 컴퓨터과학, 신경과학, 언어학 등과 협력하여 인간 인지과정의 신비를 벗기기 위해 부단히 노력하고 있으며, 그 자체로서 크게 간학문적인 성격을 지니고 있다.

능하게 유지시킴으로써 인지 과제를 통해 이를 사용할 수 있게 된다. 인간의 모든 활동-말하고 듣고 쓰는 행위는 뇌신경세포인 뉴런이 발화하기 때문에 가능한데 이는 뇌가 활성화되는 원리로 기능적 자기 공명영상(fMRI: functional magnetic resonance imaging)이라고 한다. 이를 바탕으로 통역과 표현 바꾸어 말하기(paraphrasing), shadowing, summarizing과 같은 과제를 수행할 때 효과적인 훈련 방식을 찾을 수 있고 통역 교수법으로 접목하여 활용이 가능하게 된다.[13] [14] [15]

인간의 두뇌는 대뇌(Cerebrum)와 소뇌(Cerebellum)로 나누어져 있고 대뇌는 진화된 동물일수록 기능이 크고 인간의 모든 인지 행동은 대뇌와 연관이 있다. 이 대뇌는 전두엽(frontal lobe)과 측두엽(temporal lobe)을 구분되는데 전두엽은 unconscious memory와 관련되어 감정이나 지적인 기능을 담당하고 측두엽은 언어 기능으로 conscious memory와 연관성이 있다. 후두엽(occipital lobe)은 시각적인 기능을 하고 두정엽은 공간적인 기능을 한다.

신체의 오른쪽에서 일어나는 감각행위는 좌뇌가 담당하고 신체의 왼쪽에서 일어나는 감각행위는 우뇌가 담당한다. 언어적인 기능은 좌뇌에 편중되어 있다.

---

[13] 자기 공명 영상(Magnetic Resonance Imaging, 의학: MRI), 또는 핵자기공명 컴퓨터 단층촬영(Nuclear Magnetic Resonance Computed Tomography, NMR - CT)은 영상 기술 중 하나로 핵자기공명 원리를 사용한다. 자기장을 발생하는 자기공명 촬영 장치에 인체를 넣고 고주파를 발생시키면 신체의 수소 원자핵이 공명하게 된다. 이때 나오는 신호의 차이를 측정하고 컴퓨터를 통해 재구성하여 영상화시키면 우리가 볼 수 있는 자기 공명 영상이 된다. 자기 공명 영상은 X선을 사용해 인체에 유해한 X선 컴퓨터 단층 촬영(CT)과 달리 신체에 무해하다는 게 특징이다. 또한 CT가 횡단면 영상이 주가 되는 반면 MRI는 방향에 자유롭다.

[14] Shadowing is very helpful as an exercise to prepare for simultaneous interpretation training, for the obvious reason that we can learn to speak over another voice and still listen to the speaker and ourself.

[15] shadowing, paraphrasing 관련 논문은 미주에 첨부함.

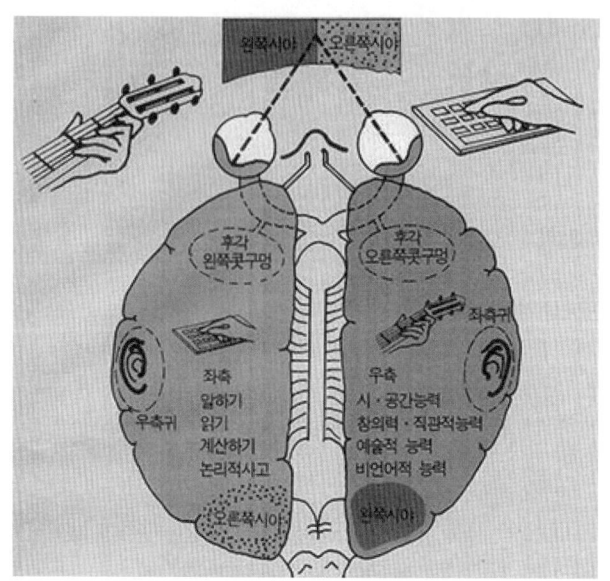

<그림 6> 감각행위와 언어적 기능

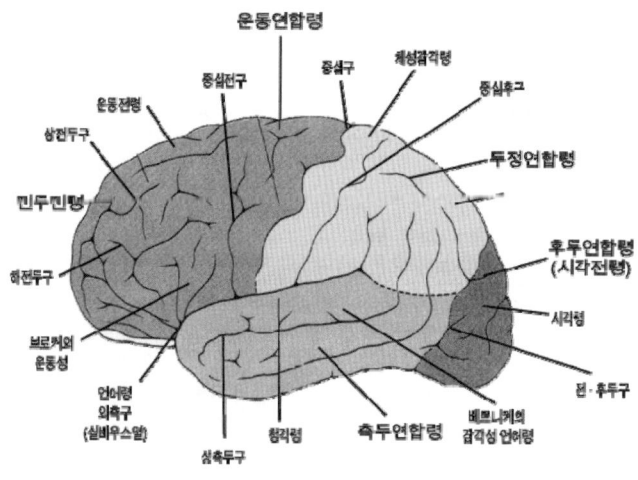

<그림 7> 감각행위와 언어적 기능

인간이 가장 복잡하게 하는 행위 가운데 하나는 언어활동이고 이에

대한 신경학자들의 관심 역시 무시할 수 없는 영역이다. 자기공명영상과 관련된 것이 신경언어학이다. 신경언어학은 인간의 뇌 구조와 인간 언어의 연관성을 연구하는 학문으로 심리언어학, 인지언어학과 밀접한 관계를 맺고 있으며 인간의 물질적 정신적 활동에 초점을 맞추고 있으며 이런 언어활동이 실제 눈에 보이는 뇌 활동과 어떤 관계를 맺는가를 연구한다. 이런 메커니즘을 밝히기 위해 우선 언어활동에 필요한 말하기, 이해, 기억과 같은 행위에 관여하는 두뇌 영역이 어디에 있는지 알아야 하고 이를 뇌파 측정이나 뇌 영상화 방식을 통해 나타나며 여기에는 시간적 공간적 해상도가 도입된다. 시간적 해상도(temporal resolution)는 두뇌의 변화하는 상태를 자세하게 볼 수 있는 상태를 말하고 공간적 해상도(spatial resolution)란 공간적 영역의 활동을 볼 수 있게 하는 것을 의미한다. MRI 방식에는 구조적인 자기공명영상(magnetic resonance imaging MRI)과 기능적인 MRI가 있는데 기능적인 MRI는 인지 활동 가운데 두뇌의 알아내는 데 사용된다. 보다 구체적으로는, 활동 중인 뇌에는 혈액 내 헤모글로빈을 통해 다른 부위에 비해 많은 양의 산소가 공급되고 이를 통해 신경이 활성화되면 산화 헤모글로빈의 농도가 높아진다. 이렇게 산소공급에 따른 자성의 반응비율을 이용해 간접적으로 뇌신경 활동을 측정하는 방식이다.

  신경언어학 관점에서 볼 때 통역사들은 다중언어를 사용하기 때문에 통역사가 사용하는 다중언어에 대한 새로운 사실들을 발견할 수 있다. 다중언어를 사용하면서 발생하는 인지적인 현상들, 곧 주의력의 분산과 발화 행위와 같은 연구를 통해 흥미로운 사실들을 알아 낼 수 있기 때문이다. 더 나아가 통역사가 어떻게 통역 오류를 하게 되는지에 대한 정신

활동에 대한 물질적인 근거를 얻을 수 있어 통역에 필요한 개개의 언어 처리 능력을 효과적으로 훈련시킬 수 있는 교수법을 개발할 수 있다. 크라우샤르와 람베르트(Kraushaar & Lambert)가 외국어 습득 시기를 뇌 구조 형성에 어떤 영향을 미치는지 실험을 통해 동시통역과 비슷한 정보 처리 과제를 전제로 따라말하기(shadowing)을 과제로 한 것은 이를 잘 증명해 주고 있다. 이 실험을 통해 사춘기 이전과 사춘기 이후를 구분하고 외국어를 습득한 학습자를 대상으로 선정하여 시간적인 차이를 두고 오른쪽 귀와 왼쪽 귀에 각기 다른 외국어 단어를 듣고 이를 반복하도록 지시한 결과 귀의 방향과 관계없이 늦게 외국어를 습득(Late Bilinguals LB)한 학습자의 오류 비율이 일찍 외국어를 학습(Early Bilinguals EB)한 학습자에 비해 전체적으로 낮은 결과를 발견하였다고 한다. 그리고 이들 학습자를 대상으로 오른쪽 귀와 왼쪽 귀의 정보 수용률을 비교하고 동시통역을 수행하는데 이런 현상들이 뇌 활동에 어떤 차이가 있는지를 실험했는데 흥미로운 결과를 가져왔다. 그러니까 실험대상자들 모두가 왼쪽 귀(다시 말하면, 우뇌)로만 텍스트를 청취했을 때 오류율이 눈에 띄게 낮았던 결과를 가져왔다고 한다. 인간은 좌뇌로만 언어정보를 처리하는 것이 아니며 통역사와 같이 언어를 기술적으로 처리해 나가는 경우 왼쪽 귀를 텍스트를 수용하고 이해하는 데 주로 사용하고 오른쪽 귀는 자신의 통역물을 모니터링하는 데 사용한다고 주장한다. 통역사들의 경우 오른쪽 귀(좌뇌)는 모국어의 의미오류를 찾아내고 왼쪽 귀(우뇌)는 외국어의 의미오류를 찾아내는데 더 활동적인 결과를 보였는데, 이는 통역사가 스스로 자신의 인지 능력을 전략적으로 분산하여 사용하기 때문에 우뇌(왼쪽 귀)가 더 활발하게 사용된다는 것이다.

앞서 지적한 바대로 통번역 행위는 언어를 사용하는 행위로서 통번역 행위는 일반 언어를 사용하는 것과 비교해서 볼 때 우뇌를 더 많이 사용한다고 Kurz가 연구를 통해 밝히고 있다. 또 통번역 영역은 기본적으로 좌뇌에 편중되어 있음이 뇌 촬영방식을 통해 증명되었으며 통역사들은 언어의미와 문법을 처리하는 신경이 더 민첩하며 통번역 행위에 중요한 부분인 언어를 전환하는 회로가 언어영역과는 별도로 존재한다는 사실도 밝혀졌다. 또 전두엽에서는 모든 통역 행위를 계획하고 필요한 정보를 저장해 두는 중요한 역할을 한다고 Hernandez는 실험을 통해 강조한다. 통역사들이 경험하는 언어전환은 언어 음성인식이나 주의력 분배 그리고 언어선택과 통제라는 회로를 거치게 되고 이 회로는 고정된 것이 아니라 통역사가 통번역을 배우고 훈련할수록 지속적으로 변화한다는 사실을 말해주고 있다. 언어전환이 자동화가 될 정도로 익숙해지면 전두엽의 역할은 줄어들게 되고 주의력을 담당하는 신경 뉴런의 수도 증가함은 Adelman 실험을 통해 증명되었다.

통번역 행위는 출발어(SL)를 이해하고 도착어(TL)로 전환하는 발화 행위가 거의 동시에 일어나는 복잡한 인지과정이다. 통역사는 입력되는 문장을 이해하고 의미의 도출(extraction)과 함께 그것을 거의 동시에 목표어로 바꾸는 작업을 진행하면서 이를 발화까지 해야 하는 과정을 거친다. 이런 과정은 발화의양이나 속도를 통제할 수 없는 상황에서 심각한 부담으로 다가온다. 이를 통해 인지적으로도 상당한 부담을 지게 되며 외부요소로서 소음이나 연설의 속도와 내용 가운데 전문적인 용어가 나타나면 더 큰 부담으로 통역의 질에 영향을 줄 가능성이 커진다. 이는 기본적으로 인지 심리학과 연관성이 있고 이런 인지 현상을 주의하면 통번역에 도움이 될 수 있다.

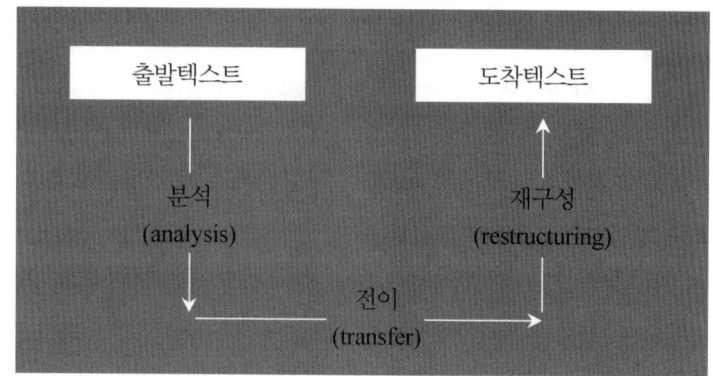

<그림 8> 통역 행위

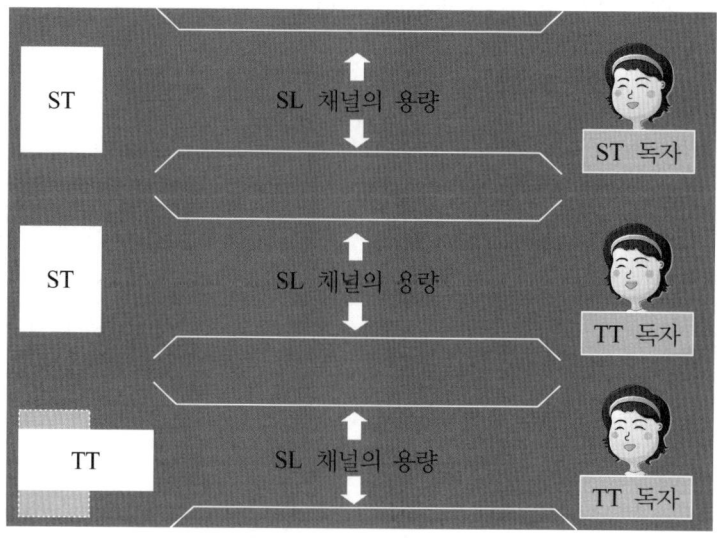

<그림 9> 통역 행위

통번역에서 가장 큰 걸림돌들은 여러 가지 요인이 있을 수 있겠지만 그 가운데 가장 두드러진 특징은 연설을 듣고 말하는 과정이 동시에 처

리되어야 하는 점에서 주의력(attention)이다. 언어의 재표현과 재생성(reformulation)이 동시에 일어나는 것이 큰 부담이 되기 때문이다. 주의력은 의식을 한 곳으로 모으면 한 가지 임무에서 다른 임무로 전환이 용이하고 한꺼번에 통역 임무를 수행하는 능력을 익히게 되고 이를 통해 인지 행위를 종합 처리하는 능력이 길러지게 되어 집중하여 통역을 온전히 수행할 수 있게 된다. 통역사는 적절한 주의력을 사용하여 통역을 온전하게 수행할 수 있는데 이와 관련된 것이 추가 노력 가설(extra effort hypothesis)이다.

손과 발을 움직이는 것이 뇌의 통제를 받게 되는 것처럼 우리의 상상이나 생각도 통제를 받게 된다. 뇌의 신경회로에 등록된 후에는 육체적인 통제나 인지적인 통제에는 별다른 차이가 없자. 인지 자원을 활용하는 행위의 요소들은 되풀이되기 때문에 소뇌는 되풀이되는 활동에 대한 패턴을 반복하고 이것이 사고 활동에 광범위하게 적용될 수 있는 일반적인 패턴을 생성한다. 이것이 새로운 패턴의 생성과 문제해결을 위한 일반화의 반복이 직관적인 판단력 생성의 기반이 된다.

통역이 원활하게 진행되기 위해서는 각 어휘 수준에서 확실한 이해가 선행되어야 하는데 이를 위해 통역 대상 어휘와 통역되어야 할 어휘를 처리할 수 있는 인지 작용이 필요하다. 기억력이 뛰어난 사람일수록 통역도 뛰어난데 이는 모두 인지 통제와 주의력과 연관이 있다. 이중 언어 구사자의 순조로운 언어 구사를 위해 두 언어 가운데 한 언어의 발화에 상관없이 자신이 의도한 언어를 자유자재로 발화 할 수 있는 경우도 인지력이 뛰어난 개인에게서 발견되는 현상이다. 궁극적으로 이와 같은 주의력과 인지능력은 통역에 긍정적인 영향을 미친다는 결정적인 증거이기도 하다.

  동시통역 실행 인지 과정으로는 첫째 주의력이다. 듣고 말하는 두 가지 인지 행동을 해야 하기 때문에 주의력을 분산하는 기술의 훈련을 필요하고 이는 뇌 활동을 통해 깊이 집중하면 좌뇌와 우뇌 두 부분이 동시에 작동하게 된다는 연구 결과도 있다. 한 종류에서 활동이 다른 종류로 전이되는 속도와 발화는 주의력이 고르게 분포되면 쉬워지고 이것이 자신감으로 연결된다. 주의력은 의식이 집중되는 것이고 이를 활용하기 위해서는 감각기관과 기억장치 그리고 이용 가능한 모든 인지적 자원을 동원해야 한다. 주의력은 제한된 정신적 자원이고 기억 체계의 한 부분이다. 이것은 장단기 기억장치와도 연관이 있어 복잡한 동시통역을 수행하는 통역사의 경우 꼭 필요한 훈련이다.

  두 번째로 자동화(automaticity)로서 통역에 큰 영향을 미친다. 정신적인 현상 중 많은 부분은 인식이 없는 가운데 발생할 수 있고 이런 현상은 연습과 훈련을 많이 거친 과정에서 나타난다. 또 과정이 복잡할수록 자동화 과정은 훈련이 된 사람에게 빠르게 나타나고 지속적으로 일어난다. 이런 과정에서 반복 연습이 효과적이다. 세 번째로 동시 병렬처리가 있는데 이는 여러 가지 인지적 활동을 동시에 할 수 있는 능력이다. 특정한 임무의 연속처리 과정은 의도적 처리와 동시에 일어나고 복잡한 인지 작용이 동시 다발적으로 평행하게 이루어진다.

  통번역은 여러 가지 인지적 요소가 역동적이며 복합적으로 발생하는 특별한 형태의 언어 인지 활동이다. 동시통역이 실제로 일어나기 이해서는 두 언어 가운데 정보의 입력과 실제 발화 부분에서 어휘와 이를 처리할 수 있는 인지 작용이 발생한다는 사실은 주의할 내용이고 반복되는 말이지만 통번역에서는 다양한 인지적 요소가 복합적으로 개입하는 언어활동이란 점을 감안하여 심리언어학적 인지 개입 요소에 대한 이해가 필요한 것으로 생각된다. 또한 두 가지 이상의 언어 습득과 처리를 해야 하는 통번역가들은 유연한 지적 능력, 대중 연설능력, 언어 수행능력과 전문 지식을 비롯한 커뮤니케이션 능력을 갖추어야 한다. 이는 훈련을 통해 직관적 인지 능력을 개발하고 반복 훈련을 통해 가능해진다.

13. 야콥슨의 의사소통구조 이론

언어학에서 기능(機能)이란 주로 발화(發話)가 지니는 역할을 가리키는데, 야콥슨(R. Jacobson)은 그의 논문 <언어학과 시학>에서 언어의 기능을 여섯 가지로 제시한다. 언어활동을 요소는 대체로 ①화자(話者) ②청자(聽者) ③전언(message) ④말이 관계를 맺고 있는 상황, ⑤말이 쓰여진 분위기 내지 경로(접촉) ⑥ 메시지를 해독할 언어(Code). 이 여섯 가지 요소 중 어느 요소가 강조되느냐에 따라 언어의 기능이 여섯 가지로 분화된다. ④가 강조되면 표현의 기능이 된다. 달리 전달(傳達)의 기능이라고 한다. ②에 초점이 놓이면 감화적 기능이 된다. 흔히 지령적(指슈的)기능이라고 한다. ⑤가 강조되면 친교적 기능이 된다. 이때는 ④가 거의 무시된다. ①에 초점이 놓이면 표출적 기능이 된다. ③이 강조되면 미학적(美學的) 기능이 된다.

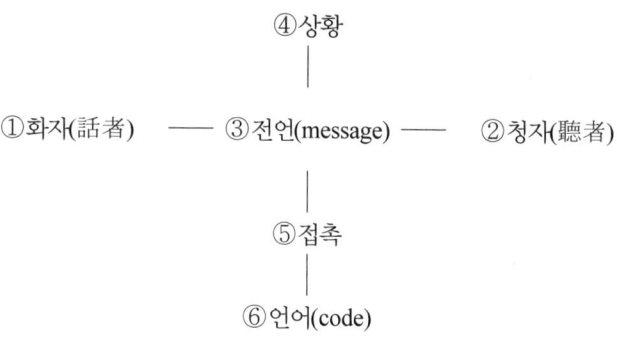

13.1. 정보적 기능

이것은 ④상황에 관련된 기능이다. 즉, 관련 상황에 대하여 말하는 사람이 듣는 사람에게 내용을 알려 주는 기능이다. 대상을 지시(指示)한다고 지시적 기능이라고 말하기도 한다. 이 기능은 우리가 세계를 이해하는 정도에 비례하여 이루어진다. 그러면 세계를 이해한다는 것은 무엇인가? 그것은 이 세상에 존재하는 사물에 대하여 이름을 부여함으로써 발생하는 것이다. 여기 한 그루의 나무가 있다고 하자. 그런데 그것을 나무라는 이름으로 부르지 않는 한 그것은 나무로서 행세를 못한다. 퀴리(Curie)부인이 라듐이라는 원소를 발견하여 그것을 '라듐'이라고 이름 붙이기 전까지는 라듐은 인류에게 없는 것이나 마찬가지였다. 물론 라듐은 천지가 창조된 태초부터 있었을 것이지만 그 존재를 인식하고 거기에 이름을 붙이기까지 그것은 인류에게 무의미한 것이요 없는 것이다. 인류의 지식이라는 것은 대상에 대하여 이름을 붙이는 작업에서 형성되는 것이라고 말해도 좋다. 어떤 사물이건 거기에 이름이 붙으면 그 사물의 개념이 형성된다. 다시 말하면, 그 사물의 의미가 확정된다. 그러나 사물이 지닌 의미는 사물에 대한 인간의 인식이요, 사물 자체라고는 볼 수 없으므로, 이름이 사물과 맺고 있는 관계는 그 사물의 의미(또는 개념)와 맺고 있는 관계보다는 강한 것이 되지 않는다. 그러므로 이름과 사물과 의미의 삼각관계는 다음 도표와 같이 나타낼 수 있다.

13.2. 표출적 기능

①번, 즉 말하는 사람에 초점이 맞추어진 기능을 '표출적 기능'이라고 한다. 이것은 표현적 또는 '정서적 기능'이라고 하는데, 어떤 표현, 즉 쓰여진 말이 말하는 사람의 태도를 나타내 준다. 우리 속담에 "'에'해 다르고, '애'해 다르다"는 말이 있거니와 말은 말하는 사람의 감정을 발음의 높낮이와 길고 짧음으로 나타낼 수 있다. '오천 년의 장구한 역사'라는 구절에서 '장구한'을 강조하여 '자앙구한'이라고 '장'을 아무리 길게 발음하여도 '오천 년의 역사'가 육천 년이나 칠천 년으로 더 길게 늘어나지는 않는다. 그것은 다만 말하는 사람이 오천 년을 대단히 길게 느끼고 있다는 표현 이외에 아무것도 아니다. 이와 같이 말하는 사람의 감정을 효과적으로 드러낼 때에는 정상적인 발음 이외의 특이한 발음이 나타나는 수가 있다. '흥!'하고 코웃음을 칠 때, '쯧쯧'하고 혀를 차며 안타까워할 때 그것을 문자로 표현하기는 대단히 어렵다. 소월의 시구 '사뿐히 즈려 밟고 가시옵소서'를 낭송할 때에는 누구든지 그 내용에 자기감정이 감염되어 '사뿐히'를 높고 경쾌하게 발음한다. 이러한 것이 모두 언어의 표출적 기능의 모습들이다.

비록 인간의 모습은 문화마다 대체로 비슷한 양상을 보이므로 동일한 명제들이 여러 언어의 속담들 속에 나타 날 수 있지만 통역사가 관용어구의 내재된 의미를 배제한 채 단어 대 단어의 치환만 해놓는다면 청중들이 무슨 뜻인지 이해할 수 없게 된다. 속담과 사자성어는 인간의 기본적인 관심사를 통해 인간을 이해할 수 있게 해주며 사회 문화적 가치를 모두 가지고 있어 다양한 영역에서 접근이 요구된다.

문화 간의 커뮤니케이션이란 무형의 의미를 메시지라는 유형의 실제로 형태화시키는 상징화 작업을 통해 의미를 메시지로 바꾸고(encoding) 메시지를 다시 의미로 바꾸고(decoding) 이를 통해 의사소통을 하는 행위라고 할 수 있다. 국제회의에서 이루어지는 통역도 일종의 커뮤니케이션 과정이다. 왜냐하면 모두 문화의 산물이기 때문에 보편적으로 통용되기 때문이다. 그러나 통역사가 속담이나 사자성어를 국제회의 석상에서 듣고 이해하지 못했다면 문화적 차이에서 발생한 상황이다. 속담은 그 표현 형식이 관습적으로 고정된 관용표현으로 동일한 명제들이 여러 언어 속담에 나타날 수 있다. 속담은 그 의미가 다양하여 교훈과 풍자를 포함하며 삶의 축적된 생활 경험에서 나타난 것이기 때문에 해당 사회의 보편적 가치관과 성향을 반영하고 있다. 따라서 문화적 내용들이 함축된 숙어와 같은 관용표현들을 단어 대 단어로 치환 통역한다면 이해하기 어렵다. 셀레코비치와 레더러(Lederer)는 등가를 대응까지 포함하는 관계로 보며 단어의 일차적 의미를 그대로 옮기는 어원적 번역, 단어가 일차적 의미외의 의미를 지니고 있는 관용적 번역, 그리고 주어진 문맥에서만 타당한 의미적 등가 표현을 사용하여 아이디어를 창조적으로 재구성하는 문맥적 번역으로 구분하여 설명한다.

페리그리니어(Pergnier)는 우선 어원적 번역과 관련하여 일대일 전환

은 불가능하며 분석적 통역이 불가능하고, 전체적으로 대응되는 등가 표현이 필요하다고 한다.16

---

16 속담과 관용표현은 따로 관심을 기울여 암기해 두면 통역할 때 편리하게 활용할 수 있다.

1. A buddy from my old stomping grounds.
   (죽마고우)
2. Adding insult to injury.
   (엎친 데 덮친다.)
3. A drop in the bucket.
   (코끼리 비스켓)
4. A friend in need is a friend indeed.
   (어려울 때 친구가 진짜 친구다.)
5. After the storm comes the calm.
   (비온 뒤에 땅이 굳어진다.)
6. A good medicine tastes bitter.
   (입에 쓴 약이 병에는 좋다.)
7. A journey of a thousand miles begins with a single step.
   (천릿길도 한 걸음부터)
8. A little knowledge is dangerous.
   (선 무당이 사람 잡는다.)
9. A loaf of bread is better than the song of many birds.
   (금강산도 식후경)
10. A man is known by the company he keeps.
    (사람은 그가 사귀는 친구를 보면 알 수 있다.)
11. A man of many talents.
    (팔방미인)
12. Among the blind, the one-eyed is King.
    (장님 사이에서는 애꾸가 왕이다.)
13. As one sows, so shall he reap.
    (콩 심은 데 콩나고 팥 심은 데 팥난다.)
14. A rags to riches story.
    (개천에서 용났다.)
15. A rat in a trap.
    (독 안에 든 쥐)
16. A rolling stone gathers no moss.
    (구르는 돌에는 이끼가 끼지 않는다.)
17. A soft answer turneth away wrath.
    (웃는 낯에 침 뱉으랴.)

18. As poor as a church mouse.
    (찢어지게 가난하다.)
19. As the twig is bent, so grows the tree.
    (될성부른 나무는 떡잎부터 알아본다.)
20. A stitch in time saves nine.
    (호미로 막을 데 가래로 막는다.)
21. Be it ever so humble, there's no place like home.
    (아무리 비천할지라도 집 만한 곳은 없다.)
22. Better be the head of a dog than the tail of a lion.
    (소의 꼬리가 되느니보다는 닭의 머리가 되는 게 낫다.)
23. Beauty is in the eye of the beholder.
    (제 눈에 안경이다.)
24. Bad news travels quickly.
    (나쁜 소식은 빨리 퍼진다.)
25. Between a rock and a hard place.
    (진퇴양난)
26. Birds of a feather flock together.
    (가재는 게 편이라./유유상종)
27. Blood is thicker than water.
    (피는 물보다 진하다.)
28. Born in a barn.
    (꼬리가 길다.)
29. Can't get blood from a turnip.
    (벼룩의 간을 빼먹는다.)
30. Casting pearls before swine.
    (돼지에게 진주)
31. Castle in the air.
    (공중누각)
32. Charity begins at home.
    (팔이 안으로 굽는다.)
33. Clothes make the man.
    (옷이 날개라.)
34. Cut off your nose to spite your face.
    (누워서 침뱉기)
35. Do good and don't look back.
    (선을 행하고 뒤를 돌아보지 말아라.)
36. Do into others as you would have them into you.
    (자신이 대접받길 원하는 것처럼 타인을 대접하라.)
37. Don't back him into a corner.

(개도 나갈 구멍을 보고 쫓아라.)
38. Don't count your chickens before they hatch.
 (김칫국부터 마신다.)
39. Don't mount a dead horse.
 (이미 결정된 일로 왈가왈부하지 마라.)
40. Early to bed and early to rise makes a man healthy, and wise.
 (일찍 자고 일찍 일어나면 사람이 건강해지고 현명해진다.)
41. Even a worm will turn.
 (지렁이도 밟으면 꿈틀한다.)
42. Even Homer (sometimes) nods.
 (원숭이도 나무에서 떨어진다.)
43. Every cloud has a silver lining.
 (전화위복)
44. Every dog has his day.
 (쥐 구멍에도 볕들 날 있다.)
45. Every Jack has his jill.
 (헌 짚신도 짝이 있다.)
46. Every minute seems like a thousand.
 (일각이 여삼추)
47. Everyone has a skeleton in his closet.
 (털어서 먼지 안 나는 사람 없다.)
48. Face the music.
 (울며 겨자 먹기)
49. Fight fire with fire.
 (이열치열)
50. Finders keepers, losers weepers.
 (줍는 사람이 임자다.)
51. Fools rush in where angels fear to tread.
 (하룻강아지 범 무서운 줄 모른다.)
52. Fortune knocks three times at everyone's door.
 (모든 사람에게 생애 세 번의 기회는 오게 마련이다.)
53. Go home and kick the dog.
 (종로에서 뺨 맞고 한강 가서 눈흘긴다).
54. Greed has no limits.
 (말 타면 경마 잡히고 싶다.)
55. Happiness and misery are not fated but self-sought.
 (행복과 불행은 운명 지워진 것이 아니라 스스로 이룩하는 것이다.)
56. He bit off more than he can chew.
 (송충이는 솔잎을 먹어야 한다.)

57. He got what he bargained for.
    (자업자득)
58. He that will steal a pin will steal an ox.
    (바늘 도둑이 소도둑 된다.)
59. Heaven helps those who help themselves.
    (하늘은 스스로 돕는 자를 돕는다.)
60. He who makes no mistakes makes nothing.
    (실수를 하지 않는 사람은 아무 일도 못한다.)
61. History repeats itself.
    By searching the old, learn the new.
    (온고이지신)
62. Hunger is the best sauce.
    I'm so hungry I could eat a horse.
    A good appetite is a good sauce.
    (시장이 반찬이다.)
63. Icing on the cake.
    (금상첨화)
64. If at first you don't succeed, try, try again.
    (칠전팔기)
65. If it were a snake, it would bite you.
    (업은 아기 삼년 찾는다.)
66. Ignorance is bliss.
    (모르는 게 약이다.)
67. I'll eat my hat.
    (내 손톱에 장을 지지겠다.)
68. In one ear and out the other.
    (한 귀로 듣고 한 귀로 흘린다.)
69. It is not until we lose health that we realize the value of it.
    (건강을 잃고서야 비로소 건강의 소중함을 안다.)
70. It's a piece of cake.
    (누워 떡 먹기)
71. It's no use crying over spilt milk.
    (엎질러진 물이다.)
72. It takes two to tango.
    (두 손뼉이 맞아야 소리가 난다.)
73. Kill two birds with one stone.
    (일석이조)
74. Knock at the door and it will be opened.
    (두드려라 그러면 열릴 것이다.)

75. Let sleeping dogs lie.
    (긁어 부스럼/ 잠자는 사자를 건드리지 마라.)
76. Let's get to the point.
    (거두절미)
77. Life is full of ups and downs.
    (양지가 음지 되고 음지가 양지된다.)
78. Like father, like son.
    (부전자전)
79. Little drops of water make the mighty ocean.
    (티끌 모아 태산)
80. Look before you leap.
    (돌다리도 두드려 보고 건너라.)
81. Love me, love my dog.
    (아내가 귀여우면 처갓집 말뚝보고 절한다.)
82. Making a mountain out of a molehill.
    (침소봉대)
83. Many hands make light work.
    (백짓장도 맞들면 낫다.)
84. Men always want to be a woman's first love, but women like to be a man's last romance.
    (남자는 자신이 여자에게 첫 사랑이길 바라고 여자는 자신이 남자가 마지막으로 선택한 여자이길 바란다.)
85. Match made in heaven.
    (천생연분)
86. Mend the barn after the horse is stolen.
    (소 잃고 외양간 고친다.)
87. Naked came we into the world and naked shall we depart from it.
    (공수래 공수거)
88. Near neighbor is better than a distant cousin.
    (이웃 사촌)
89. Necessity is the mother of invention.
    (궁하면 통한다.)
90. Never put off till tomorrow what can be done today.
    (오늘 할 일을 내일로 미루지 말라.)
91. No news is good news.
    (무소식이 희소식)
92. No one is too old to learn.
    (배움에는 나이가 없다.)
93. No one spits on money.

(돈에 침 뱉는 놈 없다.)
94. Nothing ventured, nothing gained.
    (호랑이 굴에 들어가야 호랑이를 잡는다.)
95. Once a beggar, always a beggar.
    (거지노릇 3일만 하면 그만두지 못한다.)
96. Once bitten, twice shy.
    (자라보고 놀란 가슴 솥뚜껑보고 놀란다.)
97. One man sows and another man reaps.
    (재주는 곰이 넘고 돈은 되놈이 번다.)
98. One picture is worth a thousand words.
    Seeing is believing.
    (백문이 불여일견)
99. One rotten apple spoils the barrel.
    (미꾸라지 한 마리가 온 웅덩이를 흐린다.)
100. Out of the frying pan into the fire.
     (갈수록 태산)
101. Pie in the sky.
     (그림의 떡)
102 Rome wasn't built in a day.
    (첫술에 배부르랴./로마는 하루에 이루어진 것이 아니다.)
103. Running around like a chicken with its head cut off.
     (호떡집에 불났다.)
104. Searching for a needle in a haystack.
     (잔디밭에서 바늘 찾기)
105. Self-help is the best help.
     (자조가 최선의 도움이다.)
106. Slow and steady wins the race.
     (천리 길도 한 걸음부터)
107. Sour grapes.
     (목 먹는 감 찔러나 본다.)
108. Spare the rod and spoil the child.
     (회초리를 아끼면 아이를 버린다./자식이 귀엽거든 때려서 길들여라.)
109. Speak of the devil.
     (호랑이도 제 말하면 온다.)
110. Stabbed in the back.
     (믿는 도끼에 발등 찍힌다.)
111. Stands out in the crowd.
     (군계일학)
112. Starts off with a bang and ends with a whimper.

뱁새가 황새 따라가다 다리가 찢어진다.

숙어나 관용 표현의 통역에 있어서 가장 기초가 되는 것은 많은 관용어를 숙지하여 일대일 치환, 등가 속담, 등가 표현으로 통역되는 유형을 참고하고 청자에게 출발어 관용 표현과 동일한 의미의 도착어 표현을 전달하도록 노력하는 것이 바람직하다.

13.3. 명령적 기능

말이란 말을 듣는 상대방이 없으면 성립되지 않는다. 그리고 그 말은 반드시 듣는 사람에게 무엇인가를 행동하도록 요구한다. 이와 같이 말을 듣는 사람(②번)에게 초점이 맞춰진 기능을 '명령적 기능' 또는 '욕구적 기능'이라고 한다. 명령문은 이 기능을 극대화시킨 것이라고 할 수 있다.

13.4. 친교적 기능

말은 반드시 의미를 전달해야 하는 사무적인 목적으로만 쓰이는 것은 아니다. 말하는 사람과 듣는 사람이 언제고 필요하기만 한다면 의사소통을 할 수 있다는 전제의 인식과도 같은 언어 행위가 있다. 이웃 사람들끼리 주고받는 인사말이나, 여행 중에 차 안에서 우연히 알게 된 사람과 나누는 날씨 이야기, 경치 이야기 따위는 말을 듣는 사람이나 하는 사람

(용두사미)
113. Strike while the iron is hot.
 (쇠뿔은 단김에 빼라.)
114. Sweet talk.
 (감언이설)

이나 간에 말이 전달하는 의미를 그렇게 중요시하지 않는다. 이때에는 다만 서로 이야기를 주고받는다는 사실만을 귀중하게 여긴다. 이러한 언어적 기능은 말을 주고받는 사람끼리의 접촉(⑤번)에 초점이 맞추어진다.

13.5. 관어적 기능

누구나 다 알고 있는 사실이지만 우리는 말을 통하여 새로운 말을 배운다. 이때에 말(⑥번)은 말에 대하여 말한다. 즉, A계열에 속하는 B계열에 속하는 언어에 대하여 설명한다. "춘부장은 남의 아버지를 가리킨다."는 말에서 '춘부장'은 한자어이고 '남의 아버지'는 고유어이다. "영어의 Father는 우리말의 아버지라는 말이다"라고 했을 경우에는 영어와 한국어가 서로 관계하고 있다. 이처럼 언어가 언어끼리 관계하고 있다고 해서 이것을 관어적 기능이라고 부른다. 우리는 이 기능을 통해서 지식을 증진시키고 또 지식을 체계화한다. '물'이라는 것은 일상의 언어지만 'H_2O'는 과학의 언어다. 자연과학 분야에서는 어떤 물질 간의 결합과 변화를 화학 방정식으로 표현한다. 그것을 일상의 말로 표현하면 번거롭기가 이루 말할 수 없다. 이와 같이 새로운 어휘를 습득하고 외국어를 배우며 어떤 특정한 지식을 체계화하려 할 때 언어의 관어적 기능이 없다면 우리는 대단히 큰 불편을 겪어야 한다.

13.6. 미학적 기능

③전언(message) 자체에 초점을 맞추려는 언어의 표정에 대하여 생각

할 차례가 되었다. 화자에 의하여 쓰인 말은 그 말하는 사람의 의식적·무의식적 노력에 의해서 되도록 듣기 좋은 짜임새를 가지려 한다. 즉, 전언은 아름다운 구조를 가지려고 한다. 말은 그 말 자체 속에 더 듣기 좋은 표현을 가지려는 본능적인 모습을 감추고 있다. 이것은 '시적 기능'이라고도 부른다. 언어를 예술적 재료로 삼는 문학에서는 이 미학적 기능을 가장 중요한 기능으로 삼는다.

- **은유(metaphor)와 환유(metonymy) · 유사성과 인접성**

야콥슨은 소쉬르의 결합관계와 계열관계를 이용하지만 기호의 구조를 인간의 사용능력으로 보았다. 소쉬르의 결합관계와 계열관계가 언어의 구조를 뜻하는 것이었다면, 야콥슨은 언어는 인간의 사용 능력이라고 인식한 것이다.

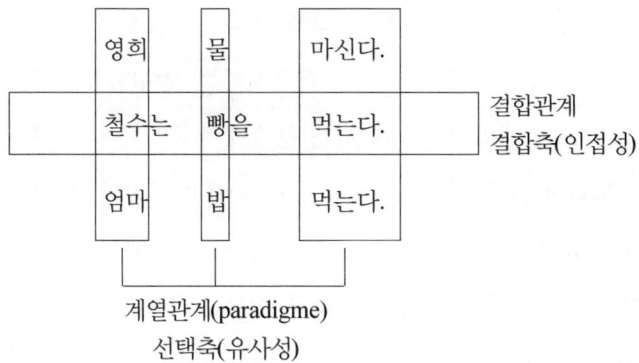

- **선택_결합**

먼저 그는 소쉬르가 하나의 문장을 이루는 구조를 분석한 선택의 축과 결합의 축이라는 개념을 빌어 왔다. '철수는 빵을 먹는다.'란 문장이 있다. 이 문장에서 철수나 빵 대신에 다른 단어를 선택할 수 있는 것을 '선택의 축'이라고 한다. 소쉬르에 의하면 인간의 언어 행위는 '빵'을 다른 단어를 바꾸어 끼워 넣은 행위이다. 그런데 아무거나 바꾸어 끼어 넣는 것이 아니라 원래 관념과 유사한 것들(유사성에 의해서)을 끼워 넣는다는 것이다. 예를 들면 위의 예에서 '철수' 대신에 '가족'이라는 테두리 중의 '영희'나 '엄마' 등의 다른 사람을 끼워 넣을 수도 있고 '빵' 대신에 유사한 다른 먹을 것을 선택할 수 있다. 그러나 '빵' 대신에 유사성이 없는 '나무'나 '바위'를 선택할 수는 없다. 또한 '철수', '빵', '먹는다'는 각각의 단어는 '철수는 빵을 먹는다'로 결합하여 하나의 문장(결합의 축)을 만든다. 이처럼 철수와 빵이 선택되면 빵이랑 자연스레 연결될 수 있는(인접성에 따라) 먹는다는 단어와 연결된다는 것이다.

야콥슨은 전통적인 수사법에서 은유(metaphor)는 유사성에 따른 선택이고 환유(metonymy)는 인접성의 원리에 따른다고 말한다. 은유는 수사법에서 하나의 관념을 다른 관념으로 대체시키는 것이다. '내 마음은 호수요'나 '노년은 인생의 황혼이다'라는 문장에서 호수는 마음의 은유이고 황혼은 노년의 은유이다. 이처럼 은유는 A=B로 표현할 수 있는 등가의 원리가 작용한다. 야콥슨은 이처럼 시란 단어와 단어가 결합될 때 등가의 원리에 따라 결합되는 것이라고 한다.

환유(metonymy)란 하나의 단어가 즉각적이고도 자연스럽게 인접한 다른 단어를 연상시키는 것을 말한다. 즉, 인접성의 원리에 따르는 것이다. 나이프하면 포크가 생각나고 청와대하면 대통령이나 권력이 연상되며 머리를 빡빡 민 사람은 중이나 죄수가 연상되는 것과 같다. 또한 부분이 전체를 대표하거나 특정한 기표가 무엇을 상징하는 것도 환유적 작용이다. 예를 들면 치마는 여자를 뜻하고, 펜은 글이나 지식을, 십자가는 기독교를 뜻한다. 이처럼 환유는 어떤 사물을 그와 관련 있는 다른 사물을 빌어 나타내거나, 기호로써 나타내는 것을 대신한다. 야콥슨은 주로 산문의 경우 환유가 많이 쓰인다고 주장한다. 산문이란 문장을 계속적으로 부가해 가는 글쓰기 방식인데 작가는 자기도 모르게 단어와 단어, 문장과 문장을 환유적 방식(인접성의 원리)에 의해 결합해 간다는 것이다.

야콥슨은 1920년대 러시아 형식주의 운동에 관여하면서부터 필생에 거쳐 시(詩)만이 갖고 있는 구조를 밝히려는데 애를 쓰다가 40년 만에 "시는 선택의 축에서부터 결합의 축에 등가의 원리를 투사한다"는 유명한 말을 남긴다. 달리 말하면, 시에 있어서는 유사성이 인접성에 덧붙여진다는 것이다. 단어들은 일상대화에서처럼 단지 그들이 담고 있는 의미 때문에 결합하는 것이 아니라 유사성, 대립, 병립 등의 패턴과 소리, 의미, 리듬과 함축에 의해 생겨난 패턴에 따라 결합한다. 어떤 문학형식들, 예를 들면 사실주의 산문은 연상 작용에 의해 기호들을 결합하는 환유적인 경향이 있고, 낭만주의나 상징주의 시 같은 다른 형식들은 고도로 은유적이라는 것이다.

야콥슨은 시는 기표들이 등가의 원리에 따라 병렬로 늘어선 것이라고 주장하며 이를 <평행성의 원리>라고 부른다. 그는 이러한 평행성의 원리가 기표뿐만 아니라 소리나 리듬에도 나타난다는 것이다. 그는 전통적 시에서 나타난 운율의 반복현상을 고찰한 홉킨슨의 논문을 인용하여 홉킨슨이 파악한 압운이나 각운 등이 시에서 반복되는 병행성은 시에서 쓰이는 단어뿐만 아니라 소리나 리듬 또한 등가의 원리(기능적으로 동일한 것으로 보이는 기능의 반복, 즉 평행성의 원리)가 적용되는 것이라 주장한다. 드디어 확고부동한 시의 구조를 밝혀냈다고 흥분한 야콥슨은 1962년 레비스트로스와 공동으로 보들레르의 <고양이들>이란 시를 구조주의적 관점으로 분석한다. 이 논문은 프랑스 비평계에 <고양이 논쟁>을 불릴 정도로 화제가 됐지만 도대체 전문가들이 아니면 도무지 알 수 없는 분석이 비평으로서 무슨 의미를 갖는가는 비판을 받는다.

로만 야콥슨의 최대 공적은 그가 최초로 언어의 기능을 밝혀냈다는 점이다. 언어를 메시지를 매개로 한 발신자와 수신자 간의 소통으로 파악한 그의 이론은 오늘날 문학비평뿐만 아니라 매스 미디어에서 상품 광고에까지 여러 분야에 응용되고 있다. 그리고 은유와 환유의 연구를 통하여 그것이 단순한 수사법뿐만이 아니라 우리의 언어 구조의 본질적인 측면에 속한다는 것을 밝힘으로서 구조주의라는 사상의 기초를 닦았다.

그러나 언어학 분야의 지대한 공헌에도 불구하고 그의 시론(詩論)은 오류가 있다. 시는 선택의 축에서 결합의 축으로 등가성의 원리가 투사한 것이라는 그의 시론은 시를 지나치게 은유적인 것으로만 보는 문제점이 있다. 환유에 의한 시도 있고, 또한 음악성이 배제된 산문시도 있다. 그의 은유와 환유 이론에서 가장 큰 문제는 은유와 환유가 명확히 구분되지 않는 경우가 많다는 점이다. 예를 들면 '내 마음은 호수요.'라는 표현에서 마음과 호수는 은유이지만 이런 은유는 너무나 많이 쓰여 이제는 은유로서의 가치를 잃고 환유에 가까운 것이 되어버렸다는 것이다. 이처럼 어떤 은유라도 상투적으로 많이 쓰이면 오히려 인접성에 따른 환유적인 것으로 되어 버린다. 결국 어떠한 가치라는 것은 불변의 것이 아니고 시간에 따라 변하는 사회적, 역사적인 것이라는 것이다. 또한 '시를 등가성의 원리로 병렬한 것'이라는 그의 이론에 따라 모든 기표들을 등가성의 원리에 따라 병렬했다고 해도 어떤 것은 시가 되고 어떤 것은 시가 안 되는 것을 그의 이론은 설명하지 못한다.

▪ 유사성과 인접성

야콥슨은 같은 논문에서 시적 기능은 선택의 축에서부터 결합의 축에로 등가의 원리를 투사한다는 시의 구조에 관한 유명한 말을 하였다. 이 말이 무슨 의미인가? 우선 그는 소쉬르가 하나의 문장을 이루는 구조를 분석한 선택의 축과 결합의 축이라는 개념을 빌어 왔다. 이미 앞장에서 설명된 바 있으나 '철수는 빵을 먹는다'란 하나의 문장이 있다고 하자. '(철수)는 (빵)을 먹는다.' '영희+ 과자+ 먹는다.' '엄마+ 밥 + 먹는다.' 이러한 문장에서 철수나 빵 대신에 다른 단어를 선택할 수 있는 것을 선택의 축이라고 한다. 소쉬르에 의하면 인간의 언어 행위는 이러한 선택의 ( )안에 다른 단어를 바꾸어 끼여 넣은 행위이다. 그런데 아무거나 바꾸어 끼어 넣는 것이 아니라 원래 관념과 유사한 것들(유사성에 의해서)을 끼여 넣는다는 것이다. 예를 들면 위의 예에서 철수 대신에 가족이라는 테두리 중의 영희나 엄마 등의 다른 사람을 끼여 넣을 수도 있고 빵 대신에 유사한 다른 먹을 것을 선택할 수 있다. 그러나 빵 대신에 유사성이 없는 나무나 바위를 선택할 수는 없다. 또한 철수, 빵, 먹는다는 각각의 단어는 '철수는 빵을 먹는다.'로 결합하여 하나의 문장(결합의 축)을 만든다. 이처럼 철수와 빵이 선택되면 빵이랑 자연스레 연결될 수 있는(인접성에 따라) 먹는다는 단어와 연결된다는 것이다.

야콥슨은 전통적인 수사법에서 은유는 유사성에 따른 선택이고 환유는 인접성의 원리에 따른다고 말한다. 잘 알다시피 은유는 수사법에서 하나의 관념을 다른 관념으로 대체시키는 것이다. '내 마음은 호수요.'나 '노년은 인생의 황혼이다.'라는 문장에서 호수는 마음의 은유이고 황혼은 노년의 은유이다. 이처럼 은유는 A=B로 표현할 수 있는 등가의 원리가 작용한다. 야콥슨은 이처럼 시란 단어와 단어가 결합될 때 등가의 원리에 따라 결합되는 것이라는 것이다. 반면에 환유는 어떠한가? 환유란 하나의 단어가 즉각적이고도 자연스럽게 다른 단어를 연상시키는 것을 말한다. 즉, 인접성의 원리에 따르는 것이다. 나이프하면 포크가 생각나고 청와대하면 대통령이나 권력이 연상되며 머리를 빡빡 민 사람은 중이나 죄수가 연상되는 것과 같다. 또한 부분이 전체를 대표하거나 특정한 기표가 무엇을 상징하는 것도 환유적 작용이다. 예를 들면 치마는 여자를 뜻하고, 펜은 글이나 지식을, 십자가는 기독교를 뜻한다. 이처럼 환유는 어떤 사물을 그와 관련 있는 다른 사물을 빌어 나타내거나, 기호로써 나타내는 것을 대신한다. 야콥슨은 주로 산문의 경우 환유가 많이 쓰인다고 주장한다. 산문이란 문장을 계속적으로 부가해 가는 글쓰기 방식인데 작가는 자기도 모르게 단어와 단어, 문장과 문장을 환유적 방식(인접성의 원리)에 의해 결합해 간다는 것이다.

야콥슨은 1920년대 러시아 형식주의 운동에 관여하면서부터 필생에 거쳐 시만이 갖고 있는 구조를 밝히려는데 애를 쓰다가 40년 만에 겨우 하나 건졌다. 시는 선택의 축에서부터 결합의 축으로 등가의 원리를 투사한다는 것이다. 이것을 달리 말하면 시에 있어서는 유사성이 인접성에 덧붙여진다는 것이다. 단어들은 일상대화에서처럼 단지 그들이 담고 있는 의미 때문에 결합하는 것이 아니라 유사성, 대립, 병립 등의 패턴과 소리, 의미, 리듬과 함축에 의해 생겨난 패턴에 따라 결합한다. 어떤 문학형식들, 예를 들면 사실주의 산문은 연상 작용에 의해 기호들을 결합하는 환유적인 경향이 있고, 낭만주의나 상징주의 시 같은 다른 형식들은 고도로 은유적이라는 것이다.

야콥슨은 시는 기표들이 등가의 원리에 따라 병렬로 늘어선 것이라고 주장하며 이를 <평행성의 원리>라고 부른다. 그는 이러한 평행성의 원리가 기표뿐만 아니라 소리나 리듬에도 나타난다는 것이다. 그는 전통적 시에서 나타난 운율의 반복현상을 고찰한 홉킨슨의 논문을 인용하여 홉킨슨이 파악한 압운이나 각운 등이 시에서 반복되는 병행성은 시에서 쓰이는 단어뿐만 아니라 소리나 리듬 또한 등가의 원리(기능적으로 동일한 것으로 보이는 기능의 반복, 즉 평행성의 원리)가 적용되는 것이라 주장한다. 드디어 확고부동한 시의 구조를 밝혀냈다고 흥분한 야콥슨은 1962년 레비스트로스와 공동으로 보들레르의 <고양이들>이란 시를 구조주의적 관점으로 분석한다. 이 논문은 프랑스 비평계에 <고양이 논쟁>을 불릴 정도로 화제를 일으켰지만 도대체 전문가들이 아니면 도무지 알 수 없는 분석이 비평으로서 무슨 의미를 갖는가는 비판을 받는다.

전통적으로 은유는 하나의 대상을 다른 것을 통해 이해하고 표현하는 것을 말한다(Aristotle, 1967). 사물을 직접 나타내지 않고 다른 것에 비유하여 간접적으로 나타내기 때문에 은유는 본질적으로 비축어적(non-literal)이다. 은유에는 본래 표현하고자 한 대상(object, topic, vehicle, ground는 철학적 관점에서 은유를 연구한 Richards의 용어이며, object, image, sense는 Newmark의 용어이다. 은유는 하나의 단어로 구현되는 것이 아니며 은유 생성에는 이와 같은 세 가지 요소가 복합적으로 작용한다.

상이한 문화, 상이한 언어가 기호를 개념화하고 창조하는 방법이 상이하기 때문에 은유의 의미는 문화-특수적인 경우가 많다(Snell-Hornby, 1995). 즉, 은유에는 해당 언어권의 사회 및 문화의 모습이 투영된다고 할 수 있다. 은유는 비축어적인(non-literal) 특성으로 인해 번역가로 하여금 직접적인 직접적이라는 것은 별다른 추론과정 없이 어휘의미를 통해 이해하는 것을 말한다. 그래서 의미도출을 어렵게 만든다. 뿐만 아니라, 표현 측면에서도 ST의 표현을 그대로 TT에 옮겨주어서는 ST의 은유적 표현이 의도했던 의미와 기능, 효과를 TT에 반영할 수 없는 경우가 대부분이다. 은유적 표현들은 해당 언어권의 사회-문화, 관습 등에 의해 영향을 받기 때문에 의미, 기능, 효과 면에서 등가의 표현을 찾기가 매우 어렵다. 따라서 은유의 번역은 모든 번역에서 직면하게 되는 문제의 전형을 보여준다.

로만 야콥슨의 최대 공적은 그가 최초로 언어의 기능을 밝혀냈다는 점이다. 언어를 메시지를 매개로 한 발신자와 수신자 간의 소통으로 파악한 그의 이론은 오늘날 문학비평뿐만 아니라 매스 미디어에서 상품광고에까지 여러 분야에 응용되고 있다. 그리고 은유와 환유의 연구를 통하여 그것이 단순한 수사법뿐만이 아니라 우리의 언어 구조의 본질적인 측면에 속한다는 것을 밝힘으로서 구조주의라는 사상의 기초를 닦았다. 그러나 언어학 분야의 지대한 공헌에도 불구하고 그의 시론은 너무 무리하게 이론을 적용한 것이 아닐까? 시는 선택의 축에서 결합의 축으로 등가성의 원리가 투사한 것이라는 그의 시론은 시를 지나치게 은유적인 것으로만 보는 문제점이 있다. 환유에 의한 시는 시가 아닌가? 또한 음악성이 배제된 산문시는 시가 아니란 말인가? 그의 은유와 환유 이론에서 가장 큰 문제는 은유와 환유가 명확히 구분되지 않는 경우가 많다는 점이다. 예를 들면 '내 마음은 호수요.'라는 표현에서 마음과 호수는 은유이지만 이런 은유는 너무나 많이 쓰여 이제는 은유로서의 가치를 잃고 환유에 가까운 것이 되어버렸다는 것이다. 이처럼 어떤 은유라도 상투적으로 많이 쓰이면 오히려 인접성에 따른 환유적인 것으로 되어버린다. 이 점이 매우 중요하다. 결국 어떠한 가치라는 것은 불변의 것이 아니고 시간에 따라 변하는 사회적, 역사적인 것이라는 것이다. 또한 시를 등가성의 원리로 병렬한 것 이라는 그의 이론에 따라 모든 기표들을 등가성의 원리에 따라 병렬했다고 해도 어떤 것은 시가 되고 어떤 것은 시가 안 되는 것을 그의 이론은 설명하지 못한다. 결국 시가 되고 시가 안 되는 것은 시의 내부(구조)에 존재하는 것이 아니라 시의 외부에 존재하는, 시를 읽는 독자의 가치판단인 것이다.

14. 통번역의 종류에 따른 교수법

통역방식에는 많은 종류가 있다. 법정통역, 의료통역, 관광통역, 그리고 순차통역과 동시통역이 있다. 통역인이 수반된 법정통역은 기본적으로 순차통역과 '와이어리스' 통역으로 나누고 와이어리스 통역은 송신기를 장착한 통역인 작은 소리로 통역하고 그것을 수신기로 이어폰을 통해 피고인에게 전하는 장치이다. 법정 통역인은 어학 실력, 법률지식, 일에 대한 사명감, 정확하고 신속한 통역, 남을 배려하는 마음가짐 등 통역인으로서 자질을 갖추어야 한다. 대개 법정에서 이루어지는 통역은 사전에 통역인이 자료를 넘겨받아 모두 진술, 요지의 고지, 논고, 변론 등과 같이 검찰관이나 변호인이 준비하여 사전에 통역인에게 넘겨준 자료를 법정에서 동시통역 형태로 그대로 읽는 방식이다. 이렇게 함으로써 와이어리스 통역은 수속을 중단함이 없이 피고인에게 통역 내용을 전할 수 있으므로 심리 시간이 단축되고 나아가서 통역인의 부담을 경감할 수 있어서 단축된 시간을 증인 심문과 피고인 질문에 돌려 심리를 충실히 할 있게 된다. 그러나 와이어리스 통역은 처음의 의도와는 달리 많은 문제점도 있다. 우선 피고인에게 중단함이 없이 통역 내용을 전달하는 점에 의문이 든다. 피고인은 한쪽에서는 변호인이나 검찰관의 소리가 들리는 가운데 한쪽 귀에 이어폰을 꽂고 통역인의 통역에 집중해야 한다. 평소 음향기기에 익숙하다고 해도 통역인의 성량, 목소리 톤에 따라 힘든 경우가 있을 수 있기 때문이다.

통역은 일반적으로 순차통역과 동시통역으로 구분하고 순차통역은 연속적 방법과 비연속적 방법이 있으며 동시통역의 유형으로는 속삭임(whispering) 통역과 부스 통역(Telephonic Simultaneous)가 있다. 부스 통역은 통역사가 통역 부스 안에서 헤드폰을 통해 연사의 출발어를 통역하는 방법으로 대개는 두 명이 들어가서 통역을 하게 된다. 순차 통역의 경우 통역사는 자신의 노트를 논리적으로 구성하고 내용의 75%만 사용하면 충분하고 문제가 없다. 동시통역의 경우 요구되는 통역 장비 임대료를 지불할 필요가 없어서 좋다. 동시통역의 경우 즉흥성(instantaneousness)이 요구되며 특히 영어와 한글의 차이 가운데 화제중심(Topic Prominence)언어인 한국어와 주어 중심(Subject Prominence)인 영어가 지니고 있는 차이점 때문에 통역에 지장을 받기도 한다. 이는 평소에 예측(prediction)이나 문장의 분할(segmentation) 연습을 통해 극복할 수 있다.

통역사가 되기 위한 자질은 우선 언어능력이 있어야 한다. 왜냐하면 연사가 말하는 의미를 전달할 수 없으면 무용지물이기 때문이다. 그리고 광범위한 지식은 필수이다. 통역 자체가 다양한 주제로 이루어지기 때문에 가능하면 많은 분야의 지식을 이해하고 있는 것이 필요하다. 그리고 논리적 분석력이 필요하다. 통역사의 지적 수준에 따라 통역의 질이 많이 달라지기 때문이다. 훌륭한 연사로서 자질이 있으면 더욱더 추천할 만하다.

그리고 정신적 신체적인 적성(aptitude)이 필요한데 이는 많은 스트레스를 극복할 수 있는 정신력과 연관이 되기 때문이다. 기억력도 필요하다. 단순한 기계적인 기억이 아닌 논리적인 능력을 가지고 있어야 의미 전달을 가능하게 할 수 있다.

15. 통역 교수법과 효율적인 방안

• 용어정리: A, B, C 언어

국제회의 통역사 협회(AIIC, The International Association of Conference Interpreters)의 규정에 따르면 통번역가의 활용 언어 중에 또는 국제회의 통역에서 A언어란 통역사가 교육받은 원어민 수준으로 구사할 수 있는 모국어이며 B언어는 모국어 수준으로 능동적, 수동적으로 구사할 수 있을 정도로 습득이 된 언어로, 통역은 B언어에서 모국어 방향으로 진행된다. C언어는 이해력은 B언어 수준이나 표현력에서는 B언어 수준에 달하지 못하는 언어를 지칭하며 수동적 언어로 모국어 수준으로 이해는 하되 실제회의에서 구사하지 않는 언어이다. 국제회의에서 통역사의구성에서 통역사는 B언어와 C언어로 이해를 하고 모국어인 A언어로 통역한다. AB/BA 통역이 모두 가능해야 양방향 통역에 대응할 수 있게 된다.

　우선 B-A 동시통역은 물론, 통역 교수의 전체적인 과정에서 학습자 스스로 인식하고 효율적인 전략을 이해하고 평가할 수 있는 시각이 필요하다. 통번역 교수의 대상은 수강생들이 될 수밖에 없지만 통번역 교수법의 수행방법을 위해 교수자의 개입이 불가피할 수밖에 없는 것은 사실이다. 이외에도 학습자는 동료와의 협력을 통해서 가장 효율적인 학습전략을 체득하기 위해 특별한 시간과 노력을 기울여야 한다.

　통번역은 모국어와 외국어의 완벽한 구사가 필요조건일 뿐이지 만족 조건은 아니다. 그만큼 지적호기심과 인지력, 이해력, 분석력이 필요하다는 말이다. B언어 통역사가 저지르는 언어적 실수, 사소한 문법, 성, 수, 일치, 전치사 오용, 동사의 오용 등은 의사전달에 결정적인 저해 요인은 아니지만 청중의 이해를 제대로 돕지 못하여 문제가 되는 것이다. 이해력이 자연스런 도착어 표현보다 더 요구되는 것이 현실이다. 사실 B언어 통역은 번역이나 통역을 위한 숙련 수업이 아니라 통역을 하면서 등가성이 성립되는 대안을 제시하는 수업이다. 학생들의 경우 단순한 관용어구나 표현을 단편적으로 암기하는 것만으로 B언어 능력을 자족해서는 안 된다. 독서와 사고, 분석과 관심이 모든 정치 경제 사회 문화 면에 미쳐야 한다.

　통역을 할 때 대부분의 경우에 연설문이나 발화자의 텍스트를 표현하려하지만 대응표현의 부재가 없다는 점이다. 그러나 보다 적절한 것은 언어 수준에 관계없이 적절한 등가의 표현을 구사하도록 지도해야 하며 정확한 이해력을 활용할 수 있도록 해야 한다. 많은 경우에 있어서 가장 큰 원인들 가운데 하나로 지적되는 것이 바로 B언어 표현의 언어적 문제 이전에 인지적 요소(cognitive elements)가 적절하게 활용되지 못한 경우이다. 인지적 요소의 부족과 분석력이 떨어짐으로써 한정적이고 선택적인 정보만 전달하게 된다. 특히, 모국어가 아닌 외국어 방향으로 통역이 진행되는 경우에 모국어로 원문을 이해하는 것이 용이하다는 점을 이용하여 도착어의 부족한 표현을 보상해야 하는데 이 경우 주제 지식의 부족과 부족한 문맥의 활용력으로 문제가 발생한다. 물론, 이와는 반대로 인지적 요소의 바람직한 활용과 언어능력의 구현으로 등가성이 성립된 통역을 하는 경우도 있다. 아래의 예를 보면 의미가 상당히 함축되어 있어 외국인 독자들이 읽으면 정확한 의미를 파악하기 어려운 통역임을 알 수 있다. 통역의 등가성이 구축되기 위해서는 우선 통역사는 모국어 연설문이나 텍스트를 정확히 이해하고 인지능력을 동원하여 언어차원의 이해나 해석이 아닌 담화차원의 등가성을 구현하려는 시도를 해야만 한다. 그래야만 B언어 통역의 어려움에도 불구하고 무리 없는 의미전달이 가능해진다.

   정부의 정보화에 대한 의지가 작용하여 한국에서는 고속 인터넷 가입자의 수가 급속히 증가한 상태이다. 일부 사람들은 농담 삼아 고속 인터넷 확산에 기여한 것은 오양과 백양 비디오라고 한다.

> Though the Korean government is responsible for this increase, a lot of people joke that high-speed internet usage in Korea increased because of the pornography movies of two famous Korean entertainers, the so called "actress Miss O" and "singer Miss Paik" movies.

위의 예시된 발표문은 한국의 세계적인 고속 인터넷 환경에 대한 인지적 이해가 없이는 사이버 범죄의 유형과 경찰 업무의 본질을 이해하기 어렵다. 위에서 언급한 두 비디오는 양성화된 포르노 테이프가 아닌 불법 유포된 동영상이었다는 점에서 사이버 범죄였지만 이것이 사회윤리 차원으로 잘못 알려지게 되는 농담으로 연결되고 있다. 이와 같은 예를 통해서 본 바와 같이 통역은 언어 수행 능력만으로 되는 분야가 아니다. 최첨단 분야와 관련하여 새로운 정보나 자료 수집을 하는 지적 호기심이 없는 한 등가성 추구를 통한 온전한 통역은 쉽지 않다.

통역에서 이해에 도움을 주는 언어외적인 요소들의 총칭으로서 문맥, 주제 지식, 사전 지식, 상식, 이해력, 분석력 등을 말하면 인지적 요소(Cognitive Elements)로 텍스트의 이해에 필요한 지적, 감성적 요소들로 언어적 의미와 결합하는 총괄적 의미를 구성한다. 인지적 지식은 관념적 지식과 감성적 지식의 통합체로 이 지식은 한 개인이 경험적 지식과 체험을 통해서, 독서, 교육, 대화, 언론매체를 통해 얻은 지식, 독자적인 사고 등이 발화자의 연설문이나 텍스트의 이해력을 좌우하게 된다. 이런 인지적 문맥들은 텍스트를 읽을 때 번역가의 머릿속에 비언어화 상태로 저장되며 텍스트를 이해하는 데 활용된다. 이것은 시간이 지남에 따라 번역자가 가지고 있는 더 일반적인 지식 형태로 융합이 된다.

그렇다면 B언어 통역에서 인지적 요소가 어떤 역할을 하는지 살펴보자. 한국영화 <조용한 가족>은 조용한 산자락에서 산장을 운영하는 한 가족의 이야기로 손님이 없자 가족은 초조하고 자살사건이 일어나게 되며 첫 손님과 산장 아들의 대화 ("학생, 고독이 뭔지 알아?" "저 학생이 아닌데요.")를 통해 산장 아들 약간 정상에 미치지 못하는 송강호분이란 남자는 첫 손님과의 대화에서 손님이 하는 말의 의미를 인지하지 못하여 손님이 자살을 하게 된다. 담화문의 비언어적 요소와 연관성이 있어 보이는 통번역학의 입장에서 보면 등장인물들의 대화에서 상황 판단력이나 이해력이 부족하면 문맥에 대한 인식의 오류를 범하게 된다. 화용론(Pragmatics)에서 연구가 되고 있는 문맥과 암시의 중요성을 지적하고 있다. 인지적 지식의 부족과 문맥이해의 부재로 인해 비극을 그린 경우이다. A언어를 구사하지만 언어 외적인 요소인 인지적 요소의 결핍으로 이해 의사소통의 장애가 나타났음을 알 수 있다.

이처럼 언어외적인 인지적 요소의 배양이 통역과정에 필요하고 특히 언어 이해력, 문화, 정치, 경제, 사회에 대한 배경 지식과 상황판단, 그리고 분석력이 통역을 편리하게 도와줄 수 있다. 비언어적 커뮤니케이션(non-verbal communication)도 중요하다. 이런 형태의 커뮤니케이션에는 공간적 거리, 신체적 접촉, 신체의 방향과 행동, 신체의 제스처나 움직임, 주변 요소 등이 포함되며 순차 통역에서는 얼굴 표정이나 신체적 제스처나 움직임 중요하게 여겨지고 동시통역의 경우 관중의 눈에 뜨지 않는 부스에서 통역이 이루어지기 때문에 음성을 통해 표현을 하여 음성 역시 중요한 도구이다. 준언어(paralanguage)와 동작(kinesics)은 스피치에서 매우 중요하며 이를 통해 구두로 말한 것에 추가적인 정보를 제공하기 때문이다. 음색, 음성의 공명, 소리의 크기, 스피치 속도, 소리의 높낮이, 억양과 어조, 음절의 발음 길이(syllabic duration)과 리듬이 여기에 포함된다.

그 다음으로 구별 요소(differentiators)가 있는데 이는 성별, 나이, 문화, 사회 교육적 위상, 건강과 질병에 따른 구별을 하는 것이다. 문화와 관련하여 웃음은 개개 문화권마다 웃음의 형태와 의미가 다르기 때문에 주의를 해야 한다. 울음도 문화권마다 다르다. 슬플 때 울음을 짓는 문화권이 있는가 하면 즐겁고 기쁠 때 울음을 터트리는 문화권도 있기 때문이다. 또 교체요소(alternants)가 있다. 각각의 언어문화와 사회에는 암호화(encode)되고 해독(decode)된 많은 수의 교체 요소가 있는데 "Oops!" "Pooh!" "Uhh!"와 같은 어휘 목록으로 상황에 잘 대처해야 하는 것은 이런 목록이 의미 전달에도 영향을 미치는 경우가 있기 때문이다. 이처럼 통역사는 말로 전달하는 메시지, 언어, 준언어, 동작의 삼중 구조를 모두 이해하고 통역해야 한다.

다른 한편으로는, 통역 능력은 다양하면서도 처음 접해보는 지식을 필요로 할 뿐만 아니라 퍼포먼스 능력까지 가주어야 발전할 수 있기 때문에 수학능력과 별도로 학습자에게 고도의 적응력과 집중력의 강화와 밀접한 관계가 있다. 학습자의 통역 능력은 효율적인 교수법과 교육과정을 통해 고도화 될 수 있지만 학습자 스스로가 주도권을 가지고 교과과정 밖에서 자신에게 맞는 통역 학습 방법을 모색하고 상시적으로 모니터링 하는 가젛을 거치는 것이 바람직하다. 영어와 한국어간의 효율적인 통역을 위해서 중요한 요소들 가운데 하나는 학습자가 수행하는 교과 학습 환경 내에서 역할과 인지 능력의 제고 및 효율적인 학습전략의 수립과 실행이다.

대개 통역의 효율적인 교수법으로는 거시 인지전략, 인지전략 그리고 사회 정서전략으로 나누어 설명될 수 있다.

15.1. 거시 인지전략으로서 통역 교수법

동시통역을 위한 사전 준비와 효과적인 전략을 수립하여 이행하는 과정을 이해하고 축적해 나가는 과정을 구사하며 순차 통역 B-A에서 학습한 전략을 활용한다. 외국어 학습과제에 대한 개념과 원칙을 예측, 과제 수행을 위한 전략을 제시하고 부분적이고 순차적이며 주개념과 부개념의 구분 또는 언어기능에 유의한다.

연사가 발화하는 문장을 최대한 많이 기억하고 분석하여 발화할 수 있는 집중력을 배양한다. 학습 과제 전반적으로 집중하여 주의를 분산시키는 요소들에 대하여는 관심을 두지 않는다. 표현하는 순간에도 주의력을 유지한다.

동시통역을 수행하는 데 필요한 핵심적인 요소들에 대하여 선별적으로 주의력을 강화한다. 가령, 해외 체류기간이 긴 학습자가 한국어를 잘 발화하기 위해서 필요한 훈련을 강화한다. 언어 수행에 집중적이고 핵심적인 요소들에 대하여 선별적으로 주의력을 강화한다. 선별적 집중을 받는 요소들은 청취 부분이나 과제 수행에 발생하는 상황적 요소들을 포함한다.

동시통역의 효율을 높이기 위한 자신만의 리듬을 관리한다. 생체리듬, 발음 훈련, 현지의 특이한 발음에 대한 적응성 제고, 시선처리, 마이크 장치와 거리 및 작동습관이 해당한다. 과제수행을 성공적으로 수행하기 위해서 필요한 여건을 스스로 이해하고 조성한다. 이미 학습된 내용들이 사용을 극대화하기 위해 언어 수행이 되도록 통제한다.

녹음 장치를 이용하여 표준적인 통역 속도와 전달율 그리고 반복어의 사용 등을 확인하고 동료 또는 교수의 비평을 듣고 통역 품질을 높이기 위해 노력하며 지적받은 사항들이 안정적으로 관리되고 있는지 확인한다. 학습과제를 수행하는 과정에서 발생하는 자신의 이해나 표현에 관해 확인하고 검증 및 수정한다.

  동시통역 수행을 위해 자신이 개선이 필요한 요소를 자세히 기술하고 정보전달의 오류나 손실 등에 대하여 객관적인 분석과 해결책을 마련한다. 스스로 설정한 목표가 학습 분량과 일정에 따라 순조롭게 달성되고 있는지를 확인한다. 과제 수행에 있어서 해결을 요하는 핵심사항을 명확히 파악하고 문제해결을 막는 요인을 인식하며 완벽한 언어기능 수행과 수정에 관한 내적 성찰에 관한 자신의 행위 결과를 확인한다.

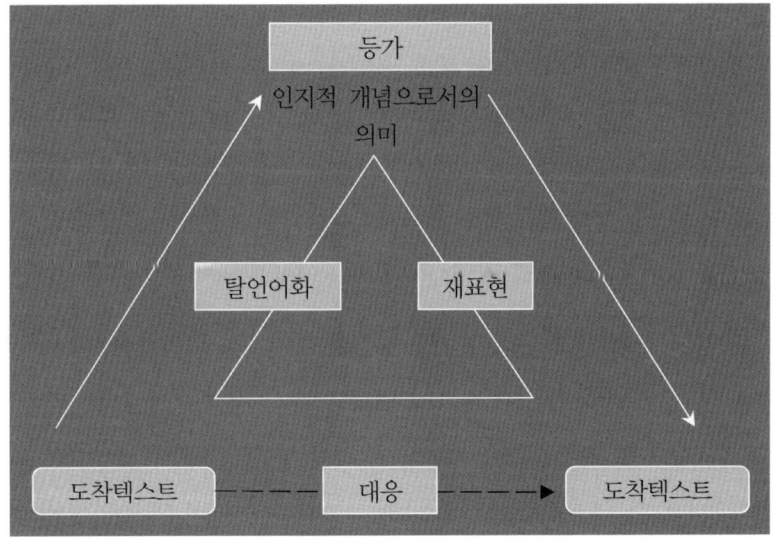

<그림 10> 정보 전달

15.2. 미시 인지전략으로써 교수법

동시통역 학습 요소를 반복해서 발화한다. 발음하기 어려운 단어, 처음 발화하게 되는 용어, 고유명사, 사람이름이 여기에 해당한다. 발화물을 반복 발화한다.

연설문과 연설 동영상을 제공하는 클립을 수집한다. 사전, 텍스트 이전에 수행했던 과제를 포함하여 목표 언어와 관련되는 가용 참조 및 정보 원천을 사용한다. 과제수행을 위해 사전에 기록하여 통역부스에 부착하여 사용할 것이며, 과제수행을 위해 언어 기호, 그래픽, 숫자 등의 간략한 형태로 핵심어휘와 개념을 노트한다. 과제 수행을 위해 언어기회, 그래픽, 숫자 등의 간략한 핵심어휘와 용어를 노트하고 동시통역을 위해 빈도 높게 사용되는 고유명사, 숫자 등은 사전에 기록하여 통역 부스에 부착하여 사용한다. 연설자가 언급한 전제, 개최된 호의의 목적, 프로그램 상의 순서 등을 참고하여 연역한다. 훈련된 부분과 아직 훈련되지 않은 부분의 난이도에 유의하여 자동화된 부분의 실행을 통하여 노력과 시간을 절감하는 대신 신정보에 대하여 더욱 선별적인 집중과 처리를 높이도록 한다.

유사한 자료를 정리, 분류 또는 목록화하고 필요한 정보를 수집하며 과제 수행을 위해 다양한 학습수단을 번갈아 사용하고 검토하여 다양한 어휘나 문장을 선별해서 사용한다. 하나의 개념을 다른 언어로 번역한다. 제시된 정보, 특히 반복적으로 제시되는 긴 문장, 기관 이름 등에 대해서는 일관성 있게 명칭을 정하여 사용한다. 연사의 표현에 직접적인 대응어가 없을 경우 문자의 뜻을 따라 번역하여 청중으로 하여금 적극적인 청해를 할 수 있도록 한다.

더 나아가 과제수행을 위해 사전에 체득된 언어지식 뿐만 아니라 비언어지식, 통역기술과 이론 등 가용한 지식을 활용한다. 파악되지 않은 정보에 대해서는 분석적으로 자료를 축적하고 분석하여 전체 정보의 맥락에서 어떤 의미를 갖는지 결론을 도출한다. 전날 개최된 회의 내용을 참조하여 다음날 회의 방향을 예측하고 추론한다.

15.3. 사회관계 및 정서적 전략으로서 교수법

① 명확한 개념파악을 위한 문제제기:

교수 또는 동료에게 학습과제에 대하여 이해가 부족한 부분을 논의한다. 설명, 검증, 사례제시의 요청

② 협력

통역 학습 효과를 위해 규칙적으로 학습 일정과 시간 방법 과제의 책임 등 구체적으로 동료와 서로 합의하고 협력은 학습 동료뿐만 아니라 주최 측, 청중, 연사, 교수자 등 다자적 성격을 띨 수 있다. 언어과제를 확인하고 수행모델을 작성하고 학습의 피드백 행위 수행과 문제해결을 위한 노력을 함.

③ 독백

학습자에게 학습 과제를 수행할 수 있는 능력을 갖추도록 정신적인 기술을 사용하여 우려감을 줄인다.

④ 자기강화

하나의 학습 과제가 성공적으로 수행되면 다음 단계의 학습 단계를 설정한다. 동일한 텍스트라도 효율과 품질을 제고하도록 힘쓰며 텍스트의 주제와 난이도를 차츰 넓혀 간다. 수준에 맞지 않는 학습 목표 설정은 바람직하지 않다. 하나의 학습 과제가 성공적으로 수행되면 스스로 자신에게 보상하여 개인적인 동기유발을 유도한다.

15.4. 준 언어(Para language)를 통한 통역 교수법

비언어적 커뮤니케이션의 요소 가운데 언어와 함께 통역의 중요한 도구로 간주되는 음성이 있다. 개개인이 모두 다른 음성을 가지고 있으며 상황에 따라 정서에 따라 모두 표현이 달라질 수밖에 없다. 개인적인 차별성이 있기 때문에 음성을 통해서 통역 교수법을 지도하는 일은 여간 어려운 일이 아니다. 문화적으로뿐만 아니라 개인적으로 또 더 나아가서는 자라온 환경과 교육적 배경에 따라서도 음성은 모두 다르게 나타난다. 구체적으로는 개개의 문화와 사회적인 담화 형태에서 리듬, 음양, 고저와 음의 토운 등이 모두 다르기 때문이다.

현재 가장 많이 사용되는 음향의 지수(acoustic indicator)는 기본적으로 음성의 음량으로 간주되는 강도(intensity), 어조(tone)와 음성의 속도이다. 통역사가 정서적으로 안정되어 있을 때와 정서적으로 불안한 경우, 기분이 좋을 때와 기분이 우울할 때 전달되어지는 음성은 모두 다르고 이것이 궁극적으로 청자의 이해에도 결정적인 영향을 미치게 된다. 전달되어지는 음성의 질과 성격에 따라서 청자는 이해의 품질에 방해를 받게 되는 것이다. 통역사의 억양이 높으면 청자들에게 신뢰감을 주며 억양이 낮은 경우 부정적인 이미지를 줄 수 있다. 설득력과 음성의 관계 역시 밀접하여 통역사의 음성이 단순하면 설득력이 떨어지고 장애가 된다. 신뢰도를 기준으로 보면 단순한 음성은 신뢰성을 저하시키게 되고 설득력이 떨어지기 마련이다.

　이처럼 음성 교육은 중요하지만 실제로 강의실에서 교수하는 데는 많은 어려움이 따른다. 그렇기 때문에 비언어적 커뮤니케이션에 대한 중요성이 더해지는 것이다. 음성교육과 연관성이 있는 것은 통역 스피치 교과목으로 대중 앞에서 자신의 생각을 표현하는 훈련을 실시하는 것이다. 이를 통해 음성에 대한 이해를 개발할 수 있기 때문이다. 대개 음성이 자신감으로 가득 차면 청자들에게 좋은 이미지를 주게 되고 능력 있는 번역가라는 인상을 주게 되지만 반대로 음성이 낮아지게 되면 무능한 통역사라는 이미지를 주게 되어 부정적인 결과를 낳게 된다. 일반적으로 통역의 질을 평가할 때에도 정보의 전달이 가장 중요한 척도로 간주되지만 사실은 음성에 대한 평가 기준이 이제까지는 평가 기준에서 제외된 느낌이다. 이와 관련하여 Jones는 음성이 동시통역의 황금률이라고 하면서 다음과 같은 지적을 하고 있다.

- 통역사들은 의사를 전달한다는 것을 기억하라
- 기술적 장치들을 최대한 이용하라
- 통역사들이 연사의 말과 자신의 말을 동시에 들을 수 있다는 확신을 가져라
- 자신들이 듣지 못한 것을 통역하려고 시도하지 마라
- 최대한 집중하라
- 개별적으로 이해하지 못하는 단어 때문에 주의를 흩트리게 하지 마라
- 연사의 말을 분석하면서 듣는 동시에 자신의 말을 모니터링하기 위해 집

중력을 분리하는 방법을 개발하라
- 가능한 한 짧고 간단한 문장을 사용하라
- 정확한 문법을 사용하라
- 항상 문장의 끝을 맺어라

두 번째 항목에서 지적한 "기술적 장치들을 최대한 이용하라"에는 구두의 테크닉을 조절하는 능력을 비롯하여 음성의 중요성을 직접적으로 언급하지 않지만 음성의 중요성을 포함시키고 있다.

음성은 연장이고 도구며 통역사의 자신이고 그들의 업무를 위한 수단이다. 따라서 통역사는 자신의 결실로 살아가야 하며 자산을 잘못 소비해서는 안 된다.

통역사의 주된 관심사가 자신의 음성을 잘 관리하는 것이어야 한다. 국제회의 통역 시 부스에는 두 명의 통역사가 들어가며 각자 30분씩 통역을 하게 된다. 만약 연사가 말을 잘 못하거나 목소리가 나쁠 경우 회의 참석자들은 그의 말을 열심히 듣지 않으려 한다. 통역사에게도 이와 마찬가지 상황이 벌어진다. 그러므로 통역사는 고객을 피곤하지 않게 하려고 노력해야 한다. 회의에 참석한 사람들은 말을 하는데 있어 프로가 아닌 반면 통역사는 언어의 전문가다. 이를 위해 회의 주최자들은 일정 금액을 지불하고 통역사를 고용한다. 그러기에 회의 참석자들이 통역사의 말을 알아들으려고 귀를 기울이게 한다든지 통역사에게 화가 나게 해서는 안 된다.

따라서 통역사는 자신의 목소리와 음성에 대해 알아야 한다. 목소리는 다음과 같이 구성되어 있다.

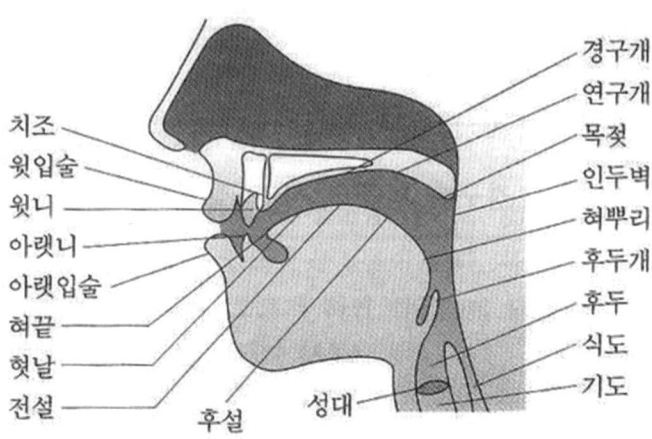

<그림 11> 조음기관

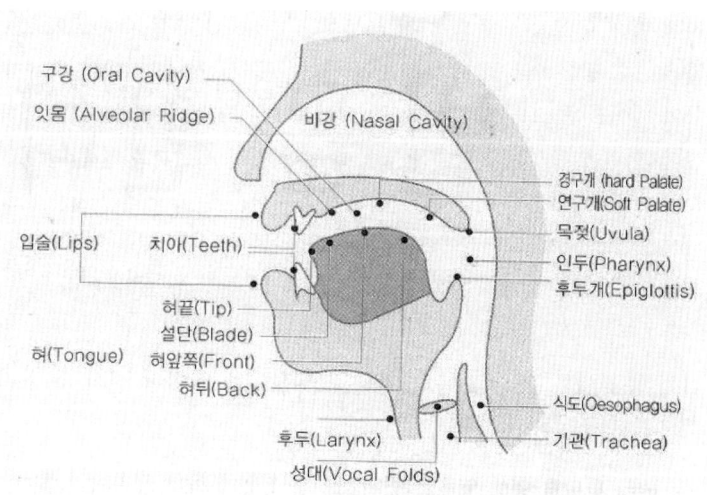

<그림 12> 조음기관

목소리를 보존하기 위해서는 오염된 공기나 술, 담배와 같은 장애요소와 거리를 두어야 한다. 피로하거나 스트레스를 받지 말아야 하고 숙면을 취하고 평소에 관심을 가져야 한다.

Vergara에 의하면 피로를 느끼는 경우 힘이 없어지고 맑은 소리가 나지 않는 경우 목소리가 가라앉고 후두와 성대에서 무거운 소리를 내는데 이는 공명기가 자연스럽게 작용하지 않기 때문이라고 한다. 목소리가 삐걱거리고 거칠어지는 경우와 점액에 의해 방해를 받기도 하는데 목을 청결하게 유지해야 한다고 한다.

음성을 사용하는 것은 악기를 사용하는 것과 같아서 아끼고 관리하는 습관이 필요하다. 이와 관련하여 음성을 잘 관리하기 위해서는 호흡을 조절할 줄 알아야 한다. 불규칙한 호흡은 전달하는 메시지로 하여금 청자들에게 피로감을 줄 수 있다. 기본적으로 음성을 사용하는 원칙은 청자들의 이해를 위한 것으로 후두(larynx)로는 적은 노력을 기울이고 공명기(sound box)들을 통해 노력을 극대화하고 호흡을 경제적으로 사용하고 발성(speaking or vocalization)은 너무 크거나 작게 하지 않고 연설자가 계속 말을 하더라도 통역사는 통역사 기준으로 쉬면서 말을 한다. 이처럼 통역사는 언어로 표현되는 메시지와 비언어로 표현하는 커뮤니케이션도 도착어 문화권으로 전달해야 한다.

- 목소리란 무엇인가?

목소리는 들이쉬는 숨(들숨)과 내쉬는 숨(날숨)을 통해 숨을 쉬는 작용에서부터 시작한다. 신체해부학적으로 폐로 들어간 호흡이 다시 빠져나오면서 후두를 거쳐 성대를 통과할 때 성대의 근육이 서로 부딪쳐 떨리면서 만들어지는 것이다. 성대(vocal folds)는 2센티미터에 불과한 근육 조직으로 보통 때는 호흡을 위해 열려 있다가 '하' 하고 단순히 숨을 내쉴 때는 성대 진동이 없고 '아' 하고 소리를 내면 비로소 성대가 진동한다. 즉, 호흡을 할 때에는 성대가 열려 있다가 말을 하기 위해 성문이 닫히면서 진동해 소리를 내는 것이다. 성대가 진동하면서 성대를 통과하는 공기가 소리인 음파를 만든다. 음파가 입 안을 통과하면서 공명을 일으키고 입술을 빠져 나오면서 소리가 난다. 따라서 목소리는 목에서만 나오는 것이 아니라 폐와 성대, 구강과 입술이 함께 만들어내는 것이다. 목소리는 성대를 울려 소리를 내는 발성 기관과 인두, 구강, 비강을 통해 소리를 키우고 음색을 갖게 하는 공명 기관, 입술, 혀, 이, 입천장 등을 활용해 말을 만드는 조음 기관에 의해 생성된다. 목소리 형성에 가장 중요한 역할을 하는 후두부는 '성문(聲紋)'으로 성문의 모양은 사람마다 다르다. 인간의 생김새나 지문이 저마다 다 다른 것처럼 목소리도 '성문'이 있어 비슷할지언정 똑같은 사람은 단 한 사람도 없다. 성문은 호흡하는 힘에 의해 성대를 진동시키면서 소리를 만들어낸다. 이러한 목소리의 원리를 이해하고 소리를 내면 목소리의 활용 능력을 키우는 데 도움이 된다. 말로 감정표현과 전달을 해야 하는 배우나 성우는 타고난 목소리뿐 아니라 꾸준한 훈련과 관심으로 갈고 닦아 목소리의 활용 능력을 높여 가야 한다.

　목소리의 기본 요소는 호흡, 발성, 발음, 공명이다. 이들 네 가지는 유기적으로 서로 밀접한 관계를 가지고 목소리를 발현하는 데 영향을 주고 있다. 가수들도 노래 연습을 하기 전에 워밍업 단계로 항상 신체 훈련과 발성연습을 생활화하듯 전문적으로 목소리를 활용하는 배우, 성우들 역시 기본 요소로 무장이 되어 있어야 한다.

호흡, 목소리의 원동력

일상생활에서 별다른 의식 없이 하는 호흡(expiration)은 기본적으로 인간의 생존에 가장 중요한 기능의 하나이면서 목소리를 만드는 원동력이다. 목소리 훈련의 가장 기본이 되는 것은 호흡이다. 호흡을 제대로 운용할 수 있다면 성대를 자유롭게 조절할 수 있고 소리에 대한 자신감도 갖게 된다. 소리로부터 자유로워지려면 호흡을 조절할 수 있어야 한다. 목소리는 호흡을 이용해 성대를 울림으로써 소리가 나는 것이다. 노래할 때는 말할 때보다 더 힘 있는 소리가 필요하며 음정 변화의 폭도 넓기 때문에 일상적인 호흡으로는 힘들다. 다양한 강약과 좋은 선율을 만들어야 하므로 호흡을 더 강하게 지지할 수 있는 힘이 필요하다. 배우나 성우의 경우 작품 또는 애니메이션의 캐릭터나 내레이션 등 장르를 넘나들며 톤의 조절이나 소리의 음폭을 활용하려면 절대적으로 호흡의 운용 능력이 필요하다. 호흡은 연습할수록 길어진다. 폐활량과 호흡의 지지력을 키우기 위한 신체 훈련과 방법은 긴 호흡을 필요로 하는 연기나 내레이션에 필요하다. 호흡은 성대를 거쳐 목소리를 만들어내는 기능을 한다. 또한 호흡은 감정에 따라 달라지기 때문에 목소리가 감정 전달의 도구이자 표현 수단이 되는 것이다.

호흡법에는 여러 가지 형태가 있지만 복식호흡을 기본으로 하는 흉·복식호흡을 한다. 복식호흡은 코로 숨을 들이마시고 배와 횡격막을 사용해 가슴 깊숙이 배꼽 아래 단전까지 숨을 들이마셨다가 내뿜는 것이다. 배를 중심으로 횡격막을 함께 움직여 숨 쉬는 방법으로 에너지가 많이 필요하다. 이러한 복식호흡은 울림이 있고 힘 있는 소리, 깊은 소리뿐 아니라 애니메이션 등에서 캐릭터 창조를 위해 소리의 폭을 다양하게 사용해야 할 때에도 반드시 필요한 힘이 된다. 보통 말을 할 때에도 복식호흡을 권하는 이유는 복식호흡이 기압을 자유자재로 활용해 다양한 소리의 변화를 가능하게 하기 때문이다. 또한 성량도 낮고 깊은 소리를 낼 수 있다. 복식호흡을 활용해서 소리를 내면 목소리가 보다 안정적이게 된다. 복식호흡을 통해 깊은 호흡을 요구하는 것은 호흡의 지지력을 키우기 위한 것이다. 호흡을 자유롭게 하는 비결은 하복부의 근육을 이완시켜 숨이 배에까지 내려오게 하는 것이다. 복식호흡을 통해 몸의 중심을 아래로 내려놓으면 몸과 목소리는 더욱 안정된다. 또한 흉·복식 호흡은 대 진동의 폭을 조절하기 때문에 여러 가지 풍부한 음색을 창조하는 것은 물론 강하고 다양한 발성을 가능하게 한다. 복근을 잘 활용하면 호흡이 깊어지고 풍부해지므로 복식호흡이나 흉·복식 호흡을 할 경우 목소리의 다양한 활용과 병변 현상을 예방하는 차원에서도 아주 유용하게 작용한다. 호흡 훈련의 필요성은 호흡을 단순히 길게 늘이기 위함이 아니라 자신의 호흡을 자유롭게 활용할 수 있게 하기 위해서다. 호흡이 짧으면 소리가 작고 끊어지는 느낌이 들며 어두에 힘이 들어가 불필요한 강조나 어미를 흐리게 되는 경향이 있다. 그러면 잘 들리지 않게 된다. 호흡 훈련에서 중요한 것은 인위적으로 폐활량을 늘리려고 하기보다는 자신의 호흡량을 얼마나 경제적이고 효율적으로 사용하느냐 하는 것이다.

발성, 목소리에 탄력 부여

호흡을 통해 들숨과 날숨이 이루어질 때 성대를 이용해 소리가 나는 것을 '발성(phonation)'이라고 한다. 공기가 통하면서 나오는 소리는 떨림판을 떨게 해주거나 공기의 양을 조절함으로써 음정이 생기고 음폭이 생기게 된다. 발성은 호흡의 양과 성대의 조절로 여러 가지 소리와 톤을 만들어준다. 이 같은 발성은 육체적인 과정을 통해 이루어지므로 뇌에서부터 전달되는 말을 잘 전달할 수 있도록 몸속의 근육들이 우선 자유로워야 한다. 단순히 힘을 주어 소리를 내는 발성 연습은 자칫 성대를 상하게 한다. 발성은 어느 상황에서도 분명한 소리의 전달을 위해 꼭 필요하다. 발성 훈련에서 중요한 것은 자신의 성대를 탄력 있는 상태로 유지하는 것이다. 성대를 너무 느슨하게 놓아두면 김빠지는 둔탁한 소리가 되고, 성대를 너무 조이면 목이 긴장이 돼서 생소리가 나오게 된다. 힘을 가하지 말고 호흡에 소리만 얹으면 된다. 발성 훈련은 음성의 건강관리에 도움을 줄 뿐 아니라 음성 치료에도 효과적이다. 탄력 있는 발성은 장르를 넘나드는 유연성 있는 목소리로 음폭과 성량을 넓혀준다.

발음, 명확한 소리의 힘

발음(articulation)이란 음성 기관을 통해 나오는 모든 조음을 말한다. 성대가 진동해 발생한 소리가 언어음으로 바뀌는 현상을 조음이라 하는데, 혀의 움직임은 구강과 인두(咽頭)의 모양을 변화시켜 조음에 관여한다. 윗입술과 아랫입술, 혀 끝, 이, 경구개 등 조음기관의 두 표면이 닿게 될 때 나오는 공기나 소리로 자음이 만들어지고, 모음은 입술과 혀가 여러 가지 다른 모양으로 만들면서 생긴다. 혀와 입술, 치아, 경구개 및 턱 모양 등이 소리의 모양을 결정하는데 이를 통해 단어를 명확하고 정확하게 소리 낼 수 있다. 발음은 의사 전달에서 매우 중요한 요소다. 말의 의미를 제대로 전달하려면 발음이 정확해야 한다. 아무리 내용이 좋고 연기를 잘 한다 해도 발음이 부정확하면 의미 전달이 제대로 될 수 없기 때문이다. 발음 훈련은 대부분 단전에 힘을 주고 '아, 에, 이, 오, 우'를 외치거나 '가, 갸, 거, 겨, 고, 교, 구, 규' 표를 인용해 조음 훈련을 한다. 또는 발음하기 어려운 의미 없는 단어들의 조합을 매끄럽게 읽어내기 위한 훈련에 치중한다. 그러나 무엇보다 중요한 것은 이러한 방법들을 왜 활용하는지, 어떤 도움을 주는지에 대한 정확한 이해가 선행되어야 한다.

공명, 좋은 음색의 힘

성대를 진동시키는 것을 공명(resound)이라 하는데 공명은 발산된 소리를 증폭시키는 것이다. 성대 자체의 진동만으로는 전달력 있는 발성은 불가능하다. 후두부에서 만들어진 소리는 너무 작은 소리여서 멀리까지 들리지 않고 울림이 거의 없다. 그래서 공명 기관에서 소리를 울려 주어야 한다. 공명된 소리는 크기가 크고 부드러우면서도 울림이 있는 독특한 음색이 된다. 소리는 공명이 되었을 때 잘 전달되며 풍부한 감정을 실을 수 있게 된다. 성대에서 진동되어 나온 소리는 인후, 코, 입을 통과하면서 확대되고 수정된다. 이 과정을 통해 목소리의 특징적 요소인 음색이 결정된다. 이러한 개인의 음질은 그 개인의 개성을 나타내기도 한다. 음색은 가슴 공명의 영향을 받는데 가슴 공명은 날숨이 길게 유지되면서 음의 강약과 고저가 자유롭게 이루어지도록 한다. 또한 풍부한 공명을 얻을 수 있으며 가슴 공명의 진동 여하에 따라서 여러 가지 음색을 얻을 수 있다. 표현력이 있고 개성 있는 성우의 예술적 목소리를 개발하기 위해서는 반드시 호흡과 공명에 주의를 기울여야 한다. 목소리의 좋고 나쁨을 결정짓는 가장 중요한 요소로 공명을 꼽고, 이러한 공명 기관의 확장을 통해 소리의 확장을 얻어낼 수 있다. 풍부한 음량과 다양한 음색을 표현하기 위해서는 소리가 공명되지 않으면 안 된다. 울림이 좋은 신체 조건을 가지고 있는 사람이라도 공명 구조를 잘 활용하지 못하면 좋은 목소리를 기대할 수 없다.

목소리의 구성요소: 호흡, 발성, 발음, 공명의 기본 요소를 갖추고 나면 목소리의 톤, 속도(템포), 성량, 억양, 강세, 리듬, 포즈, 어미 처리 등의 구성 요소를 통해 말을 자유자재로 조절할 수 있는 능력을 키워야 한다. 목소리의 톤이나 말의 속도는 연령이나 성격, 계층에 따라 다르다. 성량이나 억양도 성격, 환경, 직업적 특성에 따라 다르고 어미 처리나 포즈도 교육 정도, 성격, 성품에 영향을 받는다. 따라서 이러한 요소를 잘 활용해 캐릭터를 만들어가는 것이 배우들에게는 중요하다. 성우의 경우 목소리 연기자로서 여러 배역이나 캐릭터를 창조해 낼 때 목소리의 구성 요소를 자유자재로 조절할 수 있어야 한다. 아역은 대체로 톤이 높고 말의 템포가 빠르며, 노역은 톤이 낮아지고 굵어진다. 내레이터나 라디오 드라마의 경우는 자연스러운 자신의 톤과 목소리로, 애니메이션의 경우는 톤의 높낮이와 성대를 좁혀 가공된 목소리를 만들어낼 줄 알아야 한다. 이러한 목소리 조절 능력으로 분야별, 캐릭터 특성에 따라 변화를 줄 수 있어야 다양한 역할과 영역에서 활동할 수 있게 된다. (온몸을 사용해 연기를 하는 배우와 달리 성우는 들려지는 음성에 의해 그 캐릭터의 모든 것을 표현해야 하기에 좀 더 소리를 만들어내고 꾸미는 훈련을 많이 하게 된다.

바른 자세와 목소리: 목소리 훈련에 앞서 바른 자세는 인위적인 힘이 들어가지 않고 이완된 상태를 만들어 주어 편안하고 자연스러운 목소리를 내도록 한다. 상체를 길고 넓게 펴주어 심폐기능을 자유롭게 해주고 호흡을 편안하게 할 수 있는 조건을 만들어 준다. 긴장된 소리는 제 역량을 발휘하지 못하게 하는 저해 요인이다. 긴장완화와 편안한 소리를 위해 가벼운 운동이나 스트레칭을 생활 습관화해야 한다. 목소리는 몸통 악기에서 비롯되기에 악기인 몸을 잘 관리하고 훈련해야 한다. 힘의 에너지는 인체의 하부 깊은 곳에서 나온다. 건물을 지을 때 뼈대가 되는 철근 구조가 건물을 지탱하고 튼튼하게 잡아 줄 때와 같은 형태로 신체의 중심을 잡아 주는 것이 필요하다. 따라서 하복부와 허벅지의 근육이 있어 힘의 에너지를 모을 수 있는 조건이 되면 좋다. 목이 긴장하면 목소리를 크게 만들려고 애쓰고 소리를 억지로 밀어내려 한다. 이완을 통해 더 편하고 부드러워져야 목소리에 힘이 생기는 것이다. 신체 훈련을 통한 바른 자세와 긴장의 이완을 위해 우선적으로 행해야 하는 훈련법으로 척추, 목, 어깨 등 신체의 굵직한 부분의 이완 훈련을 한 후에 반드시 얼굴, 혀, 입술, 턱의 이완까지 풀어주어야 한다. 입술과 턱의 이완은 보다 정확한 발음을 구사하는 데 도움을 준다. 감정에 따른 호흡의 변화가 목소리의 톤이나 속도, 리듬이나 억양, 목소리의 크기, 공명 상태 등에 직접적인 영향을 미쳐 운율을 만들어 낸다. 따라서 목소리의 원리를 이해하고 이완된 상태에서 자신의 색을 분명하게 가지기 위한 감정 표현 이전에 목소리의 기본 요소와 구성 요소를 갖추고 활용할 수 있어야 한다.

15.5. B-A 동시통역 텍스트 내·외적인 전략 교수법

▪ **텍스트 내적인 전략**

출발 텍스트인 연설문의 문장 구성요소를 이용하는 전략으로 언어적 전략은 연사의 B-A 의사전달을 하기 위해 직접적으로 연설 내용에 통역사가 인지적으로 개입하여 통역효율을 높여가는 학습전략을 의미한다.

- 문장 초반부를 이끄는 문장의 비율은 40%이다.

- 어순변경 및 조절: 문장구조의 차이가 통역의 효율성을 나주는 점에 유의하여 최대한 통역 방향을 어순과 일치시켜 기억부담을 덜고 유창성을 높이는 전략을 사용할 수 있다.

- 간단한 문장과 문장 요소의 통합
  대부분 국제회의에서 한국어로 옮길 때 공손어법을 사용하기 때문에 발화시간이 상당히 길게 차지하는 경우가 있는데 가능한 단문은 단순화된 경어법을 사용하고 담화표지도 짧은 형태를 사용하는 훈련이 필요하다.
- 생략: 생략은 통역사가 항상 자의적으로 결정할 수 없다. 원칙적으로 연사가 발화한 모든 정보를 원문을 존중해서 전달하는 것이 좋겠지만 통역효율을 높이기 위해 생략을 사용해야 할 때가 반드시 발생한다. 구체적으로는 다음과 같은 경우이다.
가. 공유하고 있는 사실에 대한 생략(회의 명칭과 성격 장소가 청중에게 공유되고 있는 경우에 생략 가능하다: 유엔총회 의장님, 유인 사무총장님, 남성 회장님, 여성 회장님, 각국 정상, 외교사절 여러분, 사무총장님
나. 동일한 의미를 지닌 어휘의 통합: 대한민국, 한국, 남한
다. 잉여문법요소의 생략: "이것이 우리가 겪었던 유일한 다자주의 경험은 아니었습니다. 이것이 우리의 유일한 다자주의 경험은 아니었습니다."
라. 잉여어휘의 생략: "대한민국 공화국" "우리의 동맹국인 미국, 대한민국"

마. 고의 생략: 연사가 자신의 연설을 지나치게 빠르게 수행할 경우 통역사가 물리적으로 정보전단을 모두 할 수 없을 때 중요한 요점만 통역한다.
바. 복합문의 단문화와 문장의 분리 및 문장 요소의 추가

동시통역은 순차통역과 비교하여 상대적으로 통역사의 예측력을 감소시키며 보다 신속한 언어 및 비언어적 대응을 요구한다. 따라서 통역 발화물이 통역사의 기대를 벗어나는 구조로 이어지게 될 때 이를 해결하는 하나의 방법으로 처음부터 문장을 재구성하기 보다는 기존의 발화물을 출발점으로 하여 이어지는 후속 통역 대상물을 단순화 하고, 단순화를 통해 통역 난이도를 낮추고 청중의 이해를 용이하게 하는 효과가 있는 훈련이 필요하다

- **텍스트 외적인 학습전략**

  - 고정 지식의 숙지
  - B-A 회의 통역의 고정적인 표현

동시통역은 형식을 갖춘 회의에서 사용하는 경우가 많다. 특히 참석자의 소개, 임원들에 대한 감사, 참석자의 불참으로 인한 사과 표명, 의사일정의 진행방식, 식전 식후 행사, 국민의례, 임원 선임, 동의안 제출, 재청, 기권, 반대, 회의록 보고, 재정 보고, 차기 회의 기간과 장소 결정, 개회, 정회, 휴회, 표결, 개표 등 공식적인 회의 의사일정을 진행하기 위해 통역사는 충분한 훈련으로 준비되어야 한다.

  - 회의의 성격과 개최목적

동시통역을 사용하는 국제회의를 주관하는 국제기구는 보통 자체 홈

페이지를 운영한다. 앞서 열린 회의 결과와 통역 대상이 되는 회의의 주요안건, 참석자에 대한 정보, 분과회의의 주제 등을 사전에 연구한다. 또한 자신이 조사한 내용과 실제로 회의에 참석하기 위해 방한한 외국 연사들의 정보가 일치하는지 그리고 사전에 공지된 회의 주제에 대하여 연설문이 변경되지 않았는지 여부를 체크하며 전체적인 시각에서 해당 회의에서 각국 대표들의 입장이 무엇인지 이해하려고 노력한다.

- 청취훈련

다양한 연사들의 지역별 특성을 나타내는 발음에 노출되도록 노력한다. 문장구역 훈련을 통해 표준적인 정지 패턴을 익히고 연사가 확정되었을 경우 앞서 행한 연설 자료를 참고한다. 연사들의 평이한 발화속도와 불규칙적인 빠른 발화물에 대한 친숙도를 높인다. 대개 청취에 장애를 주는 요인으로는 어휘력 부족, 배경지식 부족, 기억의 한계와 연산시간 부족, 심리적인 압박감이 지적된다. 청취 장애요인으로서 간과할 수 없는 것은 불규칙한 속도이기 때문에 초당 4개, 즉 2배 이상의 가속현상이 발생하기도하기 때문에 불규칙 속도에 대한 적응성을 높이는 것이 필요하다.

- 한국어 발화 훈련

평이한 내용의 한국어 따라 읽기, 암기 등으로 통역 수준에 맞는 한국어의 유창성을 제고하고 한자가 포함된 한국어 지문 수준을 높여간다. 이를 통해 신속하게 단어를 전환하는 훈련을 통해 통역에 대응하는 시간을 최적화한다.

- 기타 특별한 훈련

교역규모, 지리적 특성 수치화된 자료를 파악하고 신속한 통역을 위해 가장 빈번하게 언급되는 숫자의 개념을 정립하며 다양한 단위의 전환훈련을 실시하여 들을 때에 중복되는 단위의 오류가능성을 줄인다.

15.6. 표현 바꾸기(Paraphrasing)를 통한 통역 교수법

표현 바꾸기라는 용어는 '근접, 유사한'(para-)이라는 뜻의 그리스 어원 "표현"이라는 단어가 합쳐진 어휘로 언어를 다른 방식으로 표현하는 행위를 지칭하는 말이다 한 가지 표현을 같은 언어의 다른 표현으로 바꾼다는 점과 의미가 보존된다는 의의를 지니고 있다. 언어표현을 바꾸는 행위는 어휘를 다른 어휘로 대체하거나 순서를 바꾸거나 하는 표층적 방법으로 이루어질 수도 있고 내용을 요약하거나 풀어쓰는 방법을 통해 심층적으로 이루어질 수도 있다. 내용을 요약하거나 풀어쓰는 방법을 통해 심층적으로 이루어질 수도 있다. 이때 표층적 변화에 대체되는 어휘는 대체로 동의어이거나 유의어이다. 어휘뿐만 아니라 어구나 어절이 유사한 어구나 어절로 대체되는 경우도 발생한다.

이런 점에서 표현 바꾸기는 동의어 연습과 유사하며 어휘 층위 이상에서 통역 잠재력 지니고 있다. 그러나 표현 바꾸기는 제한적으로 밖에 이루어질 수밖에 없다. 바뀌는 언어 단위가 어휘 하나라도 내포(intension), 외연(extension), 그리고 함의(connotation)에서도 차이가 있을 수 있다. 바뀌지는 언어 단위가 클수록 의미 변화도 클 수밖에 없다. 이렇듯 모든 언어 단위, 어휘, 어구, 어절, 문장, 텍스트를 포괄한 행위와 의미가 포함된다.

사실 통역의 역사는 인간이 언어생활을 시작하던 까마득한 먼 과거로 거슬러 올라가지만, 번역은 문자가 생겨난 이후에야 비로소 시작되었다. 조지 스타이너는 동일한 언어 안에서나 서로 다른 언어 사이에서 이루어지는 모든 의사소통 행위를 번역의 한 형태로 본다. 심지어 기호를 이해하고 해독하는 행위까지도 번역으로 본다. 정보통신 기술의 발달과 더불어 인터넷 휴대전화와 아이폰이 확산되면서 젊은 세대사이에서 통신어가 홍수처럼 범람하여 모바일, 네트워크, 소셜 네트워크에서 사용하는 통신어는 기성세대들이 이해하는데 한계가 있다.

재미있는 것은 러시아 태생의 미국 이론가인 로만 야콥슨은 번역을 언어 내 번역, 언어 외 번역, 기호 간 번역으로 구분하여 나누고 있다. 우선 언어 내 번역은 언어적 기호를 동일한 언어의 다른 기호로 해석하는 것이라고 정의한다. 가령 지역 방언이나 사회 방언을 동일한 언어 공동체의 다른 구성원이 이해하기 쉽도록 번역하는 것이 이에 속한다. 김소월의 <진달래꽃>의 첫 연을 제주도 방언으로 번역하면 다음과 같다.

나 보기가 역겨워
가실 때에는
말없이 고이 보내드리오리다.

영변에 약산
진달래꽃
아름 따다 가실 길에 뿌리오리다.

제주도 방언 사투리:
나 바레기가 권닥사니 벗어정

가고정 홀 때랑
속솜호영 오 고셍이 보내주쿠다.

영변에 약산
진달래 꽃
고득토당 가고정혼 질에 케우려 주쿠다.

이를 번역해 주지 않으면 일반인은 도저히 무슨 의미인지 알 수 없다. 기호 간 번역은 언어적 기호와 다른 기호 사이에서 일어나는 번역으로 매체와 매체 사이에서 일어나는 번역으로 언어적 기호로 된 작품을 오페라, 뮤지컬, 영화 또는 음악으로 해석하는 행위로 뮤지컬 <웨스트사이드 스토리>는 셰익스피어의 <로미오와 줄리엣>을 모델로 삼아 만든 것으로 기호 간 번역의 예이다. 아니면 길거리의 교통신호 체계나 위험 표지물을 해석하여 기호로 표현한다면 이것 역시 기호 간 번역으로 볼 수 있다. 언어가 번역이란 한 언어와 다른 언어 사이에서 이루어지는 번역 형태로 가장 넓은 의미의 번역으로 야콥슨의 지적대로 언어 내 번역을 "바꿔 쓰기"라하고 기호 간 번역을 "변형"이라고 부른다. "바꿔 쓰기"는 "표현 바꾸기"와 같은 맥락으로 이해할 수 있다. 이처럼 언어 자체가 본질적으로 하나의 번역이기 때문에 어떤 텍스트도 완전히 독창적이라고 할 수 없으며 이를 거꾸로 뒤집어 놓아도 논리적으로 정당하다. 야콥슨이 지적하듯이, 다시 말해서 번역은 그 자체로서 독특하기 때문에 모든 텍스트는 동시에 독창적이다. 모든 번역은 어느 정도까지는 일종의 발명품이고 그 자체로 하나의 고유한 텍스트가 되는 것이다.
표현 바꾸기에 의한 큰 변화는 정보량이 증가하던지 감소하는 현상이다. 첨가, 풀기에서는 정보량이 증가하고 삭제와 요약에서는 정보량이 감소한다. 그리고 어휘 재배치와 대체에서는 관점(perspective)이나 언어역(register)의 변화가 발생한다. 그러나 표현 찾기가 인지비용을 요구하기 때문에 표현 찾기에만 집중하면 원문 분석에 문제가 발생할 수 있다는 점은 명심할 필요가 있다.

표현 바꾸기의 부정적인 효과는 응집성(coherence)의 결여를 들 수 있다. 이는 통역 능력과 연관성이라는 기준에서 볼 때 응집성 손실은 표현 바꾸기의 결과가 가장 통역 능력과 반비례 관계에 있기 때문이다. 그러나 이는 주관적인 구분과 기준에서 볼 때 그러하다는 것이다. 이를 어휘와 의미 그리고 화용 관점에서 명백히 지적하기란 어렵다.

표현 바꾸기를 활용하는 교수법

한국어 숙달, B 언어 숙달의 경우 하나의 내용과 메시지를 다양하게 표현할 수 있다. 다양한 표현에서 공통된 내용을 이끌어 낼 수 있으며 이를 통해 강의와 발표 실행을 통해 진행할 수 있으며 유사한 주제와 내용의 신문기사나 개별적인 자료를 활용하며 동의어 또는 유사어를 찾아 보게 하면서 체득할 수 있게 한다.

어휘나 어구를 대체하거나 첨가하고 삭제하는 바꾸기 활용을 하게하고 어절이나 문장은 첨가하고 삭제하거나 분리하며 연결하거나 재배치하도록 하고 능동태와 수동태를 바꿔보게 하거나 강조할 내용을 강조하게 할 수 있다. 단락을 두고 활용하려면 역시 첨가 삭제 분리 연결 재배치 요약하기 풀어서 말하기 활용을 통해 교수할 수 있을 것이다.

표현 바꾸기의 유형을 표층적으로 살펴보면 다음과 같다.

1) 대체: 하나의 어휘, 어구, 어절이 같거나 비슷한 의미의 어구, 어휘, 어절로 대체되는 경우이다. 이때 어휘가 어구로, 어절이 어휘로 바뀌는 등 언어단위가 변화할 수 있다. 이 경우 명사구가 대명사로 대체되는 경우까지 포함한다.

ex) an economic losses → a financial damages/ losses
(어휘/어휘, 어구/어구, 어절/어절)
It is planning to deploy a new missile.
→ The deployment of a new missile was imminent.
(어휘/어구, 어휘/어절, 어구/어절)

2) 재배치: 어휘, 어구, 어절의 순서가 바뀌는데 이 경우 필연적으로 문법적 변화가 발생하고 수동태와 능동태가 바뀌지는 경우가 많다.

ex) The research team has created an artificial bacteria-eating virus.
→ An artificial bacteria-eating virus has been created by the research team.
(문장이 재배치가 이루어짐)

3) 첨가: 최소한 어휘 이상의 언어 단위가 추가된다.
ex) a missile → an intercontinental ballistic missile

4) 삭제: 최소한 어휘 이상의 언어 단위를 없앤다.
ex) It reported on Tuesday that... →It reported that ......

5) 분리: 복합문의 어절이 독립된 문장으로 분리된다. 언어단위가 바뀌지고 어구에서 문장으로 독립되어 대체되고 분리될 수 있다.
ex) "자동차가 중심을 잃고 다리 아래로 추락했다"
→ "자동차가 중심을 잃고 폭발음과 함께 다리 아래로 굴렀다."

6) 연결: 두 문장이 한 문장으로 연결된다. 역사 언어 단위가 바꾸고 문장에

서 어구로 바뀌어 통합되는 대체와 연결형이 있을 수 있다.
ex) 그는 술을 마셨다. 취해서 넘어졌다. → 술에 취해 넘어졌다.

7) 요약하기: 요약하기는 내용을 축약하는 행위로 부분적으로는 내용을 삭제하거나 어절을 어구 같은 작은 단위로 바꾸는 표층적 변화가 일어날 수 있다. 단락 이상의 큰 언어단위에서 발생하는데 해석이 더해지는 경우이다. 표현 바꾸기는 표층적인 경우(1-6번)로 일어날 수도 있지만 원문의 내용을 요약하거나 풀어서 말할 때 이런 심층적 표현 바꾸기가 발생하게 된다(7-8번).

8) 풀기: 내용을 풀어서 표현하는 행위로 부수적인 내용을 추가하거나 작은 언어 단위를 큰 언어 단위로 대체하는 표층적 변화가 일어날 수 있다. 이때 해석이 추가되고 큰 언어 단위에서 주로 발생한다.
ex) However, all the management advancements like prioritizing infrastructure...
관리 자체를 우리가 보다 더 효율성을 높일 수가 있는데, 예를 들어 인프라 자체를 보다 효율성을 높이게 만들 수 있고...

15.7. 문장의 정보처리 이론과 통역 교수법

동사는 한 문장 내에서 주어나 목적어의 지위를 갖는 명사구에 의해서 지칭되는 객체나 개념들이 서로 어떤 관계에 놓여있는가를 보여준다. 동사가 문장 내에서 주어와 목적어의 자리를 배정하는 역할을 한다는 말이다. 동사는 시간적인 틀, 부정의 표시, 화자와 청자의 관계와 메시지를 구성하는 정보를 담고 있어서 문장 구성의 핵심적인 역할을 한다. 이런 점에서 문장 단위의 정보처리(sentence processing)를 연구하는 언어학자(psycholinguist)들 가운데는 문장의 틀을 결정하는 동사에 주목하고 있다.

동사의 정보가 문장 전체의 구조를 파악하는 데 중요한 역할을 한다면, 동사에 관한 정보를 빨리 접수할수록 그만큼 빨리 문장의 틀을 예측할 수 있기 때문에 문장의 정보처리에 신속을 가져올 수 있다. 문장의 서두에서 동사의 정보를 입수함으로써 그 뒤에 이어질 문장의 구조를 비교적 쉽게 예측할 수 있다. 한국어의 경우 동사가 문미의 나타나고 주어나 목적어의 역할을 하는 명사구들의 위치가 자유롭게 바뀔 수 있으며 주어나 목적어가 종속절에 속한 것일 수도 있어서 문장 서두의 정보만으로는 전체 문장의 구조를 판단하는 것이 상당히 어려운 실정이다.

15.7.1 Head-driven Model 가설

이에 따르면 청자는 문장의 구조에 대한 판단은 해당 구조의 머리에 대한 정보가 입수 될 때까지 유보된다. 문장의 경우에 머리에 해당하는 동사에 관한 정보가 입수되어야 전체 문장의 구조를 판단할 수 있다.

15.7.2 Serial, Full-attachment Model 가설

청자가 머리에 관한 정보가 입수되기 이전이라도 이미 입수된 정보만으로 문장의 구조를 판단하는데 여러 가지 구조가 가능한 경우 이곳에 표시하고 위치를 정해 두었다가 첫 번째로 판단한 구조가 틀린 것으로 드러나면 표시한 위치로 다시 돌아가서 다른 문장 구조를 만들어 간다. 이 경우 문장 서두의 언어적 정보만으로 전체 문장의 구조를 예측하는 것이 매우 어렵다는 것을 알 수 있다. 한글의 경우가 그렇다.

그러나 한글의 동사가 문미에 나타나서 겪는 문장 정보 처리의 어려움은 일반 대화에서는 큰 문제가 되지 않는다. 그런 어려움은 일단 동사에 관한 정보가 입수되면 모두 해소되기 때문이다. 문장 전체에 대한 정보처리를 동사가 나타날 때까지 미루든 아니면 순차적으로 여러 다양한 문장의 구조를 테스트하면서 병렬적으로 처리해 나가든 동사가 입력되면 모든 문제는 해결된다. 초기에 문장의 구조를 잘못 예측했다고 하더라도 궁극적으로는 올바른 구조에 도달하기 때문에 해석의 오류로 연결되지는 않는다.

반면에 동시통역의 경우, 문장 구조를 잘못 판단해 통역해 버리면 통역의 오류로 이어진다. 입을 통해 토설된 말은 주어 담을 수 없게 되기 때문에 오류를 방지하기 위해서는 문장의 머리가 되는 동사가 나올 때까지 듣고 통역하는 것이 안전하다. 그러나 긴 문장의 경우 예측하는 것은 더욱 더 어려워진다. 동사가 한두 마디 뒤에 나올 수 도 있겠지만 반대로 수십 마디 뒤에 나올 수 도 있다. 그렇기 때문에 동사가 나오기를 무작정 기다리다보면 통역을 해야 할 정보가 쌓이게 되고 문장의 초기 정보를 가지고 전체 메시지를 예측하기가 어려워지고 통역의 오류로 연결되어질 수 있다.

15.7.3. 한영간의 branching direction 차이

한영의 어순과 정보 배열의 차이는 머리를 중심으로 절이나 구가 나오는 방향(branching direction)이기 때문에 기본적으로 영어는 head가 중심으로 오른쪽으로 배열되는 right direction이지만 한글은 왼쪽으로 배열되는 left-branching이다. 이런 branching direction의 차이로 인해 청자의 입장에서 보면 영어에서 절이나 구의 head에 담긴 정보를 먼저 입수하게 되지만 한글의 경우는 문미여서 반대이다.

a. 영어의 동사구

영어에서는 정보가 먼저 주어지기 때문에 이는 뒤에 나오는 문장의 구조와 내용의 범위를 제한하는 역할을 하여 문장의 예측 가능성이 상대적으로 높다.

Clearly, he decided to trade away its nuclear program for diplomatic and economic gains.(그는 외교 경제적 이득과 그들의 핵개발정책을 맞바꾸기로 결정했음이 분명하다.)

→ 동사구(to trade away its~~)의 head에는 has decided 동사가 먼저 나와 있다. 이를 통해 틀을 구성할 수 있는 정보를 먼저 입수한 후에 그 틀에 구체적인 내용을 메워가는 식의 정보처리가 이루어진다.

b. 한국어 동사구

'결정했다'는 구체적인 내용이 문미에 주어지고 청자는 구체적인 내용을 기억 속에 담고 있거나 이를 토대로 문미에 주어지는 틀을 점차적으로 구성해 나가는 식의 정보처리가 이루어진다. 정보와 관련하여 틀에 관한 정보가 문장의 말미에 오기 때문에 문장의 서두에서 주어지는 정보를 바탕으로 예측할 수 있는 문장의 내용이 불확실하다.

ex) "그는 외교 경제적 이득과 핵개발 정책을 맞바꾸기로 했음이 분명하다."
*..... 맞바꿀 것인지 알 수 없다.

..... 연관시킬 가능성이 높다.
...... 연계시킬 가능성이 희박하다

이 경우 문장이 긍정인지 부정인지 예측하기 어렵다는 것이 문제이다. 더 나아가 한글이 주절이 아니라 종속절로 귀결 될 수도 있다는 지적이 있을 수도 있다.

가령 '그가... 결정했다'는 부분만 들으면 그 내용이 공지된 사실 (established fact)로 착각할 수 있다. 이처럼 한글의 가변성과 예측성의 결여는 통역의 걸림돌로 작용한다.

c. 관계절을 중심으로 한 branching direction
관계절의 경우에도 영어와 한글은 절의 머리를 중심으로 하는 정보배열의 방향이 정반대이다.

> ex) 홍수나 가뭄과 같은 기상이변과 낙후된 농업구조가 결합되어 야기된 기아사태
> the scourge of famine in NK which has been caused by a combination of climatic hardships such as floods and droughts and an efficient agricultural industry.

관계절 머리는 '기아사태'와 'scourge of famine'이 머리를 중심으로 이를 수식하는 정보는 완전히 반대로 배열되어 있다. 청자의 입장에서 보면 영어는 관계절이 머리가 먼저 주어지기 때문에 그 구조를 쉽게 파악할 수 있다. 전체 정보 가운데 앞의 20% 내외 정보만으로도 의미를 파악할 수 있다. 한글의 경우 90%를 모두 들어야 언어내용이나 구조를

파악할 수 있다. 그래서 예측 가능성은 떨어질 수밖에 없고 거의 불가능하다.

d. 구조적 정보배열의 차이와 영향

Branching Direction의 차이와 순차적 정보의 차이로 야기되는 문제는 영어의 절이나 구의 머리가 해당 구조의 서두에 나타나지만, 한글에서는 문미에 위치하고 있기 때문에 부자연스럽다. 통역을 하다 보면 입력되는 정보에서 머리 부분이 나올 때까지 기다리면 부자연스런 순간이 낳게 되며 통역이 순조로이 진행되려면 동사가 나와야 하는데 그렇지 못할 경우 부자연스런 침묵이 이어질 수밖에 없다.

> 통역 1:
> "현재 한국 경제는 1980년대 초에 석유 파동을 겪으며 마이너스 성장을 기록한 이래 가장 심각한 위기에 처해 있습니다."
> → Currently, the Korean economy in the early 1980s, it experienced negative growth due to oil shocks. And it's now facing the most serious crisis since then.
> → Now, the Korean economy... since it recorded negative growth due to oil crisis in the early 1980s/ is facing the gravest crisis.
> → Currently, the Korean economy... is facing the most serious crisis since the early 1980s when it suffered negative growth due to oil crisis.

이상에서 보는 바와 같이, 하나의 문장을 다르게 통역이 되는지를 알 수 있다. 짧게 분절하여 pause 없이 통역되는 경우도 있고 반대인 경우도 있으며 응집력에 있어서도 차이가 있어 보인다. 한국어의 동사가 문미에 위치하는 점을 고려할 때 동사에 관한 정보가 접수될 때까지 pause 길어질 수도 있다.

16. 오역 가능성 분석

언어 구조적인 차이로 통역 지연 시간이 해결될 수 있다면 좋겠지만 주어 동사의 사용이 다른 환경이기 때문에, 또 주어진 문장이나 내용에 관한 최종적인 정보가 문미에 나오기 때문에 통역의 지연을 극복하기 위해서는 상황적 문맥적 정보를 모두 동원해서 예측 가능한 통역을 해야 한다. 그렇게 해야만 제대로 된 통역이 가능하고 구조적인 오류와 오역의 가능성은 상존하지만 집중하다 보면 연사 또는 발화자가 발화하고자 하는 정보가 주어지기 전에 먼저 정보를 예측하는 것도 가능하게 된다. 오역이 발생할 수 있는 가능성을 몇 가지 구분으로 살펴보기로 하자.

16.1. 동사의 시제에 관한 정보를 잘못 예측한 오역의 가능성

동사에 관한 정보가 입력되지 않는 상태에서 동사 시제에 관한 오류를 범할 가능성이 있다. 문맥이나 연설의 상호 전후 관계를 동시에 파악하지 않으면 이런 오류가 발생할 수 있다.

> ex) 선진국들의 다양한 정책경험과 정보를 바탕으로 한 건설적인 비판과 발전적인 대안을 받게 될 것을 기대하고 있습니다.
> → We have been able to gain the policy information and experience and positive and constructive opinions and advice from the advanced nations.
> "발전적인 대안을 받을 것으로 기대하고 있습니다."라고 한 말이 "받을 수

있었다."라고 통역이 되어 정확한 시간적인 틀을 벗어난 오역을 하게 된 경우다.

16.2. 문장 전체의 틀로 인한 오역의 가능성

문장의 종속절이 주어와 따로 분리되어 통역될 경우에 오역의 가능성이 발생할 수 있다.

    ex) "최근 한국은 사회 경제적으로 비약적인 발전을 해 온 대표적인 국가 중의 하나라는 인정을 받고 있습니다."
    → Recently Korea has undergone rapid changes socially and economically. And this is widely recognized overseas.

위의 경우 한국은 '…의 나라들 가운데 하나'라는 독립된 문장으로 통역된 경우이다. 그러나 원래 의미는 한국이 '…나라로 인정받고 있다'가 되어야 하는데 단정적인 메시지로 통역이 되어 오역의 가능성이 발생하고 있다.

16.3. 머리 부분을 잘못 예측하여 발생하는 오역의 가능성

본문의 정보와는 달리 머리 부분의 내용을 단정적인 정보로 예측하여 발생하는 오역의 가능성이 있다.

    ex) "이런 세계적인 변화는 새로운 사고의 틀을 요구한다!"
    한국에서는 아직도 자신의 이익에만 집착하여 작은 일을 놓고 갑론을박을 하는데 정신이 팔려 있는 사람들이 나라를 주무르고 있습니다.

→ In Korea, people are preoccupied with self-interests and squabble over petty things. Such people are leading the nation.

　주어진 문장의 주어는 '사람들'이어야 하는데 '사람들'의 개념은 지도자들을 말하지만 실제로 통역된 내용을 보면 일반 국민들이 나라를 잘못 이끌어 가는 것처럼 전달되어지는 오역이 발생한 것이다.
　한국어와 영어는 절이나 구의 해당 구조가 뻗어나가는 Branching Direction이 정반대이다. 그렇기 때문에 정보처리 과정을 보면 구나 절의 머리가 먼저 주어지기 때문에 문장 구조를 미리 예측하기가 어려운 것이 현실이다. 특히 한글의 경우 문장의 서두 정보만으로 전체 메시지를 예측하기란 더 어렵다. 그러나 우수한 통역사의 경우 논리적 흐름 배경지식 상황적 틀을 예측하고 종합적인 분석을 통해 정보를 취하고 분석하여 이를 활용할 수 있어야 한다.

17. 발화 오류에 대처하는 동시통역 교수법

　일상생활에서 사용하는 불완전한 인간이 사용하는 음성언어와 문자언어는 서로 구분된다. 글로 표현되는 문자언어는 문법과 어휘의 규칙을 고려할 시간적 영유가 충분하지만 말로 하는 음성언어는 시간적 여유가 부족하여 상대적으로 많은 오류를 낳게 된다. 그런 의미에서 말은 글보다 더 불완전하다.
　그러나 통역의 목적은 연설자가 '한 말'을 반복하는 것이 아니라 연설자가 '말하고자 하는 바'를 청중에게 이해시키는 데 있으며, 이때 '말하고자 하는 바'를 청중에게 이해시키기 위해서는 화자의 말을 단순히 출발어의 어휘와 도착어의 어휘를 짝지기 하는 것이 아니라 출발어의 의미를 유지한 채 의미를 훼손하지 않는 상태에서 도착어로 변환 시켜야 한다.

그렇기 때문에 통역사는 발화자가 발화상의 오류가 있어도 이를 바로 잡아 통역해야 한다. 동시통역의 경우 시간적인 한계 때문에 어려움이 더 크다. 따라서 발화과정에서 나타나는 오류를 통해 동시통역 교수법의 방안을 강구하는 과정이 필요해 보인다.

모든 언어 조직에서 말의 오류가 발견되는 것은 당연하지만 흔하게 망설임(hesitation)과 휴지(pause)를 포함하고 있다. 오류의 형태는 발화 시 대개 음운적 오류, 어형적 오류 그리고 어휘적 오류로 구분된다. 이를 더 세분화하면 어순의 오류와 문맥적인 오류, 탈락, 첨가, 혼합, 교환과 같은 오류를 생각할 수 있다. 의미에 해당하는 발화 오류의 대표적인 경우는 발화자의 말을 생략하고 보충하는 경우이다. 어휘 사용상의 발화 오류는 문맥의 정확한 사용에 해당하며 통사적인 발화 오류는 문장의 성분에 관한 것들이다. 발화오류는 이처럼 화자의 발화의도를 정확히 이해하고 말한 것을 도착어로 반복하지 않고 말하고자 하는 바를 청중에게 이해시키는 것을 이해해야 한다.

통역사는 양방향의 서로 다른 신호를 받아들여 디코딩을 하여 메시지를 추출하고 이를 청자가 알아들을 수 있는 말로 인코딩을 하는 것이다. 그러나 이러한 일련의 과정은 오직 청자의 기억력이 뒷받침될 때에 가능하다. 통역은 엄청난 메모리를 필요로 하는 작업임을 쉽게 이해할 수 있다. 이러한 기억력에 부하가 걸리면 통역사는 전달 장치로서의 역할을 감당하지 못하며 결국 화자와 청자의 대화는 절단된다. 이러한 통역사의 역할과 정보처리 과정을 종합하면 다음과 같다.

```
                    Input  →  Decoding
                                 ↓
                                                    Knowledge Base
     Language ability        Message(Memory)
                                 ↓
                    Output  ←  Encoding
```

위의 도표는 Caroll의 정보처리 모델을 통역사의 기능과 합하여 제시한 것이다. 기본으로 통역사는 화자의 출력물을 입력부로 하여 처리과정을 통해 청자를 한 출력부를 만드는 역할을 한다. 여기서 핵심이 되는 것은 도표의 안에 치한 Decoding, Message, 그리고 Encoding이지만 Message가 가장 중요하다. 동시통역의 경우 1-5, 그리고 순차통역의 경우는 심지어 5분 정도까지도 기억을 하고 있어야 한다. 물론 실제로는 모든 내용을 이미 다 알고 있을 수는 없다. 따라서 통역사가 하는 모든 정보가 다 구정보(old information)는 아니다. 국제회의나 세미나, 워크샵 등은 새로운 정보를 만들어 내는 모임이기도 하기 때문이다. 그러나 우선 은 이러한 경우에도 구정보를 활용할 수 있어야 한다. Seleskovitch (1979: 48)는 통역사를 한 조언에서 통역을 하는 사람이 제일 시하여야 할 것은 이미 알고 있는 지식을 원용하는 것(reference to pre-existing knowledge)임을 힘주어 강조 한다. 즉, 기존에 알고 있는 지식과 연계하여 새로운 지식을 받아들일 때 그 정보에 한 기억보유력(memory retention)이 그만큼 지속될 수 있는 것이다.

출력한 재구(Encoding)와 관련하여 통역의 메커니즘에서 세 번째 요소는 디코딩을 통해 악하고 머릿속에 기억되어져 있는 메시지를 청이 들을 수 있는 언어로 재구성하는 것이다. 여기서의 재구성(Restructuring)은 Nida(1964)가 번역을 설명하면서 사용한 용어로 입력 부 언어를 출력부 언어로 재구성 한다는 것이 아니다. 이와 같은 verbatim translation에 하여서는 이미 앞부분에서 이야기한 바 있다. 재구성이란 입력부의 언어를 분석하여 그 안에 담겨 있는 내용을 뽑아 낸 후에 그 내용(메시지)을 출력 언어로 표하는 것이다.

입력을 처리하는 과정에서는 청자의 역할을 하던 통역사는 이제 화자의 역할을 하여야 한다. 화자의 역할은 한마디로 내용을 잘 전달하는 것이다. 즉, '내용'과 '달'이라는 두 가지 목을 동시에 수행하여야 한다. 이러한 차원에서 볼 때 좋은 출력의 조건은 다음의 기에 부합하여야 할 것이다.

좋은 출력의 조건: a) 충실성(faithfulness), b) 간명성(succinctness),
c) 자연성(naturalness), d) 성(relevance)

충실성은 내용에 한 것이며 나머지 셋은 전달조건이라 할 수 있다. 충실성을 오해하여 문법인 충실성으로 생각하면 안 된다. 통역사가 다루는 것은 연사가 하고자 하는 내용이지 연사가 선정한 특별한 문법구조가 아니다. 연사의 말을 듣고 이해한 통역사는 이제 그 자신이 연사가 된다. 연사의 제1의 조건은 자신이 하고자 하는 말을 충실하게 달하는 것이다. 생략으로 인해 내용에 손상이 간다면 통역사의 본유의 기능인 communication moderator로서의 역할을 담당할 수 없다. 연사가 내용을 모르고 있다면 그만큼 그 부분에 담력이 떨어질 것이므로 충실성이란 실제로 그 분야의 전문지식을 주제로 하는 것임을 알 수 있다. 통역사는 자신이 이해한 만큼 남을 이해시킬 수 있을 것이다. 듣고 이해하여 말하기 보다는 이미 이해하고 있는 내용을 들어서 전달하는 것이 더욱 충실한 출력물을 만들어 내는 방법이라는 것이다. 둘째로 출력물은 투명하고 간결하여야 한다. 대체로 우리가 통역을 하고자 하는 연사는 숙달된 연사가 아닌 경우가 많이 있다. 입력부에 문법인 오류가 생기는 경우도 있고 미리 비한 문어체의 복잡한 구문을 사용하기도 하겠지만 통역사는 그 말을 꿰뚫어 의미파악을 하고 이를 간결하고(simple) 분명하게 (clear)해야 한다. 이 부분은 언어능력이 주제되는 것이다.

이를 하여 출력물을 간명하게 만드는 훈련이 끊임없이 필요하다. 자연성은 입력언어를 모르는 사람들이 자연스럽게 출력언어로 이해할 수 있도록 해야 한다.

직역체의 문장, 번역문투 등은 청에게 부담을 주게 되며 그만큼 달력이 떨어진다. Seleskovitch(1978: 98)는 통역사가 사용하는 언어는 원칙으로 입력부의 언어와 무관하다(what the interpreter says is, in principle, independent of the source language)고 한다.

이는 입력부의 언어형식으로 인해 부자연스러운 출력을 만들어 내는 것을 하고 오직 연사의 내용을 자연스럽게 달할 수 있어야 한다는 것이다. 성은 배경지식에 한 것이라 할 수 있다. 실제 통역장소에서 특별히 문장구역이나 동시통역에 있어 입력부의 언어가 부정적인 영향을 미치는 경우를 많이 본다.

Agrifoglio(2004: 52-54)는 통역사의 오류를 의미 오류와 표 오류로 나누어 보고 실제 통역사를 통해 실험을 한 뒤에 입력언어로 방해를 받는 경우는 문장구역 - 동시통역 - 순차통역의 순서로 나타나며 의미 오류는 그 역순으로 나타나는 경우가 있다.[17]

연사의 발화와 지각에 대한 이해는 상호 밀접한 관련이 있다. 왜냐하면 우리는 이해를 바탕으로 말을 지각하고 지각을 바탕으로 이해하기 때문이다. 단기 기억장치에 저장된 출발어의 의미가 장기 기억장치에 저장된 도착어의 통사정보, 의미정보 및 문맥 정보를 이용하여 도착어로 기호화(encoding)하는 과정을 통해서 바꿔 쓰기(paraphrase)인 도착어로 생성된다. 이 과정에서 필수적인 요건은 기본 개념인 의미층위가 훼손되지 않는 상태에서 도착어가 생성되어야 한다는 점이다. 그러나 지각과정과 이해 과정은 거의 동시에 작용한다. 따라서 시간적으로 제한을 받고 있는 통역사의 경우 애매하고 불분명하게 들리는 말이라도 문맥을 통해서 정확한 의미를 잡아내고 전달할 수 있다. 이런 발화 오류에 대한 정확한 이해는 통역의 질과 밀접한 관련이 있다. 따라서 발화 오류가 발생하

---

[17] 오늘날 기억과정으로 대표적 학설은 이단계설이 있다. 인간의 기억은 단기기억(short term memory)과 장기기억(long term memory)으로 구성되어 있다. 인간이 수용한 감정적 정보는 일단 단기기억에 따른 처리를 받고 단기기억은 파지(retention)시간이 짧고 기억용량이 적으며 그 조작이 단순하다. 단기기억 능력의 한계는 Miller에 의하면 [7±2]라는 공식에 의해 설명된다. 언어의 경우로 환산하면 귀나 눈으로 수용된 단어들을 다섯에서 아홉 개까지의 길이로 잘라서 처리하게 된다는 것이다. 이 과정에서 장기 기억 안에 저장된 기존의 정보나 지식이 동원된다. 이렇게 단기기억 과정에서 처리된 정보는 장기기억 내부에 있는 기존의 언어적 정보와 지식 등이 총동원되지만 농축된 의미의 형태로 처리가 끝난 그 결과는 곧 장기기억부로 이송하고 파지된다. 따라서 이들 두 기억 과정에는 최소한 두 개의 회로가 열려있는 셈이다.

청각 정보 → 단기기억 → 장기기억
　　　　　　　↕　　　　　　↕
　　　　　└　↔　　　　↔　┘

더라도 문맥과 통역사의 지식을 활용하여 발화자의 의도를 정확히 파악하는 것이 중요하다. 그 다음으로 중요한 것은 동시통역을 수행하면서 정보의 예측, 뒤따라가기, 축약이나 연사보다 더 빠른 속도의 발화와 같은 다양한 기능이 있다. 이 가운데서 정보의 예측과 뒤따라가기는 무엇보다 더 중요하다. 시간적인 제한을 극복하려면 정보의 예측은 듣기와 말하기를 동시에 수행하는데 매우 큰 역할을 하고 발화오류를 극복할 수 있는 좋은 지침이 될 수 있다.

'뒤따라가기'는 통역이 시작되는 순간과 통역 과정을 포함하여 통역사가 연사보다 어느 정도 뒤쳐진 상태에서 연사의 발화 전개에 따라 통역하는 경우로, 이는 통역 단위를 정확하게 파악하고 통역을 하기 위한 수단이다. 뒤따라가기에서 연사의 속도가 1분에 100단어에 이를 경우 통역사는 대개 7단어 정도와 시간적으로는 2-3초 여유를 두고 연사를 뒤따라가며 통역하는 것이 일반적이다. 통역사가 출발어나 도착어에 대해 능통하더라도 회의나 연설의 주제에 대한 지식이 부족하면 통역이 원만할 수 없다. 그렇다고 주제 지식이 전문적인 수준일 필요는 없고 주제 내용을 이해할 수 있을 정도면 논리적인 전개가 가능하다. 연설문의 주제 지식이 있을 경우 화자가 발화오류를 범해도 이를 바로 잡아 정확하게 전달할 수 있는 능력이 마련된다.

18. 노트테이킹(Note Taking)을 통한 통역 교수법

순차 통역을 하는 통역사들은 대개 화자가 하는 말을 자기 나름의 방법으로 메모를 하는데 이를 노트테이킹(note taking)이라고 하고 노트테이킹을 하기는 하지만 이를 거의 활용하지 않고 전적으로 자신의 탁월한 기억력에 의존해서 통역을 하는 통역사도 있다.

이런 통역사들은 집중력과 기억력이 뛰어난 사람들이다. 그런데 일반적으로 말해서 순차통역을 할 때 노트테이킹을 참고하는 정도나 빈도는 통역사의 그날그날의 컨디션이나 통역해야 할 주제에 따라 다르다. 통역사들의 노트테이킹은 속기사들의 '속기'와는 전혀 다르다. 속기란 소리를 받아 적는 것이다. 하지만 순간적으로 분석종합능력을 요하는 통역과정에서 한 언어를 듣고 그것을 다른 언어로 바꿔 그 뜻을 표현하는 것은 불가능하다.

통역을 하는 동안에는 그 정도의 물리적 시간조차도 주어지지 않기 때문이다. 통역사들의 노트테이킹이란 화자 말을 분석하여 통역사 자신이 나중에 알아볼 수 있도록 간편한 기호나 축약된 약어를 사용하여 메모를 하는 것일 뿐이다. 통역과정은 세 단계로 나눌 수 있다. 첫 번째 단계는 듣는 단계, 즉 내용을 이해하는 단계이다. 그리고 두 번째 단계는 뜻을 파악해서 기억하는 단계, 즉 내용 전체를 분석하고 종합하는 단계이다.

마지막으로 세 번째 단계에서는 이렇게 자신의 머릿속에 분석, 종합된 내용을 청중들이 알아듣기 쉽도록 표현하는 단계이다. 즉, 커뮤니케이션 행위가 일어나는 단계인 것이다. 이렇게 통역과정을 세 단계로 나누어볼 때, 노트테이킹은 통역과정의 한 단계는 아니고, 그저 분석한 내용을 쉽게 기억하게 해주는 보조 작업 정도라 할 수 있다.

1. 발표 내용을 계속적으로 주의 깊게 들어야 한다.
2. 연사가 말하는 단어를 일일이 받아 적지 말고 그 의미를 메모해야 한다.
3. 연사의 말을 집중해서 듣는 데 방해가 되지 않도록, 들었을 때 맨 처음 떠오르는 단어나 기호를 적는다. 어느 언어로 기록하는 것이 좋다는 정해진 규칙은 없으므로 내용을 쉽게 상기시킬 수 있는 것이면 어느 것이든 상관없다.
4. 노트테이킹을 할 때에는 수평으로 하지 말고 되도록 수직으로 하여 내용의 흐름이 한눈에 들어오도록 기록한다. 한 아이디어에서 다른 아이디어로 내용이 바뀌면 횡선을 그어 내용의 전환을 분명히 표시한다.
5. 내용의 뉘앙스를 잘 살려서 적도록 한다. 미묘한 뉘앙스를 모두 기억하기란 쉬운 일이 아니므로 어떤 형태로든 표시를 해놓을 필요가 있다.
6. 자주 사용되는 단어는 기호나 약어로 표시할 수 있다. 그렇다고 해서 막상 통역할 때 도움이 되기는커녕 혼란만을 초래하는 '불가사의한 언어'를 만들어내지는 말아야 한다.
7. 열거되는 내용이나 고유명사, 숫자는 반드시 정확하게 받아 적어야 한다.

1) A언어

a. 국제회의통역사협회 AIIC 규정에 따르면 "통역사의 모국어(또는 모국어와 동일한 수준언어)로서 순차 통역이나 동시통역의 경우 모두 다른 통역 언어를 출발어로 할 때 도착어가 된다."

b. C. Thiery에 따르면 "모국어란 환경의 의해 자연 습득되는 것이지 교육으로 얻어지는 것이 아니다. 언어와 자연 습득 능력은 사춘기를 기점으로 소멸된다."

c. D. Seleskovitch에 의하면 "모국어 경우에는 자신의 생각에 언어를 맞추고, 외국어 경우에는 자신의 생각을 언어에 맞춘다."

2) B언어

a. A.I.I.C. 기준에 따르면 "능동(active)언어로서 모국어는 아니지만 의사 전달을 완벽하게 할 수 있는 언어이다." "일부 통역사는 순차·동시통역 모든 경우에 이 언어로 통역을 하지만 일부의 통역하는 순차나 동시 중 한 방식에만 사용한다."

b. D. Seleskovitch에 따르면 "표현 언어로 사용되며 모국어로는 볼 수 없는 언어이다."

3) C언어

a. A.I.I.C. 기준에 따르면 "수동(passive) 언어로서 통역사의 표현 언어로 사용되지 않으며 완벽히 이해하는 언어로써 듣고 능동 언어로 통역한다."

b. D. Seleskovitch에 의하면 "표현보다는 단어, 문장 구성, 숙어의 뜻을 이해하는데 집중적으로 노력을 해야 하는 언어이다."

통역사에 따라서는 B와 C언어가 한 가지 이상이기도 하나 A언어, 즉 모국어의 경우에는 거의 대부분 하나이다. 간혹 A언어가 둘인 사람이 있는데 이런 경우를 'true bilingual'이라 표현한다. 노트테이킹은 일차적으로 순차통역에서 매우 중요한 기법중의 하나이다. 순차통역은 대체로 두 가지의 모드로 진행이 된다.

   (1) Two Modes of consecutive interpretation
   a) Continuous

In the continuous mode, the interpreter waits until the speaker has finished the whole sentence, and delivers the interpretation.
b) Discontinuous
In the discontinuous mode, the interpreter delivers the interpretation after pauses in the source language speaker's message.

(1a)와 같은 연속모드에서는 노트테이킹이 그리 중요한 부분을 차지 하지 않는다. 대체로 연사의 문장을 받아서 같은 어조로 같은 시간을 들여 바로 출력을 만들어 내기 때문에 기억에 의존하여 통역업무를 수행 할 수 있다. 하지만 불연속 모드의 경우는 그렇지 않다.

대체로 연사가 짧게는 5분에서 10분 또는 15분을 연설하는 동안 그 내용을 받아 메모해 두었다가 연사가 쉬는 사이에 이를 청중에게 통역해 주는 형태를 말한다. 이러한 경우 통역사에게는 지구적인 기억력 (retentive memory)이 무엇보다도 필수적인 요인이지만 온전히 기억력만 으로는 통역수행을 감당하기에는 역부족이므로 기억력을 도와줄 수 있 는 노트테이킹 기법이 무엇보다도 절실히 요구된다.

노트테이킹에 대하여 AIIC는 다음과 같이 정의한다.

> Note-taking is an essential element of consecutive interpreting. It consists of noting on paper the logic and structure of a speech in order to help the interpreter remember the contents of the speech. Note-taking is a singularly individual exercise: some interpreters use a lot of symbols, while others prefer drawings and still others restrict themselves to certain words. The amount of detail noted down also varies considerably, as does the choice of notepad, the language in which the notes are taken, etc.(http://www.aiic.net/glossary/default.cfm?ID=133)

여기에서 설명하는 노트테이킹은 기본적으로 순차통역을 위한 것으로 통역자의 기억을 도와주도록 연설문의 논리와 구조를 종이에 적는 것으로 설명하며 이러한 기법은 개인적인 차이가 많이 있는 것으로 설명한다. 이러한 설명이 옳기는 하지만 여기에는 몇 가지 첨언해야 할 점이 있다. 우선 노트테이킹이 단지 순차통역에만 필요한 것은 아니다. 심지어 동시통역을 할 때에도 노트테이킹은 동시통역의 질을 월등히 높일 수 있는 방법으로 사용된다. 동시통역은 이인 일조가 되어 부스를 이용하여 통역을 하는 것이다. 이때에 두 통역사 간의 교감은 통역의 성패를 좌우하는 매우 중요한 요인이다. 한 사람이 통역을 하고 있을 때 나머지 한사람은 단지 자기차례가 오기를 기다리고 있는 대기자가 되어서는 매우 곤란하다. 실질적으로 현장에서 통역을 하면서 느낀 바이지만 통역사가 서로 알아 볼 수 있는 노트테이킹을 할 수 있다면 통역을 수행하는 사람으로서는 매우 큰 도움을 받을 수 있다. 특히 숫자나 인명 지명 등의 고유명사는 순간포착에서 실수가 생기기 쉬운 부분이다. 이때에 옆에 있는 파트너의 노트를 참고하면 통역의 질은 놀랍도록 향상될 수 있다. 이러한 노트테이킹의 중요성은 실제로 많은 훈련생이나 교육자들이 간과하던 부분이다. 이 점을 감안한다면 노트테이킹의 기법을 개인적인 역량개발로만 정의하여서는 안 된다. 훈련생들이 서로 교감할 수 있는 노트테이킹 기법을 개발하는 것이 매우 중요하며 필요에 따라서는 전체 훈련생이 동일한 노트테이킹 기법을 익히는 것이 유익함을 알 수 있다. 또한 노트테이킹은 통역만을 위한 것이 아니다. 통역사는 통역현장에서 배운 가장 첨단의 지식을 단지 전달하고 끝나는 것이 아니라 이러한 장소를 학습의 장으로 이용하여야 한다.

Seleskovitch(1978: 65)의 관찰을 살펴보자:

> Knowledge is acquired during the course of meeting. Every time the interpreter works at a conference, every time he tackles a subject, he learns something new. The more experienced he is in the mental exercise of analysis, the more quickly he assimilates the kind of information which will facilitate his task.

통역사는 배우면서 통역을 진행한다. 이러한 학습은 통역사의 자질중의 하나로 판단되는 무궁한 호기심(insatiable curiosity)을 자극하며 충족하는 배움의 장이라는 것이다. 통역사의 노트테이킹은 바로 이러한 학습의 무기인 것이다. 이러한 관점에서 볼 때 노트테이킹이란 단지 현장에서의 기억력을 보완해 주는 장치만은 아닌 것이다. 이러한 측면을 고려할 때 노트테이킹의 체계적인 학습은 현직 통역사나 통역사 지망생에게 매우 중요한 과제이다.

이제 노트테이킹의 정의와 중요도를 인식하면서 이러한 메커니즘이 통역사와 어떠한 관계에 있는지 살펴보기로 하자. 노트테이킹은 기억 도우미 또는 기억을 위한 '목발'이라는 clutch 역할을 하는 것이다. 그러나 노트테이킹만 잘 해서 좋은 통역이 절대로 이루어질 수 없고 다만 이 노트테이킹을 잘 해서 제대로 활용할 때 통역의 수준이 높아진다는 것을 알 수 있다. 그러면 여기에서 우리가 구분해야 하는 것은 노트테이킹은 속기나 부호로 바꾸어 적기가 아니라 우리가 발화되는 연사의 연설을 통역사가 대상 독자, 즉 새로운 통역 청중에게 전달하기 위해서 자신이 일차적으로 이해한 내용을 간단히 적는 것이다. 이때 적는 것 자체가 목적이 아니라 적은 것을 통역 과정에 실제로 활용할 수 있도록 들은 내용을 효과적으로 기억해낼 수 있도록 도움이 되는 방식으로 적는 것이 중요하다. 프랑스의 통역 이론가인 띠에리의 3박자 이론을 보면, 통역 과정을 세 가지 행위로 나눈다. 제1박 또는 강박, 제2박 또는 중간박 그리고 제3박 또는 약박 이렇게 세 가지 행위가 합쳐져서 완성되는 것이 통역이라고 했는데 이때 제1박 또는 강박이라고 하는 것이 가장 중요한 박자이고 제2박이라는 것은 그것보다 중요성이 떨어지는 것, 그 다음에 약박 또는 제3박이라는 것은 가장 중요성이 덜한 행위를 가리키는데 강박에 해당하는 것이 텍스트를 잘 듣고 내용을 이해하는 것을 꼽는 반면에 중간박이라는 것은 통역사의 실제 통역/발화를 말한다. 반면에 제3박 가장 중요성이 약한 약박을 바로 노트테이킹하고 이것을 실제로 통역에 사용하는 것으로 강조한다. 이 띠에리의 3박자 이론에서 통역을 할 때 가장 중요한 행위는 연사의 발화, 즉 연설을 제대로 집중해서 듣고 이해하는 것이며 이 과정에서 노트테이킹 하고 그 노트테이킹을 통역에 사용하는 것은 중요성이 가장 덜한 것으로 생각 한다는 것이다.

다시 말해 노트테이킹하는 것이 기본이 아니라 집중하여 듣기가 가장 기본이라는 것을 강조한다. 우리가 능동적인 행위와 수동적인 행위를 나누게 되면 능동적인 행위는 인간의 집중력과 순발력이 가장 많이 요구되는, 즉 에너지가 가장 많이 요구되는 활동이지만 수동적인 행위는 인간의 에너지를 상대적으로 적게 요구하는 행위이다. 그럴 때 능동적인 행위는 쓰기와 말하기가 되지만, 인간의 노력이 가장 적게 요구되는 수동적인 행위는 듣기와 읽기가 된다. 통역에서는 수동적인 행위라고 하는 듣기가 있고 능동적인 행위인 쓰는 것, 즉 노트테이킹과 말하기인 발화가 해당된다. 이 이론대로 가게 되면 능동적인 행위가 우리의 즉각적인 관심과 에너지를 끌어 모으기 때문에 잘못하면 노트테이킹과 실제 통역을 통한 말하기에 에너지가 집중하게 되고 상대적으로 듣기에는 노력을 게을리할 수밖에 없는 것이 되어 통역에서 실제로 가장 중요한 것은 수동적인 행위라고 여겨지는 집중하여 듣기이기 때문에 노트테이킹이나 발화에 상대적으로 에너지가 적게 가도록 의도적으로 노력하여 통제하는 반면에 집중하여 듣기에 에너지를 많이 써야 한다. 그래서 집중하여 듣기가 기본이고 가장 중요한 활동이므로 이를 중심으로 통역에 임해야 하는데 자칫 듣다가 또 들으면서 노트테이킹을 하다가 핵심을 놓치게 되면 일단 다시 핵심을 따라갈 때까지 노트테이킹을 그만두고 전체 에너지를 집중하여 듣기에다 쏟아야 한다.

반면에 주제에 대한 친숙도는 집중하여 듣기에 영향을 주고 배경 지식의 양도 문제가 된다. 통역사는 자신이 아는 만큼 들린다는 말이 있는 것처럼 똑같이 통역사가 해당 주제에 대해서 일반적인 배경 지식을 많이 알고 있을 때 또는 그 주제에 친숙하게 많이 접하고 있을수록 집중하여 듣기가 수월하게 느껴지게 된다. 그리고 동일한 연사가 발화를 하고 통역사가 익숙한 주제라고 해도 그 텍스트가 전달하고자 하는 정보량이 아주 많아서 열거가 많거나 아니면 집중적인 정보 제공이 많을 경우에 훨씬 더 집중하여 듣기의 효율은 떨어지기 마련이고 연사가 발화를 어떻게 하느냐 하는 발화 특징도 영향을 주는데 연사의 발음이라든지 발화 속도라든지 아니면 중간에 휴지를 얼마나 자주 주는지 이런 것에 따라서도 집중하여 듣기의 성과가 달라진다. 통역이 이루어지는 상황에 소음이 많이 들리게 되거나 아니면 통역사가 헤드폰을 끼고 통역을 듣게 되는데 헤드폰이나 마이크의 성능이 나쁘면 집중에 문제가 생긴다.

　노트테이킹은 부호 바꿔 적기, 즉 transcoding이나 속기 stenography 하고 구분되기 때문에 모든 내용을 다 적으려고 하지 말고 자신이 듣고 이해한 이야기의 핵심만을 노트하는 것이 중요하다. 자신이 노트테이킹한 부호를 보고 중요한 부분들을 자신이 이해한 대로 전달함으로써 청중들의 이해도를 높일 수 있다. 보통 1분에 발화되는 정보의 양을 영어를 기준으로 125단어에서 150단어까지 이야기하고 한국어의 경우에는 분당 25단어 정도가 발화가 된다고 하는데 3분에서 5분 동안 발화되는 양의 정보를 발화된 순서대로 모두 적는다는 것은 기본적으로 물리적으로 불가능하다. 숫자는 어떤 논리 없이 주어지는 것이기 때문에 특히 숫자의 단위가 커질수록 숫자는 반드시 써 주어야 하고 고유명사도 반드시 적어주어야 하고 대응어가 있는 어휘, 특히 전문 용어 같은 것은 이런 용어들을 써 주어야만 그 통역의 신뢰도도 높아지고 그것이 전문인들을 대상으로 한, 특히 통역 청중들이 전문인들인 경우에 그 통역이 매우 효과적이라고 생각되는 인상을 주는 데 효과가 있다. 정보 제공을 위한 텍스트일 경우에는 정보를 똑같이 제공하는 전보성의 등가가 가장 중요하기 마련이기 때문에 제공되는 정보들을 가능하면 놓치지 않고 열거해 주면서 충분히 구조를 갖고 전달하는 것이 필요하고, 주장을 하거나 아니면 연사의 생각이나 의견을 표현하기 위한 텍스트라면 그 주장을 제대로 설득적으로 전달하기 위해서 쓰이는 통사 구조라든지 반복적인 용어의 사용이라든지 이런 스타일적인 면들도 충분히 노트테이킹에 반영을 했다가 통역에 포함이 되도록 하는 것이 중요하다.

　통역을 잘 하기 위해서 가장 중요한 것은 집중하여 듣기이고 이 집중하여 듣기의 효율성은 통역사가 해당 주제에 대해 갖고 있는 배경지식의 양이 얼마 만큼인가 그리고 통역사가 한꺼번에 얼마나 많은 정보량을 기억할 수 있는가라는 기억 용량의 차이에 따라서도 영향을 받는다. 그리고 통역 경험이 많은 통역사일수록 대체로 노트테이킹 하는 양이 적어지고 전달하는 통역 과정 자체에 집중하지만, 통역에 사용되는 과정도 모두 다르고 일반적으로 포함되는 행위는 같지만 그 과정 하나하나를 해 나가는 통역사가 그 정보를 어떻게 인식하고 인지하는가, 그것을 어떻게 기억해내는가, 구조화하고 조직화하는가, 그것을 어떻게 표상화 하고 이미지화 하는가 이런 것이 모두 다르기 때문에 실제로 노트테이킹에 사용되는 기호의 양과 모양도 달라질 수 있고 자신이 노트테이킹에 갖는 태도도 달라질 수 있다.

통역자의 기억력이 대단하여 5분 내지 15분의 연설내용을 그 논리의 흐름에 따라 체계적으로 기억을 한다는 것은 이상적으로는 바람직할지 모르나 실제적으로 불가능한 일이다. 따라서 통역사는 자신의 기억을 도와줄 수 있는 장치를 모색하지 않으면 안 되는 것이며 바로 이 부분을 감당하는 것이 노트테이킹 기법이다. 통역자는 노트테이킹한 모든 내용을 자세히 읽지는 않을지 모른다. 자신의 노트테이킹이 기억을 상기시켜 주는데 공헌을 한다면 그것으로 족하기 때문이다. 따라서 통역사는 기억에 의존하여 통역을 하는 것이며 노트테이킹은 이러한 기억을 도와주는 장치라고 생각할 수 있다. Dejean(1981)은 이런 차원에서 내용기록이란 기억에 도움을 주는 목발일 뿐이지 기억을 대치할 수 있는 의족은 아니다.

- **노트테이킹과 속기**

여기에서는 노트테이킹에서 주요한 관심사가 되는 무엇을 적을 것인가와 어떻게 적을 것인가의 문제를 살펴보도록 한다. 혹자에 따라서는 노트테이킹과 속기의 차이를 지나치게 강조하기도 하고 또 어떤 경우에는 이 양자를 구별하지 못하여 혼돈에 빠지기도 한다.

통역기법으로서의 노트테이킹은 개인적인 역량으로 간주되어 왔지만 대학교육과정에 있어서의 노트테이킹은 통일된 방법을 선호하며 체계적인 기록을 해야 한다는 주장을 견지하였다.

- The Purpose of Notes

Notes capture the ideas of your instructors' lectures, allowing you to study them after class. They do more: they help you to learn the material as you transcribe it. Although lectures may seem archaic, they remain in use because they have three powerful characteristics. First, lectures transmit information more expediently than any other form of information exchange, including the Internet. Secondly, lectures are performances; unlike televised or taped presentations, they are urgent and immediate, demanding attention and concentration. Finally, lectures require mental and physical participation. Your notes are not simply records of a lecturer's words; they are part of a process of active listening, mental processing, and manual recording--all of which stimulate the mind and reinforce memory.(http://www.unb.ca/extend/wss/notetext.htm-University of New Brunswick)

물론 여기서의 노트테이킹은 대학의 학업을 위한 것이지만 수업현장이 통역 현장과 지니는 공통점을 잘 보인다. 첫째로 현장의 정보전달은 인터넷을 포함한 그 어떤 매체보다도 더 빠른 정보전달이 이루어진다.

둘째로 통역현장은 수업현장과 마찬가지로 긴박하고 급한(urgent and immediate) 상황에서 이루어진다. 또한 끝으로 건성으로 나와 있는 것으로만 족하지 않으며 참여자의 마음과 몸이 함께 해야 한다(mental and physical participation)는 것이 절실히 요구된다. 이렇게 비교할 때 학습을 위한 노트테이킹은 대학의 수업현장과 매우 유사함을 알 수 있다. 물론 통역의 경우 단지 지식의 보유와 기록으로 끝나는 것이 아니라 노트테이킹을 바탕으로 한 통역행위(performance)가 추가되어야 하지만 기본적으로 세 가지 요소가 고루 나타나는 것이다.

여기서 우리가 주목해야 할 부분은 통역현장보다 그 역할이 부족한 수업현장에서도 무조건 화자의 말을 받아서 기록하는 것이 아니라 listening - mental processing - manual recording의 삼단계 과정을 거친다는 점이다. 특히 두 번째 이야기하는 정보처리(mental processing)부분이 매우 중요한 것이다. 만일 이 부분이 없다면 노트테이킹은 속기(stenography)와 다를 바가 없을 것이다.

• 노트테이킹 방법

Herbert가 지적하듯 통역사 개개인이 자신에 맞는 노트테이킹 방식을 개발하는 것이 중요하다. 노트테이킹이 중요하다는 것이 지나치게 강조되면 오히려 노트테이킹이 목적이 되어 버리고, 그로 인해 노트테이킹이 통역을 방해할 수도 있다는 것이다. 이러한 측면에서 Lung(1999)은 효과적인 노트테이킹 기법(effective notetaking skills)을 강조하는 것이다.

본 장에서는 이러한 측면에서 통역에 도움이 되는 노트테이킹에 대한 구체적인 예시를 한다.

어디에 노트테이킹을 할 것인가는 통역현장을 감안하면 쉽게 이해가 될 것이다. 수업시간에 노트테이킹 훈련을 하다보면 백지나 여백을 이용하여 낱장에 노트를 하는 것을 볼 수 있는데 이러한 실습은 실전현장에서 오히려 방해가 되는 것이다. 다음에 인용한 노트테이킹에서의 노트선택에 대한 조언을 살펴보자.

> A 15cm X 20cm stenographer's note-pad is recommended, and loose sheets should definitely be avoided. Interpreters should write only on one side of the sheets, and these must be clipped at the top, so that they can be turned quickly and easily. The best thing to be used when writing is still the good old lead pencil.(http://dzibanche.biblos.uqroo.mx/cursos_linea2/azanier/trad_iv_u2.htm)

위에서 인용한 통역사의 제언에서도 낱장의 사용을 엄격하게 금한다. 그 이유는 통역 현장에서 노트테이킹을 하다보면 심지어 한 문장이 한 장을 차지하는 경우도 많이 있다. 그러한 회의가 5분 이상 지연될 경우 노트테이킹을 한 종이가 흩어지기 쉬우며 이로 인해 시간낭비는 물론 아이디어를 제대로 잡지 못하는 경우도 있기 때문이다. 그렇다고 낱장이 아니면 아무 노트나 다 좋다는 말이 아니다. 통역사의 노트는 위가 묶여져 있어야 한다.

여러 번 반복되는 이야기이지만 통역사는 말을 받아 적는 것이 아니라 말의 의미를 기록한다. 그러므로 시간의 흐름을 쫓아 기록하기보다는 논리의 흐름을 따라서 기록을 해야 한다. 통역사가 하는 기록은 메시지의 내용이므로 어순이나 예의 순서에 구애를 받아서는 안 될 것이다. 노트테이킹의 활용에 대하여 중요한 점은 다음과 같다.

통역사는 자신의 노트테이킹 기술을 충분히 익혀 자동화해야 하고 단어보다는 의미 중심의 노트테이킹이 중요하지만 단어에 대한 노트 테이킹 역시 중요하다. 언어 중립적 기호를 사용하는 것이 효과적이고 모든 도움이 되는 기호와 언어의 사용을 활용하여야 한다.

특히 의미 단위의 중심 아이디어와 그 아이디어 사이의 관계를 분명하게 해주는 것이 중요하며 날짜, 어려운 숫자, 고유명사 등도 노트테이킹에 포함되어야 한다.

a) Conceptualization of message
b) Exploitation of knowledge
c) Circumstantial interpretation
d) Temporary symbols

노트테이킹은 전체 메시지의 개념화에서 출발하여야 한다. 이미 아는 농담을 하고 있는데 이를 다 받아 적으려고 애쓰는 것은 노트테이킹의 기본적인 개념을 이해하지 못한 데서 나오는 것이다. 또한 연사가 이야기하는 내용이 설명/논증/소개/예시/설득/비교 등 어떠한 방식으로 진행되는지에 대한 감을 잡아야 노트테이킹을 제대로 이해할 수 있다. 이를 훈련하는 방법으로는 이미 이야기한 문맥 흐름의 중요한 신호를 왼쪽 여백에 적어두는 훈련을 하는 것이다.

- 노트테이킹의 유의점
a) 친숙하지 않은 기호
b) 고유명사
c) 숫자
d) 노트테이킹 언어

처음 노트테이킹을 연습하다보면 친숙하지 않은 기호를 마구 만들어 내려는 경향이 있다. 하지만 이러한 기호는 통역 시에 기호화와 해석을 요하는 부분이므로 통역 수행에 방해가 된다. 통역 현장에서 쓰이는 기호는 매우 친숙한 기호이어야 하며 그렇지 않으면 사용하지 말아야 할 것이다. 속기기호를 사용하는 경우가 이 부분에 속한다. 본인이 속기를 잘 알고 있으며 속기술에 능통하였다면 속기를 이용하여 새로운 기호를 만들어내고 이를 활용하는 것이 자유로울 것이다. 하지만 그렇지 않다면 구태여 속기에서 사용하는 기호를 배워 이를 활용하려 애쓰지 말아야 할 것이다. 물론 긍정적으로 말하면 아무리 친숙하지 않은 기호라고 해도 계속적으로 사용하여 자신만의 고유한 노트테이킹으로 만들 수 있기는 하지만 추천하기는 어려운 부분이다.

- **기호의 사용**

본 절에서는 노트테이킹에서 많이 활용되는 기호를 소개하여 이를 노트테이킹기법을 익히는 발판으로 삼고자 한다. 앞에서 이미 논의한 바와 같이 기호는 얼마든지 창의적으로 만들어 낼 수 있다. 그 창의성의 근간이 될 수 있는 것 중의 하나가 속기술이며 속기를 아는 사람이라면 많은 부분에 있어 창의성을 발휘할 수 있을 것이나 여기에서는 노트테이킹의 개별성보다는 공통성을 강조하기에 속기에 이용되는 기호는 소개하지 않는다. 본고에서는 속기기호를 제외하고 나머지를 설명의 편의상 다음과 같이 구분한다.

• 기호의 종류
a) 선기호
b) 수학기호
c) 논리기호
d) 문자기호
e) 도형기호
f) 일반기호

□
....

　　　　　　　　　　fl. exp
　　　　　　　　　　(cos)
─────────────────────────────

DEN
NW
　　　　　　　　　　　♀
　　　　　　　　　　──┬──
　　　　　　　　　allwd. al pstnd
　　　　　　　　　　(c.c)
─────────────────────────────

Understandable　　　　　GND ♀
　　　　　　　　　　──┬──
　　　　　　　　　　Bth ♂ =

⇒ All other countries more enlightened
　than we are, for example Denmark and Norway
　↑are not allowed↗all positions↘-- especially in the front
(women)　　(to serve in)　(in army)
I've had to lead positions. Given the Scandinavian country - in long
standing tradition of gender equality, treaty men and women abroad of
equally ------

선기호는 직선 곡선과 화살표를 이용한, 기호로서 이들에게 쉽게 받아들일 수 있는 의미를 부여하고 이를 사용하는 것이다. 수학기호는 수학에서 널리 쓰이는 기호를 노트테이킹에 활용하는 것이며 논리기호 또한 논리학에서 쓰이는 기호 중에서 활용 가능한 부분을 노트테이킹에 도입하는 방법이다. 때로 문자가 의미를 지니게 할 수도 있는데 이와 같은 형태는 드물게 쓰이기는 하지만 알아둘 필요가 있다. 또한 사각형과 원형을 중심으로 한 도형의 사용도 여러 가지로 유용하게 쓰일 수 있다. 마지막으로 이러한 분류에 해당되지 않는 기호를 일반기호라고 표기하고 이를 소개한다. 이러한 구분은 사실상 편의를 위한 것이며 이론적인 가치는 크다고 할 수 없다. 다만 본고에서는 편의에 따라서 기호를 나누어 논의하고 이러한 기호들이 지니는 개념적 의미를 소개하여 이를 노트테이킹의 기본기호로 사용할 것을 권한다. 기본기호를 공유하는 것은 통역 수행에 있어서 개인적인 창의성을 바탕으로 만들어 내는 것보다 훌륭한 도구가 될 수 있으며 이상적으로는 같이 팀을 이루어 통역을 수행하는 사람들이 가능한 한 많은 기호를 공유하여 서로의 노트테이킹을 읽을 수 있을 정도가 되면 동시통역 수행에 있어 매우 유익한 도구가 된다는 것은 이미 논의한 바 있다. 선기호는 매우 활용도가 높은 것으로 주로 동사의 동작이나 동사의 명사형을 나타낼 때 많이 이용될 수 있을 것이다. 선기호는 자연스럽게 뜻이 유추되는 것을 사용한다. 임의의 선과 임의의 문자 또는 의미를 결부시켜 이를 외우려고 하는 것(속기술의 경우와 같다)은 또 다른 언어를 배우는 부담을 안게 되며 아무리 외우고 노력을 해도 자신의 것을 만들기 어려우며 또한 남과 공유할 수 있는 기호가 될 수는 없다. 선기호 가운데 활용도가 높으며 쉽게 이해할 수 있고 추천할 만한 것은 다음과 같다.

선기호의 예

a) _____   (underline) emphasize, stress
b) ≡   (double underline) strong emphasis
c) _____   (long underbar) the information you know but need to trigger memory.
d) ← □   origin(comes from, caused by)
e) → □   therefore, result in, end up
f) ↑ □   upset, stand up for
g) ↓ □   calm, downhearted, list
h) ↗ □   develop, increase, arise
i) ⌇   radical increase, sudden hike
j) ⌒   slow increase, gradual hike
k) ↘ □   decrease, decline,
l) ↯   radical decrease, sudden drop
m) ⇾   gradual decline, slow downturn
n) ⋊   occur, happen, appear, emerge
o) ↑   support, back up, help
p) ↓   oppress, crush, attack
q) ∽   avoid, evade
r) ↻   return, relapse, move back, cancel
s) →∣   stop, finish, conclude,
t) ↦   start, begin, initiate(=)
u) ⇔   deadend hinderance
v) ↮   interfere, mediate
w) ↰   for example,
x) ↔ □   interaction, trade, exchange,
y) ✕   clash, confront, conflict

z) ш   foundation, basis,
ii) X   oppose, hate, dislike,(meaning "no")
iii) ㄴ□   electricity, shock, surprising

어떤 기호나 표시든지 연상이 가능한 것이라면 훈련과 연습을 통하여 강화시켜 나간다면 매우 유익한 도구가 될 수 있다.

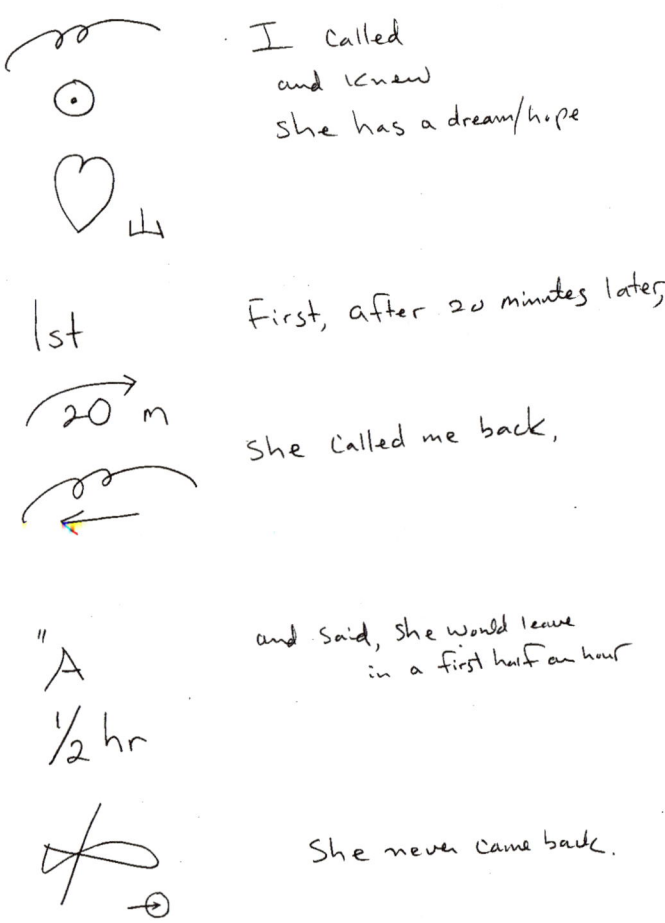

수학기호의 예

a) √   root, cause, origin
b) +   add, plus, and ☝
c) x   multiply, times, expand
d) ÷ □   divide dividend
e) ⊙ □   include
f) ♂ □   belong to, element of
g) =   mean interpret same as
h) ≡   exactly identical
i) ∞ □   almost identical, about
j) ≠ □   opposite
k) >   larger than, better than, more than
l) <   smaller than, worse than, less than
m) Σ(□)   total(□는 수학의 integral을 표기함)
n) ∞ □   eternal, relation
o) ⊗ □   nothing, null, nullify, ignore

수학에서 사용하는 기호는 root의 의미에서 어떠한 일의 시작이나 발단 또는 본질을 나타내는데 사용될 수 있다 저자의 경험으로는 소개한 기호는 수학의 기본적인 기호이며 매우 편리한 기호이다.

논리기호의 예

a) ~   minus, exclude, negate
b) ∴ □   therefore
c) ∵ □   because
d) ∀ □   all, universal, always
e) ∃ □   exist, some, sometimes
f) − □   change, difference

g) ∩ □   and(수학기호의 +를 사용하는 것이 더 일반적이다.)
h) ∪ □   or

논리학의 기호도 매우 쓰임새가 많다. 특히 물결표시는 명사나 동사의 개념을 담은 기호 앞에 붙여 반대말이나 제외하는 의미로 사용할 수 있다.

문자기호의 예

a) ·□   period, point, terminate
b) '   stress, focus, important
c) "   ditto, plural
d) !   true, right, emphasis, ever
e) ?   problem
f) @   location, address
g) $ money, dollar
h) :   about, regarding
i) √ □   check, control, confirm
j) (h) □ head, chair(의자모양을 연상)
k) (w)   world, universe, globe
l) Θ □   God, Lord(thing, stuff)
m) α □   beginning, initial stage,
n) Ω   end, finish
o) μ □   very small, tiny, negligible
p) π □   bad, not good,
q) O □   in progress, progressive aspect.
r) 力   power, ability, work, effort, try, emulate, strive
s) □ □   country, mouth
t) 十   cross, church, sacrifice

↥	: 선진국	↧	: 개발도상국
⇨	: 수출	⇦	: 수입
○|	: 후(後)	|○	: 전(前)
⌒	: 과거	⌒	: 미래
─	: 강조할 때(밑줄)	═	: 더욱 강조할 때
α	: 시작	Ω	: 끝
π	: 정치	ε	: 경제
σ	: 사회	χ	: 문화

기호의 사용은 단어에 얽매이지 않고 의미를 파악하면 노트테이킹을 하는데 매우 유익한 도구이다. 그러나 기호의 창안에 너무 골몰하다보면 본인이 억지로 만들어내어 사용하기도 불편하고 시간을 많이 낭비할 수 있다. 늘 사용하고 접하는 기호라면 편히 사용할 수 있지만 듣는 순간 만들어낸 기호라면 오래가지 못하고 또 기억에 도움이 되지 못하는 경우도 많다. 순간적인 필요에 의해 만들 경우에는 기호보다는 약어를 사용하는 것이 좋다.

언어의 핵심개념은 대체로 동사와 명사에서 발견되며 이러한 품사의 선택이 뉘앙스를 좌우하는 경우가 많다.

한 글자로 된 약어

a) Q   question
b) A   answer
c) U   you
d) E   economy, economic, economize
e) M   million
f) W   war
g) d   day

h)	w	week
i)	m	month
j)	y	year
k)	c	century

두 글자로 된 약어

a)	w/	with
b)	w/o	without
c)	w/n	within
d)	vs	against(versus)
e)	re	regarding
f)	b/n	between

Greer(1976)은 줄여 쓰기에서 다음의 두 가지 규칙을 제안한다.

a) Rule one

　　Write a word the way it sounds, omitting all silent letters.

b) Rule two

　　Write all vowels which begin a word unless they are silent...

약어 만들기

a) 짧은 단어는 문두의 모음을 제외하고 모든 모음을 생략한다.
b) 자음은 소리표기를 원칙으로 한다.
c) 긴 단어는 뒷부분을 줄인다.
d) 긴 단어는 중간을 생략한다.(어깨글자 쉼표(apostrophe)의 사용은 선택)
e) 많이 쓰이는 단어는 더 줄인다.

위의 방법을 하나씩 소개한다. 우선 짧은 단어라도 전체를 받아 적기

보다는 줄여 쓰는 습관을 기르는 것이 좋다. 다음의 예를 보자

모음생략과 자음표기의 예

- a) blv   believe
- b) qt   quiet
- c) stnt   student
- d) psbl   possible
- e) bkgd   background
- f) egr   eager
- g) omt   omit
- h) emt   emit
- i) ofr   offer
- j) wt   what
- k) wn   when
- l) hw   how
- m) wr   where

위에서 보듯 약어를 사용하는 경우 시간을 현저히 줄일 수 있으므로 평상시에도 이러한 훈련을 하는 것이 중요하다. 물론 위의 약어는 공감하는 기호로 대치할 수 있다면 단어에 구애받지 않는 메시지 통역에 도움이 될 것이다.

첫 모음이 줄어든 예

- a) xpt   export
- b) nv   envy
- c) mbrk   embark

뒷부분을 줄인 예

a) mar   marketing
b) cus   customer
c) cli   client
d) tho   though
e) thru   through
f) lang   language
g) max   maximum
h) min   minimum
i) dem   democracy
j) lib   liberal
k) Dem   Democratic Party
l) Rep   Republican Party
m) ind   individual
n) ref.   reference
o) int   interest
p) incl   including
q) esp   especially
r) ref   reference
s) diff   difference
t) info   information

뒷부분을 줄이는 경우 대체적으로 첫음절만으로 전체를 대신한다. 하지만 경우에 따라서는 영어의 애칭명사를 만드는 경우와 마찬가지로 첫음절에 속하지 않은 후속자음을 넣어서 의미의 애매성을 줄일 수 있으며 또한 대소문자를 겸용하여 고유명사를 나타내는 경우도 있다.

중간을 생략한 예

    a) gov't.   government
    b) tech'gy   technology
    c) gen'ion   generalisation
    d) del'y   delivery
    e) int'l   international

- **대각선 방향으로 노트하기**

앞서 지적한 바와 같이 노트테이킹은 우선 한 눈으로 보기 편해야 한다. 그렇다면 노트테이킹은 어떻게 적어야 할 것인지를 알아보기로 하자. 물론 각 나라마다 영어의 어순과 기본적으로 다르다. 영어의 경우는 대각선 방향으로 노트하지만 한국어의 경우 영어의 어순과는 달리 동사가 마지막에 나오는 차이점이 있다.

It is worth mentioning here, however, that some of the suggestions in the two principles mentioned above can only apply to some, not all languages as Jones himself acknowledges for in addition to the fact that some languages, such as Arabic, use the right-to-left system of writing, there is the problem of word order. For example, Arabic uses the verb-subject-object structure. The problem of word order is found even in western languages which use the left-to-right system such as German with its verb-last structure. A parallel diagram involving Arabic can therefore look like the following.

영어의 어순과 대각선 방향(Diagonal Layout):

일반적으로 글쓰기는 왼쪽에서 오른쪽으로 나란히 줄을 맞추어 가면서 쓰는 것이 보통이지만 노트테이킹은 입체적인 방식을 활용하는데 가장 흔한 방식은 대각선 방향으로 노트하는 것이 일반적인 것은 아래와 같이 쉽게 내용을 확인할 수 있고 메시지 내용이 주어 동사 목적어 순으로 신속하게 전개되어 메시지의 출발점이 되는 주어와 목적어를 대칭적으로 신속하게 구분할 수 있기 때문이다. 따라서 대각선으로 노트테이킹 할 경우 다음과 같은 장점을 지닌다.

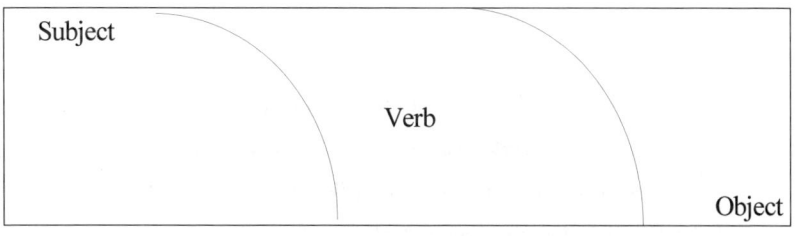

1) 수평으로 메시지를 나열할 때보다 대각선으로 쓸 경우 더 신속하고 쉽게 눈에 들어온다.
2) 메시지의 핵심이 되는 위치가 정해져 있기 때문에 한영/영한 통역 시 도착어로 옮기는데 더 편리하다
3) 대각선으로 메시지가 펼쳐져 핵심 내용과 세부 사항들이 추가하기가 용이하다.

   ex) The recent shutdown of an inter-Korean industrial complex will not affect Pyongyang's nuclear program.

shutdown		
	not affect	
		nuclear program

노트테이킹 연습(2016년 5월 기사):

U.S., N. Korea had exchanged views over peace treaty talks

The United States had exchanged views with North Korea over Pyongyang's proposal to hold peace treaty talks, but no agreement was reached as Washington insisted that denuclearization should be the top priority for such talks, a diplomatic source said Sunday.

The exchange took place via the North's mission to the United Nations, known as the "New York channel," after North Korea renewed its calls for peace treaty talks with the U.S. to formally end the 1953 armistice that halted the Korean War, the source said.

But the two sides failed to reach an agreement as Washington insisted that such talks should first deal with denuclearization as the top priority before the issue of a peace treaty, the source told Yonhap News Agency on condition of anonymity.

Earlier, the Wall Street Journal reported that the U.S. had agreed to hold peace treaty talks with North Korea on condition that the discussions also deal with denuclearization, but Pyongyang rejected the U.S. counterproposal and went ahead with its fourth nuclear test.

The exchange was one of several unsuccessful attempts that U.S. officials say they made to discuss denuclearization with North Korea during the second term of President Barack Obama while also negotiating with Iran over its nuclear program, the report said.

"To be clear, it was the North Koreans who proposed discussing a peace treaty. We carefully considered their proposal and made clear that denuclearization had to be part of any such discussion," State Department spokesman John Kirby said.

"The North rejected our response. Our response to North Korea's proposal was consistent with our longstanding focus on denuclearization," he said. It is not new that North Korea wants a peace treaty with the U.S. to formally end the Korean War. But Pyongyang pressed the demand harder late last year after Foreign Minister Ri Su-yong made the demand during a speech at the U.N. General Assembly in October.

The U.S. has said the demand is a nonstarter as long as the North pursues nuclear ambitions. U.S. officials have stressed that the communist regime has got the order wrong and should first focus on negotiations to end its nuclear program.

Daniel Kritenbrink, senior Asian affairs director at the National Security Council, said in an interview with Yonhap News Agency in December that everything is possible if Pyongyang demonstrates its seriousness about denuclearization.

Earlier this week, Chinese Foreign Minister Wang Yi proposed to hold peace treaty negotiations with Pyongyang in tandem with denuclearization talks, but the U.S. rejected the proposal, saying denuclearization remains its top priority.(* in tendem with ~와 협력하여, 제휴하여)

▪ **세로방향(Vertical Writing=Tiering)으로 노트하기**

앞서 지적한 바와 같이 노트테이킹의 기본적인 원칙은 대각선 방향(북서 방향에서 남동 방향으로 전개)으로 적는 것이지만 메시지 가운데 보어 역할을 하는 비슷한 형용사가 여러 개 반복되어 열거되거나 등장할 때에는 아래와 같이 세로 방향으로 나열하며 노트한다.

  * The project is eco-friendly, cost-effective, and contagious.
    → 프로젝트가 친환경적으로 비용절감 효과가 있고 영향력이 있다.

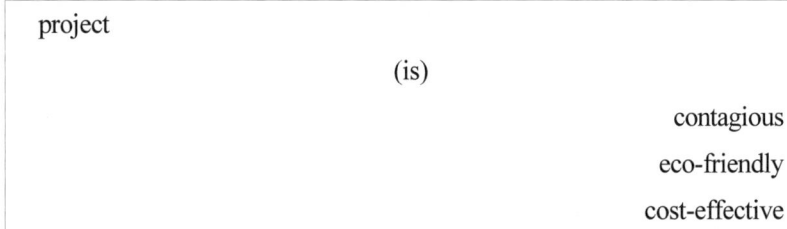

위에서처럼 동일한 값, 위계를 갖는 문장 요소들이 여러 개 열거될 경우에는 이상과 같이 노트하면 된다.

주어나 동사를 구성하는 요소가 여러 개 열거되어 나올 경우에도 같은 방식을 취하면 된다. 세로 방향으로 적으면 가로(Horizontal Writing) 방향으로 길게 적는 것보다 훨씬 빨리 파악할 수 있지만, 가로 방향으로 적으면 노트 여백이 부족하여 노트테이킹의 밸런스가 깨지기 쉽다.

  1. The US, Japan, and Korea have crucial roles in the far East region.(주어의 반복)
  2. The trail consists of gentle slopes and provides visitors with fresh air

from the pine grove.(동사의 반복 열거)

```
1. The US
   Japan
   Korea
                    (have)
                                              role
------------------------------------------------------------
2. trail
              consists of
                provides
                                            slopes
                                            visitors
```

- **동사 시제의 표시**

  동사 시제를 정확하게 노트테이킹 하지 않고 통역을 하게 될 때 엄청난 오역을 낳게 될 가능성이 크다. 따라서 동사 시제를 노트테이킹 하도록 신경을 써야 한다.

  * South Korea and the United States will hold a joint exercise in California this week to boost their combined deterrence capabilities against North Korea's nuclear and weapons of mass destruction threats.
    → 남한과 미국은 북한의 핵무기와 대량파괴 협박에 대항하는 연합 저지 능력을 향상 시킬 목적으로 이번 주 캘리포니아에서 연합훈련을 하게 될 것이다.

```
K
US
                    deterance
                              → nucl and weapons
```

실제로 동사의 시제가 노트되지 않는 위의 노트테이킹을 보면서 통역하는 가운데 정확한 시제를 기록하지 않아 통역에 중대한 문제를 일으킨 적이 있었다. 노트테이킹을 보면서 통역하는 가운데 정확한 시제가 노트되지 않아 "남한과 미국은 북한의 핵무기와 대량살상 무기를 저지하기 위해 캘리포니아에서 연합훈련을 하였다"라고 통역이 나감으로써 오역이 발생한 경우이다. 따라서 시제를 노트테이킹 하는 연습을 꼭 해 두어야 한다.

시제를 표시할 때는 개인에 따라 다를 수 있지만 다음과 같은 연습이 필요하다.

```
go °, leave °, work °      → going, leaving, working
go/, leave/, work/         → went, left, worked
g ˆo, le ˆave, w ˆork      → would go, would leave, would work
'16                        → in early 2016
09's                       → in the mid 2009
dec'                       → late December
```

위에서 보는 바와 같이 진행형은 동사의 상단에 진행표시를 하고 과거 시제는 동사 뒤에 슬래시를, 미래를 나타낼 때는 동사 앞에 슬래시를 그리고 단어를 연결하는 이음은 would를 표시하고 있다.

* The US budget was slashed last year and the economy shrank by 3.5% in the first half of this year. But it will be picking up by 6% in the second half of this year. →지난해 미국 예산이 삭감되어 올해 경제가 전반기에 3.5% 위축되었다.

```
US e
                                                        ↓ 3.5%
                    ----------
B
                                                        6% ↑
```

* Consumers' confidence in the domestic economy has been and will be critical to the world market. →국내 경제에 대한 소비자들의 신뢰는 세계 경제에 치명적인 영향을 미쳐왔고 앞으로도 그럴 것이다.

```
c
            人→domestic    e
                                                        ☆ w
```

- **관점과 조동사의 표시:**

  Say, Insist, Argue/ Should, Must, Would, May

문장의 의미를 전달하는 데 있어서 관점과 행위의 주체가 누구인지 분명하게 노트테이킹 해야 한다. 우선 "~라고 주장했다"와 "~했다"는 차이가 있다. 대개 "누가 ~를 했다"라고 할 때는 Colon(:)을 쓰고 능동의 의미를 나타낼 때는 →를 사용한다.

* China reportedly repatriated 60 North Korean refugees back to their homeland.(보도에 따르면, 중국은 60명의 북한 탈북자들을 북한으로 송환했다)

```
Ch.
        rep:
                    →30人
                                    NK
```

* The US insisted that China repatriated 60 North Korean refugees back to their homeland.(미국은 중국이 60명의 북한 탈북자들을 북한으로 송환했다고 주장했다)

```
US: Ch.
        rep.
                    →30人
                                    NK
```

say, announce, tell, speak, declare와 같은 행위동사를 사용할 때는 ","나 콜론(:)을 편리하게 사용하고 propose, suggest, put forward 같이 제안하는 동사인 경우엔 ≫를 사용하며 think, feel, believe, consider 동사에는 ㅇ를 사용한다. 조동사(an auxiliary verb)와 관련하여 should는 shd, must는)를 would는 ∧를 could는 cd로 축약해서 사용한다.

수동태와 능동태의 구분은 중요하다. 화살표 하나로 행동을 하는 동사의 주체와 공격의 주체 및 객체가 무엇인지 분명하게 구분할 수 있다.

아래 예문을 보자.

* The police attacked rioters.(경찰은 폭동자들을 공격했다) - 능동태인 경우

```
police

           ∀

                                              r 人
```

* The police *were attacked by* rioters.(경찰은 폭도들로부터 공격을 받았다)

```
police

           ∀ ↖

                                              r 人
```

- **노트테이킹 프롬프터(Prompter)**[18]

방송이나 연기를 하는 무대 뒤에서 연기자에게 대사나 동작을 알려주는 사람이 프롬프터이다. 프롬프터는 정보와 내용을 통역자에게 상기시켜주는 역할을 한다. 기본적으로 노트테이킹 하는 모든 요소는 프롬프터로 볼 수 있고 가시성을 높일 수 있는 이를 잘 활용하면 통역사는 프롬프터 내용을 기억해낼 수 있어 통역에 많은 도움이 된다. 아래 주어진 연설문에서 프롬프터 역할을 하는 것은 괄호로 ( ) 처리된 부분으로 구체적으로는 (이민자들이 세운 나라) "a country built on immigration"과 (소속된 나라) "depending on the country"가 프롬프터에 해당하며 이어서 (미

---

[18] prompter는 무대 뒤에서 대사를 읽어주는 사람. 격려자, 후견인.

래는 공유되는 것이며, 타인에게 우리의 세계관을 강요할 수 없다)"...shared, and that we cannot simply impose...."가 프롬프터 역할을 한다.

It is great honor to open the international conference on the impact of immigration in Japan. *The experience from the US, a country built on immigration, may well yield some fresh insight that would help solving the migration issues. It is quite challenging to define immigrants. The data source at hand are quite patchy and far from harmonized. A foreigner is defined differently, depending on the country: some are identified through their place of birth and others are counted undner the nationality criterion....* We recognize that the future is indeed shared, and that we cannot simply impose our view of the world on other people.

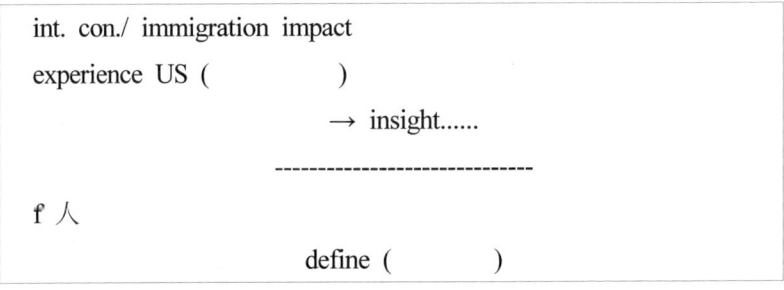

- 관용구 노트하기

영어의 관용구는 수 없이 많다. 이러한 관용구들을 모두 하나의 노트테이킹으로 정리해서 보여준다는 것은 불가능한 일이다. 그러나 대체로 관용구의 경우 축약하여 단어의 첫 자만 따서 아래와 같이 사용한다. 따라서 기본적으로 개개인에 적합한 노트테이킹을 개발해서 활용하는 것이 가장 바람직하지만 가장 많이 사용되는 관용구를 노트테이킹 해 보기로 하자: *both A and B*→ (b A a B), *not A but B*→ (n A b B), *not only A but also B*→ (n.o A b.o B), *not because A but because B*→ (n. b A b. B) $→ (money) ∵→ (because) ♂→ (male)♀→ (female) X→ (not, not necessarily) ○→ (know)

* The Korean government has been investing big money in helping various companies and employees. You already know that the decision of the Korean government is not because of their financial difficulties but because of the humanitarian issue.(한국정부는 여러 회사들과 직원들을 돕는 데 큰돈을 써왔다. 한국 정부가 그런 결정은 한 것은 재정적인 어려움 때문이 아니라 인도주의적 차원에서 이루어진 것이다)

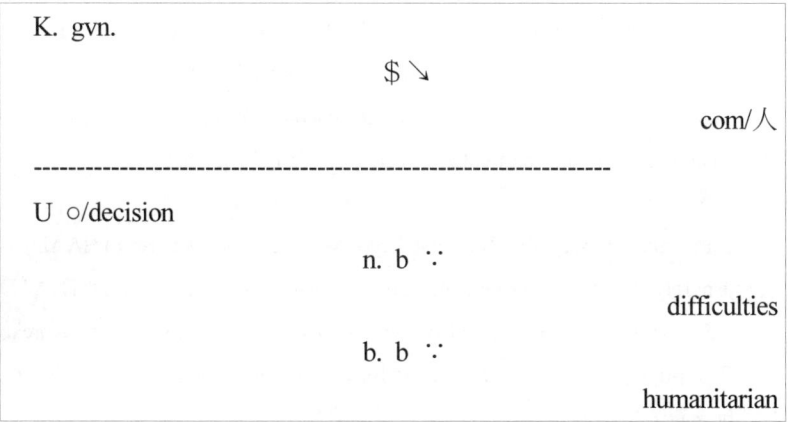

Practice: Kerry: THAAD not necessary if N. Korea is denuclearized(기자회견)

The only reason for the United States and South Korea to consider deploying the THAAD missile defense system is because of North Korean threats, and the system won't be necessary if the communist nation is denuclearized, U.S. Secretary of State John Kerry said Tuesday.

"We have made it very clear that we are not hungry or anxious to deploy THAAD," Kerry said during a joint news conference after talks with Chinese Foreign Minister Wang Yi.

"The only reason for THAAD being in consultation ... is because of the provocative actions of North Korea, which has publicly announced it is focused on the United States and which is developing weapons which have the ability to attack the United States," he said.

Kerry also said, "If we can get to denuclearization, there is no need to deploy THAAD."

"We've stated publicly, openly and clearly what the conditions are for not having to consider its deployment. And that would be the denuclearization. That's all. Not even if North Korea fundamentally changed, but if it is denuclearized, then this particular threat goes away," he said.

Kerry also stressed the Terminal High Altitude Area Defense (THAAD) is a purely defensive mechanism. The only way to not only prevent THAAD from being deployed but also see less American troops on the Korean Peninsula is to resolve the nuclear issue and make peace on the peninsula, he said.

These remarks appear to underscore the point that THAAD is not aimed at China. But they can also be seen as leaving open the possibility of the U.S. reversing its decision on THAAD in an effort to encourage China to play greater roles in reining in Pyongyang.

Shortly after the North's missile launch on Feb. 7, South Korea and the U.S. jointly announced they would begin official discussions on the possible placement of the U.S.' THAAD missile defense system in South Korea.

That ended more than a year of Seoul's soul-searching over how to deal with the issue amid Washington's desire to deploy the system and China's intense opposition to it. The North's twin provocations of its fourth nuclear test on Jan. 6 and then a missile test a month later gave Seoul justification for the decision.

China has protested the decision as it has long claimed THAAD can be used against it, despite repeated assurances from Washington that the system is aimed only at deterring North Korean threats.

19. 의료 통역(Medical Interpreter) 교수법

의료 관광(medical tourism)은 특별한 흥미가 있는 관광 중 하나로 주요 동기가 건강과 관련이 있고 건강을 이유로 거주지에서 벗어나 여행을 하는 것이다. 또 이는 타국에서 의료서비스와 관광 활동을 체험하는 것을 의미하고 치료 등의 의료서비스와 관광활동이 결합된 새로운 관광의 한 형태이다. 의료 관광 수요는 국가 간의 의료 서비스 수준과 비용의 격차 그리고 대기 시간에 의해 발생하며 최근에는 기존의 환자를 위한 건강치료를 목적으로 해외에서 의료서비스를 받는 모든 행위로 확대 해석되고 있다. 의료서비스와 관광서비스가 결합된 서비스 상품으로서 의료 관광은 앞으로도 전략산업으로 주목받고 있다. 의료 산업이 관심을 받는 이유는 경제적 파급효과가 큰 고부가가치 산업이기 때문이다. 현재 고용 창출과 외국인 환자 유치를 위한 외화 획득, 국가 경제 발전에 이바지 할 수 있는 산업영역으로 인식되어 의료가 공공 영역이 아닌 산업영역으로 확대되고 의료 통역을 위한 새로운 직종으로 부상하면서 의료 통역 교수법에 대한 관심이 증대하고 있는 실정이다. 외국인 환자의 수가 20여만 명을 넘어섬으로써 이들을 위한 원활한 진료가 보장된다면 지속적인 발전을 기대할 수 있을 것으로 기대된다.

의료 통역은 커뮤니티 통역으로 한 지역 사회 내에서 다수 언어를 사용하며 다수의 문화권을 대표하는 지배층과 소수 언어와 소수 문화권의 사회적 소외계층 사이의 의사소통을 돕기 위해 이루어지는 통역이다. 커뮤니티 통역은 병원과 법원 같은 공공 기관에서 진행되므로 공공 서비스 통역(public service interpreting)이다. 한국의 경우 외국인 환자로 보는 기준은 건강보험의 납부 여부에 근거를 두고 있고 최근까지 한국의 의료시설을 이용한 외국인 환자의 국적은 190여 개국을 능가하고 있다.

포히하커(Pöchhacker)는 의료 통역을 통역 결과물, 통역 수행, 통역 관행, 통역 규정, 통역 정책으로 구분한다. 의료 통역의 결과물은 통역의 정확성과 품질을 평가내용으로 하고, 누락 첨가 왜곡 등의 오역 유형을 분석하고 있다. 더 나아가 대화 부분(conversation segment)과 연계하여 통역의 질을 분류한다. 의료 통역 수행은 의료 통역을 통해 생성된 의료 대화를 기반으로 한 연구가 있고 의료 대화란 의사와 환자의 소통, 의사들 간의 소통, 환자와 보호자의 소통을 포함한 병원에서 진행되는 모든 종류의 대화를 말한다. 특히 의사와 환자 간의 대화는 일반적인 의사소통을 기본으로 하면서 환자의 질병에 대한 진단과 치료를 목적으로 하는 의료 결정을 돕고 질병에 과년된 정보를 주며 건강을 유지하거나 개선하기 위한 상담에까지 이르는 의사소통이다. 특히 의료대화는 환자와 대면(opening), 진단을 위한 예비 상담(problem presentation), 정보 수집(history taking), 진찰(examination), 진단(diagnosis), 치료처방(treatment), 진료 완료(closing)의 단계로 나누어진다. 의료대화는 환자와의만남을 통해 의사와 환자간의 신뢰가 형성되는 과정으로 의사는 환자의 입장을 이해하면서 정확한 진단을 내리는 데 필요한 병력을 청취하고 환자는 의사의 치료 방침과 질병의 예후를 이해하여 치료과정에 대한 동기 부여하는 일련의 과정이다.

의료통역을 위한 통역사의 역할은 면담과 소통을 하는데 조력자이다. 의료 대화의 당사자인 의사와 환자 사이에 힘의 균형이 이뤄지지 않기 때문에 의사소통 과정에서 의료 통역사가 적극적으로 개입하여 원활한 대화가 이루어지도록 한다. 의료 관광의 정의는 보건관광(health tourism)과 복지관광(wellness tourism)으로 정리된다. 전자는 개인의 건강 증진과 질병의 예방차원이고 후자는 개개인의 최적의 건강상태 유지를 위한 일종의 여가 활동이다. 이와 관련하여 성형수술, 온천과 대체요법 같은 구체적인 예를 생각해 볼 수 있다.

현재 의료 통역사 현황을 보면 외국인 환자 유치, 의료와 관광 서비스로 구분되는데 이를 통해 외국인 환자를 유치하는 상품 개발, 의료 진료비와 진단서 의료 사고관련 불만 처리 그리고 해외 환자 질병 치료와 간호를 예방하기 위한 행위와 의료 관광 마케팅으로 나누어 진행되고 있다. 의료 관광객 유치를 위한 홍보, 공고, 마케팅, 입출국 상담, 진료예약 체결 및 입출국 수속, 병원 진료 및 입원 수속, 진료, 입원 생활, 의료 사고, 의료분쟁 예방, 숙박 및 관광 그리고 사후 관리를 총괄하고 있어 다양하다. 통역사들은 잠재적인 리스크가 발생하지 않도록 의료지식을 습득하고 전문적인 훈련을 받아 병원 진료와 치료의 통역을 담당하지만 현재 의료 통역사의 공급은 미진한 수준이지만 의료 통역사의 대우도 좋지 않은 것이 현실이다.

한국 보건 복지 인력 개발원에서 전문 의료 과정으로 6개월 동안 기본 역량, 전문 역량, 직무 역량을 교육 목표로 200시간의 교육을 받도록 규정해 놓고 실시 중이다. 의료 역량 강화를 위한 80시간에는 국내외 의료 기관의 국제 진료 프로세스 4시간, 글로벌 헬스케어의 이해 2시간, 국가별 의료 문화 6시간, 국내외 의료보험의 기본이해 4시간, 의료 법류 4시간, 의학 용어 및 해부학 20시간, 주요 질환 및 치료법의 이해 40시간이 배정되어 있고 통역 역량강화와 관련된 92시간은 의료 통역 윤리 8시간, 의료 프로세스와 증상별 통역 실기 72시간, 의료 현장 실습으로 외국인 환자 통역 실습 12시간이 배정되어 있으며 사이버 강좌 18시간으로 의학 용어와 연관된 내용이 있고 기타 행정으로 오리엔테이션 2시간 수료식과 시험 8시간이 교과목으로 배정되어 있다. 기본 역량 모듈에는 의료 산업 정책, 의료 통역사의 윤리, 의료 통역사 커뮤니케이션, 외국 문화 교육이 있고 전문 역량 모듈에는 의료 법규, 기초의학의 이해, 현장 의료 임상, 국제 진료 시나리오 및 의학 용어가 개설되어 있으며 의료 통역이 의료정책과 의료 지식 및 언어 능력에만 국한 되는 것이 아니라 해당 문화에 대한 이해를 바탕으로 의료 커뮤니케이션에 기반한다. 이는 외국인 환자는 질병에 대한 염려와 낯설고 생소한 병원 환경에 대한 두려움과 가족으로부터 격리되어 불안하며 언어, 식습관, 종교와 관습의차이로 인한 불안을 해소하도록 하기 위해 이런 특성들이 반영된 교육이 실시되고 있다. 직무 역량은 의료 통역 실기 교육으로 외국어 능력을 활용하며 의료 통역사로서 커뮤니케이션을 위한 훈련을 포함한다.

교육과정과 관련하여 사후 처리와 관리 업무가 부족한 점을 비롯하여 통역 업무를 담당할 기회가 불규칙적이고 근무 조건 역시 열악하여 전문성이 떨어지는 것이 현실이고, 보수 역시 부족하여 이를 개선할 필요가 있으며 현장 실습을 위한 더 적극적인 방안이 필요하고 외국인들을 위한 국제 진료 업무 시스템이 확대되어야 할 것이다.

의료 통역 교수법과 관련하여 매년 외국인 환자의 의료 관광 시장 규모가 커짐에 따라 통역사의 수요도 늘어나 내외국인 환자들 간의 의사소통을 원만하게 이뤄지게 하는 역할로서 의표 통역사를 상대로 의료 전문 지식과 해당 문화에 대한 폭넓은 교육이 강화될 필요가 있다.

20. 의사소통 중심 교수법(Communicative Language Teaching)

먼저 의사소통중심 교수법의 이론적 배경은 매우 다양한데, 이 학습법은 어떤 하나의 방법론이나 교수법이라기보다는 포괄적인 접근법(approach)으로 이해될 수 있다. 곧 어떤 한두 가지의 교수방법에 의해 정의내리기 쉽지 않고, 의사소통능력의 향상을 도모할 수 있는 방법으로 진행되는 모든 교수법은 이론상 의사소통중심 교수법의 범주에 든다고 말할 수 있다. 특히 의사소통중심 교수법은 무엇보다 의사소통능력(Communicative Competence)의 향상에 큰 중점을 두고 있다.

여기서 의사소통 능력이란, 문법성이나 지식과 교양을 쌓는 지식의 습득이 아닌, 질의-응답이 가능하고, 전체적인 대화 맥락을 파악할 수 있는 능력이며 다양한 사회적 상황을 따라서 적절하게 언어를 사용하는 능력으로, 사람들의 다양한 문화나 사회적 인식, 규칙성을 상호성을 가지고 서로 의미가 전달될 수 있는 진정한 의사소통의 언어적 능력을 말한다. 또한 인사나 설득, 칭찬이나 사과 등 small talk를 통하여 상대방과 대화를 시작하기도 하고, 발전시키기도 하고, 회피하기도 하기도 하는 등, 이러한 의사소통 능력이 필요하다는 것이다. 의사소통 능력에 관하여 이론적 기초를 마련한 Canale & Swain은 의사소통 능력을 아래의 4가지로 나누었다.

20.1. 의사소통 능력

가. 문법적 능력(Grammatical Competence)이란 언어 기호 체계의 숙달과 관련된 것으로 발화문의 의미를 정확히 이해하거나 표현하는데 요구되는 음운론적, 통사적, 의미론적 지식이다. 나. 사회언어학적 능력(Sociolinguistic Competence)은 각기 다른 사회문화적인 상황에서 발화문을 적절히 표현하거나 이해하는 것이다. 담화능력(Discourse Competence)은 구어든 문어든 하나의 독립된 텍스트를 이루기 위해 문법적 형태와 전달하려는 의미를 어떻게 연결하는가의 지식이다. 책략적 능력(Strategic Competence)은 언어수행 변인으로 인해 실제의 언어사용에서 의사소통 상의 중단이 생기는 것을 보상하고 의사소통의 효능을 높이기 위해 필요하다.

20.2. 기능주의적 언어관

의사소통 중심 교수법에는 언어의 본질 뿐 아니라 '기능'면에서 다만 추상적이거나 문법 중심 또는 청화식 교수법등의 접근법과 전혀 다른 기능이 있는데 실제상황에서 발화를 통하여 상호소통과 정보를 전달하며 어떤 것을 얻고 또 조절할 수 있는 중요한 기능들이 있다. 할리데이는 아래와 같이 7가지로 분류하였다.

    가. 도구적 기능 - 언어를 사용하여 어떤 것을 얻고자 하는 것.
    나. 조절 기능 - 다른 사람의 행동을 조절하기 위한 언어 사용.
    다. 상호작용기능 - 다른 사람들과 상호작용하기 위한 것.
    라. 개인적 기능 - 개인의 감정과 의미를 표현하기 위한 언어 사용.
    마. 발견적 기능 - 학습하고 발견하기 위한 언어 사용.
    바. 상상적 기능 - 상상의 세계를 창조하기 위한 언어 사용.
    사. 설명적 기능 - 정보를 설명하고 전달하기 위한 언어 사용.

20.3. 언어이론

언어는 의미를 표현하기 위한 체계이다. 언어는 의사소통을 위해서는 전달하고자 하는 의미가 중시되어야 한다. 그리고 언어의 주된 기능은 상호교류와 의사소통이다. 언어는 의사를 전달하고 표현하는 도구로서 의미 전달을 위한 의사소통의 수단인 것이다. 또한 언어의 구조는 언어기능과 의사소통을 위해 사용된다. 언어는 사과, 설득, 인사, 칭찬 등의 언어기능을 수행하는 의사소통의 도구로 사용된다. 언어의 단위는 구조적 범주가 아니라 언어기능과 의미의 범주에 의해 결정되고, 언어의 주요기능은 상호작용과 의사소통이라고 할 수 있다.

20.4. 의사소통 교수법의 특징

가. 학습자들은 문법구조의 형식적인 연습이 아니라, 의미 있는 목적을 달성하기 위해 실용적이며, 사실적이며, 기능적으로 외국어를 사용할 수 있는 학습활동이 필요하다. 나. 의사소통중심 교수법은 정확성은 물론이지만 유창성이 더욱 강조된다. 다. 각자 스타일에 맞는 학습전략을 구사할 줄 아는 자주적인 학습자가 되도록 도와줌으로 학습의 효율성을 높일 수 있다. 라. 교수자는 학생들이 다른 학생들과 의미 있는 진정한 상호작용을 통해 의사소통능력을 키우도록 돕는다. 마. 학습자가 비록 문법적으로 잘못된 발화를 한다 하더라도 의사소통 저해를 가져오지 않은 한 모든 오류를 수정해 줄 필요는 없다. 또한 발음도 원어민 수준의 발음이 아닌 이해가능한 발음의 습득을 강조한다. 바. 강의실수업에서일지라도 실제 식당에서 사용되는 메뉴라든지, 전화번호부, 신문 광고 등의 자료를 이용하는 것이 의사소통중심 교수법의 특징이다. 사. 의사소통중심 교수법의 큰 특징은 바로 의미협상(Negotiation of Meaning)이다. 상대방의 말을 잘못 알아들었으면, "Pardon?" "Excuse me?" "Can you repeat it, please?" 등의 말로 상호 협상할 수 있다.

20.5. 의사소통 중심 교수법의 학습활동

가. 정보의 공백활동(Information gap activity)
정보의 공백활동은 의사소통 중심 교수법에서 대단히 중요한 학습활동이다. 학습과정에서 한 예를 들면, "Is this a chair?" "Yes it is." 와 같은 대화는 대화자 사이에 아무런 정보의 공백이 없다. 단지 대화문의 순서대로 암기 또는 조직화된 답변일 뿐이다. 정보의 공백이 없는 언어 연습은 아무런 의미가 없으며, 학생들에게 의사소통을 할 아무런 의미나 동기를 부여해주지 못한다. 말하기 연습을 할 때에는 정보 상의 공백이 주어지는 자연스러운 상황을 조성해 주어야 한다. 말하는 이는 무엇을 말할지, 그리고 어떻게 말할지에 대한 선택권이 있어야 한다. 미리 정해진 대화문을 무의미하게 반복, 연습하는 것이 아니라 자신들이 알고 있는 문법이나 어휘의 지식을 최대한 활용하여 상대방이 갖고 있는 정보를 알아내는 것이므로 학습자들의 흥미와 호기심을 유발하게하며, 실제 생활에서의 언어 사용과 유사한 효과를 얻을 수 있다. 또한 어떤 특정상황에서 실제 상황을 가정한 후 그 역할을 맡아 각자 그 인물의 직업, 느낌, 감정 상태 등을 상호성을 가지고 정보를 교류하면서 실제 상황들에서 사용되는 표현을 익힌다.

나. 역할극

역할극은 어떤 특정상황, 예를 들어 물건사기나 여행 중 기차표사기 등의 상황을 가정하게 한 후 그 상황에서 어떤 인물의 역할을 맡아 다른 역할을 맡은 학생과 대화를 하게 하여 상대방에 대한 정보를 제공받는 것이다. 예를 들어 그 인물의 직업이 무엇인지, 무슨 역할을 하는지, 그 인물의 느낌과 감정 상태는 어떠한지 등에 관한 정보가 주어진다. 역할극은 학생들의 말하기 능력을 향상시키는 데 효과적인데, 특히 어떤 특정 상황에서의 의사표현능력을 강조함으로써 학생들의 호기심과 흥미를 유발시키고 적극적인 참여를 끌어내면서 효과적으로 말하기 능력을 향상시킬 수도 있다.

21. 밥 바이크의 창의적(Creative Training Technique) 교수법: "강의하지 말고 참여 시켜라"

창의적 교수법이란 어떤 묘책이나 기법들을 종합해서 모아 놓은 것이 아니고 오히려 학습능력, 기억능력, 실용능력을 증진시키는 방법을 통해 사람들이 효과적으로 학습할 수 있도록 돕는 시스템이다. 실제 업무에서 중요하게 여겨지는 '성과 얻기'에 중점을 둔 교육 프로그램으로, 이 시스템은 유동적이어서 기본적인 원칙을 고수하면서도 최신의 연구 결과들과 새로운 아이디어들을 지속적으로 접목시킨다.

그리고 일반 교수법과 달리 강사의 개입보다는 참가자의 참여를 유도하는 데 중점을 두고 있다. 창의적 교수법에서 말하는 기본 원칙에는 다음과 같은 것들이 있다.

제1원칙 : 어른은 몸집이 큰 어린아이와 같다.
기존 경험에 의존하지 않고, 어린아이들이 놀이를 통해 시행착오를 겪듯이 직접 체험할 수 있는 기회를 가져야 한다.

제2원칙 : 사람들은 자신의 정보와 의견에 대해서는 논쟁하지 않는다.
강사가 모든 것을 다 알려주는 것보다 참가자들이 소그룹 토의를 통해 발견하지 못한 20%만을 가르쳐 줄 때, 사람들은 그 사실을 더 효과적으로 받아들이게 된다.

제3원칙 : 학습은 재미와 직접적으로 비례한다.
재미, 유머, 오락을 통해 참가자들이 즐거움을 느낄 수 있다면 학습 과정을 향상시키고 참가자들에게 더 많은 이익을 가져다 줄 수 있다.

제4원칙 : 행동이 변하지 않는 한 학습은 힘들다
무엇을 알고 있느냐가 아니라 어떻게 하면 실행할 수 있는지에 대한 기술을 습득하는 것이 교육의 목적이다.

제5원칙 : 부유모유불자유(父有母有不子有)
번역하자면, '엄마나 아빠가 안다 해서 아이도 알고 있는 것은 아니라'라는 의미이다. 참가자가 제대로 교육을 이수하기 위해서는 강사가 먼저 그 내용을 정확히 파악하고 있어야 한다.

※ 성공하는 강사들의 14가지 창의적 교수법

1. 프레젠테이션 준비하기
   시작하기 전부터 좋은 반응과 결과를 얻는 방법
2. 참가자들에게 동기를 부여하라
   교육이 끝난 후에도 참가자들이 지속적으로 학습하도록 유도하기
3. 시각 텍스트를 사용하라
   교육 중 관심을 집중시키는 방법
4. 그룹 참여를 유도하라
   참가자들의 적극적 참여를 통해 학습 성과를 촉진시키기
5. 창의적인 텍스트를 만들어라
   참가자들이 서로 배우고 인생 경험을 나누게 하는 과제, 사례 연구, 역할 연기
6. 효과적인 텍스트를 만들어라

알아야 할 정보, 알면 좋은 정보, 참고자료를 쉽게 구분해 놓은 텍스트 만들기
7. 효과적인 프레젠테이션 기법을 사용하라
성공적인 프레젠테이션을 준비하고 실시하는 방법
8. 교육 프로그램을 참가자들의 수요에 맞게 수정하라
당신이 원하는 바를 조직의 내부와 외부에서 채우는 방법
9. 호기심을 자극할 수 있는 도구를 사용하라
진단 도구를 통한 학습 방법
10. 기존 교육 프로그램을 변형하라
강의 중심의 교육에서 참가자 중심의 교육으로 변형시키는 방법
11. 기술 교육을 위한 참가자 중심의 교수법
지루하고 재미없는 기술 교육을 흥미롭고 역동적으로 만들기
12. 컴퓨터 교육을 위한 참가자 중심의 교수법
지루하고 재미없는 컴퓨터 교육을 흥미롭고 역동적으로 만들기
13. e-Learning의 통설과 방법
허구와 진실을 구분하고 최신 기술을 이용하기
14. 참가자 관리 기법
참가자 중심의 교수법으로 참가자들의 학습을 관리하기

· 밥 파이크의 창의적 교수법

  교육활동 전문가(강사)는 '사람은 누구나 자기 자신의 운명과 성장을 통제할 수 있는 내적인 능력이 있다' 는 믿음을 갖고 사람을 대해야 하며 그들에게 영향력과 동기부여의 능력을 갖춰야 한다. 모든 교육 활동의

목적은 결과를 내는 데 있다.

즉, 개인이나 조직에게 실제로 이익이 돌아가야 한다.

따라서 강사는 교육 참가자들이 스스로 답을 이끌어 낼 수 있도록 적절한 행동계획을 세울 수 있도록 도와주며(세미나) 그들이 활용할 수 있는 도구나 과제, 사례연구 등 여러 가지 자료를 개발해서 제공해 줘야 한다. 밥 파이크가 말하는 창의적 교수법(CTT : Creative Training Techniques)이란 바로 강사의 지도 아래 참가자 중심으로 이루어지는 교육 개념이다. 참가자들의 적극적 참여를 이끌어내고 자발적으로 교육활동에 임할 수 있게 하는 프로젝트이다. 즉, 창의적 교수법은 효과적으로 학습하는 것을 돕는 시스템이요, 성과 얻기에 중점을 둔 교육방법 시스템이다.

1. 창의적 교수법 : 밥 파이크의 법칙
- 제1원칙 : 어른은 몸집이 큰 어린아이이다.
  아이들은 작은 경험들을 통해 배우게 되지만, 어른들은 이미 많은 경험을 가지고 참여한다. 따라서 그것을 인정하고 칭찬하고 격려해 주어야 한다.
- 제2원칙 : 사람들은 자신의 정보와 의견에 대해서는 논쟁하지 않는다.
  소그룹 토의를 통해서 참가자 스스로 아이디어나 개념, 기술들을 찾아보게 하고 다른 사람에게 발표하게 한다. 강사는 20%만 알려주면 된다.
- 제3원칙 : 학습은 재미와 직접적으로 비례한다.
  학습의 즐거움은 참여에서 온다. 참가자들의 열정과 참여를 이용해서 그들 스스로 개인적인 학습활동에 빠져들게 해야 한다. 강사는 정보, 도구, 기법, 유머 등을 통해 일의 성과나 문제 해결을 보다 쉽게 할 수 있도록 도와준다.
- 제4원칙 : 행동이 변하지 않는 한 학습은 힘들다.

교육의 초점은 당신이 무엇을 알고 있느냐가 아니라 당신이 알고 있는 것으로 무엇을 할 수 있느냐에 있다. 정보와 기법들을 활용하여 참가자들이 자연스럽게 새로운 아이디어를 받아들일 수 있는 기회를 많이 줘야 한다.

- 제5원칙 : 강사가 알고 있는 것을 참가자들이 잘 알고 있는 것은 아니다 (父有母有不子有) 참가자들이 배운 것을 행동으로 옮겨 다른 사람에게 전달 할 수 있게 해야 한다.

밥 파이크는 여기에 한 단계를 더 추가한다.

즉, 무의식적 무능력 → 의식적 무능력 → 의식적 능력 → 무의식적 능력 → 의식적 무의식적 능력(5단계)(예/ 운전 기술 : 내가 운전을 능숙하게 할 수 있을 뿐 아니라 다른 사람에게도 가르칠 수 있는 단계) 밥 바이크는 이 5단계에 도달하려면 실행과 연습이 중요하다고 역설한다.

2. 창의적 교수법의 특징
1) 강사의 지도를 따르는 참가자 중심의 교육이다.
2) 목표 달성을 위하여 다음 네 가지 영역을 사용할 수 있다.
* 인식적(Cognitive) 영역 - 지식 습득
* 감정적 영역(Affective) 영역 - 감정이나 태도의 변화
* 정신 운동(Psychomotor) 영역 - 기술 습득
* 대인관계 영역(Interpersonal) 영역 - 다른 사람과의 관계
3) 다양함을 추구한다.
4) 다양한 방법을 통해 내용을 여러 번 복습하게 한다.
5) 참가자들의 경험을 존중한다.
6) 5~7명 정도의 소그룹을 통해서 참여를 촉진하고 자신감을 증진시키며 책임감을 형성케 한다.
7) 현실 적용을 강조한다.
* 지속적인 실무와의 연계성

8) 실행 계획이 내장 되어 있다.
* CTT 과정을 사용하여 기획된 프로그램은 자신이 배운 내용이 무엇이었고, 그것을 어떻게 적용하였는지를 개인별 또는 조직을 통해서 지속적으로 피드백 하도록 되어 있다.
* 실행계획을 가지고 프로그램을 마치는 것은 지식을 활용하여 실제 업무에 적용하는 데 필수적인 요소이다.

<추가 법칙>
- 교육은 과정이지 하나의 행사가 아니다.
  학습 효과가 일어나도록 분위기를 조성하는 것부터 시작하여 참가자 중심의 기회를 제공하는 교육이 진행되고, 배운 지식과 기술을 작 적용할 수 있도록 사후 교육 지원 전략들도 포함돼야 한다.

◎ 공자 : "들은 것은 잊어버리고, 본 것은 기억만 되나 직접 해 본 것은 이해된다."

- 교육의 목적은 성과를 내는 것이다. - 좀 더 나은 단계로의 변화
- 업무능력에 문제가 있다고 해서 항상 교육이 해결책이 되는 것은 아니다.

22. 다중 감각과 다중 지능을 깨우는 퀀텀 교수법

퀀텀 교수법은 미국의 러닝 포럼(Learning Forum) 사의 가속 퀀텀 학습 프로그램인 '슈퍼캠프'에서 시작되었다. 여기에서 학생들은 노트 필기법, 암기법, 속독법, 작문법을 비롯해 커뮤니케이션 및 인간관계 기술 등을 배운다. 로자노프의 '가속 학습', 가드너의 '다중지능', 그라인더와 밴들러의 '신경언어 프로그래밍', 존슨의 '협동 학습' 등 다양한 교육 이

론에 근거를 둔 퀀텀 교수법의 효과는 이미 여러 경로를 통해 입증되었다. 수십 년간의 경험과 연구를 통해 교수자와 학생 모두의 능력을 높여준다. 이제는 학습자들의 자발적인 참여와 적극적인 활동을 통해 개개인의 성취감과 자신감을 높여주는 새로운 차원의 교육 모델로 인정받아 미국의 공립과 사립학교와 대학교는 물론이고, 나사(NASA)와 포춘 선정 500대 기업에서도 적극 활용하고 있다. 효과적인 학습 환경 만들기, 커리큘럼 디자인하기, 내용 전달하기, 학습과 Facilitation 하기가 활동내용이다.

퀀텀 교수법(Quantum Creative Teaching Method)에서 퀀텀은 에너지를 빛으로 바꾸는 상호작용과 학습순간의 다양한 상호작용을 통해 학생들의 타고난 재능과 능력을 자신과 다른 사람에게 유익한 빛으로 바꾸어 주는 것으로 시각, 청각, 운동감각적 학습자의 성향을 모두 고려한 혁신적인 교육 프로그램이다. 주입식 교육에서 벗어나 다양한 학습 프로그램과 도구를 활용하여 효과적이고 재밌는 학습을 할 수 있도록 도와주며, 프레젠테이션 기술과 퍼실리테이션 그리고 여러 원칙을 적용하여 가르치는 사람과 배우는 사람 모두 즐길 수 있는 시간을 만드는 데 도움을 주는 교수법으로 학생들의 자발적인 참여와 적극적인 활동을 통해 학생 개개인의 성취감과 자신감을 높여주는 새로운 차원의 교육모델로 퀀텀 교수법의 이론적 배경은 가속학습법, 다중지능, 경험적 학습이론, 협동학습이론, 마인드맵, 효과적 교수법으로 교수자는 Facilitater로서의 역할, 촉진제, 촉매제 역할을 하며 강의의 내적, 외적 환경 고려하여 학생들의 V(Visual) A(Auditory) K(Kinesthetic)에 따라 강의 구성한다.

퀀텀 교수법의 핵심 원칙

긍정적인 생각, 흥미유발, 자신감, 리더십으로 직접 연습하는 몸으로 습득하는 교육이다.

퀀텀 교수법은 크게 심리적, 물리적 교육환경과 강의 전달법으로 구성되는데, 마치 오케스트라 연주 할 때 공연장, 지휘자, 악보, 악기, 연주단원이 필요한 것처럼 강의도 마찬가지로 다양한 요소들이 조화 속에서 시너지를 낼 때 객석을 감동시킬 수 있는 것과 같은 이치이다. 좀 더 빨리 그리고 오랫동안 수강생들을 강의에 몰입시킬 수 있고, 강사의 장점을 극대화하는 강의방법, 그리고 콘텐츠를 오래 기억하게 하는 방법들로 구성되어 있다.

퀀텀 창의적 교수법의 목표

① 인성 및 리더십
- 훌륭한 강의에 숨겨진 강력한 리더십 기술과 배움에 대한 긍정적 마인드 회복

② 두뇌 친화적 강의법
- 두뇌 친화적 강의법을 통해 어려운 주제를 흥미롭고 재미있게 다룰 수 있고, 교육생들의 참여와 이해 수준을 쉽게 끌어올릴 수 있다.

③ 창의적 교수법
- '시청' 학습채널과 'EELDr.C' 강의구조를 통해 최적의 교육환경과 교육 내용을 구성

퀀텀의 교육 신조(5 Tenets)
목표 : 성인학습의 새로운 흐름 소개 및 뛰어난 강의를 위한 법칙
▷ 모든 것이 이야기 한다.
▷ 모든 것에는 이유가 있다.
▷ 경험한 후에 알게 하라.
▷ 모든 노력을 칭찬하라.
▷ 배운 것을 축하하라

VAK 채널을 사용한 효과적인 강의 진행 기법 학습
Visual(시각) : PPT보다 효과적인 방법인 '동선' 활용 동선=위치(분위기 전환)+상상(흥미유발) 제공 가속학습의 채널
Auditory(청각) : 대화, 토론을 시켜 기회를 준다.(말을 하고 난 후 인간의 뇌는 정리가 된다) 'Call Back' 방금 들은 것을 바로 확인한다.
Kinesthetic(운동감각) : 동작에 의미를 넣어 기억하게 한다.
감정 실습(Body Peg)

최고의 강의 진행을 위한 최적의 강의장 분위기 만들기
※ 효과적인 음악사용 Case F
Change - 상황에 맞게
anchor - 반복이 기억이 남는나.
soothe - 대화할 수 있는 분리 벽을 만든다.
energizer - 생동감이 생긴다.
Focus - 바로크 음악 추천
※ 최적의 강의장 분위기 조성 Tip
1. 향기 - 허브향 추천
2. 간식 - 생동감 있는 제품 등

23. 통번역 교수방법론(Language Teaching Methodology)

English Teaching Methods(영어교수법)이란, 문자 그대로 영어를 가르치는 방법을 말한다. 영어교수법도 과거에서부터 현재에 이르기까지 여러 가지 방법이 시행되면서 변화와 진보를 겪었고, 현재의 대세는 의사소통 중심의 언어교수법인 Communicative Language Teaching(CLT)이지만, 다른 교수법도 많이 쓰이고 있다.

23.1. 교수방법에 쓰이는 용어

1) 방법론(methodology) : 일반적인 교육 실습에 관한 연구.

'어떻게 가르칠 것이냐'와 관련된 모든 고려 사항들은 방법론 적임. 영어 교육과 관련된 모든 것을 포함하는 용어임.

2) 접근법(approach)

언어의 본질, 언어학습의 본질 및 두 가지 모두를 교육 환경에 어떻게 이용할 지에 관한 이론적 입장과 믿음, 언어, 학습교수의 성격을 다루는 일련의 가설들의 집합임. ex) behavioristic approach

3) 교수법(method)

언어적 목적 달성을 위한 일련의 일반화 · 규범화된 수업의 세부사항

   ex) audio-lingual method

4) 교수기법(technique)

매 과의 목표를 실현하기 위한 언어 강의실에서 쓰이는 광범위하고 다양한 연습, 활동, 장치들 ex) drill

5) 교육과정, 교수요목(curriculum/syllabus)

특정 언어 프로그램을 수행하기 위한 디자인으로, 특정 상황에서 지정된 학습자들의 필요를 충족시켜 줄 수 있는 언어 및 주제와 관련된 순서 및 자료들에 대한 구체적인 세부 사항에 주된 관심을 가짐.

23.2. 언어교수 방법론: 전통적 접근법, 혁신적 접근법, 의사소통적 접근법

교수법:
문법 - 번역식 교수법, 직접식 교수법, 청화식 교수법, 인지적 교수법, 인본주의적 접근법, 의사소통 중심 교수법, 과제 중심 교수법, 내용 중심 교수법, 암시적 교수법, 침묵식 교수법

공동체 언어학습법:
이해력 중심 접근법, 전신반응식 교수법, 자연적 접근법
이론적 배경: 행동주의, 인본주의, 구성주의

1950년대~1960년대 이전까지를 전통적 접근법이라고 하고 고전을 중심으로 읽기와 문법 위주의 모국어 수업을 했던 문법-번역식 교수법에서

출발, 외국어로 직접 수업하는 말하기/듣기 위주의 직접식 교수법을 거쳐 행동주의 심리학과 구조주의 언어학이라는 확고한 이론적 기반을 토대로 한 청화식 교수법과 Chomsky가 등장하면서 영향을 준 문법 규칙형성을 중요시하는 인지적 접근법까지를 전통적 접근법으로 본다.

1970년대는 혁신적인 접근법 또는 대안적인 접근법의 시대라고 한다. 이 시기의 흐름은 학습자의 정의적인 면을 고려하는 인본주의 접근법과 말하기보다 듣기를 먼저 고려하는 이해력 중심 접근법으로 나눌 수 있음. 갑자기 많은 교수법이 쏟아져 나온 만큼 수명이 짧고 잠시 유행을 타는 교수법이 대부분이다. 가장 최근에는 진정한 의미의 의사소통을 강조하면서 1970년대 후반부터 의사소통 중심 교수법이 등장하여 현재까지 그 맥을 이어 가고 있다.

전통적 영어교수법

① 문법 - 번역식 교수법: 지적 개발 목표; 읽기 쓰기 번역 강조; 어휘 목록 제시; 정확성이 더 중요; 연역적 문법학습; 모국어 사용
② 직접식 교수법(=자연적 교수법): 다양한 실물자료, 그림, VTR// 외국어로 수업; 실생활 언어(SEE, TEE), 질의응답; 귀납적 문법교육; 학습내용 구두로 제시; 실물 그림; 말하기 듣기 위주; 발음 정확성 강조
③ 자연적 접근법(1970년대): 직접식 교수법의 일환으로, 이해 가능한 입력을 충분히 제공, 듣기 위주 교육 = 혁신적 교수법의 일환, Krashen의 감시자 모형이 이론적 기반.
④ 청화식 교수법(Army Method): 행동주의 심리학/구조주의 언어관;

역행 구조 연습; 대체 연습; 대립쌍 연습// 대화문 형태 제시; 귀납적 문법 교육; 발음 정확성; 원어 사용; 내용보다는 형식(모방과 반복)

⑤ 상황적 언어 교수법: 미국(청화식)에 맞서 영국에선 상황적 언어 교수법 성행, 어휘 통제; 문법 통제; 영국식 구조주의; Palmer의 언어 학습과정; 귀납적 문법교육; 강의실 밖에도 적용; 목표어로 강의실수업 진행;

⑥ 인지적 교수법: 연역적으로 문법 이해; 규칙습득이 강조된다.; 학습자 스스로 책임; 듣기 쓰기 읽기 말하기 모두 중시; 오류를 학습단계의 하나로 본다. 암기보다는 이해 중심

이번 시간에는 영어교수법 중 보편적으로 가장 많이 쓰이는 다양한 종류의 교수법에 대해 보다 구체적으로 세분하여 알아보도록 하겠다.

1. 문법-번역식 교수법(Grammar-Translation Method)
2. 직접식 교수법(Direct Method)
3. 청화식 교수법(Audio-lingual Method)
4. 인지적 교수법(Cognitive Method)
5. 전신 반응 교수법(TPR : Total Physical Response)
6. 침묵식 교수법(Silent Way)
7. 공동체 언어 학습법(CLL : Community Language Learning)
8. 자연교수법(Natural Approach)
9. 의사소통 중심 언어 교수법(CLT : Communicative Language Teaching)
10. 암시 교수법(Suggestopedia)
11. 시청각 교수법(Audiovisual Method)
12. 전체언어방식(Whole Language Approach)

13. 발음을 중심으로 철자와 읽기를 가르치는 (Phonics) 교수법
14. 원칙에 입각한 절충식 교수법(Principled Eclectic Approach)
15. 내용 중심 교수법(Content-Based Approach)
16. 컴퓨터 보조학습 교수법(Computer Assisted Language Learning, CALL)
17. 내용중심 교수법(Content-based Instruction)

• **문법-번역식 교수법(Grammar-Translation Method)**

문법 번역식 교수법은 문법규칙의 설명과 번역에 중점을 두는 교수법이다. 이 교수법은 17세기 이전 유럽에서 희랍어와 라틴어를 가르칠 때 사용한 방법으로 전통적 교수법이라고도 한다. 이 교수법은 이후 오늘날에 이르기까지 전 세계에 걸쳐 가장 많이 사용된 교수법이라고 할 수 있는데, 우리나라의 경우도 옛날 서당에서의 한문 공부의 전통을 바탕으로 하여, 일제시대의 영어 교육에서 문법-번역식이 정착된 이래 오늘날까지 거의 전적으로 이 방법에 의존해 왔다고 할 수 있다.

이 방법의 단점 중 가장 큰 단점은 의사소통능력의 발달을 기대할 수 없다는 점이다, 그리고 지나치게 예외적인 규칙까지 강조를 하고 규칙자체를 위한 규칙이 강조되어서, 학습자의 학습 의욕을 저하시키는 것이 단점 중의 하나로 지적된다. 문법 번역식 방법은 문자 그대로 문법규칙의 설명과 번역에 중점을 둔 언어중심의 교수 방법이다. 이 방법은 궁극적으로는 영미 문학 작품을 읽도록 가르치려면 학생들에게 문법 지식을 길러주는 것이 필요하다고 본다. 교수자가 학생들에게 영어 문법을 가르치고 영어를 우리말로 번역하며 우리말을 영어로 번역하는 연습을 주로 시킨다. 이 방법은 영문을 잘 읽어 이해할 수 있도록 지도하고 말하기와 쓰기를 독자적으로 할 수 있도록 유도하는 데 목적이 있으므로, 영어를

듣고 말하는 기술을 가르치는 것은 별로 중요하게 생각하지 않는다.

　문법 번역식 교수법은 문법규칙의 설명과 번역에 중점을 두는 교수법으로 17세기 이전 라틴어를 가르칠 때 사용한 방법으로 전통적 교수법(The Classical/Traditional Method)이라고도 불리며, 오늘날에 이르기까지 전 세계에 걸쳐 가장 많이 사용되고 있는 교수법 중 하나이다. 이 교수법의 수업방식은 교수자가 학생들에게 영어를 우리말로 번역하는 연습을 시키고, 영어문법규칙을 가르침으로서 영문을 잘 이해할 수 있도록 한다. 르네상스 말기인 16세기 후반에 들어서자, 라틴어는 '국제적인 공통어'로서의 힘을 잃고, 학교에서 '고전'으로만 가르쳐지게 되었다. 그 이후로부터 19세기 말까지 라틴어는 유럽 학교의 교과목 중에서 가장 중요한 위치를 차지하고 있었는데, 일상생활에서 사용할 일이 별로 없는 고전이었으니 만치, 말을 통한 의사소통 연습보다는 문법규칙을 외우고 옛글들을 문법적으로 따지고 분석하는 것이 주된 학습내용이 되었다. 그 당시의 교육개념은 까다로운 라틴어 문법을 외우고, 어려운 문장들을 문법에 맞춰 분석·번역하는 공부자체가 학생들의 지적능력을 향상시키고 논리적인 사고방식을 발달시킨다는 생각이었다.

　로마시대의 영웅 Caesar나 Cicero의 연설문, Vergil의 난해한 시 등을 한 단어씩 따져 가며 문법을 분석하고, 차근차근 번역을 해나간다. 이것이 바로 나중에 '문법 번역식 교수법(Grammar Translation Method)'이라고 이름 붙여진 방식이다. 이렇게 시작된 라틴어 교육방식은 다른 외국어 교육에도 강력한 영향을 주어서, 20세기 중반에 새로운 교수법이 등장할 때까지, 서방세계에서 가장 많이 사용되던 외국어 교수법이 되었다. 오늘날 학교영어교육은 아직도 이 옛날식 '문법 번역식 교수법'의

테두리에서 벗어나지 못하고 있는 실정인데, 그만한 이유가 있는 것이 흥미롭다. 첫째, 교수자가 그 언어에 유창하지 않아도, 문법지식만 있으면 얼마든지 가르칠 수 있고 둘째, 따라서 실력이 좀 부족한 교수자도 학생들에게 권위를 세우기가 쉽고, 셋째, 시험을 통해서 학습결과를 객관적으로 평가하기가 용이하다는 것이었다.

[특징]
(1) 수업은 국어로 진행된다.
(2) 어휘는 한글 뜻을 바로 알려주는 방식으로 가르친다.
(3) 문법은 규칙과 사용방법을 바로 알려준다.
(4) pronunciation(발음)에 대해서는 거의 다루지 않는다.
(5) 어려운 수준의 영어 reading 지문을 번역한다.
(6) 주로 사용되는 drill은 영어를 모국어로 바꾸는 translating이다.

- **직접식 교수법(Direct Method)**

직접식 교수법은 외국인 가정 교수자를 초빙하여 영어를 배우는 방법과 마찬가지로 영어를 학습자에게 많이 들려줌으로써 이해하게 하고, 말을 직접 하게 함으로써 말하는 법을 배우게 하는 방법이다.

이 교수법의 특징은 의사소통 수단으로 목표어인 영어를 사용하고 수업에서도 모국어 사용과 번역을 피한다는 점이다. 이 교수법을 적용하는 곳에서는 특별한 텍스트를 사용하지 않아도 된다. 그러나 필요하면 교수자가 영어로 쓰인 간단한 이야기(narrative)를 사용할 수 있고, 난해한 표현은 풀어 말해 주거나, 비슷한 말, 몸동작 등을 사용하면서 영어로 설명해준다. 주로 교수자와 학생 간에 영어로 질문과 대답을 하는 방식으로 진행되며 구체적인 어휘를 그림이나 실물을 보여줌으로써 제시하고 말하기와 듣기 특히 발음의 정확성을 강조한다.

이 방법은 모국어의 사용을 배제하기 때문에 추상적인 내용을 이해시키는데 어려움이 많고, 교수자가 목표어를 유창하게 구사해야 수업이 가능하다는 점 등이 제한점으로 지적된다.

직접식 교수법은 문법 번역식 교수법에 대한 회의와 Communicative Competence(의사소통 능력)의 강화에 대한 필요성에 의해 시도된 교수법으로, 모국어를 습득하는 방식으로 제2외국어도 가르치는 방식으로 교수자가 강의실 내에서 영어로 설명을 하며, 교수자의 말을 modeling하는 연습을 많이 시킨다.

그러나 이 방법으로는 국제사회에서 필요한 의사소통능력을 키워주기가 불가능했기 때문에, 이에 불만을 품은 외국어 교수자들이, 19세기 중엽부터, 새로운 외국어 교수법들을 개별적으로 시도해 보기 시작했다. 주로 어린이들이 말을 배우는 과정을 모델로 하여 만든 방법들이었는데, 창안한 사람들에 따라 약간씩 차이가 있긴 했지만, 대체로 '강의실에서 모국어를 일체 사용하지 않고 해당 외국어만 사용하며, 문법은 가르치지 않고, 일상대화를 위주로 가르치는' 식이었다. 모국어를 일체 사용하지 않고 목표 언어로 '직접' 가르친다고 해서, 보통 '직접 교수법(Direct Method)'라고 부른다. 그러나 이 방법들도, 학습내용이 체계적으로 구성되어 있지 않는데다가, 모국어 사용을 금지하고 있기 때문에, 학생들이 뜻도 제대로 이해하지 못한 채 무작정 따라 하기만 한다든지, 모국어로 설명하면 간단히 해결될 사항들까지도 외국어로 설명하느라고 많은 시간을 낭비하게 된다는 등의 결함 때문에, 학교에서의 교육방법으로는 그다지 사용되지 않았다.

[특징]
(1) 수업은 영어로 진행된다.
(2) 어휘는 시각자료, 교수자의 demonstration을 통해 뜻을 간접적으로 알 수 있도록 가르친다.
(3) 문법은 간접적으로 규칙을 이해하도록 가르친다.
(4) 정확한 발음, 말하기와 듣기가 강조된다.
(5) modeling과 practice로 새로운 것을 가르친다.
(6) 자주 사용하는 어휘와 문장 위주로 가르친다.

- **청화식 교수법(Audio-lingual Method)**

이 교수법은 미국의 구조주의 언어학에 근거하여 언어란 의미를 부호로 나타내기 위한 구조적으로 연관된 요소들의 조직체로서 그 요소는 음소, 형태소, 단어, 구조와 문형이라는 가설에서 출발한다. 또한 이 교수법은 행동주의 심리학의 이론을 도입하여 언어를 학습된 행동이라고 보아, 좋은 언어 습관의 형성에 목적을 두어 대화를 암기하고 문형 연습을 통하여 오류를 범하지 않도록 지도한다.

이 교수법의 목적은 학생들의 청해 능력을 개발하고, 정확한 발음을 가르치며, 말과 문자의 관계를 인식하도록 하고, 영어의 음성, 형태, 어순 등의 구조에 익숙하게 하는 데 목적을 둔다.

이 방법은 대화문의 암기와 문형 연습을 주로 함으로써 학습 초기부터 듣고 말하는 능력을 길러줄 수 있어 학습자에게 성취감을 안겨준다고 본다. 그러나 이 교수법은 기계적인 연습을 하게 되므로 잘 훈련된 앵무새처럼 반복은 잘하지만 의미를 이해하지 못하는 경우가 많고 암기된 지식을 다른 상황에서 적용하는 것은 별개의 문제이므로 영어 사용은 여전히 학생들에게는 어려운 일로 남는다. 청화식 교수법은 언어를 학습된 행동으로 보아서, 대화를 통째로 암기하고 문장패턴을 반복하여 연습함으로서 자동적이고 습관적으로 응답이 만들어지도록 가르친다. 이 교수법의 수업방식은 주로 오디오를 따라 반복해서 듣고, 대화나 문형을 암기하는 방식이다.

[특징]
(1) 대화 형태로 지문이 소개된다.
(2) 오디오를 따라 반복해서 읽고, 패턴을 암기하는 방식으로 가르친다.
(3) 질문에 대한 즉각적인 응답이 강요된다.
(4) 문법에 대한 설명은 거의 없다.
(5) 어휘는 제한적으로 다룬다.
(6) 오디오 테이프와 어학실 사용을 자주 한다.

전쟁이 끝난 다음, 이 '육군 교수법'을 참고로 해서 나온 것이, 1950년대부터 1960년대까지 전 세계적으로 유행했던, '청각구두 교수법(Audiological Method)'이었다 이 교수법은, '인간의 모든 학습은 습관의 형성이며, 학습은 반복연습을 통해서만 이루어진다'고 주장하는 '행동주의 심리학(Behaviorism)'과 '구조주의 언어학(Structural linguistics)'을 바탕으로 만들어진 것인데, 이 교수법이 내세운 5가지 원칙은 다음과 같았다.

1. 언어는 말이지 글이 아니다
2. 언어는 일련의 습관이다.

3. 언어 '자체'를 가르쳐라, 언어에 '관해서' 가르치지 말고.
4. 언어는 원어민이 말하는 그대로이며, 어떻게 말해야 된다고 학자들이 생각하는 대로가 아니다.
5. 언어들은 서로 다르다.

그때까지, 일상생활과 동떨어진 글을 가지고, 문법학자들이 만들어 놓은 문법만을 따지던 '문법 번역식 교수법'에 정면으로 반기를 드는 원칙들이었다. 읽어보면 대충 이해가 가는 주장들인데, 맨 마지막에 '언어들은 서로 다르다'는 뻔한 소리를 하는 이유는 그때까지 가르치던 문법들이 전부 라틴어와 그리스어의 문법체계에 억지로 꿰어 맞춰서 만든 것이었기 때문에, 그것에 반대하는 뜻에서 하는 말이었다. 이 교수법은 미국 미시간 대학의 Charles Fries를 중심으로 제창되었는데, "모든 언어는 혀(lingual)를 비롯한 발성기관의 움직임과 그에 의해서 만들어지는 소리(audio)로 구성된 것이므로, 그 동작들이 완전히 습관화 되도록 반복연습을 해야 한다"는 것이 기본 학습개념이었다. 따라서 문법에 관한 설명은 거의 하지 않고, 대화 예문의 '따라 하기', '외우기', 미리 준비해 놓은 문형들에 대한 기계적인 '따라 하기', '단어 바꿔 넣기' 등의 연습을 반복하는 것이 주된 연습 방법이었다. 과거의 비효율적인 교육방식에 염증을 내고 있던 참에, 새로운 교수법이 권위 있게 등장하자, 한동안 세계적으로 널리 유행되었으나, 이 방법도 역시 그리 오래 가지는 못하고 1960년대에 들어서면서 퇴조하고 말았다. 그 이유는 첫째, 우선 이 방법으로 영어를 배운 사람들이 기대했던 것만큼 영어를 잘하지 못했고, 둘째, 재미없는 문형들을 기계적으로 따라하는 방식이 지루할 뿐더러, 뜻도 모른 채 무작정 따라하는 경우가 많고, 셋째, 문법 설명을 거의 하지 않으므로 학습자가 문장의 이치를 터득하는 데 시간이 오래 걸리고, 넷째, 초급 수준의 강의실에서 모국어를 사용치 않는 것은 시간낭비일 뿐만 아니라 거의 불가능하다는 것 등이 문제였다.

- **인지적 교수법(Cognitive Method)**

인지적 교수법은 학생들이 새로운 영어 문법 개념을 이해하고, 연습 문제를 통해 문맥에 맞는 구조를 연습한 다음에 읽기와 듣기를 학습하는 절차로 진행한다. 이 교수법은 언어의 사용과 학습 상황의 제공보다는 언어 분석을 강조한다. 또한 영어 발음을 중요하게 다루지 않고, 영어 읽기 학습에 필요한 어휘를 가르치는 데 역점을 둔다. 그러므로 이 교수법은 중등학교와 초등학교 상급 학년에서 간단한 문법 규칙을 가르칠 때 적용할 수 있다.

이 교수법은 수업에서 반복 연습을 하는 것은 효과가 없고 묵묵히 앉아서 공부하는 것을 권장한다. 학생들의 오류는 학습과정에서 생기는 필연적인 산물이므로 교수자가 체계적으로 가르쳐 주고 설명을 해주며 가능하다면 오류를 치유하는 것이 좋다고 본다.

인지주의 이론(Cognitive Theory)

이러한 결함들 때문에, 1957년에 Noam Chomsky가 새로운 이론을 발표하며, '청각구두 교수법'의 기초 이론들을 정면으로 반박하고 나서자, 이 교수법은 서서히 힘을 잃기 시작했다. Chomsky의 주장으로 시작된 이 새로운 언어학 이론을 보통 '인지주의 이론(Cognitive Theory)'라고 부른다. 이 이론의 주창자들은 "인간은 태어날 때부터 머릿속에 '언어습득 장치(LAD, Language Acquisition Device)'라는 '선천적 언어능력'을 가지고 태어나며, 이것을 통하여 언어의 밑바탕에 깔려있는 '규칙'을 터득하고, 그 규칙에 의해서 무한히 많은 문장들을 이해하고 말할 수 있는 것이지, 앵무새처럼 무조건 따라하면서 배우는 것이 아니다."라고 주장하면서 '청각 구두 교수법'의 '모방에 의한 학습이론'을 정면으로 부정하였다. 언어학사에 신기원을 이루었다고 평가되는 이 '인지주의 이론'이 발표된 이후 10여 년간은, '청각 구두 교수법'과 '인지주의 교수법'이 외국어 교육이론의 양대 산맥으로 팽팽히 맞서는 시기였다. 한편에서는 '반복연습을 통한 듣기·말하기 연습'을 강조하고, 또 다른 편에서는 '심층규칙의 이해를 통한 언어 학습'을 강조하면서, 서로의 주장을 비판하고 각각의 이론을 보완해나갔다.

• 전신 반응 교수법(TPR : Total Physical Response)

외국어 학습도 모국어 습득과 같은 자연적 절차를 따라야 하므로 말하기 이전에 듣기 능력을 길러 주고 듣기 능역은 신체적 반응으로 쉽게 습득이 되며 청해 능력만 있으면 말하기 능력은 노력을 하지 않아도 자연적으로 개발된다. 학습된 내용을 몸으로 반응하게끔 한다. 우뇌 지향적이다. 긴장감이 없는 상태에서 편안하고 즐겁게 하는 것이 성공적인 언어 학습을 위한 중요한 조건이다. 이 교수법은 외국어 학습 과정이 모국어 습득 과정과 유사하다고 보아 말하기 전에 듣기 연습을 시키는 것이 특징이다. 교수자의 명령을 듣고 학생들이 행동을 하게 함으로써 말의 의미를 이해시키므로 언어 형태보다는 의미에 역점을 두며 듣기에 비중에 많이 둔 교수법이다.

이 방법은 청취이해를 강조하는 특성을 가지고 있으므로, 이해접근법이라고도 할 수 있다. 아동이 영어를 듣고 이해하였는지 혹은 그렇지 못하였는지 그 이해의 정도를 점검하기 위해 대개 명령이나 지시를 영어로 하여 해석을 '이해하였으면 해보라'는 방법을 취한다. 즉, 간단한 명령을 영어로 하여 그 명령어를 지시하는 대로 하는지 못하는지를 보면, 그 아동이 그 영어 명령어를 듣고 이해하였는지, 못하였는지를 알 수 있게 된다.

전신 반응 교수법은 언어와 동작이 연관되어 있다는 접근방식으로, 학생의 영어듣기 이해력을 점검하기 위해 간단한 명령을 영어로 하여 명령을 동작으로 수행해보게 하는 어린이를 위한 수업에서 사용되는 교수법입니다.

[특징]
(1) 선생님 이 지시를 하면 학생들은 응답을 동작으로 합니다.
(2) 명령문과 의문문이 자주 사용됩니다.
(3) 수업의 분위기를 즐겁게 만들고 스트레스가 없는 환경을 중요시합니다.
(4) written language 보다는 spoken language가 강조됩니다.

• **침묵식 교수법(Silent Way)**

교수자는 최소한의 본보기만 제시한 후 대부분을 침묵으로 이끌고 가능한 한 학습자가 말을 많이 하게 한다. 영어를 교수자가 가르치는 것보다 학습자가 다른 학생과의 교류를 통하여 스스로 배우도록 하는 데 역점을 둔다. 침묵식 교수법은 모국어 습득과 외국어 학습이 다르다고 전제하고 모국어의 습득 과정에서 학습자가 이미 알고 있는 발음을 연상하면서 영어의 정확한 발음에 접근하도록 시도한다. 이 교수법은 학습자가 배울 내용을 기억하고 원리와 규칙을 스스로 발견하고 창조한다면 훨씬 쉽게 학습할 수 있으며, 물체를 사용하고, 텍스트 내용에 포함된 문제를 해결하는 것이 학습에 도움이 된다는 가설에서 출발한다.

이 교수법을 적용하여 수업할 때는 모국어의 사용을 억제하고, 학생들의 응답에 잘못이 있을 때는 다른 학생에게 바른 모범을 보이도록 하여 잘못된 것은 학생들이 서로 교정하는 원칙에서 진행한다.

- **공동체 언어 학습법(CLL : Community Language Learning)**

공동체 언어 학습법은 학습자가 다른 학습자들과 교수자와 함께 사회의 구성원이 되어 이들과 상호작용을 하면서 영어를 학습하게 한다. 이는 학습이란 개별적으로 이루어지는 것이 아니라 상호 협동하며 달성될 수 있다고 보아 학습자가 교수자와 의존 관계에서 출발하지만 의사소통 활동을 통하여 점진적으로 의사소통 능력을 기르고 최종적으로 원어민에 가깝게 영어를 구사할 수 있는 자아실현 단계에 도달하도록 도와주는 데 목적을 둔다.

공동체 언어 학습법은 언어를 사회화 과정으로 보아 학생과 학생, 학생과 아는 사람(교수자)의 상호 작용 활동을 통하여 다른 사람과 친밀도를 증가시키고 다른 학생들과 더불어 학습하도록 유도한다.

- **자연 교수법(Natural Approach/Natural Method)**

모국어에 의존하지 않고 의사소통 상황에서 영어를 사용하게 한다. 이 교수법을 이용하는 교수자의 역할은 이해 가능한 언어 입력을 학생에게 주고 학급 분위기를 재미있고 친근하게 하며 다양한 집단 학습내용과 학습활동 을 선정하여 제고하는 것이므로 학습자 상호 간에 실질적으로 의사소통이 가능한 실물텍스트, 그림, 놀이 등이 이용된다.

외국어 학습의 역사는 인류의 역사와 함께 해 왔다고 볼 수 있다. 고대 바빌로니아나 이집트에서도 외국어 학습이 성행했었고, 로마시대 귀족 사회에서도 그리스어 학습을 많이 했었다. 그 당시 별로 특별한 교수법이 따로 있었던 것은 아니고, 그저 외국에서 잡아온 노예들 중 학식이 있는 자들로 하여금 귀족의 자녀들을 시중들게 하면서, 마치 어린 아기에게 말을 가르치듯이 한 마디 한 마디씩 가르쳐 나가는 식이었다. 이 교수법이라고 이름을 붙이자면 '자연식 교수법(Natural Method)이라고 할 수 있겠다. 이렇게 원어민이 나름대로 자연스럽게 외국어를 가르치는 방식은 15세기까지 계속 되었는데, 그 당시 가장 많이 배우던 언어는, 당시의 유럽사회에서 '공통어(lingua franca)'로 쓰이던, 라틴어였다.

- **의사소통 중심 언어 교수법**
  (CLT : Communicative Language Teaching)

이 교수법은 영어의 구조와 문법에 대한 정확한 지식보다는 의사소통을 위한 유창성을 강조하여 의사소통 기능에 역점을 두어 영어 가르치는 것이 특징이다. 이 교수법에서는 교수자가 학생들의 수준을 고려하여 의사소통 이전 활동과 의사소통 활동으로 구분하여 처음에는 의미를 전달하는 데 사용할 수 있는 구문과 어휘를 이해하도록 하고 유사한 상황을 만들거나 상황을 말해 주고 이를 충분히 연습하도록 한다. 다음 단계에서 학생들이 의사소통 기능을 이해하여 적용할 수 있는 활동을 하도록 유도하고 역할극을 통하여 실제 의사소통 활동을 하게 한다. 그러므로 교수자는 학생들에게 활동에 참여할 수 있는 기회를 많이 제공하고 상호 의존적으로 학습하도록 유도하며, 학생과 학생 간, 학생과 활동, 과업간의 의사소통 과정이 원활하게 진행하도록 편의를 제공해주어야 한다. 교수자는 학생들과 마찬가지로 참여자가 되어야 한다. 이 교수법은 영어교육의 궁극적인 목적인 '의사소통' 기능에 역점을 두고 있는 교수법으로, 이전의 모든 교수법을 아우르는 umbrella approach이자, 현재까지 가장 이상적인 교수법으로 평가받고 있다. 영어의 구조와 규칙에 따라 정확히 사용하는 것보다는 의사소통을 위한 유창성을 강조하여 영어를 가르치는 것이 특징이다.

[David Nunan(1991)이 정리한 CLT의 5가지 특징]
(1) 강의실에서 영어로 서로 interaction 함으로써 의사소통 방법을 배우도록 한다.
(2) 학습 과정에서 authentic text를 사용한다.
(3) 학습과정 자체에서 학생이 관심을 가질 수 있는 기회를 제공한다.
(4) 수업에 중요한 요소로 학습자 개인의 경험을 중요시 여긴다.
(5) 강의실 내 학습을 강의실 밖 학습으로까지 연결시키는 노력을 한다.

영어교육의 목표는 일상생활에 필요한 영어를 이해하고 사용할 수 있는 기본적인 의사소통 능력을 기르고 아울러 외국 문화를 올바르게 수용하여 우리 문화를 발전시키고, 외국에 소개할 수 있는 바탕을 마련하는 것이다. 의사소통능력이란 사람과 사람이 만나서 언어로 대화를 나눌 수 있는 능력을 말한다고 하였다. 구체적으로 말하면 사회 문화적인 환경에서 효과적으로 의사 교환을 하기 위해서 화자와 청자가 가져야하는 능력이다. 의사소통 능력을 기르기 위해서는 언어의 4가지 기능인 듣기, 말하기, 읽기, 쓰기 중 결국 화자의 말을 듣고 그 말을 이해하는 듣기 능력이 나머지 기능보다 우선되어야 한다. 이는 어린이의 모국어 습득 과정에서 나타나는 바와 같이 어린이가 모국어에 오랫동안 노출된 다음에 말하기 시작한다는 사실에서 잘 알 수 있다. 즉, 모국어 습득과정에서 아동은 우선 자신의 주변에 있는 부모 등 모국어 화자에 의해서 전달되는 발화입력(utterance input)을 청취하면서 차츰 그 내용을 이해하는 과정에 이르게 되고, 자신의 의사표현을 말하기를 통하여 전달하게 된다.

영어 학습자들의 의사소통능력을 향상시킬 수 있는 방법은 가급적 영어에 많이 노출되어 영어를 사용하는 기회를 많이 부여하는 것이다. 그러므로 우리나라와 같이 강의실 이외에서 영어를 사용할 기회가 거의 없는 상황에서는 강의실자체에서 의사소통적인 상호작용이 일어나도록 하는 것이 중요하다. 이러한 목표를 실현하기 위해 제7차 교육과정에서는 영어 교육의 목표를 일상생활에 필요한 영어를 이해하고 사용할 수 있는 기본적인 의사소통능력을 기르는 데 두고 있다. 그리고 영어교육의 방법으로 학생들의 학습에 대한 흥미와 관심을 높이고 의사소통 능력을 기르기 위한 학습 경험과 활동을 극대화하는 수업을 하도록 하고 있다. 제7차 교육 과정은 의사소통 기능의 함양을 목표로 하고 있고 이것은 세계적인 외국어 교육의 추세이며 이미 제6차 교육과정에서도 적용시켜 오고 있지만 제7차 교육과정에서는 수업시간에 많은 의사소통활동을 구현하게 함으로써 더욱 본격적인 의사소통중심 교수법을 지향하고 있는 것이다. 의사소통 능력을 신장시키기 위해서 주어진 시간에 학습자의 학습능력을 최대한으로 발휘할 수 있도록 이를 충족시켜주는 과업수행

학습을 제7차 교육과정에서는 '과업중심의 영어교육'이라고 제시하고 있다. 과업 기반 학습의 장점으로는 언어 형식을 뛰어 넘어 실제 세계에 대한 연결 고리를 찾을 수 있게 해주고 의사소통 목표를 가질 수 있게 해주며 개별 과업이 성공적이었는지를 확인할 수 있게 피드백을 제공해 주고 실생활에서 문제 해결을 가능하게 해준다.

학습자가 의사소통을 위하여서는 문법을 활용, 응용할 수 있게 하도록 이루어져야 하며 또한 바람직한 문법 교육이란 교수자가 일방적으로 문법 내용을 조직·교수하기보다는 교수자와 학습자가 함께 참여하는 학습 과정을 전제해야 되며 학습 과정을 순환적 과정으로 인식하여야 한다. 즉, Rutherford가 지적한 것처럼 문법 구조들은 한 번에 한 가지씩 습득되지 않으며 오히려 한 언어 구조 형태, 의미, 화용과 같은 다양한 양상들이 각각 다른 시기에 습득된다는 것을 고려해야 할 것이다. 또한 문법 학습 과정은 학습자가 문법 구조들에 대한 지식을 단순 암기식으로 쌓는 것이 아니라, 학습자가 문법적 과정을 경험하는 능동적인 학습 과정이 되어야 한다. 우리나라의 문법 내용은 언어적 형태와 정확한 어법에만 중점을 두어왔으나 의사소통을 목표로 언어를 가르친다면 언어가 지니는 의사소통적 기능에 주의를 기울여야 한다. 이는 언어 형태의 의미적, 담화적, 그리고 화용적 요인에 대한 고려가 충분히 이루어져야 하며 또한 정확한 어법에만 중점을 둘 것이 아니라 적절한 언어사용을 위한 문법 지도를 해야 한다는 뜻이다. 이러한 면을 고려하기 위해서는 실생활에서 쓰이는(authentic) 언어 자료가 문법 지도에 이용되어야 하며 교육부 초등학교 영어과 교육과정에 제시된 예문들은 모두 의사소통에 필요한 언어 형식으로 되어 있다.

언어의 가장 기본적인 목적은 무엇보다 의사소통이다. 따라서 초등영어 교육이 소기의 목적을 달성하기 위해서는 문법을 반드시 의사소통이라는 틀에 넣어서 통합적으로 가르치는 것이 무엇보다 중요하다고 할 수 있다. 과거 청화식 교수법이 실패한 원인은 문형연습(pattern drill)의 지나친 강조에 있는 것이 아니라 언어사용 상황(context)과는 상관없이 문형을 단편적으로 학습시켰기 때문에 학습자들이 실제 상황에 처하여 배운 것을 적절하게 적용하지 못했다는 데 있었다. 초등영어 교육을 담당할 교수자들은 하나하나의 문법 사항들을 영어사용 원어민들의 실제 상황과 연결시키고 또 적절한 방법과 자료를 이용하여 학생들의 의사소통 능력을 신장시키는 데 주력해야 할 것이다.

▪ 문법 지도 방법

문법지도 방법은 크게 귀납적 방법(inductive method)과 연역적 방법(deductive method)으로 나눌 수 있다.

가. 귀납적 방법(inductive method)

귀납적 방법은 규칙의 설명 없이 적당한 예들을 많이 제시함으로써 학습자 스스로 규칙을 발견할 수 있도록 유도하는 방법을 말한다. 따라서 이 방법은 'teaching grammar from examples'이라고 말할 수 있다. 귀납적 방법의 특징들은 다음과 같다.

(1) 학습자들이 스스로 예를 통해 규칙들을 발견하기 때문에 규칙들이 의미 있고 기억하기 쉽다.
(2) 학습자들이 학습 시간 내내 활동을 하게 되므로 좀 더 동기를 부여할

수 있다.
(3) 언어의 규칙들을 발견해내는 과정이 협동적이므로 또 다른 언어 연습의 기회를 가질 수 있다.
(4) 학습자들의 자율성을 신장시킬 수 있다.
(5) 언어 규칙들을 발견하는 것이 언어를 배우는 목적이라고 잘못 이해할 수도 있다.
(6) 학습자들이 많은 예들을 통해 규칙을 발견하도록 해야 하므로 교수자들의 학습 준비 부담이 크다.

나. 연역적 방법(deductive method)

연역적 방법(deductive method)은 가르치고자 하는 문법 구조에 대해 먼저 설명해 주고 나서 학생들이 규칙을 적용하여 문장을 만들도록 연습을 시키는 방법으로 다소 복잡한 문법 구조를 가르칠 때 유용하다. 귀납적 방법(inductive method)이 'rule discovery learning'이라고 한다면 연역적 방법(deductive method)은 'rule-driven learning'이라고 할 수 있다. 연역적 방법(deductive method)의 특징들은 다음과 같다.

(1) 언어의 핵심을 다루기 때문에 시간이 절약된다.
(2) 지적으로 성숙하고 분석적인 학습자들에게 적당하다.
(3) 언어의 규칙들이 모두 다르기 때문에 기억하기가 어렵다.
(4) 언어란 규칙들만 알면 된다는 믿음을 갖게 할 수 있다.

위에서 귀납적 방법(inductive method)과 연역적 방법(deductive method)의 특징들 살펴보았는데, 두 가지 방법 중 어느 방법이 문법 지도에 더 효과적이냐를 결정지을 수는 없으며 학습자들의 문법 지식수준과 개인적 학습 성향이나 방법에 따라 귀납적 방법(inductive method)이나 연역적 방법(deductive method)의 교육 효과가 다를 수 있기 때문에 일률적으로 어느 방법이 더 좋다고 할 수는 없다.

- 암시 교수법(Suggestopedia)

Lozanov는 최적의 학습 환경을 수면상태의 중간 상태로서, 편안하지만 깨어있는 상태라고 주장하면서 이러한 상태를 조성하기 위하여 강의실 환경을 디자인 하는 데 중점을 두었다. 다양한 음조나 억양을 사용하여 학습 내용을 제시하여 지루함을 덜어 준다.

암시 교수법은 학생들이 빠른 시일에 상급 단계의 대화기술을 습득하도록 하는 데 목적을 둔다. 이 교수법은 학생들이 각자 설정한 목표에 따라 방대한 양의 어휘를 습득하도록 하는 데 목표를 두고 있다. 그러나 암기에 목적을 두는 것이 아니라 문제를 이해하고 창조적으로 해결하는 방법을 가르치는 데 목적이 있다. 암시 교수법은 크게 두 단계의 과정으로 구성된다. 첫 번째 단계는 문법과 어휘의 난이도를 고려하여 제작된 대화문의 모방, 문답, 독해 등으로 구성된다. 다음 단계는 대화문에 근거하여 학생들이 대화에 참여하고 낭독한 텍스트의 내용에 응답하는 역할을 한다.

- 시청각 교수법(Audiovisual Method)

시청각 교수법은 시청각 텍스트를 이용하여 일상 영어를 가르치고, 일반적인 화제에 관하여 이야기하고 비전문적인 글과 신문을 읽을 수 있는 능력을 개발하며, 후에 전문적인 담화와 글을 이용하여 의사소통을 할 수 있는 능력을 기르는 데 목적을 둔다. 시청각 교수법의 목표는 초보 학습자가 생활 영어에 친숙하도록 하며, 이 단계가 지나면 일반적 화제에 대하여 대화를 하고 특별한 분야에 관한 담화를 하는 것을 최종 목표로 한다.

시청각 교수법은 언어가 실제 생활과 불가분의 관계에 있다는 가설에 근거하여 강의실은 극히 제한된 범위에서 실제 생활을 다루기 때문에 분명한 의미 전달이 어렵고, 시각 영상을 잘못 풀이하는 데서 오는 문제점과 교수 절차가 검증되지 않아 아직 더 많은 실험연구가 요구된다.

- 전체 언어방식(Whole Language Approach)

본래 영어를 모국어로 하는 어린이들에게 읽기를 가르치기 위하여 개발된 방식이었으나 영어를 제2국어로 배우는 어린이들에게도 듣기 말하기까지 익히게 하는 효과가 입증되었다. 먼저 상황에 맞는 문장을 읽다가 단어, 음소 순으로 내려가면 언어습득을 하게 되므로 Top-down Approach라고 하며, 듣기, 말하기, 읽기, 쓰기를 한 수업에서 동시에 하므로 '전체 언어'라 한다.

- 파닉스(Phonics) 학습법

영어사용자들에게 읽기, 쓰기를 가르치는 방식으로 먼저 음소와 알파벳을 익히고 단음절, 다음절, 단어순으로 어휘를 넓혀가며 읽기를 배우게 되므로 Bottom-up-Approach라고도 한다. 또한 표준 영어의 발음방식과 철자체계에 관하여 연구된 지식체계이므로 영어 방언 사용자나 외국인에게 표준영어를 가르칠 수 있는 도구이기도 하다.

- **원칙에 입각한 절충식 교수법(Principled Eclectic Approach)**

이 교수법은 의사소통이라는 언어학습의 목표를 달성하기 위한 방법으로서 지금껏 주장되어 온 여러 가지 교수법의 장점을 통합하여 학생들에게 맞는 교수법을 적용해 나가야 한다는 이론이다. 이 교수법이 부각되기 시작한 것은 언어 형식 중심의 교수법과 의미 중심의 교수법 사이의 수십 년간 계속되었던 논쟁을 통하여 모든 사람들이 동의하는 오직 한 가지의 올바른 교수법이란 존재하지 않는다는 것을 많은 사람들이 깨달았기 때문이다. 또한 언어 학습은 매우 복합적인 과정이며 학습자들은 서로 다른 성격과 학습 스타일, 욕구를 가지고 있기 때문에 적합한 교수방식도 하나 이상일 수밖에 없다. 그러므로 교수자는 실제의 영어 교육여건에 가장 적합한 방법을 절충적으로 취합, 혹은 통합하여 적용할 수 있어야 한다. 그러나 절충식 교수법이라 하여 여러 가지 교수법을 뚜렷한 목표나 원칙 없이 선택하여 사용하는 것을 의미하지 않는다. 구체적인 프로그램의 목표들과 연관된 교수 기법과 활동들을 신중하게 선택하는 원칙을 지키는 절충주의가 되어야 한다.

기능주의(Functionalism) 등장

그러는 가운데 1970년대로 들어서자, 외국어 교육 현장에서는 양쪽의 이론을 절충하고 약점을 보완한, 수많은 '절충·보완적 교수법'들이 등장하게 되었는데, 이때에 등장한 것이 바로 '기능주의'다.

언어의 습득은 '모방 반복에 의한 습관 형성'만으로 되는 것도 아니고, '규칙의 이해'만으로 되는 것도 아니며, '의미 전달을 위한 의사소통능력'을 습득함으로써 이루어지는 것이라는 게 이들의 주장이었다. 아무리 정확한 발음과 문형을 구사하고, 아무리 문법적으로 정확한 말할 수 있어도, 사회·문화적으로 뜻을 이해하면서 경우에 맞는 대화를 할 수 없으면 소용이 없다는 것이었다.

예를 들어서, 집에 찾아온 손님이 "방이 무척 덥군요."라고 했을 때, '더우니까 에어컨을 틀어줬으면' 하는 숨은 뜻을 이해하지 못하고, "네, 무척 덥군요."하는 대답만 하고 있다면, 아무리 발음과 문법이 정확하다 할지라도 제대로 된 의사소통은 아니라는 것이다. 그래서 이들은 의사소통을 하는 데 필요한 요청, 부정, 제안, 비판, 불평, 동의, 설득, 명령, 사과, 위로 등의 '기능(function)'과, 시간, 순서, 수량, 위치, 빈도 등의 '개념(notion)'들을 제대로 가르치고 배워야 한다고 주장하였다. 그 이후로 이러한 각 주장들을 절충 보완한 수많은 교수법들이 발표되었으나, '현대 언어 교육 이론'의 3대 조류는 '반복 연습을 통한 습관 형성'을 강조하는 '구조주의 입장'과, '심층 문법의 이해를 통한 창조적 언어 능력'을 강조하는 '인지주의 입장', 그리고 '의미 전달을 위한 의사소통 능력'을 강조하는 '기능주의 입장'이라고 볼 수 있다. 그러나 언어를 배운다는 것이, 무조건 반복해서 따라 하기만 한다고 되는 것도 아니고, 문법 규칙을 알기만 한다고 되는 것도 아니고, 의사소통 연습만을 한다고 되는 것이 아니므로, 이 세 가지 입장들을 절충하고 부족한 부분을 보완해서, 보다 효과적인 외국어 교수법을 개발하는 작업들이, 80년대 이후부터 현재까지, 세계각지의 교육현장에서 진행되고 있는 중이다.

- **특수 훈련프로그램(Army Specialized Training Program)**

이러는 가운데, 1939년 '제2차 세계대전'이 일어나서 미국이 참전하게 되자, 세계 각 지역의 현지 언어에 능통한 사람들이 대량으로 필요하게 되었다. 이에 따라 '육군 특수훈련 프로그램'이란 것이 만들어져서, 단기간에 많은 통역요원들을 양성해 내게 되었다. 미국 내 대학들의 언어학 교수들이 총동원되어, 각 지역에서 데려온 현지인의 언어들을 연구해서, 각 언어의 특성에 맞는 훈련 프로그램들을 서둘러 만들었다. 그리고는 미군 내에서 특별히 선발된 우수한 병사들을 10명 단위의 소그룹으로 편성하여, 현지인 및 교관들과 함께 생활하도록 하면서, 정해진 문형에 대한 '따라 하기', '암기하기', '질문·대답하기' 등의 집중훈련을, 마치 군사 훈련하듯이 단기간에 강도 높게 실시했다. 군대식으로 급속히 만든 방법이라서, 이론적으로 좀 엉성한 면이 있기는 했지만 그런 대로 성과가 괜찮았다고 한다. 이 방법을 간단하게 '육군 교수법(Army Method)'라고도 부른다.

- **내용중심 교수법(Content-Based Instruction, CBI)**

내용중심 교수법은 의사소통적 교수법을 기본으로 하면서 교수학습의 활성화를 위해 총체적 언어교육을 시도하는 것을 말한다. 총체적 언어교육에서의 총체적이란 뜻은 언어는 분리 가능하고 개별적인 언어부분의 총합이 아니라는 의미를 내포하고 있다. 이것은 제1언어 습득의 관점과 같이, 어린이들은 부분보다 훨씬 이전에 총체들을 지각하기 시작하며, 실질적으로 언어를 사용하는 가운데 언어를 습득하고 언어 사용 맥락이 의미 결정에 중요한 역할을 하게 된다는 것이다. 또한 이 총체적 언어교육은 교수 과정과 학습 과정에서 언어 체계의 모든 요소의 사용을 강조하기 때문에 특히, 언어의 네 가지 영역인 듣기, 말하기, 읽기, 쓰기의 능력을 총체적으로 결합하려고 시도한다. 총체적 언어교육에서는 교수와 학습에 적용되어 나타나는 효과는 의미 중심과 학생 중심이어야 한다는 것이다. 또한 의미 중심적이기 때문에 학습자들은 자신들의 목적을 위해 언어를 사용하게 되며, 언어는 텍스트의 내용보다는 실질적이고 사실적이며 행동화할 수 있는 것이어야 한다는 것이다.

- **컴퓨터 보조학습**(Computer Assisted Language Learning, CALL)

컴퓨터 기재(hardware)와 컴퓨터 프로그램(software)을 이용하여 외국어 학습자의 언어 숙달을 도와주는 일체의 학습 및 교수활동을 말한다.

최근 컴퓨터 보조 언어학습은 단순한 텍스트 제시에서 그래픽과 애니메이션의 차원을 넘어 인터넷을 통한 학생중심의 영어학습 등 멀티미디어 학습 환경을 창출하기에까지 발전되었다.

CALL의 역사에서 중요한 시기로 간주되는 것은 1960년대이다. 이어서 1970년대에는 적지 않은 양의 컴퓨터 보조 교수법/학습법의 조사 자료가 발간되었고(Allen, 1972, 1973), 1980년대와 1990년대 초 사이에는 증가된 컴퓨터 이용자 수와 활용 가능한 교육용 소프트웨어의 개발과 함께 외국어 교수에서의 컴퓨터 활용을 위한 연구가 훨씬 많이 행해져 CALL 이론과 실습이 나아갈 방향을 제시해주었다.

지난 몇 년 간에 영어교육에서 컴퓨터 활용의 잠재력에 대한 토론이 수적으로나 양적으로 놀랄 만큼 증가하여 다각적인 CALL 연구 결과가 보고되었다. 그런데 컴퓨터 보조 영어 학습법을 향상시킬 수 있는 길을 찾기 위한 탐구가 계속되고 있는 가운데, CALL의 정확한 교육적 효과에 대해서는 아직도 많은 논쟁의 여지가 남아 있다. 그러므로 가장 효과적으로 CALL을 실행하기 위한 특정한 환경, 학습자 그리고 이용 방법을 찾는 연구가 더욱 필요한 것이다.

> * Warschauer(1996)의 CALL의 발전 과정
> 첫 번째 단계인 행동주의적인(behavioristic) CALL: 50년대, 60년대와 70년대에는 주로 행동주의 학습이론의 영향을 받아 반복적인 훈련과 연습(drill and practice)을 시키는 프로그램이 대부분이었다.
> 두 번째 단계인 의사소통적인(communicative) CALL: 70년대와 80년대에는 의사소통 교수법(communicative approach)을 근간으로 해서 실질적인 대화를 통해 목표 언어를 연습하게끔 하여 컴퓨터에게 의사소통을 위한 촉매제의 역할을 부여했다. 이로 인해 학습자와 컴퓨터 그리고 학습자 들 간의 상호교호성 또는 상호작용(interaction)이 크게 조장되었다.
> 세 번째 단계인 통합적인(integrative) CALL: 90년대에는 언어 학습 과정의 여러 가지 양상을 통합시킬 수 있는 교육방법을 실현케 하는 멀티미디어와 인터넷이 출현하였다. 오늘날 CD-ROM(Compact Disk Read Only Memory)으로 대표되는 다중매체 사용, 컴퓨터 중개 의사소통(Computer-Mediated Communication : CMC) 구현과 인터넷 활용으로 현재는 CALL의 전개에서 통합적인 단계에 있다고 할 수 있다.

▪ 문법ㆍ번역식 교수법(grammar-translation method)

문법·번역식 교수법은 어떤 이론이나 이 방법을 정당화할 수 있는 근거를 가지고 출발한 것이 아니며 유럽에서 라틴어를 가르치기 위해 사용되었던 경험적으로 형성된 방법이다. 이 교수법은 문법의 규칙을 자세히 분석하고 그 문법 지식으로 글을 번역하는 것이 주요 활동이 되었고, 결과적으로 읽기와 쓰기가 강조되고 듣기, 말하기 등의 음성언어의 측면은 무시되거나 경시되었다. 또한 문법 사항을 정확하게 익히는 것을 중

요하게 취급했다. 이 방법은 언어 자체에 대한 지식은 증대시킬 수 있으나 언어를 사용할 수 있는 능력을 기르는 데에는 효과적이지 않다. 따라서 음성 영어 교육을 중심으로 하는 초등영어교육에서는 그리 권장할 만한 방법이 못 된다. 그러나 교수자의 판단 하에 효과적이겠다고 판단되면 우리말 번역을 해서는 안 된다는 강박관념을 가질 필요 없이 제한적으로 사용할 수 있다.

- **직접 교수법(direct method)**

구어 교육의 중요성이 부각된 시기에 제시된 교수법이다. 9세기 중반부터 외국어 교육 방법에 관한 진지한 논의와 언어교육에 있어서의 구어 교육의 중요성이 부각될 당시 F. Gouin은 어린아이가 모국어를 배우는 방법과 같은 방법으로 외국어도 가르쳐야 한다고 주장했고 L. Sauveur는 목표 언어만 사용하여 학생들에게 질문하는 방법으로 가르치기를 시도했다. 또 F. Franke는 강의실 내에서 목표 언어를 직접 사용하는 것이 목표언어를 분석, 설명하여 가르치는 것보다 훨씬 더 효과적이라고 주장하였다.

- **내용 중심 교수법(Content-based Instruction: CBI)**

내용 중심 교수법은 목표 언어를 습득하면서 동시에 교과의 내용을 동시에 학습하는 통합적 교수방법이다. 다시 말하자면, 우리가 배워야 하는 다양한 과목들의 내용을 목표 언어를 통해서 학습하고 모든 영문학과의 전공과목을 영어로만 들어야 한다는 결론이 나온다.

이론적 기반은 모든 교과목을 영어로 가르치고자 하며 이를 통해 내용의 습득과 외국어 습득을 동시에 가지고자 하는 하지만 현실적으로는 여러 가지 어려움이 있다.

의사소통 중심의 원리로서 내적 동기(intrinsic motivation)는 좋다. 실제로 영어 몰입 프로그램과 영어 우열반을 구분하여 가르칠 수 있으며 영작문 수업을 모든 교과목과 연계하여 운영할 수 있고 영어 학습도 나누어 무역 영어, 간호 영어, 여행 영어, 의료 영어, 법정 영어, 관광 영어로 나누어 할 수 있다. 또 강의를 흥미를 끌 수 있는 주제나 책을 읽고 영화나 다큐멘터리를 보면서 쟁점을 놓고 할 수도 있으며, 읽고 쓰고 듣고 말하는 기능의 통합적인 학습이 가능하다. 이와 관련하여 토론, 프로젝트, 현장학습, 시뮬레이션 게임 등으로 강의를 진행할 수 있어 학습자의 호기심과 동기를 자극할 수 있다.

- **과업중심 교수법(Task-based Instruction)**

과업중심 교수법은 의사소통 중심 접근법에서 발전된 교수법이다. 교수법의 이름을 봐서 알 수 있지만 과제를 중심으로 하면서 수업이 진행되는데 거기에는 의사소통의 사용이 전제가 되어 있다. 오늘날은 세계화, 국제화 시대로 영어는 국제어로 상용되면서 중요성이 강조되고 있다. 우리나라 과거 영어교육은 문법 능력의 향상에 중점을 두고 있어, 실생활에서 영어를 활용하기에는 어려움의 문제점을 야기시켰다. 따라서 학교에서 영어 학습자를 위해서 학습의 흥미를 지속시키며 자연스럽게 의사소통 상황을 만들어 주는 학습자 수준에 적합한 매개체가 필요한데 그것이 바로 과업(task)이라 할 수 있다. 여기서 과업(task)이란 학습자가 어떤 과업을 수행함에 있어서 의사소통을 목적으로 하는 활동을 말한다. 즉, A라는 과업을 수행하면서 지속적인 의사소통을 하는 것이 본 교수법의 핵심 논리라고 할 수 있다. 과업 중심 교수법은 결과보다는 과정에 초점을 맞추고 있는데 그 이유는 과업을 수행하면서 일어나는 의사소통이 중요하기 때문이다. 교수자는 과업을 제시할 때 학생들의 흥미와 관련 있는 과업을 제시해야 한다.

이 교수법은 외국어의 구조나 어휘 등 언어자체에 중점을 두는 것이 아니라 강의실에서 학습자들은 해결해야 할 과제나 풀어야 할 문제를 통해 학습을 한다. 이를 통해 자연스럽게 외국어 습득이 이루어지도록 하는 교수법이다. 이를 테면 친구나 파트너와 함께 과제를 수행하는 것을 들 수 있는데 이를 강의 시간에 적용시켜야 하는 어려움은 있다. 배가 고픈 상황에서 피자집에 전화를 하도록 해서 주문하는 것은 대표적인 예에 해당한다. 교수 방법의 특징은 의사소통이 중심이며 실제 생활과 관계가 있고(real-world activities) 통합적인 기능을 지닌다.

학교에서 과업 중심의 수업을 하면 학생들에게 동기유발과 흥미를 지속시킬 수 있으므로 언어를 배움에 있어 딱딱함을 없앨 수 있고, 언어구조, 어휘, 의사소통 등의 연습을 통하여 학생들은 언어를 자연스럽게 배울 수 있다.

그러면 본문에서는 과업중심 교수법(Task-Based Instruction)의 정의와 과업중심 교수법을 통해 영어를 잘 가르칠 수 있는 방안을 제시하고, 과업중심 교수법의 가치에 관해 논하여 보고자 한다.

24. 과업의 정의와 유형

24.1 과업의 정의

Prabhu(1987)은 과업을 "학습자들이 주어진 정보를 가지고 사고 과정을 거쳐 결과물을 얻어내는 활동"이라고 정의하였다. Nunan(1989)은 과업을 "강의실에서 학습자들이 언어의 형식보다는 의미에 중점을 두고 목표어로 이해하고, 조작하고, 표현하고, 상호 작용하기 위하여 참여하는 강의실 활동(classroom work)"이라고 정의하였다.

과업이란 학생 자신이 가지고 있는 모든 지식·경험 등을 총동원하여 다른 학생과 상호간에 영어로 정보를 구하고 제공함으로써 영어를 배우도록 하는 학습 문제라고 정의하고 있다.

Long(1995)은 과업이란 "자기 자신을 위해서 또는 다른 사람을 위해서 자발적으로 혹은 어떤 보상을 기대하면서 수행하는 일들"이라고 정의하였다. Willis(1996)은 과업을 "결과를 성취하기 위해 학습자가 목표어를 사용하여 의사소통의 목적을 달성하는 활동"이라고 정의하였다.

24.2 과업의 유형

(1) Pattison(1987)이 제시한 과업의 유형

- 질의응답(question and answer)이나 역할극(role-play): 한명 이상의 소집단 구성원이 특정 역할을 하며 어떤 목적을 성취함 ex) A가 B를 면접하는 역할극
- 시뮬레이션(simulation): 여러 명이 참석하여 가상적인 상황을 연출하여

문제해결을 해 나가는 것 ex) 무인도에서 난파된 경우
- 드라마: 소집단의 특정 소재를 주제로 짧은 촌극을 함
- 아이디어 짜내기(brainstorm): 사고 과정을 촉발시키기 위한 기법으로 짜내기
- 정보차 활동(information gap activity): 정보를 주고받는 것이 목적으로 의사소통을 통해 알지 못하는 정보를 얻어내는 활동
- 직서우(jigsaw): 일종의 정보차 활동으로 소집단 구성원들에게 각기 다른 정보를 제시하고 그들이 흩어진 정보를 수합하여 일정한 목표를 달성하게 하는 활동 ex) 이야기 짜 맞추기(strip story)
- 문제해결과 의사결정(problem solving and decision making): 특정한 문제해결에 초점 ex) 지도를 보면서 위치 설명하거나 이력서를 보면서 누구를 채용할 것인지 결정하기. 정보 수집이나 정보차를 이용하는 활동으로 질문과 응답을 통해 정보의 차이를 좁히는 것이다.

과업 중심 교수법의 수업구성은 다음의 3단계로 이루어진다.

1. 과업 전 단계(pre-task) : 주제와 과업에 대한 소개(introduction to topic and task)
2. 과업 중 단계(task cycle) : 과업 계획, 자료 보고(task, planning, report)
3. 과업 후 단계(language focus) : 수행한 과제를 분석하고, 다시 한 번 연습, 문법, 어휘 사용 기회를 줌(analysis, practice)

과업 중심 학습법이란, 학습자들 간에 주어진 과제나 문제를 해결함으로써 자연스런 교류와 상호작용이 이루어지고 이것이 언어학습으로 연결될 수 있도록 하는 데에 목표를 두고 있다. 문법 형식을 강조하는 것보다 의미 전달을 강조한다. 과업 중심 학습법에서 언어란, 의사소통을 하기위한 도구이며 과제를 해결하는 과정에서 학습자간의 의사소통이 언

어를 효율적으로 구사할 수 있는 능력을 키워준다는 것이다. 과업 중심 언어 교수법은 학습 결과보다는 학습 과정을 중시하는 교수법으로 학습자가 분명한 목적이 있는 활동과 과업을 수행하면서 실제 의사소통과 의미에 역점을 두어 영어를 배우는 것이 효과적이라고 본다.

과업중심 언어 교수법은 언어 교수법에 있어서 설계와 교수의 핵심 단위로서 과업의 사용을 기본으로 하는 접근법을 말한다. 1980년대부터 의사소통언어교수법의 발달과 함께 각광을 받기 시작하고 있다. 예를 들어 CLT는 다음과 같은 세 가지 특징을 갖는다. 첫째, 실제 의사소통과 관련된 활동이 언어학습에 있어서 필수적이다. 둘째, 언어가 의미 있는 과업을 수행하기 위해 사용되는 활동은 학습을 촉진시킨다. 셋째, 학습자에게 의미 있는 언어는 학습과정을 지탱해준다.

과업중심 교수법 교수절차

(1) 과업 전 활동(pretask activities)
① 교수자는 브레인스토밍, 사진 보여주기, 무언극 등을 통해 학생들이 과업의 주제, 목표 등을 이해하도록 도와준다.
② 교수자는 유용한 단어나 구를 강조할 수 있으나 새로운 구조는 미리 가르치지 않아야 한다.
③ 학생들에게 과업 활동을 어떻게 해야 할 것인가를 생각하게 한다.
④ 과업이 텍스트를 기본으로 하는 경우에는 읽기 자료의 일부를 먼저 읽도록 한다.

내용 중심 교수법을 통하여 외국어를 습득하겠다는 것은 영어에 우선적으로 많이 노출시키되, 영어 자체가 목적이 되지는 않는다는 것이다.

제2부

번역학과 번역 교수법
(Translation Methodology)

제1장

번역학

 번역학(Translation Studies)은 20세기 후반에 신생학문의 한 형태로서 문화적, 학제간에서 접근해 온 통합적이고 포괄적인 학문영역으로 자리 잡아왔다. 그러나 번역학은 현실사회에 기반을 둔 번역 실무를 바탕으로 발전해 왔기 때문에 기존의 학문으로부터 소외되어 온 경우가 없지 않았다. 최근에는 번역에 대한 수요가 급증함으로써 수용도가 높아지고 번역 교육에 이론을 적용하고자 하는 노력도 다양한 방식으로 이루어지고 있다. 물론 실무 교육과 이론 교육을 병행하는 작업은 어려운 일이다. 따라서 통역 실무와 이론을 병행하는 것에 대한 인식이 떨어지고 있음이 사실이다. 세계 번역 시장의 규모는 수백 억 달러로 추정되고 한국을 비롯한 아시아의 통번역 시장은 세계 통번역 시장의 1/3을 차지할 정도이다.

 번역학은 기본적으로 번역 대상을 관찰하고 분석하며 방향을 제시하는 이론적인 틀에서 시작된다. 그렇기 때문에 일관적으로 체계적이고 조직적인 이론적인 틀을 통해 번역 일을 할 수 있도록 지도하는 것이 바람직하다. 국제화 시대에 영어의 의사소통 능력은 국제 정치 외교 및 경제, 과학 기술의 상호 교류 등 국가 전반의 발전과 번영에 직결될 뿐 아니라 세계 평화 증진을 위해서도 필수적인 의사소통 수단이 되어 가고 있다. 따라서 국가 경쟁력 강화를 위해서도 의사소통 능력 위주의 영어 교수-학습 방법이 그 어느 때보다 절실히 요청되고 있다. 이런 시대적 요구에 부응하여 1980년대부터는 의사소통 능력의 개발에 역점을 두고서 기능-의미적 교수요목(functional-notional syllabus)을 활용한 의사소통 훈련이 권장되어 오고 있다.

번역은 특정 의미를 담고 있는 문장을 다른 표현으로 바꾸어 쓰는 것을 말한다. 좁게는 어떤 언어로 된 글이나 말을 다른 언어로 옮기는 것을 뜻한다. 현대 한국어에선 번역을 주로 문자로 쓰인 문장을 옮기는 것을 말하고, 이에 대해 말을 옮기는 것은 통역이라 말하여 구별한다. 원어 문장을 이루는 각 단어의 뜻을 충실하게 바꾸어 옮기는 것은 직역, 문장 전체 또는 문단 전체의 의미에 중점을 두고 융통성 있게 옮기는 것을 의역이라 한다. 정확한 번역을 위해서는 원전을 이해하기 위한 문화적인 배경지식과 옮겨오는 언어의 정확하고 문학적인 문장력이 필요하다. 번역과 번안(adaptation)은 분명히 다르다. 번안은 남의 작품을 그 구성이나 줄거리는 바꾸지 않고 다른 표현양식을 써서 새로운 작품으로 고쳐 짓는 일이다. 번역은 수학이나 과학처럼 정답이나 풀이 과정, 평가 기준이 명확한 학문이 아니다. 가르치는 교수자도 전문 번역가, 어문학 전공 교수, 번역학 연구자 등으로 다양하다.

번역의 본질은 개방, 대화 혼혈, 탈중심화로 정의할 수 있으며 번역을 통해 낯선 것에 열리고 그것들과 대화하는 수준을 넘어 혼혈의 단계까지 전진할 수 있어야 한다. 이런 의미에서 번역 윤리는 바로 이질성

(heterogeneity)이다. 자국어, 표준어, 지배적 담론과 지배적 사사형태 그리고 지배적 개념들이 가진 동일성을 흔들어 놓을 차이와 다양성을 퍼트리는 작업이다.

번역은 언어와 언어 간의 치환이나 대치가 아니라 상이한 문화권 사이의 의사소통을 전달하는 활동이다. 번역이라는 활동자체가 상이한 문화권이라는 전제에서 출발하기 때문에 언어적 차이로 인한 여러 가지 현상들은 번역 활동 자체를 규정하고 번역가들이 직면하는 문제를 해결해야 하는 과제를 안고 있다. 번역 활동에서 제기되는 문화적 문제는 거시적 측면과 미시적 측면으로 나누어 생각할 수 있다. 전자의 경우는 언어가 지니고 있는 구조나 장르 규범에 해당하고 후자의 경우는 어휘와 언어 표현 위조로 나누어 이해할 수 있는 부분이다. 후자의 경우, 의사소통적, 화용적, 기호학적 차원에서 다루어지기도 한다.

통역학에서 일찍이 지적한 대로, 통번역학은 비유하자면 야구 기술을 가르쳐주는 곳이지 체력단련을 시켜주는 곳이 아니다. 인간은 이성적인 동시에 감정적인 동물이기도 하다. 그렇기 때문에 학습을 통해 소위 말하는 개인화(personalization) 과정이 필요한지 모르겠다. 주어진 내용을 단순히 학습하고 암기하는 데 그치는 것이 아니라 input된 내용을 자기 스스로 이해하고 소화(intake)하는 과정을 거치면서 이를 output할 수 있는 상황을 만들어 낸다는 점에서 의사소통 능력을 향상시키는 데는 필요한 요소가 될 수 있다.

번역에 관한 일반적인 성향이 그러하듯 영상번역에는 단어의 중요성을 따지고 유리처럼 모든 것을 있는 그대로 드러내라는 엄격한 원전주의적 문학 번역이론만으로는 해결할 수 없는 특별한 요소가 있다. 그렇다고 해석학적 이론에 치우쳐 뜻풀이 하는 데 그친다면 리듬과 뉘앙스가 살지 않아 맛없는 번역이 되고 만다. 헨리 제임스의 말대로 자칫 번역은 물고기의 몸에서 뼈는 그냥 두고 살만 발라내는 작업이 되는 것이다. 정보의 전달만을 목적으로 하는 것을 최악의 번역이라고 한 벤야민의 말처럼 어떤 번역이든 내용과 함께 원작의 신비한 분위기와 시적인 요소인 리듬 살리기를 지향해야 한다. 때로 그것이 불가능하게 여겨져 좌절을 안겨주는 경우가 있긴 하지만 그 정신을 놓아서는 안 된다.

전통적으로 보면, 번역은 문학번역(literary translation)을 이미 했었고 문학 이외의 비문학 번역(nonliterary translation)은 기술번역, 상업번역, 기타번역을 의미하였다. 그러나 이런 비문학 번역은 시장규모로 볼 때 현재 수백 억 달러를 상회하는 것으로 알려지고 있다. 따라서 급격한 통번역 시장의 변화를 번역 교수법과 교육방식에 반영해야 할 필요성이 제기된다. 이를 위해서 출발 텍스트를 도착 텍스트로 번역하는 번역 능력(translation competence)과 함께 언어 외적인 능력을 의미하는 번역가로 능력(translator competence) 역시 필요하다.

1. 번역 교수법과 번역: 이론인가 실제인가?

번역 교수법은 번역 수업을 듣는 교육 대상이 누구인가에 따라 다양한 교수법이 활용되고 활동의 초점도 교육 현실에 따라 달라진다. 두 언어와 문화 사이에서 중개 역할을 해야 하지만, 원문과 번역문 사이에 정확한 대응어가 없는 경우 참으로 어려운 작업이 되게 된다. 그러나 이상적인 번역은 통일성과 일관성이 있어야 하고 발주자와 목표 독자의 기대에 부응하고 번역 상의 한계를 극복하며 원래 메시지를 효과적으로 전달할 수 있는 번역이다.

Neubert는 "실제가 없는 이론이 공허하듯이 이론이 없는 실제는 맹목적"일 수 있으며 과학적 연구 성과를 번역 교육에 도입하거나 소개하지 않는다면 번역 교육은 재능과 언어 직관의 함수로 환원되어 버리고 말 우려가 있다고 지적한다. 그러나 Holmes는 번역계가 공허한 이론의 탐색에서 벗어나 보다 실용적으로 도움이 되는 다양한 이론의 연구 필요성을 강조한다.

> We need a theory of the translation process, that is, the theory of what happens when people decide to translate something. We need a theory of the translation product, that is to say, what is specific to the translated text as text; in what ways is it similar to and in what ways is it different from other kinds of texts, literary or other.

더 나아가 Viaggio는 번역가는 "의사소통의 목적을 달성하는 텍스트를 생산하는 것에 그치지 않고 그런 텍스트를 제시한 논리, 즉 텍스트 생산의 배경이 되는 이론을 설명할 수 있어야" 한다고 한다. 이를 통해 Pym이 지적하듯 생각하는 번역가(thinking translator)로 성장할 수 있다는 것이다. 모든 전문가들은 자신의 전공 분야에 대한 역사적 이론적 지식을 갖추고 있듯이 번역가도 전문 직업인으로서 사회적 위상과 함께 번역 분야 이론적 논의와 흐름을 알고 있어야 한다는 의미이다.

이와 같이, 인간이 언어학을 배우지 않고 언어를 구사할 수 있듯이 두 가지 이상의 언어를 구사하는 사람은 번역이론을 배우지 않고 번역할 수 있다. 마찬가지로 Cicero, Hieronymus, Luther와 같은 초기의 이론가들도 먼저 번역의 실제를 통해서 문제에 부딪치게 되고 그 문제의 해결을 위해서 이론들을 정립하기에 이른다. 다른 학문과 마찬가지로 번역학의 이론도 실제에서 얻어진 결과이기 때문에 실제가 매우 중요하다. 그렇다고 해서 오랜 역사를 가지고 있는 번역의 실제들이 실제 그 자체로만 머물러 있다면 번역 활동에서는 번역을 수행하는 모든 수행자들에게서 나오는 실제자체만 남게 될 것이다. 번역은 실제에 더 큰 비중이 있는 것이 사실이다. 그러나 이 번역 활동은 그 수행에서 엄청난 시행착오를 저지르게 된다. 이러한 시행착오적인 실수는 오래 전에 이미 초기의 번역자들도 경험했던 것들이다. 만일 현대의 번역자가 초기의 번역 수행자들을 통해서 얻어진 원리들을 알고 있다면 불필요한 시행착오를 줄일 수 있을 것이다.

  번역의 역사적인 고찰을 해보면 모든 언어에 적용될 수 있는 일반 원리는 그렇게 많지 않다. 이는 번역 행위는 상이한 두 언어 사이에서 수행되는 작업이 되기 때문이다. 이러한 상이한 언어들 사이에는 상이한 번역의 원리들이 적용되어야 한다. 그렇지만 상이한 언어들 사이라고 해도 일반적인 원리는 존재하게 된다. 만일 번역자가 이러한 공통적인 원리를 알고 있다면 때에 따라서 필요 없는 번역 수행을 하지 않을 것이다. 예를 들어, 시적 텍스트는 형식과 내용이 함께 미학적인 요소를 구성한다. 심지어 어떤 시적인 텍스트는 형식에 치중되어 있어 내용만이 옮겨지는 번역 활동은 무가치하기 때문에 번역 불가능성을 말하게 된다. 그 때문에 Ephraim Moses Kuh(1731-1790)가 읊고 있는 시는 시사하는 바가 있다.

>Der Übersetzer der Alten
>Du übersetzt die alten Poeten?
>Das heißt wohl recht, Gestorbene töten.
>옛 시인들을 번역하는 자
>그대는 옛 시를 번역하는가?
>아마도 그것은 진정 죽은 자를 죽이는 것일세

이렇듯 시적 텍스트의 번역 불가능성을 번역자가 알고 있다면, 시의 번역을 그치든가 아니면 내용만을 옮긴다든가 그것도 아니라면 출발 언어 텍스트의 각운에 흡사한 방법을 목표언어에서 실현시키는 방법을 모색할 수도 있을 것이다.

모든 번역의 이론들이 이미 수행된 번역의 실제에서 얻어진 결과이지만 역으로 이제 번역과정에서 이러한 이론들의 적용은 시행착오를 통한 우회를 하지 않게 할 것이다. 그러나 이러한 이론들은 번역활동을 위한 대 원칙에 불과하다. 번역활동에는 번역이론과 실제 사이에 경험적 연구방법이 필요하게 되는데, 이것은 번역 활동에서 이론보다 더 구체적인 번역 방법을 제시하게 된다.

W. Wilss는 대학과 전문대학에서 번역수업을 위해서 저술한 『번역수업 개론. 기초개념과 방법계도 Übersetzungsunterricht. Eine Einführung. Begriffliche Grundlagen und methodische Orientierungen(1996)』에서 번역행위의 이론Theorie, 경험적 연구방법Empirie, 실제Praxis로 나누어 구별하고 있는데, 이것은 흔히 이론과 실제로 생각하던 번역활동을 좀 더 세분해서 연구하려는 시도로 평가된다. 이 경험적 연구방법을 이론과

실제에서 분리하여 생각하는 것은 번역의 본질을 이해하는 데 필요한 요소로 생각된다.

Wilss는 번역이론가이지만 번역활동에서 번역이론의 부정적인 측면을 보고 있으며 번역학은 이론적으로 소원하는 절대적으로 확정된 방법을 허용할 수 없다고 언급하고 있다. 그는 계속해서 "오늘날 번역학 토론은 모든 이론적인 무의미와 모순과 함께 일상적인 텍스트 실제를 위해서 아무런 관계를 가지지 않거나, 다만 미약한 관계만을 가지는 일반 이론적인 사고과정이 적은 해명가치를 소유하고 있는 단계에 처해 있다"라고 하면서 번역행위는 '어떤 경험적인 발단'을 필요로 하게 되는데, 이의 도움으로 모든 관점에서 전체적인 통일성과 상이성 위에서 종결짓지 않고도 개별 텍스트와 텍스트 종류의 공통성과 상이성을 찾아낼 수 있다고 했다. 그 때문에 번역행위에 있어서 더 중요한 것은 이론보다 번역 실제에서 얻어지는 세부적인 경험적 연구방법Empirie으로 나타나게 되는 것이다. 더 나아가서 번역 이론가Theoretiker와 번역 실무자Praktiker는 서로 엇갈리는 이야기를 하며 번역이론과 번역 실제사이의 관계는 무관계라고까지 Wilss는 단언하고 있다. 번역 이론가가 하는 것과 번역 실무자가 하는 것은 '번역행위'Übersetzen라는 공통적인 중심 개념이 예상할 수 있는 것보다 서로 아주 적게 관계할 뿐이며, 양자는 동일한 대상을 말하지만 서로 상이한 현실을 말하고 있다는 것이다. 이렇게 해서 Wilss는 번역이론Übersetzungstheorie과 실제의 이론eine Theorie der Praxis이라는 극단적인 대립을 만들고 있다. 그러므로 이론가의 작업에 대해서 항상 경험자의 작업이 위에 있다는 결론에 도달하게 된다.

이와는 달리 K. Reiß는 "번역 이론은 자주 번역 실제와 다투고 있으며,

번역 실무자들은 자주 번역이론을 단호히 거절하고 있다."고 했으며, 번역할 때 직감을 가지고 하는 것이지 이론이 무슨 소용이 있느냐고 항변하는 한 명망 있는 여류 번역가에 대해서 "그러나 직감은 오도할 수 있으며 직감을 가지고는 반론을 펼 수 없으며 찾아진 번역 해결을 설명할 수 없거나 전혀 확신 있게 방어할 수 없다."고 했다.

W. Sdun은 실제를 위한 번역이론의 중요성에 대해서 다음과 같이 말하고 있다: "이론은 번역자가 합리적으로 파악할 수 있는 장비이다. (...) 그러므로 특히 번역활동의 이론가, 실무자, 비평가가 관심을 가져야 하는 것은 적절한 하나의 이론인 것이다."

이렇게 이론은 번역 실제보다 나중에 성립된 것이지만 번역 이론이 성립한 후에는 이것의 도움으로 번역 실제에서 문제시되는 토론을 종식시키게 될 것이며 번역 실무자들의 작업에 대한 변명과 확신을 제공할 것이다.

2. 번역물 품질의 평가(TQA: Translation Quality Assessment)

번역 비평가는 원문과 번역문의 질적 연관관계를 고려하되 텍스트의 기능, 구성, 수용면을 참고하여 원문과 번역문의 구체적 표현에 유념해야 한다. 이런 비평의 단계를 수치화하여 채점 방식으로 평가 점수를 부여하는 것은 평가로 정의 내릴 수 있다. 평가란 감수와는 반대로 완결된 텍스트를 대상으로 채점 방식이 일반적으로 도입된다. 텍스트를 평가한다는 것은 해당 텍스트에 대해 평가 점수를 부여 한다는 의미이다.

우선 번역가는 텍스트 능력이 있어야 한다. 하나의 언어로 생산되는 다양한 텍스트를 구별하고 이를 인식하며 관습과 규범에 부합하는 적절한 텍스트를 생산하는 능력이다. 텍스트 능력이 기본적으로 한 언어만 대상으로 하고 있다면 번역 텍스트 생산능력은 텍스트 능력의 획득을 전제로 실제 번역 과정에서 필요한 실무적 능력이라고 할 수 있다. 이를 위해 요구되는 것은 주제지식, 리서치 능력, 컴퓨터 능력과 팀워크 능력이다. 주제 지식은 번역가들이 언어 능력을 기반으로 다양한 주제 분야에 대한 전문 지식이 일반적으로 부족한 정도이고 리서치 능력은 필요한 정보를 획득하는 능력으로 번역일에 결정적 영향을 미친다. 이는 컴퓨터 능력과도 연계된다. 번역가의 타이핑 능력과 도구 사용 능력은 방대한 인터넷상의 참고 자료를 효율적으로 활용하기 위해 컴퓨터 능력이 수반될 필요가 있다. 팀워크 능력은 고립된 공간에서 홀로 작업하는 전통적인 방식과는 달리 최근 번역 과업은 대규모로 다수의 번역가가 팀을 이루어 진행하는 경우가 많다. 이를 제대로 수행하기 위해서는 의사소통, 역할 분담을 효율적으로 할 수 있어야 한다. 더 나아가 발주자와 관계도 중요하다.

번역 평가 종류는 대개 발달평가(formative assessment)와 총괄평가(summative assessment)로 구분되고 발달 평가는 주목적이 번역 수업에서 학습의 진전과 관련하여 학생들에게 지속저긴 피드백을 제공하는 것인 반면 총괄평가는 결정을 내리는 것과 자격증 획득과 관련된 증거물로서 교육 과정 이수를 한 후에 치러진다. 그 다음 숙련도 평가(proficiency testing)와 성취도 평가(accomplishment testing)가 있는데 숙련도 평가는 시험을 치르는 자가 직업적인 통번역가로 활동하려 하거나 번역가 훈련

과정을 시작하는 등의 특정 행위를 수행할 능력이 있는가를 평가하고 판단하는 평가이며 성취도 평가란 커리큘럼에서 학습한 바를 평가하는 것이 된다. 또 규범 참조 평가(norm-referenced assessment)와 기준 참조 평가(criterion-refereced assessment)가 있는데 전자의 경우 시험 응시자들이 주어진 그룹이나 규범이 제시한 출발 텍스트 내에서 수행과 관련하여 등급을 구분하는 시험이며 후자의 경우는 이미 결정된 기준이나 표준에 의거하여 후보자의 수행정도를 평가하는 것이다.

이외에도 다양한 번역 품질 평가가 이론적 틀을 이루고 있다. 번역 품질 평가에 대한 접근은 주관적 접근과 반응위주 접근, 텍스트 위주 접근으로 나누어지는데 주관적 접근은 출발 텍스트와 번역자에, 반응 위주 접근은 도착 텍스트와 독자에, 텍스트 위주 접근은 문자 그대로 텍스트에 초점을 두고 있다.

주관적 접근법은 실제로 번역가, 철학자, 학자, 작가 등이 오랫동안 견지해온 것으로 번역 품질이란 원전에 충실도와 출발어의 보존으로 표현되고 높은 품질의 번역은 전적으로 번역자의 해석 능력에 좌우된다. 따라서 번역 품질의 일반 원칙은 한 마디로 설정하기 어렵다.

반응 위주 접근의 번역 품질 평가는 의사소통에 초점이 맞추어 니나(Nina)가 제시한 출발 텍스트와 도착 텍스트 간의 역동적 등가성(equivalence)을 강조한다. 니나가 말하는 적절한 번역(optimal translation)은 의사소통 과정의 효율성과 의도와 등가성이다. 그러나 이런 기준 역시 모호하기는 마찬가지다.

이외에도 언어학적 접근, 비교문학적 접근, 기능주의적 접근이 있다. 언어학적 접근에서는 출발 텍스트와 도착 텍스트를 분석하며 구문과 의미에서 규칙성을 찾으려는 것이고 비교문학적 접근에서는 도착어 문학 체계에서 번역물이 어떤 기능을 담당하는 가에 따라 번역이 평가된다. 기능주의 이론에서는 번역 품질 평가에서 중요한 것이 번역의 목적이다. 도착 언어 이 모델에서는 우선 출발 텍스트를 여러 가지 상황에서 분석하고 그 기능을 추출하여 추출된 기능을 규범 삼아 번역물을 평가한다. 결국 번역물의 텍스트 특성과 기능이 원본과 얼마나 맞아 떨어지는가가 번역 품질을 결정한다. 그렇다면 TQA가 필요한 것은 번역 비평의 목적이 번역 수준을 향상시키고 객관적인 기준을 마련하며 번역가의 번역과 작품의 해석을 돕기 위해서이다.

3. 번역학 모델과 번역 이론의 비대칭성

비즈니스 환경에서 사용되는 비즈니스 담화(business discourse)에 대한 논의나 비즈니스 통번역에 특화된 교수법에 대한 논의는 충분하지 않은 것이 현실이다. 번역가는 번역을 내부에서 바라보며 하나의 행위로 인식하지만 외부에서 번역을 바라보는 사용자의 관점에서 번역을 하나의 텍스트로 인식한다. 이런 관점의 차이를 이해하고 반영한다면 유용한 교수법을 발굴해낼 수 있을 것이다.

번역의 사전적 정의는 어떤 언어를 다른 언어로 옮기는 데 있다. 번역은 특정한 외국어의 단어와 구문 등을 한국어로 옮기는 과정이다. 그러나 번역의 개념은 그 이상의 복잡한 문화와 다른 문화 사이에서 발생하는 근본적인 비대칭성을 풀어가는 문제이기도 한다. 전통적인 번역은 번역의 정확성을 강조하는 경향이 있었다. 외국어를 자국어로 얼마나 정확하게 옮기는가에 초점이 있었다. 만일 번역 과정에서 오역의 혐의가 드러나면 번역자의 실수나 외국어에 대한 이해 부족으로 인식되었다.

번역 교수법은 언어적, 문화적, 철학적 의미에 매달려 대립적인 구도로만 정체성을 보지 말고 번역을 언어의 변화와 차이를 긍정하고 확립하는 구도에서 민감하게 반응하는 것이 바람직하다. 가령 용인에 위치한 에버랜드(Everland)를 중국으로 愛寶樂園이라고 표기하고 있다고 해서 이국적인 요소가 가미되지 않았다고 평가할 수 없고 코카콜라를 Cocacola 로 옮긴다고 해서 문제가 생기는 것이 아니다. 의미나 메시지가 상실되는 외국어로 인해 자국어가 오염되거나 피해를 입는 것도 아니다. 그러나 번역의 개념은 통상적, 일상적 의미의 영역을 초월한다. 로만 야콥슨의 주장에 따르면 번역은 3가지로 분류된다.

3.1. 언어 내 번역(Intralingual Translation)

이는 동일한 언어의 다른 기호들을 이용하여 언어 기호를 해석하는 것이다. 이미 쓰여진 말이나 글을 부연설명하거나 좀 더 쉽게 풀어쓰거나 설명하는 것이다. 야콥슨이 언어 내 번역을 번역 행위로 인식하는 데서 알 수 있듯이 번역의 범주는 단지 한 언어를 다른 언어로 전달하는 것 이상의 해석 과정을 의미한다.

3.2. 언어 간의 번역(Interlingual Translation)

하나의 언어를 다른 언어로 바꾸는 것, 즉 언어 간의 번역으로서 번역이다. 이는 통상적으로 이는 통상적으로 우리가 번역이라고 부르는 과정을 지시한다.

3.3. 기호 간 번역(Intersemiotic Translation)

이는 비언어적 기호 체계들을 이용하여 언어 기호를 해석하는 것이다. 기호 간 번역이 무엇인지에 대해서는 의견이 분분하지만 이를 매체 간 번역으로 확대 해석하는 경우도 있는데 그렇다면 소설을 영화로 옮기는 경우가 여기에 해당한다.

어떤 경우이든 번역 행위는 이동과 변형의 과정을 함축하고 변형된다는 가정을 항상 전제로 한 단어다 그러나 한 언어와 다른 언어의 관계에서 발생하는 이동도 있고 한 언어의 내부에서 발생하는 이동과 변형도 있다. 아울러 포스트식민주의 연구가 활성화되면서 번역 개념을 새롭게 정립하려는 시도도 있다.

이런 맥락에서 발터 벤야민은 번역개념의 확정을 이끄는 매트릭스 역할을 하고 있다. 실제로 벤야민의의 영향은 지대하다. 폴 드만과 자크 데리다의 벤야민에 대한 주석 작업은 이를 증명하고 있다. 우선 벤야민의 번역 개념은 경험적 수용자 분석과 부관한 개념으로 원작이 수용되는 맥락을 강조하기보다는 원작 속에 잠재해 있으면서 아직 가시화되지는 안은 원작의 번역 가능성을 강조한다. 그러므로 원작의 번역 가능성은 수용자에게 있는 것이 아니라 원작 자체에 내장되어 있다. 벤야민은 이를 다음에서 분명히 하고 있다: "결코 어떤 예술 작품이나 예술 형식을 대할 때 수용자를 고려하는 것이 그것의 인식을 위해 생산적인 것으로 드러나는 법은 없다."

원작의 의미를 수용자의 맥락에 맞추어 번역하는 것이 벤야민의 의도가 아니라면 우리가 의역보다 직역을 강조하는 이유를 쉽게 짐작할 수 있다. 원작을 번역자가 위치한 상황에 맞추어 번역하는 것, 즉 의역은 '자신의 언어가 외국어를 통해 강력하게 영향을 받도록' 하지 않는다. 다시 말해서, 의역 과정에서는 원작이 하나의 타자로 다가오지 않는다. 원작을 통해 번욕본의 언어가 전면적으로 재구성 될 수 있는 여지가 그만큼 줄어들게 된다. 의역은 원작에 번역 가능성이 그만큼 적게 들어 있음을 의미하기도 한다. '원작의 언어가 가치와 품위를 적게 지닐수록 그것이 전달에 가까울수록 번역을 위해 얻을 수 있는 것이 적으며 결국 그런 의역이 추구하는 의미의 비중이 과도하게 커져 풍부한 형식의 번역을 위한 지렛대 역할을 하지 못하는 것이다.'

벤야민의 번역은 원작의 의미를 전달하는 데 있지 않다. 번역은 의사소통의 문제로 환원될 수도 없다. 즉, 벤야민에게 원작과 번역본 사이에서 원작의 의미의 단순한 재생을 강조하는 것이 번역가의 과제도 아니다. 그렇다면 번역가의 과제는 번역과정 속에서 원작이 말하지 못했던 것을 드러냄으로써 원작의 의미를 근본적으로 재구성하는 작업과 관련된다. 번역 과정의 핵심은 원작의 의미 체계가 함축하는 일관성을 정확하게 전달하는 데 있지 않고 그 의미 체계의 그물망에서 잡히지 않는 잔해와 파편을 원작에게 되돌려주어 원작에 포함되어 있지만 아직은 비가시적인 형태의 이질성을 가시화하는 것이다.

번역의 목적이 의미의 전달에 있지 않고 전달을 넘어선 것의 표현에 있다면 번역자의 과제는 바로 낯선 원작의 언어 마력에 걸려 순수 언어를 번역자 자신의 언어를 통해 해방시키고 작품 속에 갇혀있는 언어를 작품의 재창작을 통해 해방시키는 것이다. 번역은 원작을 재창조한다는 말이다. 그 재창조의 과정은 원작으로부터 나오지만 재창조서의 번역은 원작의 내용을 그대로 옮기는 것이 목표가 아니라, 번역은 원작의 사후 삶에서 나온다. 원작의 의미가 사후에 자신의 내용을 번역하는 과정에서 의도하지 않았던 부분과 조우하게 된다. 따라서 벤야민의 번역 개념은 텍스트를 해석하고 설명하는 문제이다. 벤야민은 이를 설명하기 위해 시를 끌어 들인다. 시를 번역하는 과정이 중요한 것은 그 시의 의미의 전달이 아니다. 시어가 상징하는 것을 명료하게 전달하는 것이 번역자의 과정 과제가 아니라면, 번역 과정에서 핵심은 전달 이외에 드러나 있는 것을 형상화하고 드러내는 것이다. 전달을 넘어선 것이란 상당히 복잡해진다. 벤야민에 따르면 이는 일반적으로 파악할 수 없는 것이나 비밀스러운 것을 말한다. 그렇다면 번역할 수 없는 어떤 것이란 번역의 불가능성을 통해 번역 가능성을 사고하는 것이다.

번역 불가능성의 문제를 벤야민은 "순수 언어의 씨앗들이 익어간다"는 비유를 통해 설명한다. 벤야민이 말하는 순수 언어는 명확하지 않다. 그럼에도 불구하고 순수 언어는 언어 자체가 스스로를 절대적으로 전달하는 무엇이라고 주장한다. 벤야민은 이를 '신의 기억'이라 이름 붙인다. 소통과 전달의 수단으로써 언어를 인식하는 것이 아니라 수단 그 자체로서 언어를 포착하는 것이 벤야민이 말하는 번역 불가능성의 개념이다.

번역이라는 것이 다양한 종류의 권력 혹은 힘과 관련될 수밖에 없고, 외국화(foreignizing)와 자국화(domesticating)의 문제를 야기할 수밖에 없다. 번역이 이중의 방식을 담고 있듯이, 문화번역(cultural translation)

은 식민주의자와 피식민주의자 양쪽에서 일어나는 과정으로 파악되기도 하고, '상호문화화'(transculturation)라는 개념으로 의미화 하여 '접촉하는 지역'(contact zone)에서 일어나는 현상으로써, 역사적으로, 그리고 지리학적으로 구분되어 있던 사람들이 접촉하고 상호 관계를 맺으면서 발생하게 되는 현상으로 서로 간의 읽어가기, 즉 번역을 하게 되면서 생기는 현상으로 설명되기도 한다. 그리고 이 문화 번역은 언어를 포함하여 다수의 상징체계, 사유양식, 서사, 매체 등 여러 차원에서 이루어지는 복합적인 문화 간 이동, 횡단, 그리고 소통방식으로 이해된다. 이러한 문화 해석의 과정은 타자의 언어, 행동양식, 가치관에 내재된 문화적 의미를 파악하여 맥락에 찾게 의미를 만들어 가는 행위로 일종의 비평과 전유의 과정이 될 수 있다.

그런데 번역이든 문화번역이론이든, 이것을 소통의 이론으로 상정하는 순간, 이 이론들은 이중의 논리 그것도 이중의 역설의 논리 속에서 그 긍정의 힘을 얻고 있음을 보게 된다. 벤야민은 번역가의 과제를 번역의 관점이 아니라 번역가능성(translatability)의 관점에서 출발하는데, 이 번역가능성은 번역의 궁극적 의미의 근거가 번역 자체에 있지 않고 원작의 특정 내용에도 있지 않으며 제 3의 것, 즉 언어들의 통일성과 이 통일성이 바탕을 두는 총체성 속에 있음을 시사하며, '언어가 인간의 의사소통적 기능으로 환원되지 않다는 점, 언어의 본질이 전달(내용, 의미)의 차원을 넘어서는 선험적'이라는 것이다. 순수 언어(pure language)라 불리는 이 가능성은 원작 속에 들어있지만, 원작으로 종결되지 않은 것이면서 동시에 표상 가능한 의미 질서로 환원될 수 없는 자질이며, 의미의 전달이나 전수를 통해서는 도달 할 수 없는 정신적, 이념적 본질이라는 것이다. 이러한 관점은 원작과 번역을 구별하고 원작을 다른 언어로 전이시키는 것이 번역이라는 차원을 넘어서는 것이며, 원본 또한 원전을 번역한 것이 아니라 번역가능성을 잠재적으로 가지고 있을 뿐이고, "번역본도 원본과 마찬 전수로 원천을 반복하는 하나의 행위"로 위치시키는 것이다. 이러한 논리 속에서, 번역가능성이라는 것은 일종의 잠재된 상태로 놓여 있으며, 그것은 단순히 가능성의 상태가 아니라 실재(reality)로서의 잠재성이 될 수 있다고 추론할 수 있다.

이런 이중의 논리는 번역이론이 문화번역이라는 이름으로 불리는 순간 더욱 분명해진다. 문화의 접촉지에서 발생되는 혼종적 문화현상은 호미 바바(Homi Bhabha)가 소수자의 이민문화를 언급하면서 설명한 '문화의 번역 불가능성'이라든가, 중간지(in-between)에서 발생하는 '문화의 혼종성' 등과 분명 관계가 있다. 번역의 상을 예술, 문학 작품이라는 텍스트에서 문화로 확장하는 순간, 번역은 이제 '번역의 불가능'을 전제로 하게 된다. 그리고 '두터운 묘사/중층기술'(thick description)을 주장한 기어츠(Clifford Geertz)를 위시한 민족지학을 수행하는 인류학자 등의 연구 방법은 문화번역이론이 전유해야 할 지점들이 되는 것이다. 다시 말해, 문화가 충돌하고 교섭되고, 문화 경계가 중첩되고 있는 현상들을 중층적으로 기술함으로써, 번역의 불가능성 속에서 새로운 가능성을 포착하고 있는 이중논리의 구조가 형성되는 것이다. 이중화의 논리는 들뢰즈(Deleuze)와 가타리(Gattari)가 주장하는 번역의 의미 생성 과정 논의에서도 유사하게 진행된다. 그들은 실제의 한 쪽 극단에서는 고정화되고 굳어지고 각질화 되고 법칙화 되는 움직임, 즉 지층화가 진행되고 있는 반면, 그 반쪽에 극단의 지층화 움직임과는 반대 방향으로 어떤 미리 정해진 것을 벗어난 새로움을 창조하는 움직임이 있게 되는데, 이를 절적 탈영토화라고 부르며 그것이 일어나는 평면을 공재의 평면(plane of consistency)이라 부르며 이러한 평면들 위의 고원들이 바로 추상기계(abstract machine)라고 설명하고 있다. 추상기계들이 지층에 작업을 하여 항상 사물들을 풀어 놓는 운동과 사물들이 지층에 의해 지층화 되고 포획되는 또 하나의 상보적인 운동이 있다고 그들은 설명한다(Deleuze & Guattari).

언어 속에서도 이렇게 공재의 평면이나 추상기계가 작동하기도 하는데, 추상기계는 언어에서 새로운 창조가 일어나는 살아있는 측면을 함의하며, 어떤 고정된 구조로 포괄될 수 없는 측면이다. 일반적으로 언어는 배치(agencement, assemblage)의 한 측면인 기호체제가 덧코드화(상적 탈영토화)의 방식으로 환원되는 경향이 있고, 이와 반대로 배치에서 절적 탈토화가 일어날 때 추상기계로의 이행이 가능하다 할 수 있다. 그들이 보기에 좁은 의미의 언어는 표현이 내용으로부터 분리되는 동시에 표현의 형식도 질료로부터 분리되는 것의 결과이기 때문이다. 또한 들뢰즈와 가타리는 "번역은 한 언어가 다른 언어에 주어진 것을 일정한 방식으로 '재현'하는 것으로 이해해서는 안 되며, 언어가 자신의 지층에서 주어진 것을 가지고 다른 모든 층을 재현하며, 이로 인해 세계에 한 이해를 획득하는 능력으로 이해되어야 한다"고 주장한다. 또 "다른 지층들의 모든 흐름들, 입자들, 코드들, 토들을 충분히 탈토화 된 기호들의 체계로, 즉 언어에 덧코드화로 번역해 옮긴다"라고 주장한다. 여기서 번역은 표현의 형식이 표현의 두 질료를 덧코드화 하는 방식이면서, 한편으로는 두 계열의 기표가 두 기표에 공통되는 기의를 매개로 서로 병렬적으로

응하고 있는 것으로 주장된다. 따라서 번역이 한쪽의 덧코드화의 측면에만 국한된다면, 추상기계의 작동을 체험하는 것이 될 수 없으며, 일종의 외국화 번역에 다름 아니게 된다. 들뢰즈와 가타리의 주장은 결국 두 언어가 만나는 지점인 '접촉지점'에서 생길 수 있는 번역의 문제이면서 동시에 문화번역의 논의가 될 수 있다. 그리고 특히 주목할 사항은 바로 공재의 평면에서 일어나는 '창조적 변이과정'을 위한 상보적 운동이다. 위와 같은 번역/문화번역 이론들은 소통의 불가능성 속에서 가능성을 찾아내는 '발견'(heuristic)의 과정들이 되고 있는데, '소통이 [이미 현실 상태로 있는] 공통된 것의 소통이 아니라 [잠재적인] 소통의 가능성의 소통'이고 그러한 소통의 가능성을 찾아내는 것이 바로 번역행위, 문화번역수행이라는 점으로 이해된다.

   번역론이 언어라는 매체를 넘어 문화 간 번역으로 확장될 때, 즉 문화번역의 논의로 그 지평이 확장될 때, 많은 이론가들은 경계선 혹은 접촉지역에서 일어나는 문화적 충돌, 교섭, 그리고 변형이라는 문화 횡단 작업을 언급하고 있다. 탈식민주의적 관점에서 원본을 '원래의 역사적 맥락에서 분리하여 다른 역사적 맥락 속으로 인용하여 들임으로써 이른바 원본 텍스트의 후생(after-life)을 도모'하는 니란자나의 경우나, 문화적 혼종적 공간의 비결정적 성격으로 인해 출현하는, 즉 '문화의 자연스러운 이동을 저항하는 '이국성'(foreingnness)의 출현'이라는 새로운 역의 가능성을 말하는 호미 바바의 경우 등은 모두 원천으로서의 순수언어의 이중적 논리를 인정하고, 그 속에서 탄생하는 새로운 변형이나 새로운 공간을 향한 가능성을 자신들의 언어로 환원시킨 것이라 볼 수 있다. 그런데 문화들 간의 관계를 벤야민의 근친관계(kinship)의 개념을 차용하여, 그리고 사카이 나오키의 '이 언어적 말 걸기(h etrolongual address)'의 개념에서부터 문화들의 '이웃'(neighbor)하는 관계를 개념화하려 한 이명호의 시도는 매체 간의 매개화 문제를 설명하는 데 중요한 실마리를 제공해 주고 있다. 우선 이 언어적 말 걸기를 통하여, 상호문화성, 즉 매체간의 상호작용성이라는 문제를 개념화 할 수 있는 단초를 얻을 수 있고, 벤야민에게서 차용한 근친관계의 개념은 디지털미디어의 디지털화의 개념인 '동질화', 즉 수적 재현이라는 동질화를 통한 디지털화와 융합의 문제를 개념화할 수 있는 단초를 제공해 주기 때문이다.

　매체의 직접적이고 즉시적인 표상의 성격을 지닌 투명한 비매개성은 매체들의 오랜 역사 속에 굳건히 자리 잡은 원리이긴 하나, 이러한 욕망을 문화적으로 견제하는 기능을 수행하는 힘으로, 하이퍼 매개(hypermediacy)는 더 복잡하고도 다양한 양상으로 매체사의 오랜 원리로 자리 잡고 있다. 하이퍼 매개는 일종의 '다중성'(multiplicity)으로 표현될 수 있다. 비매개의 논리가 표상행위를 지우거나 자동화하도록 유도한다면, 하이퍼 매개는 다중적 표상행위를 인정하고 그것을 가시적으로 드러내게 한다. '비매개'가 통일된 시각적 공간을 제시하는 곳에서, 현적인 하이퍼 매개는 이질적인 공간을 제공하고 그 공간 속에서 표상이라는 것은 세계로 나아가는 창문이 아니라 오히려 '창문'자체가 되는 것으로 이해된다. 창문을 통해 그 너머의 세계를 보게 되는 것이 매체의 속성이라고 생각될 수 있으나, 하이퍼 매개의 논리는 매개의 신호를 다수화시키고, 사실주의적 표상의 환상이 축소되게 하는 역할도 수행하게 된다. 물론 이 원리 또한 투명성의 비매개 욕망에 역사에 대립되어온 매체 적 속성으로 콜라주나 몽타주와 같은 기법 등에서 흔히 볼 수 있는 것이다.

이 하이퍼 매개의 논리는 번역에서 이질성 혹은 차이를 의도적으로 드러내는 것과 실상 유사한 논리이다. 그리고 이 논리는 비매개와 더불어 재매개화를 설명할 수 있는 두 번째 원리인데, 비매개성이 강조되고, 매 개가 억제되는 서구 예술사에서 그 반동에 의해 매체성을 부각시키는 반복적 흐름으로 볼 수도 있다. 그런데 특히 19세기 기계적인 재생산 테크놀로지가 가능하게 된 이후, 특히 사실주의적 기법을 표방하는 사진처럼 비매개성이 핵심적인 매체에서도 하이퍼 매개성은 상보적인 원리가 되어 왔다. 사진 위에 사진을 붙이거나 회화, 연필 등 이질적인 매체를 사진 위에 덧붙임으로써 일종의 멀티미디어의 효과를 내는 것이 바로 쉬운 예가 될 수 있다. 그리고 이런 효과는 "전자적인 멀티미디어에서 발견할 수 있는 층위효과(layered effect)"에서 쉽게 발견할 수 있는 원리가 된다. 문화의 경계가 접촉을 통해 중첩되고 혼종화 되는 양상은 한 매체가 이전의 매체들이나 다른 동시 매체들을 어떻게 개조하고 변형해 가는지를 이해하는 것과 동일하다.

이러한 관계성은 일종의 진동론이다. 진동의 개념은 일종의 문화교섭과 유사하다. 각각의 매체가 진정성 있는 비매개적 경험을 제공하면서, 선행미디어들을 개선하게 될 것이라 기약하지만, 필연적으로 새로운 매체는 또 다른 하나의 매체로 인식될 뿐이어서, 결국은 멀티미디어적인 하이퍼 매개에 이르게 된다. 물론 이 경우 '이웃'이라는 개념과는 차이가 있다. 매체들이 멀티미디어적으로 평화롭게 공존할 수 있는 것도 아니고, 제 3의 완전히 새로운 매체로 변형되는 것도 아니고, 이전의 매체의 속성을 그로 간직하면서 그것을 그로 보여주기도 하고, 동시에 새로운 매체의 속성을 보여주기 때문에 왔다 갔다 하는 진동의 원리로 보는 것이 더 유효하다. 비매개와 하이퍼 매개라는 두 원리를 진동하는 매체의 진동은 텔레비전 뉴스 프로그램이 웹상에 올라갔을 때, 또 뉴스프로그램이라는 텔레비전의 속성과 동시에 웹사이트의 GUI(Graphic User Interface)에 맞게 화면을 재구성하여 배치했을 때 나타나는 현상이다. 텔레비전의 속성은 그 화면 너머의 실재를 직접적으로 표상해내는 것인데, 이것이 다른 매체로 매개되면서, 화면은 두 개 이상으로 분할되고, 텍스트와 다른 웹상의 프레임과 교섭하게 된다. 볼트와 그루신은 이 하이퍼 매개의 논리를 매체에 한 매혹(fascination) 이라고 보고 있는데, 이들은 컴퓨터 윈도우 형식처럼, 분절화 되는 분절성, 불확정성, 이질성 등을 우선시하고 완성된 예술상보다는 오히려 과정이나 수행을 강조하여, 결국에는 사용자가 반복적으로 인터페이스와 접촉하게 되는 일종의 상호작용성이 독자, 관람객, 사용자들을 매혹시키는 것으로 보고 있다. 이렇게 투명성과 불투명성을 진동하는 것으로 재매개화를 설명하는 논의는 더 나아가 매체, 구체적으로 인터넷의 시스템과 웹을 어떻게 이해할 것인지를 규정하게도 한다. 내용과 형식이 분리될 수 없다는 전제는 이미 매체학자 맥루한(Herbert Marshall McLuhan)의 오래된 체제로 그 전제하에 "미디어는 메시지다"가 주장 가능하다. 맥루한의 이론은 앞서 언급한 재목적화를 지칭하는 것이 아니었다. 복잡한 유형의 차용, 즉 하나의 매체가 다른 매체 속에 융합되거나 표상되는 그러한 유형의 재매개화다고 볼 수 있다. 이때, 형식과 내용의 구분불가능성은 OSMU(One Source Multiple Use)와 같이 하나의 원작이 다른 번역으로 계속해서 번식되어 가는 것을 의미하지 않는다.

오히려 문화이론가 헨리 젠킨스(Henry Jenkins)가 언급하고 있는 '포획'(poaching)의 의미와 유사하다. 젠킨스는 유희적인 텍스트 읽기를, 세르토(Michel de Certeau)의 '포획'이라는 개념을 빌어 규정한다. 자신들에게 재미있고 유용한 것들만을 포획하고 사냥해 간다는 것이다. 이때, "독자는 작가가 되는 것과는 달리 여행자가 된다. 독자는 타인의 토를 이리저리 옮겨 다니는 유목민"(Jenkins, Textual Poachers)이 된다. 젠킨스는 이러한 현상을 일종의 "문화적 브리콜라주cultural bricolage"로 정의하는데 이것은 독자가 텍스트를 분해해 각자의 청사진에 따라 조각과 파편을 재조립하는 것으로, 일종의 재전 유하기가 된다. 그런데 이런 젠킨스와 같은 이론가들은 문화 수용자 측면에서의 참여적 수용에 초점을 맞추어 매체의 소통 문제를 이야기 하고 있기 때문에, 수용자들의 경험에 방점이 두어져 있다.

번역의 의미 생성과정에 한 들뢰즈와 가타리의 견해를 다시 되짚어 보면, 한쪽 극단의 고정화 되고 굳어지고 각질화 되는 지층화의 움직임과 동시에 반방향에서 어떤 미리 정해진 것을 벗어나서 새로움을 창조하는 움직임을 지적하고, 이것을 절적 탈영토화 혹은 재영토화(de-/re-/territtorialization)라고 불린다(Deleuz & Guattari).[1] 그리고 여기서 지층

---

[1] 통역번역 과정을 설명하게 되는 몇 가지 이론적인 모델들인데 그 첫 번째가 커뮤니케이션 모델이다. 우리가 번역의 의미생성과정에 한 들뢰즈와 가타리의 견해를 다시 되짚어 보면, 한쪽 극단의 고정화되고 굳어지고 각질화되는 지층화의 움직임과 동시에 반방향에서 어떤 미리 정해진 것을 벗어나서 새로움을 창조하는 움직임을 지적하고, 이것을 절적 탈영토화 혹은 재영토화(de-/re-/territtorialization)라고 불다(Deleuz & Guattari). 그리고 여기서 지층화되는 운동과 동시에 사물들을 풀어 놓는 상보적인 운동 이 동시에 일어나는데, 후자가 창조적 변이의 연속이 가능한 운동으로 보고 있다. 이미 정해진 언어적 관계들로 이루어진다면 그것은 지층화되는 죽음과 같은 언어가 될 것이고, 언어 속에서도 언어를 가로질러 살아있는 추상기계(abstract machine)가 작동한다면 그것은 살아있는 창조적 변이가 가능하다고 보고 있는 것이다. 또 "번역가가 번역이라는 실천적 행위를 통해 원본 속에 잠재되어 있는 역사적 가능성을 해방시킨다면, 공허하고 동질적인 시간의 연속체가 폭파

화 되는 운동과 동시에 사물들을 풀어놓는 상보적인 운동이 동시에 일어나는데, 후자가 창조적 변이의 연속이 가능한 운동으로 보고 있다. 이미 정해진 언어적 관계들로 이루어진다면 그것은 지층화 되는 죽음과 같은 언어가 될 것이고, 언어 속에서도 언어를 가로질러 살아있는 추상기계(abstract machine)가 작동한다면 그것은 살아있는 창조적 변이가 가능하다고 보고 있는 것이다. 또 '번역가가 번역이라는 실천적 행위를 통해 원본 속에 잠재되어 있는 역사적 가능성을 해방시킨다면, 공허하고 동질적인 시간의 연속체가 폭파되어 역사적 해방이 일어나는 비상사태(emergency)가 되면서, 기존 사회질서와 의미질서에 뚫린 공백사이로 새로운 의미가 생성되는 구원의 순간'이 발생한다. 탈구조주의자들이 모든 해석은 재해석이라고 흔히 주장하듯, 어떤 매개 행위도 또 다른 많은 매개 행위들에 의존하기 때문에 재매개에 다름 아니게 된다. 매개행위에 선행하는 것이 없듯, 어떤 의미에서 모든 매개는 실재적인 것을 재매개하게 된다. 즉, 매체 자체가 실재적이며 매체 경험이 재매개의 상이 된다고 볼 수 있다. 이런 의미에서 매개(mediation)와 실재(reality)의 분리 불가능성으로의 재매개를 전제하는 볼트와 그루신의 주장은 의미 있다. 상을 매체가 매개는 것을 매개행위라고 볼 수 있으나, 실재가 매개와 떨어질 수 없다는 것은 매개 속에, 재매개 속에 실재가 잠자고 있다는 것을 의미 한다.

뿐만 아니라 이런 재매개의 논리는 데리다가 의미하는 미메시스와 도

되어 역사적 해방이 일어나는 비상사태(emergency)가 되면서, 기존 사회질서와 의미질서에 뚫린 공백사이로 새로운 의미가 생성되는 구원의 순간"이 발생한다고 이명호는 주장한다. 여기서 말해지는 "비상 사태"란 것은 사실상 '창발성'으로 이해됨이 더욱 적절하다고 여겨진다.

상관관계가 있다. "미메시스가 한 상을 다른 것으로 표상하는 것이 아니고, 두 존재 사이의 유사 또는 동등한 관계를 표상하는 것도 아니며, 예술 작품으로 자연물을 재생산하는 것도 아니다. 미메시스란 두 생산물(products)의 관계가 아니라 두 생산(productions)의 관계이며, 진정한 미메시스란 것은 생산된 것들 사이의 관계가 아니라, 두 생산 주체 사이의 관계이다"(Derrida)라고 하는 데리다의 미메시스 논의는 시뮬레이션과 시뮬라크라의 관계처럼, 매개가 재매개 되는 것이며, 상이 매개되는 것이 아닌 것이다. 그리고 재매개 논리 속에서 매개와 실재는 분리될 수 없게 된다.

4. 커뮤니케이션 전이 모델이론: 전이, 삼각형 이론, 기능주의

통역번역은 진공 상태에서 이루어지는 행위가 아니라 커뮤니케이션으로서 즉 구체적인 커뮤니케이션 상황에서 이루어지는 통역번역 행위이다. 일반적인 커뮤니케이션은 메시지 또는 텍스트 이것이 있고 이것을 중심으로 이것을 만들어 내는 첫 번째 생산자가 있고 받아들이는 수신자가 있게 되지만, 단일 언어에서 이루어지는 커뮤니케이션을 보면 출발 텍스트를 한 저자가 생산을 해내면 그 텍스트를 독자에게 주게 되고 또 독자는 이를 받아들이고 사용하는 것이 일반적인 단일 언어권에서의 커뮤니케이션이지만, 이 문화 간 커뮤니케이션을 보게 되면 문화 간 공유되는 커뮤니케이션이다. 출발 텍스트를 저술하는데 사용된 언어가 타깃 텍스트, 즉 도착 텍스트의 독자가 사용하는 언어와 다르기 때문에 이러한 언어적 차이 때문에 언어적인 장벽이 만들어지게 되고 번역가가 개입을 하며 중개를 위해서 개입을 할 때에는 출발 텍스트 저자가 생산해낸 출발 텍스트를 번역가가 일차적으로 독자가 되어서 그것을 수용한다. 받아들여서 독자의 입장에서 출발 텍스트를 이해한 다음에 아래쪽으로 내려와서 거기에서 다시 자신이 이차적으로 텍스트의 생산자가 되어서 도착 텍스트를 만들어내서 도착 텍스트 독자에게 주는데 이런 두 가지 층위에서 번역가가 언어문화적인 간극을 중개하는 행위를 할 때 이것이 통역과 번역이라는 행위로 나타난다, 이것이 하나의 커뮤니케이션 모델이 되는 것이다.

우리 생활 가운데 언어 및 문화 장벽이 존재하기 때문에 이 언어 및 문화 장벽을 극복하기 위해서 중개가 필요하고 이때 통역사, 번역가가 해야 하는 역할은 이중적인데 처음에는 일차적인 단일 언어로 이루어지는 커뮤니케이션 과정에서는 메시지의 수신자 역할을 하게 되고 다시 중개를 위한 이차적인 텍스트 생산 과정에서는 텍스트 생산자가 되어서 도착 텍스트를 생산해낸다. 이것이 통역사번역가의 이중 역할이 된다. 삼단계 전이 모델 및 채널 모델입니다. 번역학을 연구하거나 번역을 설명할 때 가장 먼저 접하게 되는 이름이 니다이다. 니다와 테이버가 공저한 책에서 보면 이런 삼단계 전이 모델과 채널 모델이 제시되어 있고, 니다와 테이버는 번역이라는 과정을 분석과 전이와 재구성의 삼단계로 이루어지는 모델이라고 한다. 출발 텍스트를 읽는 번역가는 일차적으로 출발 텍스트의 독자가 되어 출발 텍스트를 읽으면서 이해하는 과정은 분석이 되며, 자기가 이해한 것을 도착 텍스트로 다시 재구성하는 과정 이것이 최종적인 번역의 과정이 됩니다. 그러면 분석과 재구성 이 두 가지 과정으로만 이루어지는 것이 아니라 2단계가 아니라 3단계로 이전에 전이라는 과정이 있게 되는데 이것이 통역번역 과정이다.

전의(Transfer)은 출발 텍스트의 분석을 통해서 얻어진 의미, 곧 총체적인 의미를 옮겨주는 것을 의미한다. 이 의미를 도착 텍스트로 재구성하기 위해서 한번 전이해 주는 과정이 필요한데 이전이라는 것은 출발어도 아니고 도착어도 아닌, 출발 문화도 아니고 도착 문화도 아닌 개념으로서 문화 중립적인 의미를 찾아내는 과정 이것을 전이라고 한다. 예를 들어서 비빔밥을 영어로 옮긴다고 한다면 비빔밥이라는 것이 가리키는 대상이 무엇인지, '비빔'이라는 음절과 '밥'이라는 음절이 합해서 이루어진 언어적인 표상이 아니라 공기나 대접에 담긴 것으로 잘 익어서 김이 모락모락 나는 동양권의 주식, 이 물체를 의미로 잡아내는 것을 말하며, 이처럼 문화적인 특징도 갖지 않고 언어적인 구속도 갖지 않는 것을 이쪽으로 옮겨서 곧바로 도착 텍스트에서 도착어로 재구성 해 낼 수 있는 대상으로 만들어주는 것이 전이이다.

채널 모델 언어가 갖고 있는 정보를 전달할 수 있는 통로적인 역할을 하는 것을 채널이라고 말하는데 각 언어별로 이 채널의 용량이 다르다. 여기에 세 가지 채널이 나와 있는데 출발 텍스트를 출발 독자에게 전달할 때 독자가 가장 이해하기 좋은 방식으로 출발 텍스트 저자가 텍스트를 구성해내게 되어 이 출발 텍스트라는 것은 출발 텍스트 독자가 가지고 있는 모국어로 사용하는 언어의 채널 용량에 맞도록 첫 번째 그림에서 보여지는 세로 화살표가 출발어의 채널 용량인데 이 출발어의 채널 용량에 맞도록 출발 텍스트가 잘 흘러가서 넘어갈 수 있도록 구성이 되어 있다.

출발어-도착어 및 출발 문화-도착 문화의 양립 불가능성, 문화적인 차이, 언어적인 공백 이런 것들이 있어서 이 두 가지는 항상 양립 불가능하게 되고 양립이 불가능할 때는 이쪽이 이해할 수 있는 정보량과 다른 쪽이 이해할 수 있는 정보량이 다르며, 이것을 정보부하의 차이가 있다고 말한다. 그래서 정보부하를 동일하게 전달을 해주어야 하는데 채널 용량의 차이때문에 불가능하기 때문에 도착어 채널 용량에 맞춘 조정이나 중개가 필요하고 이런 것을 잘 해내야만 이문화간 커뮤니케이션, 즉 번역에서의 성공을 가져오게 되고 이것이 정보 확장 행위이다. 그것은 정보를 더 늘린다는 뜻인데 비명시적인 정보를 명시화하거나 추가 정보를 제공하거나 하는 것이 바로 정보 확장에 해당이 되고 이를 통해 총체적인 등가를 구현하는 것이 역동적인 등가이다.

셀레스코비치라든지 르데레르나 데장이라는 파리 대학 출신의 전문 국제 통역사들이 창시해서 제시한 삼각형 모델은 통역이나 번역 과정이라는 것이 텍스트를 분석하고 그 의미를 탈언어화, 탈부호화 해서 도출하고 그것을 다시 도착 텍스트로 재표현 해내는 삼각형 과정으로 이루어진다고 도식화했기 때문에 삼각형 모델이라고 부른다. 니다와 테이버가 얘기한 것도 삼단계였는데 이것도 어떻게 보면 텍스트 분석, 의미 도출이나 탈언어화, 그리고 재표현이라는 삼단계로 이루어지는 두 이론은 굉장히 공통적이다. 그러나 차이점은 출발 텍스트를 도착 텍스트로 옮기는 과정에서 삼각형의 밑변에 해당하는 것은 대응이다. 즉, 출발 텍스트의 구성 요소를 도착 텍스트 구성 요소로 1 대 1 바로 단어 대 단어로 축어적으로 번역해 낼 수 있는 과정이 대응이다. 탈언어화 또는 의미도출이라는 것인데 첫 번째에서는 텍스트를 분석 하고 그 분석을 통해서 어떤 의미를 찾아내게 되는데 찾아낸 의미가 탈언어화라는 것은 '언어적인 표현의 틀을 벗어나다'라는 뜻으로 deverbalization이라고 하는데, verbalize한다는 것은 언어로 표현한다는 뜻으로 앞에 'de' 라는 접두사가 붙어서 언어로 표현하는 틀을 벗겨내다 라는 뜻이다. 탈언어화라는 것이 의미하는 것은 텍스트 분석 대상으로서의 의미의 언어적인 틀을 벗겨내서 그 의미로서만 찾아낸다는 뜻으로, 전이라는 것은 문화적인 틀이나 언어적인 표현을 모두 벗겨내고 문화 중립적이고 개념적인 의미를 찾아내는 과정을 전이라고 했다면 삼각형 모델에서는 그것을 탈언어화 또는 의미도출이라는 용어로 표현을 하고 있는 것이다.

이처럼 해석이론의 삼각형 모델에서는 번역 과정을 텍스트 분석과 탈언어화, 재표현 과정으로 나누고 그 삼각형의 저변에는 대응을, 꼭지점에는 올라갔다 내려오는 등가를 두어서 번역의 과정을 동시에 표현하는데 재현 단계에서는 제유의 원칙이 작용한다.

기능주의 이론이라는 것은 functionalism으로 핵심이 되는 개념이 '스코포스'라는 것이다. '스코포스'라는 것은 그리스어로 목적, 목표, 또는 기능 이런 것을 가리킨다. 우리가 커뮤니케이션을 하는데 왜 하는지, 무엇을 위해서 하는지 등 이런 것을 가리키는 것이 바로 스코포스인데 이것이 영어에서도 그대로 받아들여서 스코포스 이론이라고 부르기도 한다. 특히, 독일어권의 학자들이 이 이론을 많이 주창하고 따르고 있는데 Reiss & Vermeer 라든지, Nord 같은 사람들이 대표적인 학자이다. 기능이론에서 가장 핵심이 되는 스코포스라는 것은 커뮤니케이션 상황이 커뮤니케이션 대상 텍스트의 언어적 또는 비언어적 성격을 결정한다, 그래서 이러한 상황 요소를 어떻게 기술하느냐, 즉 커뮤니케이션의 목적을 무엇으로 규정하느냐에 따라서 번역 텍스트의 특성이 규정되고 이것이 번역 작업 전체를 관장하게 된다고 보는 것이 기능주의 이론이다.

기능주의에서는 번역 텍스트를 크게 세 가지로 나누는데, 정보 중심 유형의 텍스트, 표현 중심 유형의 텍스트, 효과 중심 유형의 텍스트가 있다. 우선, 정보 중심 유형의 텍스트라는 것은 신문 기사나 보고서, 기계 작동에 대한 매뉴얼 이런 것들이 정보 중심 유형의 텍스트가 되고, 표현 중심 유형의 텍스트라는 것은 문학 작품, 특히 시나 소설, 에세이 등 자기의 의견이나 감정 상태를 표현하는데 주안점을 두고 있는 텍스트를 말하고 심미적인 가치를 중시하며, 효과 중심 유형의 텍스트라는 것은 정보 전달의 기능도 하고 심미적인 내용을 표현하는 기능도 하지만 가장 중요한 목적은 그 텍스트를 통해서 독자의 마음에 영향을 주고 바꾸는 효과를 가져오는 것으로 대표적으로 광고문, 브로슈어가 있다. 그래서 이런 것들을 보면 언어적인 기능면에서도 중요한 기능들이 다 달라지고 정보 중심 유형의 텍스트의 언어 차원의 특징이 논리적이라면 표현 중심 유형의 텍스트는 심미적이고 효과 중심 유형의 텍스트는 독자의 마음에 전달하고 호소하기 위한 일종의 대화 같은 성격을 많이 갖고 있다는 의미의 대화적이다. 번역 텍스트는 그것이 속하는 유형별로 기능이 다른데 그 기능을 제대로 충족시켰느냐에 따라서 평가하는 기준이 달라져야 한다는 것이다.

정보 중심 텍스트는 출발 텍스트와 도착 텍스트 간에 정보성의 등가가 이루어졌는가, 표현 중심 텍스트는 표현적 등가가 이루어졌는가, 효과 중심 텍스트는 유도되는 반응면에서 등가가 이루어졌는지 이것을 가장 우선적인 평가 기준으로 삼아야 하는데, 기능주의 이론이라는 것은 모든 번역이 다 똑같이 이루어져야 하는 것이 아니라 구체적인 커뮤니케이션 상황에서 그것이 수행해야 하는 기능에 따라서 그 기능을 가장 잘 충족시킬 수 있는 방식으로 번역이 다르게 이루어져야 한다, 그리고 그 기능이 충족되는가를 가지고 평가를 해야 한다.

기능주의 이론에서 강조하는 것은 첫 번째는 대상독자 정의로 대상독자 정의라는 것은 이 텍스트를 번역 텍스트로 완성해냈을 때 그것의 최종 사용자인 번역 텍스트의 독자들이 어떤 사람들인가, 아주 전문적이고 그 분야에 대한 해박한 지식을 갖고 있어서 군더더기 있는 보충 설명을 싫어하는지, 아니면 그 부분에 대해서 문외한이라서 기본적인 상식도 없기 때문에 논의 되는 주제나 기본 개념들을 아주 친절하게 설명해 가면서 이 사람들이 이해할 수 있는 방식으로 번역해야 하는가, 그 사람들의 사회문화적인 지위, 경제 수준, 교육 수준, 이 사람들이 이 텍스트를 왜 읽는가 하는 동기 이런 것들을 정리를 해서 그것에 따라서 번역에 대한 접근법을 다르게 해 주어야 한다. 두 번째로 번역 브리핑은 번역텍스트와 관련된 텍스트적 특성을 규정하는 상황 요소, 특정한 번역 상황에서 이 번역텍스트가 특성을 어떻게 갖추어야 하는지를 기술한 것이다.

이 번역 브리프라는 개념을 처음 도입한 노르트가 제시한 번역브리프의 구성 요소로는, 첫 번째, 이것이 스코포스 이론과 관련해서 제시된 것이기 때문에 가장 중요한 것이 의도된 텍스트 기능, 이 텍스트가 어떤 기능을 충족시키기 위해서 쓰여진 텍스트인가, 그 다음에 출발 텍스트의 기능은 이것인데 도착 텍스트도 여전히 같은 기능을 유지하고 있는가, 아니면 기능이 바뀌는지 이것을 비교적으로 이해할 수 있어야 하고 도착 텍스트의 예상 독자는 누구인가, 아까 말한 것처럼 대상 독자 정의와 관련해서 그들의 지식 수준, 특별히 텍스트에서 다루어지고 있는 전문 지식, 여러 가지 변수들을 모두 고려해서 대상 독자를 예상하는 것이 필요하다. 세 번째로 이 텍스트가 언제 쓰였는가, 시간적으로 장소적으로 어떤 특성을 갖고 쓰이는가, 텍스트 전달 매체는 무엇인가 문어 텍스트로 전달될 것인가, 아니면 구어 텍스트로 전달될 것인가, 미디어 번역처럼 복합 정보 매체로 전달될 것인가 이것에 따라서 번역의 특성이 달라지기 때문에 이런 정보도 주어져야 합니다. 그리고 텍스트 생산 또는 수용의 동기나 이유는 무엇인가, 이것이 정보성의 텍스트라 하더라도 이것을 도착 텍스트 독자들에게 정보성을 전달하기 위해서 쓰는 것인가 아니면 표현을 위해서 전달하는 것인가 아니면 여기서 어떤 특정한 반응을 유도해서 효과를 도출하기 위한 것인가 이런 동기를 모두 이해하고 명시적으로 갖고 있어야 한다.

복합정보의 사용	화면에 제공되는 시각 정보와 귀로 들리는 청각정보를 동시에 사용하여 메시지가 전달됨
대중적 번역	원문 텍스트와 도착어 텍스트의 사용자가 모두 일반적인 불특정 다수 그룹으로 이질성이 높음. cf. 다큐멘터리 필름(시사, 역사, 관광)
언어의 경제성	화면 제약 등으로 간결하고 경제적인 표현을 중시

번역 독자에 대한 충실성	원문 텍스트에 대한 충실성보다 도착어 텍스트 표현의 완성도, 즉 전달효과에 우선순위를 둠
문화적 고려	원문텍스트 청중과 도착 텍스트 청중 사이에 문화적 거리가 큰 경우가 대부분이어서 문화적 중개 필요성이 높음

5. 번역의 적합성 이론: 상위 결정과 하위 결정

번역은 출발텍스트를 도착텍스트의 독자를 위해서 재생산하는 과정에서 출발텍스트의 의미적/기능적/화용적/문체적인 측면을 모두 고려하면서 도착텍스트 독자의 필요와 기대에 부응할 수 있도록 하는 작업이다. 그렇기 때문에 번역작업이 중요한 것은 번역 작업을 수행하는 과정에서 문제를 해결하기 때문이다. 번역을 하면서 거시적인 결정을 상위 결정, 또는 텍스트 외적인 결정이라고 말하고 미시적인 결정은 하위 결정, 또는 텍스트 내적인 결정이라고도 하며, 이때 사용되는 지식이 선언적 지식과 전략적 지식이 있다. 선언적 지식이라는 것은 해당 주제나 아니면 세상에 대해서 갖고 있는 모든 지식의 총합으로 그 지식 자체를 위한 지식을 말한다. 우리가 갖고 있는 총합적인 지식을 선언적 지식이라고 말한다면 전략적 지식이라는 것은 이 선언적 지식과는 다르게 지식을 위한 지식이 아니라 어떤 상황에서 문제를 해결하고 주어진 과제를 수행해 나가기 위한 방법론적 지식이다. 번역의 입장에서 선언적 지식이라는 것은 파리 학파가 이야기하는 인지적 보완소라든지 적합성 이론에서 이야기하는 공유배경지식이라든지 공유인지환경이라든지 이런 것들을 통해서 우리가 갖고 있는 모든 지식을 선언적인 지식이라고 말한다. 또 세상에 대한 지식, 상식이라는 평범한 말로도 표현할 수 있죠. 반면에 전략적 지식이라는 것은 어떤 방법론적 지식이라고 했으니까 실제로 통역번역 하는 과정에서 봉착하게 되는 문제를 해결하기 위해서 사용하는 방법론적 지식 이것을 전략적 지식이라고 한다. 즉 통역번역이라는 과정은 통역사번역가가 도착어로 텍스트를 재생산 도는 재구성 또는 재표현해내는 단계에서 우리가 갖고 있는 선언적 지식과 전략적 지식을 활용해서 끊임없이 문제를 해결해나가기 위해서 내리는 결정 과정의 연속이다.

번역을 하는 데 있어서 번역의 문제가 무엇인지를 파악하고 그 문제를 정확하게 기술함으로써 문제의 본질이 무엇인지를 밝혀야 하고, 그 다음에 그 문제를 해결하기 위해서 관련된 정보를 수집하고, 즉 어떤 표현이 문제가 되었을 때 그 표현이 어떤 맥락에서 어떤 의미를 가지고 쓰이고 있고 왜 이런 용어를 썼는지, 이것이 의도하는 효과는 무엇인지에 대한 데이터를 수집한 후, 어떤 해결책을 선택할 것인가, 즉 이것을 독자의 눈높이에 맞춰서 할 것인가 아니면 텍스트의 특성을 살리는 것을 우선으로 할 것인가 이런 여러 가지 변수들을 본 다음에 대안을 선택한다는 것이다. 이런 결정 과정을 크게 두 가지 방향성을 가지고 분류하는데, 하나는 상향식 또 하나는 하향식 결정 과정인데 상향식이라는 것은 bottom up이라는 용어를 쓰고 하향식은 top down이라는 용어이다. 이 두 가지 결정 과정이 있는데 상향식 결정이라는 것은 밑에서부터 출발해서 위로 올라가는데 밑이라는 것은 텍스트 내적인 구체적인 요소에 대한 결정이고, 그 다음에 top이라는 것은 텍스트의 목적, 스코포스 이런 큰 그림에 대한 결정이다. 그래서 밑에서부터 위로 올라가게 된다는 것은 실제로 텍스트를 태클하면서 어떤 표현을 어떻게 옮길지 이 은유는 살릴지 죽일지 그 다음에 이 통사 구조를 유지할지 이런 것들을 각개적으로 번역을 해나가다가 합해서 이 텍스트의 목적/의도된 기능은 이것이니까 이것을 충족시켜야 되겠구나 이런 방향으로 간다는 뜻이다. 상향식 접근법이라는 것은 원칙적으로 굉장히 비효율적이고 번역 자체를 불가능하게 하는 잘못된 접근법일 수도 있다, 반면에 하향식이라는 것은 제일 먼저 이 번역의 목적은 무엇이고 이 번역된 텍스트가 충족시켜야 할 기능은 무엇이고 그리고 또 그 과정에서 목표로 하는 대상 독자의 눈높이와 특징은 무엇이기 때문에 번역을 할 때 얼마나 자세하게 풀어줄지 얼마나 친절하게 정보를 제공할지 어느 정도의 고급스러운 어휘나 말투를 쓸지 이런 것들을 다 기본적으로 결정한 다음에 상위의 결정에 입각해서 구체적인 텍스트를 태클하는 것으로 내려가야 한다는 것이 하향식 결정이다.

기능주의 학파인 Nord는 이상적인 번역과정을 하향식인 접근법을 중심으로 생각을 하고 있다. Nord가 이야기한 하향식 번역의 결정 과정을 보면, 번역 수요가 있어서 이루어지는 번역을 대상으로 이야기하는 것이기 때문에 처음에 번역 의뢰가 들어오게 되면 기록적인 번역을 할 것인가 도구적인 번역을 할 것인가 이 중에서 선택을 하게 되는데, 번역의 기본적인 목적과 기능이 무엇인지 그리고 어떤 번역이 필요한가에 따라서 두 가지 가운데 하나를 선택한다. 반면에 도구적인 번역이라는 것은 '이것이 번역 작품이다, 번역 텍스트이다'라는 것을 전달하기 위해서가 아니라 그 텍스트가 갖고 있는 내용이나 효과나 표현 능력 같은 것을 전달하기 위해서 아주 유려하고 효과적으로 전달하는 것을 말하는데, 번역이라는 냄새가 나지 않도록 그 기능을 충족시키는 완성된 텍스트로 번역해 내는 것을 말하는데 기록적 번역과 도구적 번역 이 두 가지 가운데서 선택을 해야 한다. 두 번째로 해당 독자 정의 못지않게 중요한 것이 텍스트가 어떤 미디엄을 통해서 전달되는가, 즉 이것이 문어텍스트로 번역문으로 전달이 될 것인지 아니면 연설을 통해서 구어로 전달이 될지 아니면 영상 번역이나 미디어 번역처럼 복합 정보 체제로 전달이 되는지 이런 것에 따라서 우리가 어떤 미디어 성격에 맞춰서 번역을 할 것인지도 결정을 해야 한다. 세 번째로는 직역이라는 것이 있는데 literal translation 또는 world translation 또는 verbatim translation 등 많은 말이 있죠. 이것은 뭐냐 하면 직역이냐 의역이냐 할 때 literal translation vs free translation 할 때의 넓은 의미의 직역이라는 뜻이 아니라 여기에서는 좁은 의미로 그야말로 단어 대 단어로 치환 번역하는 것을 말한다.

분류	출판번역		실용전문번역
	문학출판번역	일반출판번역	
텍스트 성격	상대적으로 비전문적		전문적·기술적·학문적
텍스트의 기능 유형	표현중심텍스트	정보중심텍스트	정보중심텍스트
번역의 우선순위	표현의 등가 가독성 도착어의 심미적 완성도	정보성의 등가 가독성	정보성의 등가
평가기준			
번역대상 독자 정의	상대적으로 이질적인 집단		상대적으로 동일적인 집단

직접 번역전략이라는 것은 좀 더 번역가의 노력과 창의력이 요구되는 전략인데 이것은 직접 번역전략에 비해서 출발어의 언어 형태나 언어적인 표현 이런 것으로부터 비교적 자유롭게 벗어나서 번역가가 창의적일 수 있는 부분으로 치환 transposition 이라는 것인데 이것은 품사전환을 말한다. 두 번째는 변조라는 것인데 변조라는 것은 어휘의 관점이나 환기되는 내용, 그 어휘를 통해 지칭되는 내용이나 사고 범주, 관점 이런

것들을 바꾸는 것이다. 그 다음에 등가라는 것이 있는데 이것은 우리가 번역의 접근법 중에서 삼각형 이론의 저변에서는 대응을, 꼭짓점으로 올라갔다 내려오는 것을 등가라고 얘기한 적이 있는데, 간접 번역전략에서 다루어지는 등가는 그에 비해 훨씬 좁은 의미이다. 그래서 출발어 표현에 구애되지 않고 그것에 비견되는 메시지를 도착어권에서 충분히 통용되고 있는 표현으로 찾아서 대치해 주는 그런 방식을 등가라고 하는데 대표적인 예가 속담이나 관용어구, 은유 표현이다. "Too many cooks spoil the broth"라는 속담이 '요리사가 너무 많으면 국을 버린다'라는 뜻인데 이것을 직역하지 않고 '사공이 많으면 배가 산으로 간다'라고 번역하는 이유는 도착어 문화권에서 이미 이것이 통용되고 있는 표현으로 대치해주는 등가 방식을 선택했기 때문이다. 이런 등가 표현들은 통역번역에 들어가기 전에 우리가 숙지하고 있어야 하는 것이다. 마지막 간접 번역전략의 범주가 번안이 있는데 문화적인 지시 대상을 도착텍스트 독자가 잘 이해할 수 있는 대체물로 바꾸는 것이다.

형태적 대응(formal correspondence) 중심의 번역	역동적 등가(dynamic equivalence) 중심의 번역
SL의 어휘/표현과 의미의 최 근사치 (Closest equivalent)에 해당하는 TL 어휘/표현을 찾아 치환하는 번역방식	번역사가 SL로 이루어진 텍스트 또는 그 일부분을 번역할 때 ST의 표현이 ST 독자의 마음속에 남긴 것과 동등한 영향과 효과를 TT 번역대상 독자의 마음속에 촉발할 수 있도록 TT로 옮기는 접근법
역동적 등가와 형태적 대응을 동시에	충족시킬 수 있는 번역이 우수한 번역
	현실적으로 두 가지 관계를 모두 충족시킬 수 없는 경우, 역동적 등가에 우선순위를 둘 것을 권고함

가령, 인간의 문화가 있는 곳에는 모두 '신데렐라' 이야기가 있고 우리 문화에 해당하는 것은 바로 '콩쥐팥쥐'인데 '신데렐라' 이야기를 할 때 완전히 설정을 바꿔서 '콩쥐팥쥐'로 바꿔주는 것, 이런 것이 바로 번안이다. 그때 밑받침으로 사용할 수 있는 것이 이국화 전략과 자국화 전략을 구분해서 적용할 수 있다. 이국화라는 것은 국가적으로 이질적인 형태로 만든다 이런 뜻인 반면에 자국화라는 것은 우리나라의 관습과 규범에 맞추어서 동화시키는 것을 말하고 foreignization과 domestication이라고 하는데, 이국화라는 것은 독자와 텍스트의 관계를 중심으로 설명할 수 있고 이국화는 출발텍스트 저자나 출발텍스트를 그대로 두고 번역 독자를 텍스트에 접근시키는 것이다. 텍스트의 내용을 바꾸지 않고 독자에게 그대로 주어서 독자가 텍스트를 이해하도록 하는 것이지만, 자국화는 독자를 가만히 두고 번역텍스트를 번역 독자에게 가져가는 방식으로 이국화에서는 출발텍스트에 있는 정보들이 번역텍스트 독자에게 생경하고 낯선 것이라도 그대로 가만히 두고 생경하고 낯선 상태로 둔다.[2]

---

[2] 주된 번역학적 이론으로 몇 가지를 고려할 수 있다. 첫 번째로는 Holmes(1988/2000)에서 학문으로서의 번역학의 영역 구분에 따른 Toury(1995)의 번역학의 하위 부류 가운데, 순수번역학(pure translation studies)에 속하는 기술번역학(descriptive translation studies. DTS) 의 틀을 들 수 있다. 기술번역학은 ①번역물중심(product oriented) 기술번역학, ②기능중심(function oriented) 기술번역학, ③번역과정중심(process oriented) 기술번역학으로 나누고 있다. ①번역결과물중심 기술번역학은 현존하는 번역결과물에 대한 검증이 주된 관심사로 원천텍스트와 목표텍스트의 짝(ST-TT pair)에 관한 기술과 분석 혹은 동일한 원천텍스트에 대한 여러 목표텍스트들의 비교 분석이 포함될 수 있다. 또한 번역물중심 기술번역학의 마지막 목표 가운데 하나는 번역의 전체적인 역사를 내다볼 수 있는 기대적인 사항일 수도 있다. ②기능중심 기술번역학은 번역결과물이 수용독자의 사회문화적인 상황에서 어떠한 기능을 수행하는지에 대하여 기술 연구하는 부문이다. ③번역과정중심 기술번역학은 번역심리학(psychology of translation)과 연관된 것으로 번역과정에서 번역자의 사고 속에서 일어나는 것들을 밝히려는 부문으로 아직까지 연구가 미진한 부문이다. 이와 같은 세 가지 부문들은 <훈민정음 언해본>의 한문 원문과 언해문의

분석 설명에 의미 있는 이론적 근거를 제시할 수 있다.
두 번째로는 Nida(1969:484)의 번역의 3단계(three - stage system of translation)로, 번역하는 과정에서 일어나는 것을 정확하고 주의 깊이 분석하여 보면 특히 문법적 구조로나 의미적 구조로나 아주 다른 원천언어와 목표언어의 경우에 있어서 유능한 번역자는 하나의 표면구조로부터 또 다른 표면구조로 직접적으로(directly) 가는 대신에 실제적으로는 분석(analysis), 전이(transfer), 재구성(restructuring)의 우회적(roundabout) 과정들을 거쳐서 간다는 것이다. 다시 말하면 번역자는 먼저 원천언어의 전언 내용(message)을 가장 간단하면서도 구조적으로 분명한 형태들로 분석하고, 이 차원에서 그것을 전이시키며 그리고 난 다음에 번역자가 의도하는 바의 수용독자(audience)에게 가장 적절한 목표언어의 차원으로 전언 내용을 재구성한다고 하고 있다.
이러한 Nida의 번역 단계 설명은 언해서에서 특히 구결문과 주석문의 설명에 시사하는 바가 크다고 할 수 있다.
세 번째로 Vermeer와 Reiss 등의 스코포스이론(skopos theory)을 들 수 있다. 이 이론의 내용을 Jeremy Munday(2008:79-81)의 정연일 남원준 역(2006:106-109)를 보기로 한다.
스코포스란 희랍어로서 목표나 목적을 의미하는데 1970년대에 Vermeer에 의해 번역행위와 번역목적을 위한 전문 용어로 번역이론에 소개되었다. 스코포스이론의 대표적인 업적은 Vermeer와 Reiss의 공저(1984)를 들 수 있다.
스코포스이론은 기능적으로 적절한 결과물을 생산하기 위하여 채용될 수 있는 번역 방법과 번역 전략을 결정하는 번역의 목적에 무엇보다도 초점을 맞춘다. 그러므로 스코포스이론에서 번역자는 원천텍스트가 무엇 때문에 번역되며 목표텍스트는 무슨 기능을 할 것인지를 반드시 알아야 한다고 한다. 원천텍스트와 목표텍스트가 제각각의 언어적 맥락과 문화적 맥락에서 어떠한 기능을 수행하는지를 기준으로 원천텍스트와 목표텍스트의 관계를 설명한 것은 중요하다. 번역자는 문화간의 의사소통 과정과 목표텍스트 생산의 가장 중요한 역할 담당자이다. 불가역성이란 목표문화에서의 목표텍스트의 기능과 원천문화에서의 원천텍스트의 기능이 반드시 일치할 필요가 없다고 한다. 목표텍스트가 수용독자의 상황에 합치되는 것으로 해석될 수 있어야 한다는 것이며 그래서 목표텍스트는 목표텍스트 수용독자의 상황과 지식에 합치되게 번역되어야 한다는 것이다. 스코포스이론의 요점에는 동일한 텍스트일지라도 목표텍스트의 목적과 번역자에게 부여된 번역의뢰서의 내용에 따라서 달리 번역될 수 있다는 여지를 인식했다는 것이다.
이처럼 번역의 목적과 기능 그리고 목표텍스트의 독자의 상황과 지식에 따라 번역 형태가 달라질 수 있다는 것이다. 마지막으로 의사소통 등가 구현 층위로 텍스트에 주목하는 Reiss(1977)의 텍스트 타입(text type)과 번역 방법(translation method)을 들 수 있다.

치환(transposition)

→ 품사적 전환
  예) *Many witnesses declined to appear in the court.*
      Feeling exhausted, he trod down the road.

변조(modulation)

→ 어휘의 관점이나 환기되는 내용, 사고범주 등을 전환하는 방식
  예) 국이 식었다
      문맹률, 분실물

등가(equivalence)

→ 출발어 표현에 구애되지 않고 이미 통용되는
  표현으로 대치하는 방식
→ 속담이나 관용어구
  예) *Too many cooks spoil the broth*
      '사공이 많으면 배가 산으로 간다'

6. 번역의 유형: 문어 텍스트와 복합 모드 텍스트

번역을 분류하는데 크게 두 가지로 나눠서 생각하려고 하는데 문어

텍스트를 중심으로 하는 번역과 복합 모드 텍스트, 즉 미디어를 위한 텍스트 번역으로 구분한다. 문어 텍스트를 중심으로 하는 번역을 살펴보면, 사회적으로 가장 넓게 쓰이는 번역 분류 방법으로 문학 번역과 비문학 번역이 있다. 문학 번역이라는 것은 문학 작품을 대상으로 해서 그 텍스트를 번역하는 것을 문학 번역이라고 하고 비문학 번역은 텍스트의 성격이 문학 작품이 아니라는 것이다. 문학 작품을 대상으로 번역을 했는데 그 결과물인 번역 텍스트가 역시 문학 작품으로 읽힐 만큼 완성도가 높은 것을 문학 번역이라고 하는 것과, 반대로 문학 작품 번역이라는 것을 문학 작품, 문학 텍스트를 번역의 대상으로 삼기는 삼았으나 그 완성도가 문학 작품으로 분류될 정도로 높지 않는데도 문학 작품의 번역이라고 부르는 것이다. 이 구분이 시사하는 것은 문학 작품을 대상으로 번역을 한다고 해도 반드시 결과물도 똑같이 높은 수준을 담보할 수 없지만 그렇다고 해서 문학 번역이라고 할 수 없다고 해서 문학 작품을 번역하지 않을 수는 없기 때문에 사회적인 수요나 이런 것을 감안해서 여전히 문학 작품의 번역도 같이 이루어져야 한다. 그러나 궁극적으로는 이러한 문학 작품의 번역이 문학 번역으로 분류 될 수 있도록 번역가들이 수준을 높이는데 애써야 한다. 실용 전문 번역이라는 것은 technical 이라는 뜻으로 professional 한 전문 번역가가 하는 번역이 아니라 번역의 대상이 되는 텍스트가 전문적 기술적 학술적 성격을 가진 텍스트라는 뜻에서 실용 전문 번역이라고 한다.

문어 텍스트에서 가정 보편적으로 사용되는 범주가 바로 출판 번역인데, 출판 번역이라는 것은 번역 텍스트를 생산하는 목적이 대중적인 출판을 위해서 이루어진다. 이것을 실용 전문 번역과 대치되는 개념으로 놓은 이유는 제일 아래의 번역 대상 독자 정의에서 차별되기 때문이다. 출판 번역은 상대적으로 이질적인 집단을 대상으로 이루어지는 번역 행위라면 실용 전문 번역이라는 것은 상대적으로 동질적인 비교적 소수의 집단을 대상으로 하는 번역이기 때문에 차이가 있다. 여기서 이질적/동질적이라는 것은 출판 번역의 경우에 예를 들어서 소설 하나를 읽을 때 그 소설을 집필 하는 사람이 creating writing을 전공한 교수나 학자나 학생일 수가 있고 최종 독자는 아주 일반적인 보편적인 독자일 수도 있다. 연령별로도 다양하고 여러 가지 이질성이 높은 집단인 반면에 실용 전문 번역이라는 것은 그렇지가 않다. 예를 들어서 법률 문서나 계약서 같은 것을 읽는 최종적으로 사용하는 독자라는 것은 그 법률 문서가 제공하는 내용에 관심이 있고 그 정보가 필요한 사람, 또 그 텍스트에서 다뤄지는 내용을 이해할 수 있는 정도의 배경 지식을 갖고 있는 사람들이다. 그러니까 텍스트에 대한 수요라든지 텍스트를 이해할 수 있는 배경 지식의 정도라든지 이런 면에서 매우 유사한 경향을 갖는다. 이런 면에서 상대적으로 동질적인 집단을 대상으로 하는 번역이 실용 전문 번역이라는 것이다. 번역의 우선순위를 보면 출판 번역 중에서도 문학 번역은 정보 중심, 표현 중심, 효과 중심으로 나눴을 때 표현의 등가가 가장 중요하고 못지않게 가독성도 중요하다. 왜냐하면 실용 전문 번역은 정보성의 등가만 중요한 것에 비해서 출판 번역이라는 것은 기본적으로 가독성이 전제가 되어야지만 대중적인 수요를 갖기 때문이다. 그 다음에 이것이 문학 출판 번역이니만큼 도착어로 이루어지는 심미적인 완성도도 매우 중요하다. 반면에 일반 출판 번역은 정보성의 등가와 가독성만 담보된다면 심미적인 완성도나 이런 것들은 비교적 차순위의 관심이다.

그렇기 때문에 이러한 차이로 인해서 평가 기준도 달라지는데 문학 출판 번역은 출판 텍스트 저자에 대한 충실성이 주목을 받는다. 왜냐하면 쓴 사람이 커뮤니케이션에서 가장 중요한 요소이기 때문이다. 그래서 출발 텍스트 저자에 대한 충실성이 가장 중요해진다면 이제 일반 출판 번역에서는 아까 정보성이 중요하다. 출발 텍스트가 갖고 있는 정보성을 전달한다. 즉, 출발 텍스트에 대한 충실성도 중요하고 이것이 일반 출판 번역이기 때문에 도착 텍스트를 읽는 독자 이 사람들이 매우 중요하다. 이 사람들이 새로 이루어진 번역에 대해서 어떻게 반응하느냐에 따라서 책이 얼마나 잘 팔리고 받아들여질 수 있는지 결정되니까, 동시에 도착 텍스트 대상 독자에 대한 충실성도 중요해진다. 반면에 실용 전문 번역이라는 것은 독자를 중심으로 하는 것이 아니라 출발 텍스트에 있는 정보성을 전달하는 것이 가장 우선적이기 때문에 출발 텍스트 자체에 대한 충실성이 가장 중요한 평가 기준이 되고 그 다음에 언어 조합 방향 별로 분류를 해 보면 우리가 모국어로 이루어지는 번역을 안으로 들어오는 번역이라고 해서 inbound translation이라고 얘기하는 반면에 외국어로 이루어지는 번역은 바깥으로 나간다 해서 outbound translation이라고 부른다.

문학 출판 번역을 우선 살펴보면 한국어로 이루어지는 inbound 문학 출판이라는 것은 우리나라가 세계 최고의 저작권 수입 번역 출판국, 즉 해외에서 들여와서 우리말로 번역해서 출판하는 번역 시장의 규모도 매우 크고 수입 종 수도 굉장히 많다. outbound 번역시장이라는 것은 다른 언어로 이루어지는 번역을 말하는데 여기에서 강조하고 싶은 것은 문학 작품의 외국어 번역, 특히 영어로 이루어지는 outbound 번역을 여러분이

했을 때 앞으로의 전망이 좋다. 그래서 이 부분은 해외 시장 수요가 상대적으로 미미하기 때문에 시장 원리에만 의존해서 이루어지는 번역은 매우 적다. 반면에 국책에 의해서 국가적으로 우리 문학 작품의 번역을 매우 장려하고 있는데, <한국문학번역원>과 민간 부분에서 대산문화재단과 같은 곳에서 이런 부분을 장려하고 있다. 출판 번역이라는 것은 우리가 outbound로 가는 출판 번역의 수요는 거의 없다. 거의가 우리말로 이루어지는 출판 번역인데 여기에서 번역료 지급 방식이 크게 두 가지로 나뉜다. 하나는 매절 방식이라고 해서 원고지 장당으로 계산해서 처음에 번역료를 한꺼번에 지급받는 방식을 말하고 번역을 넘겨 줄 때는 번역료를 받지 않고 그것이 출판되었을 때 출판물에 대한 인세를 받는 두 가지 방식이다. 예전에는 매절 방식이 주류였다면 이제는 출판 번역이 히트작도 나오면서 인세 방식이 훨씬 더 선호되는 추세를 보이고 있다. 번역료 얘기를 하다 보면 전문 번역가일 때와 그렇지 않을 때 또 지명도가 있는 유명작가이거나 그 분야의 전문가인 교수들이나 이런 사람들에 따라서 A등급, B등급, C등급 등 여러 가지로 나뉘어져 있다. 이런 것들도 여러분이 우리 텍스트에서 찾아 볼 수도 있고 실제로 실무 시장에서 볼 수도 있는데 여기서 강조하는 것은 출판사나 이런 번역을 의뢰하는 쪽에서 믿고 맡길 만한 수준 높은 번역가들의 수요가 상대적으로 적기 때문에 여러분이 가격경쟁력만 따지지 않고 여러분이 일정 수준을 유지해 줄 수 있다고만 하다면 그에 대한 번역 수요는 무궁무진하다고까지 이야기할 수 있다. 이런 부분에서도 여러분이 전문 번역에 대해 관심을 가지고 특히 자기가 가격경제경력이 아니라 품질경쟁력을 가지고 번역을 할 수 있다고 생각한다면 또 번역을 좋아한다면 여러분이 충분히 이 분야에 대한 관심과 노력을 통해서 전문가로 자리 잡을 수 있다.

미디어 번역과 관련하여 번역의 정의에서 보는 것처럼 텍스트가 복합 모드 텍스트이다. 다시 말해서, 단순히 어떤 하나의 언어로만 되어 있는 것이 아니라, 여기서 언어라는 것은 한국어나 영어 이런 것이 아니라, 하나의 언어 모드로 되어 있는 것이 아니라 복합적으로 이루어진 텍스트라는 것입니다. 시각 정보도 있고 청각 정보도 있고, 이 두 가지가 합해진 텍스트이기 때문에 이것을 일반 문어 텍스트의 번역과 구분할 수밖에 없다. 미디어 번역은 이 복합 모드 텍스트를 모두 문어 텍스트로 바꾸어 주게 되며 세 가지로 나뉜다. 그래서 우선 자막 번역과 더빙 번역, 보이스-오버 라는 세 가지 영역으로 나누는데 처음에 문어 텍스트로 바꾼 것을 후속 작업으로 청각 정보로 다시 바꿔 주는 그런 경우도 있다.

미디어 번역은 굉장히 쉽게 생각하고 여러분들이 인터넷상에서 여러 가지 동호회 페이지나 클럽이나 이런 것들을 통해서 미디어 번역을 하고 자막을 올리고 이런 것들을 하고 있는데 실제로는 그렇게 간단한 것이 아니다. 왜냐하면 미디어 번역의 특징이 첫 번째로 복합 정보를 사용하고 그리고 그 대상이 대중적인 대중적 번역이어야 하고 언어의 경제성이 매우 중요한 작동 원리로 관여하게 된다. 즉, 복합 정보라는 것은 시각 정보와 청각 정보가 동시에 제공이 되기 때문에 이 두 가지를 모두 극대화해서 메시지를 전달해야 한다는 것이 특성이고 원문 텍스트와 도착어 텍스트의 사용자가 모두 불특정 다수이기 때문에 미디어 번역이라는 것은 이질성이 높아서 일정한 번역에 있어서 정보 수준을 어느 정도로 해야 하는가 할 때 대중적이어야 한다는 것이다. 그 다음에 언어의 경제성이라는 것이 가장 큰 도전이 되는데 더빙 번역도 마찬가지이고 자막 번역도 마찬가지인데 특히 자막 번역 같은 경우는 한 줄에 몇 자씩 한 화면에서 두 줄 이상 넘어갈 수 없다든지 하는 공간적인 제약이 있기 때문에 가장 간결하고 경제적인 표현을 중시하게 된다. 그래서 앞에서도 계속 얘기했지만 여러 가지 결정 과정을 통해서 번역이 이루어졌을 때 도착 텍스트가 확장되는 결과가 나타나는데 그때 미디엄에 따라서 이것을 다시 재조정 해주어야 하느냐 마느냐 그런 결정도 해야 한다. 바로 이 미디어 번역이 언어의 경제성에 대한 요구 때문에 그 부분이 굉장히 중요한 도전이 된다. 그리고 번역 독자에 대한 충실성을 이야기하는데 왜냐하면 미디어 번역은 원문 텍스트를 그대로 전달하는 것이 중요한 것이 아니라 도착 텍스트 독자들에게 원문 텍스트의 정보와 효과를 모두 받아들이기 쉬운 상태로 전달해 주는 것이 가장 중요하기 때문에 번역 독자에 대한 충실성이 강조된다. 문화적인 고려가 크다는 것은 예를 들어서 미드 같은 것을 번역해서 본다고 할 때, 우리가 낯선 이라는 표현을 썼었는데 foreigness, foreignization 등을 이야기할 때 낯선 것을 그대로 살려주기보다는 원문 텍스트 청중에 비해서 도착어 텍스트 청중에게 이것이 가장 잘 전달되는 방식으로 내용적으로나 정보성면에서나 문화적으로나 문화적인 중개가 필요한 것이 미디어 번역이다.

그러면 앞서 말한 것처럼 미디어 번역을 세 가지로 나누어 볼 수 있는데 첫 번째로 더빙 번역으로 우리말 녹음 번역인데 형식적으로는 번역 텍스트를 일단 문어로 생산을 한다. 그런 다음에 이것을 다시 성우 등의 목소리로 입혀서 결과적으로는 청각 정보로 전달하는 방식인데 여기에서 주로 아까 우리가 말한 자국화 전략 같은 것을 많이 쓰게 된다. 그리고 가장 중요한 것은 청중들로 하여금 등장인물 즉, 미디어 텍스트를 전달하는 사람들의 목소리가 번역해서 그것을 옮기고 있는 것이 아니라 마치 도착어로 말하고 있는 것처럼 생각하게 만드는 것으로 번역의 불가시성을 높이는 것이 가장 중요하다. 특히 더빙이기 때문에 목소리를 통해서 전달하는 시간과 입 모양, synchronization이라고 얘기하는데 그것이 동시에 맺어지고 끊어지고 닫히고 시작하는 것들이 맞도록 하는 그런 것들이 매우 주요한 추가적인 요소로 작용한다.

미디어 번역의 두 번째 종류는 subtitling이다. subtitle translation이라고도 이야기하는데 번역 텍스트를 화면 위에 문자로 전달하는 방식이다. 더빙에서는 청각 정보로 추가 전환을 했는데 여기서는 그냥 문자 텍스트로 남게 된다. 그래서 여기에서는 이국적인 접근법을 주로 사용하는데, 왜냐하면 화면에서 보여지는 정보를 통해서 화상 정보가 그대로 떠 있고 자막으로 추가로 문어 텍스트로 전달이 되기 때문에 정보성은 이미 자막으로 많이 전달이 된다. 그런 가운데 낯선 정보나 새로운 정보 이런 것들을 추가적으로 노출시킴으로써 이국적 접근법을 활용하는 것이 자막 번역이다. 더빙의 경우에는 자국화가 훨씬 더 중요하다면 자막 번역에서는 이국적 접근법을 중시한다.

마지막 세 번째 종류가 보이스-오버라는 것인데 먼저 다룬 더빙이나 자막 번역 보다는 드물게 사용되지만 그러나 중요한 인물의 인터뷰 등을 보면, 오바마 대통령이 영어로 연설한 것을 우리말로 옮긴다고 할 때 뉴스나 인터뷰를 자세히 보면 그것을 단순히 자막 처리하지도 않고 더빙하지도 않고 다른 방법을 쓴다. 일단 그 연설 또는 인터뷰를 문어 텍스트로 변환한 다음에 성우들의 목소리로 녹음해서 청각 정보로 전달하는데 더빙과의 차이는 뭔가 하면 더빙은 원래 발화자의 목소리를 완전히 지워

버린 상태에서 성우의 목소리만이 나타난다. 반면에 보이스-오버는 원 발화자의 음성을 밑바닥에 깔아서 배경음으로 처리한 다음에 성우의 목소리를 다시 이중적으로 제공하는데 원어를 잘 들을 수 있는 사람의 경우에는 성우의 목소리 밑에 원 화자의 원래의 스피치를 들을 수 있도록 하는 방식이다. 이 경우에는 어떤 것이 전제가 되는가 하면 청자가 원어를 구사할 수 있고 알아들을 수 있는 정도의 지적 수준이라는 것이 전제가 되기 때문에 이 경우에는 자국화 전략은 전혀 쓰이지 않고, 전혀 쓰이지 않는다는 것은 과장된 표현이지만, 자국화 전략보다는 이국화 전략을 통해서 전달되고 있는 내용이나 원어의 충실성을 그대로 살려 주는 방식으로 제공되는 것을 보이스-오버라고 할 수 있다.

　미디어 번역의 원리와 제약에 대해서 볼 텐데 아까 경제성이 요구된다. 우선 시간적인 제약이 있는데, 시간적이라는 것은 원 화자의 발화 시간과 목소리를 입혀 주는 성우의 발화 시간이 같아야 하는 것이다. 그래서 청각 정보로 전달이 되는 우리말 더빙이나 보이스-오버에 해당되는 제약이 시간적 제약이다. 그래서 원 화자가 발화하는 시간과 번역 텍스트의 음성 녹음 시간이 같아야만 한다는 것이 시간적인 제약이다. 반면에 공간적인 제약이라는 것은 자막 번역의 경우인데 한 화면에 들어갈 수 있는 최대 글자 수에 제약이 있어서 한글의 경우 얼마, 영어 자막의 경우 얼마 해서 그때 해당 되는 화면의 정보가 이 자막으로 압축되어서 전달될 수 있도록 표현을 축약적으로 하고 경제성을 살려야 한다는 것이 공간적 제약이다.

　세 번째는 표현의 경제성 확보를 위한 노력으로 앞에서 말한 시간 제약과 공간 제약 때문에 표현을 음절수가 가장 적은 방식으로 주되 정보를 생략하는 것이 아니라 텍스트를 가장 간결하고 경제적으로 표현해 낼 수 있는 별도의 노력과 능력이 필요한 것이다. 마지막으로 화면과 도착어 텍스트 내용의 일치 여부를 확인해야 하는데 이것은 화면이 이런 내용을 이야기하고 있는데 도착어 텍스트, 즉 더빙이나 자막에서 전혀 다른 이야기를 하고 있으면 그것은 잘못된 번역이다. 그래서 화면에 나타나고 있는 정보와 청각 정보나 시각 정보로 제공되는 텍스트가 일치하는지 확인해야 합니다. 또 화면과 관련해서 이야기할 수 있는 것은 이미 미디어 텍스트라는 것이 시각 정보와 청각 정보가 동시에 활용되는 복합 정보 시스템이다. 그래서 이미 시각 정보로 제공되고 있는 부분을 경제성을 살리기 위해서라도 뺄 필요가 있다, 그런 것들을 동시에 활용해야 한다는 것이 중요하다.

6.1. 신의 언어에서 인간 언어로의 번역

번역행위의 시작은 인류의 역사와 맞먹을 정도로 오랜 역사를 가지고 있다고 해도 지나친 말은 아닐 것이다. 그러나 정확히 언제부터 번역행위의 갖가지의 문제들을 가지고 연구가 시작되었는지는 알려져 있지 않다. R. Kloeper는 저서 『Die Theorie der literarischen Übersetzung』에서 번역 이론의 기본 형태에 관해서 언급하는 장에서 번역의 문헌 이전의 원천들을 찾아내려고 한다면, 인류 역사의 신화적인 기원에까지 소급해야 되는데 이것은 시초적인(원시적) 낱말의 번역이 시작되기 전 신과 인간 사이에서 번역하는 번역활동으로 신의 언어에서 인간 언어로의 번역이라고 했다. 여기서 Kloeper는 서양 전통에 가장 중요한 세 가지를

언급하고 있다: 1) Platon에 있어서 시인은 영감된 자로서 신탁의 매개자이며, 신의 종이다. 그러므로 신은 그를 통해서만 말을 한다. 이런 말해진 것들이 특별한 '번역자'를 통해서 인간적인 이해에 접근되지 않는 한 이들은 일반 대중에게는 무가치한 것이다. 2) Flavius와 Philon에게 있어서 모세는 신의 말씀에 있어서 번역자의 총괄적인 개념이며 Philon은 심지어 전체로서 성경을 하나의 >번역<이라고 명명했다. 3) Paulus는 소위 '방언'(고전 14장)에 즈음하여 '번역행위'의 문제를 자세히 토론하면서 방언은 하나님과의 대화일 수 있는데, 그 대화에 대해서는 개인만이 규정하기 때문에 통역을 하지 않으면 다른 사람들 즉, 교회에 대해서 의미가 없다고 했다.

6.2. 시초적인 낱말 번역

최초의 문헌적인 번역은 외국어나 자기 자신의 언어의 부족한 숙달을, 자기 자신의 낱말로 외래어를 대치하는 것으로 극복하려고 시도하는 것이라고 Kloeper는 상기 저서에서 말하고 있다. 이 행간 번역에 유사한 최초의 문헌 번역은 모든 국민의 번역활동의 시작이었기 때문만이 아니라, 원본에 대해서 모든 시대에서 가능한 정신적으로 덜 발전된 기본 태도를 보여주기 때문에 '시초적'이라고 했다. 그러나 실제에 있어서 낱말 번역은 자유로운 번역을 위한 기초적인 전 단계이어야만 한다. 그러므로 학교에서 처음 외국어 텍스트의 번역은 바로 이 낱말 대 낱말 번역인 행간 번역이다. 이것은 원본의 줄 사이에 써넣거나 개괄적으로 말하는 것으로 한 줄 한 줄 수행된 번역이다. Mounin은 이러한 번역의 보기로서 고고지 독일어 유작들과 Luneau de Boisjermain에 의한 Milton의 『실락원 Lost Paradise』의 불어 번역과 Divina Comedia의 번역을 들고 있다.

Kloeper는 시초적인 낱말 번역의 특성을 결론적으로 언급하면서 이것은 "오늘날도 감히 자유로운 번역으로 들어가지 못하는 초보자들에 의해서 실행되어지는 번역 기술을 위한 발전의 시초"이며, "17세기말과 18세기, 번역에서 최고의 자유를 누렸던 시대에 있어서도 시초적이고 축어적으로 번역했다"고 했다.

6.3. 자유로운 번역

이러한 시초적인 축어적 번역에 대한 첫 번째 반대자이며 이 번역에 대립되는 유형의 많이 인용되는 전형을 보인 사람은 Cicero였다. 19세기까지 부분적으로는 20세기에 이르기까지 그는 외국어의 엄청난 구속을 받고 있는 대부분의 번역자들을 위한 구출자였다.

그러나 기원전 1세기에 Cicero는 지난 2000년 동안 번역 활동을 지배해온 큰 문제를 제기하고 있는 데, 이것은 Cicero가 Demosthenes와 Äschnes의 연설을 번역한 것에 대해서 언급한 것이다. 그 문제는, 텍스트의 낱말소리Wortlaut에 충실하게 머물러 축어적으로 wortwörtlich 번역해야만 하는지, 혹은 텍스트의 의의Sinn에 충실하게 머물어야 하는지에 대한 것이였는데, 이것은 아름다우나 충실치 못한 belle infidéle 적응, 즉 자유로운 전이와 문학적인 전이와 같은 의미였다. 그러면서 Cicero는 다음과 같이 결론을 짓고 있다. "나는 그것(연설)을 단순한 번역자ut interpres처럼 하지 않고, 작가sed ut orator로서 표현했다(...). 나는 모든 낱말을 새 낱말로 표현하는 것verbo verbum reddere이 필요하다고 생각지 않았다. 그러나 나는 그 진술을 전체적으로 유지했다. (...) 말하자면 나는, 독자에게 낱말들의 동일한 수가 아니라, 소위 동일한 무게를 주는 것 non enim enumerare, sed tamquam adpendere이 중요하다는 것에서 출발했다."

기원 후에는 Hieronymus의 동시대인이자 친구인 Antoniusvita의 번역자인 Evagrius가 그 번역본 서문의 중심부에서 Cicero의 입장을 보여 준 견해를 다음과 같이 피력하고 있다: "만일 번역이 한 언어에서 다른 언어로 낱말 대 낱말로 수행되어져 있다면, 그것은 의의를 숨길 것이다 (...). 낱말에서 무엇이 빠졌더라도 의의에서는 아무 것도 빠져서는 안 된다." G. Mounin은 많이 인용되는 이 문장들이 2000년이 지난 오늘에도 분명한 표현과 명쾌한 해결의 신선함과 호소력을 가지고 있는 것으로 평가하고 있다.

6.4. 충실한 번역

Cicero의 이 입장이 대략 400년 후에 성서 번역자 Hieronymus에 의해서 받아들여졌는데, 그는 친구 Pammachius에게 한 그의 서신에서 다음과 같이 쓰고 있다: "나는 그리스어 텍스트를 번역할 때 - 낱말의 순서가 신비로운 성서를 간과하고 - 한 낱말을 다른 낱말로가 아니라, 한 의의를 다른 의의로 표현하는 것을 승인할 뿐만 아니라, 솔직히 시인한다."[3] 여

---

[3] Hieronymus, "Über die beste Art des Übersetzens", in: H. J. Störig(Hrsg.), Das

기서는 성서의 신비성 때문에 낱말 대 낱말의 축어적인 번역이 적용되는 점인데, 이 성서 번역에 대한 그의 지침이 오랫동안 로마 카톨릭교회에 의해서 받아들여진 번역에 적용되었을 뿐만 아니라, 이후 모든 성서 번역자들의 번역 지침이 되기도 했다. 그러나 성서 외의 모든 번역에서는 Cicero의 명제가 적용되어 의의를 옮기는 자유로운 번역을 고수하고 있음을 보게 된다. 그 때문에 Hieronymus는 무엇 때문에 축어적인 번역이 불가능하며 자유로운 번역을 고수해야 하는지에 대해서 논쟁을 거듭하고 있다.

  Kloeper는 '충실'이라는 것은 "외국어 텍스트 속에서 찾아진 모든 것을 보전하기 위한 끊임없는 노력이며, 이것이 가능하지 못하면 적어도 전체의 Sinnganze가 유지되어야만 한다."고 했다. M. Luther는 Hieronymus와 마찬가지로 성서 번역자로서 실제적으로 독일어권의 최초의 번역자이며 번역 이론가였다. 유럽 민족의 역사 속에서 성서 번역이 종종 한 나라의 문자 언어 구성을 위해서 기여했듯이 Luther의 성서 번역(1522-1534)도 신고지 독어를 위해서 결정적인 역할을 했다는 사실은 잘 알려져 있다. Luther에게 있어서 중심적인 번역 문제는 어떻게 낱말에 충실하게 표현해야하고 어떻게 자유롭게 표현해도 되는가인데, 이것이 성서 번역의 긴급한 문제였다. 번역에서 아무 것도 위조되거나 첨가 혹은 삭제되어서는 안 되는 출발어에 정향된 낱말에 충실한 방법에 목표어에 정향된 자유로운 적응 방법이 대립해 있었다. Luther는「번역 활동에 관한 서신교환「Sendbrief vom Dolmethschen(1530)」과「시편에 관한 요약과 번역 활동의 근거 Sumarien über die Psalmen und Ursachen

---

  Problem des Übersetzens, Darmstadt 1973(=Wege der Forschung Bd. VIII), S. 1.

des Dolmethschens(1531-1533)」에서 자신의 번역원리를 설명했으며 개별적인 결정에 관한 비평적인 진술에 대해서 그의 입장을 취하고 있다. 그는 여기서 수많은 번역 이론의 문제들을 뽑아내고 있으며 오늘날의 번역학이 이 문제들을 가지고 활기차게 연구하고 있으며 이 문제에 대한 광범위한 문헌들이 제출되고 있으나 아직 결정적인 해결은 없다. 그에게 있어서 '이질화'방법 혹은 '적응화' 방법(ut interpress)과 '자유롭게 독일어화 하는' 방법(ut orator)사이에 확정하지 않고 오히려 이 두 가지를 결합하고 있다. Luther는 「번역활동에 관한 서신교환」에서 유명해진 번역의 원리를 다음과 같이 표현하고 있다: "그 때문에 독일어로 어떻게 말하는지, 멍청이들이 어떻게 행하는지 그 문자를 라틴어에서 묻지 말고, 우리는 집안에 있는 어머니, 골목에서 노는 아이들, 시장의 보통 사람에게 물어야 하며, 그들이 어떻게 말하는지 그 사람들의 입을 눈 여겨 보아야 한다. 그리고 그에 따라 번역해야 한다. 그러면 그들은 그것을 이해하게 되고 사람들이 그들과 독일어로 말한다는 것을 깨닫게 된다." '시장의 보통 사람'과 같은 표현에 대해서 루터의 성경 관용어에서 '조야한 어휘', '거친 채색'을 찾게 된다고 하는 비난을 받기도 하고 격렬한 논쟁의 대상이 되기도 했지만, Justus Georg Schottel은 Luther가 "동시에 모든 사랑스러움, 우아함, 격렬과 움직이는 뇌성을 독일어에 심었다"고 쓰고 있다.

19세기에 들어와서 독일어권에서 번역의 문제에 대해서 가장 중요하게 다루고 있는 F. Schleiermacher는 「번역의 여러 가지 방법론에 관하여 Ueber die verschiedenen Methoden des Uebersetzens(1768-1834)」라는 논문에서 번역 활동과 해석학적인 제 문제를 다루고 있는데, 여기서 자신의 Platon번역의 토대를 이루고 있는 원리들이 설명되어 있다. 요약하면 대략 다음과 같다: 1) 번역은 근본적으로 이해하기Verstehen와 이해시키는Zum-Verstehen-Bringen 과정이며, 2) 번역자에게 상이하게 요구를 하는 갖가지 텍스트 장르들의 구별을 문제시하며, 3) 전문용어 Terminologie와 어휘Lexik를 구별하며, 4) 학문이나 예술텍스트(철학적이고 시적인 텍스트)는 번역 불가능한 것으로 간주하고 있으며, 텍스트는 '언어의 정신'이 번역본에서도 독자에게 전달될 정도로 번역되어야 한다. 그에게는 어떤 가상의 원문 독자가 아니라, 동시대의 '교양 있는' 원문의 독자에 방향을 맞춘 작용등가의 원리가 중요하다. 이 방법에서는 번역 방법론으로서 독일어화, 적응, 해의, 묘사 따위는 중요하지 않다. 그리고 번역본이 마치 원문처럼 읽을 수 있어야 한다는 원리는 결단코 거부된다. 이처럼 번역본은 원본의 언어와는 먼 곳을 지향하고 있다. 이것이 이질화 방법론 verfremdende Übersetzungsmethode이다.

   W. von Humboldt는 그가 행한 Aeschylos의 "Agamemnon" 번역에 대한 서문에서 번역성찰의 한 전형을 보여주고 있다. 이 서문은 H. J. Störig가 편집한 논문선집 『번역활동의 문제 Das Problem des Übersetzens (1963: 39-96)』에 실려 있는데, 다음과 같이 세 부분으로 나누어져 있다: 1) 작품자체에 대한 소개, 즉 텍스트의 언어적, 역사적, 미학적인 관계들 안에서 텍스트의 내용진술과 해석. 이것은 모든 번역에 앞서 선행해야 할 원문 텍스트의 분석이다. 2) 번역 과정, 원리적인 번역의 어려움, 기본적인 번역 이론의 초기적 심사숙고의 성찰. W. V. Humboldt는 "Agamemnon"과 같은 텍스트는 "고유의 특성에 따라 [...] 번역될 수 없는 것"이라고 상세히 설명하고 있다. 그는 "단순히 물체적인 대상을 표

시하는 표현들을 간과하고 한 언어의 어떤 낱말도 다른 언어의 어떤 낱말과 동일하지 않다"고 언급하면서 "여러 언어들이란 다만 그만큼의 유의어가 될 뿐"이라고 했다.

이러한 역사적인 전통 속에서 성장한 현대 번역 이론들은 매우 다양하고 광범위하게 발전되었으나 번역가에서 볼 수 있었듯이 모든 번역활동을 포괄할 수 있는 이론은 매우 적다고 보는 것이다. 번역 이론이 논의되었던 어느 시대와 마찬가지로 오늘날에도 자유로운 번역과 충실한 번역가이의 대립이 계속되고 있다고 하겠다. 그러나 현대 언어학, 특히 의미론, 텍스트 언어학, 화용론 등의 힘을 입어 현대 번역학은 괄목할 만한 많은 이론과 실제에 도달하고 있다. 현대의 수많은 번역 이론가들 가운데서 특히 주목을 끌고 있는 몇몇 이론가들의 핵심적인 이론을 토의할 필요가 있다고 본다. K. Reiß와 R. Zimmer의 텍스트 규정과 번역 활동에 관해서 먼저 언급하고, W. Koller와 E. Nida로 부터는 내용등가로서 번역 활동에 관한 이론을 토론하게 된다.

7. 번역활동을 위한 번역이론

7.1. 텍스트 규정과 번역활동

번역자는 이중 언어 의사소통 과정의 조정자인 동시에 사람들이 언어와 문화의 차이를 극복하고 서로를 이해 할 기회를 창출한다. 번역 과정은 하나의 언어체계를 다른 언어 체계와 연결하는 텍스트적 과정으로 번역자는 목표 텍스트에 언어적 색인을 삽입함으로써 그런 연결을 가능하게 한다. 번역의 실제에서 번역자에게는 일차적으로 그가 작업을 해야 하는 원본 텍스트, 즉 출발언어 텍스트만이 존재한다. 출발언어 텍스트는 기호론적인 관점에서 모든 기호와 마찬가지로 의미론적 차원, 문장론적 차원, 화용론적 차원을 가지고 있다. 그런데 이 세 가지 차원은 상이한 언어적인 등급으로 나타난다. 텍스트는 문자소(음소), 형태소, 의미소, 신타그마소, 텍스트소로 구성되는데, 이 모든 것이 텍스트의 의의에 기여한다. 텍스트는 의사소통 경과에서 내용, 형식, 의의를 가진다. 한 텍스트는 주어진 상황에서 목적의향(의도, 지향점)이 그 텍스트에서 승인되어질 수 있을 때, '의의'가 있다. K. Reiß는 텍스트에 관한 이러한 모든 것을 텍스트의 단위로 규정하고 있다.[4] 그러므로 번역에 앞서 번역의 대상이 되는 텍스트의 규정은 번역활동의 성공 여부를 결정짓는 매우 중요한 과정이다.

　K. Reiß는 실제적인 번역활동을 위해서 텍스트 규정에 관한 연구를 수행하고 그 결과에 대해서 인정을 받고 있다. Reiß는 텍스트 유형에 대한 초기의 구상을 구체화하고 번역 활동을 위한 텍스트 유형의 언어학적 접근의 불충분성을 의사소통 이론적인 접근을 통해서 더욱 성과를 거두고 있다. 그 때문에 번역에서 중요한 텍스트 유형론은 의사소통적인 고려를 통해서 지지되어야 하며 수정을 필요로 하기도 한다. 그래서 W. Wilss는 "모든 번역은 - 2개 국어 - 의사소통 과정으로 파악될 수 있다"고 했다. Reiß는 이러한 의사소통적인 토대 위에서 네 가지 텍스트 유형을 나누고 이러한 텍스트의 번역 방법을 언급하고 있다:

---

[4] K. Reiß/H. J. Vermeer, Grundlegung einer allgemeinen Translationstheorie, Tübingen 1984. S. 154.

1) 정보텍스트 유형(informativer Texttyp)으로 논문(Aufsatz), 보고(Bericht), 실용안내서(Sachbuch), 해설(Kommentar), 사용설명서(Gebrauchsanweisung), 증서(Urkunde) 등으로 담화대상(Redegegenstand)을 표현 한다. 이 유형의 텍스트에서 지시-의미적인 내용요소들이 등가 규준 하에서 상위등급을 차지한다. 이러한 규준이 고려되어질 때만이 다른 등가요청(예. 내포적, 연상적, 미학적 가치)이 될 수 있다. 이러한 텍스트의 특징은 텍스트의 내용이 사물에 정향되어 수신자에게 정보를 제공하는 것이다. 그 때문에 이러한 텍스트의 번역에서는 설명된 사물이 축소되지 않고 일그러지지 않고 사물에 적합하게 해야 되는데, 여기서는 내용면의 불변성이 등가의 기준이 된다.

2) 표현텍스트 유형(expressiver Texttyp)으로 소설(Roman), 노벨레(Novelle), 서정시(Lyrik), 연극(Schauspiel), 희극(Komödie), 경향소설(Tendenzroman), 전기(Biographie), 교훈시(Lehrgedicht) 등이 표현텍스트 유형에 속한다. 이 텍스트에서는 우선적으로 등가가 예술적인 조직과 형태강조언어의 수준에서 요청되어진다. 여기서 Reiß는 특히 '범죄소설'이라는 텍스트 종류를 단호하고 명백한 방법으로 표현적 텍스트 유형에 귀속시키고 이로서 등가척도를 사람들이 통속적으로 소위 통속문학에서 하고 있는 것보다 다르게 두고 있는 Zimmer(1981)를 비교하고 있다. 이러한 텍스트의 번역에서는 유사한 예술-미학적인 형상이 유념될 수 있는데, 목표어에서도 표현적이고 연상적인 가능성을 이용하는 것이다. 다른 말로 표현해서 예술적인 형상의 유사성, 즉 저자에 적합하게 동일시하기가 이 번역 등가의 규준이다. 이 유형의 텍스트의 번역은 때때로 번역 불가능성의 난관에 부딪히게 된다. 이 문제는 다음 장에서 실례를 들어 설명하게 된다.

3) 조작적인 텍스트 유형(operativer Texttyp)으로 예를 들어 광고(Reklame), 선전(Propaganda), 설교(Predigt), 해설(Kommentar), 풍자(Satire), 논박서(Pamphlet), 민중선동(Demagogie) 등으로 이 텍스트의 기능은 행동에 정향되어 수신자에게 행동 충동을 유발하게 한다. 이 텍스트의 유형에서 일차적으로 설득적인 언어형상과 텍스트형상에 정향되어져 있다고 Reiß

는 다른 곳에서 언급하고 있다.[5] 이러한 텍스트의 번역에 있어서는 텍스트 내재적인 호소를 동일하게 하는 것이 등가의 규준이 된다. 이 유형의 텍스트 가운데서 언어유희를 통한 상품선전 텍스트는 번역불가능하다. 한 예로서 E. Coseriu가 음료수 Neri를 위한 이태리어 광고 텍스트를 들고 있는데 "Chi beve Neri, Neri beve"이다. 일차적인 의미는 "Neri를 마신 사람은 Neri를 마신다" 이다. 그러나 이태리어에서 두 번째 Neri에서 Ne와 ri를 분리해서 ri를 beve에 붙여 ribeve로 발음하면 다시 마신다는 의미를 가진다. 그래서 "Neri를 마신 사람은 다시 Neri를 마신다"의 해석이 가능하다. 그 때문에 이 광고 텍스트에서 일차적인 의미만의 해석은 무의미하게 된다.

4) 음향-매체적인 텍스트 유형audio-medialer Texttyp인데, 이 텍스트 유형은 언어적인 기본 기능과 의사소통과정의 3가지 요인들 외에 다른 요소들이 작용한다. 만일 어떤 문자적으로 고정된 텍스트가 어떤 더 큰 전체의 구성 성분(예: 노래가사: 언어와 음악; 무대작품: 언어, 무대장치, 얼굴 표정, 몸짓, 특히 음악) 혹은 수신자에게 그 텍스트의 전달을 위해서 기술적인 매개체(의사소통 이론적으로: 어떤 특수한 '통로') 내지 방송, 텔레비전 등이 필요하다면, 그 텍스트는 - 그의 기본적인 텍스트 기능과 의사소통 기능과는 상관없이 네 번째 텍스트 규정에 귀속되어야 한다. 이 텍스트 유형에는 위에서 언급된 텍스트의 모든 기능들과 특징들이 포함될 뿐만 아니라, 음향-매체적인 수단들이 함께 이 유형의 텍스트를 특징짓는다. 이러한 텍스트의 번역에서는 의의 전달과 혹은 조작적인 일치에서 불변성의 요청 외에 우선적으로 특수한 매체 정향성 내지 결합 정향성이 고려되어져야만 한다.

번역의 대상이 되는 출발언어 텍스트는 이제까지 언급된 텍스트 종류의 한 가지만 반영되어 있지 않고 실제적으로 이러한 기능들이 무수히 겹쳐 있어 혼합 상태를 이루고 있기 때문에 번역자는 텍스트의 이러저러한 기능들의 우위에 따라서 번역 실제에 임해야 한다.

---

[5] K. Reiß/H, J. Vermeer, Ebenda, S. 175.

7.2. 내용등가로서 번역활동

번역 활동에서 출발언어 텍스트의 유형을 구별하여 그것에 적합한 번역 방법을 적용하는 것은 과정에 속한다면, 목표 언어에서 등가물을 찾는 것은 번역 활동의 결과라고 말할 수 있다. 등가Äquivalenz라는 명칭은 수학과 형식 논리학에서 유래하는 전문 용어로서 번역학에서 흔히 나타나는 개념이다. 앞에서 언급된 저자의 논문에서 '번역활동에서 등가 문제'라는 장에서 W. Koller의 등가의 5가지 종류를 언급했고 특히 E. A. Nida와 C. R. Taber의 등가 문제를 성서 번역의 관점에서 좀 더 자세하게 다루었다. 이들은 "한 언어의 표현은, 만일 그 형식이 메시지의 본질적인 구성 성분이 아니라면, 다른 언어에서도 행해질 수 있다"[6]고 전제하고 '형식적 등가'formale Äquivalenz와 '역동적 등가'dynamische Äquivalenz를 구별했다. 가장 많이 인용되는 다음의 정의는 '역동적 등가'를 설명해 준다.

> A translation of dynamic equivalence aims at complete naturalness of expression, and tries to relate the receptor to modes of behavior relevant within the context of his own culture; it does not insist that he understand the cultural patterns of the source language context in order to comprehend the message.

번역에서 요청된 등가는 목표언어에서 자연스러운 조화를 의미하는

---

[6] E. A. Nida/C. R. Taber: The Theory and Practice of Translation, Leiden. Deutsch: Theorie und Praxis des Übersetzens, Unter besonderer Berücksichtigung der Bibelübersetzung. Weltbund der Bibelgesellschaften, 1969, S. 11

데, 이것은 번역본이 원본과 같이 느껴져야 하며, 그 메시지의 수신자가 출발언어의 수신자와 같은 반응을 보여야 한다는 것이다. 그러나 이 반응은 결코 완전히 동일할 수 없다. 그래서 Nida와 Taber는 그 반응에 있어서 높은 등급의 등가를 요구하고 있다.

　W. Koller는 이들의 '형식적 등가'를 Schleiermacher의 '이질화 방법론'verfremdende Übersetzungsmethode(=직역번역방법)과 관계가 있고, '역동적 등가'는 Luther의 독일어화 번역원리verdeutschende Übersetzung-sprinzip에 상응하는 것으로 해석하고 있다. Nida 등은 역동적인 등가를 중요시하고 목표언어에서 그것을 만들어 내기를 힘쓰지만 K. Reiß[7]가 평가한 것처럼 그들이 텍스트의 가장 중요한 구성적인 자질, 즉 텍스트의 종류를 무시하고 번역하는 것은 아니다. 예를 들어 시적인 형식을 취하고 있는 구약성서의 시편을 번역할 때 그 텍스트의 정보만을 전달하기 위해서 목표어에서 산문으로 번역하지 않기 때문이다. 그러므로 이들이 주장하는 '역동적 등가'는 메시지의 내용인 정보만을 중요시하는 것이 아니라, 가능한 표현적인 요소와 특히 성경과 같은 텍스트에서는 명령적인 효과가 목표언어에서 나타나야 한다고 했다. 역동적인 등가에서 메시지의 단순한 정보를 통한 의사소통 외에도 사실상 가장 본질적인 것의 하나는 표현적인 기능을 들고 있다. 사람들은 말하는 것을 느낄 분만 아니라, 이해해야 한다. 그 때문에 성경 속에서 시편은 시처럼 읽혀져야 하고 산문으로 쓰여진 표현으로 읽혀져서는 안 되며, 신약 성서의 바울 서신이 어떤 신학 논문처럼 읽혀져서는 안 된다. Stolze는 Nida와

---

[7] K. Reiß: Textbestimmung und Übersetzungsmethode, Entwurf einer Texttypologie, in: Übersetzungswissenschaft(hrsg. von Wolfram Wilss), (Wege der Forschung; 535), Darmstadt 1981, S. 34.

Taber의 '역동적 등가'가 경우에 따라서 텍스트 원본으로부터 너무 멀리 떨어져나가고 '번역작업'에 대한 경계를 넘어간다고 비평적인 이론의 제기를 언급하고 있다. 사실 성경번역에서 이 문제가 나타났다. 이 '역동적 등가'에 초점이 맞추어져 있는 번역 실제에 대해서는 다음 장에서 구체적인 예를 들어 설명된다.

앞에서 잠깐 언급한대로 W. Koller는 이 등가문제를 다른 각도에서 취급하고 있는데, 그는 특히 "목표 텍스트와 출발 텍스트 사이의 번역을 구성하는 관계"의 해명으로 보고, 번역은 "언어적이고 텍스트적인 조작의 결과인데, 이것은 동시에 한 AS-텍스트에서 한 ZS-텍스트로 가져가는 것이며, 동시에 ZS-텍스트와 AS-텍스트 사이에서 번역(혹은 등가)관계로 만들어 내는 것"이라고 했다. 다시 말해서 AS-표현들(어휘, 신타그마, 문장)이 ZS-표현들로 정돈되는 것이다. 이렇게 Koller는 등가 개념을 세분화 하고 있다:

등가의 개념으로 한 언어 L_2(ZS-텍스트)에서 하나의 텍스트(내지 텍스트 요소들)과 한 언어 L_1(AS-텍스트)에서 하나의 텍스트(내지 텍스트 요소들)사이에서 하나의 번역관계가 생긴다는 사실이 가정된다. 동시에 등가 개념은 관계의 종류에 관해서 아직 아무 것도 진술하지 않고 있다: 이것은 부가적으로 정의되어야 한다. 또한 번역은 어떤 일정한 원본에 대해서 등가(혹은 동일한 가치)이어야 한다는 번역에 대한 요청은 내용적인 세분화를 요구한다. AS-텍스트의 어떠한 질에 그 규범적인 표현이 관계하는지 언급되어야만 한다.

Koller는 Nida와는 다르게 '등가' 개념을 이해하고 있지만 번역 과정의 처음 단계인 AS-텍스트 분석과정을 요구하는 것은 같은 맥락으로

간주된다. Koller는 번역 등가의 종류를 확인할 때 다음과 같은 5가지 관계를 언급하고 있다:

1. 언어외적 사태인데, 이것은 텍스트 속에서 전달된다; 언어외적 사태를 지시하는 등가 개념을 지시적(외연적) 등가라고 명명했다.
2. 텍스트 속에서 언어화의 종류를 통한 방법(특히: 유의어적이거나 사이비-유의어적인 표현 가능성)을 통해서 문체층, 사회집단어적이고 지리적인 차원과 빈번성과 관계해서 부수의미(내포의미)를 전달한다. 이러한 범주를 지시하는 등가개념을 내포적(부수의미적) 등가라고 명명했다.
3. 어떤 특정한 텍스트에 유효한 텍스트규범과 언어규범(사용규범): 그러한 텍스트 장르 특수적인 자질에 관계하는 등가개념을 텍스트 규정적인 등가라고 명명했다.
4. 번역본이 수신자(독자)에게 정향되어져 있고 그 수신자가 수용할 수 있어야 하고 또는 번역본이 독자에게 조준되어진다. 그로서 그 번역은 의사소통적인 기능을 가지게 되는데, 이러한 수신자 중심적인 등가를 화용적인 등가라고 명명했다.
5. AS-텍스트의 특정한 미학적이고 형태적이며 개인주의적인 특성이 있는데, 이러한 등가 개념을 형태-미학적 등가라고 했다.

Koller는 언어들 사이에는 언어학적으로 확정된 '잠재적 등가 관계'가 있기 때문에 번역에서 등가가 요청되는 것으로 보고 있으며 그 보기로 다음과 같은 등가의 경우를 들고 있다:

1. 1 대 1 상응(등가): 번역의 난점은 목표어에서 동의어 변이체들이 존재할 때 나타난다. 영어 'car' - 독어 'Auto, Wagen'
2. 다수 대 1의 상응(중화): 번역할 때 목표어 상응 가운데서 형용사와 2격 부가어, 복합어, 부사적 부가어 등을 통해서 중화된 차이점이 표현될 수 있다. 스웨덴어 'mofar' - 독어 'Großvater müttericherseites'

3. 1 대 0 상응(결함): 목표어의 어휘 체계에서 번역의 임무와 관련된 임시적인 결함인데, 번역 방법은 1) 목표어 표현의 인수, 2) 차용 번역, 3) 목표어 가운데서 이미 유사한 의미 가운데 존재하는 한 표현의 사용, 4) 출발어 표현이 목표어에서 고쳐 쓰이고 주석 되거나 정의되어진다(주석 혹은 정의적인 환언), 5) 출발어 표현으로 파악된 사태를 목표어의 의사소통적인 연관속 에서 비교할 수 있는 기능을 가지는 사태를 통한 대치로서 적응.
4. 1 대 부분 상응: 상이한 언어들의 색채 명칭들이 전형적인 보기이다. 자주 번역될 수 없는 낱말들이 인용된다. 독어 'Sinn, Geist, Verstand, Feinsinnigkeit'는 불어 'esprit'에 부분 상응한다. 영어 'mind, intellect, intelligence, thinking faculty, spirit, human sprit'는 독어 'Geist'에 부분 상응한다.

Koller가 등가 문제에서 또 중요하게 다루고 있는 것은 '연상적 등가'이다. 만일 이것을 고려한다면 지시적 의미의 관점에서 언급된 1 대 1의 상응이 부분 상응으로 된다. 이때 번역자는 최상의 연상적 상응어를 찾아야 한다고 했다. 예를 들면, 1) 언어계층의 연상(+아어, +시어, +표준어, + 통용어, +속어, +천민어), 2) 사회적으로 제약된 언어 용법의 연상(+학생어, +군인어, +노동계층의 언어, +교양 있는 시민계급의 언어) 등이다

그 다음은 텍스트 규범적인 등가인데, 계약텍스트, 사용설명서, 사업서신, 과학텍스트 등과 같은 사용 규범에 속하는 등가이다. 이들은 문장론적이고 어휘적인 영역에서 언어 수단의 선택과 사용 방식과 관련하여 일정한 언어적인 규범(문체규범)에 따른다.

끝으로 그는 화용적 등가를 언급하고 있는데, 이것은 목표어에서 독자에 조준되어야 한다. 동시에 AS-텍스트와 ZS -텍스트를 위해서 상이한

수용제약에서 출발해야 하며, 이것은 ZS-텍스트에서 형태-미학적인 등가의 설치는 ZS-텍스트에서 미리 주어진 형상 가능성의 사용 하에서 '형상의 유추'를 의미한다.

이에 대한 Koller의 정의는 다음과 같다:

> 번역학의 과제는, 형태-미학적인 등가의 가능성을 문장론, 어휘, 언어유희, 은유법 등에서 각운, 시 형태, 리듬, 특히 문체론적인(또한 개인주의적이고 작업특수적인) 표현형식의 관점에서 분석하는 것이다. (...) [그러한 형태들은] 물론 문학적인 텍스트들 가운데만 있는 것은 아니다. 이들은 비 학적인 텍스트에서 나타나며, 이들은 거기에서 일반적으로 다른 위치가를 가지게 된다. 형태-미학적인 질은 문학적인 텍스트에 대해서 본질적이다. 즉, 이러한 질은 잃어버린 문학적 텍스트는 그의 문학성을 잃게 된다. 이것은 일반적으로 "탈미학화된" 형태 속에서 그들의 사물텍스트에 대해서는 해당하지 않는다.

Stolze에 따르면 Koller의 언어학적 번역학은 발단의 폭이 Nida를 넘어가지만 이것들이 규범적으로 조직화되어야 한다고 했다. 그의 1978년의 초판 번역학 개론과 비교해서 1992년의 제 4판은 더욱 분명한 설명은 있지만 내용적으로 계속 발전시킨 것은 없다고 했다.

7.3. 번역활동의 실제

7.3.1. 종교 텍스트의 번역 실제

종교 텍스트의 번역이 가장 오래된 번역의 실제는 아니지만 가장 빈번하고 양적으로도 많은 것은 사실이다. 그중에서도 성경 번역의 역사는

70인 역 이래로 2200년 동안 중단되지 않고 계속되고 있으며 Nida에 따르면 1960년에 성경은 세계의 1165개의 언어로 번역되었는데, 그중에서 구약성경은 221개, 신약성경은 277개가 완전히 번역되었다고 했다. 이렇게 해서 지구상의 95%의 인구가 성경을 사용할 수 있게 되었지만 아직도 성경의 어떤 부분도 번역되지 않은 1000개의 언어나 방언이 존재하고 있는 것으로 추산하고 있다.[8] 특히 M. Luther의 독일어 번역인 Lutherbibel(1521-1534)은 1964년의 마지막 개정판이 나올 때까지 계속해서 개역을 거듭하면서 성경 번역 이론에 적지 않은 영향을 미치고 있다. 영어 성경에 있어서도 1611년 흠정본Authorized Royal Version의 번역이 나온 이래로 1901년 미국 표준본 American Standard Version을 거쳐 수많은 현대 번역본들이 나오게 되었다. 이렇게 성경 번역은 대단한 규모의 활동이며 Hieronymus에서 Nida에 이르기까지 번역의 이론적인 문제와 함께 하는 연구에 지대한 자극을 주고 있다.

여기서는 특히 Nida의 성경 번역의 실제를 통해서 종교적인 번역의 실제를 다루어 보려고 한다. 그는 현대 독자가 이해할 수 있는 성경 번역의 실제를 위해서 4가지 대 전제를 설명을 하고 있는데, 여기서는 역동적 등가에 관한 내용을 살펴본다. :

> 형식적인 상응에 앞서 역동적인 등가를 우선한다. 만일 관계된 형식의 입장에서 보다 수신자의 입장에서 번역본을 고찰한다면, 번역본의 이해라고

---

[8] Vgl. E. A. Nida/C. R. Taber, Theorie und Praxis des Übersetzens. Unter besonderer Berücksichtigung der Bibelübersetzung, Weltbund der Bibelgesellschaften, 1969(Titel der amerikanischen Originalausgabe: The Theory and Practice of Translation), S. 1; G. Mounin, Die Übersetzung. Geschichte, Theorie, Anwendung, München 1967. S. 113-117.

하는 새로운 입장을 생각게 된다. 그러나 이러한 이해는, 개별 낱말들이 이해되어질 수 있고, 문장들이 문법적으로 바르게 구성되어져 있는지에 대해서 평가되어질 수 있을 뿐만 아니라, 그 메시지가 그의 수신자에게 어떤 전체적인 효과를 가지느냐에 대해서 평가되어질 수 있다.

E. Nida 등은 무엇보다 더 역동적 등가에 대해서 중요하게 생각하고 자세한 설명을 하게 되는데 다음의 인용이 그것을 말해준다. :

"그러므로 역동적 등가 dynamische Gleichwertigkeit는 언어 B에서 메시지의 수신자가 그 메시지에 대해서 언어 A의 수신자와 마찬가지로 본질적으로 등가의 방법으로 반응을 한다는 것에서 입증된다. 이 반응은 결코 완전히 동일할 수는 없다. 그 목적을 위해서는 문화적이고 역사적인 배경들이 너무나 다르다. 그러나 반응에 있어서 높은 등급의 등가는 존재해야 한다. 그렇지 않으면 그 번역본은 그의 주목적을 이루지 못한 것이다."

7.3.2. 문학 텍스트의 번역 실제

일반적으로 문학 텍스트의 번역에서 내포적 의미, 콘텍스트와 상황의 모든 뉘앙스를 표현하는 방법이 결코 간단하지 않다. 이때문에 특히 시적 텍스트의 번역의 번역 불가능성을 언급하게 된다. 언어의 정서적 가치를 토론의 중심에 두고 있는 L. Bloomfield는 번역자에게 이제까지 불가사의하게 머물러 있었으며 특히 서정시는 '번역될 수 없다'고하는 일련의 번역의 문제에 대한 증명과 설명을 제공하고 있다. 이렇게 G. Mounin은 Bloomfield 이래로 다음과 같은 시의 절을 번역하려고 할 때 왜 절망적인가를 알고 있다고 언급하면서 이 시의 한 단락으로 그러한 절망에서 헤쳐 나오기 위해서 한 발짝도 전진하지 못하고 있다고 했다:

Mit gelben Birnen hänget
Und voll mit wilden Rosen
Das Land in den See...

    이러한 전통적인 서정시의 번역 불가능에 대한 절망에도 불구하고 이 텍스트에 대한 번역의 시도는 중단하지 않고 계속되고 있다. 그 때문에 이러한 시의 번역에 대한 고찰을 하는 것은 가치 있는 일이라고 사료된다. 시적 텍스트의 번역에서 언제나 충실한 번역과 자유로운 번역 사이의 논쟁이 계속된다. 이 문제에 대해서 G. Mounin은 "외형적인 축어적 정확성과 텍스트의 모든 형식적 특징의 표현에 점점 더 열중하는 학자들의 입장과 더 심오하고 내적인, 좀처럼 명료하게 드러나지 않는 정확성을 다루는 문학자들의 입장"을 언급하고 있다. 예술가들은, 학자들이 한 단어나 숙어의 번역에 대해 제기하고 있는 옹졸한 이의에 대해 인내심을 가지고 다음과 같이 대답한다. : "당신들의 정확성이 근본적인 것을 놓치게 하고 사람들이 그 번역에서 셰익스피어의 위대함에 대해 조금도 느끼지 못한다면, 당신들은 예를 들어 셰익스피어를 무엇 때문에 정확하게 번역합니까?" 계속해서 G. Mounin은 오늘날 원칙적으로 모두가 시의 번역 역시 충실한 번역이 되어야 한다고 요구하지만 그러나 무엇을 충실하게 번역해야 하는가에 대한 문제점은 남아 있다고 했다.

    G. Mounin은 독일어를 구사할 수 없는 프랑스 독자들이 무엇 때문에 독일인들이 그 텍스트를 그토록 아름답게 생각하는지를 그 번역본으로 단 한 번이라도 어렴풋이라도 느낄 수 없다면, 유명한 Hölderlin의 「Hälfte des Lebens 반평생」을 불어로 번역하는 것이 무슨 의미가 있겠는가고 질문하면서, 시에서 실제로 무엇이 번역되어야 하는가를 묻고 있다.

Hölderlin의 언급된 시에서 실제로 번역되는 것이 어휘라고 할 때 어떻게 번역시에서 그 어휘를 독자들이 이해할 수 있겠는가 하는 것이다. 실제로 「반평생」의 어휘는 비교적 간결하며, 고전주의적 요소를 포함하고 있지 않지만 전문가들만이 형용사 "heilignüchtern"에서 Hölderlin 문학의 파괴되기 쉬운 어떤 요소를 읽어낸다고 했다. 그러나 "Fahnen"은 시적으로 의미 없는 자연주의적인 표현이므로 이러한 어휘들을 충실하게 따르는 것은 「Hälfte des Lebens」를 프랑스 낭만주의자들의 어휘로 번역하는 것이며 그렇게 하므로 독일 문학에서 절대적으로 유일무이한 Hölderlin의 위치를 프랑스 독자들로 하여금 이해하기 어렵게 한다고 했다.

시 번역을 위한 충실함에 대해서 G. Mounin은 다음과 같이 결론적인 언급을 한다. :

"전체적으로 보아 서정적인 텍스트를 번역할 때 충실함이란, 모든 의미적인 요소에 대한 기계적인 충실함도 아니고 자동적인 문법적 충실함이나 백 퍼센트의 숙어적인 충실함, 또는 텍스트의 음성학에 대한 학문적인 충실함도 아닌 텍스트의 시적 감각에 대한 충실함을 의미한다는 결론에 도달했다. 그러나 시적 텍스트를 번역하기 위해서는 그것을 느낄 뿐만 아니라 시적 텍스트의 의도와 수단에 있어서도 이미 파악했어야 할 것이다."

그는 Etienne Dolet의 서정시 번역 규칙에 따라서 이러한 규정의 유효성을 다음과 같이 표현하고 있다:

"번역가는 언어뿐만 아니라 텍스트의 시적 감각을 느끼고 이해한 후에야 시적 감각을 전해주는 수단을 인식할 수 있는데, 이런 수단이 되는 시어들은 시 전체 속에서 번역되어야 한다. - 이것들은 일상 언어의 모든 기능어들이 아니라 단지 시를 해명하는 데 단서가 되는 단어들로, 「반평생」의 경우에는 아마 heilignüchtern이 될 것이다. 이것들은 또한 완전히 형태적인 매체로서의 모든 문법적인 어구가 아니라, 단지 여기 그리고 지금, 이 시에서 특정한 진술가치를 갖거나 갖게 될 것인데, 「반평생」의 경우에는 서두에 나온 술어보족어가 아마 여기에 해당할 것이다. 그리고 이것들은 또한 내용 없이 양식적으로 분류된 모든 어구, 모든 두운법, 사람들이 여전히 듣고 있다고 생각하는 모든 음향적인 요소들이 아니라, 단지 시의 실제적인 음악성에 기여하는 것이라야 하는데, 우리의 경우에는 아마 두 개의 마지막 행에 나타나는 kalt와 klirren의 일종의 단단함에 해당할 것이다. 특히 첫 번째와 두 번째 절 사이의 음조의 차이는 쉽게 형성될 수 없다."

더 나아가서 G. Mounin은 시적 텍스트의 음조의 번역에 대해서 다음과 같은 언급을 계속해서 하고 있다:

"시의 의미, 즉 근심에 잠긴 가슴의 리듬과 지쳐서 더 이상 생각하고 문장을 끝내고 말할 여력이 없는 머리의 리듬이 전체적으로 텍스트의 음악성에 포함된다는 것을 파악했을 때라야 휴지, 문장부호, 월행Enjambements, 생략과 같은 모든 탄식의 표시가 이런 음악성의 수단이라는 것을 알아차리게 된다. 그 때야 비로소 동일한 무성자음을 갖는 월행이나 두운법이 가능하지 않을 때조차 적절한, 등가가 되는, 원문에 충실한 수단을 통해 그 음조를 번역할 수 있다."

G. Mounin의 「Hälfte des Lebens」의 번역을 위한 시 해석을 살펴보았다. 이것은 일반화되어 있는 시적 텍스트의 번역 불가능성에 대한 도전으로 평가된다. 외형적인 축어적 정확성과 텍스트의 모든 형식적 특징의 표현에 점점 더 열중하는 입장과 더 심오하고 내적인, 좀처럼 명료하게 드러나지 않는 정확성을 다루는 입장과 함께 시적 텍스트의 음악성의

파악이 우선함을 보여준다. 그의 말대로 번역가는 텍스트의 시적 감각을 느끼고 이해한 후에야 시적 감각을 전해주는 수단을 인식할 수 있는데, 이런 수단이 되는 시어들은 시 전체 속에서 번역되어야 한다.

8. 번역 교수 방법론과 이론적 고찰

언어적 능숙도와 문화적 사회적 인식이 미숙한 수강생들에게 번역 능력을 교수하려는 시도는 어린 아이가 걷기도 전에 달리는 법을 배우려는 행위와 교수하려는 의도와 동일하다고 할 수 있다. 번역은 그냥 도전하는 것만으로 가능한 것이 아니라는 점을 지적하는 말이다. 번역 능력은 6개의 하위 항목으로 분류한다.

1. 언어적 능력
2. 문화적 능력
3. 텍스트적 능력
4. 주제지식 능력
5. 연구와 자원 활용 능력
6. 변환 능력

이처럼 텍스트 분석에 있어서 번역학의 근간을 이루는 기본적인 개념들이나 기능주의(Christiane Nord)와 스코프스 이론(Reiss & Vermeer) 그리고 번역 툴을 가지고 언어적 형태의 등가가 아닌 텍스트 차원의 소통적 기능(communicative competence)기능을 이해하는 것이 필요하다.

제2장

번역 교수법

1. 스코포스 이론과 번역 교수법

Skopos는 원어가 목표 또는 목적을 뜻하는 그리스어로 1972년 후반, 독일 Vermeer에 의해 개발된 번역 연구방법이다. 번역은 인간 행위의 특수한 형태이며, 다른 인간 행위와 마찬가지로 번역에도 목적이 있음을 말한다. 의의로는 다음과 같다.

1. 번역 이론을 기능적이고 사회문화 지향적으로 전환
2. 보편적이면서도 여러 상황에 각각 알맞은 번역 이론을 제창
3. 특정한 관점에 따른 정보를 제공
4. 장르의 역할을 한정

장점으로는 동일한 Source Text라도 Target Text의 목적에 따라 달리 번역할 수 있는 가능성을 열었고, 현실에서 등가가 가능하지 않은 상황에 적용이 가능하다.

스코포스 이론에서의 Source Text는 다양한 정보원 중에 하나일 뿐,

번역가는 목적에 적합한 항목을 선택해서 Target Text로 전이한다.

기능주의학파로 이 이론은 목적과 기능에 따라 번역이 달라질 수 있다.

1. 정보중심텍스트
2. 표현중심텍스트
3. 효과중심텍스트

	정보중심 유형 Informative text	표현중심 유형 Expressive text	효과중심 유형 Operative text
언어기능	정보적	표현적	호소적
언어차원	논리적	심미적	대화적
텍스트 초점	내용 중심	형식 중심	효과 중심
우선 평가기준	정보성의 등가	표현형태적 등가	유도되는 반응의 등가

Vermeer의 어록: "어떤 행동이 행위로서 불리기 위해서는 그것을 행하는 사람이 달리 행동할 수 있었는데도 왜 그렇게 행동하는지 설명할 수 있어야 한다.", "당신의 Target Text가 그것이 사용되는 상황과 그것을 사용하기를 원하는 사람들에게 맞게 기능할 수 있도록, 그리고 Target Text를 사용하는 사람들이 원하는 해당 Target Text의 기능에 정확히 부합하도록 번역하라."

번역을 '목적을 가진 행위'로 파악하는 기능주의 번역 이론을 대표하는 스코포스 이론은 기능주의 학파가 형성으로 이어져 논란을 거쳐 학술적인 논쟁이 많았다. 번역이나 통역은 남의 말과 글을 막연히 전달한다는 기존의 관념을 거부하고 통번역가의 창조적 역할과 책임을 강조하는 입장을 견지하는 것이 핵심이다. 이것이 통번역학의 큰 가지를 이룬 기능주의 이론의 기초가 되었던 이유이다. 이는 부분적인 측면만을 논의하던 기존의 방식을 떠나 포괄적이고 일반적인 이론을 표방하여 새로운 관점을 제공한 것이 근본적인 이유일 것이다. 더 나아가 통역이나 번역은 원문과 연사에 충실한 것을 당연시하던 기존의 생각에 반기를 들었고 남의 말과 글을 전달하는 것이라는 기존의 관념을 거부하고 통번역가의 창조적 역할을 강조함으로써 이론적 토대를 넓혔다고 볼 수 있다. 따라서 모든 개별적인 문제와 영역을 유기적으로 연결하고 포괄적인 이론적 기초가 되었다. 본 이론에 의하면 통역이나 번역은 단순히 해석학적 측면이나 텍스트만 고집하는 추상적인 것이 아니라 실무자를 위한 이론과 실무가 보조역할을 해야 한다는 입장이다. 마치 이론적인 틀이 없이 우주선을 발사하여 달나라에 갈 수 있다는 생각을 한다면 참으로 어리석은 행동이 될 것이라는 가정과 일맥상통한다. 결론적으로 스코포스는 이론과 실무가 창조적으로 상호작동함으로써 보다 완전한 번역을 창출해 낼 수 있다는 점을 지적하고 있다.

스코포스 이론의 핵심 명제는 통번역 행위는 통번역 상황의 <목적>, 즉 <스코포스>에 의해 결정된다는 것이다. 번역가는 작곡가는 아니다. 지휘자 또는 연주자가 맞다. 모차르트 작품을 누가 해석하느냐에 따라 연주가 달라질 수 있는데, 변주를 하는 게 곧 번역가의 역할이다. 번역을 다른 시각으로 인식할 수 있는 것은, 스코포스 이론과 번역행위 이론이다. '스코포스'는 그리스어로 '목적'이란 뜻이다. 1980년대에 나온 혁신적인 번역 이론인데, 번역을 기능주의적으로 본 관점이다. 번역 이론은 성경 번역부터 시작해서 2,000년 이상의 번역 역사가 있다. 20세기 중반까지 번역을 말할 때는 항상 '직역이 좋냐, 의역이 좋냐'로 평가했는데 이것으로만 이야기할 수 없는 부분이 너무 많다. 직역이 바람직하다고 말하는 번역가의 글을 보면 의역이 수두룩하다. 반대로 의역이 좋다고 말하는 사람의 번역을 보면 직역이 많다. 직역과 의역으로 이야기하면 답이 없다. 즉, 통번역의 결과는 무엇보다 통번역을 행하는 목적에 따라 달라진다는 점을 강조했던 것이다. 말하자면, 통번역은 출발텍스트를 되도록 그대로 모방하는 행위가 아니라 출발텍스트가 제공하는 정보를 도착텍스트의 기능에 맞게 옮기고 변형하는 행위라는 의미이다. 예를 들면: 사회풍자 목적으로 저술된 성인소설을 아동용 서적으로 출판 할 때 도착텍스트는 아동소설이라는 기능을 부여 받게 된다. 따라서 번역가는 문체 등의 번역에 있어 출발텍스트에 충실하기보다는 이를 도착텍스트인 아동소설의 특징에 맞게 변형하는 것이 번역의 <목적>에 부합하는 것이다. 일반 통번역론에서는 통번역 행위 전체를 결정하는 것을 무엇보다 통번역의 목적으로 보고 있다.

 오늘날 번역 이론의 주를 이루는 것은 '스코포스 이론'이다. '스코포스 이론'은 번역의 목적과 기준을 발주자의 의도에 두는 것을 말한다. 즉 게임 번역의 경우 궁극적인 목적은 해외 시장에서의 성공과 이를 통한 수익 증대가 될 것이며, 이를 위해서는 직역이 아닌 전혀 새로운 용어나 문장의 탄생도 허용이 되는 것이다. 이는 다양한 번역 분야 중 게임 번역이야 말로 시대의 흐름을 가장 잘 반영하고 있는 분야이며, 앞으로 지속적으로 발전할 게임 번역의 밝은 미래를 보여주는 것이기도 하다. 요즘 인터넷에서는 스티브잡스 자서전 번역에 대한 논란이 많이 일어나고 있다. 원문과 대조했을 때 누락, 오역 등이 많다는 것이 문제시되는 것이다. 하지만 스티브잡스의 자서전을 번역한 번역가는 일부 오류는 인정할 수 있지만 대부분의 경우 오류라고 치부하기 보다는 직역이 아닌 자연스러운 문장 구사를 위한 것이라고 말하고 있다.

그렇다면 잘된 번역이란 무엇인가? 물론 원문에 충실하면서 자연스럽게 흘러가는 번역이 잘된 번역이 되겠지만 그렇지 않다고 해서 그것을 오류가 넘쳐나는 번역으로 볼 수는 없다. 직역이 좋은 번역이 아니라는 것은 이미 오래 전부터 사람들의 인식에 자리 잡혔지만 의역의 경우 어디 선까지가 허용될 수 있는지에 대한 정확한 잣대는 없다. 그렇다면 게임 번역은 어떠한가. 다행스럽게도 게임 번역은 직역이냐 의역이냐를 논하기 이전에 이미 사용자가 흥미를 느낄 수 있도록 영상 기호를 기준으로 현지화를 하는 것이 가장 이상적이고, 수익을 창출할 수 있는 방법이라는 것이 일반화되어 있다. 국내뿐 아니라 해외에서도 인기 있는 게임을 보면 국내에서 원문에 비교적 충실한 번역이 이루어지고, 해외에서 실제 게임 화면을 보면서 국내에서 이루어진 번역을 감수의 수준을 넘어 '리라이팅'하는 작업을 거치게 된다. 이러한 과정을 통해 가장 자연스럽고 현지 문화에 맞는 게임이 새롭게 탄생하는 것이다.

애니메이션 영화에서 빈번히 사용되고 있는 더빙 번역전략이 흥행에 미치는 영향을 스코포스 이론의 틀에서 실증적으로 증명할 수 있다. 한국영화진흥위원회의 2차 자료를 보면 더빙은 자막에 비해 매출액에 유의한 정(+)의 영향을 미쳤으며 이 영향은 성수기일 때, 연령등급이 낮을 때, 미국 작품이 아닌 때 유의하게 더 높은 것으로 나타났다. 또한 연예인이 더빙에 참여했을 때 자막을 사용하거나 일반 성우만이 참여한 경우보다 매출액이 유의하게 더 높은 것으로 나타났다. 이 결과는 스코포스의 이론에 기반한 번역 전략인 더빙이 애니메이션의 관객을 고려할 때 자막보다 더 높은 품질의 번역이며 목표관객에 의해 더 선호되며 높은 매출로 이어진다는 것을 보여준다. 더빙의 긍정적인 영향을 사례분석에만 의존했던 기존의 연구와는 달리 실제 데이터를 이용해 실증적으로 검증해 보면 향후 외국 애니메이션의 번역에 있어서 목표 관객의 특성 파악이 중요함을 짐작할 수 있다.

의미중심 번역 (semantic translation)	소통중심 번역 (communicative translation)
TL의 통사론·의미론적 제약 범위 내에서 출발텍스트 저자의 문맥적 의미를 정확히 재현	번역사가 출발텍스트가 SL 독자에게 일으킨 것과 동일한 효과를 TL 독자에게도 일으키고자 하는 번역
출발텍스트 의미와 형태에 모두 최고의 우선순위	소통대상인 메시지의 효과를 살리는데 우선순위
직역, 출발텍스트의 지위가 높은 텍스트 유형 (종교 텍스트, 법률 문서, 문학작품)	의역, 가독성과 표현의 자연스러움에 중심, 광고, 관광 안내문, 제품 설명서 및 안내서, 매뉴얼과 같은 텍스트 유형의 번역

직접적 번역 (direct translation)	간접적 번역 (indirect translation)
번역사가 출발텍스트의 명시적 내용에 충실한 경우	번역사가 자유롭게 자세히 설명하거나 요약할 수 있는 번역
출발텍스트의 고유한 의미를 수용 언어 청중에게 제공하는 것	출발텍스트에 담긴 정보의도를 가능한 한 명료하고 명확하게 소통하려는 욕망
번역텍스트로서의 성격이 보다 두드러지게 나타남	번역텍스트로 느껴지지 않도록 TL에서의 가독성이나 소통효과를 더 중시 여김

번역은 번역가 혼자 하는 게 아니다. 번역을 하겠다는 출판사가 있어야 가능하다. 원작의 판권을 사오고 번역을 의뢰하겠다는 결정이 있어야 번역이 발생한다. 또 이 과정을 진행하는 건 편집자다. 어떻게 책을 만들

고 번역하고 교정해야 하는지, 그 큰 협업 과정 속에 번역가가 있다. 번역가 혼자서 모든 걸 결정하고, 번역가 자신의 어떤 기준으로 작업을 해서는 안 된다. 번역을 하다 보면, 수많은 어휘를 선택하기까지 고민을 해야 한다. 이 또한 목적성을 염두에 두고 선택해야 하는데 어휘가 텍스트 전체에서 무슨 역할을 하느냐이다. 그런데 대개 독자들은 원문만 놓고 번역문을 판단하려고 한다. 그렇게 따지면 모든 번역은 다 오역이다. 여기서 중요한 것은 오역일 수밖에 없는 번역을 왜 지금까지 계속 해오고 있느냐. 답은 번역의 효용성 때문이다.

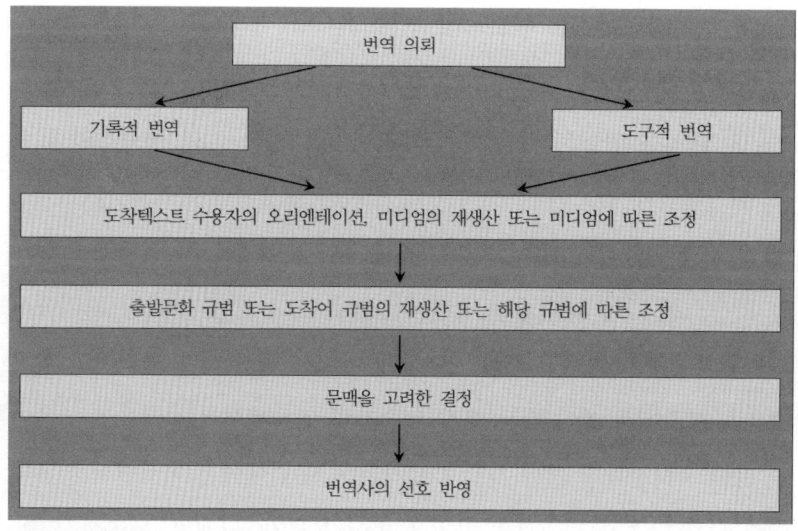

번역은 원작을 100% 보여주지 못한다. 하나의 방편일 뿐이다. 소통을 위해서 어느 정도 희생을 감수해야 한다. 어느 정도는 의미가 손실될 수밖에 없는데, 그렇기 때문에 번역자가 의미를 보충하기 위해 첨가하는 부분이 있다. 여러 중재 작업이 일어날 수밖에 없는 이유다. 우리 사회에서 더 중요하게 여겨야 할 점은 '어떠한 의도로, 왜 번역했는가'이다. 목적을 제대로 수행하고 있는 번역문인가가 중요하다. 원문을 그대로 옮겼는데, 번역문 자체가 안 읽히면 문제가 된다.

기능주의 언어학은 구조주의 언어학과 달리 언어를 의사소통의 수단으로 규정하고 화자나 청자, 대화의 목적이나 기능, 화자와 청자의 사회적, 심리적 관계 등 화자가 전달하고자 하는 의미와 해당 의미의 전달에 필요한 언어 구조, 음성적 변인 및 화체, 그리고 청자의 의미 이해에 필요한 텍스트나 담화에 관한 지식, 문장의 구조 및 음성적 지식들 모두가 연구의 대상이 된다. 기능주의 언어학에서는 추상적인 언어 능력(linguistic competence)이나 언어 수행(linguistic performance)의 구분은 언어 사용의 이해에 실질적으로 방해가 되는 불필요한 개념으로 보고, 연구의 대상은 언어의 사용 목적과 관련된 문법적 요소, 정보전달적 요소, 의미전달에 필요한 구조적 요소, 의미의 표상이나 처리와 관련된 요소, 억양과 리듬적인 요소, 텍스트적 요소와 같이 화자와 청자에게 필요한 의사소통 기능의 수행에 관련되는 모든 요소들이다. 이런 의미에서 기능주의 언어학은 구조조의 언어학에 비해서 훨씬 더 포괄적이고 영어 교육을 현장에서 해야 하는 현장 교수자의 입장에서 실질적으로 도움이 될 만한 시사점들이 많을 것으로 생각된다. 90년대에 들어서면서 컴퓨터의 기술은 단순한 텍스트의 차원을 벗어나 문자, 그래픽, 동영상, 그림, 그리고 음성의 다중 감각 경험(multi sensory experiences)을 가능하게 하는 멀티미디어의 차원으로 변했다. 컴퓨터 기술의 이러한 발달은 교육에도 크게 영향을 미쳐 교육의 내용이나 방법이 크게 변하지 않으면 안 되게 되었다. 특히, 컴퓨터 기술의 발달이 언어 교육에 미친 영향은 대단하다. 물론, 언어 교육의 내용과 방법은 컴퓨터 기술의 발달과 언어학이나 심리학 등 타학문의 발전과 함께 같이 변화해 왔다. 이런 변화의 과정을 이해하는 것이 현대의 언어 교육 방법을 이해하는 데 크게 도움이 될 것이다. 언어 교육의 내용이나 방법에 직접적인 영향을 주는 학문은 언어학, 심리학, 교육학 등이며, 이런 학문들은 시대에 따라 같은 철학적 배경을 가지며 변화해 왔다. 예를 들면, 언어학의 구조주의 이론은 심리학의 행동주의 이론, 교육학의 교수자 중심의 주입식 교육 방법 등과 맥을 같이 하며, 언어학의 생성주의 이론은 심리학의 인지주의 이론, 교육학의 아동중심주의 교육 이론과 맥을 같이 한다. 또 언어학의 기능주의 이론은 심리학의 사회, 인지주의 이론과 교육학의 상호 작용주의 교육 이론과 맥을 같이 한다. 한 마디로 교육의 내용이나 방법은 학문의 발전과 기술의 수준에 일치하며 변화해 왔다. 언어 교육의 내용과 방법의 변화를 학문의 발전과 기술적 수준에서 컴퓨터가 강의실에서 어떻게 활용되어 왔는지 살펴보자.

역사적으로, Warschauer(1996)는, 언어 교육에서 컴퓨터 활용(CALL : computer assisted language learning)은 1960년대부터 활용되기 시작했는데 활용 방법은 크게 세 시기를 거치면서 변화해 왔다고 말한다. 첫째는 행동주의형 컴퓨터 활용 시기((Behavioristic computer assisted language learning period), 둘째는 의사소통형 활용 시기(communicative computer assisted language learning period), 셋째는 통합형 컴퓨터 활용 시기(integrative computer assisted language learning period)이다. 각 시기의 언어 교육의 내용과 방법은 교육적 접근과 기술적 수준에 일치한다.

1) 행동주의형 컴퓨터 활용 언어 교육 시기

행동주의 학습 이론의 핵심은 조건화(conditioning)이다. 조건화는 특정의 인간 행동이 어떤 조건에서 반복적으로 수행됨으로써 습관화되는 것을 말한다. 이 원리는 모든 학습에 적용되며, 언어 학습에도 물론 적용된다. Skinner는 아동이 언어를 배울 수 있는 가장 쉬운 길은 아동은 부모의 말을 반복적으로 흉내 내고 부모나 아동을 돌보는 사람들은 아동의 그런 말을 귀담아 들어주고 아동의 말을 끊임없이 강화해주어 조건형성을 시키는 것이라고 말한다. 이처럼, 언어 학습이 일련의 습관 형성이라는 것은 구조주의 언어학자나 행동주의 심리학자들의 공통된 견해이다. 따라서 아동의 언어 발달을 위한 가장 좋은 지도 방법은 교육 내용을 잘게 쪼개어 하나씩 반복적으로 훈련시키고 그 훈련 결과에 대해 즉각적으로 강화를 하는 것이다.

따라서 행동주의 심리학자들이 가장 좋아하는 교수 이론은 프로그램화 된 교수 방법(programmed instruction)이다. 프로그램화된 교수는 교수 내용을 가능하면 최소의 단위로 자르고, 그것을 하나하나 경험시키고, 그런 경험에 대한 반응을 즉각적으로 강화해 주는 것이다. 1960년대에서 70년대에 시행된 컴퓨터 활용 언어 교수 학습은 바로 이런 원리에 입각해서 시행되었다. 60년대와 70년대 초반까지 컴퓨터 활용 언어 교육은 언어 학습 자료를 반복적으로 제시하고, 아동은 그러한 자료들에 적절하게 반응하고, 아동의 반응에 즉각적으로 feedback을 제공하는 형태로 이루어졌다. 이때 컴퓨터는 기계적인 개인교수자의 역할(mechanical tutor)을 했다. 여기서 특기할 것은 각 아동별로 아동 개인의 수준에 따라 교수(teaching)가 제공될 수 있었다는 점이다. 컴퓨터는 정보를 주고, 그 정보에 따라 아동에게 질문하고, 아동은 자신들이 이해한대로 대답하고, 컴퓨터는 다시 feedback을 제공하는 식이다.

1960년대의 컴퓨터 기술의 수준은 사용자가 프로그램화된 자료를 중앙 컴퓨터에 입력하고 개별 컴퓨터에 연결시켜 학습자로 하여금 컴퓨터의 자료들을 접하게 하고, 학습자가 개별적으로 컴퓨터가 묻는 말에 대답하게 하는 정도의 수준이었다. 따라서 학습자는 주로 컴퓨터와 반복적으로 같은 내용을 가지고 상호작용하는 식이었다. 컴퓨터가 언어 교육에 처음으로 활용되었다는 데에서 의미가 크다. 그러나 이때는 아직 유아들을 위한 언어 교육 프로그램은 없었다. 주로 외국어 교육에서 많이 활용되었다. 유아들의 교육을 위한 컴퓨터의 활용은 80년대에 가서 시작된다.

2) 의사소통형 컴퓨터 활용 언어 교육시기

1970년대 초반에는 언어학이 구조주의 언어학에서 생성주의 언어학, 즉 Chomsky 언어학으로 발전하게 된다. Chomsky 언어학은 언어학의 구조주의나 심리학의 행동주의적 시각을 철저히 비판하면서 시작된다. 언어 습득은 반복 훈련이나 강화에 의해서가 아니라 인간이 지니고 태어난 언어 습득 기제(LAD ; language acquisition device)가 일정한 조건만 갖추어지면 저절로 작동하기 때문에 아동은 수많은 문장을 마음대로 만들어낼 수 있게 된다고 말한다. 따라서 아동의 언어 습득은 꾸며낸 문장을 반복적으로 흉내 내게 하는 것이 아니라 독창적인 발화를 생성하도록 격려하고, 아동의 발화에 일일이 feedback을 하지 않아도 된다고 보았다. 70년대 말에서 80년대 초에는 컴퓨터의 기술이 급속하게 발전되고 집집마다 개인용 컴퓨터가 놓이게 된다. 따라서 각종 게임이나 워드프로세스 프로그램들이 개발되고 의사소통적인 언어 실행을 가능하게 하는 각종 소프트웨어들이 쏟아져 나온다. 이에 따라 각 강의실에서는 의사소통적인 언어 실행을 연습시키는 컴퓨터 프로그램들이 언어 교수 자료로 활용된다. 그러나 아직도 컴퓨터를 통해서 사람과 사람의 상호 작용보다는 사람과 컴퓨터의 상호 작용이 더 강조되고, 실생활에서 사용되는 언어들을 모사해서 만든 자료들을 사용자가 입력하여 교수 자료로 활용하는 식이었다. 이런 류의 교수 자료들은 높은 수준의 문제 해결력과 논리적인 인지 과정들을 강조한다. 행동주의형 call보다는 훨씬 통합적인 언어교육이 가능해졌지만 의사소통형 CALL(computer assisted language learning)은 그럼에도 불구하고 아직도 여전히 언어의 본질적 기능인 사람과 사람 사이의 상호작용 기능이 미흡한 언어 교육 방법이다. 이 시기 언어 교육에서 컴퓨터 활용의 특징은 문장을 다시 만들어 보게 함으로써 아동 스스로 자연스럽게 문장의 유형을 발견하고 익히게 하는 방법을 사용했다는 점이다.

유아를 위한 언어 교육의 관점에서 보면, 70년대 말에서 80년대에는 언어생활을 모사(simulation)하는 수많은 CD titles와 게임들이 개발되었고, 각종 교육 프로그램들이 개발되어 활용되기 시작한 시기로 보면 된다. 이제 컴퓨터는 유아를 위한 언어 교육의 중요한 도구가 된 것이다. 더 이상 유치원 강의실에서 컴퓨터의 활용이 유해하다는 말을 할 수 없게 되었다.

3) 통합형 컴퓨터 활용 언어 교육 시기

1980년대 말과 1990년대 초, 심리학은 인지주의 심리학에서 사회, 문화적인 측면을 더욱 강조하는 사회인지주의(socio-cognitive psychology) 쪽으로 기울어지고, 언어학은 언어의 형태를 강조하는 Chomsky의 생성주의 언어학에서 언어의 사용을 강조하는 기능주의 언어학(functional linguistics)으로 발전하게 된다. 이 두 학문은 언어의 습득은 실제적이고 유의미한 언어사용을 통해서 이루어진다고 강조한다. 따라서 언어 교육은 꾸며낸 언어 학습 환경, 연습을 위한 반복적인 문장 실행이 아니라 과제 중심, 내용 중심의 언어활동이 실제적 언어 환경과 통합하여 일어나게 함으로써 언어사용에 필요한 여러 기술들을 자연스럽게 익히도록 해야 한다는 것이다. 이것은 또 컴퓨터의 기술적인 발전과 맞아 떨어져 언어 교육에서 컴퓨터의 활용은 이제 또 다시 크게 다른 모습으로 변하게 된다(Warschauer, 1996). 즉 기능주의 언어학에서 강조하는 사회·문화적 맥락을 바탕으로 한 말하기, 듣기, 읽기, 쓰기의 경험이 멀티미디어 및 초고속 인터넷 망을 통해 실제로 일어나게 하는 방법으로 컴퓨터를 활용하게 되었다.

컴퓨터는 이제 언어 학습의 과정이나 실제적 언어활동에서 학습자가 사용할 수 있는 기술적 도구가 되었다. 학습자는 이제 더 이상 시간을 정해 놓고 컴퓨터를 사용하지 않아도 되고, 중앙에서 통제하는 정해진 프로그램을 순서를 따라가며 쫓아가지 않아도 되게 되었다. 다시 말하면, 중앙에서 프로그램을 일괄 처리하던 행동주의형 CALL도 아니고, 개인용 PC를 통해 실제적 언어활동을 모사한(simulated) 언어 프로그램을 통해 문장을 연습하던 의사소통형 CALL도 아니며, 멀티미디어 및 인터넷 망을 통한 실제적이고 유의미한 언어활동을 강조하는 통합형으로 발전하게 되었다는 말이다.

멀티미디어는 컴퓨터를 통하여 문자, 그래픽, 음성, 동영상 등을 동시에 경험하게 한다. 멀티미디어를 더욱 강력하게 만드는 것은 인터넷상의 하이퍼미디어의 기능이다. 하이퍼미디어는 자료들을 서로 연결시켜 놓은 것으로서 학습자가 마우스 클릭을 통해 자기가 원하는 경로를 마음대로 쫓아가게 해 놓은 것이다. 하이퍼미디어는 언어학습에 수많은 장점을 제공한다. 첫째, 말하기, 듣기, 읽기, 쓰기의 통합된 언어활동을 경험케 함으로써 언어 학습이 용이하다. 둘째, 학습자 자신이 원하는 내용의 경로를 쫓아가게 함으로써 학습자 중심의 학습이 가능하다. 셋째, 내용이 없는 말하기, 듣기, 읽기, 쓰기는 없다. 자연스럽게 다른 교과와 통합된 학습 경험을 가능하게 한다. 이는 매우 실제적이고 유의미한 언어활동이 가능하다는 말이다. 넷째, 학습자가 학습자 나름의 학습 전략(learning strategies)을 키워나갈 수 있다. 예를 들면, 단어의 의미 해설, 발음 정보, 관련 내용, 기타 도움말 등의 링크를 활용하면서 학습자 고유의 독특한 학습 전략을 익힐 수 있다.

인터넷은 시간과 공간의 제약 없이 다양한 형태의 실제적이고 유의미한 의사소통을 가능하게 했다. 인터넷은 단순한 멀티미디어 학습 자료와는 또 다른 특성을 지니고 있다. 교수자와 학습자는 인터넷 활용을 통해 시간과 공간의 제약을 벗어나 온라인 수업을 할 수도 있고, 학습자는 자신이 원하는 시간과 속도로 원하는 내용을 원하는 사람과 의사소통하는 것이 가능해졌다. 인터넷의 활용은 학습자의 입장에서뿐만 아니라, 교수자의 입장에서도 다른 교수자들과 아이디어를 교환하고, 자료를 교환 가능하게 함으로써 교수와 학습 과정이 훨씬 용이하게 만들었다.

Peter Newmark:
의미중심 번역(semantic translation)
소통중심 번역(communicative translation)

　TL의 통사적 의미론적 제약 범위 내에서 출발텍스트 저자의 문맥적 의미를 정확히 재현 번역가가 출발텍스트가 SL독자에게 일으킨 것과 동일한 효과를 TL 독자에게도 일으키고자 하는 번역으로 다음과 같은 것이 있다.

1. 출발텍스트 의미와 형태에 모두 최고의 우선 순위
2. 소통 대상인 메시지의 효과를 살리는데 우선 순위
3. 직역, 출발텍스트의 지위가 높은 텍스트 유형(종교 텍스트, 법률 문서, 문학작품)
4. 의역, 가독성과 표현의 자연스러움에 중심, 광고, 관광 안내문, 제품 설명서, 및 안내서, 매뉴얼과 같은 텍스트 유형의 번역

Nida의 번역방식의 분류:
형태적 대응(formal correspondence) 중심의 번역 /
동적 등가(dynamic equivalence) 중심의 번역

Eugene A. Nida:
형태적 대응(formal correspondence)중심의 번역
역동적 등가(dynamic equivalence)중심의 번역
SL의 어휘/표현과 의미의 최 근사치(Closest equivalent)에 해당하는 TL 어휘/표현을 찾아 치환하는 번역방식 번역가가 SL로 이루어진 텍스트 또는 그 일부분을 번역할 때 ST의 표현이 ST독자의 마음속에 남긴 것과 동등한 영향과 효과를 TT 번역대상 독자의 마음 속에 촉발할 수 있도록 TT로 옮기는 접근법

행동주의심리학behaviorism + 구조주의언어관structuralism
인간은 백지상태로 태어난다 = 백지설; 습관형성을 중시하여 모방과 반복을 강조..
- ㅇ 언어는 부분의 합 : 구 절 어휘로 쪼개서 학습
- ㅇ 언어는 일련의 습관 : 여러 번 반복
- ㅇ 언어들은 서로 다르다 : 대조분석, 정확성 강조..

인지주의 심리학 cognitivism + 생득주의 언어관 nativism
1960년대 Chomsky사조 중심..
- ㅇ 언어는 규칙이 지배하는 창조성의 특징이 있다: 언어능력을 타고 태어난다.
- ㅇ 문법 규칙은 심리적으로 실재한다: 무의식중 문법규칙 습득; LAD
- ㅇ 인간만이 언어를 배울 수 있다
- ㅇ 언어는 보편성이 있다: universal grammar

구성주의 심리학 constructivism + 기능주의 언어관 functionalism
인지주의 심리학+생득주의 언어관에 반대하는 게 아니라, 이를 기반으로, 사회성을 강조했다.
 -언어는 의미 표현을 위한 체계다
 -언어의 기본 기능은 대화와 의사소통이다.
 - 언어구조는 기능적이고 의사소통적 언어를 사용한다(cf.화용론)
 - 언어의 기본 단위는 문법적이고 구조적인 요소뿐 아니라 담화에 표현된 기능적 의사소통을 의미한다.(cf. speech act)

2. 자국화(Domestication) 전략과 이국화(Foreignization) 전략 교수법

ST 지향적인 번역을 할 것인가 아니면 TT 지향적인 번역을 할 것인지는 번역을 해 가면서 가장 기본적으로 고려되어야 할 사항이다. 이를

통해 수강생들이 번역의 방향을 미시적인 문제들을 해결해 가는 데 있어서 하향식 접근법을 가르치는 것이 중요하다. 그리고 나서 다음 단계로는 텍스트 자체에서 부딪친 문제들을 여러 언어적 차원에서 고민해 볼 수 있도록 텍스트와 통사적 차이, 그리고 대응어 선택과 어휘 성분을 통해 분석하게 한 다음 기능을 중시한 번역을 할 수 있도록 한다. 그리고 나면 텍스트의 기능을 중심으로 개념을 익히고 장르에 따라 번역에 접근하는 방법들을 주지시키고 실제 번역을 해 보도록 유도할 수 있다.

그 다음 단계로는, 텍스트 자체의 분석에서 한 걸음 더 나아가 원천 텍스트와 목표 텍스트 간의 문화적 간극과 극복 방안을 학습할 수 있도록 문화소 번역과 은유 번역을 지도하며 탈언어화와 번역 전환(translation shift)을 놓고 학습할 수 있을 것이다. 이를 통해 감수와 평가를 지속적으로 부여하고 매주 번역 과제물을 참고로 피드백을 더한다.

강의를 이끌어 가는 방식과 이론에는 순서가 있을 수 없다. ST/TT 지향적인 번역과 연관한 문화적 차이로서 Domestication/Foreignization에 관한 이론을 도입하든지 아니면 번역의 텍스트성(textuality)와 연관한 cohesion/coherence에 관한 문제에서 논리적인 흐름의 이해와 전달이 요구되는 내용을 다루며, 두 언어 간의 문법적인 차이를 극복하기 위한 grammatical issue를 놓고 논의할 수 있으며, 텍스트의 종류와 형태가 어떤 기능을 하는지를 논의하고 대응어 선별의 하나로서 lexical issue를 학습하고 심미적이거나 정보적인 기능을 가진 텍스트의 특성을 놓고 논의할 수도 있을 것이다(poem, ad, medical journal). TT 지향적인 번역이 요구되는 광고의 특성(consumer-oriented translation)이나 스코포스 이론으로서 children's story와 같은 textual genre를 가지고 학습하고 자막 번역의 특성을 놓고 강연, 필름자막 번역을 놓고 학습하는 것도 가능하다. 문화에 대한 번역으로 cultural translation 분야도 다양하며 인터뷰 번역과 다양한 언어적 shift의 가능성을 이해하고 조절할 수 있는 Translation shift 또는 탈언어화의 특성(deverbalization)을 놓고 강의가 가능하다. 더 나아가 문장부호의 사용과 차이점에 대한 이해도 많은 도움이 될 것이다.

번안(adaptation)

→ ST의 문화요소들이 도착문화에 존재하지 않는 경우 문화적 지시대상을 TT 독자가 잘 이해할 수 있는 대체물로 대체하는 것
예) Cinderella '콩쥐팥쥐'
One Thousand and One Nights '유옥역전'

이국화 전략	자국화 전략
foreignization, exoticization	domestication, naturalization
번역사 가시성 제고	외래성의 최소화 번역사 불가시성 제고
새로운 정보 및 문화의 소개	번역텍스트 이해가능성 제고

3. 번역 교수법 강의 진행 방식

번역 학습을 위한 교수법은 여러 가지 방향에서 진행될 수 있다. 우선 다음 주에 다루게 될 관련 이론에 대한 자료를 선행 주에 배포하고 핵심 내용을 추려서 설명한 후, 그 다음 주에 다룰 과제물을 나누어 준다. 수

강생들은 이론 자료를 학습한 후에 그 내용을 염두에 두고 과제를 번역하여 이메일로 제출하고 해당 수업일에는 수강생들 가운데 한 명이 앞에 나와 본인의 과제 수행에 관하여 발표한 후에 전체 토의를 진행하고 후에 교수가 발표와 과제물에 관한 총평을 하는 식으로 진행할 수 있다. 평가와 토론 과정에서 교수는 선행 주에 학습했던 이론에 대한 언급을 하거나 번역학에서 사용되는 어휘와 개념들을 거론하여 학생들이 이론을 자연스럽게 체화할 수 있도록 할 수 있다. 이 경우 번역 수행이나 발표, 토의 그리고 피드백이 지나치게 이론 중심으로 흘러가지 않도록 주의할 필요가 있으며 번역 과정에서 나타나는 다양한 번역상의 오류나 전략적인 문제 그리고 다른 제반 문제점들을 주의해서 다룰 수 있다.

통번역학과 관련한 주제가 중심이 되는 강의라면 다음과 같은 정리도 도움이 될 수 있을 것이다. 운영상에 주의할 점은 강의를 최대한 배제하고 학생들이 스스로 내용을 정리하고 생각할 기회를 주는 것이다. 학생들이 돌아가면서 텍스트 내용을 발제하고 토론하는 운영방식은 새로운 경험이다. 시간 배정은 이전 강의 내용을 정리하는 데 20분 소요하고 강독 텍스트 발제에 40분 소요하며 발제 내용에 대한 토론에 30분 소요하고 핵심 부분 번역에 20분 소요하면 무난하다.

1. 통번역학 강의에 대한 입문과 소개
2. 통번역학 강의 관련 논문을 읽고 토론하기
3. 언어학 연구 대상으로서 통번역 토론/발표/평가
4. 통번역학의 언어기호학적 토대 토론/발표/평가
5. 통번역학의 텍스트논리 측면 토론/발표/평가
6. 통번역학의 문화적 사회적 발제 토론/발표/평가
7. 현대사회와 통번역 발제 후 토론/발표/평가

8. 현대 통번역 이론의 일반적 특성 발제 토론/발표/평가
9. 통번역의 등가 발제 토론/발표/평가
10. 통번역의 화용적 측면 발제 토론/발표/평가
11. 통번역 과정의 방법론 토론/발표/평가

4. 번역 이론 학습과 교수 방법론

번역 능력에 관한 가장 활발한 논의는 성분 모델 연구(componential model)와 다중 성분 모델 연구(multi-componential competence model)로 하위 요소들로 구성된 번역 능력 모델이다.

- 이중 언어 하위능력(bilingual sub-competence): 언어 간 소통이 이뤄지기 위해 필요한 절차적 지식, 두 언어의 어휘 문법, 화용적, 사회언어학적 텍스트 지식
- 언어 외적 하위능력(extralinguistic sub-competence): 일반 분야 및 전문 분야에 관한 선언적 지식(암묵적 선언적 지식 모두 포함), 두 언어권 문화에 대한 지식
- 번역에 관한 지식(knowledge about translation): 번역 수행 및 실제에 관한 선언적 지식 및 번역 기능, 관행에 관한 지식과 번역 상황을 판단 할 수 있는 능력
- 도구적 하위능력(instrumental sub-competence): 문서를 다루고 정보를 검색할 수 있는 절차적 지식, 과학 기술 도구를 다룰 수 있는 능력
- 전략적 하위능력(strategic sub-competence): 번역 과정과 절차의 효율적인 관리와 번역 문제 해결에 필요한 절차적 지식, 번역 결과물의 평가 능력
- 심리-생리학적 요소(psycho-physiological components): 기억 집중력, 분석력, 종합력, 논리력과 인지적 요소 및 창의력, 인내심, 비판정신, 자신감과 같은 심리적 태도

인터넷 공론장에서 번역능력

　인터넷을 통해 번역 능력을 게시글이나 댓글을 통해 쓸 때는 재연능력, 소통능력, 소비자 만족 능력, 전문분야 지식 능력, 윤리적 판단 능력을 중심으로 논하기도 한다.

　재연능력은 ST의 의미와 형식, 문체와 스타일을 재연하는 능력으로 충실성, 정확성, 적합성을 포괄하는 개념이다. 소통능력은 TT 독자와 소통할 수 있는 능력으로 도착어 문화권의 독자가 이해하고 수용할 수 있는 TT를 만들기 위해 번역가가 해석하고 선택하며 실천할 수 있다는 전제로 이중 언어능력과 문화이해 능력 전환 능력과 일치한다. 소비자 만족 능력은 소비자가 신뢰하고 만족하는 번역 서비스나 상품을 제공하는 능력이다. 실제적인 의미에서는 출판사가 대상이다. 주제 분야 지식 능력은 특정 분야의 지식 함양을 통해 해당 분야의 텍스트를 번역하는 능력이다. 이는 언어 외적 능력이나 전문적 도구적 주제 분야 능력을 말한다. 윤리적 판단능력은 번역에 대한 윤리적 행동과 판단으로 도덕원리가 해당한다.

　번역 교수법과 관련하여 가장 중요한 포인트는 번역 이론과 교수법에 치우쳐 번역 강의의 기본적인 목적과 번역 실무 능력을 습득하고 개선하는 것을 간과해서는 안 된다는 점이다. 이론이 실무에 자연스럽게 베에 들어가 실무를 습득하는 데 보조적인 역할을 하도록 해야지 이론과 실무 번역이 분리되어 있다는 느낌이 들지 않도록 주의를 해야 한다. 이런 문제를 해결하기 위해 번역 전반적인 접근 방식과 문제 해결에 초점을 두고 진행하면서 필요한 경우 학습한 이론에 의거하는 방식을 채택할 수 있을 것이다. 이렇게 함으로써 번역 이론과 교수법이 자연스럽게 번역 실무의

도구로 활용될 수 있게 된다. 더 나아가 이론 선정보다 더 많은 관심을 가지고 정리해야 할 부분은 적절한 텍스트의 선택임을 잊어서도 안 된다.

효과적인 번역 이론 강의를 위해 아래 이론에 관한 핵심 용어를 활용하며 교수는 내용을 수강생들과 함께 설명하고 이해하는 과정을 거치며 실제로 과제물의 번역에 대한 평가와 내용 검증을 하면서 강의를 진행해 나갈 수 있다. 우선 첫 주에는 수업목표와 진행 방법에 관한 설명을 하고 수강생들에게 "번역이론이 무엇이라고 생각하는가?" "번역이론과 번역 실무 활동이 연관성이 있는가? 도움이 된다면 어떻게 도움이 될 것으로 생각하고 도움이 되지 않는다면 이유는 무엇이라고 생각하는가?"라는 질문을 부여하여 번역 이론에 대한 수강생들의 입장과 생각을 정리할 수 있는 시간을 가지는 것이 바람직하다. 번역 이론은 번역을 하면서 다양한 문제점들을 해결하게 해주는 참고와 지침서 역할을 할 뿐만 아니라 번역에 효과적인 도구가 될 수 있고 또 번역을 판단하고 선별하는 기준이 될 수 있다는 점은 누구나 공감하는 문제일 것이다. 반대인 경우로는 이론이란 쟁점이 되는 문제를 언어로 정리하여 논쟁에 관한 의견을 정리해 놓은 것일 수도 있다. 이런 문제 제기에서 시작된 번역 교수법은 수강생들의 열린 마음을 가능하게 할 수 있다.

5. 자민족 중심 번역과 '하이퍼텍스트' 번역

일반적으로 인문학 분석의 대상으로서 텍스트의 개념은 '쓰여 있는 것'으로서 종이에 문자로 고정된 텍스트의 응집성(coherence)이라는 일정한 의미관계를 갖는 문장의 연결 형태나 커뮤니케이션 기능을 수행하는 언어적 행위로 이해된다. 그러나 하이퍼텍스트의 등장으로 텍스트가 글로 쓴 것이라는 사고가 퇴색하면서 그 형질이 함께 변화하고 개념이 확장되고 있다. 벤야민(Benjamin)은 기술복제시대의 텍스트를 사진과 영화로 대표되는 현대 복제 기술의 가능성과 그 기능에 관심을 기울이면서 "가까이 있는 듯하면서도 먼 것의 일회적 현상"이라고 정의 내리고 있다. 그러나 텍스트가 디지털 방식으로 처리되면 텍스트는 복제의 차원을 넘어 원본의 복제라는 기술적 기능을 뛰어 넘는다. 전통적인 텍스트의 물질적 속성이 사라지고 동영상이나 그림 음악과 같은 다른 장르들과의 손쉬운 통합이 가능해진다. 문자적 형태로 전달체였던 종이를 벗어나 텍스트의 전통적인 개념의 확대와 재설정이 불가피하게 된다. 오늘날은 멀티미디어 시대로 다매체를 선호하는 시대이고 이미지와 사운드가 대량 생산되고 유통되며 다감각적이고 인간의 지각 전체와 연결되는 복합 미디어 또는 멀티미디어로의 급속한 변화가 이루어지면서 우리의 감각은 텔레비전과 영화 오디오와 비디오 휴대폰과 아이폰과 같은 매체에 길들여지고 이런 기계적 장치에 익숙해졌다. 텍스트의 생산과 소비조건이 기술복제 시대를 넘어 디지털 시대와 멀티미디어 시대로 바뀌게 됨에 따라 자연스럽게 텍스트의 개념은 확장된다. 고정적이고 불변하는 텍스트에서 시각적으로 움직이는 역동적이고 개방적인 텍스트로 확대된다.

텍스트를 만들어 내는 도구 자체에서부터 차이가 있게 되는데, 아날로그인 인쇄매체와 디지털 매체인 컴퓨터 작업의 차이가 결과적으로 텍스트의 움직임에서부터 큰 차이를 보인다. 하이퍼텍스트로 만들어진 텍스트는 우선, 텍스트의 형태가 보이지 않는 곳에 분산되어 숨겨져 있다가 독자의 선택에 의해 언제든지 재현된다는 점이다. 마우스로 클릭하는 순간 또 다른 텍스트가 모니터에 출현하고 개별 텍스트는 초기화면의 텍스트와 독립적으로 존재하게 되고 텍스트의 저자가 임의로 연결해 놓은 텍스트의 수나 연결 경로가 독자에 의해 결정된다. 하이퍼텍스트는 스스로 분산시키고 파편화하는 경향을 가지며 개별 문장들을 하나의 질서정연한 원리에서 해방시킨다. 스크린에 보이는 텍스트는 하나이지만 스크린 이면에 보이지 않게 연결된 텍스트를 나중에 읽을 것인지 선택은 독자의 몫이다.

오늘날 하이퍼텍스트라고 부르는 개념을 처음으로 구체적으로 제안한 사람은 배너바 부시(Bannevar Bush)이다. 그는 사회가 복잡하게 변화하고 기술이 발전하면서 양산되는 전문적이고 고도화된 지식을 어떻게 하면 효율적으로 연계시킬 수 있을까 고민하다 색인이나 카드 방식과 같은 기존의 시스템과는 다른 장치를 생각하고 기계적으로 처리되는 색인의 방식이 아니라 연상에 의한 선택을 강조하는 시스템을 제안하게 되었고 이것이 하이퍼텍스트의 발단이 되었다. 부시가 하이퍼텍스트의 개념을 제안했다면 이 말을 처음 만든 사람은 넬슨(Theodore H. Nelson)이다. 그는 수많은 정보를 어떻게 하면 더 잘 조직화 할 수 있을까 생각하다 문학적 텍스트뿐만 아니라 과학적이고 기술적인 글쓰기를 포함하는 전체 텍스트가 서로 이어져 있는 상태를 가정하고 이를 하나의 시스템으로 통합시키고자 했다.

하이퍼텍스트를 이루는 중요한 요소는 링크(link)와 마디(node)이다. '마디'는 네트워크로 연결되어 있는 웹에서 한 번의 클릭으로 볼 수 있는 화면의 전체, 또는 모니터 스크린 상의 한 면을 말한다. 또 많은 내용을 가지고 있는 정보들을 각각 여러 개의 다른 노드, 즉 다른 화면에서 보이게 하는 것이 필요한데 이 노드들을 연결 시켜주는 것이 '링크'이다. 하이퍼텍스트는 바로 이 링크 기능을 이용하여 각 노드에 독립적으로 존재하는 여러 텍스트들을 연결해 주기도 하고 특정한 의미관계에 따라 다수의 텍스트들을 연결해 주는 분산과 파편화된 텍스트로써의 기능을 하고 있다.

이처럼 전통적인 텍스트와는 달리 새롭게 등장하는 텍스트인 하이퍼텍스트는 개방적이고 시작과 끝이 분명한 텍스트이다. 그러나 하이퍼텍스트로 작성된 텍스트는 단일한 시작과 종말 대신 다수의 시작과 종결을 제공한다. 인쇄 텍스트에서 하이퍼텍스트로 이동하면서 텍스트의 내부와 외부라는 개념이 사라지게 되고 어떤 텍스트라도 언제든지 부분적, 전체적으로 변화를 줄 수 있는 특성이 있기 때문에 텍스트에서 '중심'이라는 개념이 희미해진다. 따라서 하이퍼텍스트에서는 고정된 중심이 없고 누구나 자신의 관심을 그 순간에 행해지는 연구를 위한 중심이 될 수 있어 탈중심화라는 경험을 할 수 있다. 종이 위에 쓰인 텍스트는 자신의 물질적 한계로 인해 사실상 중심과 주변으로 관계된 텍스트를 정리하고 질서를 지우는 상황을 경험할 수밖에 없게 되는 것도 바로 이런 이유에서이다. 하이퍼텍스트는 글쓰기 공간이 전자공간으로 옮겨지게 되고 상호 텍스트들 간의 위계질서가 자연스럽게 붕괴된다. 하이퍼텍스트에서 중심은 연결을 통해 언제나 일시적인 동시에 중심 자체를 배제할 수 있는 가상의 중심이다 이런 탈 중심의 텍스트에서는 중심이 되는 텍스트라는 개별텍스트들이 어떤 상호 관계와 의미망을 형성하는지를 파악하는 것이 더 중요하다.

하이퍼텍스트의 구조적 특징은 우선 교차성과 가변성이다. 현대 사회가 복잡해져가고 다양해지면서 이를 반영하고자 하는 예술 분야 역시 그 표현수단이 간단하지 않아 하나의 규칙, 하나의 문법, 하나의 형식으로 복잡한 사회를 표현하는 것이 불가능해지고 다양한 형식과 규칙을 담고자 하는 노력이 예술분야에서도 나타나기 시작하면서 하나의 사고방식과 규칙으로 전체를 설명하는 것이 불가능한 시대에 규칙을 넘고 하나의 사고형식을 넘는 복수의 규칙을 인정하는 사고방식이 교차성이다. 또 기존의 인쇄물 텍스트는 선적인 쓰기와 읽기로 단선적이고 순차적인 방식으로 왼쪽에서 오른쪽으로 위에서 아래로 순차적인 쓰기와 읽기라는 선형적인 구조였지만 이와 같은 방식에서 벗어나 자유로운 독서를 가능케 하는 방식이 비선형성이다. 더 나아가 하이퍼텍스트의 상호텍스트성은 여러 다른 작가들과 작품 그리고 사회적 현상을 관계를 가지게 된다. 이와 같은 상호텍스트성이 디지털-네트워크 시대 새로운 것은 다만 일련의 읽고 쓰는 과정이 네트워크라는 공간에서 연결된다는 점이다. 상호텍스트성은 네트워크 기술과 연결되면서 상호작용성을 지닌다. 즉 어느 한 편의 일방적인 결정을 거부하고 개인과 개인 개인과 사회 간의 끊임없는 영향을 주고받음을 통해 양자 간의 관계를 발전시켜 나가는 개념이다. 또 사이버공간을 통해 새로운 자기 창조가 가능해졌고 자신을 숨기고 다양한 이름으로 다른 사람들을 만날 수 있다. 감각의 폭이나 자신의 존재방식은 아무런 제한을 받지도 않는다. 컴퓨터를 통해 많이 읽기도 하지만 많은 것들을 보기도 한다. 인터넷은 시공간을 극복하여 언제 어디서나 필요한 사람에게 정보를 제공할 준비를 하고 소통할 수 있다.

현실적으로 우리의 사회적 여건은 하이퍼미디어의 활용 없이는 활동이 거의 불가능해졌다. 앞으로는 정보사회에서는 지식의 양보다는 정보를 수집하고 목적에 따라 활용할 줄 아는 정도와 문제를 발견하고 해결해 갈 줄 아는 사고력 신장에 따라 모든 것이 결정된다. 정보 교환 방식의 상호작용 측면에서 본다면 직접 대면을 통한 의사소통이 상호작용적 의사소통방식이라면 인쇄물을 통한 의사소통은 일방적 의사소통방식이다. 그러나 디지털 네트워크를 통한 하이퍼미디어 시대의 의사소통 방식은 더 깊은 상호작용 속성을 지닌다. 인간의 정보 형태는 몸동작이나 언어, 음악이나 기호, 상징체로부터 영상으로 발전될 수 있다. 기존의 정보는 문자 매체에 크게 의존하였으나 하이퍼미디어 시대에는 점차 어느 매체 정보든지 공통적으로 병행 처리가 될 수 있는 형식으로 발전되고 있다. 하이퍼미디어가 가장 발달한 미국의 경우 하이퍼미디어는 하이퍼텍스트의 원리와 멀티미디어 원리를 통합시켜 놓았다. 따라서 하이퍼미디어는 하이퍼텍스트와 멀티미디어의 공통점과 차이점을 갖는다.

6. 텍스트에서 하이퍼텍스트로 번역

　자민족 중심적인 번역이란 모든 것을 자국의 문화, 규범, 가치로 환원시키고 이런 범주의 외부에 위치한 모든 낯선 것들을 부정적인 것으로 간주하거나 혹은 병합하고 조정할 대상으로 여기면서 자국 문화의 풍요를 증대시키는 수단으로만 생각하는 행위를 말한다.
　반면에 하이퍼텍스트적 번역은 이미 존재하는 텍스트를 출발점으로 하여 이루어지는 모방, 패러디, 모작, 각색, 표절, 혹은 기타 모든 형식적인 변형들을 의미한다. 따라서 자민족 중심적인 번역은 필연적으로 하이퍼텍스트적일 수밖에 없으며 하이퍼텍스트적 번역은 필연적으로 자민족 중심적인 번역일 수밖에 없다. 18세기 프랑스 시인 콜라르도 (Charles-Pierre Colardeau, 1732-1776)는 자민족 중심적 번역을 다음과 같이 정의한다.

> 번역하기에 가치가 있다면 그것은 원전의 완성도를 높이고 가중하면 원전을 더 아름답게 만들과 자기화해서 자국적인 분위기를 풍기게 하여 어떤 의미에서는 원전이라는 이국의 식물을 귀화시키는 것에 다름 아니다.

자민족 중심적 번역은 로마에서 시작한다. 로마문화는 그 출발점에서부터 번역 문화였다. 그리스어로 쓰인 모든 문헌들이 번역되는 시기와 더불어 라틴문화의 진정한 토양을 제공하고 이를 통해 그리스와 라틴어 용어가 병합되어 라틴화 되었고, 이런 혼합을 통해 자민족 중심적이고 하이퍼텍스트적인 번역이 가지는 특징을 이루게 되었다.

자민족 중심적 번역의 두 가지 원칙이 있다. 첫째는 이국 작품을 번역하되 번역이라는 느낌이 없도록 번역해야 하고 둘째는 마치 원저자가 도착언어로 글을 썼다면 그렇게 썼을 법한 방식으로 번역해야 한다는 준칙이다. 그렇게 번역은 스스로 잊혀지도록 만들어야 하고 원문 언어의 자취는 모두 사라지거나 치밀하게 제한되어야 한다. 이런 과정을 통해 자민족 중심적 번역이 하이퍼텍스트적 번역으로 변하게 된다. 반면에 하이퍼텍스트 관계는 X 텍스트를 그 이전의 Y 텍스트에 연결하는 관계로 한 텍스트는 다른 텍스트를 모사하거나 모방하거나 패러디하거나 자유롭게 재창조하거나 다른 말로 바꿔 쓰거나 인용하거나 논평할 수 있으며 이 모든 것의 혼합일 수 있다. 바흐찐의 경우에서처럼 모든 하이퍼텍스트적 관계는 하나의 원전을 출발점으로 하여 이루어지는 자유롭고 유희적 파생관계를 특징으로 한다. 번역물의 하이퍼텍스트성은 ㅂ차적인 것으로 번역된 텍스트는 어떤 경우에도 원전의 긍정성을 지닐 수 없다. 이는 모든 번역 작품은 어느 정도까지는 하이퍼텍스트적이며 이런 하이퍼텍스트성은 원작자의 손이 아닌 다른 손을 거친 것이기에 옹색한 모방이다.

1. 자국화(Domestication) vs. 이국화(Foreignization)

슐라이어마허는 프랑스어 같은 외국어의 침투로부터 독일어를 보호하기 위한 수단으로 이국화를 주장했다. 슐라이어마허는 1813년 발표한 자신의 논문에서 번역가에게는 오직 두 가지 길이 열려 있으며 이 가운데서 오직 한 가지만을 선택해야 한다고 함으로써 좀 더 문법적이고 심리적인 해석의 필요성을 강조한다.

번역가는 될 수 있는 대로 저자를 제자리에 두고 독자를 저자에게 접근시키든가, 아니면 독자를 제자리에 두고 저자를 독자에게 접근시킨다. 이 두 가지 방법은 서로 완전히 다르기 때문에 그중 한 가지를 엄격하게 따라야 한다. 이 두 가지 방법을 혼합하면 전혀 신뢰할 수 없는 결과를 초래할 것이기 때문이다. 그렇게 되면 저자와 독자는 서로 전혀 만나지 못하게 될 가능성이 크다.

목표 텍스트의 독자를 저자에게 접근시키는 첫째 방법은 원천 텍스트적인 방법인 반면, 원천 텍스트의 저자를 목표 텍스트의 독자에게 근시키는 두 번째 방법은 어디까지나 목표 텍스트 지향적이다. 자국화사 이국화 번역 방법 가운데 슐리이어마허는 이국화의 방법을 선호한다. 그의 관점에서 보면 훌륭한 번역가는 "저자가 처음부터 목표 언어로 글을 쓴 것처럼 번역하려는 것은 성취할 수 없는 목표일뿐만 아니라 그 자체로서도 무익하고 공허하다"고 말한다. 그러면서 그는 이국화 번역은 마치 외래종 식물을 자국의 땅에 이식하면 자국의 땅을 더욱 비옥하게 만든다는 논리를 펼친다. 그의 이런 이국화 번역이론은 오늘날 미국의 로렌스 베누티로 이어지고 베누티는 '번역의 가시성'과 '번역의 불가시성'을 이어진다. 베누티가 이국화를 주장하게 된 배경에는 영미 문화권의 문화적 제국주의에 맞서기 위한 전략적 차원에서 이런 번역 이론을 내세웠다. 자국화 번역은 원천 텍스트의 이질성을 최소화하고 될 수 있는 대로 투명하고 유창한 문장 스타일을 구사하는 번역 전략으로서 번역가는 신과 같이 목표 텍스트에 좀처럼 눈에 뜨지 않게 숨어 있게 된다.

번역의 가시성은 목표 텍스트를 읽으면서 독자들이 번역가의 존재를 느끼는 상황이고 불가시성이란 이와 반대로 독자들이 번역가의 존재를 좀처럼 느끼지 못하는 상황을 말한다. 기시성은 번역가가 원천 텍스트에 가깝게 번역할 때 일어나는 반면 불가시성은 목표 텍스트에 가깝게 번역할 때 일어난다. 이처럼 목표 텍스트가 독자들에게 쉽게 읽혀질수록 가시성은 높아지지만 목표 텍스트가 독자들에게 쉽게 읽혀지지 않을수록 불가시성은 높아지게 된다. 베누티는 번역가가 목표 텍스트 안에 존재하되 모습을 드러내도록 한다. 목표 텍스트를 읽으며 독자들이 번역가의 존재를 피부로 느낄 때 번역이 훌륭한 것으로 인정된다. 베누티의 이론은 번역가의 존재나 역할을 강조하는 점에서 번역가 중심의 번역이다. 그에 의하면 이국화는 목표텍스트에서 번역가가 가시적으로 드러날 때를 말한다. 그런 텍스트를 읽으면서 독자들이 낯선 경험을 할 수 있게 하는 전략으로 슈클로브스키와 같은 러시아 형식주의자들이 즐겨 사용하던 일종의 낯설게 하기 효과를 연상시킨다.

슐라이어마허에서 시작된 자국화 번역은 17세기 프랑스의 절대 왕정에서 자기 문화와 말에 대한 자부심을 갖게 되면서 자국화 번역을 선호하게 되었고 이것이 자국어 중심적 번역으로 발전하여 당시 프랑스로 망명한 영국 귀족들에게 영향을 미치게 되고 이런 풍토는 영국이 신대륙 정복과 산업혁명을 거치면서 해가 지지 않는 나라로 명성을 떨치게 되면서 2차 대전 이후 미국이 초강대국의 지위를 획득하면서 영어권에는 고착화 되었다.

문화적 차이를 극복하기 위한 이론인 자국화와 이국화에 관한 쟁점으로 문화적인 측면에서 이해하려는 것이다. 번역 수강생들을 2-3그룹으로 나누고 한 그룹은 자국화 전략을 그리고 다른 한 그룹은 이국화 전략을 사용하여 과제물을 번역하도록 하고 각 그룹에서 한 명씩 번역 과정과 결과에 대한 발표를 하게 하면 도움이 된다. 자국화와 이국화가 완전히 다른 번역 접근 방향이기 때문에 수강생들은 비교적 쉽게 이론에 적응하고 이를 번역에 적용하는 데 어려움이 없다.

가령 번역 대상인 ST 원천 텍스트에 나와 있는 이국적인 문화소(신과의 대화, 플로리다 해안, 괌, 하와이)를 그대로 사용하여 이국적 문화를 전달하고자 할 수 있으며, 자국화 전략을 다루는 그룹에서는 수강생들이 한국식 분위기나 사투리로 바꾼다든지, 하와이를 해운대나 광안리로 치환하여 최대한 한국적 상황으로 바꾸어 보려는 노력을 할 수 있을 것이다.

무엇보다 거시적인 번역 방향을 설정하고 따라가면 미시적 표현을 선택하는 하향식 접근법에 잘 적응할 수 있다. 그러나 수강생들의 번역이론과 실무적인 번역에 대한 발표나 토론이 지나치게 이론 중심으로 치우치는 것은 경계하지 않으면 안 된다. 가령, 두 그룹의 발표자들은 사전에 배포한 이론 학습용 참고 자료 외에 추가적인 번역 전략에 관한 참고 자료들을 찾아 필요 이상으로 이론에 대해 장황하게 설명하고 번역에 관한 예를 부수적인 것으로 경시하는 점은 경계되어야 할 사안이 아닐 수 없다.

번역이론은 단지 이론으로 끝나는 것이 아니라 실무를 위한 이론임을 명심해야 한다는 이야기이다. 또 번역은 단순히 ST를 TT로 바꿔주는 것이 아닌 텍스트의 성격이나 맥락을 이해하고 전략적으로 판단해서 번역하는 것임을 알게 된다.

스코포스 이론의 관점에서 본 자국화 번역 전략(사례-더빙 영화 「빨간 모자의 진실」)을 볼 때, 소프트웨어의 힘을 빌려 표준화된 번역을 모색하고자 하는 기술적 시도와 여러 유형의 번역 방법 중에서 원전에 대한 충실성을 유지하기가 가장 어려운 대상은 영화 번역이다. 원문에 대한 충실성이라는 잣대만으로 모든 번역 결과물을 비평하는 일은 온당치 못하다는 전제를 바탕으로 원문의 대사를 직역하지 않고 국내 관객들에게 익숙한 유행어와 속담, 한국적 문화가 반영된 사투리, 신조어의 삽입 등을 통한 자국화 번역으로 흥행에 성공을 거둔 영화 <빨간 모자의 진실>에 대한 사례를 보면 분명해진다. 본 작품이 성공적인 자국화 번역 전략의 전형이라 평하지만 자막 혹은 더빙 시 발생하는 시·공간적 제약, 이 작품이 어린이를 대상으로 한 영화였다는 점, 작품 전체에 일관되게 자국화 번역 전략이 사용된 것은 아니라는 점 등을 고려하면 그리 쉽사리 결론을 내릴 수 있는 문제는 아니다. 특히 원문에 대한 충실성을 택할 것인가, 독자의 입장에서 읽기 쉬운(듣기 쉬운) 자국화 번역전략을 택할 것인가에 대한 해답은 쉽게 나오지 않는다.

7. 자국화와 이국화 번역 분석

자국화(Domestication)는 외국어 작품 번역 시 의도적으로 원문이 가지고 있는 이국적이고 낯선 대상을 삭제하거나 자국어, 즉 번역문의 논리, 의미 전개에 부합하도록 다른 표현으로 대체하거나 원문에 없는 내용을 삽입하는 방법을 통해 자국에 지배적인 가치 확립에 초점을 맞춘 번역을 말한다. 자국화 번역의 대표적인 예는 역동적 등가를 토대로 한 나이다의 번역론이다. 나이다는 원문 독자들이 원문을 읽을 때와 같이 번역문 독자들이 번역문을 자연스럽게 받아들이게 해야 한다고 강조하면서 "역동적 등가 차원의 번역은 표현의 완벽한 자연스러움을 추구한다"(Nida)라고 지적한다.

번역문 1:
외국 관광객들이 서울에서 가장 맛있는 음식으로 삼겹살을 뽑아. 외국인 관광객들이 서울에서 가장 맛있는 음식은 돼지고기를 얇고 길게 썰어 불판에 구워 먹는 삼겹살이라고 말했다. 서울시는 약 2천명의 사람들을 대상으로 설문조사를 시행했다. 외국인들에게 서울에서 맛 볼 수 있는 음식 중에 가장 맛있는 것이 무엇인지 물었는데, 설문에 응한 사람들 중 25퍼센트가 삼겹살을 골랐다. 그리고 발효 식품인 김치와 김치를 재료로 한 여러 종류이 요리가 두 번째 자리를 차지했다. 마지막으로 세 번째는 맵고 단 소스에 쌀로 빚은 떡을 넣는 떡볶이가 차지했다. 그 다음으로는 닭과 인심으로 내는 국인 삼계탕, 쇠고기로 육수를 내고 면을 넣은 시원한 냉면, 삶은 돼지고기인 보쌈, 그리고 한국식 롤인 김밥이 뒤를 이었다.

번역문 2:
외국인 서울 먹거리 삼겹살이 최고
외국인 관광객들이 서울의 가장 맛있는 음식으로 삼겹살을 꼽았다. 서울시가 외국인 2천여 명을 대상으로 '서울의 맛있는 먹거리'에 대해 설문 조사를 실시했다. 그 결과 응답자의 25%가 삼겹살이 가장 맛있다고 대답했다. 2위는 김치와 김치요리, 3위는 떡볶이 순이었다. 이어 삼계탕, 냉면, 보쌈, 김밥이 뒤를 이었다.

번역 1의 장황하고 반복되는 설명보다 번역 2의 간결하면서도 핵심적인 내용을 집고 있는 내용이 한국인들에게 더 친숙하고 편하게 느껴지는 것은 한국인들로서 한국 음식 문화에 대한 친숙도와 기존의 지식을 고려해서 볼 때 한국의 독자층에 맞게 자국화한 번역 2가 더 편안하게 느껴지는 것으로 이해할 수 있다. 동일한 원문이라 할지라도 번역문을 읽게 되는 대상 독자가 공유하고 있는 배경 지식의 정도, 연령층, 삶의 방식을 결정하는 '지식과 능력의 총체'로 설명할 수 있는 문화적 차이, 텍스트의 기능적 유형과 장르가 영향을 미치고 있음을 알 수 있다.

이국화(Foreignization)는 외국어 텍스트에 등장하는 언어 문화적 차이를 유지시키고 번역문 독자에게 노출시킴으로써 이질적 담화를 시도하는 번역 방법을 의미한다. 이국화 전략의 시발점은 슐라이마허이다. 그는 저자와 독자를 결합시킬 수 있는 방법은 두 가지 뿐이라고 하면서 "가능한 한 작가를 내버려 두고 작가에게 독자를 움직이거나 독자를 그냥 둔 채 작가를 독자에게로 데려가는 것"이라고 한다. 원문의 어구에 보다 가깝게 따르는 번역일수록 이국적인 것을 더 많이 가지고 독자를 매혹시킬 것이라는 점에서 그렇다. 이국적인 것, 낯선 외국어와 다양하게 접촉함으로써 영어가 더욱 풍요로워질 것임을 강조한다.

　이국적이고 낯선 것을 부정하는 번역은 바람직하지 못한 번역이며 자민족 중심의 번역이 원문의 체계를 파괴한다는 지적이다. 오늘날 영어권에 널리 만연된 자국화 번역 읽기, 평가하기 관행을 비판하고 잘 읽히는 번역, 매끄러운 번역을 주장하는 자국화 번역이 결국 자국어의 세계적 지배를 고착하고 불공정한 문화 교류에 기여한다는 것이다. 자국어 번역은 자국어의 지배권을 고착화 하는 데 기여하게 된다는 점이다.

　번역의 완전한 '자연스러움'(Nida)은 원문 문화보다 자국의 문화를 더 우월시하는 자국민 중심주의 발로이며 유창한 번역이라는 미명하에 번역가를 더욱 보이지 않게 작용한다. 이국화 관점에서 접근했을 때 가장 훌륭한 번역은 외국 텍스트의 낯선 모습을 그대로 자국 독자들에게 보여주고 그를 통해 자국어의 패권적 지위를 흔드는 번역이 된다.

1. 이국화 전략 대 자국화 전략

"It takes two to tango."

This idiomatic expression has a negative connotation and suggests that when two people work as a team, they are both responsible for the team's successes and failures. When two or more people are paired in an inextricably related manner and things turn out badly, people tend to point a blaming finger at the other. However, any single party of the pair cannot be held responsible for all the results of the team effort. In the event that collective work between you and your colleague turns out badly, it is just as much your fault as it is your colleague's.

It is easy to point the finger of blame at others instead of acknowledging one's own responsibility when things turn sour or results turn out to be disappointing. It takes both maturity and courage to accept one's responsibility and share the consequences of one's actions.

"손바닥도 마주쳐야 소리가 난다."

2. Textuality

텍스트성의 이해와 적용에 관심을 두고 수강생들이 텍스트를 텍스트로 보지 못하고 개별 문장의 차원에서 이해할 경향이 있기 때문에 이를 위해 보그란데(de Beaugrande)의 7가지 텍스트 구성요소들과 주제구조를 실례를 들어가면서 설명할 수 있다. 이때는 전체적으로 글의 논리가 짜임새 있는 신문, Newsweek 같은 자료를 활용할 수 있다. 이를 통해 수강생들은 텍스트성에 관한 이해를 용이하게 할 수 있다. 반면에 번역이론이 실무적인 번역을 위한 유익한 도구임을 잊어버리고 번역 이론의 목적을 벗어날 위험성은 상존한다.

이런 경우 번역이론에만 치중하게 하지 말고, 번역 과정에서 경험한 제반 문제들과 그 해결방법을 논의하는 과정에서 자연스럽게 이론적 요소들을 거론하게 하면 유익하다. 이런 과정을 거치면 수강생들로서는 자연스럽게 이론적인 체험을 실무적인 차원으로 이끌어 낼 수 있게 된다.

문학 텍스트를 번역한다는 것은 단순히 정보만을 전달하는 텍스트와는 달리 원저자의 의도와 원작이 지니고 있는 상징적인 함의까지도 자연스럽게 옮겨놓음으로써 목표 문화권의 독자들이 출발어로 읽는 것과 같은 감응을 느끼게 하는 데 그 목적이 있다. 그러나 잘못된 번역가의 번역을 통해 야기되는 피해는 고스란히 번역본을 읽는 독자가 받게 된다.

ex)
ST: No prophet had told him, and he was not prophet enough to tell himself. Moreover, the figure near at hand suffers on such occasions, because it shows up its sorriness without shade; while vague figures afar off are honoured in that their distance makes artistic virtues of their stains.

TT 1: 이를 그에게 가르쳐 준 예언자도 없었고 그 스스로 깨우칠 만한 예지도 없었다. 더욱이 그런 경우에 눈앞에 있는 사람은 가린 것 없이 결점이 드러나기 때문에 손해를 보지만, 멀리서 희미하게 잘 안 보이는 사람은 거리 때문에 오점도 예술적인 장점이 되어 덕을 보는 법이다.

TT 2: 그에게 가르쳐 준 사람도 없었고 그녀 자신도 그것을 깨닫지 못했다. 게다가 이런 경우 좋은 면보다는 나쁜 면이 더 확실하게 느껴지는 까닭에...

TT 3: 어느 예언자도 일찍 그녀에게 말해 준적도 없었고 또한 예언자도 아닌 그가 알 까닭도 없었던 것이다. 게다기 이런 경우에 가까이에 있는 존재는 그림자도 없이 더러움을 낱낱이 드러내므로 볼꼴 없이 보이지만 반면에 먼 곳에 있는 어슴푸레한 존재는 멀리 떨어져 있는 탓으로 더러운 흠도 예술적인 미점으로서 소중히 여겨지는 법이다.

번역자는 ST의 정확한 의미를 알고 번역을 해야 하는데 위의 경우 실제로 gender와 관련하여 주어의 성이 바뀌는 경우가 되어 오역이 의심된다. 일부 번역의 경우 텍스트 내에 역주와 각주를 통해 관련 정보를 제공하는 전략을 활용하여 의미의 충실성에 집중하는 모습을 보이는 가 하며 다른 부분에서는 ST부분에서 생략이나 삭제를 사용함으로써 TT/ST의 충실성과 가독성을 저하시키는 경우도 있다.

3. Grammatical Issues

한국어와 영어의 문법과 구조의 차이를 극복하는 문장 차원에서 한국어와 영어의 차이점을 설명하는 데 집중한다. 한국어 통사규칙과 영어 통사 규칙은 많은 차이가 있어 번역상의 문제를 극복하지 않으면 안 된다. 한국어가 모국어임에도 불구하고 ST 원천 텍스트의 문법 구조에 영향을 받아 한국어 통사 구조에 맞지 않는 문장 구조를 만들어 놓는 경우가 있다. 이를 통해 수강생들은 텍스트의 논리성과 연결 같은 응결도구를 이해하게 된다.

4. Lexical Issues

어휘차원에서 대응어의 선별과 의미론적 관점에서 성분을 분석하는 데 관심을 두고 진행한다. 특히 번역을 직접 하는 수강생들은 시중에 나온 한영사전이나 영한사전에 주어진 대응어를 그대로 사용하는 일이 잦은데 이는 주어진 컨텍스트의 의미를 고려하지 않는 행위이다. 컨텍스트와 목적 그리고 담화 상황에 따라 어휘의 의미가 얼마나 다양하게 변할 수 있는지를 알아야 한다. 어휘의 의미를 분석하고 이해하는 방법으로서 낱말과 지시하는 사물 사이의 관계를 통해 의미를 파악하는 지시이론(referential theory)과 낱말의 의미를 분석하여 의미를 밝히는 성분 분석 이론(componential analysis)이 필요하다.

5. Operative Function

작용적 텍스트에 관한 내용이다. 텍스트 유형의 개념을 이해시키고 각 유형의 기능에 따라 접근하는 방향이 달라져야 함을 학습하고 원천 텍스트로는 원저자가 의도하는 방향을 잘 전달할 수 있는 신문의 사설이나 논평을 활용할 수 있다. 원문의 논리를 이해하고 주장을 강조하기 위해 의미 전개 방식을 두괄식이나 미괄식으로 바꿀 수 있고 대응어를 선택할 때 주장을 강하게 표현할 수 있는 어휘를 선택할 수 있다.

6. Expressive Function

표현적 텍스트에 관한 내용이다. 시적인 감수성을 전달하는 동시에 원문의 미학적 예술적 형식을 존중하는 시(poem)를 번역하는 것이 해당한다. 시를 번역하는 것은 결국 번역자의 감수성이 많은 부분을 차지하게 되고 번역 전략이나 이론이 생각만큼 크게 도움이 되지 않을 수도 있을 것이다.

7. Informative Function

정보적 텍스트에 관한 내용이다. 원문의 개념적 내용을 정확히 이해하고 정확한 어휘로 전달해야 하는 의학 관련 논문들이 적절한 예가 될 수 있다. 전문적인 개념과 용어를 정확하게 이해하고 사용하는 것이 핵심이다. 관련된 글이나 전문가의 조언 또는 관련 용어집과 같은 다양한 소스를 활용하는 모습이 필요하며 비교적 간결하고 중립적인 문제를 사용하여 원문의 내용을 정확하게 전달하기 노력이 필요하다.

8. Consumer-oriented Text

텍스트 장르별 번역 전략으로 광고물 번역이 해당한다. 원천 텍스트로는 광고물 번역을 위해 식품, 의료, 화장품이나 스포츠 광고와 같은 다양한 잡지에 실린 광고들을 번역하게 할 수 있다. 이때 수강생들은 비교적 구체적인 이론에 대한 생각을 말할 수 있다.

9. Children's Story

아동문학의 번역 양상에 관심을 두고 스코포스 이론과 연계하여 진행한다. 특히 아동문학은 새로운 어휘를 교육시키려는 교육 목표가 분명한 장르로서 가독성을 희생하면서까지 문화 역사관련 어휘를 설명해 주는 이국화 전략을 많이 사용하고 이는 이국적이고 낯선 것, 타자에 대한 적대감을 극복하기 위해 꼭 필요한 번역 방법이다. 아동 독자의 인지 발달 정도를 고려해 문장을 분절하는 전략을 사용할 수도 있다.

10. Subtitling

모든 번역은 소비자를 위한 소통의 미학이라고 말한다. 이국적인 문화를 그대로 살려야 한다는 원전주의의 이상과 두 문화 사이의 다리가 되어야 한다는 해석학적 번역론의 실용주의 두 가지를 함께 포용하면서 심미적인 표현을 지향할 때 번역은 독자와 관객에게 다가갈 수 있다. 영상번역이나 자막 번역에 관심을 두고 진행한다. 우선 시청자들의 인지적 정보처리 특성을 고려한 자막 번역의 원칙을 지키고 생략과 압축이라는 자막 번역에 관하여 논의한다. 이론에 지나치게 치중하기 보다는 자신이 선택한 표현에 대한 설명에 집중할 수 도 있다.9

---

9 영상 커뮤니케이션으로서의 영상
* 매체 미학, 기호학, 영상 커뮤니케이션학,
- 영상 메시지 제작자의 목표는 그것을 보는 사람이 그 의도를 알 수 있도록 강한 이미지를 만드는 데 있다. 관람자의 마음이 그 이미지를 사용하지 않는다면 그것은 아무 소용이 없다. 이미지를 만드는 사람은 다른 사람이 기억하는 이미지를 만들고 싶고, 이미지를 소비하는 사람은 자신이 기억하고 싶은 이미지를 보기 원한다.
- 사람들은 메세지속의 영상 이미지와 단어들의 인식
  매스미디어의 커뮤니케이터들은 수용자(시청자)가 자신의 메시지에 주목하여 그 내용을 익힌뒤 태도나 신념의 변화를 보이고 이것이 커뮤니케이터가 바라는 행동으로 반응하기를 원한다. 그러나 지각 이론은 메시지의 해석과정이 복잡하며 커뮤니케이터의 이런 목적이 달성되기 어렵다.
- 선택적 지각이란 커뮤니케이션에서 중요한 역할을 수행하는데 사람들이 같은 메시지에 대해서도 서로 다르게 반응할 수 있다는 것을 의미한다.
- 체계적으로 영상을 분석하지 않으면 방송으로 매개된 이미지만 볼 수 있을 뿐 프레임 내에 있는 개개의 요소를 인식하지 못할 수있다.
  인간의 신체에서 감각능력의 70% 이상을 차지하는 것이 눈이다. 청각, 후각, 미각, 그리고 촉각은 나머지 30%를 차지하면서 보조적인 역할을 한다. 연인들이 길고 정렬적인 키스를 할 때, 눈이 전달해 주는 비주얼 메시지를 차단함으로써 다른 감각 기관으로 들어오는 정보의 양이 많아진다. 그들은 연인의 부드러운 숨소리, 머리와 피부의 향기, 입의 촉각, 그리고 애무의 느낌에 감각을 집중하기를 원한다. 일반적인 시계를 가지고 있는 인간은 편안한 상태에서 왼쪽으로 90도, 오른쪽으로 90도, 그리고 위아래로 80도 정도를 볼 수 있다. 눈썹과 코가 수직적인 시각을 부분적으로 가린다.
* 눈길의 영상 커뮤니케이션
  카메라의 시선 처리
- 출연자가 카메라 렌즈를 직접 바라보는 영상: '본다'는 입장과 '보여지는 상태'에 놓이게 됨, 직접 메시지를 전달하려는 의도를 갖는다 - 포스터, 광고, 비 드라마 작품..

- 출연자가 카메라 렌즈를 바라보지 않는 영상(옆이나 먼쪽을 향한다): 단순히 묘사(제3자의 객관적인 입장)하는 상태로 표현, 메시지를 암시하거나 간접적으로 속삭이고, 묘사하는 방법을 통해서 수용자를 설득하는 커뮤니케이션의 형태 - 다큐멘터리의 일부분, 드라마 영상..

1) 영상 커뮤니케이션의 감각 이론과 지각 이론
감각 이론: 게슈탈트(행태학) 이론(Gestalt Theory), 구성주의 이론(Constructivism theory), 생태학 이론(Ecological theory)이 있는데 직접적이거나 매개된 이미지들이 빛으로 구성되어 있다고 주장한다.
지각 이론: 기호학 이론(Semiotic theory)과 인지 이론(Cognitive theory)이 있는데 이것은 주로 인간이 이미지와 관련된 의미에 관심을 갖는다고 본다.

가) 감각 이론(Sense theory): 직접적이거나 매개된 Image들이 빛으로 구성된다는 원리를 주장
(1) 게슈탈트(행태학) 이론: 시각이 단순하게 모든 영상을 자극하여 받아들이고, 뇌(정신)는 이러한 감각을 일관된 Image로 정리한다.

- 행태학(게슈탈트) 이론의 4가지 법칙
(가) 유사성의 법칙 : 인간이 영상 Image에 집중하기 위해서는 안정된 상태의 가장 간단한 형태를 선택한다는 규칙, 정3각형, 정 4각형, 원 처럼 가장 기본적인 형태나 모양의 중요성을 강조하는 원리. 현대인들의 두드러진 속성과 일치.

* 현대인들의 두드러진 습성
@ 힘들고 복잡한 생각과 일을 싫어한다.
@ 감각적이고 즉흥적이며 순간적이다.
@ 깊은 생각을 지속시키는 힘이 약하다.
@ 빠른 변화를 바라면서도 피동적이다.
@ 자기중심적인 생각과 행동들을 보인다.
@ 깊이있는 이해력과 논리성이 약하다.
@ 어려웠던 지난 일들을 쉽게 잊게 된다.
@ 독서를 싫어하고 즐기기를 좋아한다.
@ 순간적인 판단으로 평가하고 비평한다.
@ 유행을 잘 따르고 튀는 개성을 살린다.
@ 신체적인 체험하기를 좋아하지 않는다.
@ 창의(상상)력보다 환상을 즐기게 된다.

(나) 근접성 법칙: 인간의 지각(두뇌 활동)능력은 멀리 떨어진 물체보다는 가깝게 놓인 물체를 더 친밀하게 관계짓는 원리.
(다) 연속성의 법칙: 사람의 두뇌는 움직임의 변화를 갑작스럽게 가져가거나 급하게

취하는 것을 좋아하지 않는 원리. 정신(심리) 활동은 되도록 '하나의 선'이 부드럽게 연속적으로 펼쳐지는 것을 원한다는 뜻이다.

(착시) <---->
　　　　　>----<

(라) 공동 운명의 법칙: 보는 사람이 같은 방향을 기리키는 경우나 5개의 손가락이 같은 방향을 가리키므로 심리적으로 같은 움직임으로 분류하는 원리.

(2) 구성주의 이론
건축물의 구조를 이루고 있는 재료보다는 '건축물을 만드는 사람의 입장'에서 지각 현상을 설명하고자 한다.
- 유전적으로 내장되어 있는 기능에 의해 지각이 즉각적으로 완결되는 것이 아니라 경험의 추론과 같은 지각(수용)자의 지식이나 능동적인 역할이 지각과정에 개입한다는 원리이다.

(3) 생태학 이론

어떤 물체의 크기는 눈의 망막에 있는 대상의 Image 이미지 크기로 판단된다고 주장한다. 작은 물제가 큰 물체보다 작은 image를 보여줌을 의미한다.

나) 지각 이론
매체속에 나타나는 수많은 영상 이미지는 각기 의미를 지니고 있다. 화면에 나타난 이미지(표현)를 통해 우리는 그것에 대해 해석(의미)을 할 수 있다. 즉, 영상 이미지를 통해 나타내고자 하는 의미를 전달받게 되는 것이다. 영상 이미지가 갖고 있는 의미를 해석하기 위해서는 언어가 가지고 있는 표현 방식과 의미를 먼저 파악해야 한다.
- 과거와 현재의 자극상황을 중심으로 하는 인지 이론(Cognitive Theory)과 사물(영상과 인식하는 물체)의 의미를 중시하는 기호학 이론(Semiotic Theory)으로 대별된다.

(1) 이미지의 기호학적 논의
- 모든 언어는 기표와 기의를 가지고 있다. '나무'라는 단어는 글자로 인식되는 '기표'와 '나무'라고 생각할 수 있는 기의를 가지고 있다.
- 시각 현상의 의사전달 과정 역시 기표와 기의를 통해 인식하게 된다.
- 인식을 돕는 것이 바로 기호(Sign)을 연구하는 기호학(Semiotics)이라는 분야이다. 여기에는 두 가지 이론이 포함되는데 하나는 미국의 철학자 퍼스(C. S. Peirce)가 발전시킨 기호학(Semiotics)이라고 알려진 분야이고, 또 다른 하나는 스위스의 언어학자 페르디낭드 드 소쉬르(Ferdinande de Saussure)가 발전시킨 기호 언어학(Semiology)이라는 분야다.

- 기호학의 관점에서는 다른 무엇을 상징하는 것은 모두 기호다. 의사전달(Communication)의 상당 부분이 직접적으로 이루어진다기 보다는 다양한 기호를 통해 간접적으로 이루어지는 것을 의미한다.
- 기호학 이론은 과거의 명작(시각을 중심으로 창작 또는 제작된 미술작품을 비롯하여 사진, 영화, TV, Video, Digital 영상, 기타 영상 image등)에 해당되는 작품 - 영상 image은 오늘날에는 그것이 과거일 뿐일지라도 작품속에 흐르는 Text(작품?)는 이론상으로 영원한 것이고 신성 불가침이다.

(2) 인지이론(Cognitive Theory)
관람자 - 수용자, 감상자는 영상 image를 단순히 빛으로 구조화된 대상- 생태학적인 접근방식-으로 보지 않고, 정신(마음) 활동을 통해서 지각하여 결론을 내리는 이론이다.
- 현재의 자극 상황을 경험과 과거에 비추어 해석하고, 생소한 문제가 변화되는 과정으로 접근하는 정신작용을 가리킨다.

* 지각(Perception)과 인지(Cognitive)
지각: 사물을 파악할 때 필요한 정보, 즉 영상의 image를 제공하는 빛이 사물을 구조화 하는 방식
인지: 과거의 경험과 문화적인 요인, 영상의 인식 개념등을 형성하는데 도움을 주는 언어적인 능력에 바탕을 둔다.

- 모든 사람은 자신이 경험하거나 경험을 통해 알고 있는 지식의 범위 수준에서 사물을 바라본다.

+++ 영상제작자는 창조적인 영상 image를 사용하여 Message를 기호화(encoding)하고, 수신자-수용자, 시청자,관람자, 관객, 기타 기호화된 message를 해독(decoding)하는 지식과 경험을 충분히 갖춰야 영상커뮤니케이션이 잘 이루어진다.

2) 영상 지각과 정신 작용 -Carolyn Bloomer

(1) 기억(Memory): 지금까지 인식된 이미지들을 연결시키는 데 주요한 역할을 한다. <정보(기억) 처리의 모델> 은 첫째, 1-3초 정도만 간단히 기억시키는일, 시각을 대상에 바르게 고정 둘째, 짧은 기간에 기억하는 것으로 인식의 정도에 좌우된다. 셋째, 일생동안 지속적으로 영원히 이미지를 기억시킨다.
(2) 심상(Projection): 일종의 창조적인 사람이 일상적인 대상에서 어떤 형태를 인식하는 것을 의미한다.
(3) 기대(Expectation): 어떤 사물을 상대하게 될 때나 어느 곳에 갈 때는 거기에 대한 사전에 강한 이미지를 가지고 있다면 새로운 사실을 인식하는 데 어려움을 겪는다. 일종의 선입견으로 지각을 제대로 하지 못한 경우를 가리킨다.

(4) 선택(Selectivity): 일상적으로 영상(사물)을 받아들이는 지각은 의식적이기보다는 자연스럽게 무의식적으로 받아들이고, 영상 내부에 있는 주요한 세부 사항에만 집중하는 경향을 보인다.(교훈: 운동 경기를 중계하는 도중에 관람하는 관중을 가끔 비추는데 화면에 나타난 관람자에게 시선이 집중되는 상태를 보인다. 그러나 집중되는 사물(영상)이 부각되어 핵심이 흩어지지 않아야 한다.
(5) 습관(Habituation): 수용자는 자신을 보호하기 위해 불필요한 자극이나 습관적인 영상의 자극(지각)을 거부하는 경향이 있다. 사람들은 매일 보는 경치는 인식하는 경우가 낮고, 새로운 여행이나 경험을 즐기게 된다. 즉, 너무 많은 정보(영상)에 대해서는 감각(두뇌)이 짜증스러워한다.
- 정보에 대한양면성; 새로운 경험을 즐기면서도 현저하게 차이를 보일 때는 문화적 충격(거부 반응)을 받게 된다.
(6) 특징(Salience): 개인에게 의미 있는 자극은 더 잘 인식되는 것을 말한다. 예를 들어 배고픈 사람은 창문틈으로 새어 들어오는 음식 냄새를 즉시 인식하게 된다. 또 모양과 색은 예술가에게 더 많은 의미를 주게 된다.5 감각으로 지각하는 느낌은 곧 바로 인식할 수 있는 정신 활동으로 이루어진다. 이런 5감각 능력은 창조적인 사람(예술가나 전문 영상 제작자)에게는 더 많은 자극과 의미를 남긴다.
(7) 부조화(Dissonance): TV 영상은 문어(Literary Language)와 구어(Spoken Language)로 혼합되어 나타난 어울리지 않는 이미지(Image)에 해당돼 그만큼 산만한 영상으로 지각된다.
그러나 TV Image가 '조화 없는 영상'으로 이해되지만, 실제로 TV Image가 구어 중심으로 이루어진 까닭은 구어는 빠르고 간단명료한 반면 문어는 길어지기 때문이다.
- 영상매체는 언어보다는 의식의 표현 그 자체로 지각을 확장하는 방법을 선택하여 보여주는 속성을 지녔음을 의미함.
(8) 문화(Culture): 일상적으로 생활 속에서 경험할 수 있는 자극과 반응을 의미한다. 사회적으로 사람들이 말하고, 행동하고, 먹고, 마시고, 종교적인 신념을 가지게 하는 문화적 영향력은 영상 지각에 막대한 영향력을 미친다. 각 나라의 국기나 좋아하는 옷, 머리 모양, 상징물 등은 모두가 개인적이고 문화적인 의미를 지니고 지각되기 마련이다.
(9) 언어(Words): 사물(영상)을 지각하면 대부분의 생각(상상)들이 언어로 구조화되어 정리된다. 우리는 눈으로 보지만 의식적인 생각의 대부분은 단어로 구조화되어 있다. 단어는 장기간의 기억에 심대한 영향을 미친다. 모든 사물(영상)은 개념으로 정리되어 기억되므로, 커뮤니케이션 형태의 하나인 언어(단어 Words)와 Image는 같은 수준으로 형성된다. 가장 강력한 커뮤니케이션 형태의 하나는 단어와 이미지가 동일한 비율로 결합되는 경우이다.

3) 뉴스 영상과 광고 영상의 차이
- 매스미디어는 영상(사진)을 메시지의 한 부분으로 자주 사용한다. 사람들은 영상을 어떤 방식으로 해석할까?

인간은 삶을 살아가면서 세상에 널린 정보를 모두 수용할 수 없고 그럴 필요도 없다. 따라서 정보를 선택적으로 저장한다. 인간은 감각하기 전에 이미 살아온 경험과 지식을 활용하기 때문에 이해가 먼저 생기고 인지가 벌어지는 경우도 있고 지각의 순간적인 경험에 따라 반응하기도 한다. 지각 - 인지 - 이해 - 선호의 과정은 순차적이지 않고 복합적이어서 뇌의 정보가 공학적으로 처리되지 않는다. 따라서 합리적으로 지각되고 인지되어 보이는 현실과 가상의 간격을 명료하게 말하기가 어렵다. 이런 인간의 한계를 이용하여 실제 존재하지 않는 가상의 존재를 실제인 듯이 만들어 내는 기술을 디지털이라고 한다. 가상의 존재를 만드는 것이 아니라 가상의 존재인 인간의 상상을 마치 실제인 듯이 보여주는 방법을 만들었다는 것이 디지털 기술의 핵심이다. 여기서 현실과 가상의 구분은 모호해 지는 것이다.

미디어, TV, 그리고 갖가지 신호체계들 또한 디지털 기술의 발달과 함께 디지털화 되었고 다양한 기능과 선명한 화질의 디지털과 접목되었

- 광고 영상은 상징으로 기능할 수 있고, 시각적 요소(Visual element)들이 개념, 추상, 행위, 은유, 수식어+ 능을 나타낼 수 있고 복삽한 수상으로 뭉쳐실 수 있나.
- 매스미디어에서의 영상은 '실재의 투명한 재현', '정서적(감성적) 호소의 운반체', '수사학적 주장'으로 조립되는 복잡한 조합이다.

가) 뉴스 영상: 광고 영상에 비해 실재의 투명한 재현으로 더 많이 사용될 수 있다. 정서적(감성적) 호소의 운반체로서 효과는 자주 높다. 수사학적 주장은 대개는 낮다.
나) 광고 영상: 뉴스 영상에 비해 수사학적 주장으로 더 많이 사용될 수 있다. 정서적(감성적) 호소의 운반체로서 효과는 자주 높다. 수사학적 주장은 대개는 높다.
예) 클리닉(Cliniqe - 한 화장품 회사 이름)의 관고 분석 - 스콧(Scott, 1994)
립스틱과 화장품이 수다수가 담긴 컵 안에 잠겨있고 그 컵은 라임 한 조각으로 장식돼 있다.
- 이 광고의 메시지는? 립스틱과 화장품이 방수라고 말하는 것이 아니다.
"클리닉의 여름 신 상품은 늘씬하게 비틀려 있는 소다수 컵처럼 신선하다"라고 언어로 풀이할 수 있다.

다. 이처럼 가상 데이터가 실제를 재현한다는 디지털의 가상성과 정보의 광속 성으로 복사와 다운로드가 언제나 가능하고 아날로그 데이터들이 디지털 형태로 만들어지면서 상호호환이 가능하게 되었다.

인간의 상상이나 사진 그리고 영상 이미지는 결코 순수하지 않다. 전체나 일정 부분은 조작된 것이기 때문이다. 디지털 이미지의 경우는 100% 조작된 것이다. 이처럼 이미지를 보면서 지각한 것과 이해할 것 사이의 거리가 과거보다 훨씬 멀어진 것은 아이러니가 아닐 수 없다.

아날로그 환경이 번역에게 제공했던 이상적인 조건은 사라졌고 통역과 유사한 환경에 들어와 있다. 수용자들이 메시지를 더 이상 기다려주지 않고 피드백을 주지도 않는다. 통번역이 된 언어는 시장에 나가 재편집되고 재 조작되어 재송신 된다. 디지털 사회의 언어조건은 이와 같이 수용자가 가진 의미의 기대조건을 충족시켜가는 과정 속에 있다. 즉, 현대의 통번역은 A, B언어가 가진 개별의 의미가 아닌, 문맥 속에서 펼쳐지는 텍스트 전체의 공간적인 문맥을 통해 각 언어가 어떤 개념과 합치하는가를 보는 문맥 속에 놓여있다.

이처럼 통역과 번역은 말과 글이 아니라 말과 글이 가진 의미의 정체성(semantic identity)을 파악하고 서로 분배하는 일이다. 현실에 완전히 뿌리박힌 텍스트도 없고 의미를 폐쇄시킨 텍스트 역시 존재하지 않는다. 의미란 인간들이 만드는 텍스트의 내부와 외부의 조건에 따라 구성된다. 따라서 통번역은 언술이 역동적으로 만들어 내는 통번역가와 수용자간의 협력의 의미가 얼마나 유효한가에 따라 존재 가치가 인정받게 되는 것이다.

영화를 번역할 때 번역가가 가장 많이 다루게 되는 ST가 배우의 발화이다. 영화 전체의 다기호성과 자막의 상호작용이 관객의 이해를 위해 결정적이라고 하더라도 번역가가 마주하는 텍스트로서 자막은 글쓰기라는 특수한 전달 방식에 속하는 유형으로 이 글쓰기의 목적은 재현된 구술 담화를 재생산 하는데 있다. 다시 말해 자막은 기본적으로 출발어 대사를 대신해야 하며 시청자는 자신이 듣고 있는 대사와 읽고 있는 자막이 자연스럽게 어울리는 상황을 기대한다.

자막 번역은 구술(대사와 말), 기술(자막이나 글)이 동시화(synchronism)되어 제공되며 ST/TT의 공존을 전제로 하는 번역방식이다. 그러므로 구술과 기술을 구분해서 바라보는 관점은 자막을 제작하는데 생산적이지 못할 수 있다.

특히 영상번역에서 자막의 우선적 목표들 가운데 하나가 영상에서 재현된 구술담화의 재생산이라는 전제에서 출발하여 대사와 자막을 매개할 수 있는 개념으로 발전한다. 자막 번역에서 줄 바꾸기, 자막 나누기, 쉼표와 줄임표는 주어진 상황에 따라 다양한 효과를 발휘할 수 있으며 번역가가 어떤 선택을 하는가에 따라 그 결과는 크게 달리 나올 수 있다. 따라서 번역가는 직질하고 창의석인 아이디어를 활용해야한다.

- 미디어 맥락에서의 '번역'

수잔 바스넷(Susan Bassnett, 2005)은 뉴스 기사의 번역이 '문화 변용(acculturation)'의 경향이 강한 번역 유형에 속하므로, 전체 텍스트를 옮겨야 하는 기존의 번역 개념과는 차별화된 새로운 정의가 필요하다고 강조했다. 부오리넨(1995) 역시 번역에 대한 협소한 정의는 수많은 번역 유형 중에서 일부에만 적용이 가능하므로 실제와 괴리가 있을 수 있다는 문제를 제기하였다. 협소하고 단편적인 정의를 하기보다는 뉴스, 법률 번역처럼 특수한 생산 여건과 목적에 따라 편집(editing), 다시 쓰기(rewriting)가 불가피한 텍스트 처리 공정도 번역의 일부로 편입시켜야 한다고 주장한다. 이처럼 뉴스 기사 번역의 경우, 다단계적인 관문을 거치며 출발어 텍스트라는 원재료가 도착어 문화에 보급 가능한 하나의 '상품' 형태로 가공, 포장되기 때문에 이러한 프레임에 부합하는 또 다른 정의가 필요하다는 주장이 지속적으로 제기되어 왔다(Akio, 1988; Vuorinen, 1995; Bani, 2006). 바니(Bani, 2006)에 따르면 미디어 번역물은 독자의 이해 노력을 최소화하는 '가독성'이 중요하므로 번역 및 편집 과정에서 독자가 이해하기 쉽도록 조작되고 이질적 요소의 전달을 위해 텍스트 외적인 수단이 부가되기도 한다. 부오리넨(2005)은 핀란드 뉴스 에이전시에서 국제뉴스를 담당하는 저널리스트 대상 인터뷰 결과를 소개하며 대다수의 저널리스트들이 자신의 일을 '번역'이 아닌 '편집', 즉 외국어 아이템을 재료로 한 자국어 기사의 재생산으로 여기고 있음을 밝혔다. 언론 매체는 대중을 위해 뉴스와 정보, 의견을 제공하여 이슈의 공론화 및 여론 형성 기능을 수행하는 공익 실현의 목표와 기업으로서 이윤을 추구하는 수익 창출 목표를 함께 고려해야 하는 이중적 속성의 조직이다. 따라서 특정 언론 매체의 '상품'격인 뉴스 기사는 그 제작은 물론 타언어로의 번역 과정 전반에 걸쳐 적절한 중재, 조정, 여과 작업이 이루어진다. 이러한 특수성으로 인해 상술한 연구들의 주장처럼 실제 미디어 현장에서 실시되고 있는 '번역'은 출발어의 의미를 원형 그대로 재현하는 '번역' 본래의 의미와 달라질 수밖에 없다.

8. 매스미디어 효과이론과 번역 교수법

활자매체로 된 언어 표현을 다른 언어로 바꾸는 작업이 번역이라면, 음성으로 된 언어 표현을 다른 언어로 된 음성 표현으로 바꾸는 작업은 통역에 해당한다. 인쇄물을 보고 음성으로 통역하는 것은 '보면서 통역하기' 또는 '문장구역'(sight translation)이라고 부른다. 영상물 번역은 영상과 언어가 함께 등장하는 경우로 영상에 동반되는 언어를 문자로 옮기는 것을 '자막 넣기'라고 하며 동일한 음성 언어로 바꾸어 원래 음성 언어 대신 넣는 것을 '더빙' 또는 'voice-over'이라고 한다. 이와 관련된 이론적 배경은 다양하다.

그렇다면 동일한 의미로 '등가'는 무엇을 의미하는가? 문맥이 없는 의미란 불가능하기 때문에 지시적인 의미인 denotation과 내포의미인 connotation을 잘 구분해야 한다.

  ex) You can't keep up with Joneses.

위의 문장은 동시에 여러 가지 의미를 지닌다. 또, 이것의 최종 의미효과(ultimate meaning effect)는 더 확장시켜 나갈 수 있다. 단어를 형성하는 것은 소쉬르가 말하는 기표와 기의와 관련 있다. 단어의 소리 값이자 형식인 기표(signifiant)와 그 속에 담긴 의미인 기의(signifie)의 결합이 단어를 형성한다. 기의와 기표는 동전의 양면과 같아 어느 한쪽이 없는 낱말은 있을 수 없다. 또 기표와 기의는 임의적 약속이며 사회 구성원으로서 배우는 규칙이다.

1) 매스미디어 효과 연구의 배경

매스커뮤니케이션은 요약 송신자와 수신자 간의 물리적 거리를 두고 기술적인 미디어 수단을 통해 불특정 다수의 수용자들을 대상으로 이루어지는 공적 메시지나 정보의 일방적 전달과정 또는 그 사회현상이다. 매스커뮤니케이션이라는 말은 1940년 무렵 군과 협력하여 파시즘의 선전을 연구하던 미국의 연구자 그룹이 처음으로 사용한 것으로 여겨지는데, 이 말이 처음으로 등장한 공적 문서는 1945년 11월 16일 제정된 '유네스코 헌장'이다. 당시 매스커뮤니케이션의 영향력은 원자폭탄의 파괴력처럼 강력하다는 생각이 퍼져 있어, 매스커뮤니케이션은 사람의 마음속에 침입해 사상과 태도를 마음대로 바꾸고 조종한다는 '피하주사 모델', '탄환이론' 등이 성행했다.

히틀러, 무솔리니 등 독재자의 맹위를 막 경험한 시대환경에서는 받아들이기 쉬운 사고였다.

그러나 매스커뮤니케이션 연구자들 사이에서 '탄환이론'은 재검토되었다. 그중에서도 유력했던 것이 대인 커뮤니케이션의 실태 조사에 입각한 P.라자스펠드의 '2단계의 흐름론'이다. 이 이론에 따르면 매스커뮤니케이션은 먼저 오피니언 리더에게 수용되어(제1단계) 그곳에서 여과, 변형, 강조, 반론의 부가 등이 이루어진 후 그 주변에 있는 집단구성원에게 전달(제2단계)되기 때문에 매스컴의 영향력이 직접 발휘된다기보다는 오피니언 리더가 대면집단(face to face group) 속에서 가지는 개인적 영향 쪽이 훨씬 더 크다는 이론이다. 이것에 대해 J. T. 클라퍼는 많은 실험과 사회조사 결과를 총괄하여, 사람들의 선유경향(先有傾向)을 변화시키는 작용이 강한 것은 대인 커뮤니케이션 쪽이며 매스커뮤니케이션은 선유경향을 강화시키는 작용을 한다는 결론에 도달했다.(단, 매스커뮤니케이션만이 기능하고 반론이 일체 봉쇄되어 있는 특수 상황이라면 매스커뮤니케이션에 의한 변화도 일어남.)

1970년대에 와서는 1960년대의 이론 경향이 매스커뮤니케이션의 영향력을 지나치게 과소평가한다는 반성이 생겨서, 매스커뮤니케이션의 의제설정기능(사람들의 사상과 태도를 직접 좌우하는 것은 아니지만 사람들의 관심의 대상을 집약하고 그것을 의제로 설정하는 기능)에 주목하기도 하고 수용자 측에서 바라본 '이용과 만족' 연구의 중요성을 재인식하기도 하는 움직임이 나타났다.

매스미디어에 대한 효과의 문제는 사회 과학자에게 있어서 매력적이고 회피할 수 없는 문제이었다. 매스커뮤니케이션에 대한 현대적 연구도 실은 매스미디어의 효과연구로부터 시작되었다는 것은 결코 우연한 일이 아니다. 이미 제1차 세계대전 기간 동안에 정부의 선전기술자들이나 광고업자들은 신문이나 영화, 그리고 라디오가 강력한 힘을 가지고 있다는 신념을 갖기 시작했으며, 그 후 히틀러와 같은 독재국가에 의하여 이용된 미디어의 위력은 자유 민주국가를 위협할 정도에 이르게 되었고 이에 따라 H. Lasswell과 같은 사회과학자들에 의하여 과학적인 실증연구를 통하여 선전기술을 분석하게 되었던 것이다. 라스웰은 그의 유명한 커뮤니케이션 모델을 구성하고 이를 통하여 선전기술을 분석함으로써, 매스 커뮤니케이션 이론구성에 선구자가 되었다. 라스웰의 선전기술 분석 가운데서도, 그 핵심적 분석은 'with what effects'인 효과분석임은 주지의 사실이다.

1930년대에 들어서 미디어 연구는 <페인기금연구>(The Payne Fund Studies)에 의한 청소년에 미친 영화의 영향에 관한 일련의 실증적 연구로부터 출발했다고 해도 과언이 아니다. 이와 같이 매스미디어의 효과에 대한 연구는 초기의 매스커뮤니케이션 연구에 있어서 핵심적 연구 분야이며, 매스커뮤니케이션 연구의 꽃이라고 할 수 있다.

매스미디어를 통해 전달되는 메시지는 사회나 사회구성원들에게 긍정적인 영향을 미치기도 하지만 부정적인 결과를 초래할 수도 있다. 매체 비평가들은 매스미디어가 야기할 수 있는 문제점들을 지적하면서 매스미디어의 바람직하지 못한 활동에 대해 걱정하거나 비판하고 있다. 이러한 불평과 걱정은 매스미디어의 위력이 실제로 대단한 것이어서 그래도 방지할 경우 사회나 개인들에게 중대한 해악을 끼칠 것이라는 가정에 근거를 둔 것이다.

미국의 매스컴 학자들은 1930년대 이후부터 매스미디어 효과에 관한 사회적 관심이 고조되자 다양한 조사방법을 동원하여 매스미디어의 효과를 객관적으로 측정하려는 노력을 기울여왔다.

2) 매스미디어 효과

(1) 초기의 대효과이론

영화와 라디오가 대중화하기 시작한 1920년대와 1940년대에 이르기까지의 많은 매스커뮤니케이션 연구들은 매스미디어가 사람들의 태도나 의견을 쉽게 변화시킬 정도로 그 힘이 막강하다고 주장하였다. 대효과이론은 매스미디어의 효과에 관한 최초의 이론으로서 수용자가 매스미디어의 자극에 기계적인 반응을 보인다는 의미에서 자극반응이론, 매스미디어의 메시지가 수용자를 변화시키는 탄환에 비유된다는 뜻에서 마법의 탄환이론, 마치 피하주사와 같이 즉각적이라는 점에서 피하주사형 이론으로도 불린다.

대효과 연구의 사례는 페인펀드 연구로 종합적인 결론은 영화가 어린이들에게 미치는 영향이 매우 막강하며 즉각적이고 직접적이라는 것이다.

(2) 소효과이론

제2차 세계대전 이후의 효과연구들은 매스미디어의 영향력이 막강하다는 대효과이론에 의문을 제기하고 이를 비판하기 시작했다. 매스미디어 효과는 개인의 기존의 태도, 가치성향, 신념 등 선유경향에 따라 다르게 나타난다는 이론으로 대표적인 연구사례는 1940년대 초에 제2차 세계대전에 참전한 미군 병사들을 대상으로 영화가 태도 변화에 미치는 영향을 다룬 호블랜드의 실험연구와 만화영화 <Mr. Biggott>에 관한 연구 등이 있다. 또 하나는 수용자가 처해 있는 사회적 위치에 따라 매스미디어 효과는 차별성을 가진다는 것이다. 라자스펠드와 그의 동료들(Lazarsfeld et al.)은 사람들은 기존의 태도나 가치관에 부합하는 메시지만을 선별적으로 수용하며 사람들의 정치적 태도를 변화시키는 데는 매스미디어보다 대인 접촉이 더욱 효과적임을 밝힘으로써 매스미디어의 효과는 제한적임을 증명했다.

그 외에도 로저스(Rogers) 클래프(Klapper)등도 매스미디어 효과는 수용자의 개별적 성향에 따라 제한적으로 나타나는 것이라고 밝혔다.

(3) 중효과이론

1970년을 전후하여 미국의 커뮤니케이션 학자들은 매스미디어의 영향력이 미약하고 제한적이라는 기존의 연구결과는 연구자체의 타당성을 인정한다고 하더라도 매우 난처한 딜레마를 수반한다고 보았다. 매스미디어의 효과가 별로 크지 않다는 경험적 연구의 주장과는 달리 대부분의 사람들은 매스미디어가 사회나 문화의 여러 영역에 미치는 영향이 대단할 것이라고 믿고 있었다. 1970년대 이후부터 최근까지 연구되어 온 매스미디어의 장기적이고 누적적인 효과 연구의 대표적인 연구 결과들은 이용과 충족이론, 논제설정이론, 문화계발(배양)이론, 침묵의 나선 이론, 지식격차이론 등이 있다.

① 이용과 충족이론

카츠(Elihn Katz)에 의해 제안되었으며 수용자 입장에서 매스미디어를 연구하고자 하였다. '매스미디어가 사람들에게 무엇을 하느냐'의 관점으로 전환하는 노력을 보인 이 연구는 능동적이고 적극적인 수용자관을 채택하고 있으며 수용자의 설득이 아닌 수용자의 욕구충족에 초점을 맞추고 있다.

② 의제 설정이론

매스미디어가 특정한 이슈들을 중요한 것으로 강조하여 부각시킬 경우 수용자들도 그러한 이슈들을 중요한 것으로 인식하도록 만드는 효과를 말한다. 1972년 여름 맥콤스와 쇼우(Mccombs & show)에 의해 제창된 이 이론은 1968년 미국대통령선거 캠페인 과정에서 매스미디어가 유권자들의 태도 변화에는 별로 효과를 내지 못했지만 공중들에게 무엇이 당면한 문제인가를 설정해주는 데에 지대한 영향을 끼쳤음을 알아냈다.

③ 문화계발(배양)이론

문화적 규범연구는 매스미디어가 수용자 개인의 태도나 의견을 변화시키기보다는 수용자가 속해 있는 사회나 집단의 문화적 규범을 강화하거나 형성함으로써 수용자의 인식과 행위에 간접적인 영향을 미친다고 전제하고 있다.

리브너(George Gerbner)는 텔레비전을 많이 시청하는 사람은 다른 사람에 비해 실재하는 범죄와 폭력에 대해 과대평가하는 경향을 발견했다. 텔레비전에서 범죄와 폭력을 많이 묘사하기 때문에 텔레비전을 많이 시청하는 사람들은 현실세계가 매우 위험한 곳이라는 규범을 형성하게 된다는 것이다.

④ 침묵의 나선이론

1974년 노엘레 노이만(Noelle Neumann)이 발표한 이론으로 사람들이 자신이 고립되는 것을 두려워하고 꺼려하는 속성을 지니고 있다는 것으로 사람들이 자신들의 의견이 소수의견이라고 느낄 때는 그 의견을 표출하여 고립되기보다는 침묵을 지킨다는 것이다. 매스미디어가 발표하는 의견이 사실은 소수의 의견임에도 불구하고 많은 사람들이 매스미디어의 의견과 다른 자신의 의견을 밝히지 않고 침묵함으로써 그들의 의견을 소수의견으로 착각하게 된다는 것이다.

⑤ 지식격차이론

매스미디어를 많이 이용하는 사람과 그렇지 않은 사람들 사이에는 공공문제에 관한 지식의 양에 있어 차이를 보인다는 것이다. 티취너

(P.Tichnor)에 의해 제시된 이론으로 지식격차가 줄어들 수 있는 조건으로 지역주민들의 관심, 사회적 갈등의 수반, 매스미디어의 반복적인 보도, 그리고 사회구조의 동질성 등을 들 수 있다.

9. 침묵의 나선형 이론(Spiral of Silence)

침묵의 나선형 이론(노엘레 노이만) : 이 이론에 따르면 대부분의 사람은 다른 사람으로부터 받아들여지기를 원하고 있다.

1980년대에 이르러 미디어는 다시금 강력한 효과를 미친다는 견해로 선회한다. 이러한 주장을 뒷받침하는 가장 유명한 이론이 바로 침묵의 나선형 이론이다. 매스미디어의 여론형성 기능을 설명하는 이 이론은 매스미디어가 여론의 지지도와 반대로의 의견분포를 전달함으로써 사람들로 하여금 자기 의견이 우세한 여론에 속하면 더욱 밝히고 열세에 속하면 침묵하게 만드는 효과를 가져 온다는 것이다. 이는 사람들이 정보의 소외를 두려워하는 심리적인 요소에서 비롯되는 현상으로 말해지고 있다.

한마디로 모기향 같은 나선 하나 그려놓고 그것을 커뮤니케이션 이론에 빗댄 것인데, 말하자면 이렇다. 월드컵 응원 전에서 무리한 태클을 시도한 우리나라 선수에게 '경기 똑바로 하라'고 목소리 높일 대한남아는 없을 것이고, 수업 종료시간을 앞두고 끝내달라고 아우성치는 학생들 속에서 "질문 있습니다" 고 외칠 학생 눈뜨고 찾기 힘들며, 밤늦게 술 먹고 들어왔냐는 아버지의 호통에 "사회생활이란 게 원래 이렇다"고 시

니컬한 웃음 흘리다간 몰매 맞기 십상이란 애기다. 이유인 즉, 사람은 사회적으로 형성된 중심의견이나 공론에 비교적 '안착'하려는 경향이 있기 때문이다. 애국심이 격앙된 월드컵 응원 전에서, '수업 끝'이라는 목소리가 듣고 싶은 학생들의 결집된 분위기 속에서, 절대정권을 쥐고 있는 아버지라는 존재 속에서 그에 반하는 의견을 내세우기란 그래서 쉬운 일이 아니다.

중심의견은 나선의 바깥으로 돌면 돌수록 더욱 막강한 힘을 발휘하는 반면, 다수의 의견과 분위기에 반하는 의견들은 모기향 안쪽의 작은 나선으로 돌고 돌아 '찍 소리' 못하게 된다는 게 이 이론의 요지다.

✓ 우리말 녹음(dubbing)
- 형식적으로는 번역 텍스트를 다시 성우 등의 목소리로 녹음하여 청각정보로 전달하는 방식
- "the foreign dialogue is adjusted to the mouth and movements of the actor in the film"(Dries)
- 내용적으로도 주로 친화적 접근법(domestication)을 사용, 도착어 텍스트 청중에게 친근하게 쉽게 이해가 되도록 원문 텍스트를 변경시키는 방식
- 청중들로 하여금 등장인물이 도착어로 말하고 있는 것으로 생각하게 만드는 것이 중요

✓ 자막 번역(subtitling)
자막은 원작의 음성대사를 그대로 두고 번역을 화면의 일부에 글자로

표기하는 것이고 더빙은 음향효과는 그대로 두고 음성 대사만 성우나 통역사가 새로 번역된 우리말로 녹음하고 섞는 것이다. 더빙에 비해 자막처리는 비용 면에서 저렴한 장점이 있다. 자막은 화면의 일부를 사용하고 더빙은 음성트랙을 사용한다. 그러나 자막의 경우 글자 수의 제한이 있게 되는데 대개 한 줄에 12-13자로 제한되고 5-6초 시간이 적용된다. 따라서 번역가는 자막 처리를 할 때 이를 염두에 두고 번역해야 하며 더빙의 경우, 말하는 속도를 제외하고, 엄격한 제한은 없으나 가장 큰 문제점은 마치 등장인물이 발성하는 것처럼 보이게 해야 하기 때문에 같은 입모양을 보여주는 자연스러움에 신경을 써야한다.

영어를 한국어로 번역하려면 더빙을 해도 영어보다 더 길어질 수밖에 없다. 따라서 가능한 한 생략할 수 있는 데까지 생략하고 입모양을 맞춰야 한다.

- 번역 텍스트를 화면 위에 문자로 전달하는 방식
- 번역 전략은 이국적 접근법을 주로 사용: "enabling the target audience to experience the foreign and be aware of its 'foreignness' at all times."

✓ 보이스-오버(voice-over)

- 번역 텍스트를 다시 성우 등의 목소리로 녹음하여 청각정보로 전달하되, 원 화자(話者)의 음성을 완전히 배제하지 않은 상태에서 그 위에 새로 녹음한 목소리를 입히는 방식.

정의	"translating in a transparent, fluent, 'invisible' style in order to minimise the foreignness of the target text"(Venuti, cited in Munday 2001:146)
방법	• 텍스트에 맞게 나타나는 모든 외국 / 이국적 요소들을 도착어 문화권에 맞게 동화 (assimilate) 시킴
효과	• 도착어 청중들의 즉각적인 이해도 제고 • 도착어 청중들이 원어 문화권의 중요하고 독특한 문화특성에 접할 기회를 박탈

- **미디어 번역의 원리 및 원칙**

  ✓ 시간적 제약

- 우리말 녹음 방식이나 보이스-오버의 경우
- 원 화자가 발화하고 시간과 번역 텍스트의 음성 녹음이 이루어지는 시간이 같아야 하는 시간 제약이 존재

  ✓ 공간적 제약

- 자막번역의 경우 한 화면에 들어갈 수 있는 자막 당 최대 글자 수의 제약이 존재
- 한국어 자막의 경우 : 화면당 2줄 / 줄당 최대 13자(띄어쓰기 포함)
- 영어 자막의 경우 : 화면당 2줄 / 줄당 최대 81자(띄어쓰기 포함)

  ✓ 표현의 경제성 확보를 위한 노력

- 시공간적 제약 때문에 간결하고 음절수가 적은 방식으로 도착어 텍

스트를 완성하기 위한 별도의 노력이 중요

✓ 화면과 도착어 텍스트 내용의 일치 여부 확인 필요

미디어 번역의 방법 : 자국화 번역(domestication)

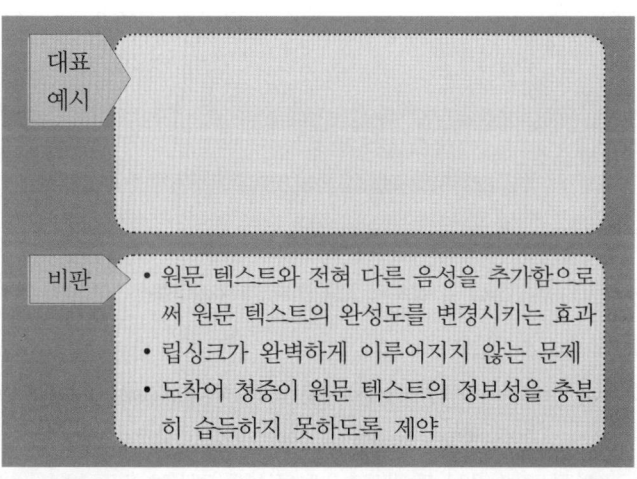

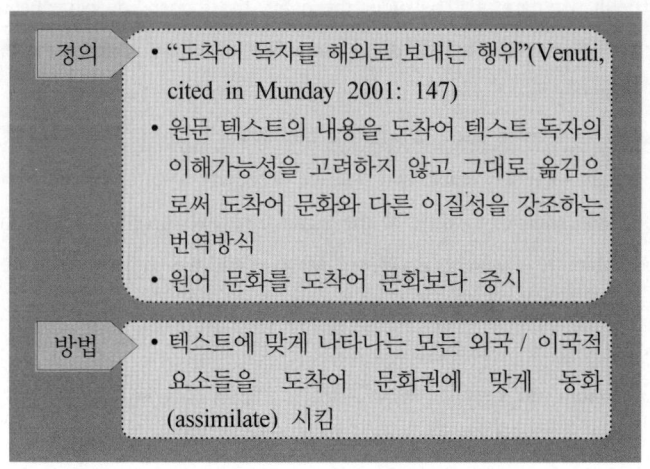

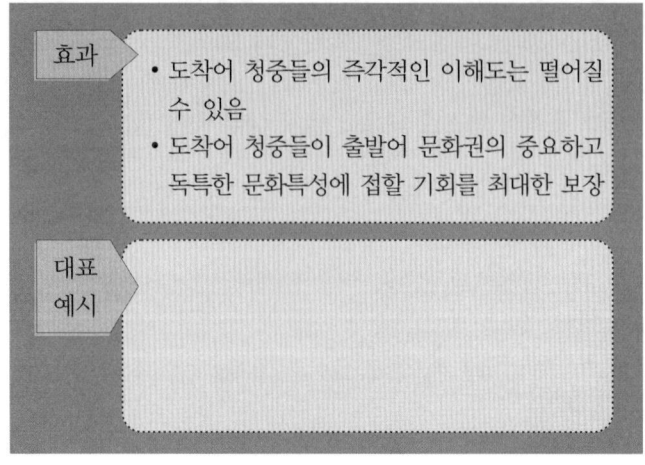

미디어 번역의 방법 : 이국화 번역(foreignization)

"Old habits die hard."

It is very hard to change a previously established pattern of behavior. When you become accustomed to having something or doing something, it soon becomes routine, and breaking out of this routine turns out to be very difficult. Be careful! The older the habit, the longer you have been doing it, the harder it becomes to discontinue. We can easily compare the difficulty of changing old habits to cutting down a tree. The longer the tree grows, the harder it is to cut it down, and the harder it falls. Therefore it is very important to wisely select and practice only new types of behavior that have good consequences, while at the same time avoiding the development of bad habits. It is wise to guard our lifestyle and the choices we make before any bad choices become routine. A similar expression is "You can't teach an old dog new tricks."

"Old habits die hard." "세 살 버릇이 여든까지 간다."
"It does not take a genius/rocket scientist to figure it out."
"[그만한 건] 삼척동자도 다 안다"

▪ 영상 자막 번역과 시나리오 대사 번역

영상물 번역에서 가장 기본이 되는 것은 문장을 나누어 번역하는 것이다. 따라서 번역 출발어와 도착어에 대한 미세한 어감의 차이를 충분히 이해하여 번역의 냄새를 풍기지 않는 자연스러움(spontaneity)이 배어나야 한다. 음성학적 차원에서 더빙은 모음의 길이를 어느 정도 맞추기 위해 어휘 선택을 신경 써야 하고 어휘 선택에도 신경을 써야 하는데, 문장의 어순에서는 정보력이 높은 것을 먼저 등장시키고 복문의 경우 주어와 술어를 너무 멀리 떨어지게 하여 혼란을 주지 않아야 한다. 그리고 원문이 장황하고 긴 경우에는 이해가 되는 범위 내에서 불필요한 부분들은 생략해도 좋다. 화용론적 관점에서 번역의 목적은 시청자의 이해와 프로그램의 오락, 보도, 교양과 같은 목적 달성에 있다. 특히 뉴스물의 경우 전체 번역, 요점 번역, 그리고 번역 요약이 흔히 사용된다. 그리고 풍습이나 속담 놀이 문화를 표현할 때는 우리와 비슷한 환경이 있는 경우 약간의 설명을 첨가하여 이해를 돕는 것도 좋은 일이다.

자막번역은 대사나 말과 같은 구술과 자막과 글이 중심이 되는 기술(description)이 동시에 제공되어 ST/TT의 공존이 전제가 되는 번역 방식이다. 그래서 구술과 기술을 구분해서 바라보는 관점은 자막을 제작하는 데 생산적이지 못할 수 있고 번역가에게는 구술에 대한 분석과 이 분석의 결과를 자막의 기술 형식에 맞추어 재현해 낼 수 있는 개념이 필요하고 이때 적용 가능한 개념이 구술성이다 우리는 항상 목소리의 존재를 간과해서는 안 되면 텍스트를 읽는 것은 형식에 관계없이 음독이든 묵독이든 그 텍스트를 음성으로 옮기는 일(converting to sound)이다. 이는 자막을 읽을 때도 마찬가지다. 읽는 행위와 심리적 행위는 별개의 것이 아니다.

영화 자막 번역의 대상은 출발 텍스트인 ST의 언어적 음향이나 배우의 구술 담화를 재생산하는 발화이다. 따라서 자막은 기본적으로 출발어 대사를 대신해야 하며 시청자는 자신이 듣고 있는 대사와 읽고 있는 자막이 자연스럽게 어울리는 상황을 기대한다. 그러나 자막 자체가 기능하기 위해서는 자막이 구술담화를 가능한 온전히 재생산하고 있음이 전제되어야 한다. 그렇기 때문에 자막에서 구술성(orality)의 재현은 우선적인 고려 사항이다. 왜냐하면 영화의 대사는 일상적 자연적 발화가 아닌 이전에 만들어진 prefabricated 발화이기 때문이다. 따라서 발화 안에 담겨있는 모든 요소들과 구성 그리고 이를 통해 드러나는 의미 생성과정을 충분히 고려하지 못하면 온전한 기능을 수행하기 어렵다.

영상번역은 주어진 장면에서 이미 발화된 대사를 번역하는 것이고 공간적 시간적 제약이 존재하며, 대사가 그 제약 안에서 가장 효과적으로 관객들에게 인식되도록 하는 데 초점이 맞춰진다. 한편 시나리오 번역은 아직 존재하지 않는 장면을 상상(visualization)하면서 그리고 시나리오 독자가 아니면 영화 제작에 참여하는 주체들이 최대한 동일한 상상을 할 수 있도록 하는 작업이다. 영상번역은 이미 완성된 장면이 있으므로 직설적이면서도 구체적인 표현을 사용하는 것이 좀 더 용이하지만 시나리오 번역에서는 앞으로 만들어질 장면을 떠올리면서 작업을 해야 하기 때문에 번역자가 상상의 날개를 펼칠 수 있는 여유가 좀 더 있고 창의력을 최대한 발휘해야 할 임무가 있다.

그러나 영상물의 대사 번역에서 큰 제약은 원래 대사와 번역된 자막(더빙)의 동시성, 장면의 전환에 따른 관객의 청해·독해 속도와 자막의 글자 수 등이다. 화면이 보이는 동안 번역된 대사를 보여주거나 들려줘야 하고 또 자막도 한 장면당 두 줄 아니면 한 줄당 16자 이내로 처리해야 효과를 거둘 수 있다. 이런 제약 때문에 원문에 충실한 번역이 오히려 관객으로서는 이해하기 어려운 일이 발생한다. 이런 문제를 해결하기 위한 해결책은 효과적인 의미 전달을 위해 원어로 된 영상물의 의미를 손상하지 않는 범위 내에서 변환을 수반하는 번역은 불가피해 보인다. 그리고 배우의 연기 장면의 흐름, 음향 효과 등을 통한 영상의 보완 효과를 활용하던지 아니면 의도적인 축약이나 생략도 효과적으로 이용될 수 있다.

자막 번역의 제약은 이미 완성된 장면의 길이와 글의 형태이지만 시나리오는 번역물이 길어지면 장면을 길게 촬영하거나 연출적 변경을 시도하는 것이 가능하여 동일한 물리적 증거는 없지만 영화는 두 세 시간의 예술이고 영화가 길어지면 제작 비용도 증가한다. 이런 시간적·경제적 제약을 고려하고 대사의 효율성을 극대화하기 위해 대사는 짧고 함축적일수록 미덕으로 여겨지는 것이다.

1) 축약

축약이란 출발어의 문장을 양적으로 축소하면서 원문이 지닌 정보와 감흥을 목표어에서 효과적으로 전달하는 기법이다. 간결하면서도 자연스러운 번역을 보자.

    ex) ST: 두 분이신가요?
          TT: Two?

ST: 좋은 시간 보내세요.
TT: Enjoy!

'한참'이란 말이 있으나 생략된 경우인데 이는 '한참'이란 과장된 표현이 그렇게 중요하지 않기 때문에 생략하는 경우를 보자.

ex) ST: 저기요! 한참 찾았잖아요!
TT: Hey! I was looking for you. 또는 Hey! I looked for you for a while!

2) 확장(또는 삽입)과 반복

확장은 공간 효율성을 추구하는 자막 번역에서 비중 있게 다뤄지는 기법이 아니지만 어떤 시나리오에서 확장은 의미 있는 비중을 차지 할 수 있다.

ex) ST: 승객 여러분, 타세요! 버스 출발하겠습니다.
TT: Come on, everybody. Let's get on the bus! It's time for us to go!

인사나 호칭을 제외하고 구(phrase)를 덧붙이 경우로 "Come on"을 삽입하는 자연스럽고 역동적인 느낌을 주고 있다.

축역이나 확장을 수반하는 번역 기법 외에도 경우에 따라서는 TT를 보면 역번역(back-translation)을 볼 수 있는데 이는 ST와 큰 차이를 보이는 대사를 통해 발견된다.

3) 대사의 재구성

원문과 상관없이 장면의 자연스런 연출을 위해 영어 대사가 번역되는 과정에서 확장이나 축약되는 현상을 많이 볼 수 있는데 다음은 대사의 재구성을 통해 관광객들의 흥을 돋우는 장면을 보기로 하자. 한 줄 정도의 한국어 대사가 8줄로 늘어났다. 짧고 어색한 한국어 대사의 말투가 영어에서는 가이드가 관광객들을 상대로 재미있는 긴 대사로 바뀌었다. 이는 미국 특유의 문화적 감각을 고려하면 전체 내용에 부정적인 영향을 주지 않는 확장의 경우이다. 목표어권의 자연스러움을 살리기 위해 유사한 기법은 얼마든지 가능하다. 이는 번역자의 창의성이 요구되는 부분이기도 하다.

ex) ST: "여러분, 안개가 너무 짙어서 잠시 쉬었다 가겠습니다. 시간이 좀 걸릴 것 같으니까 잠시 커피도 마시면서 쉬세요."
TT: "OK. Everyone. We're going to camp out here until the fog lifts a little. It could be a while. So, feel free get some coffee, stretch your legs, whatever."

ST: 자, 그럼 여길 벗어나 볼까요? 박수치고, 손 흔들고, 오리 소리 내보세요. 시애틀은 관광하기가 참 좋은 곳이지요.
TT: I'm glad we understand each other. Are you ready to get out of here? We're gonna see the sights. We're gonna learn a little bit about the city. We're gonna clap. We're gonna wave and we're gonna quack. Come on. Let's hear the quackers. Seattle is the perfect place to do this. Look around. It's a beautiful city. People are very friendly and everybody loves the ducks. So you're gonna be very popular. Alright, here we go. First things you need to do is clap. Pull your hand, only your hands when you're clapping. Put your hand out. Come on! Get your hands out and start clapping. Let's go.

ST: 주위를 보세요. 오늘따라 날씨가 아주 좋군요. 시애틀은 늘 안개가 많고 비가 오는데... 보세요. 지금은 해가 났네요! 여러분이 햇살을 가져왔나 봐요. 안개가 다시 끼기 전에 햇빛을 즐기세요. 인생에서 좋은 시절은 후딱 갑니다. 마음을 열고 지금 사랑하자구요!

TT: Look around. It's beautiful today! You know, Seattle is always foggy and we get lots of rain this time a year. But look, it's bright and sunny out there all of a sudden. Maybe you guys brought the sunshine to us. Thanks a lot! You should enjoy the sun now because I tell you, it's gonna disappear soon. Folks, the good time in lives, don't last too long. Open your heart and love it now! So get your cameras out and take pictures. Alright. This is why you brought them. Now, make your good times that happened on the ducks stay with you forever.

4) 보도 영상물이나 뉴스물 번역

보도 영상물의 경우 시간이 충분하지 않고 뉴스나 영상물의 대본을 사전에 입수하는 것이 불가능하여 청취력에 문제가 없어야 완전히 이해할 수 있다. 따라서 여러 가지 어려움이 따를 수밖에 없다.

특히 시간적 제약을 염두에 두고 중요하지 않는 앵커의 이름이나 소속 같은 내용보다 기사내용에 더 충실한 것이 전달력을 상승시키는 효과가 있고 기사의 타이틀, 제목, 경고성 서두나 내용을 소개하는 따위의 기사들은 생략하면 좋다. 또 뉴스 보도물의 경우 대부분인 간접화법으로 주어가 중복되어 등장하는 경우가 많다.[10] 이런 경우 주어와 술어의 간

---

[10] 간접화법의 예문: "Some experts in the west and South Korea are fearful that despite its assurances North Korea will break its promises once it secures enough food aid to feed its population."(CNN) "서방과 남한의 일부 전문가들은 북한이 인구를 먹일 만큼 충분한 식량 원조를 얻고 나면 북한의 이런 확언에도 불구하고 북한이 약속을 깨뜨릴 것을 우려하고 있다."

격이 길수록 가운데 다른 내용이 끼어들게 되고 의미가 교란되어 혼란을 가중할 수 있기 때문에 주어와 술어를 가까이 두는 것이 좋다.11 이런 경우 주어와 술어가 멀어지게 되면 의미 전달에 어려움이 따르기 때문에 차라리 문장을 끊어 원래 문장에서 등장한 순서대로 생생하게 전하도록 하면 좋다.

또, 대개 기자들의 경우 영어뿐만 아니라 한글로 보도하는 내용들의 경우에도 문법에 맞지 않는 경우가 종종 발생하는데 이때는 융통성을 살려야 한다.

> 예) More than 70 passengers and crew members are delighted [that] the captain of their cruise ship ran their vessel aground.(CNN * run aground 배가 좌초하다, 계획이 좌절되다)

위에서 보면 [that]가 생략되어 혼란스럽지만 '그들이 유람선 선장이 배를 좌초시킨 것을 기뻐하고 있다'라고 순발력 있게 번역해 주는 것이 필요하다.

Cultural Elements

문화적 고유성과 번역에 관심을 두고 진행한다. 문화적인 차이를 극복하는 것이 주제이다. 원천 텍스트로는 관광 사이트가 적합하다. 문화소 번역에서는 원천 텍스트에 포함된 문화소들을 파악하고 적절한 번역 전

---

11 문장의 호흡이 길어지는 것을 막기 위해 주어와 술어를 다음과 같이 가까이 구성하도록 할 수 있다: "북한이 이처럼 확언하고 있지만 북인 인구를 먹일 만큼 충분한 식량 원조를 어독 나면 북한이 약속을 파기할까봐 서방과 남한의 일부 전문가들이 우려하고 있다."

략을 찾아 적용하는 미시적 접근을 주로 한다. 문화소의 개념과 종류 그리고 문화소의 번역 전략에 관한 학습이 집중된다. 가령, 여러 가지 문화소들을 열거하면서 부연 설명을 하고 독자의 편의를 위한 영어 원문 병기 전략, 대응어가 없는 문화소의 경우 상위어 사용 전략 그리고 다양한 전략이 사용될 수 있다.

Metaphor

영한 번역에서 은유법과 은유적인 표현에 관심을 두고 진행한다. 이론적인 자료의 활용은 은유의 개념을 설명하고 은유를 번역할 때 사용할 수 있는 전략을 학습하게 한다. 번역을 직접 경험한 수강생들의 경우 은유가 어려운 번역 대상임을 알게 된다. 따라서 이론적인 의미의 은유보다는 실무적인 번역을 통해 은유의 개념을 이해하는 것이 더 용이할 수 있다.

Translation Shifts and De-verbalization[12]

번역이 변한 현상과 번역자의 중재 역할 그리고 변환 현상에 관심을 두고 진행하며 탈언어화 내용을 포함시킨다. 이 이론적 용어는 셀레스코비치(Seleskovitch)가 역설한 개념이다. 번역물의 목적에 따라 그 유형이나 정도를 적절하게 조절할 수 있는 능력을 갖출 수 있어야 한다. 탈언어화나 변환에 관하여는 번역 이론이 쉬운 대상은 아니다. 원천 텍스트로는 인터뷰 기사가 좋다. 지면을 통해 드러나는 대화형식의 텍스트, 즉 문어체와 구어체의 경계에 있는 텍스트로서 한국어로 자연스럽게 전환

---

[12] Deverbalization Translation과 관련한 추가 내용은 부록에 첨부된 논문을 참고할 것.

하는 과정에 많은 변환이 요구된다는 점에서 인터뷰 기사가 적합하다. 다양한 화법을 자연스런 한국어로 풀어내기 위해 고심해야 하고 그 과정에서 여러 가지 변환 현상들이 발생하여 이론과 용어를 이해하는 데 도움이 된다. 이를 통해 변환과 생략기법이 활용될 수 있다.

탈언어화와 번역의 변환을 통해 번역이란 단순히 문장 대 문장, 단어와 단어, 구와 구, 절과 절의 일대일 전환이 아니며, 원문의 의미를 파악한 후에 그 핵심의미를 담아 문장 구조를 바꾸거나 접속사, 단어 등을 생략하거나 첨가하는 등의 변환을 거쳐 가독성 있는 텍스트로 바꾸어야 한다는 점을 직접 경험하게 된다.

탈언어화(Deverbalization)은 번역가나 통역사는 원천 텍스트의 표층구조로부터 벗어나, 의도된 의미에 도달한 후, 그것을 목표 언어로 표현해야 한다는 개념이다. 번역가들은 궁극적으로 무엇인가가 존재한다고 믿어야 하고, 탈언어화는 원치 않는 형식의 간섭을 파하기 위해 사용되는 테크닉이다.

'언어간섭'이란 제2언어 학습에서 모국어를 학습자로부터 완전히 분리시키는 것이 불가능하다는 전제로부터 출발한다. 통번역 이론을 통해서도 종종 '언어간섭'이 지적되고 있는 바, Seleskovitch는 『Interpreting for International Conferences』에서 "동시통역 시 대상 언어 간 언어간섭으로 인해 통역 대상 단어가 해당 맥락에서 갖는 의미를 추구하기보다 그 단어의 일차적/대표적 의미로 옮겨지는 경향이 있다"고 했으며 Lederer는 『번역의 오늘』을 통해 "번역에서 B언어를 간섭현상 없이 능동적으로 사용할 수 없다는 것은 종종 간과된다."라고 지적하면서 간섭현상이 올바른 번역에 있어 가장 큰 장애 요인이며 모국어로 번역하는 역자의 경우 자신의 표현에 외국어 형태들이 잔존하는 것에 맞서 대항해야 한다는 점을 강조하고 있다. 일반적으로 언어간섭이란 B언어로의 통번역 과정에서 모국어 즉 A언어의 간섭을 차단하기가 어렵다는 점에 초점이 맞춰지지만 한국어와 중국어 간에는 한국어 속에 한자어가 녹아 있기 때문에 도착어가 A언어인 경우와 B언어인 경우 모두 간섭현상이 나타나고 있다.

통번역이란 간단히 도식화해 보면, 하나의 '텍스트'를 이해한 다음, 이 '텍스트'를 다른 언어의 '텍스트'로 '재현'하는 것이다. 이를 다시 Lederer의 해석번역이론에 근거하여 설명해 보자면, 읽기-탈언어화-의미 재현으로 집약할 수 있다. 여기서 중간 과정인 탈언어화(deverbalization)는 코드변환과 모사를 피하기 위한 필수단계인 것이다. 그러나 언어구조의 차이로 말미암아 통번역 과정에서의 탈언어화는 방해를 받게 되고, 이는 결국 자유로우면서도 충실한 재표현을 불가능하게 만드는 결과로 이어진다. 이로써 도착어 텍스트는 명료성과 정확성이 떨어지게 되고 심한 경우엔 원저자 또는 연사의 의사가 왜곡되는 결과를 초래하기도 한다.

통번역에 있어서 오류를 조장하는 기본 원인은 언어간섭으로 규명해 볼 수 있으며 한국어와 영어간의 언어간섭은 근본적으로 차이가 존재하기 때문인 것으로 귀결 지을 수 있다. 통번역 과정을 이론적 측면에서 연구하기 위해서는, 언어 차원의 문제들은 제외함으로써 완벽한 언어지식을 가정하고 이론화 작업을 추진하는 것이 중요하다. 하지만 거꾸로 실제 통번역 현장에서 발견되는 오류의 근본 원인을 파헤치고 그에 대한 대책을 수립함으로써 통번역의 질적 향상을 도모하는 것 또한 매우 뜻

깊은 일일 것이다.

  통번역가는 개념들과 언어 사이의 올바른 관계 유지에 있어서 막중한 책임을 지고 있는 만큼 적절한 표현을 위해 해당 텍스트 안에서 각각의 낱말이 무엇을 의미하는지를 찾아내야 한다. 탈언어화가 완벽했더라면 본문에서 지적한 오류는 발생되지 않았을 것이다. 본고를 통해 한국어와 중국어 두 언어 간 통번역에 있어서 탈언어화를 방해하는 주된 요인은 漢字語에 있음이 분명해졌다. 불완전한 탈언어화의 결과는 원어의 형태에서 완전히 벗어난 하나의 의미를 표현했을 때보다 훨씬 서툰 것이 되고 마는 것이다.

  따라서 통번역가는 통번역 과정에서 올바른 이해가 가능하도록 적절한 표현을 썼는가, 표현의 등가를 얻을 만한 낱말들을 찾아냈는가, 혹 해석의 한계를 지나쳐 저자의 의도를 왜곡하지는 않았는가 등과 같은 물음을 끊임없이 자신을 향해 던져야 하며 이러한 고찰을 통해 명확하고 자연스러운 표현이 완성될 수 있도록 해야 한다.

  언어간섭을 생각해 볼 때, 통번역가의 경우 정확한 도착어 표현에 대해 보다 철저한 경계의식이 요구된다. 나아가 지구상엔 두 언어 간 통번역 과정에서 언어간섭을 완전히 배제할 수 있는 언어는 존재하지 않는다. 따라서 모든 통번역가는 이 문제로부터 완전히 자유로울 수 없다는 사실에 주목하고 자신이 담당하는 통번역의 완성도를 높이기 위해 부단히 노력해야 할 것이다.

Punctuation Marks

  한국어 문장 부호와 영어 문장 부호 용법과 번역을 연계하여 진행한다. 문장 부호를 삭제한 상태에서 영한 한영 문장을 연습할 필요가 있다. 번역 이론 연구에 필요한 기본 개념 소개는 번역이론 연구를 위한 일반 이론적 틀을 제공하여, 번역에 대한 적절한 이론적 접근법을 개발하는 한편 실제 번역의 문제를 파악, 분석, 해결할 수 있는 이론적 틀을 체계적으로 강구하는 작업은 언제든지 필요한 작업이다. 번역이론 강좌에서 다루어진 개념, 문제점 및 그 해결방안을 좀 더 심도 있게 탐구하는 한편, 번역학 연구에서 논쟁 대상으로 남아있는 주제들을 심층 분석하는 동시에. 또한 언어학 중심이론, 상황중심이론, 번역과정중심이론 등 다양한 번역이론들을 비교분석함으로써 번역학 연구를 위한 이론적 틀을 다지는 순서를 필요로 한다. 더 나아가 인터넷으로 대변되는 오늘날의 현대 사회에서 컴퓨터가 번역에 미치는 영향 및 번역에 적극적으로 컴퓨터를 활용하는 방안 등을 다루며, 특히 출판, 컴퓨터를 이용한 번역 에디팅, 동일 어구의 반복 번역시 참조·편집 프로그램 활용 등 컴퓨터를 번역에 실제적으로 활용할 수 있는 구체적 전략을 살펴보는 것도 유익한 작업이 될 것이다.

전문 직업인으로 활동하는 통역/번역가를 지원하기 위한 대규모 전문 용어 은행의 필요성에 대한 이해를 바탕으로 관련 DB의 구성/작동 메커니즘을 이해하고, 실제 구축 방안을 논하며, 전 세계적으로 이미 가동되고 있는 DB에 대한 현황 파악, 활용방안 및 연구 가능성을 살펴보고 번역 대상 텍스트의 성격에 따라 번역시 고려해야 할 우선순위와 전략을 비롯해, 문학 번역 시 무엇을 기준으로 삼아 어떤 전략을 구사하여야 하는지, 그 이유는 무엇인지를 이론적으로 살펴봄으로써 바람직한 문학번역의 모델을 제시하며 통역/번역의 대상을 하나의 텍스트로 인식하고 이를 최근 부상하고 있는 텍스트 언어학의 이론적 프레임을 통해 설명함으로써 통역 번역 과정에 대한 새로운 이해를 제공하고 다학제간 접근을 바탕으로 통역·번역학의 이론적 지평을 확장해 나갈 수 있게 될 것이다. 통역/번역의 대상을 담화상황으로 인식하고, 그 담화상황을 구성하는 언어집단별 기본논리 및 기대구조(structured conversation logic and expectations)를 담화분석 이론을 통해 통역·번역 시 제기되는 문제를 새롭게 이해하고 해결책을 강구할 수 있도록 한다.

최근 인공지능(AI) 분야와 인지과학의 발달, 그리고 코퍼스 언어학의 발달로 가속도를 얻고 있는 기계 번역 분야에 대한 이론적 소개와 접근을 통해 현황과 문제점을 파악하는 한편, 인간 번역과 기계 번역의 공존 가능성 등 앞으로의 전망을 살펴보고 인터넷으로 대표되는 정보의 홍수 시대에서 통역·번역을 위해 필요한 정보를 적절히 검색하고 처리할 수 있는 기본이해와 능력을 통해 정보화 사회와 정보산업의 특성 이해는 물론, 전 세계적으로 가동되고 있는 정보 DB의 접근 및 이용 방법 등을 알아보는 것들은 유익한 노력으로 볼 수 있다.

번역 텍스트도 엄연한 하나의 텍스트이다. 따라서 좋은 텍스트가 갖추고 있는 자질로 일컬어지는 것들이 좋은 번역 텍스트를 위해서는 어떻게 적용될 수 있는지에 대해 생각해 볼 가치가 있다.

텍스트는 다음과 같은 텍스트성(textuality)의 7가지 기준들이 만나는 의사소통의 발현이다. 아직까지 한국어로 아래 용어들의 표현방식이 통일되지 않은 상태이지만 소개하면 다음과 같이 구분된다.

Textuality:　1. 결속구조(cohesion)
　　　　　　2. 결속성(coherence)
　　　　　　3. 의도성(intentionality)
　　　　　　4. 용인성(acceptability)
　　　　　　5. 정보성(informativity)
　　　　　　6. 상황성(situationality)
　　　　　　7. 상호텍스트성(intertextuality)

　표층 결속성(cohesion)은 우리가 보고 듣는 실제 단어들이 하나의 연쇄 속에서 상호 연관 짓는 방식과 관여된다. 표층 결속성은 문법적인 의존관계를 바탕으로 정의 내려진다. 또 문장 내의 단어들이나 문장들을 서로 연결해 주는 문법과 연결어들을 통해 생겨난 텍스트나 발화의 언어적 속성이다.
　심층 결속성(coherence)은 표층 텍스트의 기저에 깔려있는 개념들과 관계 그리고 구성요소들이 상화 이해 가능하며 적합성을 띄는 방식과 관련된다. 이는 또 지시적 심층 결속성(referential coherence)은 텍스트에서 지시된 여러 대상들 사이의 인식적인 연결 관계를 뜻하며 관계적 심층 결속성(relational coherence)은 텍스트에 의해 환기된 여러 가지 사건들 사이의 인식적인 연결 관계를 나타낸다.
　보충적 심층 결속성(supplemental coherence)은 한 부분에 나왔던 어떤 요소를 다른 부분에서로 반복하여 보여주는 것에 그치는 반면, 설명적 심층 결속성(explanatory coherence)은 어떤 요소에 대해 무언가를 보충해서 말하는 이유를 명시하여 올바른 해석에 도달할 수 있게 한다. 이들 개념들은 텍스트 언어학에서 온 용어들이다.
　의도성과 정보성은 기능성의 개념과 유사한 것으로 보이며 상황성은 역사성의 개념과 비슷하다. 의도성이 내재된 텍스트의 예로는 교통법규를 들 수 있다.

- The Road User On Wheels
Before you move off, make sure that you can do safely and without inconvenience to other road users. Watch particularly the road behind. Make the proper signal before moving out, and give way to passing and overtaking vehicles.

- 차량에 타고 있는 도로 이용자
움직이기 전에 안전하게 그리고 다른 도로 이용자에게 불편을 끼치지 않고 움직일 수 있는지 확인한다. 특히 후방의 도로에 유의한다. 움직이기 전에 적절한 신호를 하고 지나가는 차와 추월하는 차에게 양보한다.

운전자는 위의 텍스트를 분명히 이해할 수 있고 이 글을 쓴 이는 소통적 행동(communicative behavior)의 목적이 있으며 이를 토대로 안전한 교통과 도로 이용을 하도록 하는 의도를 지니고 있다. 이런 텍스트성을 특징짓는 특성을 의도성이라고 하고 고도로 관습화된 구성방식과 의미가 기저의 목적을 명확하게 하고 정형화된 인사말, 사회적으로 인정되는 표시와 공지문, 의례적인 전언 같은 텍스트들이 그 예이다. 이외에도 사용 설명서, 특허증, 법률상의 계약도 의도성을 잘 나타낸다. 따라서 번역을 하기 전에 번역자는 해당 텍스트가 무엇 때문에 독자와 연관성을 갖는지 알아야 한다.

의도성은 용인성과 관련이 있다. 독자가 텍스트를 파악하지 못하면 의도한 목표는 달성될 수 없고 텍스트는 목적성 있는 언어적 의사소통으로 수용되기 위해서 텍스트로서 인정되고 용인되어야 한다. 용인성은 수신자가 텍스트의 구체적 내용을 믿는 것으로 암시하는 것은 아니다. 용인성은 수신자가 그 내용을 파악하고 추출할 것을 요구한다. 용인성은 수용자의 태도와 관련되는 것으로 텍스트의 수용자는 결속구조와 결속성을 유지하는 것 자체가 그들의 목표이다. 가령, 도로교통법에서 발췌한 내용을 보면, 텍스트적 용인성은 사회적 관계들을 조직하고 안정화하는 요소로서 기능을 한다.

- Road Traffic Act

A failure on the part of any person to observe a provision of the highway code shall not of itself render that person liable to criminal proceedings of any kind, but any such failure may in any proceedings(whether civil or criminal, and including proceedings for an offense under this Act, the Road Traffic Regulation Act) be relied upon by any party to the proceedings as tending to establish or to negate any liability which is in question in those proceedings.

- 도로 교통법

누구든 교통법규를 준수하지 않을 경우 그 이유만으로 해당 법규위반자에게 모든 종류의 형사소송에서 법적 책임이 발생하는 것은 아니나, 모든 그런 위반 행위는(민사 혹은 형사를 불문하고, 본 도로교통법규위반에 대한 소송을 포함하여) 어떤 소송에서든지 해당 소송에서 쟁점이 되는 모든 법적 책임을 입증하려하거나 부인하는 모든 소송 당사자가 주장의 근거로 삼을 수 있다.

"The fourth standard of textuality would be ACCEPTABILITY, concerning the text receiver's attitude that the set of occurrences should constitute a cohesive and coherent text having some use or relevance for the receiver, e.g. to acquire knowledge or provide cooperation in a plain. This attitude is responsive to such factors as text type, social or cultural setting, and the desirability of goals. here also, we could view the maintenance of cohesion and coherence by the text receiver as a goal of its own, such that material would be supplied or disturbances tolerated as required.(Beaugrade, R.A. Dressler, W.U 13)

다시 말하자면, 용인성은 무엇보다도 독자의 판단에 번역문의 용인서 판단 여부를 위임할 수 있다. 이처럼 용인성은 독자라는 텍스트 외부적인 요소의 개입을 상당히 중요시하고 있어 텍스트 외부에 하나의 기준을 두고 있는 것이다.

번역학에서 흔히 사용하는 '용인성'(adequacy), '수용성'(acceptability)의 개념은 번역에 있어서 가독성(readability)을 지적하는 용어로 심리학 철학 화학 언어학에서 사용되는 용어이다. 가독성은 번역문의 우리말 구사 수준을 판단하는 영역으로 대개 문장 차원에서 어색하거나 생경하거나 비문인 정도가 어떠한지를 판별한다. 다만 번역자가 의도적으로 낯선 역어나 구문을 선택했다고 보인 경우에는 역자의 선택을 존중한다. 그동안 일반적으로 용인성과 충실성(faithfulness)은 각각 번역문에 초점을 두는지 아니면 원문에 초점을 두는지에 따라 대조적인 개념으로 여겨져 왔다. 그러나 충실성은 더 이상 일대일 대응식의 극단적인 충실성을 지향하지 않으며 원문이 말하고자 하는 바를 충실하게 전달하는 데 그 목적이 있다는 점에서 용인성과 충실성은 사실 명확하게 구분하기가 힘들다.

오늘날 충실성의 개념은 번역가의 의도에 따라 가능한 최대한 원문의 의미를 존중하면서 적절한 TT 도착어의 용법을 준수하여 표현하는 번역의 속성으로 정의할 수 있다. 충실성은 번역문이 원문을 정확하게 이해하고 적절하게 번역했는가를 판단하는 영역으로 단어, 구절, 문장 등에서 부정확하거나 부적절한 번역의 빈도나 정도를 판별한다. 더 나아가서 충실성은 주관성, 역사성, 기능성을 고려하여 이해되어야 한다. 보다 구체적으로는, 이 세 가지의 개념이 지니는 특성을 살펴보면 다음과 같다. 첫째, 주관성은 역자마다 차이가 존재하므로 하나의 텍스트를 여러 명이 번역할 경우 동일한 번역이 나올 수 없다는 사실과 관계된다. 역사성과 관련하여 성경 번역과 관련된 이야기를 증거로 들 수 있다. 72명의 번역자들이 각각 독방에 들어가 구약성서 전체를 번역했는데 그들의 번역이 모두 동일했다는 것은 전설에서나 가능한 일이다. 둘째, 역사성은 번역은 번역자가 번역을 하는 시대의 언어적, 언어외적 규범의 영향을 받으므로 번역이 이루어지는 시기에 따른 의미에 충실하게 된다는 사실과 연관이 있다. 셋째, 기능성은 텍스트의 기능에 따라 의미의 충실성은 영향을 받는다는 것과 연관이 있다. 가령 번안(adaptation)의 경우 원문의 의미는 달라질 수 있다는 것이다.

용인성과 이도성은 텍스트의 구성요소이며 번역에 방향성을 주는 원칙으로 두 요소만으로 텍스트성이 성립되지는 않는다. 텍스트가 의도한 대로 용인되기 위해서는 절충(negotiation)에 있어야 하는데 이 절충은 의사소통에서 협력하겠다는 합의를 말한다. 가령, 간접적인 대화 참여자는 자신의 의사를 전달하는 데 있어 협력하기 위한 의식적 노력을 기울인다. 그리고 두 화자를 중개하는 전문 통역사는 두 화자의 협력에 의존하게 되는데 이것이 협력의 원칙(co-operative principles)이다. 언어적 의사소통은 상호작용적이기 때문에 모든 종류의 문어적 담화와 구어적 담화로 확장되며 용인성은 협력의 전제 조건이고 협력을 가져야 한다는 것은 용인성 기준의 근거가 된다. 많은 텍스트가 탈시공간적이다. 이런 텍스트들은 의사소통의 직접성이 없다. 텍스트를 읽는다는 것은 시간과 장소에 상관없이 텍스트를 용인하도록 유도하고 이끄는 협력 성향이 존재한다. 부적절한 번역은 텍스트 상호작용에 참여하도록 독자를 설득하지 못하는 것과 같다.

'상황성'은 텍스트성에서 중요한 문제이고, 텍스트의 상황성은 텍스트의 구성요소로 실제 시공간에서 개별 사회문화적 맥락 내 텍스트의 위치이고 상황성을 인식하고 이를 적절히 처리하는 것이 번역자의 주된 책임이기도 하다. 번역자는 의사소통 상대방과 이들의 태도를 알고 있어야 하고 메시지의 맥락을 이해해야 한다. 어쩌면 '번역 불가능성'(untranslatability)의 학문적 다수는 수용상황이 존재하지 않는 텍스트이다. 번역의 필요성, 동기, 목적은 번역의 상황성을 규정하고 목적은 번역이 수행되는 방법에 영향을 미친다. 번역의 상황성은 원천 텍스트의 상황성과 결코 동일하지 않다. 상황성이란 텍스트의 수신자 지향성과 관련한 속성이다. 텍스트 다수는 공통된 상황성을 갖지만 과학 기술 분야 문헌과 같이 어떤 텍스트들은 합의에 근거한 표준을 공유하고 있으나 정치적인 글과 신문의 사설 같은 텍스트들은 문화 간 공유하는 특성이 적다.

상황성, 의도성, 용인성을 텍스트의 세 가지 결정적 특성이다. 네 번째 특성으로는 정보성(informativity)으로 의사소통 상황이란 정보의 전이가 발생하는 맥락을 말한다. 텍스트가 전에 존재하지 않던 지식이나 깨달음을 제공하면 그 텍스트는 정보적이라고 할 수 있다. 텍스트가 우리에게 새로운 것을 아무것도 알려주지 않으면 그 텍스트의 정보 콘텐트가 부족한 것이다. 텍스트 의미 구조에 대한 텍스트성의 다섯 번째 결정 요인은 응집성이다. 응집성은 텍스트의 정보 콘텐츠가 그런 논리 구조를 가지고 있을 때 그 텍스트가 띠는 속성으로 언어적 공존성에 의해 생성되는 연상 구조의 속성이다. 응집성이 있는 텍스트는 독자를 안내하는 역할을 하는 논리적인 구조를 지니고 있다. 이 상황은 마치 낯선 항구에 들어서는 배의 조타수에 비유할 수 있다. 조타수는 여울이나 수면 아래 암초를 알지 못하지만 배가 항구에 접안할 수 있도록 하는 항법 장치와 부표가 있는 것과 같다. 응집성은 오역을 통해서 약화될 수 있다. 이처럼 응집성과 어휘 구조의 표층적 배열은 상호의존적이다. 텍스트의 여섯 번째 결정인자는 결속성이다. 응집성은 텍스트의 기저 의미 구조가 갖는 속성이지만 결속성은 텍스트의 언어적 표층이 갖는 속성으로 응집성을 언어적으로 뚜렷하게 만드는 역할을 하면서 번역의 최종 생산물이다. 결속성은 문장의 경계를 넘나들며 작용하고 결속 장치들은 이전에 처리한 내용들과 앞으로 처리할 항목들을 연결시키기 위한 방향 지시 기호 역할을 한다. 이런 결속장치들은 응집성 구조에 기여하고 특징 결속적 어휘를 사용함으로써 논리적 체제를 지닌다. 어휘적 결속은 절과 문장의 경계를 넘나드는 범위에서 나타나고 어휘적 결속은 상호의존적이다.

> Strolling through the town will often appreciate, more than a native inhabitant, what gives rise to the sense and character of Leipig: [the result of] a combination of the friendly atmosphere of a historical town and the amenities of a modern city.

관광객들은 시내를 거닐면서 라이프치히의 멋을 풍기는 것을 토박이들보다 더 잘 느끼기도 한다. 유서 깊은 도시의 친근한 분위기에 현대적 도시의 편의시설이 가미되어 있다.

위의 예문에서 결속력이 상대적으로 약하지만 [the result of]를 가미함으로써 결속력이 강화됨을 알 수 있다. 이처럼 번역은 그 자체가 끝없는 발견이고 번역전략은 게임전략과 같다. 한 가지 의사 결정은 다른 의사 결정의 필요성을 야기하고 결속성이 더 복잡할수록 일부 의사 결정이 배제되기도 한다.

- **번역에서 시각차를 낳는 '충실성'**

  - 라틴어 원전 숭상하던 과거 서양에서는 원전 가치 훼손 절대 안 된다는 생각. 번역가 입지와 재량 제한. 독자 배려 전무. 충실한 번역은 형식적인 등가(formal equivalence)를 목표로 한 최소한의 변환.

  - 전 세계적인 성경 번역. 원문의 용어, 표현, 구조 그대로 하면 다른 언어권에서는 의미가 독자한테 전달 안 됨. 동적 등가(dynamic equivalence) 개념. 형식적 등가와 동적 등가 개념은 유진 나이다. 나이다는 독자에게 가져오는 등가 효과를 중시하여 동적 등가 개념.

  - 1970년대 기능주의 이론. 번역의 목적과 기능을 중시. 페르미어의 스코포스(skopos, 목적, 목표, 의도를 뜻하는 희랍어) 이론. 저자의 의도와 목적 파악하고 번역문 독자를 고려하여 번역.

  - 아동문학은 기능주의 이론이 적용되어야 할 대표적인 문학 장르. 교육적 목적이 분명한 아동문학 작품은 아동의 인지, 언어, 정서 발달에 직접 영

향 미치므로 번역서가 초래할 기능을 고려하여야 한다. 많은 경우 아동문학 원문에 충실 번역하면 독자에게 불충실한 결과 초래.

아동문학에서 번역의 충실성을 정의하는 문제

- 슐라이마허의 자국화/이국화 개념. "번역가는 원문 저자를 가능한 한 그대로 두고 번역문 독자를 원문 저자 쪽으로 움직이게 하거나[이국화], 번역문 독자는 가능한 한 그대로 두고, 원문 저자를 번역문 독자 쪽으로 움직이게 한다.[자국화]"

- 이국화- 텍스트가 번역문임이 확연히 드러나는 번역. 사회 문화 언어적 생소한 요소가 번역문에 살아 있음. 원문 독자의 언어 규범 충실하게 원문 스타일, 독자성 고수.

- 자국화- 자국어로 쓰인 것처럼 자연스럽게 읽히는 번역. 원문의 이질적 요소가 드러나지 않음. 번역문 독자의 언어사용 환경, 언어 규범을 준수. 읽고 이해하기 쉬운 번역. 독자에게 원문과 같은 반응을 불러일으킬 수 있도록 번역 효과를 중시.

- 텍스트 유형에 따른 번역 전략. 라이스의 구분.
정보적 텍스트; 정보 명확하게 전달하는 명시화 추구.
표현적 텍스트; 저자의 미적 표현 중시, 표현 형태에 충실. 순수문학은 이국화 전략이 적합하다는 시각이 지배적.

호소적 텍스트(광고 연설. 수용자 반응 이끌어내는 것이 목적); 번역문 독자에게 원문 독자에게와 같은 반응. 등가효과를 최우선 고려 완전한 자국화.

- 아동문학 작품을 일반 문학으로 간주 원문 형태에 충실하면 어린 독자에게 낯설고 부자연스런 번역문 초래하기 쉬움.

- 아동문학 번역에서 자국화 전략의 요소들

* 번역과정; 텍스트 유형과 특성 파악하여 큰 방향 결정 - 각 문단 연결 관계와 구성방식 확인하여 자연스럽게 이어지도록-문단 내 문장 역할 파악하여 각문장의 일관성과 결속성 차원에서 번역하여 문단의 특징을 살림.

1. 누구에게, 무엇에 충실할 것인가; 번역문 언어 규범에 충실할 것. 어른에 비해 언어적 인지적으로 미숙, 상식 경험 부족하여 외국의 역사 문화 전통 관습에 대한 이해도 낮음.

2. 표층적 결속성/심층적 결속성; 표층적 결속성-텍스트 표면 구조에서 겉으로 드러나는 지시 생략 접속 등 연결 장치. 외국어와 한국어의 연결 장치가 다르기에 원문 방식을 따르면 연결 관계가 깨진다.

심층적 결속성-표층구조 아래의 관념적 관계망. 이 결속성은 전적으로 독자의 해석능력에 좌우. 저자와 독자가 커뮤니케이션 맥락에서 배경지식을 공유할 경우 의미 있게 전달. 독자가 텍스트의 암시 함축을 읽지 못하면 결속성 파괴. 아동문학에서 심층적 결속성이 더 각별히 유의사항. 상이한 문화 배경에서 저자와 독자의 간극이 있으니 이를 메워줄 수 있어야.

3. 문장의 어순과 정보배열 구조의 차이; 한국어는 종속절이 앞, 주절이 뒤에 오는 미괄형 문장, 주어와 서술어 사이에 수식관계가 왼쪽으로 이루어지는 좌분식 구문 구조. 영어는 두괄문, 우분지 구문 구조. 영어는 요지가 문장 처음에 등장하고 한국어는 다 읽어야 파악가능. 한국어는 주어와 서술어 사이에 내용이 많아질수록, 서술어가 나올 때까지 기억해야 할 정보량 증가. 아이들에게 서술어 앞에 수식 많은 복잡한 구문은 이해하기 부담스러울 것.

정보구조로 보면 영어는 새로운 정보가 문장 뒤에 위치하는 문미하중 원칙, 한국어는 신정보가 주어와 서술어 사이에 삽입. 정보구조차이를 고려해야 독자가 문장의 요지를 정리하면서 읽을 수 있음. 성인은 큰 문제가 아니나 어린이는 정보 처리 능력이 상대적으로 미숙하여 구문구조 차이에 영향을 많이 받음.

4. 문장 구성하는 단어와 관용어; 등가어 없는 수가 많고 개념도 알려지지 않은 경우도. 대응어 있어도 전혀 다른 맥락에서 쓰는 경우. 굉장히 복잡한 의미를 단 한 단어로 쓰는가 하면, 그런 단어가 없는 언어도.

해당 단어가 번역문 언어에 없을 때-일반적인 상위어로 번역/문화대체어로 번역/설명 덧붙여 번역. 과거에는 한국 상황에 맞는 대체어로 번역하였으나 외국어를 그대로 소개하고 역주를 추가하는 경우가 뚜렷이 증가추세. 외국어 조기교육열풍 영향.
독자 연령이 낮을수록 독서에서 모국어를 배우고 익힌다는 사실 환기, 아름다운 우리말을 가르치려는 노력 필요. 괄호 안 설명이 늘어나는 것도 독서 흐름 끊어 작품의 흥미와 감동을 반감할 수 있음.

번역 텍스트의 용인성은 텍스트 내적인 요소와 텍스트 외적인 요소로 구분하여 세분화할 수 있다.

텍스트 내적인 요소:
어휘적인 면 - 어휘, 고유명사, 방언, 관용어, 표기법, 한자어, 외래어
의미적인 면 - 저자의 의도, 수사법
통사적인 면 - 문법(시제, 어순, 수식, 대명사), 문장부호, 번역가의 부주의
              (첨가, 누락, 탈자, 오자)
화용적인 면 - 문체(어투, 구어체, 문어체, 구어투, 현대어투, 대우법), 우리
              말 어법, 서술기법
형식적인 면 - 가로쓰기, 세로쓰기, 문단 나누기, 역주

텍스트 외적인 요소:
ST, TT의 작가 및 작품의 위상, 표절본, 발췌 본에 대한 점검, 번역환경, 번역가의 배경지식, 번역전략, 독자반응, 번역가 후기, 역주

토대평가:
누락, 첨가, 표기, 의미, 통사의 오류-어휘누락, 문장누락, 구와 절의 누락, 문장첨가, 오자 탈자, 어휘 의미오류, 문장의미 오류, 구문 오류, 시제오류, 대명사 기타 문법의 오류

- **사회 구성주의적 번역 교수법(Social Constructivist Approach)과 프로젝트 중심(Project-based Translation Approach) 번역 교수법**

비즈니스 통번역 교수법과 관련한 연구는 국내에서는 거의 진행되지 않고 있는 상태이지만 외국에서는 비즈니스 관련 통번역 교육이 활발하게 진행되고 있다. 사회 구성주의적 비즈니스 교수법은 실제로 상호작용이 추가된 방식을 통해 비즈니스 담화에 대한 이론적 기초를 확립할 필요가 있어 보인다.[13] 키럴리(Kiraly)는 이와 관련하여 실제 번역 환경을

---

[13] 구성주의 교수법: 제1언어라는 경계를 넘어 새로운 언어, 새로운 문화, 새로운 사고방식, 느낌, 행동 양식 등을 지닌 다른 세계로 들어갈 때 우리의 모든 것이 영향을 받는다. 제2언어로 정확하게 메시지를 보내고 받기 위해서는 대화 활동에 적극적으로 참여하거나 주대화자로서 완전히 관여하거나 또는 전반적인 신체적, 지적, 감정적인 반응을 나타내는 것이 필요하다. 언어 습득 과정에는 많은 변인이 개입되기 마련이고 강의실 수업으로만 한정된 상황에서 제2언어를 유창하게 달성해 내는 사람은 거의 없다. 교수자들은 언어 학습 및 교수 원리들에 관한 이해를 누가?, 무엇을?, 어떻게?, 언제?, 어디서?, 왜? 라는 다양한 질문들에 의해 접근되어질 수 있다.

교수법의 변천
1. 문법 번역식 교수법 Grammar Translation Method
20세기 이전 수세기 동안 내려온 언어 교수 방법으로 고전적 교수법에서 19세기 전반에 고전적 교수법은 문법 번역식 교수법으로 알려지게 된다. 제2언어를 모국어로 번역하는데 기준이 되는 문법 규칙에 중점을 둔 교육

문법 번역식 교수법 특징
① 목표어를 거의 적극적으로 사용하지 않고 모국어로 수업
② 많은 어휘가 고립된 단어 목록의 형태로 지도
③ 복잡한 문법을 장황하고 섬세하게 설명한다.
④ 문법은 단어를 조합하는 규칙을 제공한다. 수업은 어형 변화와 형태에 중점을 둔다.
⑤ 초기부터 어려운 고전 글들을 읽기 시작한다.
⑥ 텍스트로 사용되는 글의 내용에는 거의 관심을 두지 않으며 단순히 문법적인 분석의 연습 자료로 취급된다.
⑦ 목표어로 된 개별 문장들을 모국어로 번역하는 작업이 연습으로 활용된다.
⑧ 발음에는 거의 또는 전혀 관심을 두지 않는다.

구조주의: 1940년대와 1950년대의 Leonard Bloonfield, Edware Sapir, Charles Hockett. Charles Fries 등의 학자들이 포함된 구조 또는 기술 언어 학파는 인간언어의 의 관찰을 통한 과학적 원리를 엄격히 적용하는데 충실하였다. "명백하게 외면적으로 관찰되는 반응들"만 연구의 대상이 되었다. 구조주의 에 의하면 언어학자들의 과업도 인간 언어들을 기술하고 그 언어들의 구조적 특성들을 규명하는 것이었다. 구조주의 언어학의 가장 중요한 원칙은 "언어들은 서로 다르며, 그 차이는 무한 할 수 있는데" 어떠한 선입관도 언어학적 기술에 개재되어서는 안 된다는 것이었다. 또한 언어는 조그마한 부문 또는 단위들로 분해될 수 있으며 이 단위를 과학적으로 기술, 대조하고 다시 합하면 전체 언어를 형성하게 된다는 것이다.

행동주의 behaviorism : 조건화와 습관형성 모형 주장
명백하게 관찰되는 반응, 즉 객관적으로 인식되고, 기록되고, 측정되는 반음에 중점을 두고 "과학적인 방법"이 엄격하게 지켜지면서, 직관이나 위식과 같은 개념들은 탐구할 가치가 없는 영역, 즉 "정신주의적"인 것으로 간주했다. 고전적 및 조작적 조건, 기계적인 언어 학습, 도구적 학습, 변별학습과 인간 행동을 연구하는 경험적인 접근법을 들 수 있다.(Pavlov, Skinner)

청화식 교수법 - 육군식 교수법: 직접 교수법에서 차용된 것으로 문법 번역식 교수법의 개념을 배격, Audiolingual Method : ALM,(Prator 와 Celce-Murcia 1979)
① 새로운 내용은 대화 형식으로 제시
② 모방, 구문암기, 과잉 학습
③ 구조는 대조 분석에 의해 한 번에 하나씩 순서대로 가르친다.
④ 구조적 패턴들은 반복적인 연습을 통해 가르친다.
⑤ 문법 설명은 거의 또는 전혀 없다. 귀납적 유추에 의해 배운다.
⑥ 어휘는 극히 제한되며 문맥 안에서 가르친다.
⑦ 테이프와 어학실, 시각적 보조 자료를 많이 사용한다.
⑧ 발음을 매우 중요시 한다.
⑨ 교수자는 모국어를 거의 쓰지 못하도록 되어 있다.

⑩ 성공적 응답은 즉시 강화된다.
⑪ 학생들이 오류 없이 말을 하도록 하기 위해 노력을 많이 한다.
⑫ 언어를 조작하고 내용은 무시하는 경향이 있다.

언어학과 심리학 이론에 기반을 둔 것으로 과학적 기술적 분석을 언어의 패턴을 가르치는데 적용. 모방 및 패턴 연습

Wilga Rivers 1964 ALM 결점 폭로 - 언어가 습관 형성과 지나친 학습과정을 통해 습득되는 것이 아니고, 오류는 반드시 피해야 할 것이 아니며, 언어에 대해 구조 언어학자들이 모든 것을 말해 주지 않았다는 것에 새로운 방법론으로 계속 전진해 나간다.

이성주의: 1960년대 Noam Chomsky 의 영향을 받아 언어학의 생성. 변형 언어학파가 출현했다. Chomsky는 인간언어는 관찰할 수 있는 자극과 반응 또는 현장 언어학자들이 수집한 있는 그대로의 자료를 이요해서는 간단히 조사될 수 없다는 것이다. 생성 언어학자들은 언어의 기술뿐만 아니라 언어 연구의 설명적 타당성 단계에 도달하는 것에 관심을 두고 각 언어를 타당하게 기술하고 있는 여러 문법 분석 중에서 어느 기술이 가장 타당한 것인가를 선택할 수 있도록 해 주는 어떤 특정 언어와도 연루되지 않는 원리 기준을 제시하고 있는가 에 관심을 둔다.Chomsky 1964

parloe 빠롤 - Skinner의 관찰대상, Chomsky의 언어수행 연구 대상 - 기술론자들의 전통에서 탈피, 명백하게 관찰될 수 있는 언어 측면과 관찰 가능한 언어학적 언어수행을 생성시키는 의미와 사고라는 기저 단계의 중요한 차이점에 주력.
langue 랑그 - 언어 능력 competence, 관찰되지 않는 기저의 언어 능력,

인지주의: 기계적인 자극-반응 연결보다 조직과 기능의 심리학적 원리를 발견해 내려고 노력한다.
David Ausubel 1965 , 이성주의적 접근법 rational approach 을 통해 인간 행동의 저변에 있는 동기와 심층 구조들을 발견하려고 노력(이성, 유전 및 환경요소, 상황 등), 경험주의 학풍에서 탈피하여 인간의 행동을 설명하기 위해 논리, 이유, 외삽법, 그리고 추론 등의 도구를 사용하였다. 기술 가능한 단계를 넘어 설명 가능한 단계로의 전향을 중요시한다.

1970년대의 "디자이너"교수법들:
①공동체 언어학습 교수법
Charles Curran 1972 "상담 학습 Counseling-learning" 학습자와 교수자가 일체가 되어 집단 내의 개인을 존중하는 상황에서 자유로운 의사소통을 통한 학습. 귀납적 학습 방법
②암시적 교수법 : Suggestopedia

Lozanov1979 인간은 선천적인 능력 이상의 잠재력을 가지고 있다. 학습한 자료를 최대한으로 기억하고 보존하기 위해서는 긴장이 없는 편안한 마음 상태를 유지할 것을 강조 하며 1분에 60박자의 바로크 음악을 통해 편안한 상태에서 이루어지는 정신 집중을 통한 초능적 학습을 강조한다.
어휘, 읽기, 대화, 역할극, 연극을 통한 학습,
③침묵식 교수법
Caleb Gattegno에 의하면, 학습자는 독립적이고 자기 주도적이며, 책임감을 가지고 있어야하며 강의실에서 다른 학습자와 협조하여 언어문제를 해결할 수 있어야 한다. 교수자는 문제를 해결하는 게 아니라 자극을 주는 역할만 수행하고 대부분 침묵한다. 학습자의 실수를 최소한으로만 수정한다.
- 학습자가 학습 내용을 반복하여 기억하기보다 이를 발견하거나 창조해 낼 경우 학습이 촉진된다.
- 구체적 사물을 동반할 때 학습이 촉진된다.
- 학습할 자료를 포함한 문제를 해결함으로써 학습은 촉진된다.
④전신반응 교수법(Total Physical Response TPR James Asher, 1977)
언어 초급인 경우 매우 유용한 명령법을 많이 사용하여 학습자가 스트레스를 받지 않고 듣고 행동하게 하는 교수법이다.
⑤자연 교수법
Stephen Krashen(1982) 자연스럽게 말할 때까지 말하는 것을 지연시켜야 한다는 주장으로 의사소통과 언어 습득을 분석의 대상이 아니라 자연스럽게 일어나는 현상으로 이해해야 한다고 한다. 간단한 대화, 쇼핑, 라디오 듣기 등과 같이 일상생활에서 필요한 기본 의사소통능력 함양을 목표로 한다. 교수자는 학습자들에게 언어 입력을 제공하는 원천이자 명령, 게임, 짧은 연극, 소집단 활동 등의 흥미 있고 자극적인 다양한 수업활동을 만들어 내는 창조자이어야 한다.
구성주의 constructivism: 구성주의란 기존의 인식론이 지식의 대상에 대한 존재론적 물음에 치중해 온 데 대한 반동으로 지식은 어떻게 성립되는가라는 방법론적 물음으로 전화한 현대 인식론적 동향이다. 상황과 맥락에 의한 원인이 더해지는 과정 중심으로의 결합(결과물)을 중시할 때를 구성이라 하며 과정을 중요시 한다.
구성주의는 전혀 새로운 학파가 아니다, 구성주의와 함께 알려진 piaget, Vygotsky의 언어학을 기반으로 20세기 후반기에 접어들면서 확고한 학풍을 구축하게 된다.

2.6.1 구성주의의 관점

모든 인간들은 현실에 관한 자기 나름대로의 시각을 구축한다고 주장한다, 따라서 아는 것과 기술하는 것에 대한 수 많은 서로 다른 방법들은 다 똑같이 합리적인 것으로 받아들여져야 한다는 것이다.
적극적인 의미 구성 과정들에 대한 강조, 그 과정들에 대한 통찰력을 얻기 위한 수단으로서 텍스트들에 대한 집중, 특정 집단의 회원으로서 가지고 있는 지식을 포함한 모든 지식과 그 변이들의 본질에 대한 관심에 중심을 둔다. 구성주의자들은 보편

문법, 정보처리, 기억, 인공지능 및 중간 언어 체계성에 관한 인지주의자들의 연구의 계승자로 여겨진다.

piaget(1972): 개별적 행위로서의 인지 발달의 중요성 강조, 생물학적 성장 발달은 프로그램화 되어 있는 것이며 발달의 단계에 기초한다. - 사회적 상호 작용은 특정 인지 발달이 일어나야 하는 시기에 그 발달이 일어날 수 있도록 만들어 줄뿐이다. Vygotsky(1978): 사회적 구성주의자 - 사회적 상호작용이 인지 발달의 기초가 된다.

각 학파의 학습법과 주제 비교

학파의 사상	연대	학습법	동기	대표적 주제
구조주의 및 행동주의	1900년대 초기, 1940 및 1950년	고전적 Pavlov 반응적 조건화, 자극에 의해 이끌어진 반응. 조작적 Skinner, 결과에 의해 지배받음, 결과가 일으킨 반응, 프로그램식 지도법	보상에 대한 기대 긍정적인 강화를 받으려는 욕망 외부의 개인적인 힘의 통제	기술, 관찰 가능한 언어 수행, 과학적 방법, 경험주의, 표층구조(말하는 자체), 조건화, 강화
이성주의 및 인지심리학	1960년대 및 1970년대	Ausubet 유의적=효과적, 포섭, 연관, 체계적 망각, 인지적 "가지치기"	인간의 기본적인 욕구에 의해 발생 노력 정도가 확대될 수 있다. 내부의 개인적인 힘의 통제	생성언어학, 습득, 생득성 중간 언어 체계성, 보편 문법, 언어능력, 심층 구조(말의 의미)
구성주의	1980년대, 1990년대 및 2000년대 초기	Rogers 자신의 기능을 완전하게 발휘하는 사람, 어떻게 학습하는지 배움, 학습자들의 공동체, 학습자에게 권위 부여(인본주의 심리학)	사회적 맥락, 공동체, 사회적 지위, 그룹의 안정, 내부적이고 상호 작용적인 힘의 통제	상호 작용 담화 사회문화적 변인들 협동적 단체 학습, 중간 언어 변이 상호작용주의 가설

- 구성주의 교육의 동화와 조절: 구성주의의 동화와 조절은 피아제의 인지발달과정 설명 용어로 우리의 지식은 동화와 조절의 과정을 통해서 구성된다고 보는 것이다. 새로운 단어에 어떤 법칙만 적용하면 새로운 단어들을 만들어갈 수 있는 동화

와 그 법칙이 적용되지 않는 상황이 나타나면 새로운 인지구조를 포함하여 기존의 앎을 조절시켜야 되는 조절과정을 통해 우리의 인지가 완성된다.
- 구성주의의 세 가지 이론: 지식은 발견되기보다 구성되는 것 이란 명제로 특징 지을 수 있는 구성주의는 급진적 구성주의와 사회적 구성주 그리고 사회문화주의로 대변된다.
- 급진적 구성주의: 인간의 모든 지식은 인간의 특수한 맥락에 의거해 구성된 것에 지나지 않는다는 단순히 지식 습득과정을 가르치는 것이 아니라 그 지식의 성격 자체를 근본적으로 규정한다는 의미에서 급진적 구성주의라고 하는 것이며 개인적 구성주의라고도 하고 인지적 구성주의라고도 한다.
- 사회문화주의: 러시아의 비고스키의 영향을 받아 전개되는 이론으로 우리가 얻게 되는 지식이나 가치는 그 근원이 사회문화적이라는 주장이다, 이들은 개인이 있기 전에 사회가 먼저 있다고 주장하고 개인의 개성 혹은 본질은 그 사회관계가 어떠냐에 따라, 그리고 그 사회관계가 전개되는 맥락으로서의 문화가 어떠냐에 따라, 크게 영향을 받는다는 주장은 사회주의적이라 할 수 있다.

사회적 구성주의: 급진적 구성주의의 구성의 측면과 사회문화주의의 사회적 맥락을 동시에 강조한 이론으로 급진적 구성주의가 주장하는 '맥락적 구성'의 '맥락'이 사회적이라는 점을 부각시킨 이론이다. 오늘날 대부분의 구성주의자들은 사회적 구성주의의 입장을 취하고 있다.

급진적 구성주의와 사회적 구성주의의 비교

	급진적 구성주의	사회적 구성주의
지식	마음의 산물로 인식 주체자에 따라 상이하게 구성되어짐	
마음·의미	상징의 구성자, 외부대상의 해석자- 인식 주체와 관련되어 구성됨	
지식목표	인간 각자의 맥락에 적합한 의미 구성	
핵심관심	개인의 인지적 구성과정	사회. 문화적 동화
학습	개인의 주관적 경험에 근거한 의미구성	사회적 상호작용을 통한 의미구성
교수	개인의 주관적 경험에 근거한 의미구성	사회. 문화적 동화
교수자의 역할	촉진자, 안내자	촉진자, 안내자, 공동 참여자
학습자 역할	의미의 능동적 구성자, 산출자, 설명자, 해석자	의미의 능동적 공동 구성자, 산출자, 설명자, 해석자
환경	교수자와 학생 간에 형성되는 문화를 강조(상이성 강조)	공동체의 문화를 반영하는 학습교육의 실태조사(동질성강조)
주요이론가	피아제, 그라저스펠트, 포스노, 콥	비고츠키, 우러취, 러고프, 저젠

구성주의 교육의 구성은 지식의 적합성내지는 맥락성을 강조한다.

인간의 지식(도덕, 예술, 종교 등의 인문사회학적 지식과 수학과학적 지식)은 맥락적으로 구성되지 않은 것이 없다. 급진주의는 구성이 맥락적임을 그리고 사회적, 사회 문화주의적 구성주의는 그 맥락이 사회적임을 지적하고 있을 뿐 구별의 큰 의미는 없다. 구성주의 교육론의 과제는 구성주의 식으로 사고를 바꾸는 일이다. 학습이나 삶은 필연적으로 사회적인 것으로서 이상적인 사회관계속에서 이루어져야 한다.
- 구성주의의 교수-학습 원리: 구성을 촉진하는 학습 환경
구성주의 관점에서 볼 때 학습은 단순한 자극-반응 현상이 아니라, 자기조절과 반성과 추상을 통해 맥락에 적합한 지식을 구성하는 것이다. 구성주의자들의 교수-학습의 주된 목적은 주어진 맥락 속에서 사고활동을 촉진함으로써 지식의 능동적 활용, 추론, 창의적, 비판적, 반성적 사고, 문제해결, 인지적 유연성 등을 함양하는 데 있다. 상황과 맥락에 대한 과정에 내용의 통합 교육을 중시하고 학습자 중심의 학습으로 개인별 열린 수업으로 개인적 인지 과정 인지 이론이다.
구성주의의 학습관은 사회문화적 환경속의 학습자가 대상을 어떻게 지각하고 인지하여 의미를 구성하고 지식을 산출해내는가 하는데 관심의 초점을 둔다.
- 구성주의 학습 원리(학습 환경)
① 학습자 스스로의 발명과 자기조직을 요한다. 교수자는 학생들이 스스로 자신이 해결해야 할 문제를 생성하고 이에 대한 대안으로써 자신의 가설과 모형을 산출하고 이들의 적합성 여부를 검증할 수 있도록 뒷받침해 준다.
② 불균형이 학습을 촉진한다. 오류도 학습자가 이해한 결과로 보고 모순되는 점을 분명히 하고 이를 탐구, 토의할 수 있도록 한다. 비평형 상태에서 동화와 조절을 통해 평형화하는 과정에서 학습내용이 자기 것이 된다.
③ 반성적 추상이 학습의 원동력이다. 반성적인 글쓰기를 통한 반성의 시간을 허용하여 다양한 상징적 방식과 경험으로 논의하게 한다.
④ 학습은 원래 사회적, 대화적 활동이다.
⑤ 학습은 구조의 발전을 지향한다.
⑥ 학습은 상황에 기초하여 일어난다. 풍부한 맥락, 실세계 상황이 반영된 실제 상황에서의 진행
⑦ 학습은 구성적, 능동적 과정이다.
⑧ 학습은 도구와 상징을 통해 촉진된다.
⑨ 인간의 궁극적인 성취는 앎의 방법을 아는 것이다.

구성주의 수업원리: 통합성, 전체성, 직관적, 능동적인 특징을 가진다.
① 학습에 대한 책무성과 주인의식 및 자율성을 강화하라; 학습 과정과 결과에 대한 책임을 스스로 질 수 있도록 한다. 질문을 제기하고 자신의 방략을 평가하며 질문에 대한 답을 개발하도록 한다.
② 참 과제를 설계하여, 유의미한 맥락 속에서 학습이 이루어질 수 있도록 하라; 학습에 대한 공감대를 형성하고 실제 상황에서 효율적으로 적용할 수 있도록 다양한 방법을 제공하여 학습할 수 있는 기회를 준다.

③ 고등 수준의 지식 구성에 역동적으로 참여하도록 하라; 스스로 탐구, 실험하도록 하는 다양한 활동의 기회를 제공한다.
④ 협동학습을 통해 사회적 상호작용을 촉진하라; 대화를 통한 상호교류와 반성적 사고, 생성적 학습을 촉진시킨다.
⑤ 비위협적이고 안전한 학습 환경을 제공하라; 긍정적이고 구성적인 피드백과 격려를 통해 도전감과 자신감을 고취시켜 준다.
⑥ 학습내용과 학습의 과정 및 성과에 대해 스스로 반성하도록 고무하라; 성공적이거나 성공적이지 못한 방법, 기억해야 할 문제, 수행해야 할 다양한 형태 등을 통해 사고할 기회를 준다.
⑦ 다양한 관점들을 경험하고 평가할 수 있는 기회를 제공하라; 학생들의 아이디어를 그들 자신의 관점에서 조망하고 그 가치를 인정해 준다.
⑧ 다양한 표현 양식을 활용하도록 고무하라; 비디오, 컴퓨터, 사진, 음향 등의 다양한 매체를 활용하여 학습자들이 세상을 조망하는 방식을 제한하지 않도록 한다.
⑨ 실제수업의 맥락에서 학생들의 학습을 평가하라; 참평가, 수행평가, 포트폴리오 등

구성주의 교수·학습과정에서의 교수자의 역할
① 학생들의 자율성과 솔선수범을 격려하고 수용한다.
② 조작적, 상호작용적, 물리적 자료와 더불어 원 자료와 일차적인 자료를 활용한다.
③ 과제를 체계화 할 때 인지적 전문용어를 사용한다.(분석하다. 분류하다. 예측하다, 창조하다)
④ 학생들의 반응을 수용하여 수업을 진행하며, 수업내용과 방략을 다양하게 한다.
⑤ 개념을 일방적으로 전달하지 않고, 학생들의 이해여부를 탐구한다.
⑥ 교수자와 학생 간 그리고 학생들 상호간의 대화를 고무한다.
⑦ 사려 깊고 개방적인 발문을 하고, 학생들이 서로 질문을 하도록 자극함으로써 탐구를 촉진시킨다.
⑧ 학생들의 초기 반응을 정교화 하도록 한다.
⑨ 제시된 가설에 반박하도록 하여 토의를 촉진시키는 경험을 제공한다.
⑩ 질문을 제기한 뒤, 학생들이 대답할 시간적 여유를 준다.
⑪ 학생이 스스로 관계를 구성하고, 비유를 할 수 있는 시간적 여유를 준다.
⑫ 학습 과정에서 자기조절의 역할을 강조하는 학습주기 모델(발견. 개념소개. 개념적용)을 자주 활용하여 학생들의 호기심을 고취시킨다.

구성주의의 주요 학습이론과 수업설계 모형

인식론 비교대상	객관주의	구성주의
실제(지식)	인식주체와 독립되어 외부에 존재. 객관적 사물	마음이 산물로 인식주체에 의해 결정. 객관적 사물을 주관적 관념화, 주관적 사물을 통한 주관적 사고를 한다.
의식	상징의 처리자,	상징의 구성자, 자연의 해석자

	자연의 거울			
사고	외부 실재를 반영, 외부 실재에 의해 통제		지각과 구성에 근거하여 신체적, 사회적 경험을 통해 성장	
의미	인식주체와 독립		인식주체에 의해 결정	
상징	실재를 표상, 외부 실재의 내적 표상		실재를 구성하는 도구, 내부 실재의 표상	
최종목표	보편타당한 절대적 진리와 지식 추구		맥락에 적합한 의미 구성	
대표유형	행동주의	인지주의	개인적 구성주의	사회적 구성주의
학습	외형적 행동의 변화	인지구조의 변화	개인의 주관적 경험에 근거한 의미 구성	사회적 상호작용을 통한 의미 구성. 서로 다른 문화 속에서 무의식적 습득, 학습
학습자관	외부 자극에 반응하는 수동적 학습자	내적으로 정보를 처리하는 능동적 학습자	환경과 상호작용하여 의미를 구성하는 능동적 학습자	
교육과정	교과서 중심의 기본 기능 강조		다양한 자료에 근거한 구성활동 강조	
교수	지식과 정보의 전달	지식과 정보의 전달 또는 발견	개인적 이해를 위한 사고 안내	지식의 공동 구성
교수자의 역할	관리자, 감독자	정보처리	촉진자, 안내자	촉진자, 안내자, 공동 참여자
학습자의 역할	정보의 수동적 수용자, 청취자, 추종자	정보의 능동적 처리자	의미의 능동적 구성자, 산출자, 설명자, 해석자	의미의 능동적 공동구성자, 산출자, 설명자, 해설자

모방한 강의에서 학습자 중심이 번역 교수법이 진행되어야 한다고 주장한다. 구성주의란 지식에 대한 새로운 관점, 즉 지식은 환경과 상호작용을 통해 개인에 의해 구성된다는 점을 강조하는 이론으로 지식의 구성 과정에서 개인의 능동적인 참여뿐 아니라 사회적 상호작용의 중요성도 강조하는 상보적 교수법으로 인지주의는 물론 구성주의에도 해당된다. 또한, 인지적 도제 이론은 눈에 보이는 외형적 지식이나 기능의 전수를

핵심개념	자극, 반응, 강화	정교화	개인의 구성적 과정	사회, 문화적 동화
주요수업전략	연습과 피드백	정보처리 전략	유의미한 아이디어와 자료등과 상호작용할 수 있는 풍부한 학습기회 제공	유의미한 아이디어와 자료등과 상호작용할 수 있는 풍부한 학습기회를 학습자와 공동으로 구성
주요매체	다양한 전통적 매체와 CAI	컴퓨터에 기초한 수업	인터넷, 마이크로월드, 구성도구	
평가	양적 평가, 총괄평가 강조		질적 평가, 형성평가 강조	
주요이론가	skinner, Thomdike	Bruner, Ausubel	Piaget, von Glasersfdld	Vygotsky, Roglff

인지도제 이론 교수자의 시범보이기: 전통 도제 방법은 초보자가 실제 장면에서 전문가가 과제를 수행하는 과정을 직접 관찰하고, 이를 모방하여 수행하는 과정을 통해 특정 지식과 기능을 연마하는 과정으로 이루어진다. 인지도제 cognitive apprenticeship 이론은 실상황에서 이루어지는 전통적인 도제 방법의 장점을 수용하되 현대 사회의 요구에 비추어 창의적, 반성적 사고와 문제 해결 등과 같은 내적인 고등정신 기능을 학습하는 데 적합하도록 재구성한 교수-학습 방법이다. 비고츠스키의 사회적 상호작용을 통한 의미구성을 강조한 아이디어에 기초하고 있고 보다 유능한 파트너와 함께 사회문화적 활동에 참여하는 것을 사회적 상호작용으로 보고 이것이 학습과 인지 발달에 필수적인 것으로 간주하여 근접발달 영역을 제시하고 있다.

인지도제 이론의 주요 영역과 하위 영역

내용(content)	방략(strategy)	계열	사회적 측면
특정 영역의 지식 발견 방략·문제해결 통제 방략·의사결정 진단 학습 방략·탐구학습	모델링, 코칭,-전문가, 매체 활용 스캐폴딩,- 코칭과정의 과제 수행 보조, 피드백 명료화,-이해와 수행에 대한 설명 반성적 사고, 탐구 - 수행분석과정, 학습방법, 가설 탐색	복잡성 증가,- 수직적, 종적 다양성 증가,- 수평적, 횡적 전체 기능 제시후 부분기능 제시	상황에 기초한 학습-상황 활용, 함의 파악, 지식구조화 전문가의 수행 연마-역동적 상호작용 내재적 동기 유발-만족감, 성취감, 구성의 촉진 협동의식 활용- 상호작용 촉진과 지식 테스트 기회 제공, 경쟁의식 활용

구성주의 수업설계 모형: 개별 학습자들의 구성을 도와주는 맥락적인 학습 환경을 창출하는데 초점을 두고 있는 구성주의에서의 설계 관제는 지식을 구성하는 수단과 도구를 제공하는 풍부한 맥락을 창조하는 데 있다. 여기서 맥락의 역할에 대한 기본 가정을 소개한다.(Tessmer&Richey, 1997.)
① 우리는 맥락 속에 살고 있다.
② 맥락은 여러 요인들이 뒤섞여 학습을 촉진시키거나 저해시킬 수 있다.
③ 수업설계자들은 수업의 장소뿐 아니라 실제 수행 맥락도 고려해야 한다.
④ 수업설계는 맥락을 조절(상호 적합성)할 수 있으나 통제할 수는 없다.
⑤ 맥락의 영향은 학습자와 내용의 속성 그리고 맥락적 요소의 강도에 따라 다르게 작용한다.
⑥ 구체적인 상황에 근거하여 수업설계가 되어야 한다.
⑦ 체제적 접근의 수업설계가 효과적이다.

Willis의 R2D2모형
Recursive, Reflective Design and Development 반복되는 반성적 설계가운데 개발되고 발달된다.

Willis(1995)는 구성주의에 바탕을 둔 ISD모형을 제시하면서 모형의 특성을 다음의 7가지로 설명한다. (1) ISD과정이 순환적이고 비선형적이어서 때로는 무질서하다. (2) 계획은 체계적이지 않고, 유기적(organic), 발달적, 성찰적, 그리고 협동적이다. (3) 목표(Objectives)는 분석에서가 아니라 설계와 개발의 작업 중에 나온다. (4) ID 전문가는 맥락과 내용에 익숙해야 한다. (5) 수업은 맥락에서의 유의미한 학습을 중시한다. (6) 총괄평가보다 형성평가가 중요하다. (7) 객관적 자료보다 주관적 자료가 중요하다.

도모했던 전통적 도제학습과는 달리 겉으로 드러나지 않는 사고과정을 교수자의 시범을 통해 드러내어 학생들이 그것을 내면화하고 다양한 상황에 적용하여 점차 복잡한 과정을 수행하도록 적절한 교수적 지원을 제공하는 수업 모형이다.

구성주의 교수법은 구체적으로 다음과 같이 정의 내릴 수 있다.

R2D2 모형의 핵심 활동과 과제

초점(Focal Points)	과제(Tasks)
정의 (Definition Focus)	- 진단분석(Front-End Analysis);요구충족과 수행상의 결함 여부 분석 (선행 탐색적 분석) - 학습자분석; 학습자 이해를 위한 수업방략과 상황 내용선정에 영향 - 과제 및 개념분석; 참 과제를 통한 참수업과 참 평가의 맥락; 학습의, 학습에 의한, 학습을 위한 것 (목표는 설계/개발 중에 자연스럽게 등장함)
설계와 개발 (Design & Development Focus)	- 매체와 형태 선정; 멀티미디어 수업자료, 참과제 모의수업 활용 - 개발환경의 선정: 많은 이론과 모형 활용 - 산출물 설계와 개발 : 예술적 창작 - 평가전략(형성평가 중심): 지속적인 피드백, 다각적 프로그램 검토, 형성평가 강조, 반성과 순환과정의 상호작용 강조
확산 (Dissemination Focus)	- 최종包裝(Packaging) 교수자 치침서, 학생지참서등 인쇄자료, CD, 등 - 유포(보급); 광고, 훈련, 워크샵을 통한 확산보급, - 채택; 활용 (총괄평가가 중요시되지 않음)

교수-학습 장면에서의 구성주의는 자신의 학습에 책임을 지고 주도적인 역할을 하면서 능동적, 적극적, 자율적으로 학습할 수 있는 능력을 길러주고자 하는 학습이론으로 다양한 학습 환경을 제공하고 수업설계 모형이 제안되고 있다. 보다 중요한 것은 주어진 상황 속에서 자신에게 의미 있는 지식을 스스로 구성할 수 있도록 함으로써 이 세상을 주체적으로 헤쳐 나갈 수 있는 능력을 길러 주어야 한다는 것이다. 이를 위해서는 지식과 학습자관에 대한 인식의 전환이 필요하며 학습자들로 하여금 자신에게 의미 있는 삶을 스스로 개척할 수 있는 창의적인 문제 해결자, 평생학습자가 될 수 있도록 도와주는데 있다.

1. 문제해결학습

문제해결학습은 새로운 문제가 생겼을 때 그 문제를 해결하는 고정에서 이루어지는 학습으로 학생이 생활하고 있는 현실에서 당면하는 문제를 해결하는 과정 중 다양한 지식 기능 태도 등을 종합적으로 획득하도록 하는 방법이다. 문제해결학습은 반성적 사고를 함양하는 것이 목적이다. 이는 가설이 잘못 되었을 때 이것을 반성하고 다시 새로운 가설을 설정해가는 과정을 말한다. 문제해결과정은 문제에 접근 - 자료수집 - 가설설정 - 원리의 전개 - 원리의 검증의 순서로 구체화 된다.

장점은 학습자의 자발적인 학습이 이루어진다. 창의력 사고력 등 고등 정신기술을 기를 수 있다.

2. 구안법

학습자가 마음속으로 생각하고 있는 것을 외부에 구체적으로 실현하고 형상화하기 위하여 자기 스스로 계획을 세워서 수행하고 학생이 문제의 안을 스스로 구상하여 해결함으로써 어떤 문제를 해결하는 데 필요한 지식, 기술, 태도를 포괄적으로 습득하게 하여 교육 후 즉시 활용할 수 있는 적응능력을 획득하게 하는 방법이다. 구안법은 목적 - 계획 - 수행 - 평가의 단계를 거친다. 장점은 성공적인 프로젝트의 경험으로 긍정적 자아개념을 형성할 수 있다. 사회성 도덕성 함양에 도움이 된다.

3. 자기주도적 학습

자기주도적 학습은 학습자 스스로 학습 욕구를 진단하고 학습 목표를 설정하여 목표를 달성하기 위하여 필요한 인적 물적 자원을 탐색하고 적절한 학습전략을 시행하며 스스로 학습의 성과를 평가하는 과정을 말한다.

4. 문제중심 해결학습

문제중심 해결학습은 구성주의에 바탕을 둔 학습이다. 여기서 문제란 실제 사회에서 직면할 수 있는 똑같은 복잡성과 비구조화 된 특성을 가진 문제를 말한다. 비구조화된 문제란 해결안이나 결과가 접근 방법에 따라 다양하게 나타날 수 있는 것을 말한다. 문제중심 해결학습이란 이와 같이 실제 맥락적인 문제를 중심으로 소집단의 협동학습을 통해 문제해결을 해 나가는 과정에서 지식 협동능력 문제해결능력 의사소통능력 등을 학습해 가는 방법을 의미한다. 특징은 첫째, 문제는 학습자의 흥미와 관심을 끌 수 있는 것이고 비구조적인 문제이어야 한다. 둘째, 학습자 중심의 자율학습을 강조해야 한다. 셋째, 협동학습을 강조해야 한다. 넷째, 교수자는 안내자의 역할을 하고 학습자가 스스로 생각하도록 유도하는 역할을 해야 한다.

5. 자원기반학습

자원기반학습이란 학습자 스스로 다양한 학습자원과 직접적인 상호작용을 함으로써 이루어지는 학습 형태를 의미한다. 자원기반 학습은 다양한 정보자원의 활용을 통해 문제해결능력 비판적 사고능력 정보활용 능력을 향상시키는 것을 목적으로 한다. 따라서 자원기반 학습에서는 다양한 자원을 활용하는 학습자의 자발적이고 주도적인 참여가 중요한 부분이 된다.

6. 인지적 도제학습

전통적 의미에서 '도제'란 특수한 직업에 필요한 지식이나 기능을 숙달시키기 위하여 그러한 지식과 지능을 지닌 사람 밑에서 지식과 기능을 학습하는 것을 일컫는다. 여기에는 학습이란 특정 맥락에서 체험을 통해 이루어져야 한다는 의미가 포함되어 있다. 따라서 인지적 도제란 전문가의 사고과정을 학습자가 실제로 내면화시키는 것을 의미한다. 인지적 원리에 따라 교수절차는 전문가의 지적 모델링 제공, 교수적 자원 제공, 교수자원의 점진적 중단 단계로 구성된다.

7. 상황학습

대부분의 학습은 맥락 의존적이어서 상황 속에 존재한다. 즉 새로운 학습장면이 원래의 학습장면과 완전히 다를 경우 학습의 전이가 잘 이루어지지 않는다. 그러므로 학교 학습장면을 실생활 장면과 유사하도록 조직하여 전이가 촉진되도록 해야 한다.

비즈니스 환경에서는 비즈니스 담화가 연관된 의사소통을 요구하고 있기 때문에 비즈니스 담화에 관한 이해가 반드시 필요하다. 실제로 상업 번역은 기술 텍스트와 법률 텍스트를 제외한 비즈니스 맥락에서 사용되는 모든 텍스트는 상업 번역(commercial translation) 부류에 속한다고 말할 수 있다. 기술 번역이나 법률 번역이란 한계나 정의를 분명히 내리는 것도 사실 쉬운 일이 아닌 것은 정보기술이나 기업 활동이 비즈니스 지원 기능을 하고 있다는 점에서, 각종 보고 문서나 이메일, 기업 규정과 고객을 위한 생산, 컨설팅 보고서나 자료와 같은 다양한 유형이 포함될 수 있다는 점에서 어떤 한계나 범위를 정해 정의하려는 시도에도 한계가 있기 마련이다.

• 사회 구성적 접근방식(Social Constructive Approach) 번역 교수법

교수자가 번역 강의를 하면서 자신의 경험을 바탕으로 번역에 대한 해결방식을 강의하는 수업 방식을 선호하고 지식의 전달 대상으로 강의를 진행한다면 이는 객관주의 교수법이다. 그러나 이와는 다르게, 교수자가 학생들의 지식과 학습 정도가 다른 점을 인정하고 각 개인의 학습 방식의 차이에 초점을 둔다면 이는 교수자가 구성주의적 교수법을 선택했다고 볼 수 있다. 이처럼 구성주의는 경험과 지식의 정도가 각기 다른 개인의 지식 구축 방식에 초점을 둔다. 따라서 교수자 중심의 교육이 아닌 학습자 중심의 교육으로 실현될 수 있다.

사회 구성주의적 교수법은 사회적 측면을 더욱 강조하는데 학습자 개인이 교수자가 전달하는 지식을 축적하는 것이 아니라 다른 학생들과의 상호작용과 교수자와의 상호작용을 통해 학습한다. 사회 구성주의는 학습자의 여러 발달 과정이 동료 학생들과 협력하는 과정과 교수자의 지침 등 다른 사람들과의 상호작용에 기초한다. 여기서 '사회적'이란 학습자 외에 다른 사람들과의 관계가 존재함을 의미한다. 학습자가 독립적으로 문제해결을 할 수 있는 수준과 교수자의 지도나 역량 있는 동료 학생들과 협업을 통해 문제 해결을 할 수 있는 잠재적 발달 수준 간의 거리를 의미하는 비고츠키(Vygotsky)이론에서 말하는 근접발달 영역(Zone of Proximal Development, ZPD)에 노출이 되는 것이다. 이때 학생들은 문제 해결을 협업을 통해 해결하고 교수자는 문제 해결을 할 수 있도록 안내하는 가이드 역할만 하게 된다. 근접 발달 영역과 함께 사회 구성주의적

교수법에서 중요한 개념은 '골격(뼈대) 설정'(scaffolding)인데 학습을 하는 과정에서 하나의 고업을 완수하려면 다양한 골격이 설정되어야 한다. 이런 골격을 설정하는 목적은 현 시점에서 학생이 독립적으로 문제 해결을 할 수 없지만 교수자의 도움으로 스스로 문제 해결 능력을 갖출 수 있도록 하는 것이다.

이를 비즈니스 교수법에 적용하면 다음과 같은 방식이 될 것이다.

학생들은 비즈니스 담화에 관한 번역과 문제 해결 능력이 없지만, 비즈니스 환경을 모방한 교수 환경에서 근접 발달 영역 내에서 교수자가 제공한 다양한 형태의 뼈대와 골격을 통해 학생들이 궁극적으로 동료 학생들과 함께 문제 해결을 해 나가면서 현재 비즈니스 번역 능력이 잠재적인 수준에 이르게 되어 통번역 능력을 향상시킬 수 있다.[14]

---

[14] 비고츠키는 아동의 지적 능력을 근접발달영역의 개념으로 설명하고 있다. 근접발달영역(Zone of Proximal Development: ZPD)은 아동이 스스로의 힘으로 문제를 해결할 수 있는 수준인 실제적 발달 수준과 성인이나 유능한 또래로부터 도움을 받아 문제를 해결할 수 있는 수준인 잠재적 발달 수준 간의 영역을 의미한다. 예를 들면, 산수 문제를 혼자 힘으로 풀지 못하는 초등학생에게 교수자가 옆에서 조언을 주거나 힌트를 줌으로써 아동이 문제 해결을 좀 더 효율적으로 수행할 수 있도록 해 준다. 비고츠키(1962)는 아동이 혼자 힘으로 문제를 해결할 수 있는 수준을 발달의 '열매'로, 그리고 타인의 도움으로 문제를 해결할 수 있는 수준을 발달의 '봉오리' 또는 '꽃'이라고 불렀다. 근접 발달 영역의 개념은 비록 두 아동이 도움 없이 혼자 힘으로 문제를 해결할 수 있는 수준이 비슷하다 할지라도, 도움을 받고 문제를 해결할 수 있는 수준은 크게 다를 수 있음을 암시한다. 즉, 도움에 의해 수행능력이 증가하면 할수록 근접발달의 영역은 더 넓어진다는 것이다.
비고츠키는 학습과 발달에 있어서 발달의 관계를 설정함에 있어 발달이 학습보다 우선한다는 인지적 구성주의자인 피아제와 달리, 사회적 상호작용을 통한 학습이 발달에 선행한다고 하였다. 비고츠키는 학습을 통한 발달의 이론을 바탕으로 근접발달영역(Zone of Proximal Development : ZPD)의 개념을 정립하였다.

근접발달지대의 4단계

Vygotsky의 이론에 비추어 볼 때 교수(teaching)는 아동의 근접 발달 지대에서의 수행을 그 아동에 비해 보다 유능한 타자, 즉 대표적으로는 부모나 교수자, 더 능력 있는 또래가 돕는 것으로부터 출발한다. 사회문화적 유산인 아동의 고등 정신기능은 사회적 국면으로부터 개인적 국면으로, 개인 간 정신 국면으로부터 개인 내적 정신 국면으로, 사회적 조절(social regulation)로부터 자기 조절(self regulation)로 전환된다. 어떤 개인에게 있어 수행 능력(performance capacity)이 발달한다고 하는 것은 자기 조절 능력이 점차 증가해 가면서 타인의 도움을 덜 필요로 한다는 것이다. 아동의 근접발달지대를 통한 발달은 타인의 도움을 받는 수행으로부터 타인의 도움 없이 자기 조절에 의한 수행으로 나아가는 것인데 이는 점진적으로 이루어지게 되는 것이다. 아동의 근접 발달 지대에서의 발달을 몇 가지 수준으로 세분화한 대표적인 사람이 Tharp와 Gallimore이다.

1단계: 보다 유능한 타자에 의해 도움 받아 이루어지는 수행.

이 단계는 아동이 독립적인 수행을 하기 이전에 성인이나 유능한 또래에게 의존해 있는 단계이다. 아동에게 필요한 타인 조절(other-regulation)의 종류와 양은 과제의 성격과 아동의 연령에 따라 다르게 된다.

근접발달지대의 시초에 아동은 과제, 상황, 달성해야 할 목표에 대한 이해가 매우 제한적일 수 있다. 부모, 교수자, 보다 유능한 또래가 지시를 주거나 시범을 보이게 되는데 이때 아동의 반응은 묵묵히 따르거나 모방적이게 된다. 아동은 점차 어떤 활동의 부분들이 서로 어떻게 관련되는지를 이해하게 되고 수행의 의미를 이해하게 된다. 보통 이러한 이해는 과제를 수행하는 동안 갖는 보다 유능한 타인들과 갖는 대화를 통해 발달하는데, 이 대화 속에는 질문이나 피드백 등이 있게 된다. 1단계의 전환은 과제 수행에 대한 책무감이 아동에게 넘겨지면서 점진적으로 이루어지게 된다.

2단계: 자기 자신에 의해 도움 받는 수행.

전환이 이루어지고 있는 동안의 아동을 주의 깊게 관찰해보면, 아동의 행위 양식이 개인 간 정신(intermental)국면에서 문제 해결을 위한 노력에 참여하다가 이제 개인 내적 정신(intermental)국면에서 과제를 수행할 수 있도록 변화됨을 볼 수 있다. 이 단계에서 아동은 다른 사람들의 도움 없이 과제를 수행하긴 하지만 이것은 수행이 완전히 발달하거나 자동화되었음을 의미하지는 않는다. 성인으로부터 받았던 조절이 아동 자신에게로 넘어와 자기 조절(self-regulation)을 하게 되는데, 이때 자기 조절은 자기지향적 말(self-directed speech)의 형태를 띤 분명한 구두화로 이루어진다. 자기지향적 말이 나타나는 현상은 매우 의미 있는 발달이 일어나고 있음을 반영한다. 아동에게 있어 자기지향적 말의 주 기능은 자기 안내(self-guidance)이다. 자기지향적 말은 비단 아동에게만 나타나는 현상이 아니라 특수한 수행 능력을 획득하려 하는 성인들에게서도 나타난다. Vygotsky의 대부분의 연구는 아동을 주요 대상으로 한 것이었으나 최근에 이루어지고 있는 많은 연구들(Gallimore, Dalton, & Tharp, 1986; Tharp et al., 1984; Watson & Tharp, 1988)에서는 이 단계에 있는 성인들도 자기 자신에게 말하고, 모든 가능한 방법으로 스스로를 돕는다는 사실을 보여주고 있다.

3단계: 내면화되고, 자동화되고, 화석화되는 수행.

자기 조절이 사라지면서 아동은 근접 발달 지대로부터 빠져 나오게 된다. 과제 수행은 보다 원활해지고 통합되며 자동화된다. 성인이나 자기 자신으로부터의 도움도 더 이상 필요하지 않게 된다. 이 단계에서 타인에 의해 도움이 계속된다면 아동은 혼란스럽게 된다. 심지어 자의식(self-consciousness) 조차 모든 과제 요소들을 원활하게 통합하는 데 해가 된다. 이 단계는 자기 통제 및 사회적 통제를 넘어서며 수행은 더 이상 발달하지 않는데, 그 이유는 이미 발달했기 때문이다. Vygotsky는 이것을 발달의 '과실'이라 일컫는다. 그러나 이것은 사회적, 정신적 변화의 힘과는 거리가 있는 것으로서 '화석화된(fossilized)' 것으로 묘사되기도 한다.

4단계: 근접 발달지대를 통한 회귀로 탈자동화가 이루어지는 수행.

어떤 개인에게 있어서나 일생에 걸친 학습은 근접 발달 지대 연속체로 이루어지게 된다. 즉 타인의 도움으로부터 자기 자신에 의한 도움으로, 그리고 새로운 능력의 발달을 위해 다시 근접 발달 지대로 회귀하게 된다. 모든 사람에게는 타인 조절, 자기조절, 그리고 자동화 과정이 혼재해 있기 마련이다. 어떤 퍼즐을 푸는 데 익숙한 아동이 읽기에 있어서는 여전히 근접 발달 지대에 있을 수 있다. 인지 전략 훈련에서 강조해야 할 점 가운데 하나는 아동이 문제를 해결하는 데 어려움에 부딪혔을 때 내적 중재(조절), 즉 스스로에 의한 도움에만 의존하지 않고 보다 유능한 타인으로부터 언어적인 통제(지시)를 구하는 행위이다. 성인들조차 잊어버린 정보를 회상하는 노력은 다른 이의 도움을 받을 수 있으며 이때 수행의 자기 조절과 타인 조절의 요소들은 다시 부모와 아동 관계에서 보이는 조절 요소들과 유사하다. 능력 있는 성인들도 수행을 계속 유지하고 그것을 더욱 향상시키는 데에 타인 조절 및 자기 조절들로부터 도움을 얻을 수 있다. 여기에서 중요하게 고려해야 할 점은 탈자동화와 회귀가 규칙적으로 일어나서 그것들이 정상적인 발달과정의 네 번째 단계를 이룬다는 점이다. 수행 능력을 회복하는 데에 때때로 자기 조절이 충분치 않는 경우가 있는데 이때는 더 많은 회귀, 즉 타인 조절로 대체되는 것이 필요하다. 회귀 수준이 무엇이든 간에 목표는 도움 받은 수행을 통해 자기 조절로, 그리고 근접 발달 지대를 빠져나가 자동화로 나아가는 것이다.

근접 발달 지대의 사례를 구체적으로 보면 다음과 같은 예를 들 수 있다.

> 여섯 살 난 아이가 장난감을 잃어버리고 아버지에게 도움을 요청한다. 아버지는 아이에게 장난감을 가장 최근에 본 곳이 어디냐고 묻는다. 아이는 "기억이 안 나요"라고 대답한다. 아버지는 몇 가지의 질문을 한다. 네 방에 두었니? 집밖에 두었니? 옆방에 두었니? 매번 질문에 대해 아이는 "아니요"라고 대답한다. 아버지가 "차 안에 두었니?"라고 물었을 때 아이는 "그런 것 같아요"라고 대답하고 장난감이 있는 곳을 기억해 냈다.

이 사례에서 결국 장난감이 있는 곳을 기억해 낸 사람은 아버지도 그 딸도 아니고 두 사람이 같이 해낸 것이다. 기억과 문제 해결이 상호작용을 통해 이루어졌고 또 어떤 물건을 잃어버렸을 때 사용하기 위해 그 전략을 내재화할 것이다.

▪ 과업중심(task-based) 번역 교수법[15]

---

[15] 과업중심 교수법(Task-Based Instruction) 의사소통 중심 접근법에서 발전된 교수법으로, 단순히 이론적인 것을 수동적으로 배우는 것에 그치지 않고, 과업(task)을 중심으로 하면서 수업이 진행되는데, 거기에는 의사소통의 사용이 전제가 되어 있다. 여기서 과업(task)이란 학습자가 어떤 과업을 수행함에 있어 의사소통을 목적으로 하는 활동을 말한다. 즉, 특정 과업을 수행하면서 지속적인 의사소통을 하는 것이 본 교수법의 핵심 논리라고 할 수 있다. 예: 112 전화하기/음식 배달시키기/역할극 등으로 자연스런 의사소통이 가능하지만 과제에 의존하여 문법적으로 체계적인 지식이 부족할 수 있고 학습자의 수행 능력 편차에 따라 학습 효과를 극대화하는데 부담이 있고 과제 유형과 평가에 명확한 기준이 없는 것이 단점이다.

*과업중심 교수법의 장점
학습자의 배경이나 연령에 상관없이 적합한 교수법이다.
하지만 특히, 어린 학습자에게는 잘 맞는다.
언어뿐만 아니라 내용 자체를 배울 수 있다.
동기부여를 제공한다.

There are advantages and disadvantages to task-based instruction.
The advantages are numerous. First of all, TBI is suitable for all ages and backgrounds, especially
young learners. All children have learned their L1 in a contextualized setting, learning grammar and
structure inductively. Their focus is on meaning, not form. A special consideration for these learners
is that their language skills are still developing and teachers must be careful to create appropriate
tasks for their level(Bourke, 2006). Some other advantages of TBI are that it can be used to teach
content as well as language, can be combined with more traditional teaching methods, can provide
motivation due to tasks being relevant and immediate, and can be a useful method for students who
don"t do well in more traditional types of classroom learning or where teachers have little autonomy
over their lesson planning(Krahnke, 1987).

What is a Task?
 Long(1985)은 "과업이란 학습자들이 제2언어로 행할 실생활의 활동들을 일컫는다"고 했다. 반면에, Candlin(1987)은 과업이란 다양한 인지적 의사소통적 절차에서 과업 중심 교수법은 의사소통 중심 접근법에서 발전된 교수법으로 과업을 중심으로 하면서 수업이 진행되는데 거기에는 의사소통의 사용이 전제가 되어 있다. 여기서 과업(task)이란 학습자가 어떤 과업을 수행함

부터 자료 탐구와 어떤 목표를 추구하는 데 있어서 현존하는 지식과 새로운 지식에 이르기까지 학습자와 교수자가 함께 선택하는 구별되고, 순서 지어진 문제 해결을 위한 행위를 말한다고 하였다. Breen(1987)은 앞의 두 사람 보다 좀 더 넓은 의미에서 과업의 개념을 제시하였다. 언어 학습을 촉진시키는 목적을 갖고 있는 일련의 작업 계획들을 과업이라 하였다. 즉 간단한 연습형에서부터 문제를 해결하거나 동기를 제공하거나 결정을 내리는 등의 좀 더 복잡하고 긴 행위들을 말한다.

In 1983, Long defined a task as "a piece of work or activity from everyday life. Candlin(1987) provided a more narrow definition of a language learning task in the context of
task-based language teaching. For Candlin, a language-learning task is:

One set of differentiated, sequenceable, problem-posing activities involving learners and teachers in some joint selection from a range of varied cognitive and communicative procedures applied to existing and new knowledge in the collective exploration and pursuance of freseen or emergent goals within a social miieu. Breen(1987) considers task "to refer to a range of work plans which have the overall purpose of facilitating language learning-from the simple and brief exercise type to more complex and lengthy activities such as group problem-solving simulations and decision-making"

Richards and Renandya(2002, p. 94), give the following definition: "A task is an activity which learners carry out using their available language resources and leading to a real outcome. Examples of tasks are playing a game, solving a problem or sharing and comparing experiences. In carrying out tasks, learners are said to take part in such processes as negotiation of meaning, paraphrase and experimentation, which are thought to lead to successful language development."

Nunan(2004, p. 4) then goes on defining a task as follows: "A piece of classroom work that involves learners in comprehending, manipulating, producing or interacting in the target language while their attention is focused on mobilizing their grammatical knowledge in order to express meaning and in which the intention is to convey meaning rather than to manipulate form. The task should also have a sense of completeness, being able to stand alone as a communicative act in its own right with a beginning, middle and an end."

에 있어서 의사소통을 목적으로 하는 활동을 말하는데, 가령 A라는 과업을 수행하면서 지속적인 의사소통을 하는 것이 본 교수법의 핵심 논리라고 할 수 있다.

과업은 흔히 우리가 일상생활에서 쉽게 접할 수 있는, 즉, 현실적이고 구체적인, 일상적인 일을 말한다. 하지만 과업중심 교수법에서 뜻하는 과업은 위에 설명한 과업보다는 좀 더 언어 학습에 도움이 되고 체계적인 과업을 뜻한다. 가령, 페인트 칠, 일상의 도움, 제품 수리와 같은 일상적 과업보다는 토론 학습, 역할극, 팀 발표와 같은 교육적 과업들이 과업중심 교수법에서 말하는 '과업'이라고 할 수 있다. 또 과업은 두 가지로 나눌 수 있는데, 강의실에서 일어나는 교육적 과업과 우리가 일상생활에는 수행하는 실제적 과업이 있다. 교육적 과업은 강의실에서 일어나기에 주로 토론, 발표 등이 있고, 실제적 과업은 우리가 일상생활에서 하는 ~에 가기, ~에서 하려는 일하기 등이 있다.

과제 중심 언어 교수법은 학습자들에게 과제를 주고 이를 해결하기 위한 수단으로 목표어를 사용하여 실제적인 의사소통 능력을 기르도록 하는 언어 교수법으로, 학습자는 목적, 내용, 활동 설차, 결과가 포함된 구조화된 언어 학습 활동인 과제를 수행하는데, 이 과제는 언어 습득을 위한 언어 입력(input)과 언어 출력(output)을 동시에 제공한다. 이 교수법은 의미에 역점을 두어 학습자가 실제 의사소통 활동을 행하며 외국어를 배우는 것이 효과적이라고 본다.

과제 중심 언어 교수법에서 과제는 실생활 과제(real-world task)와 교육적 과제(pedagogical task)로 구분된다. 실생활 과제는 실생활에서 학습자가 달성할 필요가 있는 활동을 연습하도록 설계한 과제로 음식 배달시키기, 114에 전화해 특정 전화번호 알아내기 등이 해당된다. 교육적 과제는 교육적 목적 및 근거에 따라 설계된 활동이지만 실생활과 거리가 있는 과제로 개별적으로 제시된 정보를 통합하여 도표나 그림, 이야기 완성하기 등이 그 예가 된다. 과제는 상호작용 유형에 따라 직소 과제(jigsaw task), 정보 차 과제(information-gap task), 문제 해결 과제(problem-solving task), 결정 과제(decision-making task), 의견 교환 과제(opinion-exchange task)로 나뉘기도 한다.

과제 중심 언어 교수법을 적용한 수업은 과제를 준비하는 과제 전 활동(pre-task activity), 과제를 수행하는 과제 활동(task activity), 과제 수행 내용을 평가하는 과제 후 활동(post-task activity)으로 진행된다. 수업에서 사용하는 텍스트는 과제 중심의 교과서, 실물, 신문, TV, 인터넷 등으로 매우 다양하다.

과제 전 활동 단계에서 교수자는 학습자들에게 과업의 주제, 목표 등을 소개하고 주제와 관련된 어휘를 다루거나 브레인스토밍(brainstorming) 활동을 할 수 있다. 과제 활동 단계에서는 학습자들이 짝이나 조별로 목표어로 대화하면서 과제를 수행하고 그 내용을 보고하거나 발표할 준비를 한다. 교수자는 발표 내용에 대해 의견을 말하지만 오류 수정을 공개적으로 하지 않는다. 과제 후 활동 단계에서는 학습자들의 발표를 녹음하여 이를 듣도록 하거나 과제를 수행하는 방법을 비교하게 한다. 필요할 경우에 교수자는 학습자들에게 언어 자료를 연습하도록 한다. 과제 중심 언어 교수법에서 교수자는 언어 형식을 설명하거나 가르치지 않고 과제를 준비하고 제공하는 역할을 한다. 학습자들은 짝 활동과 조별 활동 과정에서 갖고 있는 외국어 지식을 사용할 뿐만 아니라 자기가 말하고 싶은 것을 전달하기 위해 어휘와 문법을 새로이 조합해서 사용하며 목표어가 어떻게 의미를 전달하는지를 스스로 경험하고 배우게 된다.

과제 중심 언어 교수법에서 과제는 크래션(S. Krashen)의 '이해 가능한 입력'을 가능하게 할 뿐 아니라 '의미 협상'을 하도록 유도하며 적절하고 생산적인 언어의 사용을 이끈다. 또한 스웨인(M. Swain)이 제안한 '생산적인 출력'이 가능하게 하여 자연스럽고 의미 있는 의사소통 활동을 하도록 한다.

과제 중심 언어 교수법은 교수를 위한 일차적인 교육적 입력 자료를 과제에 의존하기 때문에 체계적인 문법적 교수요목이 없다는 것이 특징이다. 학습자의 수행 능력에 따라 과제의 교육 효과가 다를 수밖에 없어서 담당 교수자의 부담이 크다는 것도 특징이자 단점으로 꼽힌다. 그 밖에도 과제의 유형 및 순서 배열, 과제 수행의 평가 등은 아직 해결해야 할 점으로 남아 있다.

그러나 의사소통적 언어 접근 방법이 일반화되면서 과제 중심 언어 교수법의 핵심적인 활동인 과제도 광범위하게 도입되어 적극적으로 활용된다. 가령 초급 단계의 한국어 교수요목은 비교적 단순한 기능 중심으로 이루어지지만 초급 후반이나 중급 단계 이후의 한국어 교수요목에서는 맥락화된 과제가 교수 활동의 중심적인 위치를 차지한다.

과업 중심 교수법은 TBLT 이렇게 줄여서 부르기도 하며 과업 중심 교수법은 결과보다는 과정에 초점을 맞추는데, 그 이유는 과업을 수행하면서 일어나는 의사소통이 중요하기 때문이다. 교수자는 과업을 제시할 때 학생들의 흥미와 관련 있는 과업을 제시해야 하고 과업은 다음 요소에 따라 그 난이도가 결정되며 학습자의 자신감, 동기, 학습 시간, 과업을 수행할 수 있는 시간, 과업의 복잡성 등이 있다. 그렇기에 교수자는 학습자에게 적절한 과업을 제공하기 위해 신경을 많이 써야 한다.

과업 중심 교수법의 특징은 유의미한 상호작용, 의사소통을 과업을 통해 일어나게 한다. 여기서 유의미하다는 것은 실제 생활에 필요하고 적용할 수 있는 것을 의미하며 과업은 실제로 성취 가능한 것이어야 하고, 교육적인 목적을 가지고 있어야 한다. 또 학생들의 상호작용이 중요한 교수법이기에 수업 구조를 짝 활동이나 그룹 활동으로 진행하고 학생들이 지속적으로 상호작용할 수 있도록 교수자가 그들을 격려해야 한다. 여기서도 오류는 의사소통에 방해가 될 정도가 아니라면 그냥 묵인하고 지나간다.

교수자는 과업을 선택하고 학생들에게 제시하는 역할과 학생들이 지속적으로 과업 활동에 집중할 수 있도록 돕는 역할을 수행하고 필요하면 교수자가 과업에 필요한 약간의 정보를 제공할 수도 있다. 학생들은 과업 수행에 적극적으로 참여하고, 일단 시도해 보겠다는 마음으로 수업에 임해야 하고 현장에서는 교수자가 학습자의 동기를 유발하는 게 중요하고, 그룹 구성원들이 의견 충돌로 다투거나 서로 마음이 상하는 일이 없도록 해야 한다.

- **과업(Tasks)과 교수법의 활용**

과업은 동일한 목표아래 최종 결과물을 만들어 내기 위한 일련의 활동으로 보통 하나의 과업을 완수하기 위해서는 수업을 연속해서 몇 차례 진행한다. 이를 통해 학생들은 같은 목표에 이르게 된다. 이 과정에서 방법을 아는 것과 관련된 절차적 지식과 내용을 아는 것인 선언적 지식을 모두 습득하게 된다.

과업중심 교수법의 적용과 구체적 사례:
1. 목표: 문화 간 유사점과 차이점, 세계관의 탐구, 번역 전략으로서 자국화/이국화 전략
2. 소요시간: 2-3시간씩 4-5회로 문화적 배경이 다른 학생들이 참여하면 더 효과적임
3. 진행방법:
- 학생들이 서로 다른 미신이나 관습을 조사한다. ex) 13일의 금요일, 死(4)
- 유사한 미신이나 관습 조사
- 미신이나 관습을 자국화 전략으로 도착 문화에 맞추어 번역할 것인가 아니면 이국화 전략을 이용하여 출발어의 미신이나 관습을 그대로 번역할 것인가?
- 한 문화의 격언이나 속담을 다른 언어로 대응되는 격언이나 속담으로 적어봄
- 격언이나 속담은 서로 다른 맥락에서 사용되기 때문에 "풍요로운 바이지만 지뢰밭이 될 수 있다" ex) 영국에서는 검은 고양이가 행운을 가져온다고 하지만 스페인 사람들은 불운의 상징이다.
4. 쟁점의 해결:
일치하는 대응어가 없는 경우 번역은 어려워 질 수밖에 없다. 이런 경우 어떤 해결책이 필요할까?
- 같은 의미를 유지
- 표현을 바꿔 설명하기 또는 구체적으로 설명하기
- 역주나 각주 달기 또는 직역하기
- 생략하기 또는 보충하기
- 속담에 대해 간략하게 설명하기
- 어의번역(semantic translation): 어의번역은 직역이나 일대일 번역을 하지 않고 원문에 가깝게 번역하는 중립적인 번역이다.

프로젝트

　프로젝트 교육단계는 매우 중요한 작업으로 번역 교육에서는 다중능력 과제로 볼 수 있다. 학생들을 과업에 참여하게 하고 최종 결과물을 위해 협력하게 만드는 과제이다. 이를 통해 전문가 수준의 기술을 연마하는 준비 단계로 활용할 수 있고 학생들의 번역 능력, 자신감, 번역 결과물에 대한 능력 향상과 번역가에게 필요한 사회성이 계발된다. 더 나아가 프로젝트를 시행하면 학생들 개개인의 번역 능력을 필요로 하기 때문에 한 학생도 배제되었다는 느낌을 주지 않는다. 또 교수자와 학습자 간에 협력이 이루어져 교육적 상호작용 이론을 실현할 수 있고, 강의실 밖의 세계를 체험해 볼 수 있다. 단 프로젝트 강의 시간에 교수자는 협조하고 안내하는 역할을 함으로써 학생들은 스스로 본인의 번역물과 평가에 책임감을 느끼고 수업의 중심이 교수에서 학생으로 옮겨가는 효과가 있다.

　　평가의 목적:
　　-교육목표와 학습 결과 간의 상관관계를 파악
　　-학문적 직업적 필요한 정보 습득
　　-학생들의 진전 성과를 비교 관찰
　　-학생들의 지가 검토 능력 계발
　　-관찰 결과에 따른 강의 계획과 교수법의 수정 보완

・**사회구성 주의적 교수법으로 과업 중심 실제 비즈니스 번역 교수법**

　Willis가 지적하듯이, 과업중심 번역 교수법에서 과업은 주어진 시간 내에 달성해야 하는 특정한 목적이 있어야 하고 의도된 결과를 가져와야 한다. 학생들에게 주어진 과제를 통해서 제출된 최종 결과물을 놓고 평가가 따라야 한다. 사회구성 주의적 교수법을 수행하기 위해서는 실제 번역이 된 텍스트(authentic text)가 활용되어야 하지만 이런 비즈니스 문서는 외부에 공개되지 않는 특성을 감안하여 모든 사람이 액세스할 수 있는 문서나 자료를 이용할 수밖에 없다. 이런 과업을 수행하는 과정에서 활용할 문서가 일반적으로 이용되지 않는 전문적인 분야라면 주어진 텍스트를 번역할 한국어의 등가어를 찾기란 어려울 수도 있을 것이다. 따라서 번역을 하는 입장에서는 이런 익히 알려지지 않은 다양한 분야에 대해 리서치를 할 필요가 있을 것이다. 납품된 번역물의 양이 수십 또는 수백 페이지 이상으로 긴 경우 여러 사람이 나누어 분담하여 번역을 할 수도 있을 것이다. 그러나 이런 경우에는 문서의 일관성을 확보하는 것이 중요하고 전문 용어의 통일과 문체의 일관성 등이 확보되어야 하는 부담이 있다.

> "Most merchants report a slowdown in sales for October, but confidently expect an upturn with the approach of Christmas."
>
> 1. 개별 과제: "대부분의 상인들이 10월 달 동안의 판매에 있어서 침체를 보도하지만, 그러나 크리스마스의 근접과 함께 자신 있게 상승을 전망한다."
> 2. 협업 과제: "대다수의 상인들이 10월 달에는 매상이 형편없다고 말하고 있지만 크리스마스가 다가오면 매상이 늘어날 것이라고 기대하고 있다."

1번 번역은 원문을 그대로 번역하는 것이 아니라 해석·설명하고 있는 수준이지만 협동 과제로 다른 학생들과 번역의 일관성과 가독성에 초점을 맞추고 번역했을 때 가독성과 이해의 폭이 훨씬 넓어진 것을 경험할 수 있다.

"Science, while it confines itself to its proper business, cannot fail to progress."

1. 개별과제: "과학은, 그 자체의 적절한 사업에서 그 자신을 국한하는 한 진보를 실패할 수 없다."
2. 협업과제: "그 본래의 원칙을 지키는 한 과학은 진보하기 마련이다."

1번과 같이 단어를 일일이 번역하다보면 무슨 뜻인지 알 수 없다. 특히 삽입절인 "while..."는 원문을 보완하는 문장이기 때문에 원문을 먼저 이해한 다음 원문을 중심으로 번역하는 것이 바람직하다. 따라서 2번 번역이 이상적이다.

1번과 2번의 번역물을 보면 출발 텍스트에서 이해하는 데 문제가 없어 보이지만 이를 표현하는 문장 구성 측면에서는 개선의 여지가 있어 보인다. 그러나 이상에서 본 바와 같이 협동 과제를 통해서 동료 학생들과 상호작용을 통해 비교하고 개선해 보았을 때 번역 결과물의 품질이 개선되는 것을 볼 수 있다. 학생들과 교수자의 상호작용은 학생들이 제출하는 과제물에 대해서 명시적 피드백(explicit feedback)이 아닌, 암시적 피드백(implicit feedback)을 제공하고 토론을 통해 다양한 논의를 하면 효과적인 개선이 가능해진다. 그러나 명시적인 피드백과 암시적인 피드백을 놓고 어떤 것이 더 효과적인가에 대한 논의는 많이 있다. 암시적 피드백의 경우 학생들이 인지적인 노력을 하고 생각하고 고민하는 경험을 해야 한다는 점에서 더 효과적인 교수법이 될 수 있다. 명시적인 피드백은 학생들이 생각할 기회를 주지 않는다는 점에서 한계가 있어 보이기 때문이다.

더 나아가 학생들이 번역한 번역물의 경우 사용자의 입장에서는 수용성과 가독성이 중요한 쟁점이 된다. 학생들이 개별과제와 협업과제를 통해 번역물을 산출했지만 사용자의 입장에서는 전문적인 용어의 일관성이나 문체의 일관성 등을 문제 삼을 수 있다. 특히 비즈니스 담화의 경우 전문 용어의 정확성에 오류가 있어서는 안 되며 정확하게 사용되어야 한다. 또 읽었을 때 쉽게 무슨 말인지를 이해할 수 있어야 하는 것은 두말할 나위 없이 필요하다. 문법적인 정확성보다 가독성이나 의미의 분명한 전달이 훨씬 더 중요하기 때문에 전문적인 용어의 정확한 사용은 그만큼 의미가 있다. 이런 비즈니스 환경에서 교수자와 학생들이 상호작용을 통해서 비즈니스 번역에 필요한 경험과 지식을 축적하게 되는 것이다. 다양한 사회적 상호작용을 통해서 주도적으로 문제를 해결하고 이를 이끌어 나갈 수 있는 기회를 제공하게 되고 번역 텍스트를 사용하는 사용자와 상호작용을 통해 번역에 대한 지식을 구축하고 비즈니스 담화에 노출될 수 있게 된다. 이를 통해 번역 능력을 구성하는 언어 외적인(extra-linguistic) 번역 능력을 개발할 수 있게 된다. 더 나아가 번역의 일관성에 대한 중요성을 깨닫게 되고 전문 지식을 흡수할 수 있게 되어 번역 능력 개선에 큰 도움이 될 수 있다.

결론적으로 사회 구성주의적 교수법은 번역 교수와 학습의 책임은 학습자 자신에게 있다는 전제 하에 이루어져 학생들이 서로 간의 상호 작용과 교수자와의 피드백을 통한 상호작용을 통해 독립적으로 번역 과정 자체와 지식을 축적하여 번역 능력을 개선하는 데 도움이 된다. 이런 의사소통 중심의 상호작용적 교수법이 도움이 되지만 문제를 해결하는 방안이 아니라 정답 자체를 기대하고 지식 전달이 중심이 되는 기존의 교수 방식에 길들여진 경우에는 불편할 수 있다.

- **내용중심(Content-based Instruction) 번역 교수법**

내용 중심 접근법은 언어가 주가 아니라 내용이 주가 되어 언어는 부가되는 접근 방법인데 학습할 언어는 내용이나 지식을 통해서 가르친다. 이 접근법에서는 목표어로 다른 과목들을 가르치자는 주장이 있다. 실제로 필리핀 세부에서는 학교 교육에서 그들의 국어인 타갈로그어를 제외하면 모두 영어로 수업을 진행한다. 따라서 그들은 영어를 사용할 수밖에 없는 상황에 놓여 있어 결국에는 학교 교육을 충실히 받은 학생이라면 누구나 영어를 아주 잘 구사할 수 있다고 한다.

내용 중심 교수법의 특징은 먼저 학습자가 목표어를 많이 사용하게 하는 것이다. 또 목표어를 학습자 모국어처럼 자연스럽게 사용할 수 있도록 만드는 것이 본 접근법의 목표이다. 내용 중심 교수법에서도 언어의 4기능의 통합을 강조하며 수업 도중 학습자가 목표어로 잘 이해하지 못한 부분이 있을 경우에는 학습자 모국어를 사용하여 이해를 돕기도 한다. 여기서 학습자들은 모두 같은 모국어를 사용하는 학습자들이어야 하고, 교수자는 목표어와 학습자를 잘 사용할 수 있는 사람이어야 한다.

내용 중심 교수법을 사용한 수업의 예는 총 5가지가 있다. 몰입식 프로그램으로 학습자가 실제로 필요로 하는 내용으로 수업을 하는 것이 있고, 두 번째는 보호된 수업으로 원어민 학생들이 경쟁 없이 일반 학생들과 수업을 하는 것이다. 사실 외국인 학생의 경우에는 유학을 가면 해당 국가의 언어와 배우고자 하는 내용을 같이 배우는 격이 되어 경우에 따라서는 해당 국가의 원어민인 학생들보다 학습에 어려움이 많이 있을 수 있다. 그렇기에 이 부분을 고려한 것이 보호된 수업이라는 것이다. 세 번째는 작문 수업인데 언어의 완성은 글쓰기다 는 생각으로 작문 중심의 수업을 운영하며, 네 번째는 특수 목적을 위한 언어 교육으로 굉장히 실용적인데, 학습자가 언어를 배우고자 하는 목적에 맞게 가르치자는 것이다. 예를 들어, 여행 가이드를 위해 목표어를 배운다면 그에 필요한 내용을 가르치는 것이다.

마지막 다섯 번째는 부가적 언어 수업으로 학습자들에게 가장 어려움이 따를 텐데, 학습자들이 목표어로 전공 과목을 배우는 경우를 들 수 있다. 사실 이 경우에는 학습자뿐만 아니라 교수자에게도 어려움이 따르는데 그 이유는 교수자가 언어 교수자이면서 동시에 전공 교수자가 되어야 하기 때문이다. 그러나 실제로 이런 교수자가 많이 존재하지도 않기에 교수자 선정에 어려움이 많다. 그렇기 때문에 어떤 학교는 전공 교수가 아예 언어와 전공을 같이 가르치기도 하고, 언어 교수자가 학습자들이 배우고자 하는 전공을 따로 공부해서 가르치기도 한다. 그렇지만 양자 모두 어려움이 있는 것은 마찬가지다.

따라서 언어 교수자와 전공 교수자의 협력이 필요한데, 부가적 언어 수업에서는 먼저 언어 교수자가 전공을 배우는 데 필요한 어휘나 표현을 설명해준 다음에 전공 교수자가 전공 수업을 학생들에게 제공하는 것이다. 그렇게 하면 학생들이 상대적으로 수월하게 전공과목을 배울 수 있게 되는 것이다. 내용 중심 접근법은 목표어의 일정 수준을 가지고 있는 학생에게는 꽤 유용한 접근 방법이다. 어느 정도의 목표어 수준을 가지고 있다면 교수자의 설명도 이해할 수 있고, 개인으로 목표어를 토대로 배우고자 하는 내용을 배울 수 있기에 그 부분에서는 아주 좋은 장점이 될 수 있으나 초급 학습자들의 경우에는 목표어도 제대로 모르는데 어떻게 내용까지 받아들이는 데에는 어려움이 있기 때문에 사용 대상을 명확히 정하고 목표어 사용 수준의 정하는 것이 필요할 것이다.

- **총체적 언어 접근법(Whole Language Approach)으로서 번역 교수법**

총체적 언어 접근법(Whole Language Approach)은 언어의 기능 중 하나에만 관심이 있었던 다른 교수법의 한계에서 등장한 접근 방법이며, 이론적 배경으로는 경험론, 실용주의 교육, 인지적 상호작용, 사회적 상호작용 등이 있다. 총체적 언어 접근법의 원리는 전체에서 부분으로 학습이 진행되고 언어 기능의 통합에 초점을 맞춘 접근 방법으로 말하기, 듣기, 읽기, 쓰기의 기능을 고루 발달시키고자 하는 원리가 있다. 게다가 학습자들의 의미 있는 사회 작용이 있어야 하고, 학습자 중심의 학습을 강조한다. 여기서 교수자는 학습자의 협력자 또는 보조자의 역할을 수행한다. 총체적 언어 접근법의 특징은 다음과 같다. 학습은 자연스러운 의사소통 능력을 목적으로 하는데, 여기서 자연스럽다는 말은 실제 상황에서 잘 사용할 수 있다는 뜻이며, 또 전반적인 내용 이해를 중심으로 부분적인 언어의 기능을 습득한다. 즉, 전체에서 부분으로 간다는 원리가 여기에 들어 있다. 마지막으로는 사회적 상호작용 능력을 향상시키는 데에 본 접근법의 학습 목적을 둘 수 있다. 교수, 학습 방법에는 먼저 학습자 중심으로 수업 내용이 구성된다. 그렇기에 교수자는 학습자의 필요나 요구에 따라 학습 내용을 수정할 수 있고, 학습자들에게 도움이 될 내용으로 수업을 이끌어 갈 수 있다. 위에서 언급했듯이 언어의 4기능이 통합되는 수업을 하고, 오류는 학습 과정 중 당연히 나타나는 현상이다. 때문에 오류의 즉각적인 수정은 지양되며 마지막으로 학습자의 평가는 과정 중심 평가로, 학습 과정에서 학습자를 평가한다.

  총체적 언어 접근법에 의한 수업은 문학 작품을 사용한다. 그 작품을 토대로 언어의 4기능을 발달시키도록 수업을 구성하고, 협동 학습을 권장하며 협동 학습으로 다른 학습자와 상호작용을 하면서 언어 발달을 촉진시키는 것이다. 마지막으로는 학습자의 태도에 관심이 있고 학습자 중심으로 교수자가 수업을 준비하기에 여기에는 학습자의 적극적인 참여가 필요하다. 그러나 학습자가 초급자일 경우에는 다른 학습자의 개인 정보를 알아보기, 교수자가 제공하는 학습 자료를 보고 듣기, 교수자의 말을 듣고 따라 하기, 게임 하기 등이 수업 시간에 활동으로 일어난다.

  현장에 본 접근법을 적용하려면 다음과 같은 유의사항을 고려해야 한다. 학습 내용이 실제 생활에서 유용하게 쓰일 수 있도록 구성할 것, 교수자는 학생들의 오류에 민감하게 반응하지 않아 학습자들이 부담 없이 목표어를 사용할 수 있게 할 것, 그룹을 만들 경우에는 학습자들의 성적보다는 흥미가 유사한 학생들끼리 같은 그룹을 만들어 줄 것, 학습을 촉진할 수 있는 학습 분위기를 만들 것 등이 있다.

  어떻게 보면 본 접근 방법도 학습자의 역할이 정말 비대하다. 학생들의 요구에 수업 내용을 맞춰줘야 하고 끊임없이 학생들에게 상호작용의 기회를 제공해야 하기에 교수자가 신경 써야 할 부분이 너무나도 많다. 그렇지만 언어의 4기능을 고루 발달시키는 부분은 아주 훌륭하다.

• 공동체 언어 학습(Community Language Learning) 교수법

공동체 언어 학습법은 상담심리학과 인본주의라는 배경에서 시작한다. 상담에서는 상담을 받으러 오는 사람을 내담자라고 하는데, 공동체 언어 학습법에서는 학생을 바로 그 내담자로 보고 상담을 할 때에는 상담가가 내담자의 마음을 편하게 해줘서 속에 있는 말을 잘 할 수 있도록 하는 게 중요한데, 바로 그 역할을 교수자가 해야 한다.

공동체 언어 학습법은 5단계의 원리를 가진다. 1단계는 태아 단계라고, 어릴 때 아기가 웅얼웅얼하는 말을 주변 사람들이 일종의 통역을 해주고 아기의 엄마는 우리가 못 알아듣는 아기의 발화를 알아듣는 것처럼, 태아 단계에서는 학습자가 본인의 모국어로 발화를 하면 교수자가 그것을 목표어로 옮겨주기 때문에 교수자는 학습자 모국어와 목표어를 둘 다 잘 구사할 줄 알아야 한다.

2단계는 자기주장 단계로 여기서는 이제 학습자가 태아 단계에서 조금씩 듣고 배운 목표어를 구사하면서 목표어 발화를 시작하지만 아직 그 수준은 미약하다. 3단계는 자각 단계로 이제 학습자는 교수자의 도움에 의존하지 않고 자기 스스로 목표어 발화를 하려고 한다. 그러면서 목표어의 표현이 풍부해지고 학습자가 혼자서 발화하는 경향이 강해진다.

4단계는 역할 전도 단계로 이 단계에서는 목표어 학습량이 크게 증가하는데, 그 이유는 목표어의 지식을 학습자가 배우기 때문이다.

마지막 5단계에서는 독립 성인 단계로 학습자는 교수자에게 배운 모든 것을 다 이해하고 받아들이며, 더 나아가서는 자신이 다른 사람에게 도움을 줄 수 있는 수준까지 이른다.

공동체 언어 학습법의 특징을 보면, 상담 심리학의 배경을 담고 있는

학습법이므로 학생은 목표어에 대한 불안을 덜 느끼게 되며 학습자가 발화한 것을 교수자가 목표어로 옮겨주기에 수업은 학습자 위주로 진행된다. 그렇기에 학습자는 자기가 배우고 싶은 것을 배우게 되기에 학습 동기가 유발되며, 같은 모국어를 사용하는 주변 학생들과도 쉽게 상호작용을 하여 친밀감을 형성할 수 있다.

공동체 언어 학습법의 장·단점은 먼저 장점은 학습자의 불안감을 해소할 수 있다. 또 학습자가 원하는 것을 수업시간에 다루기에 유의미적 학습 활동이 가능해지는데 이는 학습자가 실용적인 관점으로 목표어를 공부할 수 있고, 본인이 배우고 싶은 내용을 정할 수 있기에 학습 동기가 높다는 장점이 있다.

단점은 초급 단계의 학생과 소수의 수업 구성원이 있을 때에만 가능하다. 또한 교수자가 학습자 모국어와 목표어를 잘 구사해야 하기에, 교수자의 역할이 비대하며 그런 교수자를 구하는 게 다소 어렵다는 점이 있다. 또한 학습자가 배우고 싶은 부분을 배우기에 내용의 체계성이 떨어질 수 있고, 한 그룹의 학생들이 같은 모국어를 가질 때에만 이 학습 방법을 사용할 수 있다. 공동체 언어 학습법을 사용할 때에는 자리를 원형으로 앉을 수 있도록 하는 게 좋다. 그렇게 하면 교수자와 학습자가 서로 쳐다보기도 용이하고, 교수자가 교단에 있고 학습자들이 아래에 있는 그런 분위기보다 학습자들의 긴장감이 해소되기 때문이다.

이 교수법은 목표어 회화 능력을 빠르게 키우는 데에는 도움이 된다.

- **의사소통식(Communicative Learning Teaching: CLT) 번역 교수법**
의사소통식 교수법은(CLT)는 Hymes와 Halliday와 같은 언어학자들이 의사소통 활동 중심의 언어 교육의 강조한 데서 그 출발점을 찾을 수 있다. 이전의 자연적 접근 방법에서 아이들에게 이해 가능한 입력을 많이 주라는 입력 가설에 의해, 아이에게 TV만 틀어줬더니 아이가 의사소통을 제대로 할 수가 없었다는 한계를 지적한다.

David Nunan은 상호작용을 통해 의사소통을 배워야 한다고 주장하며, 상호작용을 강조했다. 그는 실생활에서 활용하는 자료를 제시하라고 했는데, 아주 실용적인 입장을 취하고 있다. Canal & Swain은 의사소통 능력을 다음과 같이 정리했다.

    Grammatical Competence(문법적 능력)
    Socio-cultural Competence(사회언어학적 능력)
    Discourse Competence(담화적 능력)
    Strategic Competence(전략적 능력)

CLT의 언어관은 다음과 같다.

언어는 의사소통과 상호작용을 위해 존재한다는 것이며, 언어의 문법적, 구조적 특징은 그것이 전부가 아니라 담화에서 사용되는 기능 및 의미에 범주되는 것이다.

CLT의 교수 학습 활동 유형은 대화, 독화, 회화 그리고 혼합 형식이고 대화 형식은 학생과 교수자가 대화하거나, 짝을 지어 대화하는 게 있다. 독화는 발표나 연설처럼 1:다수의 경우이고 독화는 여러 사람이 말하고 듣는 활동으로 토론과 회의가 있다. 마지막 혼합은 언어의 4가지 기능인 말하기, 듣기, 읽기, 쓰기의 기능을 혼합해서 가르치는 것이다.

CLT에서 교수자는 학습자들의 필요를 분석해야 한다. 여기서 필요는 학습자들이 목표어를 배우는 이유다. 그 이유를 파악하면 학습자에게 필요한 내용을 가르칠 수 있게 되며, 또 상담가의 역할을 교수자가 해야 하며, 경우에 따라서는 집단 활동의 규모를 조절하는 집단 과정 처리자의 역할도 수행해야 한다. CLT에서 학습자는 자기 주도, 즉 학습자 중심이 되어 수업에 참여하는데, 그 이유는 CLT는 학생들의 의사소통의 기회를 많이 제공하는 것을 주 목적으로 하기에 학생들이 능동적으로 이 과정에 참여해야 하기 때문이다.

현장 적용에서 주의점은 실생활에서 쓰이는 의사소통 내용을 가르치는 것으로 예를 들면 다음과 같다.

    Hi, how are you?
    I am fine. Thank you and you?

외국인들이 가장 많이 하는 말이, 너희는 왜 'how are you?'에 대한 답으로 'I am fine'만 말하면 너무 싱거운 표현으로 들릴 수 있으니 다양하고 신선하면서도 실용적인 표현을 써보자는 것이다. 학습자가 관심을 가지는 주제로 의사소통을 연습을 시켜야 한다. 스튜어디스가 되고 싶어 하는 학생에게는 비행기에서 사용하는 영어를 가르치는 게 효과적인 것처럼 말이다. 또 교수자는 자연스럽게 발화를 해야 하고 학생들의 수준을 고려해서 수업 시간에서는 아주 천천히 또박또박 발화를 하면 학생들의 이해를 돕는 데는 아주 좋겠지만, 그 학생들이 실제로 밖에 나가서 목표어를 들었을 때에는 문제가 발생할 수 있을 수 있다. 너무 빨라서 못 듣거나 발음이 달라서 이해하기 어려운 경우가 있을 수도 있다.

• 자연적 접근 방법(The Natural Approach)으로서 번역 교수법

자연적 접근 방법은 Krashen과 Tracy Terrell이 주장한 것인데, 이 교수법 역시 의사소통을 위한 언어 교육을 주장하고 있고, 문법보다는 어휘에 더 중점을 두고 있다. 참고로 직접 교수법과 자연적 접근 방법을 구분할 필요가 있다. 자연적 접근 방법을 설명함에 있어, Krashen이 주장한 모니터 이론을 잠시 살펴보자. 먼저 습득-학습 가설로 크라센은 학습과 습득을 무의식 중에 언어를 배우는 것이고, 학습은 의식 중에 언어를 배운다는 것으로 정의한다. 즉, 그는 습득과 학습은 확실히 다르며 학습은 습득이 될 수 없다고 한다.

다음 가설은 모니터 가설로 이는 학습에서 학습자가 자기 감시를 실현하면서 실현된다고 한다. 습득 과정은 여기에 포함되지 않는다. 모니터는 우리가 TV에서 연예인들이 모니터링 한다는 것처럼 무엇인가 확인을 한다는 의미하기 때문에 언어의 정확성에 초점을 맞춘다. 언어를 배울 때에 어리면 어릴수록, 성격이 활발할수록 언어를 배우는 데 좋다는 것은 바로 모니터 가설을 두고 하는 말이다.

다음은 자연적 순서 가설로 문법 형태를 배우는 데에 일정한 순서가 있다는 것이다. 그리고 입력 가설이 있는데 크라센은 일단 많은 입력을 주는 것이 중요하다고 말한다. 아이에게 입력을 많이 준다고 수준 높은 강의를 틀어주면 그 아이는 그것을 이해하지 못하지만, 아이의 수준보다 조금 높은 수준의 입력을 주면 아이는 문맥이나 상황을 통해 그것을 이해하려는 노력을 한다는 것이다. 이를 i(학습자의 수준) +1(학습자의 수준보다 조금 높은 입력) 이렇게 나타내기도 한다. 입력 가설에서는 학습자에게 현재 수준보다 조금 높은 수준의 언어 입력을 주라는 것인데,

이를 이해 가능한 입력이라고 한다. (i+1)로 나타내기도 하고, 입력 자료를 교수자가 잘 준비해야 한다.

또, 정의적 여과 장치 가설이 있다. 여기서 정의는 인간의 감정을 다루는 단어로 학습자의 동기, 욕구, 태도 등을 말하는데 이 부분이 학습에서 중요하게 작용하는 부분이다. 크라센은 학습에서의 좋은 환경은 정의적 여과 장치가 낮은 단계라고 했는데 그는 수업 시간에 학습자들을 편안하게 해주라고 한다. 그렇게 해야만 학습자가 언어 습득을 더 잘 할 수 있기 때문이다.

크라센의 가설은 훌륭하지만 상호작용에 대한 부분이 빠져있다. 가령 아이에게 TV 보게 하고 부모와의 상호작용이 없었다면, 그 아이는 올바르게 언어를 발화할 수 없다.

자연적 접근 방법에서 자연적이란 말은 아이가 모국어를 배우는 것처럼 외국어 습득을 하라는 것을 의미한다. 즉, 목표어에 많이 노출을 시키고, 초기에는 많이 들어 보라는 것이다. 거기에 시각적 자료를 제시하면서 이해 가능한 입력을 제시해야 한다고 했으면 어휘의 역할을 강조하고 있다.

아이의 경우에도 태어나서 초기에는 열심히 부모의 말을 듣다가 어느 순간 울음, 옹알이, 한 단어 발화 등의 가정을 거치면서 정상적인 발화를 하게 되는 원리는 자연적 접근 방법에서 취한 것이다.

자연적 접근 방법에는 전신 반응 교수법의 내용이 조금 포함되어 있다. 학생의 긴장감을 풀어주기 위해 교수자가 학습자에게 신체 반응을 유도하는데 이 부분은 전신 반응 교수법의 내용과 비슷하다. 또 그림이나 사물을 사용하고, 계속해서 이해 가능한 입력을 제시할 것을 당부하는데 이것은 발화 전 단계에서 주로 행해지고, 초기 발화 단계에서는 아주 간단한 질문을 제시하여 학생이 답하게 하며 그 이후에는 제대로 말을 할 수 있으면 학습자들끼리 의사소통을 나누고 개인의 의견을 나누며 집단 문제의 해결에 참여하게 된다.

교수자는 학습자의 정의적 요소에 신경을 써 불안, 긴장을 낮추고 학습 동기, 학습자의 자신감을 높일 수 있게 수업 분위기를 잘 조성해야 한다. 또한 의사소통의 촉진을 위해 계속해서 적절한 교수 자료를 사용해야 하는데 여기서 가장 중요한 것은 이해 가능한 입력을 지속적으로 제공할 것이다.

자연적 접근 방법은 초보 언어 학습자를 위한 것인데 그들이 중급 단계까지 나아가도록 하는 것이 그 목표다. 수업에는 직접 교수법처럼 그림, 사진이 제시되고, TPR(전신 반응 교수법)처럼 명령문으로 초기에 수업을 진행하기도 하는데, 여기서 가장 중요한 것은 실제 생활에서 사용할 수 있는 의사소통 기술을 가르치는 데 있다. 현장에 자연적 접근 방법을 적용할 때에는 새로운 어휘의 양을 적절하게 조절해야 한다. 너무 많으면 학습자가 그것을 다 이해하는 게 어렵고, 너무 적어도 문제가 되지만 학습자의 오류가 의사소통에 문제가 되지 않는 한 학습자의 정의적 요소에 문제를 일으켜 학습을 저해할 수 있다고 여기기 때문이다.

- 침묵식(Silent Way) 번역 교수법(대안적 교수법)

침묵식 교수법은 학습자가 스스로 배울 내용을 창조하면 학습 효과가 더 좋다는 이론적 배경을 가지고 있다. 또한 학습에서 보조 도구의 활용이 학습을 촉진한다는 내용 역시 그 배경이 된다. Gattegno가 고안한 침묵식 교수법은 학생들의 일상을 대답할 능력을 기르게 하고, 정확한 Accent를 구사해야 하는데 이를 언어 정신이라고 한다. 침묵식 교수법의 전제는 학습자가 말을 많이 하게하고, 교수자는 말을 하기보다는 도구를 활용해서 학습자의 언어 학습을 돕는 역할을 해야 한다. 즉, 교수자는 조력자의 역할을 담당하고 학생은 자신이 스스로 교수자의 설명으로 배울 내용에 대하여 인지를 해야 하는 입장에 있다. 이를 통해 학습자는 학습만 하는 것이 아니라 학습하는 방법 역시 배우게 되고 스스로 오류를 수정하는 자기 수정의 과정을 거친다. 물론 오류를 지속적으로 고치지 못하면 교수자가 도움을 주기도 한다.

침묵식 교수법에서는 지침봉, 채색막대, 음가표, 단어표 등 각종 도구가 사용된다. 그렇기 때문에 수업 초기에는 교수자가 도구의 사용 용도나 각 도구에 대한 설명을 하여 학습자와 일종의 약속을 한다. 침묵식 교수법의 장점은 학습자의 스스로 학습에 있고, 학습자가 교수자에 지시에 따라서 스스로 문제를 해결하는 발견 학습에 있다. 또한 보조도구의 이미지로 더 오래 기억을 할 수 있는데, 이는 장기기억 이론에 토대한 것이다. 반면 말을 적게 하고 도구를 사용함으로 시간의 소요가 길고, 학습자가 지루해할 수 있다. 또한 교수자의 입장에서 수업 준비를 하는데 많은 시간을 사용해야 한다는 어려움이 있다. 게다가 교수자는 말을 적게 하고 학생이 말을 많이 함으로써 교수자와 학생의 상호작용은 원활하지 못하며, 초급 단계를 벗어난 학습자에게 침묵식 교수법의 사용은 적절하지 못하다는 말이 있다.

침묵식 교수법은 학생들이 언어를 느끼고 그것을 지각해서 표현하기 위함에 그 목적이 있다. 여기서는 따로 평가가 존재하지 않고, 학습자들의 활동 내용을 교수자가 관찰함으로 평가를 한다. 사실 침묵식 교수법은 전통 교수법이 아니라 대안적 교수법의 하나로 큰 지지를 받고 있지는 않다. 왜냐하면 도구를 사용하는 방법을 외우다가 학생과 교수자가 많은 시간을 허비할 것 같기 때문이다.

- **텍스트성(Textuality)에 기반한 번역 교수법**

번역 교수법 가운데 실무적인 차원에서 번역을 오역에 대한 기준으로 문법성만으로는 평가하기가 어려울 때가 많다. 그렇지 않으면 막연히 자연스럽지 못하다거나 매끄럽지 못하다는 번역 투에 관한 모호한 표현을 쓰게 되는데 이는 체계적이지 못하다. 따라서 텍스트성이 의사소통의 행위로서 충족해야 할 7가지 기준을 살펴보는 것이 필요하다.

결속구조(cohesion), 결속성(coherence) 의도성(intentionality) 용인성(acceptability), 정보성(informativity), 상황성(situationality), 상토텍스트성(intertextuality)가 기준이 된다.

텍스트성은 기본적으로 둘 이상의 문장을 하나의 단위로 묶어주는 특성. 응집성, 결속성, 의도성 등이 있다. 언어가 언어학의 연구대상이듯이 텍스트가 텍스트언어학의 연구 대상이다. 언어가 여러 측면으로 구성되어 있듯이 텍스트도 여러 측면으로 구성되어 있다. 텍스트는 우리의 일상생활에서 흔히 쓰이고 있는 말과 글들과 그리고 기호로 이루어진 것과 그리고 포스트모더니즘을 주장하는 이들에게는 세상의 모든 사물과 음향도 텍스트로 묶여서 텍스트를 말하고 있다. 그러나 광범위한 분야는 접어두고 일반화된 텍스트의 개념과 본질인 '기호학적', '문학적', '언어학적', '담화론적' 관점에서 조망할 수 있다.

텍스트성의 조건

텍스트의 여러 관점들에 있어서 텍스트가 지녀야할 특성이 있다. de Beaugrande/Dressler(1981:3)는 텍스트를 '텍스트성'의 7가지 기준들을 지키는 '통보적 출현체'라고 정의한다. 이들은 텍스트가 이루어지기 위해서는 이러한 모든 기준들이 이행되어야 한다고 전제한다. 이 기준들 가운데 어느 하나가 지켜지지 않았다고 간주되면, 이 텍스트는 '통보적'이지 못한 것으로 간주된다. 텍스트 개념의 이런 확장은 순수 언어적인 것을 넘어서는 응집성 범주에서 찾을 수 있다. 텍스트를 수용할 때 활성화되어야 하는 것은 텍스트 심층구조의 토대가 되는 개념들(보그랑드와 드레슬러(1981, 5), 곧 '지식 정세들(constellation of knowledge)'과 이 개념들 간의 관계이다. 성공적인 의의 산출의 전제 조건은 개념들을 언어 참여자들이 공통적으로 알고 있다는 것이다. 그런 의미에서 응집성은 텍스트의 자질이라기보다는 오히려 텍스트사용자의 인지적 과정의 결과물이다.

예컨대 '그는 열쇠를 잃어버리고는 열쇠가게에 전화를 했다.'는 인과적 결속관계를 보인 경우인데, 이런 관계는 우리의 일상지식에 근거할 때 가능하다. 이는 텍스트의 의미론적 단위가 수용자의 산출물이라는 생각과 관련이 있다. 수용자는 표층구조도 파악해야 하고 텍스트에서 제시된 정보와 자기 지식과의 상호작용을 통해 생성하는 것을 찾아내기도 해야 한다. 여기서 사용되는 텍스트성 기준이 수용자 측과 관련된 용인성이다. 이것은 텍스트를 응결적, 응집적, 의도적인 것으로 간주하는, 곧 내용 단위를 받아들이는 수용자의 준비성을 뜻한다. 이 내용 단위는 텍스트표층에서 드러난 기호에서는 읽어낼 수 없고 여백을 채움으로써 만들어낼 수 있는 것이다. 다음의 교제광고를 예시 분석해보자.

> Classy bird, 41, with Elisabeth Bennet sensibilities seeks tall, dark, rich Mr Darcy or failing that someone with wit & humor, 35-45. S Wales. Call 1234 567 8910 Voicebox 54321 Txt RE12345.

이 텍스트의 기능은 추론하기 쉽다. 저자(여성)는 미래의 원하는 파트너와 교제를 하고 싶다는 것이다. 그런 징후는 교제를 이루는 두 제목과 해당 동사 seeks와 call에서 읽어낼 수 있다. 의도는 교제가 가능한 전화번호와 여타 정보 제시로 강조된다. 동시에 수신자 그룹은 특정 캐릭터와 나이 정보로 정해진다. 저자 자신도 아주 모호하게 그려지고 있지만 행위를 활성화시킬 수 있는 나이와 몇 가지 유리한 특징들로 자신을 묘사한다.

이 텍스트는 분명한 텍스트 내적인 통사구조 외에 문장을 넘어서는 응집을 보인다. 광고의 가장 큰 부분을 차지하는 첫 번째 문장은 텍스트 생산자를 특성화하고 자신의 관심사를 담고 있다. 그 뒤를 잇는 것이 "S Wales"에 의한 장소 제시인데, 이것은 저자의 거주지가 남부 웨일즈이고 찾고 있는 파트너도 같은 지역이어야 함을 명시한다. 마지막의 동사 call에 의한 직접 명령문은 지금까지의 정보들에 근거한 논리적인 결론 부분으로서, 원하는 프로필을 충족시키는 모든 남성은 제시된 번호로 광고자에게 신청하라는 것이다.

이 텍스트는 기존 텍스트와의 상호 텍스트적 관계도 보인다. 명명된 두 사람 Elizabeth Bennet와 Mr Darcy는 Jane Austine의 『Pride and Prejudice(오만과 편견)』에 나오는 허구적인 인물이다. 저자는 그러니까 분명하게 이 소설 - 또는 이 소설의 영화 - 에서 묘사되고 있는 것처럼 해피앤드가 있는 유사한 사랑이야기를 기대하고 있다. 저자의 이런 낭만적인 연루에의 편애를 드러낸 것이 명사 'sensibility'인데, 이것은 오스틴의 소설 『Sense and Sensibility(이성과 감성)』를 암시하는 것이다. 이 두 문학작품과의 상호 텍스트적 관계는 광고의 의도를 지원하는데, 그 효과는 상대방이 이런 빗대기의 인식여부에 좌우된다.

이런 분석에서 알 수 있듯이, 언어적 기호가 그의 사상적인 내용과 일대일 관계가 아니고, 그 의미에서 다양하게 열려 있을 수 있으며, 기호 자체를 거쳐 기호가 사용되는 세계를 지시한다는 생각은 텍스트언어학의 기본적인 인식에 속한다.

1) 결속구조(coherence)로서 결속성

텍스트 정보 단위들 사이에 존재하는 의미론적 연결 구조를 올바로 분석하여 전환하는가의 문제로 문장과 문장 사이의 논리 관계를 말한다. 텍스트 정보 단위들 사이에 존재하는 의미의 논리적 연결을 올바로 분석하여 번역하였는가를 평가한다.

예)
TT 1: "우리는 생산생활 등 모든 활동에서 전면적으로 환경 보호 저탄소를 실천하고 있다. 먼저 생산면에서…"
TT 2: "우리는 생산 활동과 생활 전반에 걸쳐 환경 보호 및 저탄소 활동에 참여하고 있다고 할 수 있다. 산업 생산 활동 과정에서…"

TT 1의 경우 '생산 활동 측면'만 제시하고 '생활 측면'의 구체적인 사례가 부각되지 않아 단순한 번역문이 되고 말았다.

7가지의 텍스트 기준들 가운데 첫 번째 기준은 응결성이다. "이는 '텍스트 표층'의 구성요소들, 곧 우리가 실제로 듣거나 보는 단어들이 서로 연결된 방식과 관계가 있다. 표층 구성요소들은 문법적 형식과 규약들에 의해 서로 의존해 있기 때문에, 응결성은 '문법적인 의존 관계'에 바탕을 둔 것이다.", '표층 텍스트'라는 표현의 강조에 유의하자. 여기에서 이 견해가 표층 텍스트 - 실제로 주어진 형태의 텍스트 -를 - 이는 vanDijk(1972)에서도 극히 명확한 것은 아님 - 추상적 도식이나 화자가 기초한 계획이라고 이해되는, 때로는 도식과 계획이라는 의미로 이해되기도 하는 심층 구조적 텍스트와 대립되는, vanDijk가 말하는 것과 같은 견해임을 알 수 있다. 보그랜드/드레서에서는 심층구조가 - 응집성과 관련하여 사용된 '텍스트 세계'라는 표현이 말해주듯이 - 분명히 심리적·인지적 의미로 사용되었다.

예문 1) 나는 그것(을/이) 도저히 믿을 수 없었어. 그들이 그 계획 전체를 받아들였다니.

예문에서 '을', '이'를 바꾸어서 사용하여 보면 문장 전체의 흐름에 있어 매끄럽지 않음을 쉽게 발견 할 수 있다. 이렇듯 응결성에 있어서는 접속으로 인한 인과관계의 성립이 그만큼 중요함을 차지하고 있다.

2) 결속구조(cohesion)로서 응집성

지시, 접속, 반복, 생략 등의 표층적 문법 규칙을 잘 지키고 있는지 여부는 텍스트 표면에 나타나는 문법인 네트워크를 의미하고 번역 과정에서 지시나 접속 표현 어휘의 반복이나 연어(collocation)가 적절히 사용되었는지를 주목한다.

어휘의 결속

어휘의 결속은 연어(collocation)의 호응이 적절치 않아 자연스럽지 못한 번역물이 생성되는 경우이다.

ex) TT 1: "협상을 독촉했지만" TT 2: "협상을 시작할 것을 재촉하였지만"

두 가지 모두 협상개시라는 어휘와의 호응을 고려하여 '촉구했지만'으로 바꾸어야 한다.

de Beaugrande/Dressler(1981)의 두 번째 텍스트성 기준은 텍스트의 응집성이다. 여기서 관심을 끄는 것은 몇몇 학자들이 응결성과 응집성을 구별하지 않는다는 사실이다. Halliday/Hawan(1976)은 '응결성'이란 용어만 사용하고 있지만, 대치와 생략 같은 순수 응결수단 외에도 지시와 같은 응집현상도 포함한 뜻으로 사용한다. 여기에서는 불일치점을 현상의 대치뿐 아니라 반복이나 생략을 통해서도 표현될 수 있다는 점에서 알게 된다. 그러니까 지시와 대치는 동일한 층위에서 다루어질 수 없다. 또한 응집성은 문장들 간의 텍스트 형성적 결속관계로 이루어지고 있다고 간주될 수 있으며, "이 결속관계는 모든 종류의 형식적인 수단들 외에도 특히 의미론적 구조들은 응집성을 형성하는데, 이를테면 인과적 접속이나 시간적 접속이 그러하다..." 좁은 의미에서 보면, 응집성은 문법적인 텍스트접속과 구별되는데, 특히 어떤 텍스트의 의미론적, 즉 응결성에 기초한 의미 결속관계, 즉 어떤 텍스트의 내용·의미론적 구조화 단위 또는 인지적 구조화 단위를 말한다. 보그랑드와 드레슬러는 이 의의연쇄망을 여러 개념들 뿐 아니라 이 개념들 간의 관계들을 조명함으로써 인지적으로 규정되는 응집성의 근저라고 본다. 텍스트의 기초가 되는 이러한 조합은 실제세계 "즉 어떤 사회나 사회그룹이 타당하다고 보는 인간적 정황의 견해와 무조건 일치하는 것은 아닌"(Ebd.) 텍스트세계이다.

요약하면, 텍스트의 응집성은 토대가 되는 텍스트세계의 연쇄망 위에서 구축된다. 의의는 텍스트 결속관계에서 실현된 어떤 언어표현의 실제 의미이다. 텍스트세계는 텍스트의 토대가 되는 의의관계들의 집합이다. 그러나 텍스트 세계는 실제 세계와 무조건 일치하는 것은 아니다. 다시 말해서, 중요한 것은 화자가 기초로 삼은 세계, 곧 화자의 지식과 의도의 기초가 된 텍스트 세계이다.

　　예문 1) "설악산은 언제나 가 보아도 아름다운 곳이다.
　　(그) 곳은 봄, 여름, 가을, 겨울, 언제가도 좋은 곳이다."

예문에서 볼 수 있듯이 '설악산'과 '그' 앞뒤의 문장을 연결해주는 데 있어 기능적 역할과 그 의미를 이어주고 있다. 이러한 것을 '명명적 연쇄'라고 한다.

이러한 명명적 연쇄는 주로 동일한 단어의 반복, 대명사 같은 대용어의 사용과 하위어 관계 층에 이용되기도 하고 때때로 생략되어지기도 한다.

3) 의도성(intentionality)과 용인성(acceptability)

직·간접적으로 드러나는 저자의 의도를 분석하여 번역에 반영하는 하는 의도성과 목표 텍스트가 수용되는 상황 맥락과 문화 맥락을 파악하여 상황성을 살리는지 여부에 관한 상황성과 관련된다.

표층텍스트의 결속 구조와 기저 텍스트 세계의 결속성은 텍스트성을 판정하는데 가장 명백한 기준들이다. 이들은 텍스트의 구성요소들이 어떻게 서로 조화를 이루며 의미를 갖는가를 나타낸다. 그러나 실제 통화 상에서 텍스트와 비텍스트를 구분 짓는 절대적인 경계선을 제공해주지 못한다. 사람들을 다양한 동기에서, 결속구조와 결속성을 충족시키지 못하는 텍스트를 사용할 수도 있고 또한 실제로 사용한다. 그러므로 텍스트성을 판정하는 기준은 텍스트 사용자들의 태도를 포함시켜야 한다. 한 언어 구성체는 통화적 상호작용에 사용되기 위해 하나의 텍스트로서 의도되어야 하고 또 그렇게 용인되어야 한다.

(1) 의도성(intentionality)

광고와 같은 분명한 설득 의도를 반영하고 있는 텍스트의 경우 원천 텍스트의 형태적 특징이나 의미의 전달보다 설득과 호소라는 광고의 의도를 살리는 번역이 중요하다. 영화 자막의 경우 다양한 유행어나 쉬운 구어체 표현을 활용하여 텍스트가 의도하는 동일한 재미와 감동을 전달하는 번역이 중요하다.

> ex) TT 1: "매순간 가슴이 아파서 매일 밤 술 없이 보낼 수 없지요"
> TT 2: "총 맞은 것처럼 가슴이 아파서 밤마다 술로 달래는 사람도 있어요."

위의 인용문은 "If you are the one"이란 영화의 한 구절인데 원문의 의미를 살리면서도 총 맞은 것처럼 가슴이 아파서와 같은 유행어를 사용함으로써 영화자막의 흥미를 의도적으로 살린 창의적인 번역으로 평가된다.

의도성, 즉 텍스트성 자질은 de Beaugrande/Dressler(1981:8f)에 따르면, "텍스트 생산자의 의도를 충족시키기 위해, 다시 말해 지식을 전파하거나 <계획>에 제시된 목표에 도달하기 위해 응결적이고 응집적인 텍스트를 형성하려는 텍스트 생산자의 입장과 관계가 있다." 보다 넓은 의미에서 의도성은 텍스트 생산자가 의도하는 바를 추구하고 달성하기 위해서 텍스트를 사용하는 모든 양식을 가리킨다. 이러한 관점은 사회학자, 심리학자, 철학자, 인공지능 분야학자들에 따라 실제적 플랜과 목적의 관심에 따라 다르게 볼 수 있다. 또한 의도성은 관습과 의도된 바로 효과가 갖는 중요성이 달라질 수 있으며, 다음과 같은 4가지 부류로 분리할 수 있다.

①발화 행위, ②명제 행위, ③언표내적 행위, ④언향적 행위

이러한 관점에서 생산자는 그 행위를 스스로 책임질 의무를 지니는 것이다. ③의 기준들은 컴퓨터가 생산하고 수용하는 텍스트에 특별한 방식으로 적용된다. 여기서 태도란 기계보다는 프로그래머에 있는 것이며, 의도하고 수용하는 행동하는 것은 다만 모의수행 될 뿐이다.

한편으로 응결성과 응집성 - 모든 텍스트성의 기준 안에 있어야 하는 것처럼 - 은 다시 어떤 다른 기준의 일부일 수 없는 독자적인 기준들이

다. 다른 한편으로는 텍스트 생산자가 응결성과 응집성을 의도하지 않는 경우들도 많이 나타난다. 보그랑드/드레슬러가 제시한 예들도 설득력이 없다. 이러한 관점에서 보아온 의도성에는 다음과 같은 요소들이 그 생산자의 의도성을 전제하고 있다. ①협동, ②수량, ③질, ④관련성, ⑤방법, ⑥사상, ⑦중의성, ⑧간결성, ⑨순서성, ⑩함축성 등을 의도성에는 내재하고 있다.

(2) 용인성(acceptability)

용인성은 언어학, 사회학, 심리학적인 면을 고려하여 해당 언어권의 수용성이 결정된다. 번역 과정에서 해당 언어권의 사회 문화적 특징을 반영한 적절한 전환이 이루어졌는지가 평가의 핵심이 된다.

ex) TT 1: Professor Hong TT 2: 홍 교수 또는 홍길동 교수

영어권에서는 직함 + 성의 순서를 따르지만 한국어에서는 성 + 직함의 순서를 따른다.

이처럼 해당 언어권의 사회 문화적 특징을 반영한 적절한 전환 과정을 거쳐야만 텍스트 수용자의 용인성에 위배되지 않는 자연스런 번역을 할 수 있다.

의도성과 마찬가지로 용인성도 '사용자 중심적인' 기준이다. 응결성과 응집성을 보그란데와 드레슬러는 '텍스트 중심적인' 개념들이라고 본다. '의도성(또 지향성)'과 '용인성'은 둘 다 화행론의 개념이다.

용인성은 "예를 들어 지식을 습득하거나 어떤 계획에 협력하기 위하

여 텍스트수용자의 입장 또는 태도와 관계가 있다." 이와 관련해서도 몇 가지 생각들을 개진할 필요가 있을 것 같다. 의도성과 마찬가지로 용인성도 텍스트서의 기준으로서 성공적인 의사소통을 위한 일반적인 전제조건이다. 특히 용인성은 상당히 주관적인 것이다. 용인성이 텍스트성의 기준에 속하는 것이라면, 동일한 형성체가 다른 수용자가 아니라 그 어떤 수용자로부터 텍스트라고 파악되어야 할 것이다. 이를 테면 예술 산문과 시학과 같은 많은 경우에서는 이러하겠지만, 실용텍스트와 같은 다른 경우에서는 분명히 그렇지 않다. 또한 넓은 의미의 '용인성'은 담화에 참여하고 있는 공통의 목표를 가지려는 능동적의지로서 수용 행위를 포함해야 한다.

예문 1) 난 너무 바빠서 지금 얘기 할 수가 없다.
예문 2) 난 그것에 관해서 얘기하고 싶지 않다.

위의 예문에서 볼 수 있듯 담화에 참여자가 용인하지 않는다면, 텍스트의 용인성은 사라지고 마는 것이다. 그러나 이러한 명사적인 신호가 없으면, 기준치로서 담화의 참가를 수용하게 되고 그것은 곧 용인성의 성립으로 이루어진다고 볼 수 있다.

4) 정보성(informativity)

정보성은 원천 텍스트에 등장하는 사건, 국가, 장소, 개인, 상황, 대상, 제도 등에 대한 정보를 필요한 만큼 전달했는가에 대한 평가이다. 번역 과정에서 번역자는 맥락이나 상황에 맞는 정보성의 정도를 파악하고 적절한 생략이나 보충 또는 조정을 해야 한다.

정보성이라는 용어는 수용자에게 제시된 바가 얼마나 새롭거나 비예측적인가 하는 정도를 나타낸다. 보그란데와 드레슬러가 더 정보적인 텍스트가 더 효과적이라고 말한 것은 맞는 말이다. 분명히 人間은 자기가 이미 알고 있거나 스스로 운을 맞출 수 있는 그 무엇을 전달받는데 대한 거부감을 가지고 있다. 그래서 똑같은 이야기를 수백 번 이야기하는 중년들은 거의 이해를 하지 못하게 된다. 그러므로 정보성을 한정시킬 필요가 있다. 그럼으로써 '텍스트 자료들로부터 기대된 것과 기대되지 않은 것'을 수용자에게 알려진 기호들로부터 기대된 것과 기대되지 않은 것으로 대치함으로서 이 기준을 응용할 수 있다. 정보성을 주체성의 의미에서 텍스트의 필수 자질로 보지 않는 텍스트언어학자들도 더러 있다.

그러나 텍스트 생산자는 수용자들의 기대를 활용해서 텍스트의 흥미성을 더 많이 유발할 수 있다. 그 만큼 정보성이 지니는 텍스트에서의 의의는 크게 작용될 수 있다.

예문 1)
언덕너머에 조용한 저 집,
하얀 페인트에, 화사한 꽃들이
언제나 만발하여 주의를 감돌고
바람이 부는 저녁이면,
홀로 앉아 외로움을 참고 견디는
하얀 집,
무엇을 하는 사람이 살고 있을까
달빛이 살짝 모습을 보였다가
사라지는 밤이면,

희끗한 모습이,
궁금해 한 번 더 바라보다
잠이 든다.

위 예문에 '정보성'에서 보이는 기대와 흥미성을 유발시키기 위하여 본인이 지어서 예시 하였다. 다소 부족한 문장으로 구성되어 있으나 <하얀집>이라는 텍스트를 설정하고 언덕너머에 있는 그 집에 대한 동경과 의문의 대상으로 하여 독자에게 정보성을 주게 된다고 생각된다.

이러한 관점에서 볼 때, 텍스트 생산자들은 흥미를 유발하고 의도를 충족시키기 위해서 잘 계획된 시대의 흐름을 창출해 낼 수 있다는 점을 지적하여 보았고, 결론적으로 정보성이 수행하는 제어기능은 모든 종류의 맥락에서 특정한 선택항들의 사용을 제한하고 활성화하는 데 대단히 중요한 요인임에 틀림없다.

5) 상황성(situationality)

상황성이라는 용어는 한 텍스트를 현재의 발화 상황이나 복원 가능한 상황에 적절히 관련지어 주는 요인들에 대한 일반적인 명칭이다. 상황적 배경이 주는 효과가 중간 조정의 과정 없이 발휘되는 경우는 드문데, 중간 조정이란 현재 처해 있는 통화제 모델 속으로 참가자 자신의 신념과 목적을 주입하는 범위나 정도를 말하는 것이다. 이러한 상황성에는, 상황 점검과 상황 관리가 수행되고 있는 것이다. 또한 상황성에는 낮은 개연성이 가장 기본적인 데가 있으며, 상황 점검은 지배성의 관점에서 가장 잘 기술된다는 것을 지적해야 하며, 상황점검은 플팬이론의 관점에서 탐구하는 것이 의의 있는 일이라는 점이다. 또한 상황관리에는 '목표

절충'이 포함되어야 한다. 이것은 다른 이들의 동의와 협력을 구하는 방법이다. 여기에는 요청과 환기 이유, 고지, 호의, 거래, 협박, 이러한 절차 속에서 상호타협이라는 것이 나올 수 있으며, 참가자들의 적절한 효율성과 유효성 사이에서 균형점을 찾아낼 수 있게 되는 것이다.

보그란데와 드레슬러는 상황성에 있어 다음과 같은 책략을 제시하고 있다.

    책략 1) 담화를 시작하기 위해서 하나의 상황을 점검해라.
    책략 2) '주현' 화제와 환기, 주의와 격상의 의도
    책략 3) 계획 단계의 상습을 기하기 위해서는 타인으로부터 달라지나 채 달리고 요청받는 물건이나 사상을 격상시킨다.
    책략 4) 만일 당신의 점검이 수용되지 않으면, 중간조정을 좀 덜 거친 점검으로 대치하라.
    책략 5) 반대되는 증거가 존재하지 않는 한 당신의 욕구와 목표를 다른 참가자들에게 투시하라.

이외에 1)의 상황성에 대비한 예를 들어가며 설명하였으나, 중요한 것은 상관관계들은 오로지 그 상황이 지니는 통각적 증거를 단순히 반영하는 것과는 거리가 멀다. 그보다는 텍스트가 지니는 의미 내용을 생산자의 시각, 신념, 계획, 목표에 따라 증거로부터 중간 조정을 거쳐서 독립되어 나오는 것이다. 어떤 텍스트가 수용 가능한 것이냐는 '현실 세계'에서 그 텍스트의 지시체가 맞는 것인지 여부에 달려 있지 않고, 오히려 그 상황에 참여한 자들의 시각에서 비추어 볼 때, 그 텍스트가 신뢰성과 적합성을 갖느냐 하는 것에 텍스트의 상황성이 달려 있다고 보아야 한다.

6) 상호 텍스트성(intertextuality)

기사문의 경우 일반적인 기사문에 쓰이는 표현이나 형식이 쓰였는지 편지라면 편지 형식을 갖췄는지 해당 언어 문화권에 존재하는 다른 텍스트와 유사한 특징을 지니는 텍스트를 생산하였는지를 평가 기준으로 삼고 상호 텍스트성은 두 가지 종류로 이해되고 있다.

1) 텍스트 유형과의 관계
2) 다른 텍스트와의 관계

보그란데와 드레슬러는 첫 번째의 의미는 상호 텍스트성이 전형적인 특성의 모형을 가진 텍스트의 부류인 텍스트유형을 발전시킬 책임이 있다는 뜻이다. 다른 한 편으로 이것은 패러디화 하고 비평할 때 생산자와 수용자는 이전의 텍스트를 찾아야 한다고 말한다. 필자가 볼 때 전자가 아니라 두 번째 의미의 상호텍스트성이 텍스트성의 기준으로서 중요한 것 같다. 텍스트유형은 다양한 현상들, 즉 텍스트 생산자의 의도, 선택된 형태, 상황 등의 그물망이기 때문이다.

두 번째, 여기서는 중요한 의미의 상호텍스트성은 그 관계에 의해서만 이해될 수 있다. 문학에서는 상호텍스트성이 중요한 역할을 한다. 상호텍스트에서 주로 다루어서 말하는 것은 위에서 말하고 있는 문학적 텍스트를 중점으로 말하고 있으며 대화에서 보여주는 기술도 상호텍스트에 있어 간과하여서는 안 될 주요부분이다.

문학적 텍스트는 다양한 기술, 화술, 논술의 집합이다. 그러므로 문학적 텍스트는 구별하는 데 있어 다른 기준이 필요하다. 또한 시 텍스트는 문학적 텍스트의 하위부류로서 대치성이 확장되어 계획과 의미 내용을 표층텍스트에 배치하는 책략이 재구성된다. 문학적 텍스트와 시적텍스트는 현재 일반적으로 받아들여지고 있는 '현실세계'에 대한 지식을 증가시키고 전파하려는 텍스트 유형들과는 다르다고 볼 수 있다.

<시적텍스트 예>
예문 1)
나와 함께 살며 내 연인이 되주오
그러면 우리는 그 모든 즐거움을 누리리니,
평화와 윤택, 침상과 식사,
우연히 근은 일거리가 제공 하는 것

나는 부두에서 먹을 것을 팔고
당신은 여름 드레스에 관해서 읽게 되지요
저녁에는 냄새 고약한 운하 곁에서
우리는 마드리갈을 듣기를 희망하리라.

이 텍스트 효과는 말로우의 원전 저변에 깔린 원리와 관습에 바로 어긋나는 것에서 유래한다. 즉 말로우의 원시는 복종과 노동계급의 생활이 화려한 놀이와 환락으로 넘치고 자연은 그 화려한 오락물과 장식품의 제공자 역할을 하는 관점을 가졌다.

예문 2)
얕은 강가에서, 물 떨어지는 소리에 맞추어
선율이 아름다운 새들이 마드리갈을 보려하고.

여기서 인용 시에서 주목해야 하는 것은 과거 전통의 문학적, 시적 대상을 두고 1935년의 관습적 구조를 가진 '현실세계', 즉 경제 공황이 스스로를 내세우고 있다는 점이다. 상호 텍스트성에서 중요한 부분을 차지하고 있는 것은 대화상에서 볼 수 있는 텍스트이다. 우리는 의도성과 상황성 대화가 구성되어 나오는 몇몇 방식을 배웠으며, 대화의 주제는 그 대화를 구성하는 텍스트들의 세계 안에서 개념들과 그들 관계의 밀도가 나타나게 된다.

　이상과 같은 고찰이 시사하는 바는 텍스트에 의한 지식 전달이나 텍스트에 관한 어떤 실험적, 경험적 연구에서도 상호텍스트성은 결코 등한시되어서는 안 될 하나의 요인이라는 것을 알 수 있다. 텍스트의 7가지 조건성이 우리의 일상생활 중에 어떻게 적용되는가를 예문을 들고 부족하나마 텍스트를 설정하여 적용해 보고자 한다.

<예제>

= 정보통신 신문 2015년 1월 26일 =

*머리말 :
신 개념 컴퓨터 - 디오시스.

*부 제 :
디오시스 ; 희랍어로 '산'의 뜻을 가진 "Dios"와 컴퓨터의 개념인 "System"의 합성어로 내가 직접 창조하여 만드는(Doit yourself) 신 컴퓨터 개념.

*표 제 :
전문가도 알아주는 정품만으로 고객께서 원하시는 곳에서 고객과 함께 만들어 처음부터 다르게 태어난 디오시스 PC가 완성되면 또 한 번 철저한

교육으로, 든든한 기초위에서 초보자들도 걱정 없이 컴퓨터를 시작하게 됩니다.

이제, 세일 DIY 컴퓨터 Diosys를 만나십시오.

본 예제의 광고는 컴퓨터 광고이다. 신문 전면을 차지하고 있는 대형 광고이다. 보통 그룹사들이 막대한 광고비를 들여 내는 것은 별로 알지 못하는 회사의 광고로 의외성을 지닐 만큼의 전면광고 선전중이다. 광고 모델로 한국 사람이 아닌 외국인이 등장한 것은 아마도 자사제품의 선진성을 내포하고 있는 듯하다. 요즘 광고가 그렇듯 우리 '말' 상화는 별로 없다. 이 광고의 특이성은 부패를 컴퓨터 속에 집어넣어서 설명하고 있다. 이 또한 컴퓨터의 새로움을 알리고자 하는 저의가 있다고 보아진다. 본 광고는 하단부분에 자사표시가 되어 있고 수많은 대리점 전화번호로 명시되어 있음은 자사의 자랑이라고 할 수 있다. 여러 가지의 자사만이 가지는 특집도 잊지 않고 적혀있다.

다른 것은 전제 할 필요가 없고, '광고' 문구를 중심으로 텍스트 다음이 과연 있는가를 텍스트성 조건 7가지로 분석하여 본다.

1) 응결성

국어에서 텍스트의 응결성에 관여하는 요소는 접속부사나, 조사 등이라고 하였다. 조사 중에서도 특히 보조사가 그러한 기능을 지니고 있다. 본 예제에서는 접속 부사의 사용은 보이지 않는다. 그러면 조사의 사용을 알아보자. 표제의 일곱 번째 줄에서 격조사 '가'가 나온다. 만약 이것이 '가'아닌 '를'로 사용하였다면 응결성을 위배하였으나 전제부분에서 응결성의 여는 부분에서는 크게 잘못된 곳을 볼 수 없으므로 응결성을 이루었다 볼 수 있다.

2) 응집성

본 광고 텍스트에서 제일 많이 사용된 단어는 '컴퓨터'이다. 부제에서부터 표제에 이르기까지 5번을 사용하고 있다. 그 만큼 이 분야는 컴퓨터를 강조하고 있다.

컴퓨터는 부제에서 '신개념 컴퓨터라고' 전제하고 있다. 컴퓨터 분리가 나올 때 마다 새로운 탄생을 의미하고 있는 것에 명명적 연쇄성을 볼 수가 있다. 또한 디오시스라는 단어의 사용으로 창조적 개념과 탄생을 보여줌으로써 명명적 연쇄성을 지니고 있음으로 응집성이 있는 광고 카피로 볼 수 있다.

3) 의도성과 용인성

의도성과 용인성은 텍스트의 생산자와 수용자와의 관련이라고 설명하였다. 본 예제에서는 희랍어 'Dios'와 'system'의 합성어를 사용하여 자사제품의 의도성을 '창조적인 컴퓨터로' 설명하고자 텍스트를 설정하고 있다. 그리고 표제에 있어 '교육'과 '출생'을 강조한 의도성이 보임으로 의도성을 지닌 카피이다. 그러나 용인성에 있어서는 다소 떨어지는 문자를 사용하고 있다. '신개념', '초보자 교육'이라는 문자는 이미 다른 컴퓨터회사의 광고 카피에 많이 사용된 문구이기에 수용자들에게는 식상함을 준다. 그러므로 용인성에서 다소 떨어지고 있다.

4) 정보성

정보성은 적정한 수준의 정보를 수용자에게 보여주어야 한다. 물론 흥미와 궁금증도 정보성에 속한다. 본 예제에서 정보성의 텍스트를 가진 문구는 표제에 있는 '고객과 함께 만들어 처음부터 다르게 태어난 디오시스'로 생산자가 컴퓨터를 수용자와 함께 만든다는 흥미와 궁금증을 유발하고 있는 정보성을 지니고 있다. 그리고 부제에서 보이는 '내가 직접 창조'한다는 카피에 있어서도 정보성이 보이고 있으므로 어느 정도의 정보성을 지닌 텍스트로 보아진다.

5) 상황성

텍스트의 상황성에서 중요한 것은 상황 점검과 상황 관리에 있다. 본 예제 텍스트에 있어서 누가 보아도 이것은 컴퓨터 광고문구임을 쉽게 알 수 있다. 본 텍스트에서는 부제에서 상황성을 컴퓨터 속에 자사제품의 문구를 집어넣어 상황성을 만들어 놓았고, 칼라를 사용한 전면광고를 사용하여 상황 관리성도 보여주고 있다.

6) 상호 텍스트성

상호 텍스트성은 어떤 텍스트를 생산하거나 수용함에 있어 참여자가 사전에 경험한 텍스트 지식에 의존하는 모든 방식을 포괄하기 위해 지정된 조건임을 알아보았다.

'텍스트와 텍스트' 간의 상호작용이 작용하는가는 상호 텍스트성에 있어 중요한 부분이다. 위에 전제한 사전경험과 지식에 의존을 전제로 하고 있다면 본 예제로 설정한 광고문안인 '디오시스' 컴퓨터 광고 카피는, 이미 수용자들에게는 컴퓨터에 대한 사전 지식과 경험을 가지고 있는 바에 의해 상호 텍스트성을 지니고 있음을 알 수 있고, 광고문안에서 '내가 직접 창조 하여 만드는' 텍스트와 '고객과 함께 만들어 처음부터 다르게'라는 두 텍스트는 상호 텍스트성을 가지고 있다고 볼 수 있다. 그러므로 본 예제는 상호 텍스트성을 가지고 있다고 말할 수 있다.

상호 텍스트성

보그랑드와 드레슬러(1981, 188)는 지금까지 거의 모든 연구와 분석을 결정하는 언어적 상호 텍스트성의 틀을 제시하였다. 크리스테바가 바흐친의 '대화성' 개념을 새롭게 해석하여 이 개념을 도입한 이후 이 개념에 관련된 정의들과 유형화 시도들이 다양하게 제시되었다.

크리스테바는 텍스트를 '모든 형태의 문화적 기호체계'이자 문화 자체로 보면서 '열린' 상호텍스트성 개념을 제시한다. 링케와 누스바우머(Linke & Nussbaumer, 1997)도 '종이 위의 텍스트는 한편으로 생산과정을 역행지시하고(그러나 서로 동일하지 않음) 다른 한편으로 수용과정의 원동력이 될 수 있는 잠재된 의의내용의 신호'로 이해하면서 크리스테바의 입장을 옹호한다.

문예학은 후기 구조주의적 상호텍스트성 개념에서 분리하여, 상호텍스트성을 구체적인 텍스트들 사이의 증명 가능한 지시 관계(예, 인용, 빗대기, 패러디, 표절 등)로 보고 상호 텍스트적 텍스트해석을 연산할 수 있는 가능성을 제시하였다(홀투이스 Holthuis 1993, 22). 이것은 '현재 텍스트와 기존 텍스트(텍스트집단)와의 의식적, 의도적, 유표적 관계'라는 점에서 텍스트-텍스트 관계에 국한된 '닫힌' 상호텍스트성 개념이다.

상호텍스트성이란 두 텍스트가 서로 간에 가지는 관련성 그 자체다. 따라서 상호 텍스트적 읽기는 주제 비교나 형식비교, 가치 비교 등 다양한 방식으로 비교하며 읽는 것을 말한다. 다양한 영화 텍스트를 접하다 보면 '본 것 같은데...'라는 느낌이 올 때가 있다. 이러한 이유는 해당 텍스트가 각자의 조각으로서가 아니라, 체계적인 구조를 형성하고 있기 때문이다. 이를 상호 텍스트성이라 한다. 일반적 정의는 한 텍스트가 다른 텍스트와 상호 관련성을 맺고 있는 것을 말한다. 인용, 인유, 모방, 번역, 패러디, 표절 등 상당히 넓은 의미로 포괄 할 수 있다. 영화를 보면서 장철 감독의 <의리의 사나이 외팔이>가 많이 떠올랐다. 신체적 결함을 극복하는 모습과 사형에게 미움 받는 주인공의 모습 등 많은 장면이 닮아 있었다. 그 중 가장 와 닿았던 장면은 주인공이 의리를 지키기 위해 떠나는 장면이다. 자신을 간호해준 여성이 가지 말라고 하지만 이를 뿌리치고 길을 떠난다. 이러한 구조는 중국뿐만 아니라 다양한 나라의 영화에서 볼 수 있는 네거티브 양식이다. 영화 텍스트를 본 뒤 다른 영화 텍스트가 떠올랐다. 다른 영화 텍스트를 보니 그와 비슷한 영화가 떠올랐다. 이렇게 연쇄적으로 이어지는 구조가 바로 상호 텍스트성의 핵심이다.

주제 통합적 독서는 관점이 다른 서로 다른 글을 읽고 자신의 관점을 세우는 것으로 하나의 주제와 관련된 다양한 책을 읽고 자기 자신의 관점을 정립하는 것을 말하고 주제 통합적 읽기를 하기 위해서는 반드시 상호 텍스트적 읽기가 필요하지만, 상호 텍스트적 읽기를 한다고 해서

그것이 모두 주제 통합적 독서가 되는 것은 아니다

　텔레비전 드라마의 상호 텍스트성이 늘어난 이유는 미디어를 읽고 사용하며 이해할 수 있는 문자 식별력(literacy)을 들 수 있다. 미디어 리터러시 전에 우선 수용자들이 드라마에 대해 많이 알고 있다는 사실에 주목해보면, 특정 드라마를 보지 않더라도 드라마를 말하는 여러 매체들을 접하게 된다. 신문 인터뷰를 통해서 혹은 인터넷 공간에서의 개인 블로그를 통해서 드라마에 대한 이런 저런 이야기를 듣게 된다. 안 봐도 대충 이야기를 안다. 이야기를 끼어 맞추는 일도 가능해진다. 그건 그동안의 드라마 경험으로 가능해진 드라마 리터러시 탓이다. 예전의 드라마 수용자에 비해 훨씬 풍부한 드라마 경험이 있으니 여기저기서 나온 내용이나 대사를 끼어 맞추어 나름 재미를 느끼는 능력도 생긴 셈이다. 그리고 작가와 연출자의 독과점과 관련되어 있다. 상호 텍스트성은 과거에는 오마쥬 형식으로 특정 작가나 연출자에 바치는 형식으로 활용되었다. 상호텍스트성이 늘고 있다 함은 자신의 작품을 갖다 쓸 자원을 가진 작가, 연출자가 늘고 있다는 것이다. 미디어 세계의 현실 세계 정복과 관련된 것이다. 상호 텍스트성은 드라마가 드라마를 언급하는 경우에도 나타나지만, 드라마가 텔레비전 뉴스, 오락 프로그램을 언급하는 것에서도 나타난다. 예를 들어 드라마 속 주인공이 무한도전을 즐겨보는 것도 상호텍스트성의 일부이다. 이 같은 현상은 현실 세계가 미디어 세계와 겹쳐있거나 미디어 세계가 현실 세계를 압도하는 것의 한 경향이다. 미디어적 언급이 없는 현실은 없다. 현실성은 미디어가 끼임으로써 가능해지게 된 것이다. 미디어는 현실성을 보장해주는 일종의 보증서 역할을 한다. 그런 점에서 상호 텍스트성은 현실감을 전달하는 데 더 적합한 장치가 된다. 드라마 속에서 드라마를 즐겨보는 주인공은 미디어적 인물이지만 오히려 현실적인 존재가 될 수 있는 것이다. 그런 점에서 상호텍스트성은 현실감을 높이는 장치라 할 수 있다.

텍스트 언어학의 근래의 도전은 이른 바 '뉴미디어' 분야의 연구경향이다. 이메일, SMS, 채팅 같은 커뮤니케이션 형태들과 이들에 의해 형성된 텍스트종류, 예컨대 이메일-연애편지, 광고 SMS, 상담채팅 등등도 기존의 편지나 광고의 유형들과 비교된다. 이런 것들은 구어성과 문어성, 텍스트 개념, 텍스트성 기준, 텍스트유형화 기준 등등에 관한 텍스트 언어학적 장치들을 재검토하게 한다.

하이퍼텍스트는 일반적으로 개별 정보 단위들(units of information, chunks, nodes, module)이 링크(links)에 의해 네트워크 방식으로 접속된, 비선형적으로 조직된 구성체를 말한다. 이는 수용자가 하이퍼텍스트의 일정 위치에서 정보 단위들을 무작위로 방문할 수 있다는 뜻이다. 수용자는 개별 단위들을 끌 수도 있고, 언제든지 하이퍼텍스트를 떠날 수도 있다. 이는 생산자가 수용자의 수용경로를 예상할 수 없다는 것인데, 이 때문에 텍스트의 응집성 문제를 다시 따질 필요가 있다. 하이퍼텍스트는 컴퓨터로 관리되므로 무한히 많은 단위들 간의 링크가 가능하다. 컴퓨터로 관리된다는 말은 생산과 수용을 위해 소프트웨어가 필요하다는 뜻이다. 이 자질에 의해 하이퍼텍스트는 프린트 텍스트와 달라지고 또 전자식으로 제본되기는 하였지만 선형적으로 조직된 'E-텍스트'와도 구분된다.

'컴퓨터(에 의한) 관리'와 '비선형성'이란 필수적인 두 가지 자질 외에 다매체성, 동태성, 상호작용성, 컴퓨터로 전달된 커뮤니케이션 등의 자질들도 하이퍼텍스트에 독특한 현상이다. 하이퍼텍스트 모듈에서는 다양한 기호체계의 자료들(음성, 그림, 텍스트, 영화 등)이 조합될 수 있으며, 링크를 거쳐 연결될 수 있다. 그래서 이것을 분석하기 위해서는 다양한 코드들과 상징체계들의 이런 얽힘 현상을 파악하는 범주와 방법이 필요하다. 하이퍼텍스트에서는 글자가 상징적으로도 사용되고, 또 그림으로서 더 큰 텍스트-그림 조합에 통합되기도 하므로 장식적 기능과 상징적 기능이 겹칠 수도 있다. 앞에서 지적하였듯이, 텍스트는 종결성과 선형성 자질을 갖지만, 하이퍼텍스트는 동태성과 비선형성 자질을 갖는다. 이 두 자질은 구조주의 텍스트언어학에서 중요한 역할을 했다. 하르베크(Harweg 1968: 148)가 텍스트를 시작과 끝이 있는 '끊임없는 대명사적 언어 단위 병렬체'로 정의한 경우가 단적인 예이다. 이런 생각은 비선형적으로 조직된 하이퍼텍스트에는 어울리지 않는다. 전형적인 하이퍼텍스트에서는 시작 화면(출발 텍스트)은 주어질 수 있지만 링크와 경로의 선택권이나 종결권은 사용자에게 있다. 텍스트가 '기능 속의 텍스트'라면 하이퍼텍스트는 모듈들이 진행과정에서 활성화될 수 있고 새로운 모듈과 링크들이 더해질 수 있다는 점에서 '이동 속의 텍스트(Text-in-Bewegung)'(슈토러Storrer 2000)라 할 수 있다. 하이퍼텍스트의 이런 동태성 자질을 보이는 또 다른 예가 위키피디아(Wikipedia)이다. 이것은 인쇄된 백과사전과는 달리 항목과 내용이 필요에 따라 늘어나거나 바뀔 수 있다. 이 자질은 하이퍼텍스트 개념에 중요한 역할을 하기는 하지만 선택적 자질이다.

하이퍼텍스트의 상호작용성은 컴퓨터 사용자들 간의(이메일, 채팅 등에 의한) 상호작용을 지칭한다. 사용자-하이퍼텍스트 간의 상호작용을 분석하기 위해서는 텍스트분석의 범주들(예, 브링커 1985) 뿐 아니라 대화언어학의 기술 모델들도 중요하다. 마지막으로 WWW(간단히 웹)는 컴퓨터로 전달된 커뮤니케이션을 지원한다. 웹 브라우저로 정보를 불러오고 링크를 따라갈 수 있을 뿐 아니라 공시적으로 다른 사용자들과(채팅, 블로그, 게시판, Wiki-토론사이트의 댓글 등을 거쳐) 생각이나 견해를 교환할 수 있다. 이때 문어적 매체 속에서 새로운 종류의 대화적 구조가 발생한다.

- **경계를 통한 문화 기호 상호간(Intersemiotic) 번역 교수법**

　최근 번역은 좁은 의미에서 언어적 소통과 해석의 문제를 넘어 상호 이질적인 담론들이 서로 부딪히고 몸을 섞는 역동적인 개념의 틀로 이해된다. 텍스트에 절대적으로 집중하여 주로 문법적-언어적 차원에서 논의되어 왔던 기존의 번역 연구는 문화 간 접촉과 교섭을 다루는 메타 학문으로 발전하고 있다. 이제까지 번역 행위는 타자의 언어, 행동 양식, 가치관에 내재화된 문화적 의미를 파악하여 맥락에 맞게 의미를 만들어 내는 행위로서 인식되었지만, 이는 문화적·사회적·이데올로기적·정치적 차원을 망라하여 작동하는 지적 활동을 의미하며 특정 번역과 관련된 한 시대의 이데올로기, 역사, 정치적 입장 등이 얽혀 있는 복잡한 의미이다.

　이처럼 번역 담론은 하나의 학문 분야가 독점할 수 없는 메타 주제, 곧 상이한 관심사와 문제들이 상호 교차하는 일종의 담론적 접합부로 기능하고 있다. 번역이라는 문화학적 주제는 하나의 새로운 문제 영역이기 보다는 차라리 기존의 많은 문제들을 함께 다루어 볼 수 있게 하는 어떤 특별한 방식을 위한 통사론이나 다름이 없다.

　야콥슨(Jakobson)이 언어 내적 번역, 언어상호간 반역, 그리고 기호 상호간 번역이라는 번역의 형태를 유형화한 이래로 번역은 기호학의 지속적인 관심의 대상이었다. 의미의 해석과 소통을 다루는 학문인 기호학은 의소소통의 가능성과 불가능성 그리고 의미의 변형과 창조를 문제 삼는 번역학의 문제였다. 이런 점에서 번역에 관한 재읽기 작업이 필요하다.

번역 연구의 방향은 이제까지 언어학에서 문화 연구로, 내재적인 텍스트 구조분석으로서 텍스트 외적인 맥락으로 옮겨져 왔으며 이 과정에서 다양하고 폭넓은 논의의 장을 형성해 왔다.

문화 간이 소통의 문제 상이한 문화가 서로 상호작용하는 양상과 메커니즘을 향한 관심은 문화 기호학에 갑자기 등장한 새로운 주제가 아니다. 문화 기호학을 특징짓는 중요한 자질은 바로 문화 유형을 향한 관심이다. 문화의 정체성은 외부 문화와이 강력하고도 밀도 있는 문화적 소통의 결과이기 때문에 타문화와의 접촉 없이는 자문화도 있을 수 없다는 점에서 문화적 상호작용은 그 의미를 더해간다. 이를 통해 문화 텍스트의 역사성을 알 수 있다. 야콥슨이 말하는 '언어 상호 간 번역(Interlingual)'의 개념은 일상적으로 사용하는 자연언어에서 의미의 발생이 표현 층위와 내용 층위 사이에서 적합한 대응 지점을 구축하면서 특정한 의미를 형성하는 경우이다. 이 경우 새로운 의미가 발생하게 된다.

이 새로운 의미의 창조는 새로운 텍스트를 지칭하는 것이고 새로운 텍스트란 텍스트를 변형시키는 것이 불가능하여 예측 불가능한 텍스트이다. 새로운 텍스트를 구성할 수 있는 가능성은 두 언어 간의 번역의 불가능성에 의해 결정되고 상이한 방식으로 구축된 두 언어 사이의 완전한 번역은 불가능하여 정확한 번역 역시 어렵다. 이런 특수한 유형의 번역 불가능성에도 불구하고 번역을 해야 만 할 때 임의적인 대응이 구축된다. 이런 대응은 언제나 선택을 전제하게 되는 통찰력을 지니어 번역 불가능한 것이 번역이 될 수 있는 메커니즘을 형성하게 된다. 결국 소통의 어려움과 기능적인 중요성은 비례하게 된다.

이런 과정을 통해 번역의 개념을 의미론적 확장으로만 이해 할 것이 아니라 '넘어섬(trans-)'이라는 과정을 거치게 마련이고 그 도약은 어쩔 수 없이 모종의 '비결정성'(indetermination)이라는 중간 지대를 통과할 수밖에 없는 것이다.

- 문화소(Cultural Items) 번역 교수법

문화 번역이란 용어는 60년대 영국의 사회 인류학에서 바바(Bhabha)에서 시작된다. 문화 번역은 단순한 텍스트의 번역이 아닌 문화적 재현과 정체성의 번역을 의미한다. 문화 번역은 원천 텍스트가 존재하지 않고 불변의 목표 텍스트도 존재하지 않는 하나의 과정이다. 문화 번역은 결과물이기 보다는 과정에 있고 문화의 해석에 가까운 것이다. 타문화의 모습을 자문화로 덮어버리는 것이 아니라 두 문화 간의 상호 침투(interpenetration)과 협상(negotiation)을 통해 두 문화 모두 혼종된 형태로 생존할 수 있도록 하는 일련의 해석과 쓰기이며, 인식론적 번역이다. 이런 점에서 문화 번역은 두 개 이상의 문화가 서로 만나는 지점, 즉, '제3의 공간'(The Third Space)에서 탄생하며 이런 융합과 제2의 탄생이 이루어지는 맥락은 이주 학자들이 언급해 온 이민 사회이다. 이민자, 특히 이민 1.5세대가 겪는 두 문화와 두 언어의 융합과 갈등 그리고 협상은 문화 번역의 핵심이다.

문화의 경계선 상의 활동은 과거 현재의 연속성이 아닌 새로움과 만남을 요구하고 그것은 새로움을 문화 번역의 반항적 행위로 이해하도록 만든다. 이런 반항적 행위는 과거를 단순히 사회적 명분이나 심미적 선례로 소생시키는 것이 아니라 과거를 미정의 사이 공간(In-between space)으로 재구성하면서 현재의 수행(performance)를 조정하고 혁신하는 새로운 과거를 만들어 낸다.

따라서 문화 번역가는 타문화 속에서 자문화를 발견하고 드러내며 자문화 속에 타문화를 침투시키는 문화 번역의 실천가이다. 그러나 문화 번역가는 단순히 지배문화의 요소나 지배언어의 레퍼토리만 타문화를 표현하지 않고 타문화와 타언어의 파편이 지배문화와 언어에 침투하도록 만든다. 그리고 본연의 존재를 생존시키기 위해 이질적, 주변적 존재들을 희생시키지 않고 드러내 보인다. 탈식민주의의 치누아 아체베(Achebe)같은 작가들은 문화 번역가에 속한 인물이다: "나의 작품에서 영어는 아프리카의 경험의 무게를 전달해 줄 수 있다. 하지만 그것은 조상의 근원과 완전히 교감할 수 있으며 동시에 새로운 아프리카의 환경에 맞도록 바꾼 새로운 영어여야 한다."

번역과 권력의 관계에 천착했던 베누티는 지배 문화의 작품을 피지배 문화권으로 번역할 경우 이국화 현상이 일어나는 반면 피지배 언어권 작품이 지배 문화권 언어로 번역될 경우 각종 변형을 겪으며 자국화 현상이 일어나 문화적 요인이 생략되거나 왜곡될 위험이 커진다고 지적한 바 있다. 우리나라 번역 문화는 이런 베누티의 주장과 아주 흡사하다. 우리가 서양 문물을 받아들인 근대화 과정에서 수없이 많은 용어들을 음차하여 들여왔고 우리의 문화를 서구에 알리는 번역 작업에서는 자국화 전략이 지배적이다. 이런 불균형한 번역 태도에 대한 점검도 역시 필요한 시점으로 인식된다.

　번역의 가독성을 높일 것이냐 원전에 충실할 것이냐를 놓고 오랫동안 의견대립이 있었음은 주지의 사실이다. 하지만 한 문화를 다른 문화에 소개하는 작업인 번역의 본질과 역할은 문화 간의 가교 역할이라는 사실에 입각해 볼 때 문화소에 대한 적절한 번역 방법을 찾아내려고 노력하는 수고는 번역에서 꼭 필요한 과정이다. 특히 한국 문화의 세계화를 위해 번역이 지니고 있는 막중한 역할을 감안해 볼 때 문화소를 전달할 등가를 찾기 위해 더 많은 노력이 필요할 것이다.

　　1) "두루마기"의 번역가례
　　"a traditional overcoat"(설명+ 기존 등가), "robe"(변안), "a traditional Korean men's white overcoat"(설명+기존 등가), "an overcoat"(기존 등가), "a topcoat"(변안), "gentlemen's coat"(설명+일반화)

　　2) "아랫목"
　　"the lower end of the room"(직역), "the warmer part of the stone floor"(설명+변안), "the warmest part of the floor"(설명), "the papered floor"(변조), "deep inside the room"(변조 alteration), "the lower corner"(직역)

　아랫목이란 온돌방에서 아궁이 가까운 쪽의 방바닥을 이르는 말로 방에서 가장 따뜻한 부분이란 심층적 의미를 지닌 문화소이다. 온돌 문화를 지닌 우리나라 문학 작품에서 생각보다 많이 등장하는 문화소이지만 외국인들이 번역할 경우 단어의 심층적 의미를 이해하지 못하면 오역이 나올 가능성이 많은 문화소이기도 하다. '언어의 기저에 깔린 심층적 의미의 전이'가 필요한 대표적인 실례이다. 아래 실제로 번역을 보면 표층적 의미대로 번역한 사례를 볼 수 있다.

ST: "온 몸이 얼었어요. 밥은 고사하고 뜨뜻한 아랫목에서 발이나 녹이고 갔으면"(황석영 <삼포로 가는 길>)
TT: "I'm frozen stiff," she said weakly. "I would like to warm my feet a little bit, even if we don't have anything to eat."(김우창)
-- 아랫목의 번역이 생략되어 있음

ST: "너무 시어서 입에 넣으면 부르르 하고 꼭 오줌을 누고 났을 때처럼 몸이 떨리는 신 김치하고 몇 술 뜨고 한 그릇은 아랫목에 묻었다."(김성동 <만다라>)
TT: "I quickly finished the dinner of several spoonfuls of rice along with a bowl of pickled cabbage that had gone dreadfully sour. I saved one bowl of rice for Chisan"(안정효) - 아랫목의 번역이 생략됨

ST: 아리랑 시시 시리랑...하고 돌아 쌓던 아버지는 그만 방 아랫목에 가서 벌떡 들어 누우며 "아으흐..." 하고 괴로운 소리를 질렀다(하근찬 <흰종이 수염>)
TT: Ari, arirang; shiri, shirirang... The figure whirling around the room lay down abruptly in the lower corner. "Ah-h-h," he sighed heavily.(Kevin O'rouke)

외국인의 번역으로써 원전의 의미와 등가를 이루지 못하고 문화의 심층적 의미를 알지 못하여 오역한 경우임을 알 수 있다.

통역사가 되기 위한 전제조건으로서 언어 능력, 더 나아가 모국어 구사 능력이 궁극적으로 통번역의 질을 좌우하게 되어 모국어 구사능력에 대한 관심이 필요하다. 언어는 커뮤니케이션 수단과 도구로 사용되지만 선결 조건으로 번역의 능력을 좌우하는 것은 언어 능력, 텍스트 능력,

주제 능력, 문화적 능력과 전환 능력이다. 우선 한국어를 모국어로 하는 학생들의 B언어 경우, 대부분 학생들이 비슷한 수준을 지녔거나 적어도 일정 수준 이상의 실력을 보유하고 있지만 한국어를 B언어로 하는 외국인 학생이나 재외 국민 학생들은 한국어 수준이 각양각색인 경우가 비일비재함으로 일괄적인 교육을 필요로 한다. 이들 학생들을 위해 분야별 한국어 텍스트의 문장전환 훈련과 요약훈련 및 발표 등을 통하여 한국어로 생산되는 다양한 현대적 텍스트의 이해와 생산 능력을 길러야 한다.

언어 구사 능력은 말하기, 듣기, 읽기, 쓰기로 구분한다. 이를 양분하면 듣기/말하기, 읽기/쓰기로 구분되어질 것이고 이는 언어 구사에서 입력과 출력, 다시 말해 이해의 문제와 표현의 문제로 나누는 것이 된다. 따라서 예비 통번역가를 위한 모국어 교육이 말하기/쓰기로 나누어지게 되면 언어 구사에서 입력과 출력, 이해와 표현의 문제로 나누어진다.

3) 문화번역과 텍스트의 재현

미국 주류 세계에 끼지 못하는 이민자들의 이방인적 삶을 그린 이창래의 『Native Speaker』를 통해 문화 번역의 특성을 살펴보기로 하자.

> 원문: "Once, when he was having some money problems with a store, he started berating her with some awful stream of nonsensical street talk, shouting "my hot mama shit ass tight cock sucka," and "slant-eye spic-and-span motha-fucka"(he had picked it up, no doubt, from his customers).
> "You shut up! You shut up!"
> I kept at him anyway, using the biggest words I knew, whether they made

sense or not, school words like "socio-economic" and "intangible," anything I could lift from my dizzy burning thoughts and hurl against him, until my mother, who'd been perfectly quiet the whole time, whacked me hard across the back of the head and shouted in Korean, *Who do you think you are?*

번역 1: 한 번은 가게로 인해서 돈 문제가 생겼을 때 아버지는 아주 상스러운 말로 어머니를 심하게 꾸짖기 시작했다. "니기미 쓰벌 엿같으니라구. 그 눈이 째진 동양놈들, 스페인 새끼들, 엿이나 먹으라지."(아버지는 고객들한테서 그런 말을 얻어 들었을 것이다 spic 스페인계 사람들).
"넌 닥쳐! 닥치라구!"
그러나 나도 지지 않았다. 말이 되는지 안 되는지 접어두고 "사회 경제적" "불가해한"과 같은 학교에서 쓰는 가장 어려운 단어를 골라 끓어오르는 분노를 터트리며 그에게 대 들었다. 결국 내내 듣고만 있던 어머니가 내 목덜미를 움켜쥐면서 한국말로 외쳤다. "너 이게 어디서 배워먹은 버르장머리냐?"
정당한 싸움이든 아니든 간에 어머니는 내가 아버지에게 대드는 것을 용납하지 않았다.

번역 2: 한번은 가게에서 어떤 돈의 문제가 생겼을 때 아버지는 말도 안 되는 거리의 욕설을 끔 내뱉으며 어머니를 호되게 나무라기 시작했다. 아버지는 "마이핫 마마 쉿 애스 타이트 캌 서커"니 "슬랜트 아이 스픽 앤 스팬 마다 퍼커"같은 욕을 발음 나는 대로 소리를 질러 댔는데 틀림없이 가게에 온 손님들한테 주웠을 것이다. 유 셧업! 하고 소리쳤다.
하지만 나는 계속 아버지를 계속 몰아붙였다. 말이 되든 안 되든 내가 아는 가장 큰 말들, 학교에서나 사용하는 소시오이코닉이니 인탠저블이나 하는 말들, 내 어지럽게 타오르는 생각들로부터 끄집어 낼 수 있는 말을 아무렇게나 아버지에게 내뱉었다. 마침내 내가 떠는 내내 한 마디도 하지 않고 있던 어머니가 내 뒤통수를 세게 갈기며 한국말로 소리쳤다. 네가 뭔데 나서는 거야?

두 개의 번역문을 비교해 보면 다양한 차이를 볼 수 있다. 아버지에게 고객들로부터 주워들은 욕설을 퍼부어 대는데 주인공 "나"에 따르면 이런 표현들은 흉내내기식의 온전하지 못한 영어이다. 욕설표현은 한국식으로 자연스럽게 전달하려는 반면 번역문 2에서는 온전하지 못한 영어를 그대로 전달하면서 그 의미를 번역가의 주석을 통해 설명하고 있다. 번역문 1의 경우 의미를 전달하는 데 초점이 맞춰져 있어 영어 단어 자체가 가지는 상징적 의미를 구현하지 못하고 있다. 반면에 번역문 2의 경우 원문의 이탤릭체를 그대로 사용하여 한국인 독자들에게 이중의 정체성을 그대로 전달하려고 하는 반면 번역문 1의 경우 자연스럽게 이탤릭체를 없앴고, 문화 번역을 번역에 담기위해 무조건적으로 직역이나 이국화 전략만을 고집하지 않고 미국과 한국의 문화적 경험이 혼종되어 나타나고 가독성(readability)에 무게를 두고 있다.

이처럼 새로운 문화번역은 일차적으로 번역 실천에 타자와 새로움을 의도적으로 출현시키는 실천의 장이며 이차적으로는 그런 실천이 번역의 다양성으로 이어져 번역에 대한 사유의 방식을 끊임없이 확장시키는 일종의 선 순환적 체계이다. 특히 번역에 대한 확장된 사유는 번역에 있어 무엇이 옳고 그른지 또는 무엇이 자연스럽고 부자연스러운지에 대해 새로운 가치를 부여하기 때문에 궁극적으로 번역에 대한 담론을 더욱 풍부하게 한다.

- **번역과 불가시성 이론과 번역 방법론**

이제까지 번역과 번역가의 위상은 원문과 원저자에 비하여 항상 열등한 존재로 여겨져 왔다. 최근에는 다행히도 번역과 역자의 위상에 대한 재조명이 활발하고 번역을 새로운 글쓰기 작업이자 창의적인 글쓰기 과정으로까지 인정되고 있는 추세이다. 번역학의 이런 변화에 부응하여 역자의 가시성(visibility)과 불가시성(invisibility)에 대한 관심은 필요하다. 더 나아가 번역은 문화적, 경제적, 정치적인 속성을 지니고 있어 번역과 번역자에 대한 홀대 현상은 원작의 originality를 중시하여 지배/종속의 문화적 착취현상을 일으키고 번역자가 상업주의나 번역의 불평등으로 인한 변방에 위치하게 되는 원인이 된다.

불가시성과 가시성은 베누티(Venuti)가 사용한 역자의 불가시성은 슐라이마허(Schleiermacher)로부터 시작되어 베누티의 이국화(foreignization) 번역과 자국화(domestication) 번역 전략에서 본격적인 논의가 된다. 베누티는 역자의 불가시성의 근본적인 원인은 원문의 문체나 언어적 특징은 고려하지 않고 매끄럽게 읽히는 번역본 생산에 가장 중점을 두는 번역 관행 때문이라고 한다. 매끄럽게 읽히도록 번역하는 자국화 번역 전략을 취하면 목표문화권의 문화적 가치에 부응시키기 위하여 원문의 이질적인 요소를 최소화시키는 폐단이 발생할 수 있다. 자국화 번역전략과 대응되는 이국화 번역 전략은 원천 문화권의 문화적 요소를 여과하지 않고 그대로 목표 문화권에 도입하는 번역방법론이다.

번역 텍스트는 이미 이국의 텍스트를 번역한다는 사실을 전제하므로 자국화 번역 전략의 본질은 어떤 의미에서 환상에 불과하다. 번역의 자국화가 은폐하고 있는 이국의 원천 텍스트의 존재를 그대로 드러내 일종의 자민족 중심의 번역 폭력을 억제할 수 있으므로 역자들이 적극적으로 이국화 번역 전략을 취할 것을 권한다는 것이 베누티의 생각이다. 이국화 번역 전략을 취하면 유창하지 않은 낯선 번역이 이루어지므로 역자의 존재도 가시적으로 드러난다.

　번역가는 원래 돋보이는 존재가 아니다. 자기를 적어도 어느 수준까지 지우지 않으면 번역이라는 행위자체가 성립되지 않는다. 역자의 목소리가 커지는 번역은 곤란하지만 번역 행위는 시대와 장소에 따라 변화하는 다른 문화와의 접촉 양상이 응축되어 있어 번역가는 그림자 같은 존재이다. 번역을 하는 역자는 의사소통의 중개자인 동시에 협상자이며 문화 간의 의사소통과 TT생산의 가장 중요한 참여자이기도 하다.

　베누티가 지적한 번역의 불평등성 가운데 번역자의 불가시성을 강요하는 요를 들면 다음과 같다.

1) 이타성(heterogeneity)

　이타성은 이질적인 요소들이 혼합되어 영어권 문화의 패권주의적 현상으로 인하여 불평등성과 관련이 있다. 번역은 숙명적으로 상호 모순되는 가치관이 상존하고 있다는 점을 주목하면 분명해진다. 타문화의 영향을 받지 않은 순수 문화는 없으며 타문화를 흡수하는 능력은 역동성의 증거를 주장하는 한편 자문화의 독자성도 주장한다. 이런 텍스트간의 투명한 의사소토와 불투명한 의사소통을 위한 번역 전략의 혼재 속에서 문화의중재자를 자처하는 역자의 가시성을 드러내는 데 주저하게 된다. 번역가는 자신의 목소리를 독자들에게 들리게 해서도 안 되는 음지의 투명인간과도 같은 존재여야 하지만, 번역 텍스트 생산의 주도적인 역할을 담당하는 강력한 헤게모니를 동시에 지니고 있다. 따라서 독자는 동시에 번역자가 개입하기를 원하고 번역과 작품해석에 적극적인 역할을 할 필요도 있다.

2) 원저자성(authorship)

Authorship은 저작권가 맞물려 번역가의 권한을 원저자에 종속시킴으로써 원저자로 하여금 번역에서 산출되는 이익 중 번역가가 취하는 몫을 줄인다. 원본의 내용이나 제목을 멋대로 편집, 삭제하고 재배열함으로써 번역자는 원저자로부터 강력한 항의를 받을 수 있으며, 저자는 자신의 원본과 역자의 번역본 사이의 다양한 언어 문화적 차이들이 존재한다는 사실을 인정하지도 않고 원저자의 패권만을 주장하는 경우이다. 베누티는 번역이란 상이한 문화들 사이의 공간에서 이루어지므로 또 다른 종류의 원저자 개념을 요구한다고 한다. 이는 결국 번역은 원작에서 파생된 새로운 원작으로 번역가의 저작권을 인정해야 할 정도로 원작의 형태를 충분히 변화시킬 수 있는 자율성을 강화할 필요가 있다. 이를 통해 역자의 가시성을 증대하고 번역자에 대한 책임성과 번역의 품질을 보증할 수 있는 토대가 되는 것이다.

3) 문화적 정체성

번역을 함에 있어서 원문의 내용을 그대로 살려야 한다는 압박감과 함께 절대 원문의 구속력을 벗어나지 못하게 하는 구심력으로 작용하는 것이 문화적 정체성이다. 원문의 구속력은 역자의 불가시성을 강요하는 하나의 큰 요인이며 이를 극복하기 위해서는 번역과 역자에 대한 새로운 인식이 필요하다. 번역이란 한 언어에서 다른 언어로 치환하는 것이 아니라 문화에서 문화로 치환하는 것이기 때문이다. 따라서 원작은 항상 동일한 것임에 비해 번역은 문화적 맥락에서 시간이 흐름에 따라 변화한다. 새로운 독자는 텍스트를 자기 자신의 문화적 필터를 통해 이해하고 해석할 것이며 문화와 시간의 변동성은 문화적 가치와 신념에 따라 변화한다.

4) 상업적 착취

영미권 출판사의 번역 출판물 비중은 상대적으로 낮다. 이는 영미 문화권에서 창작에 비해 번역의 변방성은 곧 번역가의 변방성과 관련 있다. 역자들이 자국화 번역을 선호하고 이국화 번역을 멀리하며 독자들의 구미에 맞춘 번역을 하는 것은 패권주의에 굴복한 것이나 다름없다. 책이 잘 팔려야 하는 부담감은 독자들의 취향에 맞는 평범한 내용으로 번역물을 만들어 버린다.

▪ 네티즌 번역을 위한 번역 교수법

순수한 우리말로 '누리꾼'이라고 하는 이 용어는 하우벤(Hauben)이 고안한 용어로 통신망을 뜻하는 network와 시민을 뜻하는 citizen의 합성어로서 단순한 인터넷 방문자나 사용자가 아니라 공동체의 일원으로서 공동의 사회적 아이디어와 가치를 위해 노력하는 인터넷 사용자를 의미한다. 여기에는 웹상에서 지속적 상호작용을 통해 집합 지성을 생성하는 참여자로서 정의가 반영되어 있다.

네티즌의 정의에는 이미 인터넷이라는 공간에서 공동체의 일원으로서 상호작용을 하며 공도의 사회적 아이디어나 가치를 추구한다는 집합 지성의 특징이 내포되어 있다. 네티즌 번역은 주체를 전문가 또는 비전문가로 범위를 한정하지 않는다는 점에서 아마추어 번역이나 비전문가 번역과 차이가 있으며 번역 대상을 특정 매체로 한정하지 않는다는 점에서 팬 자막 번역과도 차이가 있다.

네티즌이 웹 2.0이라는 새로운 기술 환경에서, 상호작용을 통해 구현하며 수행하는 번역을 정확하게 지칭하는 용어는 번역학계 내에서 아직 합의되지 않은 상태이다. 대신 관련 있는 기존 용어를 해당 용어에 대한 명확한 정의 없이 학자에 따라 연구 목적에 따라 달리 사용하고 있다. 개인이 아닌 여러 명이 서로 협력해 번역한다는 의미에서 협업 번역(collaborative translation), 전문가가 수행하는 번역에 대비한 아마추어 번역, 사용자가 번역을 생산한다는 뜻으로 사용자 생산번역(user-generated translation), 공동체를 돕기 위한 목적에 초점을 둔 커뮤니티 번역, 무보수와 자별적 속성을 강조하는 자원봉사 번역, 다수의 대중의 힘을 활용한다는 점에서 크라우드소싱 번역(crowdsourced translation) 등의 다양한 이름으로 사용되고 있다.

이들 용어가운데 어느 것도 웹 2.0이라는 기술 플랫폼이나 공간에서 네티즌이라는 주체가 상호작용을 통해 수행하는 번역을 명확하게 설명하고 있지 못하며, 기존 용어마저도 학자별로 의견과 이해가 다르다. 기존의 번역 연구에서 패러다임이 유효하지 않는 상황을 고려하면 네티즌이 번역을 정의하고 자유롭게 번역의 관습을 탈피한 점에서 그리고 복수의 가상 공동체를 대상으로 한다는 점에서, 웹 2.0이라는 기술 플랫폼 상에서 네티즌 간의 집합지성 협업방식 그리고 역할 분담이라는 사회적인 측면을 조망한 점에서 그리고 네티즌의 다양한 번역 행위를 다룬다는 점에서 번역학에 기여한 공이 크다고 할 수 있다.

집합지성 방식(collective intelligence)

인터넷상에서 집합지성이 나타나는 곳은 위키피디아, 네이버와 같은 사이트에서 아마존, 공연 상품구매 정보 사이트, 인터넷 토론방 등의 공간에 이르기 까지 다양하며 번역과 관련해서 국내 번역 사이트인 위키리크스 한국 등도 있다. 문서나 동영상을 공유하는 단순한 형태는 협업 1.0 공유형에 속하고, 사용자 개인이 제작한 콘텐츠를 올리고 공유하는 형태는 협업 2.0에 속하며 공동 목표를 위해 네트워크를 통해 협력하는 방식은 3.0 공동 창조 형이다. 3.0 창조형은 위키피디아가 대표적인 예로서 동일한 작업물에 대해 직접적으로 첨삭, 갱신, 편집, 토론 등이 수행되어 변경 사항이 누적되는 형태이다.

집합지성은 주로 참여자 협력방식과 협업의 통합 수준에 따라 분류한다. 참여자 협력방식은 아이디어를 공유하여 대안을 마련하고(crowd wisdom)작업을 나누어 분담하여 수행하며(crowd creation), 정보를 걸러내기 위해 아이디어를 선정하는 방식(crowd voting)이 있다. 협업 2.0 기여 형은 유튜브가 대표적인 예로 개인이 작업물을 게재하고 이에 대해 참여자 대답, 의견, 평가 등 의견을 개진하는 형태이다. 3.0 협업과 차이는 상호작용의 수준과 통합에 있다. 2.0의 도입으로 번역자와 독자의 경계 그리고 의뢰자와 번역자(피의뢰자)와의 경계는 무너져 내리고 있다.

번역 주체가 의뢰자이자 피의뢰자인 경우와 피의뢰자의 역할만을 수행하는 경우 번역 방식이나 형태적 특징에 차이가 있는 것도 흥미롭지만 번역시 다른 의뢰자가 제공하는 내용을 번역하는 경우와 자신이 의뢰자가 되어 자신이 스스로 정한 번역의 경우 내용선정이나 형태적 측면에서 차이는 있을 것이다.

집합지성을 활용하여 번역이 수행되는 대표적인 가상 공동체인 가생이닷컴, 네이버 지식in, 위키백과의 집합지성 및 역할 분담 양상과 번역물을 토대로 비교해 보자.

가생이닷컴에서는 네티즌 개인이 한국에 관한 기사, 동영상 등에 대한 해외 반응과 댓글을 번역해 사이트에 올리고 다른 네티즌과 공유한다. 네티즌이 올린 내용은 타 네티즌이 수정, 편집, 추가 또는 삭제할 수 없으며 댓글 등을 통한 피드백은 가능하다. 개인기여형에 속한다. 네티즌 자신은 번역하고자 하는 내용을 자유롭게 선정하여 번역하므로 의뢰자와 번역자가 동일하다고 볼 수 있다. 선별적 번역이나 요약번역도 자주 관찰되고 원문을 게시하지 않고 링크만 표기하거나 문장 단위가 번역자마다 일정치 않다. 글자크기 스타일 색깔은 네티즌이 자유롭게 선택할 수 있다.

네이버 지식in의 번역을 스크린을 통해 예로 보자.

ex) re: [내공] 짧은 번역 부탁드립니다!!
상큼하게 순수하게 답변 채택률 96% 2015.04.11. 20:00

1. What position is being advertised?
   어떤 직책이 광고되고 있나요?
   A. Instructor 강사 B. Accountant 회계사
   C. Advertisement Manager 광고 관리자 D. Department Director 부서 임원

2. What is mentioned as a requirement for the job?
   직업을 위해 어떤 요구사항이 언급되었나요?
   A. experience in advertising sales 광고 판매 경험
   B. Organizational skill 관리 기술

네티즌 번역이 전문이 번역된 형태이다. 원문과 번역문을 문장 별로 교차 배치했다. 네이버 지식in 전반에서 가생이닷컴과 달리 선별 번역이나 요약 번역은 없다. 글자 크기 색깔 원문 배치는 개별적으로 자유롭고 생략이 없다. 내용이 끝난 경우 내용이 어렵다거나 도움이 되었다거나 하는 내용이 보이기도 한다. 또 어떤 경우는 번역자는 원문 내용에 충실하지 않고 요약번역을 하기도 하고 기사에 대한 네티즌의 반응과 의견을 번역하기도 한다. 기사 원문은 게재하지 않고 링크만 표시하기도 하고 번역자의 의견을 추가하기도 한다. 그리고 악성 댓글을 단 경우도 많다.

- **사이버 공간에서 집단지성(collective intelligence) 커뮤니티 번역을 위한 교수법**

현대 사회는 정보 통신 기술의 발달로 인해 세계화가 촉진되어 정보와 지식이 국경을 넘어 공유되는 시대이다. 지식이 일부 특권 계층에게만 제한되어 대중이 지식인 계층의 통제를 받았던 과거와는 달리 현재는 교육과 민주주의가 널리 보급되어 개인이 지식을 소유하고 자율적인 판단을 하며 자신의 독립된 목소리를 낼 수 있게 되었다. Web 2.0의 등장으로 과거에는 정보 소비자에 불과하던 개인들이 정보 생산자로 활동할 수 있게 되었고 대중이 모여 자신의 경험과 지식을 시공을 초월하여 공유하고 새로운 지식을 만드는 집단 지성(collective intelligence)이 가능하게 되었다. 인터넷상에서 집단 지성이 나타나는 곳은 위키피디아, 네이버 지식in과 같은 정보 창출 사이트에서 아마존닷컴을 비롯한 인터넷 쇼핑몰에 이르기까지 다양하다. 집단 지성이 현대 사회에 뚜렷하게 나타나는 사회적 현상이며, 번역을 목적이나 대상으로 하는 집단지성 커뮤니티가 어떤 것이 있는지 살펴보는 것도 유익한 일로 여겨진다.

집단 지성의 개념은 곤충학자인 Wheeler가 개미들의 협업을 관찰하면서 생겨난 집단 지성은 시작되었다. 집단 지성은 개인 간에 지식과 노하우와 경험을 상호작용하게 함으로써 전체가 부분의 합보다 더 많아서 참여자들이 모두 이득을 볼 수 있는 일종의 Positive Sum 경제의 기초가 되는 것이다. 한국에서 집단지성을 활용하는 대표적인 사례는 네이버 지식in이다. 네티즌이 질문을 올리면 누구든지 자유롭게 답변을 올리고 질문을 올린 네티즌이 답변을 채택하는 형식이다. 질문의 분야와 범위에는 제한이 없어 무한하다. 이외에도 인터넷 쇼핑몰이나 토론 방에서도 네티즌들은 개인의 지식과 경험을 발표하고 공유하는 집단지성 활동을 하고 있는 것을 발견할 수 있다.

집단지성이 제대로 역할을 수행하기 위해서는 충족되어져야 할 조건이 있다. '어디에서나 분포하는 지성'이란 모든 것을 아는 사람은 없지만 모든 사람이 무엇인가를 알고 지식 전체는 인류 안에 있다는 것이다. 지속적으로 가치를 부여하는 지성이란 인간의 지성을 소중하게 여기고 발전시켜 활용해야 한다는 것이다. 지성을 실제로 조정하는 것이란 디지털 정보 기술에 근거하여 지역을 벗어난 집단의 구성원들이 자발적이고 지속적으로 상호작용해야 한다는 것이다. 또 '역량의 실제적 동원에 이르는 것'이란 지식의 다양성을 알고 타인의 가치를 인정함으로써 새롭고 긍정적인 방법으로 정체성을 확보함으로써 적극적으로 집단적 기획에 참여 할 수 있도록 해야 한다는 것이다.

집단지성이 성공적으로 구현되기 위해서는 핵심의 원칙, 기여의 원칙, 관계 맺기의 원칙, 협업의 원칙, 창의성의 원칙이 요구된다(리드비터

2009).

　핵심의 원칙은 오픈 소스 소프트웨어 프로젝트와 같이 누군가가 자신이 가진 지식을 내놓는 데서 시작한다. 강력한 협업의 시작점을 더 많은 기여를 확보하는 역할을 한다. 또 군중은 핵심보다 관심의 정도가 낮다. 이들의 기여도는 작지만 조직화된 군중은 헌신도가 높은 역할을 한다.

　관계 맺기의 원칙은 다양한 아이디어를 가진 사람들이 서로 관계를 맺고 의사소통을 할 수 있는 방법이 있어야 한다는 의미이다. 대중이 만나서 자유롭게 아이디어를 교류하고 통합할 수 있는 공간이 필요하다.

　협업의 원칙은 집단지성에 자율 통제가 필요하다는 의미이다. 가치 있는 목적을 위해 단합하고 아이디어를 검토하고 분별할 적절한 방법을 개발하고 적절한 지도자를 확보할 때만 집단지성이 이루어진다.

　수많은 참여자들이 다양한 관점과 독립적으로 생각할 수 있는 능력과 기여에 이용할 수 있는 도구를 가지고 공통의 목적 아래 단합하면 다중의 집단적인 창의성이 번성하게 되고 창의적으로 필요한 작업과 작업자의 기술에 따라 누가, 무슨 일을 할 것인지 결정해야 하는 것이 창의성의 원칙이다.

　집단지성과 관련하여 오늘날 국가는 물론, 연구소, 학교, 단체, 기업체에서도 집단지성의 장점을 활용하며 도움을 받고 있는 것을 볼 수 있다. 집단지성의 대표적인 예를 들자면 금융위기를 겪은 아이슬란드를 들 수 있다. 금융위기에 직면하여 위기 재발을 방지하기 위해서 헌법 개정이 필요하다는 판단으로 2년간 준비작업을 거쳐 의견수렴을 위해 페이스북, 트위터, 소셜 네트워크를 통해 의견을 수렴하고 헌법 개헌안의 심의되었고 홈페이지를 통해 공개되어 국민들과 의견을 교환하였다.

▪ 집단지성 사이트와 번역

대학생들이나 전문 번역가들이 중심이 되어 자원 봉사형태의 번역 사이트를 운영하는 곳이 많은데 토론 공간을 마련하고 번역과 관련된 질의 토론과 댓글을 다는 방법으로 논의가 활발하게 시작되지만 번역과 토론이 크게 활성화 되지 못하는 곳들도 있다. 이는 요청된 번역 건을 네티즌 한 명이 자발적으로 번역하지만 추가적으로 검수나 확인 작업이 이루어지지 않기 때문이다. 상호 토의나 교류를 위한 게시판을 통해 협업이 일부지원 된다고 해도 번역내용과 성과에 대한 상호 감시 규제, 협업지원체계나 원칙 그리고 지침이 부재하는 것도 원인으로 보인다. 더 나아가 참여자의 역할이나 창의성 그리고 책임 등이 제대로 작동하지 않아 운영이 부실한 경우가 있다.

위키리스크 한국 사이트의 경우 운영진이 활발히 활동하면서 콘텐츠를 제공하고 네티즌이 번역에 참여 하려면 운영진에 메일을 보내야 하고 지정된 대상에 대해서만 편집권을 제공받아 자유로운 형태로 기여하는 시스템을 지니고 있다. 그러나 개인이 상호 교류할 수 있는 공간이 있어야 효과적이다. 운영진이 올린 토의 주제에 한 네티즌이 글을 달면 네티즌이 동의, 반박, 추가 등을 함으로써 동일한 주제에 대해 토론을 확장하고 운영진은 이를 통합하여 수정문으로 된 번역 오역표를 만든다.

국내에서 발견되는 한영/영한 집단지성 번역 사이트는 모두 개인이 만든 커뮤니티로, 포털에서 제공하는 인터넷 카페나 위키피디아 형태의 플랫폼을 사용하고 있다.

집단지성을 이용한 번역 사이트 분석:
1. 핵심의 원칙: 운영진이 토론거리와 참고 자료를 제공하거나 번역물 관리
ex) TV 드라마, 뮤직 비디오, 영화 콘텐츠 제공
2. 기여의 원칙: 가입절차에 등급을 부여함
ex) 페이스북을 통한 로그인
3. 통합의 원칙: 개인이 단독으로 번역하고 완성된 번역을 자료첨부 방식으로 의뢰자에게 전달 ex) 번역에 대해서 반드시 감수 진행하고 활용하며 번역자와 감수자가 원칙에 따른 의견 조율
4. 협업의 원칙: 상호 토론 공간 존재, 상호 감시 및 규제
ex) 번역가의 상호 토론
5. 참여자의 다양성과 독립성: 전문 번역가, 대학생, 일반인, 출판사
ex) 동영상 번역과 네티즌의 참여

대량의 정보가 국경을 넘어 대중에 의해 공유되고 번역을 필요로 하는 사회에서 소수의 전문 통번역가에만 의존하기에는 수적으로나 비용 효과 면에서 한계가 있다. 대중 네티즌들의 집단 지성을 활용한 번역 관련 커뮤니티들이 다량의 정보를 소화하고 있다는 점에서 소수의 전문 번역가와 대중 네티즌 간에 번역의 역할 분담 가능성은 존재하고 있음을 알 수 있다.

http:/kowikipedia.org
http://newsmaker.khan.co.kr
http://shindonga.donga.com
http://www2.korea.kr/newsWeb/pages/brief/categoryNews2/view.do
http://www.ciokorea.com/news/13951
http://www.co-intelligence.org
http://www.fnnews.com/view

• 영한 노래의 구조적·운율적 대칭 번역을 위한 교수법

노래 번역은 학문 분야의 한 형태로서 자리 잡지 못하고 있지만 한류로 통칭되는 한국 문화의 힘이 확산되는 현재 상황을 미루어 볼 때 향후 다양한 노래 번역 수요도 늘어날 것으로 보인다. 특히 인바운드 번역뿐만 아니라 아웃바운드 번역이 수요도 늘어날 것으로 보인다.

노래 번역과 관련한 연구는 Hieble의 연구에서 이미 격조, 운율, 음표와 음절간의 짝짓기, 2인 이상의 유사한 단어를 찾는 문제 등이 노래 번역의 핵심 문제로 이미 지적된 바 있다. 7-80년대를 거치면서 산발적으로 나타난 노래 번역 연구는 주로 오페라와 희곡에 집중되었다. 보통 발화에서 한 음절을 말할 때 걸리는 시간을 하중(burden)이라고 정의하며 각 언어에는 강세(stress)와 하중으로 인해 달라지는 고유한 음률(rhythm)이 있고 목표 언어가 출발 언어와 음률이 상이한 경우 노래 번역의 자연스러움을 달성하기가 쉽지 않다. 음표 수, 리듬, 박자 등 음악적 구성요소가 텍스트의 번역 제약 조건으로 작용하여 구문적 대칭과 운율적 대칭을 도착언어에서 완벽하게 재현하는 것은 불가능하다. 번역이 어려울수록 번역자마다 번역 결과물의 차이가 크다.

구문과 운율적 대칭이 없는 가사의 경우 번역은 상대적으로 용이하다. 스코포스 이론에 기반하면 '가창성, 의미, 자연스러움, 리듬 및 운율'은 노래 번역의 5가지 기준으로 노래 번역의 성공여부를 결정짓는 기준이다. 노래 번역의 목표는 출발 텍스트의 의미 정보를 충실하게 전달함과 동시에 원곡의 감동을 최대한 재현하는 도착 텍스트를 만들어 내는 것이다. 이처럼 가사에 나타나는 대칭구조는 감정의 고조에 큰 역할을 한다. 가사와 멜로디를 살펴보면 감정을 고양하기 위한 음악적 반복, 점증, 상승, 강박과 같은 운율적 구문적 대칭 구조가 중첩적으로 사용되어 총체적 효과가 있는 것을 확인할 수 있다.

1) 운율적 대칭 구조

운율적 대칭이란 구문이 아닌 운율적 요소 대칭 구조를 만드는 것을 의미하며 주로 운(rhyme)의 형태로 나타난다. 영한 노래를 번역할 때 운율 대칭이 구문 대칭보다 재현하는 것이 더 어렵다. 짝사랑을 표현하고 있는 <레미제라블>의 "On My Own"의 한 소절을 보기로 하자.

    a. The trees are bare,
    b. and everywhere,
    c. the streets are full of strangers.

    공연장 번역: 저 마른 나무 거리마다 나만 홀로 걷네
    a. 거리마다 낯선 이들 빛을 잃은 나무들
    b. 마른나무 가득하고 거리엔 낯선 이들
    c. 저 마른 나무 흩날리며 나만 홀로 걷네
    d. 나뭇가지 앙상하지 거리도 낯선 풍경
    e. 메마른 나무들과 거리엔 낯선 얼굴만

반복되는 멜로디와 박자의 효과가 두드러진다. 개개 번역자들의 표현 방식에 차이는 있지만 전달하고자 하는 의도는 분명하다. 문장의 통사구조가 도착 텍스트에서 큰 차이를 보이고 있다. 통사구조는 명사구를 선택하였고 낯선 풍경이라는 비유적인 표현으로 의미를 온전히 전달하려는 의도를 볼 수 있다. 출발 텍스트의 가사 "bare"/"where"가 각운(an end rhyme)을 이루며 이와 동시에 "trees"/"streets"의 모음이 모음운(off-rhyme)을 이루고 있다. 또 멜로디가 같을 뿐만 아니라 음표의 길이와 박자가 동일하다. 더 나아가 "trees"/"streets"가 음절과 길이가 길어 자연스럽게 반복 효과를 내면서 관객에게 허무한 화자의 감정에 몰입효과를 가져온다.

2) 구문적 대칭구조

구문적 대칭이란 통사적 구성 요소가 유사하게 배치된 행이 반복하면서 관객에게 음악적 감동을 주는 것을 말한다. 앞서 제시한 <레미제라블>의 "Drink With Me"구절을 보기로 하자.

    a. Here's to pretty girls who went to our heads.
    b. Here's to witty girls who went to our beds.

이는 과거의 불확실함을 되새기는 건배의 노래로 두 행은 추억의 연인들을 위한 건배장면이다. 두 행을 보면 girls를 수식하는 형용사 witty/pretty 그리고 목적지인 heads/beds만 다를 뿐 문법적으로 완전히 동일한 구성이다.

3) 특별한 대칭 구조가 없는 경우

음악적 감동을 결정하는 요소에는 구문과 운율의 대칭구조 외에도 주제 표현과 같은 많은 요소가 존재할 수 있으나 원곡의 감동을 최대한 재현한 노래 번역은 번역가가 감동 결정소의 효과를 명시적으로 이해하고 노래 번역 과정에서 감동 결정소를 의도적으로 재현함으로써 가능하다. <미스 사이공>의 "I Still Believe"의 경우를 보기로 하자.

    a. Yes, still, I still believe
    -아직 아직 믿죠
    -아직, 아직 믿어
    -늘 난 믿고 있죠
    -아직, 아직 믿어
    -네, 난 아직 믿죠

특별한 대칭 구조가 나타나지 않는다. 번역자들이 "아직, 믿음, 믿는, 살아"등의 동일한 번역어를 선택함으로써 높은 번역의 일치도를 보인다.

▪ 폴리시스템(Polysystem) 이론과 번역 교수법

번역은 우연히 생겨나는 것이 아니라 도착지 국가의 다양한 폴리시스템의 간섭을 받아 탄생하는 것이다. 정치 사회적 시스템의 영향으로 번역 시스템이 많은 어려움을 받기도 하고 여론의 관심을 끌기도 하는 것이다. 이는 시대적으로 출판되어 번역되고 읽혀진 번역물들을 통해 확실히 증명되고 있다. 이론적 배경으로는 사회, 역사, 문화적 맥락에서 번역에 대한 연구를 시도했던 폴리시스템 이론은 모든 사회 기호현상, 즉 기호에 의해 지배되는 인류 의사소통 형식은 서로 연관성 없는 요소로 이루어진 혼합체가 아닌 하나의 시스템으로 간주하며 이러한 사회 기호 시스템은 단일한 시스템이 아니라 서로 다른 요소로 구성된 개방적 구조임을 알리는 문화 이론으로 문화적 전환이란 번역학의 연구의 초점이 텍스트로서의 번역으로부터 문화와 정치행위로서의 번역으로 옮겨진 것을 명명하는 것이다.

폴리시스템 번역 이론은 일종의 문화이론으로서 번역 교수법 이론을 사회 문화적 연구로까지 확장시킬 수 있는 길을 열어주었다. Even-Zohar가 처음으로 도입한 이론으로 이를 통해 번역학뿐만 아니라 일반적인 문화 이론 전반에도 적용하는 것이 가능한 평가를 받고 있다. 이 이론은 최근 한국에 소개되어 한국 현대 번역 연구의 이론적 근거로 사용되고 있다.

폴리시스템 이론은 한 사회에서 인간의 모든 행위와 관련된 정치, 이데올로기, 언어, 사회, 경제 등 사회의 다양한 요소들을 각각의 시스템으로 보고, 이 다양한 시스템들이 중심이 되어 서로 끊임없이 상호 작용하며 다른 시스템에 간섭하여 영향을 미친다.

폴리시스템 이론에서는 번역문하고 도착지 국가의 폴리시스템에 속하는 하나의 시스템으로 보면 번역 문학 시스템은 보다 큰 범주에서는 도착지 국가의 문학 시스템에 속한다. 또한 번역 시스템 내부에는 원천 텍스트의 출발지 국가에 따라 서로 다른 다양한 번역 문학 시스템이 존재한다. 더 나아가 일반적으로 문학 연구의 대상에서 제외되어 왔던 탐정소설, 애정소설, 아동문학도 하나의 시스템을 구성하여 문학 시스템 안에 포함되는 것으로 본다.

또한 폴리시스템 이론에 의하면 번역할 텍스트는 우연히 발생하는 현상이 아니라 도착지 국가의 다른 폴리시스템의 간섭에 의한 것으로 상호 인과관계가 있는 것으로 바라본다. 그러나 사회를 거시적 안목에서 바라보는 추상적인 개념으로 이런 관점이 실제 사회에서 일어나는 다양하면서도 예상하기 어려운 모든 개별적인 현상을 뒷받침할 만한 근거로 사용될 수 있는지는 의문이다. 번역을 포함하는 사회 현상이 언제나 큰 질서와 법칙에 순응하여 발생할 정도로 단순하지 않으며 개별 사회 현상이 예상치 못하게 이례적으로 발생할 수 있기 때문이다.

이론적으로는 문학과 사회와의 상호관계라는 큰 그림을 그렸으나 실제로는 이들의 연구가 대부분 언어와 문학 폴리시스템에 머물러 있었다는 비판을 받고 있다.

폴리시스템 이론에 따르면 번역할 외국 작품들은 당시의 정치와 사회적 상황에 따라 그 시대의 요구에 부합하는 작품들이 주로 선택되는 경향을 보인다. 한국의 경우 1910년은 독립과 민권이 중요한 주제로 역사와 전기 위주의 번역이 중심을 이루었고 중국과 일본을 통해 서양의 장편소설을 도입하는 시기였다. 그 다음으로 일본의 식민지 지배 기간은 한국 특유의 정치적 시스템에서 한국 사회라는 폴리시스템에 영향을 받았던 시기이다. 1935년부터 번역 문학은 40년 이후 일본의 언론 통제로 탄압이 심해져 한국어로 서적을 출간하는 것이 금지되었다.

또 다른 이유로 번역이 늦어지고 정체된 이유들 가운데 하나는 도착시 사회의 노넉석 시스템의 간섭을 받았을 가능성이다. 유부녀와 물륜과 재산 탕진, 여주인공의 자살과 유교적 관습은 도덕 의식에 위배되었기 때문에 번역대상에서 제외되었을 가능성이 있다. 그런 점에서 서양의 애정소설이나 폭력적인 소재의 번역물들을 도입하여 번역하기란 많은 어려움이 있었을 것이다.

정치와 사회시스템의 간섭과 방해

한국의 정치와 사회 시스템이 문학 번역에 영향을 미친 정치적 사건은 한국전쟁과 같은 경우이다. 전쟁의 참상과 경제 복구기에 참담한 생활 여건은 미국 지향의 문화로 전환해 가던 시기였고 미국 대중문화의 유입으로 전통적 가치관이 붕괴되었다.

문학을 통해서 현재 경험하는 암담한 현실을 벗어나 또 다른 삶을 경험하기를 원했고 도덕적 금기를 깨고 욕망을 자유를 향유한 문학 서적을 통해 맛보길 원했던 것이다. 1950년 영국의 펭귄 출판사에서 출판되었을 때 외설 출판물로 검찰에 고발당하여 재판을 받고 무죄로 판결된 후 25만부가 즉시 매진되어 주목을 받았던 D. H. Lawrence의 『채터리부인의 사랑』, T. Hardy의 『테스』, 1959년에 출판된 『보바리 부인』, 『깊고 깊은 밤』이나 『자유여인』과 같은 애정 소설이 번역을 통해 도입하게 된 이유가 이런 정치 사회적 환경의 배경에서 가능했던 일이다.

▪ 관용어구의 번역 교수법

관용어구는 번역가의 입장에서 보면 이질적인 사회의 구성원들을 연결시키는 지식의 중개인(knowledge broker)과 같다. 관용어구는 글 읽는 재미를 배가시키는 것은 물론 전달하고자 하는 바를 간결하고 함축적으로 표현할 수 있게 해준다. 하지만 번역에서 관용어구의 처리는 상당한 난맥상을 지닌다. 적절하게 번역을 하지 않으면 ST 출발어 텍스트를 읽으면서 느끼는 흥미가 TT 도착어 텍스트에서 무미건조하게 변질 될 수 있다. 그러나 관용어구는 언어적 관습과 문화적 특수성을 가지고 있기 때문에 번역하여 도착어 텍스트에 반영하는 것이 용이하지 않다.

발화자가 특정 상황에서 경험한 내용을 구체적으로 전달하기 위해 사용하는 표현방식으로 사회문화적 배경과 경험을 기초로 하여 형성되어 문화적 특성을 지닌 우선 관용구는 하나의 구나 절로, 문법, 의미, 통사와 같은 특수한 구조를 가지며 구성요소 간의 결합도가 특별히 긴밀하여 분리할 수 없는 일종의 화석화된 표현으로 속담, 고사성어, 은어, 비유어, 금기어, 수수께끼 등을 포함한다. 이렇듯 관용구는 둘 이상의 어휘소가 내용적으로 의미가 특수화되어 있고 형식적으로 고정되어 있는 결합관계를 말한다.

관용구는 글자 그대로의 의미는 전체 구성의 의미를 해석할 수 없고 중의적인 해석이 가능한 구성으로 제한하여 숙어에 한정하여 보는 견해이고 또 다른 하나는 관용구의 범위를 포괄적으로 상정하여 글자 그대로의 의미로 전체 구성의 의미를 해석할 수 없고 중의적 해석이 가능한 구성인 숙어를 비롯하여 고정적으로 쓰이는 단어 결합 형식인 연어나 비유, 속담 등의 형식으로 보는 포괄적인 견해이다.

특히 한국어와 영어는 관용구의 문화적 특수성에 관심을 가져야 한다. 서로 다른 언어 구조를 가지고 있으며 언어 사용자의 인종과 문화적 배경이 상이할 뿐만 아니라 역사적·정치적·경제적·사상적 배경도 차이가 크다. 관용구는 언어가 사용되는 문화권에 따라 달라지는 문화 결정적 언어법이기 때문에 개별 언어마다 제각기 다르게 나타나는 특징을 갖고 있고 그래서 어려움이 있다. 사회 문화적 차이가 클수록 출발어와 도착어의 등가적 표현을 찾기가 어렵다.

- **출발어 관용구와 도착어 관용구의 번역 교수법**

가장 이상적인 번역전략은 출발어와 도착어의 관용구가 등가적으로 존재한다면 가장 적절한 전략이 될 것이다.

1. 유사한 어휘로 구성된 관용구 번역
"여보게, 자네 몸이 어째 물에 빠진 생쥐 같은가. 이리 들어와 말리게."(현진건)
"Look here. You're like a drowned rat. How come? Come on in here and dry yourself"

물에 빠진 생쥐는 물에 흠뻑 젖은 상태를 표현하는 한국의 관용구이지만 도착어의 경우 도착어와 같은 관용성을 지니는 장점이 있다.

2. 등가가 이루어지기 힘든 유사한 어휘로 구성된 관용구 번역
"매일 복녀는 눈에 칼을 세워 가지고 남편을 채근했지만, 그의 게으른 버릇은 개를 줄 수 없었다."(김동인)
"Day in and out Pok-nyo, looking daggers, tried to drive her husband, but you can't throw off lazy habits as you throw a useless scrap to the dog"

"눈에 칼을 세우다"는 관용구는 못마땅하여 노려본다는 의미이고, 분노와 증오의 눈초리로 노려본다는 의미로는 "look daggers"란 표현을 사용하고 있다. 그러나 이런 번역을 하는데 주의해야 할 점은 대중성이 있는가이다. 대중성이 극히 일부 사람들에게만 있다면 관용성을 인정하기 어렵다. 더 심각한 문제는 관용구를 직역하게 될 때에는 그 의미를 파악하기란 불가능하다.

3. 문화적 특수성으로 본 유사한 어휘로 구성된 관용구 번역
"내 생각에, 그때 석대는 시험지 바꿔치기의 위험도 충분히 알고 있었으리라고 본다. 이미 호랑이 등에 올라탄 격이었다."(이문열)
"I think that Sokdae was well aware of the danger of substituting exam papers. But it was like being already on the back of the tiger."

"호랑이 등에 올라타다"는 관용구는 호랑이를 타고 달리는 기세라는 의미로 이를 도착어의 관용구를 직역하여 "be on the back of the tiger"라는 표현을 사용하면 문화적 맥락과 의미를 함축성 있게 전달하기 어렵다.

이와 같이 서로 문화적 맥락과 인지 체계가 다르고 격차가 큰 경우에는 두 사회 간에 공유하는 등가성을 고려하여 신중함이 요구된다.

4. SL 출발어 관용구와 상이한 어휘로 구성된 도착어 번역
"좋소. 그런 걸 두고 바로 일거양득이라는 게요."(조정래)
"All right, good. That's what I call catching two pigeons with one bean."

위에서 일거양득은 한 가지 일을 하여 동시에 두 가지 이득을 보다는 의미로 사용된다. 영어로 번역하면 어휘 구성은 다르지만 동일한 상황에서 사용할 수 있는 등가 관용어구인 "catch two pigeons with one bean"으로 표현된다. 그러나 유의해야 할 점은 독자가 떠올리는 이미지가 바뀔 수 있다는 점이다.

5. 형태는 다르지만 동일한 상황에서 사용할 수 있는 등가 관용구 번역
"장례를 치르는 동안 사람들은 접수 뒷전에서 입을 모았다. '죄는 진대로 가고 공은 닦은 대로 간다.'는 말이 맞기는 맞는 모양이지."(조정래)
"At the funeral, people whispered behind his back: 'Like they always say, you reap what you sow.'"

출발어 텍스트에서 "죄는 진대로 가고 공은 닦은 대로 간다"는 표현은 덕을 베푼 사람에게는 보답이 돌아가고 죄를 지은 사람에게는 벌이 돌아간다는 의미의 속담이다. 번역에서는 "You reap what you sow."라고 표

현되었다. 형태는 다르지만 동일한 상황에서 사용할 수 있는 관용구로 볼 수 있다. 이런 경우 지체의 지시적인 의미보다는 표현적인 의미가 더 중요한 경우로 사용될 수 있다.

- **원문 텍스트 정보의 삭제, 담화 주제, 또는 담화 내용을 통한 번역 교수법**

문장의 주어 또는 주제는 단일 문장에서 추출하고 분석해 내는 주제 개념이고 담화 주제는 담화 내용에서 분석하는 내용에 관한 개념이다. 문장 주제와 담화 주제를 구분해야 한다는 주장은 번역 교수법에서 시사하는 바가 크다. 번역이 단일 문장이 아닌 텍스트를 단위로 삼는 것은 사실이지만 실제 번역자가 해결해야 할 대상은 개별 문장들의 연쇄이기 때문이다. 텍스트 전반을 꿰뚫는 중심 맥락을 파악하는 것은 전체 텍스트를 제대로 이해하고 그 결과 각 문장의 초점을 정확히 파악하여 이를 번역에 반영하기 위해 중요하다. 그러나 내용 주제를 파악하는 것은 자동적으로 번역물의 결과를 보장해 주지 않는다.

> 가. 홈스쿨링의 첫째 장점은 관심 분야를 깊이 공부할 수 있다는 것이다. 홈스쿨링의 둘째 장점은 학생 개개인의 속도에 맞춰 학습한다는 것이다.
> 나. 홈스쿨링의 첫째 장점은 관심 분야를 깊이 공부할 수 있다는 것이다. 학생 개개인의 속도에 맞춰 학습하는 것이 홈스쿨링의 둘째 장점이다.

두 문장이 모두 동일한 내용을 담고 있지만 내용 파악에 필요한 시간과 노력을 보면 (나) 문장이 더 효율적이다. 따라서 원문의 내용 주제를 파악하는 것은 번역 작업에 꼭 필요한 부분이지만 주어 또는 주제가 어떤 방식으로 선정되고 반영되는지를 알지 못하면 비효율적인 방법을 사용할 수 있다. 그렇기 때문에 텍스트 중심의 내용에만 집중해서도 안 되고 핵심 내용의 주제를 전반적으로 흐르는 메시지 전달이 자연스럽게 이루어질 수 있도록 번역을 해야 한다.

주제어의 사용과 생략에 관하여 이미 알고 있는 정보는 길이와 종류를 막론하고 생략할 수 있다. 지시 대상이 분명하여 독자가 혼동 없이 알 수 있다고 판단되면 동일 요소의 생략이 여러 문장에 걸쳐 나타날 수 있다. 앞뒤 문장을 통해 충분히 짐작할 수 있는 요소들이나 불필요한 중복은 생략하면 훨씬 더 자연스럽고 문장 간의 결속도 역시 더 강하게 느껴진다. 영어에서는 원칙적으로 필요한 모든 문장 요소를 명시적으로 표현해야 하지만 한국어에는 생략현상이 자주 나타남으로 영어의 모든 문장 요소를 한국어로 표현하며 오히려 한국어답지 않는 부자연스러운 결과를 낳게 된다.

다음은 샐린저의 *The Catcher in the Rye*(호밀밭의 파수꾼)의 한 부분이다.

ex)

ST: **He** started off with about fifty corny jokes, just to show us what a regular guy he was. Very big deal. Then **he** started telling us how he was never ashamed, when **he** was in some kind of trouble or something, to get right down on his knees and pray to God. **He** told us we should always pray to God-talk to Him and all-wherever we were.

TT: **그는** 50가지쯤 되는 너절한 농담으로 시작했는데 자기가 올바른 인간이란 것을 입증하기 위해서였다. (**그는**) 지독한 놈이었다. (**그는**) 다음에는 무슨 어려움에 부딪힐 때마다 당장 무릎을 꿇고 하나님께 기도하는 자신이

(그는) 조금도 부끄럽지 않다는 이야기를 꺼냈다. (그는) 우리가 어디에 있건 항상 하나님께 기도하고 하나님께 이야기를 해야 한다고 말했다.

이야기의 초점은 '그는'에 있다. 영어를 한글로 번역하는 있어서 반복되는 '그는'을 생략함으로써 문장의 결속력을 높이고 더욱 자연스러운 번역을 할 수 있다.

원문 텍스트 정보의 삭제

원문 텍스트 정보의 삭제와 관련하여 라디오 방송 텍스트의 문장은 간결해야 한다. 한 문장 안에 너무 많은 정보가 담겨져 있을 경우, 청각에 의존해야 하는 청취자는 그 내용을 이해하는 데 힘들어 할 수 있다. 따라서 TT의 수용자에게 중요하지 않거나 비핵심적인 부분의 정보는 삭제될 수 있다.

> ST: "개성공단이 12년 만에 존폐기로에 섰습니다. 지난 10일 우리 정부는 개성공단에 잔류하던 60명을 당일 오후 5시에 귀한 시킨다는 계획을 북한에 통보했습니다. 그러나 북측은 미수금 문제 해결을 하라며 출경허가를 내주지 않았습니다.... 개성공단에 마지막 까지 남아있던 60명 중 48명이 1일 2시 10분에 차량 30여대에 나눠 타고 경의선 남북 출입사무소를 통해 귀환했습니다."

TT로 번역할 경우 구체적인 날짜 시간 지명 협상을 이유가 자세히 언급된 경우 불필요한 내용은 삭제할 수 있고 이를 통해 전달되는 내용이 한층 더 간결해진다.

원문 텍스트 정보의 추가

앞서 지적한 청취자에게 낯선 지명, 인명, 명칭, 시간관련 생략이나 삭제에 관하여 논의했는데 중요한 지명, 사물이 텍스트에 포함된 경우 이해를 돕기 위해 추가적인 정보가 삽입될 수 있다. '삼천리 금수강산', '단오', '불국사', '광개토왕비' 같은 표현은 외국인이 들으면 무슨 말인지 이해하기 어렵기 때문에 추가적인 설명을 TT에 할 수 있다.

이외에도 번역자의 의견이 추가되는 경우가 있고, 번역의 특수한 목적에 따라 원문을 선택하고 조정할 필요도 있다. 아니면 내용이 어지러운 인터뷰 내용의 조정이나 문체를 고려한 동일 단어의 반복을 지양할 수도 있다. 또 날짜, 시간, 화폐단위의 전환이 필요하기도 하다.

• 출발어 관용구의 배경과 의미를 부연 설명하는 번역 교수법

이런 경우 문화적 배경에 대한 지식을 제공하여 문화적 격차를 해소시킬 수 있는 장점이 있다. 그러나 함축적인 관용구의 뉘앙스를 전달하는데 실패하거나 부연 설명이 길어질 경우 독자들에게 지루함을 안겨줄 수 있는 단점이 있다.

1. 관용구의 의미를 부연 설명하는 번역
"머리에 피도 안 마른 녀석이 낯부터 술 처먹고 계집과 농탕이야... 걱정두 팔자요, 하는 듯이 빤히 쳐다보는 상기된 눈망울에 부딪칠 때 결김에 따귀를 하나 갈겨주지 않고는 배길 수 없었다."(이효석)
"He played nastily with women, though he was still too young.... When his eyes met Tong-- it's glowing eyes that were scrutinizing his face as if to say. 'Do not intervene,' he could not resist an impulse to slap him on the cheek."

위에서 언급된 "머리에 피도 안 마른"이란 관용구는 아직 나이가 어리다는 의미로 버릇이 없는 행동을 하는 행태를 지적하는 말이다. 그런데 영어에서는 "though he was still too young"이라고 하여 출발어의 관용구에서 느낄 수 있는 극도로 무시하고 깔보는 뉘앙스가 드러나지 않는다. 영어에서 사용되는 관용어구는 "Still wet behind the ears."란 표현이 있어 어리고 미숙한 사람을 가리키거나 미숙한 풋내기를 깔보면 사용하는데 상기 번역은 불완전한 번역으로 볼 수 있다. "걱정두 팔자요"라는 관용구는 도착어에서는 "Mind your own business", "Keep your nose out", "But out"과 같은 관용어구가 도착어에 있다는 점을 과려하면 "Do not intervene"란 번역은 불완전한 번역으로밖에 볼 수 없다.

2. 문화적 격차해소가 필요한 부연 설명 관용구 번역

"어머니의 강압에 못 이겨 키를 쓴 경험이 있는 나로서는 건지 산에서부터 흘러내리는 마을 앞 시냇물을 일단 의심의 눈으로 바라보지 않을 수 없었다."(윤흥길)

"Having experienced the bitter humiliation of making the round of the village wearing a rice winnowing basket over my head as punishment for bed-wetting, I could not help looking with suspicion at the running brook in the village that started from mountain."

한국어에서 '키를 쓰다'는 관용구는 문화적 특수성을 지닌 표현으로 아이들이 밤에 이불에 오줌을 쌌을 때 어른들이 아이들에게 벌을 주던 방식으로 오줌을 싼 아이들은 '키'를 뒤집어쓰고 아침에 소금을 얻으러 마을을 돌아 다녔다는 전통에서 나온 말이다. 번역에서는 도착어 관용구에서는 이런 표현이 없고 한국 고유문화를 설명하기 위해 부연 설명할 수밖에 없는데 이를 "making the round of the village"를 부연해서 설명하면서 키를 쓰는 이유를 "as punishment for bed-wetting"이라고 적고 있다.

이런 경우 출발어와 도착어 독자를 연결시켜줄 수 있는 전략이 부재하여 문화적 격차의 해소가 큰 문제가 된다. 그래서 부연설명이 더해졌고 효과적인 번역으로 볼 수 있게 되는 것이다.

도착어 독자의 이해를 위해서는 새로 주어지는 정보가 기존의 지식과 지식 구조와 반드시 관련성을 가져야 한다. 그러니 독자의 이해를 가로막는 가장 큰 원인은 문화적 맥락의 이해가 부족한 점이라고 지적할 수 있다. 따라서 번역가의 입장에서는 출발어 독자와 도착어 독자의 문화적 격차를 파악하고 필요한 경우 부연 설명을 통해 간격을 메우는 것이 필요하다.

- **탈 식민주의적 번역 교수법**

현대 번역 이론의 후기 식민주의적 읽기

번역과 권력은 서로 깊이 연관되어 있다. 플라톤적 번역 모델은 서구에서 일반적인 것이었지만, 특히 '부정한 미녀들'이라고 알려진 프랑스 고전주의 시대 때 유행했다. 이 모델은 본질적으로 원본의 이질성을 목표 문화와 혹은 (의미나 구문 상) 목표 언어에 맞게 길들여서 이질성을 체계적으로 통제하고, 그것을 왜곡된 인상에 불과한 것으로 번역하려 한다. 그리고 번역 과정을 단지 번안이나 모방 작품(패스티시)으로 폄하한다. 번역은 식민 지배 도구가 되어 헤겔적 변증법을 실천하게 된다. 피식민자가 전체 역사를 빼앗기고 열등한 상태를 벗어나지 못하게 되면, 피식민자에게 이 상태를 벗어나는 유일한 탈출구는 식민자의 원본 정신을 내면화하는(때때로는 무의식적으로) 것이 되기 때문이다. S. 베스넷은 분명하게 이 점을 지적한다.

> "(...)유럽은 위대한 원본, 시작점으로 간주되었다. 그들의 식민지는 유럽의 복사본이거나 '번역'이었다. 식민지는 유럽을 복사하도록 되어 있었다. 번역은 복사본인 것도 모자라 원본보다 미진한 것으로 평가되었고, 더 위대한 원본을 깎아내린 것이라는 신화가 자리 잡게 되었다. '상실'의 언어라는 표현이 번역에 대한 많은 논의에서 결정적 특징으로 나타나는 점 또한 기억해야 한다. ('이득'의 과정이 있을 수 있다는 점을 거의 고려하지 않는다). 위대한 원본의 복사본 또는 번역본이라는 뜻을 갖는 식민지 개념은 문헌적 위계에서 번역을 하위로 자리매김하는 가치 판단을 내포한다. 이 정의에 따르면 식민지는 원본인 식민자보다 열등하다."

식민주의 번역 모델은 원본과 복사본, 식민자와 피식민자, 의미와 글자 간에 존재하는 차별적이고 비대칭적인 관계에 기초한다. 반면, 후기 식민주의 모델은 주변부의 관점을 사고하려 애쓴다. 식민주의적 전체주의는 자신의 지배를 추상적으로 확장한다. 그러나 후기 식민주의 관점은 자신의 공간적·시간적 위치를 정확하게 인식한다. 이러한 상황에서 식민주의적 권위에서 벗어나는 것의 어려움이 후기 식민주의적 통합 달성의 어려움으로 전환된다. 저명한 후기식민주의 번역학자 중 한 사람에 따르면 후기 식민주의는 다른 우위와 위치에서 일어나는 다양한 활동들에 관여한다. 따라서 그 이론이 갖고 있는 전체화 거부의 특징을 고려한다면, 그 이론을 통합 이론의 틀이라는 관점에서는 이해할 수 없다. 후기 식민주의 번역 이론들도 복합성에 대해 같은 견해를 가지고 있어서 원본과 복사본에 대한 식민주의적 차별에서 성공적으로 벗어난다. 이 목적

때문에 이들 이론은 식민주의 질서를 뒤집어 엎을 양가성, 차연, 결정 불가능성 등 특정 요소를 편입시킨다. 대체로 이러한 방해 요소들은 이중 효과를 갖는다. 한편으로는 '구조적' 결함을 지적함으로써 원본의 권위를 위협하고, 다른 한편으로는 주변부에 있는 타자성의 상황을 더욱 나쁘게 만든다. 비-식민주의 번역 이론Non-Colonial Theory(NCT) 은 다음의 두 가지 중요한 장애물을 피해야 한다. 1) 약자에 대한 식민주의적 차별과 현재 후기 식민주의적 담론이 제공하는 문맥적 확장의 통제 2) 후기 식민주의적 반-이원론의 연속성에 포획되는 것. 비식민주의 번역 이론의 획기적인 시각에서 볼 때 식민주의적 재단(이제 '형이상학식민주의' 재단/다듬기cut로 일반화된)은 자기-중요성과 자기-번역가능성의 주장에 따라 정의되는 전체주의 체계로 생각되어야 한다. 궁극적으로 이 시스템은 스스로를 보편화하면서 원본이 되어 버린다. 또한 주변부(즉, 결함을 가진 플라톤적 복사)가 원본의 권위를 강화하는 요인일 경우 주변부를 용인한다. 같은 시각에서 번역의 후기 식민주의적 연속성은 더 이상 형이상학식민주의의 구분을 극복하는 수단으로 생각되지 않는다. 오히려 원본의 거만함을 단속하는 다양한 기제mechanisms들을 선정하여 원본의 폭력을 더욱 견딜 만한 것으로 만든다. 기제들은 원본의 초월적 악화와 내재적 악화라는 두 가지 상호보완적 유형으로 이루어져 있다. 첫째의 경우 원본은 도달할 수 없는 타자나 무의식으로 동일화된다. 원본은 말 그대로 번역을 통해 '기억되고'(버만), '목표되고'(벤야민), '들린다'(하이데거). 둘째의 경우 원본은 내부 변화에 부딪힌다. 이는 번역의 물질적이고 생생한 과정을 통해서 '성장'(벤야민)하고, '연속'(메쏘닉)하고, 혹은 '진화'(콰인)해야 하는 의무를 원본에 부과한다.

비식민주의 번역이론의 발명:
호미 바바의 후기 식민주의적 번역이론을 비-번역함

　후기 식민주의 번역이론들은 대부분 이원론적 번역 모형을 거부한다. 거부는 여러 가지 형태로 나타나는데, 모두 이원론의 번역 논리에 저항한다. 그 논리에는 본질적으로 세 가지 특징이 있다. 첫째, 원본은 실재다. 둘째, 주변부를 배제한다. 셋째, 번역은 (원본의) 단순한 반복이다. 후기 식민주의 시각에서 식민주의적 번역 이론을 비판하는 것은 사소한 과정이지만 중요한 계기가 된다. 후기 식민주의 이론들은 번역에 대한 비판을 보편적으로 공유하기 때문에 하나의 비판을 다른 비판과 구별할 수가 없다. 즉 식민주의적 번역 이론의 논리를 차이 없이 비판하기 때문에 비판들이 거의 같아진 것이다. 이원론적 번역 모형을 비판하는 후기 식민주의 이론들을 살펴보는 다른 방법은 비판의 특이성을 강조하는 것이다. 이러한 시각에서 후기 식민주의 번역이론은 식민주의적 번역이 전체주의적 주장과 맺는 모든 결속을 끊는 유일한 시도로 간주된다. 이원론적 번역모형을 비판하는 후기 식민주의 비판은 결과적으로 후기 식민주의 번역 이론만큼 많아진다.

　식민주의적 번역을 단일하게 접근하느냐, 상대주의적으로 접근하느냐 하는 양자택일에서 벗어날 수는 없을까? 답은 식민주의와 후기 식민주의 간에 상정된 관계, 즉 원본과 복사본의 관계가 반영된 이 관계와 밀접하게 연관되어 있다. 우리는 두 이즘의 (몇 개의) 용어들이 아주 동일하다거나 약분 불가능하다는 주장보다는, 이들이 변증법적으로 연관되어 있어서 서로 번역할 수 있다는 가능성에 주목해 볼 수 있다. 식민자와 피식민자, 식민주의와 후기 식민주의, 그리고 원본과 복사본 사이에는 구조적 공모나 번역가능성이 존재한다. 몇몇 후기 식민주의 사상가들 (파농 1986, 사이드 1978, 바바 1994)은 이점을 분명하게 지적하고 있다. 공모는 후기 식민주의가 식민주의 권위를 다 다르게 비판함으로써 식민주의의 단일체적 껍질을 깨뜨리고 동시에 그 지배전략을 다시-작동시키면서 만들어진다. 식민주의가 자기 권위에 기댄 편협한 관점을 갖고 타자성에 대한 환상을 가질 수밖에 없는 것처럼, 식민주의라는 괴물의 욕구는 후기 식민주의가 갖는 환상의 (결여) 정도와 직접 비례한다. 오리엔탈리스트가 식민자에 대해 갖는 환상과 피식민자가 서구에 대해 갖는 고정된 재현은 서로 융합되면서 전형들을 만든다. 후기 식민주의 번역 수행은 본질적으로 다음과 같은 특징을 갖는다. 첫째, 구조적 불완전성, 비결정성, 실패 등을 기반으로 식민주의적 원본의 권위나 총체성을 해체한다. 둘째, 원본의 테두리 안에서 (후기 식민주의적) 차이가 확산되도록 공모한다. 그리고 번역의 이념적 그리고/ 또는 물질적 과정에서 생기는 결점들을 일반화한다. 셋째, 번역을 반복이 아니라, 그 내적 실패나 '보충'에 의해 계속 활성화되는 '의사 초월적'(데리다) 관계성으로 본다. 후기 식민주의 (번역)이론이 자신의 특정 입장이 갖는 양가성이나 자가 번역가능성에 대해 체계적으로 투쟁을 벌이는 것은 당연하다. 번역은 양가성의 쉴 새 없는 움직임에 사로 잡혀 지칠 수밖에 없게 되고, 따라서 그 고유한 과정에 대한 불완전한 은유가 된다. 치환과 지속, 강제 추방당한 번역은 결국 정체성을 잃고 스스로 준-초월적 은유 및 새롭게 유행하는 이데올로기의 기표들 중 하나가 된다. 그 기표를 따라 경제와 역사, 문학은 흐름이나 이주, 은유의 시각으로 해석된다. 이런 모호함은 은밀하게 다음 질문들을 낳는다. 후기 식민주의와 후기 구조주의 (번역)이론

사이에 존재한다는 공모의 본질은 무엇인가? 둘은 어느 정도까지 계속해서 하나가 다른 하나를 번역할 수 있는가?

데리다의 해체 모험enterprise 은 존재와 타자 사이에 번역 불가능성 극복을 위해 프로그램 된 철학적 시도임이 드러난다. 데리다적 의미에서 철학적 결정은 이상적 측면과 언어적 측면을 모순되게 결합한다. 데리다는 제임스 조이스의 율리시스를 인용하면서 그리스인과 유대인의 합성어를 -"유대그리스인은 그리스 유대인이다." 라고 쓰고 있다.(데리다) 그런데 라후엘은 구문화법-"...도... 도 아닌" 이나 "..과... 둘 다"와 같은 표현-이 일으키는 애매함을 단순히 효과의 측면에서 (또는 글자 그대로) 고찰하기 보다는 vision-in-one의 시각을 갖고 그 모순된 내적 통일성 unity에 의문을 던진다. 라후엘은 이렇게 결론짓는다. "그것(해체)은 기표가 지닌 서로 양립할 수 없는 두 경험의 문법적 모호함(amphiboly)으로 이루어져 있다. 문법적 모호함은 맹점인 지각의 모호한 일반성을 통해 실행된다. 즉 지각의 모호한 일반성은 번역 불가능한 혹은 해체 불가능한 요소(indEconstractable)처럼 해체에서 핵심으로 남아있기 때문에 해체될 수 없다." (라후엘) 다시 말해서 해체의 통일성은 궁극적으로 기호의 정체성을 설명하지 못하거나 심지어 해체하지 못하는 그것 자체의 무능력에 의지하고 있다. 이런 이유로 데리다는 해체의 환각적인 자기 인식(self-perception)에 계속(파르마콘 pharmakon) 사로 잡힌다. 라후엘은 다음과 같이 더 근본적으로 말한다. "도처에서 쓰는 차이(Difference), 차이(Differenz) 또는 제대(Austrage) (하이데거), 차연(Differance) (데리다) 이라는 주제에서 그 스스로 말하고 있는 것은 그것이 철학적 결정을 탈구 dis-location, 또는 최대의 열개maximal dehiscense 지점까지 억누르지 않는 방식으로 비분할을 유지하면서 끌고 오는 시도라는 것이다. 하이데거와 데리다는 새로운 형태의 '재앙', '불연속'을 실험하지만 좌측 전회 움직임stropic movement이나 전환점turning point(전회, 하이데거)이라는 초월성에 갇힌다.(라후엘)."

가장 혁신적인 후기 식민주의 이론 가운데 하나인 호미 바바의 이론은 vision-in-one이 어떻게 번역에 힘을 행사할 수 있는가를 보여주는 좋은 예이다. 라후엘의 비철학과 바바의 후기 식민주의 이론은 서로 비슷한 목적을(철학적 혹은 식민적 권위에 대한 비판, 차별적인 이원주의 거부, 반복에 대한 수행적 대안 찾기 등) 공유하는 듯 보이지만 그 근본에 있어서는 다르다. 이 다른 점을 평가하는 가장 좋은 방법은 각각의 번역이론을 비교하는 것이다. 우선 중요시해야 할 점은 번역이 후기 식민주의 이론의 지역적 적용 a local application이 아니며 이론의 보편적 또는 자가 언급적 이론틀self-referential paradigm도 아니라는 사실이다. 번역은 바바의 후기 식민주의 이론에 나오는 지구화globality처럼 양가성에 종속된다. 그래서 이론 전체의 은유적 재-발화 작용을 이접disjunctive시키면서 재생renewed하는 자리가 된다. 바바는 데리다의 철학도 양가적으로 언급한다. 이것은 우리가 『저기 밖에서 Out there: 주변화와 동시대 문화 marginalization and contemporary culture』(1990)와 『문화의 위치 the location of cultured』(1994)에 각각 실린 「타자의 문제」라는 글의 두 가지 다른 번역본을 비교하면 분명해 질 것이다.

> "타자성의 위치는 서구에서 형이상학을 전복하는 의미로 고정되었고 마침내 서구의 제한된 텍스트, 반서구라는 개념으로 서구에 의해 전용되었다."
> (바바)

> "그러나 문제시 되어야 하는 것은 타자성을 (재현)표상화 하는 양식이다."
> (바바)

데리다의 반서구적 용법이 지닌 타자성을 잘 겨냥했던 바바의 비판은 두 번역본 사이에서 점점 암시적인 것으로 바뀐다. 이러한 변화는 "민족의 산포 DissemiNation"(바바, 1994)에서 언급한 '교의'와 '수행성' performance 사이의 양가성의 틀을 생각해야 이해할 수 있다. 사실 바바의 데리다 번역은 차연에 대한 교의적 해석으로부터 수행적 해석으로 치환을 작동시킨다. 차연에 대한 교의적 해석의 치환은 자신이 (반-)서구적 권위의 형식적 한계로 되돌아가는 것을 발견하고, 차연에 대한 수행적 해석은 그것이 상정한 '외국성'이라는 장소에서 행해진다. 바바는 '국가의 산포 DissemiNation' 첫 줄에 분명하게 언급한다. "이 장의 제목 -국가의 산포- 은 쟈크 데리다의 위트와 재치에 얼마간 빚지고 있지만 내 자신의 이주 (imigration) 경험에 더 많이 근거를 두고 있다. (바바) 바바는 데리다의 자가-언급 self-referenced된 차연을 자기 식의 긍정적 차이라는 '대리보충 supplement'으로 재-발화하거나 '말하는데(addresses)' 이것은 더 이상 (자기) 비판적이지 않다. 데리다의 입장에 대한 바바의 대리 보충적 재발화가 번역의 문제와 관련해서 분명한 일관성을 얻고 있음은 의미심장하다.

> "데리다와 드 만과는 달리 나는 '원본'의 환유적 파편화에는 큰 관심이 없다. 그보다도 나는 틈새를 드러내는 '이질적' 요소에 대해 더 많이 몰두하고 있다. '이질적' 요소는 불가피하게 주름들과 접힘들로 된 여분의 직물을 생기게 하면서, '불안정한 연결의 요소', 즉 사이에 낀 상태의 불확정적인 시간성이 된다. 사이에 낀 상태의 불확정적인 시간성은 '새로운 것이 세계 속에 들어가게 하는' 매개 조건을 만드는 일에 관여한다." (바바)

그러나 바바는 수행을 위해 "외국적 요소"를 이상화함으로써 자신이 데리다와 벤야민에게 진 '번역적 빚'(la dette 불어-빚, die Aufgabe)의 중요함을 과소평가하는 경향이 있다.

바바는 "어떻게 새로움이 세계 속으로 들어가게 되는가. 탈 근대적 공간, 탈식민적 시간, 그리고 문화적 전이의 시련들"(바바)에서 번역을 이렇게 재정의한다.

> "번역은 문화적 의사소통의 수행적 본질이다. 그것은 놓여 있는 언어(언표, 명제성)라기보다는 발현하는 언어(언표작용, 위치성)이다. 또한 번역(전이)의 기호는 문화 적 권위와 그 수행적 실천 사이의 차이적 시간과 공간에 대해 끊임 없이 말하고 '소리를 울려 알린다.' 번역(전이)의 '시간' 은 의미의 '운동' 곧 어떤 의사소통의 원리와 실천에 존재한다. 즉 드 만이 말하고 있듯이, 번역(전이)의 시간은 "원전에 파편화의 운동, 교의에서 벗어난 방황, 일종의 영원한 망명 상태를 부여해서 원전을 탈정전화 되도록 움직이는" 의미의 운동, 의사소통의 원칙과 실천 안에 놓여 있다."(바바, 1994: 228)

바바는 원본과 복사본 사이에 '제3의 공간'을 상정해서, 둘 사이에 일어나는 상호 결정성의 모방 체계를 와해시킨다. 원본은 초월적 매력을 잃고 자신의 공간적, 시간적 우발성이라는 시각과 마주한다. 복사본은 자기 재귀적, 환영적 영향을 갖는 원본을 더 이상 재확인하지 않는다. 바바의 후기 식민주의 번역은 '혼종 공간'을 열어놓았다. 그 공간에서 원본은 약분 불가능한 문화 위치들이 갖는 복합성으로 대체되고 번역은 새로움이라는 전례 없는 가능성을 드러낸다. 후기 식민주의 번역은 원본의 권위를 똑같이 반복하거나 다른 언어 공동체들을 상대주의적으로 균등화시키지 않는다. 이것은 시간과 공간을 이접성 안에서 '협상하는' 수행적 과정인 것이다. 혹은 다시 말해, 타자의 급진적인 임의성과 번역불가능성에 대한 차이(그리고 더 이상 객관화되지 않은)의 시각에서 동일자를 재분절하는 번역이라고 할 수 있다. 바바가 언급한 "새로움" 또는 "외국성"은 번역 수행이 발화 작용의 미래시제와 치환의 공간경험 안에서 재위치 지워질 때 발생한다. 후기 식민주의 번역은 이접과정(원본과 복사본 사이에 모방적 공모를 방해하는)과 재-발화 또는 '재평가'(복사본에 후기식민적, 창조적인 주체로서 완전한 자율권을 주는) 수행을 양가적 방식으로 결합한다. 바바의 난해한 저술에서 번역은 순환하는 은유/환유로서 이접 지역들 사이에서 발생하는 '초문화적 협상'의 정치적 과정에 공모한다. 이것은 즉 '사회적 적대성과 모순의 통합을 성급하게 연출하지 않고 상호 간섭 계기의 차이적 구조'를 용인하고 통제하는 것이다.(바바)

비식민주의 번역과 후기 식민주의 번역은 원본과 복사본 사이에 존재하는 형이상학 식민주의적 차별에 대한 비판과 단순 반복에서 실제 수행의 차원으로 번역을 승격시키려는 욕망을 공유한다. 하지만 서로 다른 원칙들을 따른다. 첫째, 비식민주의 번역은 원본을 (식민)세계에 무관심한 급진적 내재성radical immanence으로 간주한다. 따라서 식민세계로 번역할 수 없다고 본다. 반면에 후기 식민주의 번역은 원본의 식민적 권위를 번역 고유의 유한성 또는 우발성이 갖는 한계에 계속 반영한다. 모방은 식민적 권위가 그 경계에서 여전히 (재)활동한다는 증거이다. 바바는 식민주의의 자기 충족성을 완전히 떨쳐내지 않고, 소수집단들이나 지역들, 그리고 각종의 서사라는 혼란스러운 배경으로 변장시키면서 끝까지 보존한다. 이들은 식민적-제국적 과거와 형이상학에서 온 수없이 많은 유령과도 같은 잔여물이다. 초월성을 잃은 비-식민적non-colonial 원본이나 번역 없음without translation은 다음과 같은 식민세계(의 주변부)의 주장에 대해 전혀 영향 받지 않고, 혹은 그것을 일축해버린다. 이 식민세계는 급진적으로 외부적인vision-in-one의 시각에서 볼 때 우발적 혹은 '비-충족적'인 것으로 스스로 환원된다. 번역없음without translation 과 식민세계 경계에 선 상호 번역가능성 inter-translatability은 존재하지 않는다. 번역없음without translation은 비-혼종적 정체성 또는 바바가 말한 불안정한 제3공간의 번역을 뜻한다. 식민세계의 사실과 그 사실의 환각적 자기 충족성 사이에 이접을 단일하게 수행하는 것이다. 그렇게 해서 번역의 식민적/철학적 결정이 갖고 있는 애매한 구조(치환의 연속체로서)를 그 안에 들어가지 않고 밝혀낸다. 그러나 후기 식민주의 번역의 경우에 환각hallucination은 -실재의 모방the mimicry of the Real으로 지각하는- 현재와 과거, 기의와 기표, 원본과 복사본 간의 분열 지점에서 단순한 절충보다 '새로움'이나 '외국성'을 발견하는 가운데 생긴다.

둘째, 후기 식민주의 번역과 달리 비식민주의 번역은 번역에 초월적으로 혹은 급진적으로 외국적인 성체성을 부여한다. 번역 수행이 식민적 반복의 순환이든 후기 식민적 재접합의 순환이든, 해석학적 순환을 벗어나는 방식으로 번역에 역할(행동교섭능력)을 부여한다. 존재론적으로 양가성이 깊이 박혀있는 후기 식민주의 번역은 원본을 '대리보충하고', '소외시키는' 효과를 갖도록 돕는다. 따라서 원본에 결코 자율적이지 못하다. 텍스트적인 것의 시공간적 경로에 나타나는 접힘, 주름, 시간 차이, 구문상의 방해(하이픈과 마침표)를 살펴보면 바바가 언급한 치환은 식민 자료 기반 위에서 계속 수행된다. 이 자료의 통일성이 회절 되어 있다고 해도 후기 식민주의 번역은 계속해서 상대적으로 (재)활성 된다. 그러나 급진적으로 이질적 수행인 비식민주의 번역은 원본의 단순한 '재분절', '재평가', '반전', 또는 '재언표작용'이 아니다. 이것이 한편으로 식민적 자료가 갖고 있는 자율성과 현실성을 고려하고 소개하는, 프랑수와 라후엘의 번역 없음 'without translation'이다.(라후엘) 번역 없음the without translation과 번역의 초월론적 대리자 사이에 물질적 또는/이념적 상호 번역가능성은 없다. 번역 없음이 물질적 접힘 형태를 갖거나, 회절에 의한 거대한 소외 형태 또는 관념론자(니체적인) 재-발화 형태를 갖거나 간에, 번역의 초월론적 대리자는 번역 없음(경계에서 더 강력한)을 소급해서 교란시키거나 번역할 수 없다. 비식민주의 번역의 초월론적 대리자는 일관된 정체성을 갖는다. 그 정체성은 바바의 후기 식민주의 번역의 통합적(물질적 유연성을 통한 정체성), 분석적(형태적 회절을 통한 다름) 선험명제a priori의 비혼종적 번역이다. 다시 말해서 번역의 초월론적 대리자는 후기식민주의 경계에 있는 안정된 번역이다. 그리고 그 대리자의 통일된 정체성은 프랑수와 라후엘의 "최종-심급-의-결정" 메카니즘에 따른 번역없음without translation에서 나온다.

셋째, 후기 식민주의 번역이 치환(즉 치환과 재분절의 양가적 접속)의 양가적 운동을 성취한 반면, 비식민주의 번역은 라후엘이 주장한 '단일이중성'의 패턴 덕분에 번역과정에 일관된 통일성을 얻는다. 라후엘은 단일이중성의 특징을 다음과 같이 말한다.

"이 이중성은 두 개의 측면을 갖지 않는다. 실재는 측면을 구성하지 않는다. 비철학이나 철학의 동류만이 실재의 측면을 구성한다. 그것은 철학적인 것처럼 더 이상 두 면 또는 두 측면 구조apparatus를 갖지 않는다. 단일면 또는 단일측면 구조를 갖는다. 통합이 아닌 정체성인 이중성, 이것이 바로 "최종-심급-의-결정"의 구조다." (라후엘)

단일 이중성을 수행하는 비식민주의 번역은 번역 없음(without translation)에서 초월적 정체성, 식민 세계 번역을 끌어낸다. 이 번역은 환영적 자기 충족을 상실한 식민 자료에 종종 명시된다. 번역 없음은 식민 세계에 근본적으로 무관심(또는 그 세계를 번역할 수 없는)하며, 후기 식민주의 번역과 달리 그 세계의 주변적이고 유령적인 잔여물 때문에 겁에 질려있지 않다. 더욱이 비식민주의 번역의 초월론적 대리자는 (자신의) (재)치환 과정에 작동하지 않는다. 급진적(비교적- 절대적이라기보다는)으로 이접적 정체성을 가진 대리자는 자신의 고유 용어들이나 중재 그리고/ 혹은 그 한계들 사이(틈)에서 치환되거나 중재 또는 번역될 수 없다. 번역의 초월론적 정체성은 원본을 번역불가능성의 한계로 결코 치환시키지 않는다. 오히려 번역의 초월론적 정체성은 매우 일관되게 자율적인 까닭에 물질적으로 (발아, 진화, 접힘 등을 통해서) 그리고/ 혹은 이념적으로 (추모, 망각, 갱신 등을 통해서) 번역 없음 without translation을 역변용 시킬 수 없다. 그리고 그것은 이전에 식민적 통일성이 산재했던 곳으로 (자신을) 치환시키지 않는다. 그것은 식민적 자가-충분성과 관련해서 번역 없음without translation의 무관심을 양가성 없이 수행하고, 모든 경우의 번역(자신을 포함하는)에 대해 식민적이고 차별적인 존재의 위상기하학(총체성/국부성, 중앙/주변, 근본/특수) 바깥에 우발적 장소를 제공한다.

2016-2 번역학 교수법과 이론

학점	개설학과	담당교수 직명	담당교수 성명	첨부파일	
3	통번역 대학원	전임교수	김의락	국문	
				영문	

1. 수업목표	번역학은 번역이론과 현상을 연구하는 신생학문으로서 태생적으로 다언어적이며, 외 국어학, 언어학, 커뮤니케이션, 철학, 문화학 등과 연결되어 있는 전형적인 학제적 학문 영역이다. 특히 번역 텍스트에 많은 것을 의존하게 되는 비교문학과 번역학이 갖는 연계성은 따로 강조할 필요가 없을 것이다. 이 강의는 번역학에 새로이 관심을 갖는 젊은 연구자들이 독립적인 학문으로 놀라운 성장을 보이고 있는 신생 학문에서 흥미의 원천을 발견하고, 그 흥미를 추구해 나갈 수 있는 계기를 마련하는 것을 목표로 한다.
2. 텍스트 및 참고문헌	- Lawrence Venuti, ed., The Translation Studies Reader, Routledge, 2004. - Lawrence Venuti, The Scandals of Translation : Towards an Ethics of Difference (Routledge, 1998). 2006. - Jeremy Munday, Introducing Translation Studies (Routledge, 2001)

3. 평가방법	출석	과제	중간	기말	평소학습	기타	합계
	10%	50%	0%	0%	40%	0%	100%
	기타의 비고: 자신에게 흥미로운 분야의 주제를 선택하여 발표.						

4. 강의계획	주	강의내용
	1주	직역 대 의역의 논쟁 J. Munday, 번역학 입문, 제2장 : 20세기 이전의 번역 이론
	2주	성서 번역
	3주	프랑스 고전주의 시대의 번역이론
	4주	독일 낭만주의 번역 이론
	5주	발테 벤야민의 번역 이론
	6주	현대의 직역주의
	7주	중간고사

	8주	해석 이론
	9주	폴리 시스템 이론
	10주	데리다의 번역 이론
	11주	문화학적 번역학
	12주	이국성의 번역과 번역의 불가시성
	13주	번역과 탈식민주의
	14주	번역 비평
	15주	기말 고사
5. 수강자 참고사항		
6. 부정행위에 대한 처리		
7. 담당교수 홈페이지, 메일	kimura@daum.net	
8. 면담가능 시간 및 장소		

From Operation to Action:
Process-Orientation in Interpreting Studies

1. Introduction

Interpreting as the activity of enabling or facilitating communication between speakers of different languages is a millennial practice, with earliest records dating back some five-thousand years(cf. Hermann 1956/ 2002). Not so the systematic reflection and study of this phenomenon, which can be traced back only some five decades. And yet, fifty years of scholarly pursuit are impressive in their own right and have yielded a growing body of ideas and insights. Many of these have been brought to the attention of translation and interpreting scholars and practitioners through publication in Meta, whose fifty years of existence roughly coincide with the history of research on interpreting. It seems particularly appropriate, therefore, to devote this article in the journal's anniversary issue to a review of ideas about interpreting, with a focus on the notion of 'process' chosen as the overarching theme.

I will begin by tracing some influential ways of thinking about the phenomenon of interpreting, most of which can be shown to involve the notion of 'process,' or 'processing.' The process(ing) "supermeme" (Chesterman 1997) of interpreting will then be analysed in more detail with reference to the concept of 'process' as such and to various models of interpreting in the literature. Having identified tripartite models of interpreting as a prominent theme, I will sketch a conceptual development that leads from a 'process' narrowly defined as a set of operations performed on linguistic input, to a comprehensive view of the process of communicative interaction. Special consideration will be given to the action-theoretical framework championed by German translation scholars in the 1980s and to the multiple ways in which the functionalist approach to translation and interpreting can be related to insights in sociology, socio-linguistics and communication studies. I will therefore conclude with a suggestion on how various ways of seeing and modelling interpreting could be reconciled in an integrative perspective.

2. Interpreting is…

In the history of scholarship on translation, few authors have reflected specifically on what we now call 'interpreting'(cf. Pöchhacker 2004: 11). From Cicero's famous distinction between translating ut interpres and ut orator to Luther's diatribe against literalism in his Sendbrief vom Dolmetschen (cf. Robinson 1997), the focus was on (written) translation, irrespective of the deceptive appearance of terms such as Latin interpres and German dolmetschen. One of the few pre-twentieth-century authors who bothered to write about (oral) 'interpreting' at some length was the German theologian Friedrich Schleiermacher. Using 'interpreting' as an antithesis to the translation of scholarly and artistic works, Schleiermacher (1813/1997: 227) disparagingly described it as "a merely mechanical task." As in St Jerome's description of verbatim rendition as verbum exprimere e verbo, this view of interpreting (and non-literary translation) foregrounds a process operating on words, a rendering of verbal material in the words of another language. While the idea of a language conversion operation, or 'verbal transfer,' is a deeply rooted conception of translation in general (cf. Chesterman 1997: 20), what Schleiermacher pointedly associated with 'interpreting' (Dolmetschen) appears to have stuck in many a scholar's mind. Julius Wirl(1958), for instance, in his early speculation on the processes of translation and interpreting, characterized the latter as an all but automatic operation between interconvertible languages.

Saussure's conception of language as a system (langue) would have made the explication of such 'language switching' a matter of linguistic theory. Indeed, scholars of the so-called Leipzig School of translation studies sought to apply lexical equivalence relations as well as syntactic correspondence rules to their account of the (simultaneous) interpreter's processing of the "chain of linguistic signs" (Kade and Cartellieri 1971). Contemporary psycholinguists, too, were investigating interpreting primarily as a process of converting a linguistic input into a linguistic output (e.g. Treisman 1965, Goldman-Eisler 1972).

This conception is neatly captured in the basic model by Daniel Gile (1994a: 40) of "a process P acting on an input I and producing an output O."

Image pleine grandeur

Input–output process(ing) model

The generic process structure depicted in Figure 1 can be instantiated for various types of input and output. As described above, the input (and output) may be thought of as linguistic units, as lexical items and syntactic structures. This view of interpreting as an essentially linguistic process can be found also in the much-quoted essay by Roger Glémet(1958), a senior conference interpreter who held that interpreters transfer speeches "with the same faithfulness as sound-amplification"(1958: 106) and saw them engaged in the task of "word-translation" while negotiating a "syntactical maze"(1958: 121). On this account, the intervening process would mainly consist of linguistic correspondence – as applied, with dismal results, in early machine translation.

In information-theoretical terms(i.e. based on the view of language as a code), the linguistic conversion process would also be referred to as 'transcoding' or code switching, that is, decoding and subsequent (re-)encoding by the (human or automatic) translator. And yet, though they readily embraced the new communication-theoretical terminology, translation theorists as well as psycholinguists were aware that the human processor applied storage, chunking and retrieval operations under some strategic control(e.g. Kade and Cartellieri 1971, Kirchhoff 1976a/2002).

The elucidation of such processes inside the 'human information processor' was a task cut out for psychologists who dared pry open the 'black box' closed off to speculation by their behaviorist predecessors. The fact that this effort was undertaken not to study the (written) translation process – at least not until one-and-a-half decades later – but to study (simultaneous) interpreting had a profound influence on the course of interpreting research. The work of David Gerver(1971), first published in this journal thirty years ago(Gerver 1975), did much to establish the view of interpreting as "a form of complex human information processing involving the perception, storage, retrieval, transformation, and transmission of verbal information"(1975: 119) that is widely held in the interpreting (research) community to this day.

Intriguingly, Gerver's work in the 1970s was not the only 'psychological approach' to interpreting: Danica Seleskovitch, a pioneer professional and interpreter trainer, sought to explain the process of interpreting even in her earliest, largely profession-oriented publications(e.g. Seleskovitch 1962). Though naturally aware that conference interpreters were there to provide a professional service enabling communication in a particular institutional setting, her main interest lay in the mental process leading from the speaker's utterance to the interpreter's rendition. Seleskovitch and her associates thus shared a keen interest with psychologists in cognitive structures and processing operations, such as short-term memory and knowledge use(cf. Seleskovitch 1975, 1976); methodologically, however, the group around Seleskovitch was wary of psychological experimenting and generally made the gap between the psychologists' and their own paradigm appear wider than, in hindsight, was actually the case. Much effort was expended on reaffirming Seleskovitch's theory of the process – the knowledge-mediated grasping of (language-independent) 'sense' as a basis for natural reexpression in another language, which remained on a rather basic level of explanation(cf. García-Landa 1995: 392). It was not until the late 1980s that, according to Gile(1994b), the experimental study of cognitive processes in interpreting in the tradition of Gerver enjoyed a "Renaissance," and this cognitive-processing paradigm has been going strong ever since.

One of the strands that was to feed into it was text linguistics, which emerged roughly at the same time as the work of Gerver and the Paris School, i.e. in the late 1970s. Scholars like Robert de Beaugrande(1980) readily embraced recent insights by cognitive scientists into natural language processing and developed a distinctly procedural (process-oriented) view of text comprehension and production. Aspects of textuality like coherence, acceptability and intertextuality proved influential to a significant set of research based on the conceptualization of interpreting as 'text processing'(e.g. Kohn and Kalina 1996).

Despite an ever broader definition of 'text' – from an initial concern with intersentential pronominal reference to the comprehensive notion of 'text' as a 'communicative event'(Beaugrande and Dressler 1981), text-linguistic approaches to the study of interpreting did not yet engage with the full dynamics of (mediated) communication. It was the kindred notion of 'discourse' that was to serve as the more encompassing label, inspiring many to look beyond linguistic structures for insights into the communicative process. Another line of thought on the nature of the process in human interaction emerged from translation theorists in Germany, as described in more detail below.

3. What's (in) a Process?

3.1. The process(ing) supermeme

The various conceptualizations of interpreting outlined above may differ widely with regard to their origins and theoretical frameworks; nonetheless, they all share a basic view of interpreting as a 'process.' In the case of interpreting as a 'verbal transfer,' the process implies an operation on linguistic input; those viewing interpreting as 'making sense' stress the cognitive (knowledge-based) component of language processing, as do researchers approaching interpreting as a 'cognitive information processing skill'; interpreting as 'text production' likewise foregrounds linguistic features and processes, though with increasing sensitivity to the role of the communicative context. In Chesterman's(1997) terms, the notion of 'process,' or 'processing,' could therefore be regarded as a "supermeme" in interpreting studies – an influential idea that is so pervasive as to shape all scholarly reflection and analysis.

And yet, even the broad notion of 'process' could be said to be not broad enough. At least up until the late 1980s, 'process' appears to have been construed in the narrower sense illustrated in Figure 1 – as a forward movement from one point to another involving some kind of transformation of input into output. This view of the process, and the development of a much more comprehensive understanding, can be discussed with reference to various process models of interpreting.

3.2. Tripartite models

The constituents of the process, whether linguistic units or mental constructs, have often been modeled in a tripartite structure. This is illustrated in Figure 2 for the well-known triangular process model by

Seleskovitch.

Image pleine grandeur

Triangular model of the interpreting process

Adapted from Seleskovitch and Lederer 1984: 185

This simple model of the interpreting (and translation) process, which can be traced back to the early 1960s (Seleskovitch 1962: 16), has been elaborated on by various authors. García-Landa(1981), for instance, added memory components and specific terminology(e.g. "discourse acts"), and Colonomos(cited in Ingram 1985: 99) offered an adaptation to the process of sign language interpreting, with a variant for the process of transliteration. Even the rich model proposed by Setton(1999) could be said to reflect Seleskovitch's fundamental triangular structure.

Though all these authors would naturally be aware that the process was driven by human agents such as a speaker, listeners, and the interpreter, these constituents of the process were hardly ever represented explicitly in the models (but see Seleskovitch and Lederer 1984: 168). A more agent-centered view could conceivably have come from psychology, but did not. Apart from an isolated contribution from sociology(Anderson 1976), it was mainly translation theorists who helped extend the scope of process models of translational activity by foregrounding the role of the human actors.

In the same year that Bruce Anderson(1976) published his pioneering account of the interaction constellation(s) in interpreting, Hella

Kirchhoff(1976b), a veteran teacher of interpreting at the University of Heidelberg, adapted work by German translation scholar Katharina Reiss to model interpreting as a "three-party two-language communication system"(Fig. 3).

Though couched in the terminology of communication theory, with a "code," "sender," and "receiver," Kirchhoff's model shows how the message, which comprises a verbal as well as a nonverbal component, is expressed by the speaker in a particular situational context, which is in turn shaped by a given socio cultural environment. The interpreter is envisaged as a bridge between the situational and socio cultural backgrounds of the source and target languages, but outside the communicative situation shared by the primary parties.

Kirchhoff's model may appear rather static and unidirectional, but it clearly points the way toward a reconceptualization of interpreting (and translation) as a process of (inter)action in a given situational and socio cultural environment. The driving force in this conceptual reorientation was Hans Vermeer, a colleague of Kirchhoff's at the University of Heidelberg. In his skopos theory(Reiss and Vermeer 1984), translation (including interpreting) was analysed in the framework of action theory, and thus described as a goal-directed process in a given situation (see also Nord 1997). Viewing interpreting as a form of action gives pride of place to the purpose that is to be achieved as well as to the baseline situation that shapes the process and will in turn be shaped by it. Asking 'what is in the process' therefore requires a thorough answer to the question of 'what is in the situation.' Based on Vermeer's(1989) groundwork, I attempted to give such an answer in my analysis of simultaneous interpreting(Pöchhacker 1992, 1994). A few insights gained from that modelling effort may be worth restating here.

Image pleine grandeur

Three-party two-language model of interpreting

adapted from Kirchhoff 1976b

Most fundamental is the recognition that the 'situation' in which interpreting takes place does not exist as anything objective – a novel idea to the naïve empirical researcher which has of course long become a truism in post-modern (non-essentialist) epistemology. The challenge of specifying what the situation 'is' therefore becomes immense: The presence of human beings as integral parts of the communicative situation makes a characterization in terms of time and place grossly insufficient; it is the human actors that need to be accounted for, and this requires a knowledge-based perception from someone's particular point of view. The situation, then, is a matter of perspective. More than the physical 'angle of vision' (though a person's current physiological perception and disposition certainly play a crucial part), perspective here refers to the psychological outlook on the situation: This subjective perspective on the situation, i.e., its assessment and a certain intentional and emotional attitude (orientation) toward it, is shaped by a person's cognitive background (horizon). The latter is essentially conditioned by the social and cultural environment(s) in which a person has been socialized, or enculturated, and, at the same time, the totality of a person's knowledge and know-how can be said to make up his or her identity as a member of a socio-culture.

In social contacts, what is 'visible' to others is not so much the socio cultural cognitive background but the role in which a person appears in the interaction. As a fundamentally relational construct, the role cannot be specified per se: a chairperson, speaker, respondent, etc. only takes up the role in question vis-à-vis other persons and, crucially, their expectations. These expectations will again be shaped by the cognitive-cultural background and perspective of the 'other(s)' in the interaction, and the other interactant(s) will be subject to the kind of assessment and orientation that makes up every individual perspective on the situation.

As complicated as this may sound, it is certainly no more than a faint approximation of the intricate perceptual, cognitive and cultural interrelations that shape communicative interaction even before a verbal utterance takes place. This complex mutuality holds true for the 'simple' case of interpersonal communication in one language and is obviously multiplied in the case of mediated communication, with at least three interacting parties (i.e. the primary parties and the interpreter), roles and socio cultural backgrounds. The interpreter's perspective on the situation, which will be shaped by what s/he knows about the interacting parties, their roles, goals, attitudes, previous contacts, etc., is a sort of meta-perspective as it also needs to include the assessment and orientation of the primary parties toward each other (though these will of course form an assessment and expectation of the interpreter, too). The view of interpreting as 'mediation,' which is a more recent conceptualization than the traditional process-oriented views sketched out in section 2(cf. Pöchhacker 2004: 59), is obviously highly germane to the situation model of interpreting in a process of triadic interaction, as visualized in Figure 4.

The 'interactant model of the situation'(Fig. 4) seeks to show the multiple dynamic relationships which make up the communicative situation as it 'exists' for a given interactant and shapes his or her communicative behaviour. It should be clear that the constellation of interaction, as specified, for instance, in Kirchhoff's(1976b) model, is by no means static; the arrows issuing from the individual participants are meant to indicate that social interaction is an intrinsically dynamic process, with multiple cognitive and emotional interrelations that keep changing as the interaction proceeds.

The crucial role of the 'situation' suggested by Vermeer's action-theoretical conception of communicative interaction can thus be used to foreground the nature of communication as a process. This overall process involves a multitude of (sub)processes, all of them mediated by the individual's cognitive background, in the widest sense. Interpreting, then, is a process involving many constituent processes in the (prototypically) triadic process of interaction.

If we accept that mediated communication as such needs to be regarded as a (complex) process, we can go one step further and position it in an even broader theoretical framework.

Image pleine grandeur

Interactant model of the interpreting situation

3.3. Beyond communication

In various process-oriented conceptions of interpreting, the task of the interpreter is merely to process (verbal) utterances. While a verbal-transfer view would foreground the linguistic components, a cognitive-processing perspective would focus on mental structures and operations, and interpreting as 'making sense' would highlight the (language-independent) conceptual representation, all of these accounts of the process start with the interpreter's 'input.' Even approaches to interpreting as (target-oriented) text production may limit the scope of the process to the transformation of a source text into a target text. In contrast, viewing the interpreter as an interactant enabling communication between primary parties in a process of interaction offers a much broader analytical framework. Even so, the tripartite model shown in Figure 4 fails to represent higher-order variables that may have a decisive impact on what transpires in the interaction.

Complementing Vermeer's skopos theory, the overarching constraints on translation were first analyzed by Justa Holz-Mänttäri(1984) in her "theory of translatorial action"(translatorisches Handeln). Drawing on her personal experience as a translator as well as on insights from systems theory and other fields, Holz-Mänttäri stressed the translator's subordinate role in his or her employer's strategic professional activities. When communication across languages and cultures is needed for some transactional purpose (such as informing, selling, instructing, entertaining), the client will commission the translator as an expert professional to produce a (target) text as required − not as an end in itself but for use in a certain transaction.

Though Holz-Mänttäri's(1984) work is not primarily geared to interpreting, it is easy to see how her model of the network, or 'system,' of (inter)action applies to the interpreting process: the interpreter's relation with the professional client (employer), the specification of the assignment, and the ultimate purpose of communication in a given institutional setting are significant forces driving the process of interaction over and above a particular 'input text.' In my analysis of simultaneous conference interpreting(Pöchhacker 1994, 1995), I have referred to the level of the overall communicative event, i.e. the conference, as the 'hypertext.' With regard to dialogue interpreting, this notion seems no less relevant: judicial proceedings, a therapy session, an asylum hearing, a live

TV interview – all of these communicative events involve institutional constraints and functional concerns at the hypertext level that shape the interpreter's task and actions.

Though not a chief source of inspiration for Vermeer's and Holz-Mänttäri's action-theoretical approach, concepts from sociology can easily be brought to bear on the study of translatorial activity. Holz-Mänttäri(1984) draws on the analysis of social relations in terms of division of labour and adopts the notion of "reflexive co-orientation" (Siegrist 1970) for the micro-sociological analysis of cooperative interaction. More indirectly, Vermeer incorporated socio-linguistic insights from paradigms such as the ethnography of communication(e.g. Gumperz and Hymes 1972), which came to be more fully embraced by interpreting scholars in the course of the 1990s. Indeed, the functionalist concern with action – and, less explicitly, interaction – in the study of translation was only one developmental strand that gave rise to a broader view of interpreting as a process. Approaches from socio-linguistics, sociology and communication studies led to several significant proposals for a more comprehensive sort of process-orientation in the study of interpreting.

4. Toward an Integrated View

The question asked in the heading of section 3 – "What's (in) a process?" – would normally call for an answer in the form of a definition. Instead, the preceding paragraphs dealt with theoretical constructs and models, and the notion of 'process' was given an ever more extensive interpretation. High time, then, at least at this point, to check the various meanings attributed to the concept of 'process' against lexicographic authority before we attempt to draw together various conceptual proposals.

4.1. A process is ⋯

Webster's(1986) Third New International Dictionary offers a wealth of definitions. Aside from more technical uses, a 'process' is described most generally as a "continued onward flow," or "course"; as "something (as a series of actions, happenings, or experiences) going on or carried on"; and as "the action of continuously going along through each of a succession of acts, events, or developmental stages"(1986: 1808). All of these definitions leave ample room for the broad interpretation developed in section 3, where a 'process' was characterized not (only) as a set of specified operations but as a course of (human) action(s).

In one of his later writings, Vermeer(1996) devoted a 75-page essay to the theme of "The World as a Process." Maintaining his focus on the theory of translatorial action, he uses both anecdote and abstraction to first argue for a relativistic epistemology which rules out the existence of an "objective truth" in (communicative) interaction(cf. 1996: 87). The notion of 'process' is then seen as "constituted by a sequence of analytically distinguishable sets of events which, under specifiable conditions, can be related to one another"(Vermeer 1996: 205; my translation). Several pages later he offers a more straightforward definition of 'process' as "an event in time"(1996: 213). Either way, his quasi-philosophical reflections are well in line with the widely accepted usage recorded in the dictionary. And yet, this broad understanding of 'process' is rather exceptional, at least in the field of interpreting studies to date.

4.2. Process as practice

One of the few authors who pointed interpreting scholars in the direction of a wider sense of 'process' is Per Linell(1997). Speaking from the perspective of communication studies(at the 1994 Turku Conference on Interpreting), Linell(1997: 50) posited the "product," or "text," and the "process" as the two main subdivisions in the study of language use ("discourse"), as shown in Figure 5.

Image pleine grandeur

Linell's(1997: 50) conceptual analysis of language and process

Under the generic notion of 'process' (process-c = comprehensive), Linell distinguishes between "process" in the more specific sense (process-s) and "practice," and differentiates them as follows:

Process-s refers to the implementation of predefined operations (input-output processing), most often viewed as cognitive intra individual processes in real time. (...) The concept of practice, on the other hand, emphasizes active and interactive problem solving in situational and cultural contexts.

Linell 1997: 50

While Linell's analysis reaffirms the potentially wide scope of a process-oriented view, his juxtaposition of process as cognitive operation versus practice as social (inter)action seems to impose stricter boundaries than may be necessary or useful. In particular, Linell's(1997: 50) subsequent assertion that "Practice, but not process-c, emphasizes meaningful and purposeful action" is difficult to reconcile with a view of the interaction process in which each interactant is characterized by his or her intentional orientation and outlook on the communicative situation(cf. Fig. 4). Moreover, when Linell later on suggests that the three "'discourse-oriented' concepts of text, process and practice (...) highlight and fit different forms of T&I," and goes on to relate "text" to (written) translation, "process" to simultaneous interpreting, and "practice" to dialogue (consecutive) interpreting(Linell 1997: 60-61), the discrepancy with a comprehensive conception of (any) translational activity as a situated process of social – and intercultural – (inter)action become regrettably clear. It is nowadays widely accepted to regard translation and interpreting as a 'social practice,' just as it has become rather awkward to refer to a conference interpreter as "an asocial information-processing system"(Linell 1997: 61).

This criticism notwithstanding, Linell's overall proposal for a "dialogic," "social-interactionist" framework for the study of "human action, meaning, and sense-making"(1997: 64) deserves special acknowledgement. After all, it is this theoretical environment which nurtured the influential work of Cecilia Wadensjö on dialogue interpreting as interaction(cf. Linell et al. 1992). It was Wadensjö(1992) who found contemporary translation theories – including the German functionalist approach – to be biased toward "monologic" text production and not sensitive enough to the dynamics of interpersonal communication in triadic interaction. Wadensjö(1992, 1998), who drew on concepts from interactional socio-linguistics (e.g. Goffman 1981) and other sociological and socio-linguistic approaches, established a paradigm of interpreting research that offered a close fit with both the emerging professional domain of community interpreting and the sociolinguistic study of interpreting as advanced by sign language interpreting researchers in the US(e.g. Cokely 1992, Roy 2000). Cynthia Roy's 1989 PhD thesis on "interpreting as a discourse process"(Roy 2000), in particular, extended the shared ground of the dialogic interactionist paradigm by foregrounding the notion of discourse as a process and social practice(cf. van Dijk 1997).

4.3. Cognition in context

The interaction model of interpreting outlined in section 3.2 and the dialogic interactionist paradigm discussed in section 4.2 above go to show that, analytically at least, there is not a principal difference between simultaneous (conference) interpreting and (consecutive) dialogue interpreting. Rather, these prototypical forms of interpreting can easily be subsumed under a single analytical framework in which interpreting is construed first and foremost as a situated process of social interaction. What may seem more difficult to reconcile is the duality between the overall discourse process and the cognitive processing operations. Here again, though, there are some theoretical and methodological proposals that can help overcome a dichotomous view.

Robin Setton's(1999) "cognitive-pragmatic analysis" of simultaneous interpreting, for instance, incorporates the cognitive processing operations performed on the (multi-modality) input into a relevance-theoretical framework in which understanding (and expression) crucially depend on the context of communication: Mediated by relevant world knowledge and situational knowledge, a mental representation of the discourse is built up and kept current as the communicative interaction unfolds. The (verbal, situational, institutional) context thus cannot be separated from the cognitive processing of (verbal and other) input; context is cognition, and cognition is invariably situated(cf. Clancey 1997, Clark 1997).

While accepting the fact that interpreting is a situated activity system that should require less effort than doing the same for (written) translation(cf. Risku 2002), previous models of interpreting as a process have indeed tended to privilege 'psycholinguistic cognition' over 'socio-psychological cognition.' The (inter)action-theoretical account of translational activity foregrounded in this paper should therefore lead us to conclude that the influential idea of interpreting as a 'process' applies – and ought to be applied by the researcher – at many interdependent levels of analysis: interpreting as a process involving a multitude of cognitive (sub)processes takes place within a process of situated interaction as part of a particular social practice. Given the inherently subjective nature of an interactant's cognitive representation of the situational context, process-orientation in interpreting studies must be underpinned, in Linell's(1997) terms, by a 'social-constructionist' or 'contextualist' epistemology – without forgetting, however, that any social construction of context is a matter of cognition. Interpreting as a 'socio-cognitive process,' then? Theoretical and empirical research in future years will show to what extent a more comprehensive process-orientation will facilitate progress in interpreting studies.

5. Conclusion

As reviewed in this paper, the idea of interpreting as a process, and of interpreting research as necessarily process-oriented, is all but ubiquitous in interpreting studies. As I have pointed out, however, the notion of process has traditionally been construed rather narrowly, with a focus on the micro-level of cognitive processing operations rather than the macro-process of social interaction. In a discussion of various models of interpreting (with a strong bias toward the (inter)action-theoretical framework advanced by German translation scholars in the 1980s), I have tried to show that adopting a broader notion of 'process' – as a progressive course or event in time – can help achieve a more holistic, 'real-life' understanding of the phenomenon. This comes at the cost of using the term 'process' very liberally, for anything from memory storage to mediation; but it comes with the benefit of approaching interpreting in a coherent conceptual framework, reconciling situated (inter)action and mental operations in a socio-cognitive perspective.

References

Anderson, R. B. W.(1976): "Perspectives on the Role of Interpreter," Translation: Applications and Research(R. W. Brislin, ed.), New York, Gardner Press, p. 208-228.

Beaugrande, R. de(1980): Text, Discourse, and Process, Norwood NJ, Ablex.

Beaugrande, R. de and W. U. Dressler(1981): Introduction to Text Linguistics, London, Longman.

Chesterman, A.(1997): Memes of Translation: The Spread of Ideas in Translation Theory, Amsterdam and Philadelphia, John Benjamins.

Clancey, W. J.(1997): Situated Cognition. On Human Knowledge and Computer Representations, Cambridge, Cambridge University Press.

Clark, A.(1997): Being There. Putting, Brain, Body, and World Together Again, Cambridge, MIT Press.

Cokely, D.(1992): Interpretation: A Sociolinguistic Model, Burtonsville MD, Linstok Press.

García-Landa, M.(1981): "La 'théorie du sens,' théorie de la traduction et base de son enseignement," L'enseignement de l'interprétation et de la traduction: de la théorie à la pédagogie(J. Delisle, ed.), Ottawa, University of Ottawa Press, p. 113-132.

_____(1995): "Notes on the Epistemology of Translation Theory," Meta, 40-3, p. 388-405.

Gerver, D.(1971): Aspects of Simultaneous Interpretation and Human Information Processing, D.Phil. thesis, Oxford University.

Gerver, D.(1975): "A Psychological Approach to Simultaneous Interpretation," Meta,

Gile, D.(1994a): "Methodological Aspects of Interpretation and Translation Research," Bridging the Gap: Empirical Research in Simultaneous Interpretation(S. Lambert and B. Moser-Mercer, eds.), Amsterdam and Philadelphia, John Benjamins, p. 39-56.

Gile, D.(1994b): "Opening Up in Interpretation Studies," Translation Studies - An Interdiscipline(M. Snell-Hornby, F. Pöchhacker and K. Kaindl, eds), Amsterdam and Philadelphia, John Benjamins, p. 149-158.

Glémet, R.(1958): "Conference Interpreting," Aspects of Translation(A. H. Smith, ed.), London, Secker and Warburg, p. 105-122.

Goffman, E.(1981): Forms of Talk, Oxford, Basil Blackwell.

Goldman-Eisler, F.(1972): "Segmentation of Input in Simultaneous Translation," Journal of Psycholinguistic Research, 1-2, p. 127-140. DOI:10.1007/BF01068102

Gumperz, J. J. and D. Hymes, eds.(1972): Directions in Sociolinguistics, New York, Holt, Rinehart and Winston.

Hermann, A.(1956/2002): "Interpreting in Antiquity," The Interpreting

Studies Reader(F. Pöchhacker and M. Shlesinger, eds), London and New York, Routledge, p. 15-22.

Holz-Mänttäri, J.(1984): Translatorisches Handeln. Theorie und Methode, Helsinki, Suomalainen Tiedeakatemia.

Ingram, R. M.(1985): "Simultaneous Interpretation of Sign Languages: Semiotic and Psycholinguistic Perspectives," Multilingua, 4-2, p. 91-102.

Kade, O. and C. Cartellieri(1971): "Some Methodological Aspects of Simultaneous Interpreting," Babel, 17-2, p. 12-16.

Kirchhoff, H.(1976a/2002): "Simultaneous Interpreting: Interdependence of Variables in the Interpreting Process, Interpreting Models and Interpreting Strategies," The Interpreting Studies Reader(F. Pöchhacker and M. Shlesinger, eds.), London and New York, Routledge, p. 111-119.

Kirchhoff, H.(1976b): "Das dreigliedrige, zweisprachige Kommunikationssystem Dolmetschen," Le Langage et l'Homme, 31, p. 21-27.

Kohn, K. and S. Kalina(1996): "The Strategic Dimension of Interpreting," Meta, 41-1, p. 118-138.

Linell, P.(1997): "Interpreting as Communication," Conference Interpreting: Current Trends in Research(Y. Gambier, D. Gile, and C. Taylor, eds.), Amsterdam and Philadelphia, John Benjamins, p. 49-67.

Linell, P., C. Wadensjö and L. Jönsson(1992): "Establishing Communicative Contact Through a Dialogue Interpreter," Communication for Specific Purposes / Fachsprachliche Kommunikation(A. Grindsted and J. Wagner, eds.), Tübingen, Gunter Narr, p. 125-142.

Nord, C.(1997): Translating as a Purposeful Activity, Manchester, St Jerome Publishing.

Pöchhacker, F.(1992): "The Role of Theory in Simultaneous Interpreting," Teaching Translation and Interpreting. Training, Talent and Experience(C. Dollerup and A. Loddegaard, eds), Amsterdam and

Philadelphia, John Benjamins, p. 211-220.
Pöchhacker, F.(1994): Simultandolmetschen als komplexes Handeln, Tübingen, Gunter Narr.
Pöchhacker, F.(1995): "Simultaneous Interpreting: A Functionalist Approach," Hermes. Journal of Linguistics, 14, p. 31-53.
Pöchhacker, F.(2004): Introducing Interpreting Studies, London and New York, Routledge.
Reiss, K. and H. J. Vermeer(1984): Grundlegung einer allgemeinen Translationstheorie, Tübingen, Niemeyer. DOI:10.1515/9783111351919
Risku, H.(2002): "Situatedness in Translation Studies," Cognitive Systems Research, 3, p. 523-533. DOI:10.1016/S1389-0417(02)00055-4
Robinson, D., ed.(1997): Western Translation Theory, Manchester, St Jerome Publishing.
Roy, C. B.(2000): Interpreting as a Discourse Process, Oxford, Oxford University Press.
Schleiermacher, F.(1813/1997): "On the Different Methods of Translating," Western Translation Theory(D. Robinson, ed.), Manchester, St Jerome Publishing, p. 225-238.
Seleskovitch, D.(1962): "L'interprétation de conférence," Babel, 8-1, p. 13-18.
Seleskovitch, D.(1975): Langage, langues et mémoire. Étude de la prise de notes en interprétation consécutive, Paris, Minard Lettres Modernes.
Seleskovitch, D.(1976): "Interpretation, A Psychological Approach to Translating," Translation: Applications and Research(R. W. Brislin, ed.), New York, Gardner Press, p. 92-116.
Seleskovitch, D. and M. Lederer(1984): Interpréter pour traduire, Paris, Didier Érudition.
Setton, R.(1999): Simultaneous Interpretation: A Cognitive-Pragmatic Analysis, Amsterdam and Philadelphia, John Benjamins.
Siegrist, J.(1970): Das Consensus-Modell. Studien zur Interaktionstheorie

und zur kognitiven Sozialisation, Stuttgart, Enke.

Treisman, A.(1965): "The Effects of Redundancy and Familiarity on Translating and Repeating Back a Foreign and a Native Language," British Journal of Psychology, 56, p. 369-379. DOI:10.1111/j.2044-8295.1965.tb00979.x

van Dijk, T. A., ed.(1997): Discourse as Social Interaction. Discourse Studies: A Multidisciplinary Introduction. Vol. 2, London, Thousand Oaks and New Delhi, Sage.

Vermeer, H. J.(1989): Skopos und Translationsauftrag, Heidelberg, Universität Heidelberg.

Vermeer, H. J.(1996): Die Welt, in der wir übersetzen, Heidelberg, TEXTconTEXT-Verlag.

Vermeer, H. J.(1998): Interpreting as Interaction, London and New York, Longman.

Wadensjö, C.(1992): Interpreting as Interaction. On Dialogue Interpreting in Immigration Hearings and Medical Encounters, Linköping, Linköping University, Department of Communication Studies.

INTERPRETING COMPETENCES AS A BASIS AND A GOAL FOR TEACHING

1. Interpreting competence and what it means to whom 1.1. Linguistic and other competences

Interpreters working at conferences, in negotiations, dialogues or in the media are expected to render a professional service, based on the skills and competences they have acquired during their training. If they fail to perform properly, misunderstandings may arise, the atmosphere between communication partners may be affected or communication between the different linguistic groups may break down altogether. Thus the skills that interpreters have must enable them to provide their services in such a way that participants in a multilingual event who do not speak or understand each other's language may nevertheless communicate successfully and that no disturbances of proceedings arise from the fact that interpreters are at work. In a conference situation, the interpreting process is rarely taken much note of and it is rather at points where interpreting does not function properly, either for technical reasons or owing to the performance of the interpreters concerned, that participants who rely on interpreters wonder what it is that makes a good interpreter. In a non-conference situation, where(regrettably, too often, nonprofessional) interpreters are used, e.g. to mediate in situations where people, unable to speak or understand the language spoken in a country in which they happen to be, have to deal with local authorities, the police, medical staff etc., the interpreter's participation in the communication process is felt more immediately. The role of the interpreter may also vary depending on the interpreting situation in which s/he is expected to perform, and in some situations the interpreter's attitude and competence in interaction may be just as crucial as his/her linguistic skills(cf. Wadensjø 1998). Among the prerequisites people generally think of as necessary for good interpreting are the linguistic skills, i.e. the knowledge of as many languages as possible, and being able to speak and listen at the same time. It is less widely appreciated that it is not only the purely linguistic skills (and even less the sheer number of languages) that are vital but the thorough knowledge of the cultures of the countries or regions concerned, including political, economic, social and ethnic differences, administrative structures, community life but also literature and the arts. Knowledge of all these aspects is generally acquired by living and studying in the relevant countries for a certain period, which is a prerequisite for everyone working in the context of more than one culture or in intercultural mediation. Equally important for the interpreting profession are the mental skills, i.e.

the excellent functioning of mnemonic capacity and the ability to work at a high level of concentration, as well as self motivation and extraordinary tolerance to stress. But all these skills, necessary as they are, will not by themselves enable an interpreter to do his/her job satisfactorily. What, then, are the more specific skills that a professional interpreter is expected to apply to his/her job? Which specialized skills do interpreters need in different communication situations in order to be able to render a professional service to the satisfaction of all those involved? Is there such a thing as interpreting competence, can it be defined in the same way for all types of interpreting, and what is its relation to other types of linguistic mediation? Of course, the linguistic skills of interpreters have to be excellent, which means more than being 'fluent' in one's working languages. They include not only command of the general or conversational but also specialised languages such as banking, medical or data processing language, differences in usage, style, register, cultural norms and peculiarities etc. (declarative and semantic knowledge). A skilled interpreter is not only aware of those differences but also knows how to cope with them (procedural knowledge). S/he will know, for instance, whether a technical term (of IT or stock exchange jargon) is to be translated or rendered in the source language, a decision which depends, among other things, on corporate usage. That is why the popular idea of an interpreter having numerous working languages from which and into which s/he is able to work does not very much reflect real life, where interpreters have to be acquainted with the history, social developments, literature and political constitutions of all the countries of their working languages, a condition which tends to place a limit on the number of languages offered by most interpreters. If one attempts to define the competence of professional (conference) interpreters more theoretically, one might say that it refers to the ability to perform cognitive tasks of mediation within a bi-/multilingual communication situation at an extremely high level of expectations and quality, often in a team of several interpreters. It includes the ability to interpret in the consecutive as well as simultaneous and any other mode such as whispering or dialogue interpreting. Interpreting takes place either between two languages (bilingual interpreting) or from one or several languages into one language which is generally the interpreter's mother tongue. The different contexts and situations in which interpreters work require comprehensive and specific cultural and communication knowledge, extensive subject knowledge and the ability to quickly extend the relevant knowledge acquired. Moreover, interpreters will have to make use of their procedural knowledge about ways of solving linguistic, cultural, situational or other problems in the interpreting process, and they will have to act appropriately and professionally when confronted with any new difficulties arising during a given conference. Competence is not only required during the interpreting process itself, it has to go into preparation prior to the actual act of interpreting and is necessary after the event (when newly acquired linguistic and subject knowledge has to be recombined with previous knowledge) as well as with regard to an interpreter's overall attitude, flexibility, and ability to adapt to technical challenges and ethical principles. This professionality results from the ability to use the skills acquired; the more professional experience an interpreter has gained, the more distinct this professional approach should become. The competence of a professional interpreter can thus be defined as the competence to process texts within the scope of a bi- or multilingual communication situation with the aim of interlingual mediation. It is also the capability of acting and performing in a situation characterised by externally determined constraints, such as the pressure of time, lack of semantic autonomy and the potential interference between closely connected processes of production and comprehension.

The competence for strategic text processing

Apart from the purely linguistic aspect, interpreting competence is the ability to perform in a communication situation where people (speakers, text producers) produce texts on the basis of their own knowledge, their intentions and assumptions about those to whom the text is addressed, and other people (recipients, addressees) to whom texts are addressed and whose goal is to comprehend a given text on the basis of their knowledge, interests and assumptions about the producer of the text(cf. Kohn & Kalina 1996). In this communication situation, the cognitive tasks of the interpreter differ from those of text producers and addressees in a number of aspects. In particular, interpreters have to undertake special comprehension efforts, as – unlike the addressees – they are usually deficient in their knowledge of the relevant subject matter, and they are not normally expected or allowed to filter out any information which they consider to be irrelevant or of no interest. The above general approach to interpreting also makes use of the findings of psycholinguistics and cognitive psychology. It is psycholinguistic in that it takes into account the relationship between the participants in a communication act. It assumes strategic processing, i.e. the ability to determine the goal of interpreting as the production of a target text that enables the addressee to comprehend what the text producer has addressed to him/her, to inference implicit information, producer's intentions etc., and to take further action of whatever type – reply, contradict, or just memorise elements considered as relevant. The conditions in which the goal of target text production is attained are likely to change through the process so that the way in which the goal is reached has to be adapted dynamically as a function of the processing constraints with which the interpreter is confronted. These constraints include, in addition to the factors mentioned above, the fact that interpreters are not in control of their own processing speed – which is a function of text presentation by the speaker - nor of the qualitative and quantitative characteristics of the input they receive, and that they are engaged in competing activities (as described by Gile

1988 and 1991 in his model of capacity management), a circumstance which results in higher susceptibility to disturbances affecting the comprehension process (loss of information) and the production process(e.g. interference(cf. Kalina 1992) and presentational deficiencies, cf. Shlesinger 1994)). To cope with these constraints and yet achieve the goal of target text production, interpreters must be able to choose the appropriate strategies1 for text comprehension and text production from among and in addition to the strategies used in monolingual text processing. The strategies interpreters use most frequently must become, to a certain degree, automatic so as to leave cognitive capacity for complex operations that occur less frequently.

The approach is cognitive in that it considers the processing operations to be performed at different cognitive levels and in different stages of the process of mediation. Mental modelling (building a representation of a text and of the world to which the text refers, cf. Johnson-Laird 1981) is not only carried out by those to whom texts are addressed but also by those who interpret texts for addressees. This applies to professional conference interpreting as well as nonconference interpreting (and to translation processes). Thus, interpreting competence requires assessing one's own comprehension and that of others, and it involves the ability to use one's memory as efficiently as possible, having to store details (micro-information) but also the macrostructure of a given text, along with contextual, situational, world knowledge and a multitude of other information. Interpreting also requires rhetorical and speaking skills, which have to be fully mastered so as to withstand the disturbing influences that are likely to affect the interpreting process. Moreover, interpreting competence requires the efficient management of one's own processing resources in such a way that the best result possible in the given circumstances can be obtained, and it presupposes that an ethical standard is maintained, i.e. it requires appropriate and conscientious behaviour.

1 The term strategy is used as defined by Færch & Kasper(1984:47) in their psycholinguistic approach to monolingual communication and refers to "potentially conscious plans for solving [...] a problem in reaching a [...] communicative goal". 2 For a detailed discussion of the strategic processing approach see Kohn & Kalina(1996); for a brief overview of strategies in interpreting Kalina 1992.

The strategic nature of text processing by interpreters is more evident - and crucial for the processing result - than strategic text processing as described for monolingual text production and comprehension(cf. the literature discussed in Kalina 1998). It also differs from strategic text processing as observed in the translation process in certain aspects, whereas in others, translation and interpreting strategies can be regarded as similar when contrasted with those of monolingual text processing. Describing the specificity of interpreting against the background of the disciplines from which its descriptive tools are derived (such as applied linguistics, translation, cognitive and psycholinguistics) may help come somewhat closer toward the establishment of a (sub-)discipline and should enable interpreter teachers to choose priorities and a methodological orientation for their classroom work. To sum up, interpreting competence involves the competence to use text processing strategies in ways that can be distinguished from strategic processing in monolingual settings. Strategies used by interpreters in text processing may be defined by goal-oriented categories. Comprehension strategies include segmentation of input, anticipation, inferencing, accessing previously stored knowledge, building relations between stored and new information, in short, mental modelling. Text production strategies comprise restructuring, paraphrasing, condensing or expanding information, and the use of prosodic or non-verbal features. Global strategies are of a more general and comprehensive nature; they involve memorizing the input, adapting one's mental model, monitoring one's own output for deficiencies but also that of the text producer for coherence. and repairing errors. All these different operations, with their specific goals or sub-goals, interact in a complex way in the interpreting process. The interpreting-specific use and interaction of strategies is more typical of and especially more crucial for the result in simultaneous than in consecutive interpreting or in translation

How the training of interpreters developed

In linguistic research, some scientists suggest that the basic competence to perform tasks of interlingual mediation is a natural gift that comes with the ability to use more than one language(cf. Harris & Sherwood 1978). This theory would provide an explanation for the fact that interpreting services have for centuries been performed by non-professionals. The view has not been entirely shared by other linguists (such as Krings 1992), and it can certainly not be applied to the more complex linguistic mediation tasks required today. But, in line with that approach, the skills of interpreters were explained as a matter of talent alone even just a few decades ago. The phrase coined by Renée van Hoof, Sylvia Kalina then head of the European Communities' Conference and Interpreting Service, which was quoted in The Times of September 26, 1973(cf. Weischedel 1977:101), "interpreters are born", is evidence of the belief, which prevailed at that time, that no methodological structure of training was necessary. All that students needed was excellent knowledge of their working languages and communicative skills. This approach may in part though not fully be explained by the fact that, at the time the phrase was coined, the majority of interpreters had indeed gained access to the profession through their bi- or multilingual family background, owing to personal or political circumstances, so that they felt more or less at home in the cultures of all their languages. After all, the earliest simultaneous interpreters had either been trained as translators or were bilinguals with an interest in this type of activity3. The early interpreting teachers came to the conclusion that the way they themselves had learned to do simultaneous, i.e. simply by trying and practising until it worked, was the only method by which this skill could be learnt at all. Actual conference practice was regarded as far more vital than classroom practice(Paneth 1957:88). As no method of training existed, this approach was understandable. Meanwhile, however, the demand for interpreters has grown exponentially, and so have requirements with regard to their performance. The grand old interpreter who was a central actor on the conference scene and would often be publicly applauded and admired for his/her performance is a thing of the past. Culture générale and a broad general knowledge, which were regarded as essentials by the early generation of conference interpreters, and education as a généraliste, as Seleskovitch(1968) put it (a view critically commented by Ilg 1980), are no longer sufficient as prerequisites, nor are stringency of thought, linguistic skill and intuition; which are rather vague concepts that were and are difficult to define anyway. (And culture générale in itself is becoming something quite different today from what it was in the past.) It is true that quotations from works of literature are still making interpreters' lives difficult from time to time, but much more so are the frequent references to rapidly expanding technological fields of knowledge, to the vast shared knowledge of the global community of tv-watchers (soaps are a case in point) and to the common language of

IT. The early generation of simultaneous interpreters could afford to refuse their services e.g. if texts were read – and all the more if they were not provided with a manuscript, as they regarded interpreting on the basis of a read out manuscript (which, one must admit, was, and continues to be mostly poor reading) as an impossibility.

Interpreting Competences as a Basis and a Goal for Teaching impromptu speech on subjects that well-educated people were supposed to be more or less acquainted with. Today, the speaker who does not rely on a manuscript but develops his/her speech spontaneously and therefore with a certain degree of redundancy, which makes interpreters' jobs much easier(cf. Chernov 1994), is the exception rather than the rule. Aspects of presentation have gained priority over content in public speaking in many instances (a point which is most apparent in multimedia events or when interpreting for TV), and although this affects not only interpreting, it has specific consequences for interpreters, who can no longer rely on meaning alone. (And often, conference participants do not even like to be seen to depend on interpreters, whom they prefer to work unnoticed, offering them at most an occasional word of thanks.) The teaching community will have to take note of this change in priorities, and adapt training methods accordingly. The types of interlingual mediation performed by interpreters today are manifold. They range from bilateral dialogue and community interpreting, public service, court and police interpreting, and conference interpreting to TV or videoconference and remote interpreting and even to telephone interpreting which can be switched on by dialling a telephone number4. Even though one cannot always consider such services to be quality interpreting services, it is nevertheless inevitable, in view of the complexity of the tasks that professional interpreters have to perform in our technological age (which may include handling a computer while interpreting but also working late at night for a videoconference) and of the broad range of different and highly technical subjects with which they are confronted, to prepare students for tasks the older generation of interpreters would never have accepted to. It is therefore not sufficient to look out for the naturally skilled who can do the job even without any formal training. The sheer number of interpreters needed at multilingual events each and every day of a year and the different character of conferences today (where speeches are often made not in order to impress the audience but to have one's paper printed in the proceedings) as compared with the past (where speeches were made to impress those listening or obtain a reaction from them) shows that the number of interpreters 'born' is far too small. And the question of how to spot these 'born' interpreters has not been solved either(cf. 3.2). Moreover, promoting natural talents alone would not justify the fact that interpreting training is offered at university level in most countries. For this to be justified, there has to be a systematic, structured training methodology based on solid theoretical research findings. The very day the author was writing this passage she received a letter from an innovative communication company offering a 24-hour simultaneous telephone interpreting service, requesting interested interpreters to be available on the phone for a specified length of time per day.

The first scholars to deal with questions of interpreting training were practising conference interpreters who had taken over training courses at university institutions for the training of interpreters. These people, professional as they were in their practical work, had not, however, enjoyed any formal scientific or educational training and were, understandably, tempted to base their teaching methodology on their own personal experience. As some of them, like Danica Seleskovitch of ESIT, were highly talented interpreters as well as teachers, they proved to be quite successful in their training approach. However, the experience these early pioneers of interpreter training made in their own teaching led them to design their teaching methods as a model of interpreting as such – rather than qualifying their insights as teaching experience(see e.g. Seleskovitch 1968; 1974). Personal experience was thus lifted up to the level of a theoretical framework, without the assumptions made being reviewed by any scientific standards(cf. the critical remarks by Gile 1990). The result of such an individual approach was a highly prescriptive teaching theory and a rather dogmatic approach by those that had developed it. In the literature, one finds a number of articles on the merits or dangers of specific types of exercises, such as on sight translation(cf.

Coughlin 1989), anticipation in simultaneous interpreting(cf. Moser 1978 and Chernov 1994), disputes on shadowing (Schweda Nicholson 1990, Kurz 1992, Kalina 1994, all discussed in Kalina 1998), The two books by Seleskovitch & Lederer(1989) and Gile(1995) offer a full range of valuable suggestions for organising and structuring interpreting classes. They are all based on years of experience, but, again, they constitute individual experience and in some cases are in stark contrast with each other. For instance, the prescriptive approach of the Paris School which is convinced that consecutive has to be fully mastered by students before they try to work in the simultaneous mode, has been challenged by scholars who base their thinking on the Paris School model(Aarup 1993) as well as those who have criticized the Paris School approach as insufficient anyway(Kalina 1994). And yet, empirical findings proving either one or the other method do not exist. The same must be said with regard to note-taking for consecutive, where there are a whole range of different approaches on questions such as the language of notes(cf. Rozan 1956, Ilg 1988). Matyssek(1989) and others recommend source-language notes or symbols. The Paris School (Déjean Le Féal 1981, and on this, Aarup 1993 agrees entirely) recommends targetlanguage notes, if at all. Aarup even goes so far as to suggest that notes made by students could serve as an indicator of analytical capability. But as long as there is such a lack of hard facts about how memory works and interacts with notes taken, such conclusions are extremely problematic5. It is therefore of the utmost importance to have more facts on the effect of interpreting training, based on a set of empirical studies on the use and success of different teaching methods. A number of scholars have meanwhile developed a considerable interest in such matters(cf. e.g. Kurz 1989, Mackintosh 1990, Schjoldager 1993 and recently Pöchhacker 1999). But the teaching of interpretation needs a broad basis of scientific findings from which it will be possible to develop a scientifically-based teaching methodology. Pöchhacker's 1999 study is descriptive; it presupposes that there is agreement on the skills that are to be taught. The criteria he chooses for the teaching context are those specified by Bühler for an evaluation context and are not being discussed any further. However, one might assume that evaluation of students during different training stages does not necessarily have to be based on the same criteria as evaluation of authentic professional interpreting. So many more studies are needed on the ways in which student performance in various stages of training differs from that of professional interpreters.

3. Basic skills and basic training

3.1. The research situation

The early interpreting experts regarded interpreting as an activity the main characteristics of which are not related to language6; the fact that, for them, interpreting was based not on language but on meaning, meant that it was something quite different from translation, and it could therefore not be explained with the tools of translation theory nor with linguistic theory in general. It took a number of years before attempts at interdisciplinary cooperation were made, and these did not emanate from the interpreting community but from linguists(e.g. Bühler 1989). At a time when consecutive interpreting was more and more replaced by simultaneous, psychologists, on their part, became interested in some of the phenomena to be observed in the simultaneous mode (the ear-voice span, the simultaneity of speaking and hearing etc.). The so-called deverbalisation model(e.g. Seleskovitch & Lederer 1989) has been broadly discussed in the literature, cf. Kalina 1998. It was only in the late 80s and early 90s that a broader range of approaches for a theoretical description of interpreting developed, and the number of publications has risen accordingly in the past few years. As to the ambition and quality of these recent contributions, opinions differ(see Gile 1990, Pöchhacker 1995). Moser-Mercer(1997) discusses the difference between novices and experts in interpreting and points to the fact that differences in strategic processing have never been investigated with a view to making teaching more efficient. She hypothesises that expert interpreters (professionals) rely more on contextual strategies than novices, going from the known to the unknown, whereas novices turn first to the unknown, trying to solve the problem it raises. Knowledge organisation is also more efficient in professional interpreters, regarding semantic, procedural but also schematic knowledge(cf. Moser-Mercer 1997:257). These assumptions are corroborated by the preliminary findings referred to in Kalina(1998, Chapter 4.3), which suggest that professionals use strategies contrary to those of students: while students split sentences to reduce workload, professionals do not seem to need such relief; while students tend to make frequent micro-corrections but not to correct serious errors, professionals, who seem to monitor their output more efficiently, are likely to correct rather the serious errors and leave micro-slips unrepaired. Interpreting research is still struggling with the task of identifying what exactly it is that interpreters do when they interpret, or rather how they succeed or fail. A model of interpreting that could explain this would have to describe skill components with a number of subskills to be identified, as Moser-Mercer et al.(1997) suggest. Once all skill components are defined, it should be possible to develop a method of training that can help achieve the results desired, namely train those skills that are needed for interpreting as efficiently as possible. Kutz(1990) has attempted to define global targets and break them down in subtargets that can be achieved in a cognitive learning process. Based on the views referred to above, it should be possible to break down the vague definition of skill to be acquired into subskills that are to be mastered one after the other, in distinct, well-defined learning stages, so that a fully developed teaching method for training future interpreters can be established.

Aptitude and testing

Skills are partly acquired during the training stage, but some of them must be present even before training is started. As the training of interpreters is a timeand effort-consuming enterprise, many universities and schools have introduced

aptitude tests, where, apart from language skills, a number of other prerequisites are tested. Aptitude testing is one of the perspectives of interpreting research (for an overview see Dejean Le Féal 1998) but also a practical need, so that tests had to be administered before any scientific findings existed as to which skills should be tested and whether the tests did in fact test these skills. The objective of most tests is to measure linguistic and cultural competences and such attributes as quick, extrovert, intuitive personality etc. Criticism of these tests, which are used to decide on whether a candidate may proceed to interpreting studies proper, focuses on the problems of the reliability and validity of test procedures(cf. Pearl 1995). There is as yet no clear evidence that the skills deemed necessary as prerequisites for successful training efforts are really the ones tested, and that it is those skills students must have before they go into interpreter training. Moreover, the tests do not as yet seem to be sufficiently objective and transparent to be used for decisions that affect the future (chances) of many students. In this context, it poses a serious dilemma that, despite considerable research efforts, there is still no model for assessing the quality of interpreting, either in class, at the end of the training period (examinations) or in the authentic conference situation(cf. Gile 1995, Kalina 1995). As long as there is no agreement on what quality is and how it can be measured, it is difficult to imagine how tests can ascertain whether an individual will at some future point be able to provide such quality.

Training competence

As long as there is no clear evidence as to which skill components are absolutely required (and cannot be compensated for by others) for a successful career as a professional interpreter, the question of what exactly the training of future interpreters should consist of remains open. Should they be trained – as in the past – by exposing them to a trial-and-error method, with abundant practicing but no systematic methodological guidance? Interpreting schools in search of interpreter trainers usually require candidates to work as professional interpreters, preferably with some years of experience, and they expect them, above all, to confront students with real life conditions. The literature on interpreting training agrees that authentic, real-life texts should be used in class. This unanimity was one of the results also of Pöchhacker's(1999) study. However, what are real-life texts? In authentic interpreting situations, anything can happen. Therefore, professionals who teach should be expected to offer more than just the texts they may have had to interpret themselves. They should have some approach to training which identifies global and more specific training goals, methods to reach these goals and which takes into account the complexity of the cognitive tasks they expect students to perform, and the problems with which the latter are likely to be confronted. Training of trainers is not yet the rule for those who teach, and training institutions rarely look for interpreter trainers with such qualifications. Even in the literature, we find broad agreement in the interpreting community that the most important teaching qualification is that a teacher is a professional interpreter. This may have been sufficient in the past, but today those who train interpreters should be at least acquainted with the concerns and problems of interpreting research and have basic educational qualifications. These are needed if they want to find answers to the questions to be asked, which are: In which way, with what kind of training is it possible to learn or teach which skills and capabilities? How are the objectives of interpreter training in different training stages to be defined and reached? And what is the need for and the position of academic interpreter training programmes for interpreters(as, for that matter, for translators)? Interpreting teachers who consider themselves to be not trainers of one single activity but also teachers of ways and means, using methods and strategies with which their teaching objectives can be obtained, feel uncomfortable having to wait until research presents them with findings that enable them to do their work properly. They have to train interpreters now. Some have therefore devised a number of specific exercises such as e.g. cloze, text completion or compression, shadowing and others to bridge the gap. As there is no theory of interpreting or teaching and learning as yet which would allow us to justify or falsify such methods, the argument about some of these practical exercises has tended to become quite ideological (for a discussion see Kalina 1998). Continuing the fierce argument about the pros and cons of individual teaching practices is therefore futile and will not result in any further insight into how interpreting competence is achieved. What we need, rather, is the understanding by those who recruit interpreter training staff that they have to look for people who, in addition to being professional interpreters, have a theoretical background and are prepared to undergo some kind of training(e.g. learning theory, cf. Kiraly 1997 on translation teaching) themselves. Giving interpreting students an insight into interpretation theory and research is therefore a necessity, as this may provide the basis on which some of them will qualify for teaching later in their careers.

In recent years, interpreting research has made more and more efforts at interdisciplinary cooperation. These have so far concentrated mainly on information and communication sciences, cognitive psychology, psycholinguistics and neurophysiology(cf. many of the articles in previous numbers of The Interpreters' Newsletter). They have resulted in a range of valuable conclusions as to processes at work during interpreting. Nevertheless, there is scope for cooperation also with other disciplines, such as language acquisition and bilingualism research; as for teaching, educational studies may provide useful insights into learning processes, learning progress and teaching strategies that can be of use in the teaching of interpreting competences. Teachers of interpreting would then be able to qualify as such. This would provide a framework in which interpreting competence can not only be defined but also taught more systematically.

Translation and interpreting(T&I)

In view of the fact that interpreting training takes place in institutions which also train translators and that, in some of these, there is a common basic training, a closer look at translator training would suggest itself. But, as explained in the previous sections, early interpreting studies did not regard translation as very helpful. Translation studies, on its part, has not undertaken too many efforts to integrate interpreting into the models that it developed. Interestingly, the authors that have, even to a limited extent, considered interpreting in their studies are those with a didactic interest. In the framework of T(ranslation) and I(nterpreting), and especially in a general theory of translation (see below), interpreting and translation are regarded as two components or subdisciplines of one single discipline. If that approach is valid, there should be elements common to both subdisciplines. The identification of these common features and of the distinctions between the two should be of great interest to the field of translation studies and to interpreting research. That is why I am convinced that such cooperation within the overall discipline can be fruitful for both, although this article focuses on what translation studies can contribute to interpreting research, didactics and professional practice and not vice versa. The key question to be asked is: What can translation contribute to acquiring interpreting competence? There are several perspectives from which translation may be conclusive with a view to interpreting research. One is the perspective of strategic processing, (see 1.2). In translation research, strategies and the acquisition of translation competence have been described, among others, by Kußmaul(1993), House(1986), Krings(1986b) and Lörscher(1991). These approaches could be examined closely with a view to identifying strategies that are used more extensively both by interpreters and translators than in monolingual communication. Moreover, in research on strategic processing in interpreting, methods of empirical research that have been applied to translation may be tested for potential application to interpreting.7 A second focus of modern translation studies is that of skills, where Wilss(1984) has described types of skills and their development in a training context, even though his model is strongly language-oriented. Nord(1996) suggests a comprehensive approach and describes categories of knowledge skills and competences, which together build a network of competences and are coordinated to reach the goal in question. However, the literature on translator training has hardly been reflected in that on interpreter training, and there is no indication in the latter about whether and how translation skills may be of any help in interpreting. This is an area where a thorough examination and more cooperation between translation and interpreting didactics should be very promising. In the past, translation scholars described interpreting as just an oral form of translating, with translation being the generic term that covered both activities(Kade 1968 and the Leipzig school, and later Reiß & Vermeer 1984 in their General Theory of Translation). No need was felt to describe the peculiarities of interpreting or defining those aspects in which interpreting differs from translating. The early interpreting scholars and teachers, on the other hand, tended to draw a rigid line between the two, arguing that in translating, one was compelled to work much more on the basis of and along the wording of a text, whereas interpreters were much more guided by the meaning and the intention of the author and therefore performed a more ambitious cognitive task(cf. Seleskovitch 1976; Seleskovitch & Lederer 1989). Neither view lends itself, I think, to describing interpreting on its own or even providing a theory of interpretation, but it could be worth while to search for fruitful insights for both disciplines by also considering results of the study of the other. This is another reason why I think that closer cooperation between the two subdisciplines and a more open mind on the part of one towards the other would be desirable. Translation studies have a longer history than interpreting studies, which only developed after the technique of simultaneous interpreting had become popular.

The integrative approach

The first interpreting researcher who endeavoured to examine translation and interpreting from an integrative perspective was Franz Pöchhacker(1994); his objective was to test the general theory of translation as developed by Reiss and Vermeer(1984) by applying it to simultaneous conference interpreting. In doing so, he found a number of aspects in the theory which would need further elaboration or amendment if it were expected to be valid for simultaneous interpreting in a conference situation, a goal which Pöchhacker would not dismiss. Had Pöchhacker not chosen simultaneous conference interpreting though this is, admittedly, a very typical and frequent type -, but other types of interpreting and perhaps such forms that are to be defined neither as pure translation nor as pure interpreting but rather as some intermediate type of processing8, he might have come closer towards his objective. From a perspective of mediated (translated or interpreted) strategic text processing in a given communication situation (see 1.2), one finds a number of general conditions that apply to translating and interpreting alike. The language/culture mediator has to comprehend, i.e. analyse the text more thoroughly or fully than the normal reader/listener and will focus as much on what the text producer has wanted to say as on the effect his/her rendition has on the recipient. Text processing strategies will be extensively applied, though in translation these are not as different from monolingual text processing strategies as in interpreting (see above). Basic competences, such as linguistic and cultural competence as well as world and relevant special knowledge, must have been acquired by the translator just as by the interpreter. Translators may be requested to do an oral translation of a written text, or to translate from an audio-/video tape, and likewise, interpreters are frequently confronted with the task of interpreting on the basis of written manuscripts or overhead transparencies, or will have to interpret/translate draft documents for adoption or rejection by conference participants.

Skills and strategies in T and I

If we assume that there is such a basic transfer competence, it should include a number of basic skills common for translation and interpreting, which must be complemented by translation-specific and interpreting-specific competences. A condition common to T and I is that specific subcompetences must interact, and possibly some translation-specific skills can help in acquiring interpretingspecific competences and that, in particular, interaction may involve translationspecific and interpreting-specific competences in those types of translating or interpreting which are of a more intermediate character in the continuum that links T and I than e.g. simultaneous conference interpreting is (cf. Kalina 2000b). This would imply that there are certain components of training that translators and interpreters can acquire together and others, which must be trained specifically. A basic commonality of T and I is the strategic approach, i.e. identifying problems and searching for appropriate solutions. Even though there may be a number of similar problems identified for the two types of interlingual text processing, problem solution is bound to differ, with the translator isolating individual problems for separate solution and continuing only after having solved them, the interpreter having to solve problems on-line while the process continues (i.e. more source text is coming in) and even while new problems may be cropping up, and at worst finding only second-best solutions or none at all. Deficiencies in the texts produced (but also in the original) are another factor to which translators as well as interpreters have to be sensitized. Handling such deficiencies may require the translator to get in touch with the author, other experts or find some other way of solving the problem if the deficiency confronts him/her with a translation problem. An interpreter has only very limited – if any – chances to turn to the text producer for extensive clarification or improvement of source text.

Interpreting Competences as a Basis and a Goal for Teaching

As for target text deficiencies, the translator can review the text s/he has produced as often as deemed necessary within the given time limits. Going over a translation, its style and register, correcting here, amending there, rephrasing, replacing one solution by another is indeed one essential component of the translation process, as has been proven in empirical studies(cf. e.g. Krings 1986a). If the interpreter finds any target text deficiencies – and more often than not those deficiencies will go unnoticed –, there is not much s/he can do; the decision whether to correct (and thus lose time, incoming information and cognitive capacity) or to do with the flaw as it is (based on a quick assessment of the effect either decision may have on the recipients, versus overt correction, or, if possible, to correct covertly) has to be taken within fractions of a second and cannot be revised easily. Interpreting competence therefore also implies being able to take such decisions swiftly and to live with them, even if they are second best. Functionally induced changes of source text in translation are operations on which some translation scholars have focussed heavily (Reiß & Vermeer 1984). Drawing attention to potentially different functions of texts as to differing expectations of recipient groups, provides valuable insights both for translators and interpreters; the fact that text function tends to be less of a variable in conference interpreting should not be seen as a reason for ignoring this subject altogether. Meyer (in press), e.g., describes situations in hospital interpreting where information given by doctors may (or may not?) have to be adapted by the interpreter to make it comprehensible for patients – the question of whether this corresponds to the principle of fidelity is wide open for discussion. One major difference between T and I relates to the effort/result ratio. In translating, one takes every justifiable effort to achieve the best result possible. Interpreters cannot always take efforts to the extent they would like or deem necessary, a point which is best demonstrated with the example of the time factor. Within the limits and constraints given, interpreters have to find the best acceptable solution to hand, i.e. the constraint on the time and effort that can be invested determines the quality of the result. This means that operations that recur frequently have to be performed as routines that have become automated to a considerable degree. The teaching of interpreting has to develop ways for students' acquiring the necessary automatisms or routines(cf. Kalina 1998). My conclusion from the above is that although ways and means of problemsolving (and many of the problems themselves) may differ in T and I, there are a number of similar or related factors at work in the two subdisciplines that can be pursued within the scope of an integrated approach. Moreover, an integrated T&I approach which takes account also of the results of interdisciplinary research of the two subdisciplines with other disciplines may help shed more light on some of the intermediate forms of linguistic mediation, such as oral translation or interpreting from/with written material, which are not covered extensively in the literature and deserve far more attention than has so far been devoted to them.

Teaching skills and subskills / Teaching methodology

If we accept that a general theory of translation and interpreting can be established within a T&I framework, this should have consequences also for the teaching of both translation and interpreting. For both, it is necessary to train capabilities (to learn, think, be creative, solve problems). and skills (automatic processes). In translating as well as in interpreting, there are various authors who cope with training as the teaching of subskills and propose some of these. Subskills for translation that should be taught separately are mentioned by Reiß(1974), Wilss(1984), for interpreting by Moser(1978), Kutz(1990) and Gile(1995). House(1986) and Nord(1996) have suggested that interpreting practice may serve to prepare students for acquiring translation competence9; Nord also emphasizes the importance of networking for the different skills and capabilities when translation competence is acquired. Gerzymisch-Arbogast & Mudersbach (1998:45ff) have described a sequential translation method which, if followed when translating, should result in a translated text in which the solutions found can be scientifically justified by the translator. Such approaches are likely to have consequences also for the teaching of the art, as they offer methodologically well defined sequences of steps which, when followed, will lead to a translation where strategic processes and decisions become transparent and reconstructable. This method, attractive as it is, cannot be followed in interpreting, as processing does not take place as a sequence of steps but rather in interaction of different processing decisions that must be taken without full awareness of how they will affect other processing decisions. Nevertheless, sequential approaches may be of help in the teaching of interpreting, if this complex activity is to be decomposed in individual processing steps or stages to be taught separately. Only then does it seem reasonable to expect students to cope with the real task in its entire complexity. .... The literature on interpreting training offers no methodological guidance, and teachers may be at a loss to decide what is to be learned first, what is required next, and what degree of interaction can be managed by students at which stages. To complicate matters, there are many more extraneous factors to be considered in interpreting than in translation, as the different processes interact far more also with extratextual elements than in translating processes.

Learning to interpret

As explained above, there are numerous publications on individual training experience, but too few on training methodology proper. Taking up the issue of training competence(cf. 3.3), interpreter trainers' methodology often consists of the view that texts used in interpreting classes should be real-life texts, with all the difficulties of real-life interpreting. This view is maintained and corroborated in the empirical study by Pöchhacker(1999) based on data from one of the reputed schools, but neither here nor anywhere else is there any indication of the steps that must be completed before students feel in a position to process real-life speeches reliably. The all too categorical demand for reallife conference proceedings in class ignores the need for the filtering out of difficulties for beginners and thus for a systematic introductory phase. In early training stages, I maintain, texts should not reflect all the pitfalls of real life interpreting but be carefully adapted to students' abilities and needs. For example, simplification of input texts regarding various parameters (reducing complexity and density, replacing difficult lexical items and grammatical choices by less problematic ones, making optimum use of prosodic means such as intonation and stress and of nonverbal signals, adapting speed of presentation, providing ample information on the communicative context so that mental modelling can take place in advance of interpreting processes etc.) appears to be a valid method for use in initial training stages. Step by step, more and more of these parameters may then be approximated to real-life situations. As referred to above, there are very different approaches to certain types of preparatory exercises such as shadowing or dual task performance, but there is no methodologically structured approach saying from which easier subtasks systematic progression to more difficult ones can be expected. No doubt some kind of progression is made in class, but this is not seen to be based on any welldefined, constructive way of proceeding or methodological principle of teaching, starting from a point of departure to achieve a clearly defined learning goal.

How, then, can a more systematic teaching approach be developed? Even with what little we know about the competences a professional interpreter has to command and the basic competences that are required of both interpreters and translators, it should be possible to identify, with some degree of objectivity, at least some specific competences and skills that characterise good interpreting. It is to those that teaching has to be geared. If we turn to learning theory and psychology to know which types of cognitive tasks are learnt first or more readily, which skills are prerequisites for the acquisition of others, and at which stage students are best able to cope with the interactive character of the interpreting process, this could provide a basis of learning and teaching expertise which teachers of interpreting are so much in need of. It would then be possible to build up sequences of specific exercises, with the relevant learning steps and teaching goals clearly defined, transparent teaching methods and teaching results (i.e. goal achievement) being controlled. If, based on the identification of subskills, a method of teaching certain basic interpreting-specific tasks within the framework of a scientifically tested methodology of interpreter training is developed, then one would be able to speak not of interpreter training alone, as necessary as that is, but also of the teaching of the sub-discipline of interpreting within the scope of T&I.

5.3. The teaching of subskills for different goals: sight translation as an example

Teaching subskills is necessary for translation and interpreting training.

Even if the type of subskills to be taught is different for the two activities, there are practical classroom exercises which can serve different purposes for the two. They may therefore be recommended both for translation and for interpreting classes. There are numerous ways in which preparatory teaching units can be organised. To my knowledge, many teachers use some of them; however, when asked, they would be unable to specify what exactly the goal of the exercise is and how it is related to others. The example discussed here is given for demonstration and refers to sight translation, an intermediate type of interlingual transfer, as seen from the comprehensive perspective of T&I. The example is intended to demonstrate how different subskills can be trained if the unit is embedded in a methodological teaching framework. On the basis of the strategic text processing approach, it is assumed that one of the subgoals of teaching (i.e. the achievement of a subskill) is a receptive competence (comprehending, analysing a source text, structuring input and attributing ranks of importance to different information segments, anticipating and inferencing, short-term memorizing, processing for storage in working memory and building new mental models).

Interpreting Competences as a Basis and a Goal for Teaching

For this, the tasks do not necessarily have to involve code switching. Another subgoal is a performative competence to be made use of in a situation of semantic dependence, of prolonged existence of signals of the source language a factor which has to be overcome when simultaneous listening and speaking involves switching between languages. Goals may be defined at even lower levels, such as the ability to paraphrase, generalise, condense or explain/expand information, changing register, using different linguistic and extralinguistic means. A subgoal which, however, is of a strongly interactive nature is the competence to monitor all the processes described above. It can be split up in individual monitoring tasks (monitoring only for grammar, or for prosody etc.).

Receptive competence

Let us define the semantic analysis of the source text as one initial subgoal. For this, students are given a written text with the teacher indicating the setting in which the text is supposed to be presented. After a short glance at the whole text, students mark the essential information segments. After putting the text aside, they have to summarize the text on the basis of mnemonic storage of text and marked passages. The summaries given serve only to check on reception and are not further discussed linguistically. Another subgoal may be the ability to make specific strategic use of the capacity to anticipate and/or inference. Of a text, single phrases (in a later stage, even only segments) are displayed on overhead, with students having to start taking up and continuing the text before they are shown the following phrase/segment. Processed segments may even disappear from the overhead. As the two tasks mentioned above were monolingual tasks, the next goal could be reaching a certain degree of transfer competence. For this, sight translation of the same text and in the same modes can be used as a method; to further refine the competences needed, this may be combined with tasks of text compression or with a time limit for processing. A further step would then be sight translation of unknown segments of the text, with the same conditions applying. If memorizing capacity is the subgoal, students are to note one word or one relation as a cue for each of the segments(cf. above), with rendition of texts either in the source or target language after a sequence of segments has been displayed. These units may be run with progressively more demanding texts or with rising pressure on processing time. In Kalina(1992; 1998) I have suggested similar sequences for cloze and shadowing exercises.

Production competence

The units described are targeted at interpreter and translation students alike, as the assumption is that basic receptive skills are as necessary for the translator as they are for the interpreter. The following exercises have been devised for use in interpreting classes, but on closer examination it would seem that they can be used as validly in translation classes, as the goals to be obtained are relevant also for translators. They are aimed at production and presentation competence. If the subgoal is the production of a grammatically correct text, students are presented with a source text in the oral mode which contains grammatical and other deficiencies. During shadowing of the text, they are expected to produce a flawless target text(in the language of the source text) without making any changes to the semantic content of the text. If the subgoal is the ability to apply syntactic transformation strategies to a source text, material with extremely complex syntactic structures is to be split up in such a way that short segments are built. Another task of this type may be to process a text which contains syntactical structures that violate the norms of the source (and target) language and are borrowed from a language in which students have to interpret in subsequent stages of their training. In the shadowing mode, students are expected to produce a linguistically correct text where syntactical structures have undergone transformation operations so as to bring them into line with the norms of the source/target language. For paraphrasing as a subgoal, a text with a high content of proverbs, metaphors or idiomatic expressions is to be paraphrased without using the wording of the source text. Time pressure may be a task-burdening component of this as of other exercises.

Interaction of competences

If the subgoal is one which requires interaction of different processes, such as monitoring, there are several ways of practicing the strategic use of this general processing approach. Students may be asked to shadow – and later interpret – sections of text that show either one or several different deficiencies – lexical and grammatical errors, frequent corrections, false starts, weaknesses in presentation – and produce their target text in such a way that no trace of the deficiency in question is left. These training units may be combined and made more difficult to pursue other or more complex teaching goals. For the time being, the list given above is nothing but a teaching suggestion. For developing a teaching methodology, it would, of course, be necessary to analyse the effect of all these units and their combinations.

Interpreting Competences as a Basis and a Goal for Teaching 25

Other skills

There are, of course, other subskills which may be taught in different ways. Competences that indirectly affect translation or interpreting products are those related to the behaviour of the mediator. Reliability and confidentiality are but two of the ethical requirements that both interpreters and translators have to fulfil. Being confronted with ethical questions but also with problems of behaviour and interaction in the learning stage will enable the future translator or interpreter to find solutions to questions e.g. of neutrality or active participation in situations as different as that of a conference setting where absolute neutrality is expected versus a dialogue situation involving refugees expecting to be helped, which sometimes means for the interpreter having to give up his/her neutrality.

There may be different ways of integrating the separate subskills mastered in this way. These ways will depend on the specific training goal to be achieved. However, one should not ignore the fact that even with all the different processing conditions and requirements of the numerous forms of T and I, there are quite a few lessons one sub-discipline can learn from the other. Translators, when confronted with tasks of text compression or of translating under time constraints, or of oral presentation in the presence of listeners who want to react to a text offered to them, will learn to look beyond the mere words of a text and view it from a bird's eye perspective, identifying more easily what is absolutely essential and neglecting what may be redundant information. This will help them re-examine their own procedures and will enable them to see the relative strengths and weaknesses of one or the other theory of translation. Interpreters, when confronted with translating tasks, may find it easier to progress, as they move from processing text which is presented without burdening their memory capacity to text that is presented in the oral mode and has to be memorized. They will better understand the function of memory and the capacity they have for memorising text if they have had a chance to thoroughly analyse it beforehand. They will also understand that problems that could not be solved before the process of text production as such will affect their processing capacity, and they will be confronted with the peculiarities of a communication situation where people who listen to their production rely fully on what they get. On the other hand, they will understand that just forgetting the words of a given source text and concentrating on the meaning alone will not solve all their problems, nor will it be even possible in every stage of the process. They will become acquainted with basic strategies with can be refined in subsequent teaching steps.

Conclusion

Research into the teaching of interpretation, however, does not end here. Just as it is necessary to observe authentic interpreting performance to obtain data on interpreting, it would appear advisable to observe authentic teaching to collect data on "real life" training. This can be done either by interviewing as many interpreter trainers as possible as to their – formal or other – teaching qualifications, their teaching experience and their methods. On the other hand, it would also be informative to observe the teaching of groups of students with different degrees of proficiency – from the real beginners to exam classes. Here, different procedures applied by teachers for different degrees of proficiency might be identified, and the responses of learners in their different learning stages might become visible. A collection of data of the latter type is presently being analysed by the author, with the preliminary results indicating that problem solution is tackled differently by different groups of progression (for preliminary results see Kalina 2000a; hopefully, an in-depth analysis will follow). This finding, if it is confirmed after more thorough analysis and on the basis of more data, reinforces my belief that skills are to be taught separately in the early stages of training and that interpreting competence is a highly complex successful interaction of the various skills which can only be obtained in a carefully structured sequence of learning steps.

References

Aarup H.(1993): "Theory and practice in the teaching of interpreting", Perspectives 2, pp. 167-174.

Bühler H.(1986): "Linguistic(semantic) and extra-linguistic(pragmatic) criteria for the evaluation of conference interpretation and interpreters", Multilingua 5/4, pp. 231-235.

Bühler H.(1989): "Discourse Analysis and the Spoken Text - A Critical Analysis of the Performance of Advanced Interpretation Students", in The Theoretical and Practical Aspects of Teaching Interpretation. Proceedings of the Trieste Symposium, 1986. Ed. by L. Gran & J. Dodds, Udine, Campanotto Editore, pp. 131-137.

Chernov G. V.(1994): "Message redundancy and message anticipation in simultaneous interpreting", in Bridging the Gap: Empirical Interpreting Competences as a Basis and a Goal for Teaching 27 Research on Simultaneous Interpretation. Ed. by L. Lambert & B. Moser-Mercer, Amsterdam-Philadelphia, John Benjamins, pp. 139-153.

Coughlin J.(1989), "Interpreters versus Psychologists: A Case of Context", in Coming of Age. Proceedings of the 30th Annual Conference of the ATA. Ed. by D.L. Hammond, N.J. Medford, Learned Information, pp. 105-113.

Dejean Le Féal K.(1981): "L'enseignement des méthodes d'interprétation", in L'enseignement de l'interprétation et de la traduction, Cahiers de traductologie Nr. 4, Editions de l'Université d'Ottawa. Ed. by J. Delisle, Paris, CLUF, pp. 75-98.

Dejean Le Féal K.(1998): "Non nova, sed nove", The Interpreters' Newsletter 8, pp. 41-49. Færch C. & Kasper G.(1984): "Two Ways of Defining Communication Strategies", Language Learning, 34, pp. 45-63.

Gaiba F.(1998): The Origins of Simultaneous Interpretation: The Nuremberg Trial, Ottawa, University of Ottawa Press.

Gerzymisch-Arbogast H. & Mudersbach K.(1998): Methoden des wissenschaftlichen Übersetzens. UTB für Wissenschaft. Tübingen, Francke.

Gile D.(1988): "Le partage de l'attention et le 'modèle d'effort' en interprétation simultanée", The Interpreters' Newsletter, 1, pp. 27-33.

Gile D.(1990): "Scientific Research vs. Personal Theories in the Investigation of Interpretation", in Aspects of Applied and Experimental Research on Conference Interpretation. Ed. by L. Gran and C. Taylor, Udine, Campanotto Editore, pp. 28-41.

Gile D.(1991): "The processing capacity issue in conference interpretation", Babel, 37, pp. 15-27.

Gile D.(1995): Basic Concepts and Models for Interpreter and Translator Training, Amsterdam-Philadelphia, John Benjamins.

Harris B. & Sherwood B.(1978): "Translating as an Innate Skill", in Language Interpretation and Communication. Ed. by D. Gerver and H.W. Sinaiko, New York, Plenum Press, pp. 155-170.

Hegels B.(1993): Die Notation beim Konsekutivdolmetschen, Unpublished graduation thesis, University of Heidelberg, Institute for Translation and Interpreting.

House J.(1986): "Acquiring Translational Competence in Interaction", in Interlingual and Intercultural Communication. Ed. by J. House & S. Blum-Kulka, Tübingen, Gunter Narr, pp. 179-191.

Sylvia Kalina2 8

Ilg G.(1980): "L'interprétation consécutive. Les fondements", Parallèles, 3, pp. 109-136.

Ilg G.(1988): "La prise de notes en interprétation consécutive. Une orientation générale", Parallèles, 9, pp. 9-13.

Johnson-Laird P. N.(1981): Comprehension as the Construction of Mental Models, The Psychological Mechanisms of Language, Philosophical Transactions of the Royal Society of London, The Royal Society and the British Academy.

Kade O.([1968]1981): "Kommunikationswissenschaftliche Probleme der Translation", Beihefte zur Zeitschrift Fremdsprachen II, Leipzig, VEB Verlag, pp. 3-19. And in Übersetzungswissenschaft. Ed. by W. Wilss, Darmstadt, Wissenschaftliche Buchgesellschaft, pp. 199-218.

Kalina S.(1992): "Discourse processing and interpreting strategies – an approach to the teaching of interpreting", in Teaching Translation and Interpreting - Training, Talent and Experience: Papers from the First Language International Conference, Elsinore, Denmark, 31 May-2 June 1991. Ed. By C. Dollerup & A. Loddegaard, Amsterdam-Philadelphia, John Benjamins, pp. 251-257.

Kalina S.(1994): "Some views on the theory of interpreter training and some practical suggestions", in Translation Studies - An Interdiscipline, Selected Papers from the Translation Studies Congress, Vienna, 9-12 September 1992. Ed. by M. Snell-Hornby et al., Amsterdam-Philadelphia, John Benjamins, pp. 219-226.

Kalina S.(1995): "Dolmetschen und Diskursanalyse – Anforderungen an Dolmetschleistungen", in Realities of Translating. anglistik und englischunterricht. Ed. by M. Beyer et al., Heidelberg, C. Winter, pp. 233-245.

Kalina S.(1996): "Zum Erwerb strategischer Verhaltensweisen beim Dolmetschen", in Übersetzungswissenschaft im Umbruch. Festschrift für Wolfram Wilss zum 70. Geburtstag. Ed. by A. Lauer et al., Tübingen, Gunter Narr, pp. 271-279. Kalina S.(1998): Strategische Prozesse beim Dolmetschen. Theoretische Grundlagen, empirische Fallstudien, didaktische Konsequenzen.(=Language in Performance 18), Tübingen, Gunter Narr.

Kalina S.(2000a): "Community Interpreting als Aufgabe der Dolmetschlehre", in Dolmetschen und Übersetzen in medizinischen Institutionen. Ed. by K. Bührig et al., Arbeiten zur Mehrsprachigkeit − Folge B,, Nr. 9/2000, Hamburg, Sonderforschungsbereich 538, pp. 1-9.

Kalina S.(2000b): "Zu den Grundlagen einer Didaktik des Dolmetschens", in Dolmetschen: Theorie − Praxis − Didaktik − mit ausgewählten Interpreting Competences as a Basis and a Goal for Teaching 29 Beiträgen des Saarbrücker Symposiums 1997. Ed. by S. Kalina et al., Arbeitsberichte des Advanced Translation Research Center(ATCR) an der Universität des Saarlandes, St. Ingbert, Röhrig Universitätsverlag, pp. 161-189.

Kiraly D. C.(1997): "Think-aloud Protocols and the Construction of a Professional Translator Self-Concept", in Cognitive Processes in Translation and Interpreting. Applied Psychology Vol. 3. Ed. by J. Danks et al., Thousand Oaks, London/New Delhi, Sage Publications, pp. 137-160.

Koch A.(1992): "Übersetzen und Dolmetschen im ersten Nürnberger Kriegsverbrecherprozeß", Lebende Sprachen 37/1, pp. 1-7.

Kohn K. & Kalina S.(1996): "The strategic dimension of interpreting", Meta, 41/1, pp. 118-138.

Krings H. P.(1986a): Was in den Köpfen von Übersetzern vorgeht. Eine empirische Untersuchung zur Struktur des Übersetzungsprozesses an fortgeschrittenen Französischlernern, Tübinger Beiträge zur Linguistik 291, Tübingen, Gunter Narr.

Krings H. P.(1986b): "Translation Problems and Translation Strategies of Advanced German Learners of French(L2)", in Interlingual and Intercultural Communication. Ed. by J. Juliane House & S. BlumKulka, Tübingen, Gunter Narr, pp. 263-276.

Krings H. P.(1992): "Bilinguismus und Übersetzen: Eine Antwort an Brian Harris", Target, (4)1, pp. 105-110.

Kurz I.(1989): "The use of videotapes in consecutive and simultaneous interpretation training", in The Theoretical and Practical Aspects of Teaching Conference Interpretation. Ed. by L. Gran & J. Dodds, Udine, Campanotto, pp. 213-215.

Kurz I.(1992): "'Shadowing' exercises in interpreter training", in Teaching Translation and Interpreting - Training, Talent and Experience: Papers from the First Language International Conference, Elsinore, Denmark, 31 May-2 June 1991. Ed. by C. Dollerup & A. Loddegaard, Amsterdam-Philadelphia, John Benjamins, 1992, pp. 245-250.

Kurz I.(1993): "What do Different User Groups Expect from a Conference Interpreter?", The Jerome Quarterly, 9/2, pp. 3-6.

Kußmaul P.(1993): "Empirische Grundlagen einer Übersetzungsdidaktik: Kreativität im Übersetzungsprozeß", in Traducere Navem. Festschrift für Katharina Reiß zum 70. Geburtstag. Studia translatologica ser. A, vol.3. Ed. by J. Holz-Mänttäri und C. Nord, Tampere, Tampereen Yliopisto, pp. 275-286.

Kutz W.(1990): "Zur Überwindung aktueller Entsprechungslücken - Zu einer dol-metschspezifischen Fähigkeit", in: Übersetzungswissenschaft und Sprachmittleraus-bildung. Akten der 1. Internationalen Konferenz 'Übersetzungswissenschaft und Sprachmittlerausbildung, 17.-19.5.1988.

Ed. by H. Salevsky, Berlin, Humboldt Universität, pp. 405-408.

Lörscher W.(1991): Translation Performance, Translation Process, and Translation Strategies - A Psycholinguistic Investigation. Tübingen, Gunter Narr.

Mackintosh J.(1990): "Review Paper: Training Interpreter Trainers" AIIC Training Committee, in Twentieth Anniversary Symposium: The Training of teachers of Translation and Interpretation: Proceedings. Monterey, Dec. 1-3, 1989, pp. 1-16.

Matyssek H.(1989): Handbuch der Notizentechnik für Dolmetscher. Ein Weg zur sprachunabhängigen Notation. Teil 1 und Teil 2. Heidelberg, Julius Groos. Meyer B. (in press): "Dolmetschen im medizinischen Aufklärungsgespräch", Kultur und Translation: Methodologische Probleme des Kulturtransfers - mit ausgewählten Beiträgen des Saarbrücker Symposiums 1999, Arbeitsberichte des Advanced Translation Research Center(ATCR) an der Universität des Saarlandes. Ed. by H. Gerzymisch-Arbogast et al., St. Ingbert, Röhrig Universitätsverlag.

Moser B.(1978): "Simultaneous Interpretation: A Hypothetical Model and its Practical Application", in Language Interpretation and Communication. Ed. by D. Gerver and H.W. Sinaiko, New York, Plenum Press, pp. 353-368.

Moser-Mercer B.(1997): "The expert-novice paradigm in interpreting research", Translationsdidaktik. Grundlagen der Übersetzungswissenschaft. Ed. by H. Fleischmann et al., Tübingen, Gunter Narr, pp. 255-261.

Moser-Mercer B. et al.(1997): "Skill Components in Simultaneous Interpreting", in Conference Interpreting: Current Trends in Research. Proceedings of the International Conference on Interpreting: What Do We Know And How? (Turku, August 2527, 1994). Ed. by Y. Gambier et al., Amsterdam-Philadelphia, John Benjamins, pp. 133-148.

Neubert A.(1994): "Competence in translation: a complex skill, how to study and how to teach it", in Translation Studies - An Interdiscipline. Selected Papers from the Translation Studies Congress, Vienna, Interpreting Competences as a Basis and a Goal for Teaching 31 9-12 September 1992. Ed. by M. Snell-Hornby et al., Amsterdam-Philadelphia, John Benjamins, pp. 411-420.

Nord C.(1996): "'Wer nimmt denn mal den ersten Satz?' Überlegungen zu neuen Arbeitsformen im Übersetzungsunterricht", in Übersetzungswissenschaft im Umbruch. Festschrift für Wolfram Wilss zum 70. Geburtstag. Ed. by A. Lauer et al. Tübingen, Gunter Narr, pp. 313-327.

Paneth E.(1957): An investigation into conference interpreting, M.A. thesis, University of London [unpublished].

Pearl S.(1995): "Lacuna, myth and shibboleth in the teaching of simultaneous interpreting", Perspectives, 3/2, pp. 161-190.

Pöchhacker F.(1994): Simultandolmetschen als komplexes Handeln. (=Language in Performance 10). Tübingen, Gunter Narr.

Pöchhacker F.(1995): "Writings and Research on Interpreting: A Bibliographical Analysis", The Interpreters' Newsletter, 6, pp. 17-31.

Pöchhacker F.(1999): "Teaching practices in simultaneous interpreting", The Interpreters' Newsletter, 9, pp. 157-176.

Reiß K.(1974): "Didaktik des Übersetzens. Probleme und Perspektiven", Le Langage et l'Homme, 9/3, pp. 32-40.

Reiß K. & Vermeer H. J.(1984/²1991). Grundlegung einer allgemeinen Translationstheorie. Linguistische Arbeiten 147. Tübingen, Max Niemeyer.

Rozan J.-F.(1956/²1973). La prise de notes en interprétation consécutive. Genève, George.

Schjoldager A.(1993): "Empirical Investigations into Simultaneous Interpreting Skills: Methodological and Didactic Reflections",

Perspectives, 2, pp. 175-186.

Schweda Nicholson N.(1990): "The Role of Shadowing in Interpreter Training", The Interpreters' Newsletter, 3, pp. 33-37.

Seleskovitch D.([1968]/²1983): L'interprète dans les conférences internationales. Problèmes de langage et de communication, Paris, Minard.

Seleskovitch D.(1974): "Zur Theorie des Dolmetschens", in Übersetzer und Dolmetscher. UTB 325. Ed. by V. Kapp, Heidelberg, Francke, pp. 37-50.

Seleskovitch D.(1976): "Interpretation, a psychological approach to translation", in Translation. Applications and Research. Ed. by R.W. Brislin, New York, Gardner Press, pp. 92-116.

Seleskovitch D. & Lederer M.(1989): Pédagogie raisonnée de l'interprétation. Collection "Traductologie" 4, Paris, Didier Erudition.

Shlesinger M.(1994): "Intonation in the Production and Perception of Simultaneous Interpretation", in Bridging the Gap: Empirical Research on Simultaneous Interpretation. Ed. by S. Lambert and B. Moser-Mercer, Amsterdam-Philadelphia, John Benjamins, pp. 225-236.

Skerra V.(1989): Gedächtnis und Notation beim Konsekutivdolmetschen, Unpublished graduation thesis, University of Heidelberg, Institute for Translation and Interpreting.

Treisman A. M.(1965): "The effects of redundancy and familiarity on translating and repeating back a foreign and a native language", Univ. of Oxford, Institute of Experimental Psychology, British Journal of Psychology, 65, pp. 369-379.

Wadensjø C.(1998): Interpreting as Interaction, Harlow, Addison Wesley Longman.

Weischedel G.(1977): "The conference interpreter - a tentative psycholinguistic investigation", Lebende Sprachen, 22/3, pp. 101102.

Wilss W.(1984): "Perspektiven der Angewandten Übersetzungs-wissenschaft", in Die Theorie des Übersetzens und ihr Aufschlußwert für die Übersetzungs- und Dolmetschdidaktik. Translation Theory and its Implementation in the Teaching of Translating and Interpreting. Ed. by W. Wilss & G. Thome, Tübingen, Gunter Narr, pp. 1-8.

찾아보기

용어 색인

〈ㄱ〉

개인화(personalization) ……… 323
거시 인지전략으로서 통역 교수법 · 189
공시적(synchronic) 접근 ……… 10
관용어구의 번역 교수법 ……… 575
관용적 등가(conventional equivalence)
……………………………… 63
구성주의 ………………………… 18
구성주의(Constructionism) 교수법 · 103
구조 의미론(structural semantics) · 20
규범 참조 평가(norm-referenced
assessment) ……………… 331
기능-의미적 교수요목
(functional-notional syllabus) ·· 322
기능적 교수법(Functional approach)
……………………………… 95

〈ㄴ〉

노트테이킹 방법 ……………… 239

〈ㄷ〉

다중성(multiplicity) …………… 341
다차원 모델(Multidimensional Model)
……………………………… 37
동시통역 ………………… 3, 43

〈ㅁ〉

매스미디어 효과이론과 번역 교수법
……………………………… 442
모방암기 교수법과 단계적(Backward
Build-up Method) 교수법 …… 122
몸통 찾기, 부딪쳐 배우기, 깃털 찾기
교수법 …………………… 125
문법 번역방법(Grammar-translation
Method) 교수법 ……………… 93
문어 텍스트 …………………… 361
문학번역(literary translation) …… 324
문화 인류학 ……………………… 9
문화 호환적(intercultural) ……… 33
문화적 브리콜라주(cultural bricolage)
……………………………… 344
민족지적 언어학 ………………… 2

〈ㅂ〉

발달평가(formative assessment) ·· 330
발화 의미론(utterance semantics) · 20
번안(adaptation) ……………… 322
번역 교수 방법론 ……………… 392
번역 교수법 …………………… 393
번역 방법론 …………………… 556
번역 이론의 비대칭성 ………… 332
번역과 불가시성 이론 ………… 556

676 / 통번역학 요론

번역물 품질의 평가(TQA: Translation Quality Assessment) ……… 329
번역학 ……………………………… 321
복합 모드 텍스트 ………………… 361
부호인식 교수법(Cognitive Code Approach) ……………………… 94
비문학 번역(nonliterary translation) ……………………………………… 324
비즈니스 영어 …………………… 4
빈칸 채우기(Cloze Task) ………… 67

⟨ㅅ⟩
사회언어학 ……………………… 1, 9
사회학 ……………………………… 1
수행통역 ………………………… 52
순수 통역이론 …………………… 8
순차통역 ………………………… 46
스코포스 이론 …………………… 393
신경언어학 ……………………… 1, 9
심리언어학 ……………………… 1, 9

⟨ㅇ⟩
야콥슨의 의사소통구조 이론 …… 161
어원적 등가(etymological equivalence) ……………………………………… 63
어휘 의미론(lexical semantics) …… 20
언어의 유창성(Fluency) ………… 62
영어번역 이론 …………………… 3
영한 순차통역 …………………… 3
영한/한영 순차통역 심화 ……… 4
위스퍼링 통역 …………………… 50
응용언어학 ……………………… 9

의미론(Semantics) ……………… 20
의사소통 중심 교수법(Communicative Language Teaching) ………… 271
의사소통이론 …………………… 14
이국성(foreingnness) …………… 340
이론적 고찰 ……………………… 392
인류학적 언어학 ………………… 2
인지 심리학과 스토리텔링 교수법 · 125
인지언어학 ……………………… 1, 9
인지주의 ………………………… 18
일반 통번역론 …………………… 30

⟨ㅈ⟩
자기공명영상, 인지개입(Cognitive Mediation)을 통한 통번역 교수법 ……………………………………… 151
자민족 중심 번역 ………………… 414
재영토화(de-/re-/territtorialization) · 344
전신반응법(Total physical Response) ……………………………………… 95
전이 모델이론 …………………… 346
정보 중심 텍스트 ………………… 351
정치 경제 인문 사회 번역 ……… 4
정확성(Accuracy) ………………… 62
지시 의미론(reference semantics) · 20
직접방법(Direct-Method) 교수법 … 92
집단지성 사이트와 번역 ………… 567

⟨ㅊ⟩
청각 구두방법(Audio-lingual Method) ……………………………………… 94
총괄평가(summative assessment) · 330

찾아보기 / 677

충실한 번역 ·················· 373
층위효과(layered effect) ············ 342
침묵의 나선형 이론(Spiral of Silence)
················· 449

⟨ㅋ⟩
코드 스위칭(Code Switching) ······ 67
코퍼스(Corpus) 언어학 ············ 140

⟨ㅌ⟩
테솔(TESOL) ··············· 2
텍스트 처리기술(textual competence)
················· 33
텍스트언어학 ················ 1
텍스트에서 하이퍼텍스트로 번역 · 419
통번역 교수법 ··············· 140
통사 의미론(sentence semantics) ·· 20
통시적(diachronic) 접근 ············ 10

통역학 교수 방법 ··············· 7

⟨ㅎ⟩
하이퍼텍스트 번역 ·············· 414
해석이론 ·················· 23
행동주의 ·················· 18
화상회의 통역 ················ 51
화용기능적 접근 ··············· 133
화용론(Pragmatics) ·············· 20

⟨D⟩
Dobson의 이중 언어 모델 ············ 3

⟨E⟩
EFL 교수법 ··············· 2

⟨F⟩
Franz Pöchhacker 이론 ··········· 37

인명 색인

⟨ㅁ⟩
맥루한(Herbert Marshall McLuhan)
················· 343

⟨ㅅ⟩
실비아 카리나(Sylvia Kalina) ·· 67, 69

⟨ㅎ⟩
헨리 젠킨스(Henry Jenkins) ········ 343
호미 바바(Homi Bhabha) ··········· 338

⟨A⟩
Ammann & Vermeer ·············· 11

⟨B⟩
Beaugrande & Dressler ············ 20

⟨G⟩
George Herbert Mead ············ 14

⟨S⟩
Seleskovitch ··············· 1